第 三 卷

1912.1—1913.12

孙中山史事编年

主 编　桑 兵

副主编　关晓红 吴义雄

赵立彬 著

中 华 书 局

目　　录

1912年(民国元年　壬子)四十六岁

1月

1月1日(辛亥年十一月十三日)　赴南京就任中华民国临时大总统。

上午,由上海赴南京。经过上海虹口西区前往火车站,由二百名士兵陪同出发前往南京。(《上海公共租界工部局警务报告》1912年1月2日,上海市档案馆藏,档案号:U1-1-1093)驻沪各军队、各团体、沪军都督、上海民政总长、北段民政部长等均至车站欢送,闸北民政总局派马队、警卫队等在场护卫,上海市民在车站附近瞻仰。(《欢迎大总统志盛》,《民立报》1912年1月2日,"新闻三")同行有广东都督胡汉民、江苏都督庄蕴宽,以及随同来华的中外人士。各省都督府代表会派代表来沪欢迎的汤尔和、王宠惠亦同时启行。(《孙大总统赴宁履任》,《申报》1912年1月2日,"本埠新闻")

过苏州、无锡、常州、镇江,受到民众热烈欢迎。(《民立报》1912年1月3日,"紧要电报")在镇江接受军政官员和民众欢迎时表示:"此次光复,均赖诸君之力,本总统敬为四万万同胞致谢。"群众听闻,三呼"总统万岁"。镇江军政使答词:"此次共和成功,虽群策群力,有以致此,然实亦大总统提倡之功,军政使敬为同胞谢总统。"欢迎军民询问:"内阁何时可成?"答:"日内即可发表。"又问:"何时宣告万国?"答:"万国已承认,宣告亦数日间事耳。"(《欢迎总统志盛》,《民立报》1912年1月4日,"新闻二·镇江通信")

下午5时许,抵达南京。各省代表及文武兵官、男女学生计有四五万人,齐集下关欢迎,各炮台、兵舰鸣炮二十一响。入城至清都署车站,换乘扎花马车,与各代表同进总统府,接见欢迎官员。(《纪大总统莅任大典》,《申报》,1912年1月3日,"要闻")

夜11时,于总统府举行就职典礼。奏军乐后,代表团推景耀月报告选举情形,报告称:"今日之举,为五千年历史所未有,我国民所希望者,在共和政府之成立,及推倒满洲专制政府,使人人得享自由幸福。孙先生为近代革命创始者,富有政治学识,各省公民选定后,今日任职,愿孙先生始终爱护国民自由,毋负国民期望。"即请宣誓。(《民立报》1912年1月3日,"紧要电报")乃大声宣读誓词:"倾覆满洲专制政府,巩固中华民国,图谋民生幸福。此国民之公意,文实遵之,以忠于国,为众服务。至专制政府既倒,国内无变乱,民国卓立于世界,为列邦公认,斯时文当解临时大总统之职,谨以此誓于国民。中华民国元年元旦。"(《临时大总统誓词》,《孙中山全集》第2卷,第1页)景耀月致欢迎词,称颂品德与功绩,强调国民委托之重,希望"毋违宪法,毋负众意,毋用非人,毋做非德",随后致送大总统印绶,印文为"中华民国临时大总统之印"。(《民立报》1912年1月3日,"紧要电报")

用印于《临时大总统就职宣言》,由胡汉民代读宣言。宣言指出:"中国专制政治之毒,至二百余年来而滋甚,一旦以国民之力,踣而去之,起事不过数旬,光复已十余行省,自有历史以来,成功未有如是之速也。"表示"尽扫专制之流毒,确定共和,以达革命之宗旨,完国民之志愿"。宣言确立了对内方针为民族、领土、军政、内治、财政之统一,明确表示国家之本,在于人民。合汉、满、蒙、回、藏诸地为一国,即合汉、满、蒙、回、藏诸族为一人,此为"民族之统一";各省独立,对于清廷为脱离,对于各省为联合,蒙古、西藏意亦同此,枢机成于中央,经纬周于四至,此为"领土之统一";各地义军由共同之目的,从事共同之行动,整齐划一,此为"军政之统一";各省联合,互谋自治,此后中央政府与各省之关系,调剂得宜,此为"内治之统一";国家经费,取给于民,必期合于理财学理,改良社会经济组织,使人民知有生之乐,此为"财政之统一"。对外方针为"当尽文明国应尽之义务,以期享文明国应享之权利",要摒弃清政府"辱国之举措与排外之心理",持和平主义,使中国见重于国际社会,使世界渐趋于大同。(《临时大总统宣言书》,《孙中山全集》第 2 卷,第 1—3 页)宣言毕,由海陆军代表徐绍桢致颂词。孙中山答词,表示"誓竭心力,勉副国民公意"。代表及海陆军人三呼"中华共和万岁!"礼成,奏乐而散。(《民立报》1912 年 1 月 3 日,"紧要电报")闭幕已达 1 月 2 日凌晨 2 时。(《铃木驻南京领事致内田外务大臣电》,邹念之编译:《日本外交文书选译·关于辛亥革命》,第 296—197 页)

△　发布《通告海陆军将士文》,感谢各部将士"力征经营,卒复旧都,保据天堑;民国新基,于是始奠",表示"观于吾陆海军将士之同心戮力,功成不居,而有以知共和民国之必将有成也"。勉励全国各起义部队将士团结一致、听从命令,"共励初心,守之勿失。弗婴心小忿而酿阋墙之讥,弗藉口共和而昧服从之义,弗急弛以遗远寇,弗骄矜以误事机,拥树民国,立于泰山磐石之安"。(《通告海陆军将士文》,《孙中山全集》第 2 卷,第 3—4 页)

△　陪同来南京的有日人宫崎寅藏、山田纯三郎、末永节、尾崎行昌、柴田麟次郎等,宫崎、萱野、山田参加就职仪式观礼,宫崎、山田、尾崎于 4 日返上海。(段云章编著:《孙文与日本史事编年(增订本)》,第 238 页)

△　嘱陈布雷致书江亢虎,希望多译有关社会主义的著作,深加研究。请江亢虎广集同志,多译此种著作,输入新思想,并表示"若能建一学校研究斯学,尤所深望"。(《大总统与社会党(二)》,《民立报》1912 年 1 月 2 日,"新闻三")江亢虎此前在上海成立社会主义研究

会,上海光复后,建立中国社会党上海本部,自任部长。1911 年 12
月 30 日,孙中山接见江亢虎,将自欧美携来之社会主义书籍四种
(《社会主义》《社会主义之历史》《社会主义之理想与实行》《单税
制》)赠与中国社会党。(《大总统与社会党(二)》,《民立报》1912 年 1 月 2
日,"新闻三")

　　△　各地来函来电,祝贺担任临时大总统。

　　谢缵泰来函,祝贺荣任临时大总统,并介绍其弟谢子修。同时转
达容闳来信,建议请容闳回国帮助制定宪法。又郑重推荐美国民主
党领袖 Jennings Bryan,表示愿意帮助写信联系以取得其帮助。(邓
丽兰:《临时大总统和他的支持者——孙中山英文藏档透视》,第 20 页)

　　李提摩太来函,祝贺荣任临时大总统,表示"上帝的信念将我们
带到一起。尽管我们的方法不同,但目的是一个——拯救中国。祝
贺你当选为总统——这是你的祖国赋予你的荣耀。这使你能够开始
重建的工作。愿它真正成为充满众所周知的崇高品质的地上的天
国。它将以纯洁、正直的政府成为全世界的样板和所有国家之联盟
的中心"。(邓丽兰:《临时大总统和他的支持者》,第 135 页)

　　江西都督马毓宝来电,祝贺"大功告成,中华复旦……上继唐尧
虞舜揖让之风,旁效法国美洲共和之制"。(《民立报》1912 年 1 月 9 日,
"贺电")

　　江北北伐军正司令长徐宝山来电,祝贺当选大总统,表示本拟亲
至沪上迎接来宁,因不便擅离职守,特派一等顾问官彭昌福、总务长
韩照来沪欢迎,并请速临南京,建设民国政府。(《时报》1912 年 1 月 9
日,"来件·南京总统府电信汇纪")同日徐另有一电,建议公发定式,统一
各军队标号,以使全国一致。(《时报》1912 年 1 月 9 日,"来件·南京总统
府电信汇纪")

　　扬州民政长李坚暨临时议会来电,要求任命徐宝珍主持扬州军
政分府。徐宝珍为扬州军政分府徐宝山之弟,因徐宝山率师北伐,故
经"公同会议,已经举定徐君之胞弟宝珍担任接授",请求批准。(《民

立报》1912 年 1 月 3 日,"扬州电报")

　　丰备仓董潘祖谦来电,报告江苏都督移节江宁后,苏州情势危迫,务求速予维持。(《民立报》1912 年 1 月 3 日,"专电")

　　海外人士格林姆里(O. P. Grimley)来函,祝贺当选中华民国第一任总统,告以自己正在收集名人笔迹,请求题字。(《格林姆里(O. P. Grimley,美国)函》,《海外友人致孙中山信札选(一)》,《民国档案》2003 年第 1 期,第 3 页)

　　烟台军政府王传炯、广州王和顺、漳州参议会、嘉兴同盟会、皖芜军政分府吴振黄、扬州仙镇自治所廿乡联合会、中华民国学生军团发来贺电。(《民立报》1912 年 1 月 1 日,"恭贺孙大总统电报";《民立报》1912 年 1 月 3 日,"恭贺孙大总统电报";《时报》1912 年 1 月 9 日,"来件·南京总统府电信汇纪")

　　南洋巴城华侨书报社、泗水华侨发来贺电。(《民立报》1912 年 1 月 3 日,"恭贺孙大总统电报";《民立报》1912 年 1 月 9 日,"贺电")

　　本日报载旅港香山商民陈席儒、陈赓虞发来贺电,电文称:"民国前途定臻发达,旋乾转坤,惟先生是赖,美之华盛顿先生可以当之。"(《民立报》1912 年 1 月 1 日,"恭贺孙大总统电报")陈席儒、陈赓虞为香山前山梅溪人,经营实业,在香港致富。其父陈芳与孙眉在檀香山素有交谊,陈氏一家对孙中山革命活动多有支持。

　　自香港、澳门致贺电的还有马应彪、林护、欧彬、翟尧阶、同盟会澳门主盟人卢怡若等。(《民立报》1912 年 1 月 1 日,"恭贺孙大总统电报")

　　报载各地华侨纷纷致电孙中山,祝贺孙当选临时大总统。致电者有金山中华会馆邝人瑞等、美洲同盟支部黄芸苏、黄三德、旧金山欧阳琴轩、美国加利福尼亚致公堂、加利福尼亚同盟会、澳大利亚墨尔本少年中国会、旅智利侨民、小吕宋同盟会郑汉淇、南洋日里瑞祥等。(《民立报》1912 年 1 月 1 日,"恭贺孙大总统电报")

　　△ 《申报》"自由谈"栏目发表《新祝词》,庆祝民国成立、孙中山当选大总统。祝词写道:"今日为新中华民国新元旦,孙大总统新即

位,我四万万同胞如新婴儿新出于母胎,从今日起为新国民,道德一新,学术一新,冠裳一新,前途种种新事业,胥吾新国民之新责任也。"

(钝根:《新祝词》,《申报》1912年1月1日,"自由谈·游戏文章")

1月2日(辛亥年十一月十四日)　发表通电,以大总统名义正式颁布改元,通令中华民国改用阳历,并因公历元旦已过,通知补祝新年。通令宣布,"以黄帝纪元四千六百九年十一月十三日为中华民国元年元旦。经由各省代表团议决,由本总统颁行。订定于阳历正月十五日,补祝新年"。(《临时大总统改历改元通电》,《孙中山全集》第2卷,第5页)

△　致电南方谈判代表伍廷芳,"请每日将议和事详细电知"。(观渡庐编:《共和关键录》,《近代中国史料丛刊续编》第86辑第1编,第49页)因袁世凯对南北议和以来已达成协议各点表示反对,北方代表唐绍仪辞职,但议和仍秘密进行,袁世凯要求伍廷芳"嗣后应商事件,先由本大臣与贵代表直接往返电商,以期简捷"。(观渡庐编:《共和关键录》,第1编,第39页)又要求再将停战期限延长十五天。(《续展停战期限之要电》,天津《大公报》1912年1月5日,"要闻")

△　接见各军队统带,表示以南京为军政府总机关,将来或改建都武昌,但决不在北京。(《孙总统接见将官》,《少年中国晨报》1912年1月3日,"祖国大事记")

△　下令犒赏各省起义军队,以示慰劳军人,并由江苏都督庄蕴宽代为致电各省都督:"湖北为首义之师,发银五万元,江南四万元,海军一万元。其余各省由军都督酌发,以示慰劳军人之意。他日民国大定,更当论功行赏。"(《民立报》1912年1月5日,"沪军都督府电报")

△　电示吴稚晖、石瑛,告以有要事商量,请吴稚晖、石瑛复电,以便接车。(《民立报》1913年1月3日,"南京电报")去年返国经过英国时,与吴稚晖、石瑛共同致力于与英政府及银行团接触,吴、石后返,当时已抵达上海。后二人于4日抵达南京。

　　△　湖南都督谭延闿来电，建议如南北谈判破裂，则不再列议。电文指出"敌军当溃败劫掠之余，无复纪律，无端寻衅，破大局事必有之，且袁氏狡谲，满廷号令不一，肆意妄为，亦所不免，乞严与唐使交涉。如谈判决裂，此后请勿再与列议，免使文明民军扩日持久，不能收一举荡平满虏之功，早向共和之幸福"。又要求"南京代表既到十七省，此后纵召集国民会议，满廷不得再派此十七省之人，名额亦必按省平均"。（观渡庐编：《共和关键录》第 2 编，第 162—163 页）共进会江西支部彭素民、陈拯、刘人炯、黄格鸥等来电，反对与袁世凯议和，指出"既多省与举总统，即已决共和，毋许虏支吾"。（《民立报》1912 年 1 月 4 日，"恭贺孙大总统电报"）报载中华共和宪政会来电，以"共和国体，无可再决"，要求袁世凯饬属由民设之新旧政团各选一人，复选到会，不能由清廷各督抚自派。同时民军各省尤须一致。（《申报》1912 年 1 月 2 日，"公电"）

　　△　江北都督蒋雁行来电，报告敌情：徐州徐占凤奉清廷电调北上，所遗马、步各营已由张勋派员接统；徐州北方韩庄地方有清廷第十七标统领率步队一标，马、炮各一营，工程、辎重、卫生各二队，兖州镇防营一营；韩庄西南郯庄驻有步队一营；庞家渡、沙沟、林城均驻有敌军，兵力未详；敌军稽查搜索极为严苛。（《民立报》1912 年 1 月 4 日，"专电"）

　　△　容闳来函，指出除美国之外，英、日、俄、法、德均为掠夺性国家，"无一是完全对共和国友善者"。建议应建立具有一定规模之军队，推荐荷马·李前来帮助，并建议挑选有经验的能干的美国人以纯咨询之资格，担任各内阁成员及部门首脑的助手或顾问，以美国为最宜寻求外国贷款之地。容闳推荐其子容觐槐为新政府效力，告以容觐槐在纽约国际金融机构以及国家城市银行等均有朋友，可以期待签订一个有利于共和的贷款，恳望明确电告希望在纽约贷款之数目，能支付的利息及能提供之担保，以便令容觐槐进行工作。（邓丽兰：《临时大总统和他的支持者》，第 14—15 页）容觐槐同日也来函，表示愿

以任何资格在美国或回国为共和国效力,并介绍自己的履历如下:容闳之子,耶鲁大学 1902 班毕业生,机械工程师,拥有制造业管理之十年实践经验;三十二岁,未婚;在纽约银行家中有一些关系,曾在纽约国民志愿军机动地面部队服役三年,愿意在军队里服务。(邓丽兰:《临时大总统和他的支持者》,第 16 页)

　　△　共和建设会来电,对于改用阳历事,要求"商界收账暂照旧历,以安市面"。(《民立报》1912 年 1 月 3 日,"公电")商界人士要求"惟念各商业向例于阴历年终结账,设骤改章,实于商务大有妨碍。故拟请即通电各都督转饬商会晓谕商户,以新纪元二月十七(即阴历除夕)作为结账之期,嗣后即照阳历通行"。(《宣布除夕结账之电文》,《申报》1912 年 1 月 9 日,"本埠新闻")共和建设会此电即反映此意,后临时政府作出妥协。

　　△　报载广东统制龙济光来函,表示赞成北伐,但所率军队现仅五千人,拟先练精锐一万人,惟饷械缺乏,请求筹商示复;自己日内即有钦廉之行,一俟将内政、外交部署安定,将军队组织完善,即当拔队赴沪。(《申报》1912 年 1 月 2 日,"要闻")

　　△　各地发来电报,祝贺担任临时大总统和改用阳历。扬州北伐各军及军政分府职事人员来电,再提昨日公举徐宝珍接任扬府军政分府一事,并告今日为补祝元旦庆典,官兵皆赞同徐宝珍为扬州军政分府。(《民立报》1912 年 1 月 5 日,"专电")宿迁民政长陈杭来电,告已遵电改元,并升旗庆贺。(《申报》1912 年 1 月 3 日,"公电")报载巴城华侨书报社、爪哇坚时埠华侨杨仲明、华侨黄上驹、纽西仑至公党、福字敢死队司令长刘福彪、旅赣粤人等来电,祝贺当选临时大总统。(《民立报》1912 年 1 月 2 日,"恭贺孙大总统电报";《申报》1912 年 1 月 2 日,"公电")共和促进会来电祝贺改元,表示"今日为全球之元旦,为我大总统履新之元旦,即中华共和之元旦"。(《民立报》1912 年 1 月 2 日,"恭贺孙大总统电报")《少年中国晨报》刊登评论,祝贺当选临时大总统。评论云:"孙先生自少龄膺新教,慕其原理,去其迷信,认定基督所以流血

救世者,非救美善之众生,实救罪恶之众生。非建来世尚光无凭之天国,直建现在庄严安乐之天国……孙先生能洞悉革命之原理,研究革命之历史,始终实行革命之事业,出百死而一生,履万险而如夷,为我中华民国之原动力,开我中华民国之大纪元,舍孙先生其奚属也。"(《庆中华民国举孙总统之得人》,《少年中国晨报》1912年1月2日,"笔权")

1月3日(辛亥年十一月十五日)　提经各省代表会通过《中华民国中央政府行政各部及其权限》。

该文件规定,中央政府设置陆军、海军、外交、司法、财政、内务、教育、实业、交通九部,部长更名为总长。("中华民国"史事纪要编辑委员会编:《中华民国史事纪要(初稿)——一九一二年正月至六月》,第26页)

△　提出国务员名单,由各省代表会通过,中华民国临时政府组成。

各部总、次长为:陆军部总长黄兴,次长蒋作宾;海军部总长黄钟瑛,次长汤芗铭;司法总长伍廷芳,次长吕志伊;财政总长陈锦涛,次长王鸿猷;外交总长王宠惠,次长魏宸组;内务总长程德全,次长居正;教育总长蔡元培,次长景耀月;实业总长张謇,次长马君武;交通总长汤寿潜,次长于右任。致电陈其美,要求告知在沪的伍廷芳、王宠惠、陈锦涛、程德全、蔡元培、张謇、于右任等人,并派专车护送到南京就任。(《致陈其美电》,《孙中山全集》第2卷,第7页)南京临时政府遵循现代宪政体制下的"议行分离"原则,西方现代政治制度的基本要素,即宪法、国会、总统、内阁,均以特殊形式施行,依据《中华民国临时政府组织大纲》施行政府运作。《中华民国临时政府组织大纲》确定了中华民国的基本政治体制,仿效美国政治体制,实行三权分立原则,并成为后来制定《中华民国临时约法》的基础。根据《中华民国临时政府组织大纲》,临时大总统在国家政权中负有实际政治责任,行使国家最高行政权。在复议、统军、宣战、媾和、缔约等重要权力的行使上,临时参议院虽然具有同意权对总统加以限制,但并不具有对总统的弹劾权和实际上的制约权。临时大总统以总统府作为办事机构,下辖陆军、海军、外交、司法、财政、内务、教育、实业、交通等九个行政部和法制、印铸、铨叙、公报等四个直属局,并以参谋本部为总统直辖的军事统帅机构。所提临时政府国务员人选名单,曾在革命党中曾经讨论,初提黄兴长陆军、黄钟瑛长海军、王宠惠长外交、宋教仁长内务、陈锦涛长财政、伍廷芳长司法、汤寿潜长交通、张謇长实业、章炳长教育,有一派反对宋教仁、王宠惠、章炳麟,又主张伍廷芳改长外交。宋教仁主张初组政府,“须全用革命党,不用旧官僚”,黄兴建议采取“部长取名,次长取实”的建议,进行调整和妥协,改程德全长内务,蔡元培长教育,伍廷芳与王宠惠对调。乃以内务、教育两部依黄兴建议,外交、司法两部不变更。(居正:《辛亥札记》,武汉大学历史系中国近代史教研室编:《辛亥革命在湖北史料选辑》,第172—173页)以胡汉民为总统府秘书长。新政府实际由革命党人主导,张謇、汤寿潜仅一度就职即出住上海租界,程德全于租界卧病,伍廷芳因负责议和不管部务,陈锦涛主要经营借款,亦常居租界。故五部悉由次长代理,部长中实际负责者只有黄兴、王宠惠、蔡元培。黄兴兼参谋总长,军事全权集于一身,成为实际上的各部领袖。(《胡汉民自传》,《近代史资料》总45号,第56—57页)

　　△　依据《临时政府组织大纲》第七、八两条规定,通电各省各派议员三人组织参议院。因交通问题,各省参议员未能克日到宁,依照《临时政府组织大纲》第十六条规定,参议院未成立以前,暂由各省都督代表会代行其职权,除星期日停议及特别开议外,每日举行会议两小时。(平佚:《临时政府成立记》,《东方杂志》第8卷第11号,1912年5月1日)代理参议院基本具有议会的性质,主要行使以下职权:选举副总统;通过临时大总统对各部总长的任命;修正《临时政府组织大纲》;议决《中央行政各部及其职权案》《中华民国军需公债章程》等;着手起草《临时约法》;对政府的质问案。

△　电复上海商务总长王震，以骤然改历于商界结账不便，同意仍以 2 月 17 日即旧历除夕为结账之期。电称："中华民国纪元改用阳历，前经颁布。惟念各商业向例于阴历年终结账，设骤改章，恐有妨碍。祈即知照各处商会，仍以新纪元 2 月 17 日即旧历除夕，为结账之期。"（《申报》1912 年 1 月 9 日，"本埠新闻"）①商界和民间传统上以旧历结算，每年的端午、中秋、年终是商业结算的主要时间，改元令下之时，商界提出折衷要求，上海商务总长王震指出"设骤改章，实于商务大有妨碍，故拟请即通电各都督转饬商会，晓谕商户，以新纪元二月十七（即阴历除夕）作为结账之期，嗣后即照阳历通行"。（《宣布除夕结账之电文》，《申报》1912 年 1 月 9 日，"本埠新闻"）故有此复。

△　致电黎元洪，电告"今日参议院选举副总统，经全数投票举我公充任，共庆得人，谨为民国前途贺"。（孙中山：《致黎元洪电》，《孙中山全集》第 2 卷，第 6 页）是日上午各省代表会选举临时副总统，黎元洪得全票当选。

△　致电旧金山中华会馆转南北美洲各埠，公布副总统及各部总次长名单，并通知改历。电文为："转南北美洲各埠：副总统：黎元洪；陆军部长黄兴、副蒋作宾；海军部长黄钟瑛、副汤芗铭；司法部长伍廷芳、副吕志伊；财政部长陈锦涛、副王鸿猷；外交部长王宠惠、副魏宸组；内务部长程德全、副居正；实业部长张謇、副马君武；交通部长汤寿潜、副于右任；教育部长蔡元培、副景耀月。纪元改用阳历，废阴历，以辛亥十一月十三日为中华民国元年元旦，定于阳历元月十五日补祝新年。总统孙文。江。"（《中华民国公布》，《少年中国晨报》1912 年 1 月 4 日，"本报专电"）

△　晚，收到袁世凯来电，表示"君主、共和问题，现方付之国民

---

①　该电《孙中山全集》第 2 卷题为《致各省商民电》，标注时间 1912 年 1 月 8 日为《民立报》发表时间。刘路生据《申报》1912 年 1 月 9 日刊发的同一电文末明确有"总统孙文。江"，考证其时间为 1 月 3 日。参阅刘路生：《〈孙中山全集〉〈国父全集〉1912 年佚文异文考略》，《中山大学学报论丛》2000 年第 3 期。

公决,所决如何,无从预揣。临时政府之说,未敢与问。谬承奖诱,惭悚至不敢当"。(《袁世凯来电》,《申报》1912 年 1 月 6 日,"要闻")

△ 康德黎来函,祝贺当选临时大总统。来函表示:"没有人能取得更伟大的成就,但我们相信您能如此,并为此而高兴。这儿的每一个人开始和我们更轻松地谈起您。他们感觉更加轻松。您的出现第一次令他们大吃一惊。"希望"袁世凯放聪明些帮助您。帝制拥护者们应该投降以免流血。中国将会统一,更繁荣幸福。"表示"为您回国受到热烈的欢迎、终于获得您应该达到的成功以及将摆脱近半个世纪以来的悲惨处境的亿万人民强烈的感激之情而高兴。"在信中介绍了打算前往中国经营照明电器的哈利肯,希望给予特许证。(邓丽兰:《临时大总统和他的支持者》,第 90—91 页)

△ 广西正、副都督陆荣廷、王芝祥来电,告知广西省派马君武、章勤士、朱文劭三人为参议员,委任状随即邮寄,请先为承认。(《申报》1912 年 1 月 12 日,"公电")

△ 广东潮州军政处许无畏、陆晏如、萧歠吾来电,请求"坚守盟词,勿惑浮议,董率将士,进讨北虏。至于内政外交,自有主权。鼎革之初,宵人竞进,群口肆咻,勿蛊凶危之名,当防安佚之渐,深慎鸿业"。(《民立报》1912 年 1 月 6 日,"专电")

△ 庐州军政分府孙万乘来电,报告因袁世凯由皖北进兵,意图占据长淮,庐州军政分政已饬参谋部长刘文明率兵驰往颍州、寿州,相机防堵,请求速拨劲旅前往协助。(《民立报》1912 年 1 月 8 日,"专电")

△ 报载锡金军政分府秦毓鎏来电,告以即日设坛奠祭,以慰英灵。(《民立报》1912 年 1 月 3 日,"恭贺孙大总统电报")

△ 报载少年中国会自爪哇来电,报告为临时政府筹款情况,告以"现汇四百磅〔镑〕,前汇港千三百磅〔镑〕,统祈速赐债票"。(《民立报》1912 年 1 月 3 日,"恭贺孙大总统电报")砰特乾书报社亦来电,告已汇款四千元,请求速复。(《民立报》1912 年 1 月 3 日,"专电")

△ 报载兴化安立间会、杭州基督会、江阴民党、澳洲雪梨义兴

会梅东星、雪梨埠华侨、萨克满多致公堂、加拿大香山福善堂来电,祝贺当选临时大总统(《民立报》1912 年 1 月 3 日,"恭贺孙大总统电报";《电贺孙总统汇录》,《少年中国晨报》,1912 年 1 月 10 日,"本埠新闻")

1 月 4 日(辛亥年十一月十六日)　致电袁世凯,表示"推功让能"之意。

晨,致电袁世凯,重申《临时大总统誓词》中所言,实现共和后,将"推功让能",如袁能够实现清室和平退位,则当推让袁氏。电云:"文不忍南北战争,生灵涂炭,故于议和之举,并不反对。虽民主、君主不待再计,而君之苦心,自有人谅之。倘由君之力,不劳战争,达国民之志愿,保民族之调和,清室亦得安乐,一举数善,推功让能,自是公论。文承各省推举,誓词具在,区区此心,天日鉴之。若以文为有诱致之意,则误会矣。"(《民立报》,1912 年 1 月 6 日,"紧要电报";《孙总统与袁世凯来往要电》,《申报》1912 年 1 月 6 日,"要闻")①

△　致电广东都督陈炯明,要求速出粤军北伐。

电文云:"中央政府成立,士气百倍,和议无论如何,北伐断不可懈。广东民军勇敢素著,情愿北伐者甚多,宜速进发。"又分电各省,以倾覆满清在此一举,要求各省务早添派军队联同北伐。(《粤东之北伐热》,《天铎报》1912 年 1 月 15 日,"中外大事")

△　再致电伍廷芳、温宗尧、王宠惠、汪精卫,"请每日将议和事详细电知"。(《孙中山为请将议和详情逐日回电事致外交部电》,中国第二历史档案馆编:《南京临时政府遗存珍档》第 1 卷,第 122 页)

△　陈炯明来电,告已电派王宠惠、薛仙舟、赵士北三君为广东省参议员。(《民立报》1912 年 1 月 6 日,"公电")后因王宠惠改任外交、薛仙舟组织中央银行,19 日,陈炯明电告改派钱树芬、丘逢甲任参议员。(《广东都督电》,《申报》1912 年 1 月 21 日,"公电")

△　旅沪广东团体、广肇公所、潮州会馆来电,指出武昌起义后,

---

①　该电《孙中山全集》第 2 卷误为 1 月 2 日。据《申报》,电文末有"孙文叩。支。(元月四日发)"。(《孙总统与袁世凯来往要电》,《申报》1912 年 1 月 6 日,"要闻")

伍廷芳为中外所信任,被举为外交长、议和全权代表。今新政府甫成,未以伍执掌外交,希望仍由伍担任,以释群疑。(《申报》1912年1月5日,"要闻")

△　美国人罗兰·摩根来函,告知1910年10月曾办过一个《观察者》(The Watchman)周刊,支持中国的革命事业,但因伯克贝克银行董事指控其犯诽谤罪,因而倒闭,现法院撤销起诉,并命令调查所受损失。罗兰·摩根来函表示希望建立联系。(邓丽兰:《临时大总统和他的支持者》,第96—97页)

△　报载民党进行社来电,告以苏州盗匪猖獗"军警推诿,无一用命,请速维持"。(《民立报》1912年1月4日,"专电")

△　报载松江军政府司令长钮永建等、松江同盟会张鲁、民党进行社、南洋马吉朗埠全体华侨、巴达事务社、坤甸图存、利玛格苏中国侨民公会、李月池、萧竺史等来电,祝贺当选临时大总统。(《民立报》1912年1月4日,"恭贺孙大总统电报")

1月5日(辛亥年十一月十七日)　发表对外宣言书,向各国公布临时政府外、内政策之八项原则。

八项原则为:(一)凡革命以前所有清政府与各国缔结之条约,民国均认为有效,至于条约期满而止。其缔结于革命起事以后者则否;(二)革命以前,清政府所借之外债及所承认之赔款,亦承认偿还之责,不变更其条件。其在革命军兴以后者则否。其前经订借、事后过付者亦否认;(三)凡革命以前清政府所让与各国家或个人之权利,民国政府亦照旧尊重。其在革命军兴后者则否;(四)凡各国人民之生命财产,在共和政府法权所及之域内,一律尊重而保护;(五)当竭尽心力,定为宗旨,期建国家于坚定永久基础之上,务求适合于国力之发展;(六)必求所以增长国民之程度,保持其秩序,立法以国民多数幸福为标准;(七)凡满人安居乐业于民国法权之内者,当一视同仁,予以保护;(八)更张法律,改订民、刑、商法及采矿规则;改良财政,蠲除工商各业种种之限制;信教自由。(《孙大总统对外宣言书》,《天铎报》1912 年 1 月 6 日,"代论")该文件分送各国驻华外交使团和报纸编辑部,其英译文载 1 月 6 日《字林西报》。但英国驻华报界反应极其冷淡。《北京每日新闻》发表题为《共和政府发表宣言。谋求各国的承认。宣言未达目的》一文,对南京政府为争取各国的承认所作的努力提出异议,指出:"宣言的影响不大,因为人们认为,共和政府尚须用事实证明,它是否有资格取得国际法惯例范围内的认可。"(齐赫文斯基著、丁如筠译:《孙中山的外交观点与实践》,《国外中国近代史研究》第 4 辑,第 21 页)

△ 发布《劝告北军将士宣言书》,再申政体解决后逊位待贤,望北军将士勿再效忠清廷。宣言指出:"义师之起,应天顺人,扫专制之余威,登国民于衽席,此功此责,乃文与诸同胞共之者也。如其洞观大势,消释嫌疑,同举义旗,言归于好,行见南北无冲突之忧,国民蒙共和之福。国基一定,选贤任能,一秉至公。南北军人同为民国干城,决无歧视。我诸同胞当审斯义,早定方针,无再观望,以贻后日之悔。"(《劝告北军将士宣言书》,《临时政府公报》第 1 号,"令示")

△ 致函张謇请求出席新政府各部总长委任仪式。告以所推举主持南京临时政府各部的陈锦涛(主持财政部)、蔡元培(主持教育部)昨日晚间已到,王宠惠(主持外交部)今日亦来,惟内务总长程德全因病、司法总长伍廷芳正在进行议和工作,请求张謇于午后 3 时到场。(张孝若:《南通张季直先生传记》,第 170 页)

△ 复电上海广肇公所,告以伍廷芳等任事,表示"民国新立,司法重任非伍公不可。至议和事,伍、温二公仍为议和全权代表"。(《天铎报》1912 年 1 月 6 日,"公电")

△ 下午 2 时,与中国社会党女党员林宗素谈话,对于林承认女子有完全参政权之要求,表示异常欣慰,承诺"将来必予女子以完全参政权,惟女子须急求法政学知识,了解平等自由之真理",并表示将力为保护林所拟办的法政讲习所。对于林所询问"本党女党员若联络上书要求参政,能否有效力?"答复表示承认并尊重,并同意林将此

态度公布以为他日之证据。谈话进行了二十五分钟。(《女子将有完全参政权》,《申报》1912 年 1 月 8 日,"要闻")林由上海到南京,代表女子参政同志会求见,介绍发起参政同盟会情况,(《女子参政同盟会草章》,《神州日报》1911 年 11 月 30 日,"来件";《社会党本部转各报报馆》,《神州日报》1912 年 1 月 8 日,"共和民国之紧要电报")

△　致电巡防沪军营统带王云华,对沪军管带王锡均在上海光复中牺牲表示哀悼。电文云:"沪军王锡均管带,前光复上海时,力战殉国,勇烈可敬。"(《致王云华电》,《孙中山全集》第 2 卷,第 13 页)

△　王宠惠来电,请另选任外交总长,表示"当民国艰难缔造之时,对外交涉关系甚大,非于外交富有经验之人,不能胜任。浅识如惠,即使一时为服务观念所迫,勉强担任,亦恐力不称职,贻误邦交"。(《申报》1912 年 1 月 5 日,"要闻")

△　漳州司令官刘蔚来电,力主北伐。电文称:"近日袁贼行阴险手段,外主议和,内增兵力,老我士气,离间民心,临时国会之招集,迁延时日,罔上空谈。吾辈军人只知持铁血主义,达共和目的。今民国已立,总统有人,满胡残虏已无招集国会之权,诸公早定大计,直捣贼巢,倘有汉奸辈倡议君主者,惟暗杀之。北伐,北伐,纵以吾辈之血染成民国地图,亦所不惜。"(《民立报》1912 年 1 月 7 日,"专电")

△　安徽省临时议会来电,告以临时议会于 1 月 4 日成立。(《申报》1912 年 1 月 7 日,"公电")

△　报载淮北票商瑞源、裕源等来电,反对张謇辞去总理盐政职务,请求慰留。电文表示张謇"名誉夙著,于两淮盐务,尤为熟悉。且两淮关系重大,非有情形熟悉,智虑宏深之人,何能胜任。淮北盐政非季公不敢认可,乞速慰留,以符众望"。(《民立报》1912 年 1 月 5 日,"专电")

△　美国旧金山中华会馆来电,报告筹款事宜。1911 年 12 月底曾在上海致电请求筹款,(《孙文电中华筹款》,《世界日报》,1911 年 12 月 29 日,"紧要新闻")本日中华会馆复电,告知"现正开募粤债,订加五,

由粤还。若双方并行,恐无大效。闻胡都督在宁,请与妥商。抑将中央债票寄来,设法分沽,较易着手"。同时报告已遵示改历。(《中华致孙总统电》,《少年中国晨报》1912 年 1 月 6 日,"本埠新闻")

△ 各地续有贺电发来。

美国夏威夷华裔小学生 Chin-Qi Wong 来函,祝贺当选临时大总统,表示她和她的姑妈惠特曼小姐制作绷带、卖纪念章收入三美元,希望能送给生病的士兵,并希望"战争会很快永远停止,新中国所有的小男孩和小女孩都幸福。"(《王青奇(Chin-Qi Wong,夏威夷)函》,《海外友人致孙中山信札选(一)》,《民国档案》2003 年第 1 期,第 3 页)

罗伯特·诺布尔(Robert W. Noble)自加拿大多伦多来函,祝贺当选临时大总统,并提出金融合作的建议,提议每次发行货币,给他们 1% 的提成,为期三年,每次所得不用再支付利息;或就货币年流通总量,给他们 3% 的提成,为期二十年,3% 的提成支付后,该所得不用再支付利息。由此得到的收入,三分之二将用在中国。新政府可把这笔钱用来种植橡胶林和各种果林、灌溉土地、修建水坝、修建公共工程及民用住房,请求派人或通过驻美公使与其联系。(《海外友人致孙中山信札选(一)》,《民国档案》2003 年第 1 期,第 4 页)

报载泰州共和会发来贺电,祝贺当选临时大总统。(《民立报》1912 年 1 月 5 日,"贺电")

1 月 6 日(辛亥年十一月十八日) 接见《大陆报》记者,阐述临时政府内阁人选、厘金、币制、改革、废除领事裁判权、南北议和、对外关系等各方面政策。

谈话中表示"组织新政府近已日渐进步,内阁诸员,除伍博士及王宠惠两君外,其余均已受任,昨日已开第一次会议分别办事矣"。对外间以伍廷芳为司法总长的疑虑,表示"外人皆以伍博士为外交之才,而自吾人视之,其律学更优于外交也。伍博士前曾编订新律,今将略加修改而采用之。余意伍博士此职实处内阁最要地位,夫外务卿诚关系重要,然吾人如得一卑斯麦或拿破仑为外务卿,亦非俟修订法律之后,不能有所作为。盖修订法律为第一要举,必有良美之法制,而后外务部始能有所成就也"。对内阁成员——列举其所长。对于新政府之组织,表示"目下正在简举人员,惟并无大更动。必须旧任官员确不能胜任者,始易之。余则仍将照旧"。对于改革政策,表示"今日谈此似犹过早,吾人应为之事甚多,其政策将由内阁决之"。对于厘金、币制、领事裁判权等,表示厘金应当裁撤,币制改革应当缓行,领事裁判权应当撤废。对于时局,表示"上海已开议媾和","民军如不得已,仍将续行开战"并言有十万军队,现驻广东,"此辈皆能战者,一旦身临疆场,则扫敌如摧枯矣"。对于记者告以日本政府恐引起本国之革命,故反对中国建共和政体,笑而不答,反问记者"各国对于承认共和之态度如何"。并告记者,"英已预备承认共和,从前虽有英国将从日本所为之说,惟此已为过去之事。今则日本将从英国之所为矣。且日本政府与吾人颇有友谊,必不反对也"。对于建都,表示南京将作永远之都城。对于记者所询何时可解付赔款,答以"已以海关入税抵解"。(《纪孙总统之谈话》,《申报》1912 年 1 月 8 日,"要闻")向《大陆报》记者解释以伍廷芳出任司法而不是外交的原因,指出"本政府派伍博士为法部总长,并非失察。伍君固以外交见重于外人,惟吾华人以伍君法律胜于外交。伍君上年曾编辑新法律,故于法律上大有心得,吾人拟仿照伍君所定之法律,施行于共和民国。夫外交本为一国最要重政策,第法律尚未编定,虽有俾斯麦、拿破仑之才,掌理外交,亦将无用。中华民国建设伊始,宜首重怯律,本政府派伍博士任法部总长,职是故也"。(《天铎报》1912 年 1 月 8 日,"革命风潮别报")

　　△　将总统府庶务长缪思敬交由江苏都督庄蕴宽正法。缪思敬被控招摇撞骗,于本日在江苏都督府宣布罪状,按军法处以极刑。(《南京近事录》,《时报》1912 年 1 月 10 日,"地方要闻")

　　△　接见临淮民军总司令林述庆,对其请求裁撤临淮总司令职及呈北伐计划,嘱与黄兴商讨。(毛注青编:《黄兴年谱》,第 162 页)

　　△　湖北军政府来电,报告军政府都督暨各都、协、人员议决:民

国中央政府应以美国宪法为标准,大总统总握大政,其下只有国务卿,不得设内阁总理。国务卿应照美国宪法,由大总统提议,会同各省新举之参议员协定,凡前在保皇党及清政府、君主立宪之著名党员,不得任用为国务卿及局长。(《民立报》1912 年 1 月 15 日,"总统府电报")

△ 上海、广东等地来电要求北伐。上海都督陈其美来电报告袁世凯、张勋购置军械,意将南下,请速筹北伐,并接济扬州民军枪械。(《陈其美为转扬州徐宝山电据闻袁张购械意将南下请速筹北伐并接济枪械事致大总统等电》,中国第二历史档案馆编:《南京临时政府遗存珍档》第 1 册,第 138 页)广东省参议会来电请拒绝和议,速行北伐。(《广东省参议会为请拒绝和议速行北伐事致大总统等电第陆号一九一二年一月六日》,中国第二历史档案馆编:《南京临时政府遗存珍档》第 1 册,第 136 页)陈炯明来电,告以云南所派北洋招抚使曲同丰昨已抵粤,拟日间北上,先至南京晋谒,特为介绍。(《民立报》1912 年 1 月 8 日,"公电")

△ 蒋雁行来电报告敌情:山东第五镇驻徐州以北之韩庄约一混成协,但闻该协有归民军之意;张勋现住徐州火车站,军需由段书云暂借,但兵士均无斗志;近日由北京运来进口毛瑟枪一千杆、子弹五千粒。指责张勋逗留不去,有违条约。(《民立报》1912 年 1 月 8 日,"公电")

△ 广肇公所、潮州会馆等来电,表示本帮认借之款遵电随收随交伍廷芳代解。(《民立报》1912 年 1 月 7 日,"公电")

△ 扬州商会来电,要求在徐宝山率师北伐期间,淮扬里下河一带,仍以其统筹兼顾。(《民立报》1912 年 1 月 6 日,"专电")

△ 统带王云华来电,为该营管带王锡均在光复上海时殉难报国,承赐唁电,代表全体军人表示感谢。(《申报》1912 年 1 月 7 日,"公电")

△ 报载烟台军政府等来电,告以举定倪承璐为烟台代表,前赴南京。(《民立报》1912 年 1 月 6 日,"公电")

△　报载扬州民政长李坚来电,对于两淮盐政总局设立于南京,淮南、淮北中心点之扬州没有统辖办事总机关表示不安,"今如报纸所传,不独地方激变,军备无着,北伐徒区区月饷亦无以支",要求一切暂仍其旧,办事机关应仍设于扬州,将来逐渐改良。(《民立报》1912年1月5日、1912年1月6日,"专电")

△　海外人士来函,表示支持或提出建议。

美国人布思来函,祝贺当选临时大总统,信中提到"美国公众舆论对您非常友好。而您慎重的对外宣言书又加强了对您的关注和对您的友好情绪。我曾鼓励我所能影响的新闻界对您作出支持,对您的政党的成就做有利的解释,甚少或没有不利的批评"。并想孙中山提供了一篇晚报的剪报。(邓丽兰:《临时大总统和他的支持者》,第57—58页)

欧美金融发展公司(E. A. F&D Co)总裁詹姆斯·戴德律(James Deitrick)来函,附寄一册《华盛顿国会的行动》(*The Act of Congress at Washington*),"以表达作为民族国家的美利坚对富有爱国主义精神的中国人民所努力得到的成就的祝贺,且尽可能早地承认中华民国作为国际大家庭的一员"。信中提到自己一直与程璧光及海圻舰保持密切联系,会将其任何秘密行动以电报告知,希望能够与吉斯·格兰特(前总统格兰特的儿子)一同为孙中山效力。(邓丽兰:《临时大总统和他的支持者》,第62—63页)

美国人佛莱德(Fred)来函,提到梦中有个小女孩要他帮助画出中国国旗的设计图,以太阳代表东方,火焰代表自由,太阳的光芒代表各省,国旗的红色代表中国人民为自由所抛洒的热血。(《海外友人致孙中山信札选(一)》,《民国档案》2003年第1期,第4页)

美国友人何亚梅(伊丽莎白·西维尔)来函,提醒蒙古在俄、日支持下,可能会带来新的麻烦和破坏,表示不愿意看到中国"分裂成天知道的众多的小国",并推荐自己的儿子为孙中山工作。(邓丽兰:《临时大总统和他的支持者》,第178页)

△ 《少年中国晨报》载美国各地同盟会等组织贺电。计分别有委林陌同盟会、委林陌埠刘希圣、谭成麟、黄宗略、朱会文等人、努约同盟会、拨仑中华会馆、拨仑同盟会、拨仑华人耶稣教联合会等。(《贺孙总统电汇录》,《少年中国晨报》1912 年 1 月 6 日,"紧要新闻")本日报载各地贺电,致电者有扬州共和建设会、澳洲南新威尔士徒密埠华侨、谈满光、何崇安、李亚澳、李步雒等个人。(《民立报》1912 年 1 月 6 日,"贺电")

△ 《北华捷报》报道,"昨晚由一百位革命领导者参加的宴会在汇中饭店(the Palace Hotel)举行,庆祝孙逸仙当选为总统"。("The Republic of China","*The North-China Herald*", Jan. 6, 1912, "Miscellaneous", "The Revolution in China")

1 月 7 日(辛亥年十一月十九日) 致电黎元洪,详述用兵方略。

电中指出现在"当以鄂、湘为第一军,由京汉铁道进;宁、皖为第二军,向河南进,与第一军会于开封、郑州之间;淮阳为第三军,烟台为第四军,向山东进,会于滦州、秦皇岛;合关外之兵为第五军,山、陕为第六军,向北京进。一、二、三、四军既达第一之目的后,与第五、六军直指敌。连日内据探报,敌假议和而集重兵,力图取江淮,系分三路,一由亳州,一由徐州,一由颍州等情。南京之兵,已陆续开赴前敌。尊处如探得敌以退兵为名,意图南下,务望紧逼敌军,以牵制其兵力。并一面电饬黄州及阳逻各军,抄击其左侧,是为至要。"(《复黎元洪电》,《孙中山全集》第 2 卷,第 14—15 页)

△ 会见日本参谋本部派遣来华的古川岩太郎、本庄繁,表示中国革命需要依靠日本,并说要修正以往从英、美、法招聘军事顾问的计划,以后的军事指导完全委托给日本。(段云章编著:《孙文与日本史事编年(增订本)》,第 242—243 页)

△ 将国旗标本、陆军旗帜、军服图样颁发各省。(《大总统规定陆军服制》,《申报》1912 年 1 月 7 日,"本埠新闻")

△ 安徽都督孙毓筠来电,提出北伐方略,针对袁世凯军会合重

兵威逼南京的计划,提出:"我军作战计画应得统一,拟请电饬在鄂诸军奋力进攻,麼彼入武胜关,既谋制汉阳之敌军,而各省又分途并进,使彼无暇他顾。"来电指出,保卫南京必先保卫安徽,应部署重兵,同时速攻徐州,直捣济南,由襄阳进规宛、洛,再以海军护送沪、闽之军,一路由烟台攻济南,一路由秦皇岛进逼直隶,联合秦皇岛、湾州民军,直入北京,可定大局。(观渡庐编:《共和关键录》第 2 编,第 168—169页)

△　江西都督马毓宝来电,告以定于 1 月 7 日回南昌,已在九江行辕设立卫戍司部,派朱汉涛为司令官,嗣后来电请与南昌直接联络。(《民立报》1912 年 1 月 9 日,"专电")

△　广东民主政党本部来电,祝贺当选临时大总统。(《申报》1912 年 1 月 16 日,"要闻")报载爪哇亚打顿华侨虞和寅发来贺电。(《民立报》1912 年 1 月 7 日,"贺电")

△　美国海关检查员安德鲁·史文森来函,回顾与孙中山以前的交往,表示"我本人也是个革命者,我一直观察着迅速影响世界的正在发生的事情的趋向。我最渴切的希望将要实现,所有的国家将要睦邻相处。那时种族、肤色、宗教及过去所有的偏见将要被消灭,那时人类会自由生活。我希望你将来会成功,愉快会补偿你过去的忧虑、辛劳、所受的迫害"。(邓丽兰:《临时大总统和他的支持者》,第 66 页)

1 月 8 日(辛亥年十一月二十日)　与黄兴一同会见日人犬养毅、头山满、宫崎寅藏、萱野长知。

犬养离日赴华前,特访日本内阁总理大臣西园寺公望,西园寺告以日本不干预中国采取政体形式,但外务大臣内田康哉表示中国行共和政治对日本不利,必须反对,"必要时,日本将以武力维持中国的君主政体"。犬养反对内田的方针,特请寺尾亨、副岛义一和松本康国同往中国。(陈鹏仁:《孙中山先生与日本友人》,第 33—35 页)本日会见时,对头山满等劝孙不入北京、请袁世凯来南京的建议,表示赞同。对犬养毅告以内田外相意图,并提出"大同联合论",认为须联合岑春煊、康有为、段祺瑞以对抗袁世凯,表示"不能跟这两个人合作"。(段云章编著:《孙文与日本史事编年(增订本)》,第 243 页)寺尾亨、副岛义一是日本著名法学家,受委任为南京临时政府顾问,工作主要是针对《临时政府组织大纲》之后的一系列法律文件提供法律意见,《临时约法》的最后制定与二人有关,此外还为临时政府的其他工作提供相关法律意见。(刘耀:《日本顾问与南京临时政府的法制建设——以寺尾亨、副岛义一的学术背景为中心》,《暨南学报》2012 年第 8 期)

　　△　与三上丰夷商讨建立中央银行事宜。

　　晚,会见日人三上丰夷,交谈至 12 时。三上丰夷于 7 日从日本抵达上海,本日抵达南京。三上表示,若欲强化临时政府,整理财政为莫大之急务,日本元老愿提供财政处理方法,孙答:"余现在正与英美之资本家进行交涉,对贵国元老亦不曾忘怀。贵国元老若能明了临时政府之处境,望十日内先通融一千万日元为盼。如此急迫之要求,恐终究亦难办到,但贵国元老若予以同意,当亦不难生出融通之途。"并询问三上丰夷所携提案之具体内容。三上提议,以筹措军为目的,设立中央银行,筹集武器。据三上记叙,孙对日本的菲薄怠慢耿耿于怀,且以为当地志士集团皆属在野,不可凭赖,当场表示"尚不能承诺"。(李廷江:《日本财界与辛亥革命》,第 207—209 页)

　　△　令各军划一发饷日期。

　　通谕各军,因农历十一月十三日业已改为中华民国元年元旦,所有黄帝纪元四千六百另九年十一月初一日起至十二日止共十五天的各军薪饷,由各营队长官核明发给。以后即以元年元旦为始,满月发放,以归一律。同时命令沪军都督迅即筹款,按营核给。(《划一发饷日期》,《申报》1912 年 1 月 10 日,"本埠新闻")

　　△　批准发行中华民国军需公债。

　　经临时参议院议决,批准发行中华民国军需公债,定额为一亿元,以充临时军需及保卫治安之用,由财政部发行,分派各省财政司劝募。(《中华民国军需公债章程》,千家驹编:《旧中国公债史资料》,第 33 页)

此公债于 2 月 2 日发行,但只售出 73 万余元。(《旧中国的公债统计表》,千家驹编:《旧中国公债史资料》,第 366 页)

△　湘桂联军总司令部沈秉堃来电,表示所部已驻扎靠近蔡甸、马鞍山、黄陵矶一带,未到军队可陆续到齐,作战事宜均已准备,一俟通告和议决裂,即可作战。(观渡庐编:《共和关键录》第 2 编,第 153 页)

△　孙毓筠来电,报告北洋军朱家宝、倪嗣冲、张勋各部动态,指出"议和期内,诸贼举动若此,显系藉议和缓我之师,冀占长淮"。请求速筹方略,饬北伐联军,会合战地,准备进攻,同时谴责袁世凯违约之罪。(《民立报》1912 年 1 月 10 日,"公电")

△　旧金山中华会馆绅董邝人瑞、许炳荣、唐瑞年、胡祝祥、李宝湛、黄商瑚、麦超英等来函,告知此前广东都督胡汉民饬筹粤债,已陆续分批电汇回粤,现又接电委筹组织中央政费,表示"二事并举,诚恐鄙吝者转多影射,而名称淆乱,稽核良难。况粤债定章,粤借粤还,每借一元还银一元五毫,两年还足",询问国债是否亦照此例,或另有章程,建议将国债票寄到该馆设法代沽,售去若干,即汇银若干。(翠亨孙中山故居纪念馆藏档,B9-1)

△　张翼枢来函,介绍自己"居留法国已二年余,颇知法国政治情形,其他各国政治亦尝问津",如果能够以政府名义,当能与各国之政客、报界中人及资本家联络。请求以半官半私资格,由政府委任前往各国调查,与各国政府及各色人等交往,建立关系,以备他日探访消息及交涉时有门可入。并报告,孙中山当选大总统,法国各党派报纸均表示欢迎,建议派人专门负责传递消息,以便维持欧洲舆论;同时在伦敦或巴黎设立通信机关,或利用比利时首都之远东通讯社。(翠亨孙中山故居纪念馆藏档,B9-36)张翼枢系留法学生、同盟会员,上年 11 月曾在孙中山路过巴黎时担任法文翻译。(张振鹍:《辛亥革命期间的孙中山与法国》,《近代史研究》1981 年第 3 期)

△　卢少岐来函,报告革命爆发时已从英国回国,以期能够参与革命,但三周来一直在广州,不被政府所需要。卢介绍自己在日本接

受过军事训练,在英国学过国际法、宪法、政治经济学和神学,希望能为临时政府效力。(邓丽兰:《临时大总统和他的支持者》,第 185 页)

　　△　苏州古护图祥自卫团孙问鹦、高悟卿、镇平司令处陈骏衡、电局苏宣球来电,祝贺当选大总统。(《民立报》1912 年 1 月 11 日,"贺电")

　　△　查里斯·B. 琼斯(Chales B. Jones)来函,提出禁烟建议,介绍自己成功地创造了一种治疗方法,使吸毒成瘾者在接受治疗四天之内就可以解除毒瘾,并言几年前在上海、天津和北京开医院,证明其治疗效果,希望能为中国提供帮助。信中提到:"新兴的共和国政府还未有条件为此负担巨额开支,但我相信,上海可以提供一座大楼,让我们有地方演示我们的治疗方法,同时培训中国或外国医务人员掌握这种治疗方法,以便将来在政府管理和监督之下,类似的医院可以在各省府开设。"(《海外友人致孙中山信札选(一)》,《民国档案》2003 年第 1 期,第 4—5 页)

　　△　报载浙江军政府来电,主张北伐,表示"浙军府意宜亟分四路出师,一军自鄂、湘分击汉、溮,一军自皖北进规陈、颍,一军自清江袭击徐州,一军航海自蒲河口附近登陆,接应滦军,横断京奉,以操必胜之势"。建议"民国初建,尤宜示威,以表实力"。(《申报》1912 年 1 月 8 日,"要闻")

　　△　报载江苏六合士民来电,对于江北支队司令正长李竟成辞职,恳请予以挽留。(《民立报》1912 年 1 月 8 日,"专电")

　　1 月 9 日(辛亥年十一月二十一日)　与黄兴一同会见三上丰夷,继续商讨建立中央银行。

　　三上在孙中山前日拒绝建立中央银行的提议后,本日找到黄兴,征询对于提案的意见。黄兴表示同意,主张对此提案应立即响应,认为孙所提十日内融资一千万日元之要求难以办成,可同去说服同意此案。会见时,黄力陈日本诸元老之提议为最佳方案,宜附加输入武器条款,及十日内融资一千万日元之希望,最终孙表示同意。(李廷

江：《日本财界与辛亥革命》，第 209—210 页）

　　△　接见美国红十字会驻中国调查员詹姆森（C. D. Jameson），就赈灾工作和詹姆森在安徽、江苏所做的防护工作给予称赞。（邓丽兰：《临时大总统和他的支持者》，第 122—123 页）

　　△　为便利军令执行，颁令于总统府内设立参谋部，任命黄兴兼参谋总长，钮永建兼参谋次长。（"中华民国"史事纪要编辑委员会编：《中华民国史事纪要（初稿）——一九一二年正月至六月》，第 70 页）

　　△　因苏州事务繁多，特派江苏都督庄蕴宽移驻苏州，另在南京设行政厅，由外务司兼理普通事务。庄蕴宽于是日启行赴苏。（《申报》1912 年 1 月 10 日，"专电"）

　　△　令驻沪川路公司管款员汪缦卿等移交川路股款筹办蜀军，由中央政府照数给予公债证券；派黄复生、熊克武到沪接收路款，令川商将所存川路股款一律清点，交黄、熊接收，交接清楚后，由财政部发给公债证券，以昭信用。（《大总统令驻沪川路公司管款员汪缦卿等移交川路股款筹办蜀军》，《临时政府公报》第 5 号，"令示"）

　　△　陆荣廷、王芝祥来电，表示"袁世凯撤销代表，和局实无把握，端倪已露。沪都督已有通告北伐计画，自请预备，大总统统筹为祷"。（观渡庐编：《共和关键录》第 2 编，第 164—165 页）

　　△　域多利致公总堂来电，表示得知旧金山中国同盟会、致公堂奉孙中山之命统一，域埠也谋与同盟会统一。今孙中山当选大总统，提议由该总堂组织一完全政党，希望予以扶持。（翠亨孙中山故居纪念馆藏档，B9—2）

　　△　暹罗总商会来电，告以"黄少岩君到，股份候招"。（《民立报》1912 年 1 月 15 日，"贺电"）

　　△　报载徐荣桂来电，报告胡孝龄于 1 月 6 日督师来徽州，自己当卸任交替。（《民立报》1912 年 1 月 9 日，"专电"）

　　△　各地继续发来贺信、贺电。

　　美国友人严韶（A. S. Yim）来函，祝贺孙中山"成为中国的华盛顿"，称颂其为"中华民国的国父"。来函建议中国的共和政府宜采间接代表形式，以法国模式（议会制）为主，总理对议会下院负责，避免出现美国行政与立法部门之间的僵局。并提出以下建议：1. 首当尽快组建陆军，海军的组建可暂缓；2. 采用美国民兵制；3. 确立有固定标准的全国货币；4. 向国外借款；5. 尽快铺设铁路干线；6. 全国土地要植树造林；7. 小学实行义务教育，言论及出版自由；8. 通令全国各乡村，拓宽延长其所用公路；9. 开发各种自然资源；10. 成立移民局，引导民众由关内移居东北、蒙古、西藏、其他西北地区，向国外移民墨西哥和其他南美国家、西伯利亚、亚洲南部诸国。（《海外友人致孙中山信札选（一）》，《民国档案》2003 年第 1 期，第 5—7 页）

兴化学界青年会发来贺电。（《时报》1912 年 1 月 11 日，"中华民国立国记"）

报载浙江省议会、袁坦、吴淞军政分府、浙江共和促进协会、广东财政部长李煜堂、徽州临时府议会、江西教育总会、商务总会、共和助进会、孙毓筠、汤寿潜、蒋尊簋、黎金进、吕杰、广东协字民军军务处统制杨万夫、王心棠、总务长傅寿宜、军需长李谦、机要长张焕堂、美国钵仑埠耶教联会、中华同盟会闽支会驻延办事处、同盟会美国加尼宽省华生城中国居留民等来电，祝贺当选临时大总统。（《民立报》1912 年 1 月 9 日，"贺电"；《时报》1912 年 1 月 9 日，"来件·南京总统府电信汇纪"）广东同盟会组织员张炳炎及同志社陈汉超、余汉宗、丁击楫、丁颂生、侯汉镛、冯纶维汉、戴汉荣、戴兆祥、梁湛、郭向蓍、梁焕炳、丁棣福、麦泽民、刘荣彪、许拔卿、张漱岩、陈勉、罗炯堂、萧达生、曾砚农、曾翰垣、陈锡藩等为承委任事亦发来贺电。（《时报》1912 年 1 月 9 日，"来件·南京总统府电信汇纪"）

1 月 10 日（辛亥年十一月二十二日）　发表北伐声明。

宣言如议和无效，当亲率大军北伐。并谓民军已过淮河，现离徐州仅四十英里。（《南京新政府纪事》，《申报》1912 年 1 月 13 日，"要闻"）《泰晤士报》（The Times）评论，"孙逸仙令人费解的声明无助于事情的切实解决,而且排除了和平妥协的可能性。大英帝国唯一的愿望就是尽快在中国建立一种既稳定又进步的政体。至于这将会是什么政体,大英帝国绝不介意。然而,《泰晤士报》不能不怀疑:在偏见和传统根深蒂固的中国建立一种陌生的政府制度,共和派能否成功"?("Sun Yat-sen's Manifesto","*The North-China Herald*",Jan. 13,1912,"Miscellaneous","The Revolution in China")

　　△　委托日人阪谷芳郎设立中华民国政府中央银行。

　　1911 年 12 月,何天炯作为黄兴的代表赴日谋求援助,后与唐绍仪一同由孙中山委任为临时政府驻日正副代表,唐未赴任,何为实际上的全权代表,经大隈重信介绍及曾任张之洞顾问之原口要牵线,就解决财政问题请教阪谷芳郎(曾担任过日本大藏大臣)。1911 年 12 月 15 日,孙中山曾致函松方正义(日本政界元老、曾长期担任日本大藏大臣),请求帮助。阪谷曾将孙中山托办中华民国政府中央银行之事向日本政府首脑人物汇报,并在日本前总理大臣桂太郎、第一银行总理涩泽荣一等人支持下,拟定了《中华国立中央银行特许札》。12 月 23 日何天炯与原口要一起接受此《特许札》。后于 1912 年 2 月 6 日,原口携阪谷 1 月 20 日致孙中山之复函及《特许札》赴华,但 2 月 8 日阪谷又得孙中山取消由日本帮助设立中央银行计划的消息。2 月 16 日,孙中山致函阪谷,告已设立中央银行,对取消委托一事作了解释。(李廷江:《孙中山委托日本人设立中央银行一事的考察》,《近代史研究》1985 年第 5 期)

　　△　要求江苏、上海接济江北。

　　下午 2 时,接见江北财政部长陶芷泉等,得知江北困难情形,分电庄蕴宽、陈其美、张謇,望统筹接济。致庄蕴宽电中称:"顷江北财政部长陶思澄来宁告急,具述困难情形,月内非有兵饷八万金,江北大局必将糜烂。望协力统筹,以顾全局。保江北即所以保江南。"(《附录大总统致苏都督电》,《申报》1912 年 1 月 12 日,"要闻")致陈其美电中称:"执事前已允济三万元,望协力统筹,从速拨给,卫江北即所以卫江南。"(《又致沪都督及李司长电》,《申报》1912 年 1 月 12 日,"要闻")致张謇电中称:"公素热心,望协力统筹接济,再江北拟将盐包运沪抵款,亦望执事筹议。"(《又致张季直君电》,《申报》1912 年 1 月 12 日,"要闻")

△ 下午在总统府摄影一张,旁列警卫军四人、侍卫一人,报道称,摄影时对摄影人极其谦和,毫无尊大态度。(《宁垣新纪事》,《申报》1912 年 1 月 12 日,"接要闻")

△ 命海军总司令黄钟瑛置办羊皮袄裤,分发预备北伐的上海江面各舰艇海军将士。(《海军将士无寒色》,《民立报》1912 年 1 月 11 日,"新闻三")1 月 13 日《北华捷报》报道,孙中山指示黄钟瑛,购买或制作大批羊毛厚装,每套都包括一件短大衣和一条裤子,至 1 月 10 日每一位舰队船员都已配备好一套保暖军装。("From the Native Press","The North-China Herald",Jan. 13,1912,"Miscellaneous","The Revolution in China")

△ 受推举担任中华银行总董,同时黄兴为副总董,徐绍桢等为董事,林世杰为执行部总理,江上清为执行部协理。林世杰随即呈文,请求拨款三十万元,设立南京分行。临时政府财政部转饬江南造币厂拟拨款三十万元,后因将大清银行改设中国银行,此议未实现。(沈云荪:《辛亥革命时期上海中华银行的资料》,《文史资料选辑》第 76 辑,第 50 页)中华银行系上海光复后由陈其美等发起建立,以为整理财政之枢纽,1911 年 11 月 21 日在上海成立,发行军用票。总行设上海南市。

△ 各地民军首领来电主张北伐。

黎元洪来电,指出"自和议以来,袁世凯屡次违约,陷我名城,太原既失,秦又两面受敌,势极孤危,万不能缓我甲兵,使关河同胞独遭巨患"。请求伍廷芳速电袁世凯,令其明确回答,并希望孙中山速催东南义旅,预备北伐。(观渡庐编:《共和关键录》第 2 编,第 63—64 页)

谭延闿来电,要求伍廷芳立即与袁世凯交涉,"将前次与唐代表所订之两军须得全权代表电报述和议决裂、战事重开始可发令开仗一条,即行更正。若至停战期满,尚未将君主、民主问题解决,即令各

路开战"。建议请伍廷芳宣布中外，勿再迁延。(《申报》1912 年 1 月 12
日,"公电")

　　徐宝山来电,称"袁贼行为狡诈,胆敢蔑绝公理,翻悔和约,一再
进兵。祸首惟彼,昭昭然矣"。如果此时中其奸计,迁延时日,"坐令
神州光复之功,渐归水泡,何以对死者? 何以对同胞? 何以见祖宗于
地下"? 并表示愿意率部作为前驱。(《申报》1912 年 1 月 12 日,"公电")

　　△　孙毓筠来电,告以安徽炮营原管带辞职,新委管带段怡照被
该营队官王镇东枪杀,王黉夜逃遁,请求一体严拿,以肃军纪。(《申
报》1912 年 1 月 12 日,"公电")

　　△　张振武来电,告以武昌方面所购军火已到上海,黎元洪电催
军火甚急,希望通知所派人员即时来沪接洽。(《民立报》1912 年 1 月 15
日,"总统府电报")

　　△　林礼斌来函,祝贺当选临时大总统,并说明已为新政府筹得
唐银两万三千元,已于 12 月 4 号电汇广东都督胡汉民收。又告已于
1 月 1 号举行新总统升任庆典,建议调兵北伐。(翠亨孙中山故居纪念
馆藏档,B9-3)

　　△　张平州来函,介绍自己于 1908 年毕业于上海圣约翰大学,
其后在扬州两淮中学教科学和英语,希望能够在临时政府教育部或
外交部服务。(邓丽兰:《临时大总统和他的支持者》,第 186 页)

　　△　温哥华中华会馆叶晓初等来电,报告汇款事,称"款俟收,汇
粤督。公统民国,侨众欢庆。民主成立,汉族重光"。(《电贺孙总统汇
录》,《少年中国晨报》,1912 年 1 月 10 日,"本埠新闻")

　　△　鲁道夫·都德(Rodolph Tudor)来函,提到数星期前曾来
信随附中华民国国旗设计图案和共和国盾形纹章设计图案,提出盾
形纹章的盾形必须独具特色,不能与其他国家雷同,盾牌上的皇冠可
用红日代替,国旗和盾牌上的五星可按比例扩大,以便其中的星点数
能与中国的省份相同。(《鲁道夫·都德(Rodolph Tudor,伦敦)函》,《海外
友人致孙中山信札选(一)》,《民国档案》2003 年第 1 期,第 7 页)

是月上旬　复函中华民国联合会,阐述民选参议院、参议院立法权、都督权限等问题。

函中指出,民选议会于理于势,一时均难实现,"组织民选参议院,是诚图治之良规,为建立民国所当有事,且非此不足以达共和之实也。唯势有缓急,有先后,临时参议院由各省都督派员组织,原不过一时权宜,岂遂认为定制?目下光复各地,军政犹布,地方未靖,即欲召集省议会选举议员,机关、手续俱无从着手。必待民选告成,乃议立法,又非临时政府建设之意。且北伐之举,有进无退,江淮频警,楚氛甚恶,临时政府所枕戈不遑者,方在破虏一事。民选议会当俟北虏破灭后议之。在此时不特理有不可,盖于势有不能也。时局大定,全国无烽,临时政府,且当改选,何有于参议会?此时所望于国中民党者,一面监督政府军队,勿使逾闲;一面当提倡有秩序之民气。维持社会之良惯,以养成共和国民之资格,则民国前途,庶几有豸"。对于该会另一函中称报载总统府卫士称禁卫军,解释此"禁"字系"警"字之误。表示"民国始创,拔除旧日弊制,常恐不及,岂有故袭恶名,自冒不韪乎?除登报更正外,随笔附及"。又指出此时应限制参议会立法权及尊重都督权,"联邦制度,于中国将来为不可行,而今日则必赖各省都督有节度之权,然后可战可守。所谓军政统一,于此亦绝无矛盾也"。对于女子参政,表示"宜决之于众论。前日某女子来见,不过个人闲谈,而即据以登报,谓如何赞成。此等处亦难于一一纠正,慎言之箴,自当佩受"。(郭汉民:《孙中山佚文辑录》,《辛亥革命史研究会通讯》第30期,1987年12月)其中对于女子参政的态度,林宗素后来表示甚为不解,在《女子参政同志会宣言书》中声明:"(中华民国联合会)指宗素为一女子谒见,孙总统亦谓为他人闲谈,将置全体会员公举代表之名义于何地乎?……在总统固谦而慎言,且用防弊,在该会亦老成持重,足备他山,惟总统以为个人闲谈,该会以为片言许可,似于行政立法之界限,犹未审其不相侵越,殆未免鳃鳃过虑也。"(林宗素:《女子参政同志会宣言书》,《妇女时报》1912年第6期,第18页)

是月上中旬 与黄兴一同接见日本政友会议员小川平吉,小川详细说明日本政府"不干涉中国革命"的立场,递交有关文件,鼓吹通过北伐取得革命成功,并就中日未来关系交换意见。(段云章编著:《孙文与日本史事编年(增订本)》,第247—248页)

1月11日(辛亥年十一月二十三日) 致电阪谷芳郎,商谈设立中央银行事,并请阪谷来华,及帮助提供武器。

电称:"阁下同三上丰夷、何天炯所谈设立银行一事,应迅速进行。若阁下方便,乞光临南京。关于急需之武器,乞速关照。"(李廷江:《日本财界与辛亥革命》,第209页)当日又致函阪谷,请其来华,电称:"谨以中华民国政府中央银行设立之件相托,本日已由电信奉闻,兹更修书申告,阁下能来南京一行,尤为厚幸。"该信阪谷于16日收到。(李廷江:《日本财界与辛亥革命》,第214页)同时通过三上丰夷利用日本无线电与日本重要人士联络,请给予各方面帮助。致电松方正义:银行、武器之事已委托天炯办理,望予以关照。致电大隈重信:银行之事已拜托阪谷男爵,银行及武器之事,望多加关照。致电涩泽荣一:三上丰夷及何天炯商议,设立银行之事,望速予实行,如情况允许,望能光临敝地,武器所需至急,望予以鼎助。致电原口要:三上丰夷及何天炯所商议设立银行事,望速予实行,情况允诺,望光临敝地,提供武器事,亦望尽速办理。(李廷江:《日本财界与辛亥革命》,第209页)

△ 致电法国政府,委派张翼枢为驻法全权代表。

电文云:"张翼枢先生现被任命为中华民国临时政府驻法国政府全权代表,为的是使两个姊妹共和国能建立友好关系,并能为推进文明及发展工商业而共同努力。"(《致法国政府电》,《孙中山全集》第2卷,第16—17页)但法国政府不承认张翼枢的外交代表身份,张在法国的使命并未取得成果。(张振鹍:《辛亥革命期间的孙中山与法国》,《近代史研究》1981年第3期)

△ 任命温宗尧为驻沪通商交涉使、徐绍桢为南京卫成总督、汤芗铭为北伐海军司令,聘请日人寺尾亨、副岛义一为法制顾问官。

(《民立报》1912 年 1 月 13 日,"专电")

△　电招伍廷芳等会议要政,正式照会各国:建设临时政府、选举临时总统、组织内阁。此为正式请求各国承认之前提。(《请求各国承认临时政府》,《申报》1912 年 1 月 12 日,"要闻")但遭到列强拒绝。

△　孙毓筠来电,报告袁世凯以议和为缓兵之计,北军意欲合攻南方,江浙援兵难以抵御,守江必先守淮,请求速拨大军助战。(观渡庐编:《共和关键录》第 2 编,第 15 页)

△　国民协会来电,指出俄国胁迫外蒙古,要求蒙土归俄所有,中国面临瓜分危险,要求电告袁世凯速从民愿,早定大局,免致沦胥。(《民立报》1912 年 1 月 12 日,"公电")

△　澳门市议事公局议员飞南第自澳门来信,祝贺当选临时大总统,同时建议必须在广州制止以民军的名义继续招募新兵。(林华煊译:《飞南第致孙中山函》,盛永华等编:《孙中山与澳门》,第 81 页)

△　美国红十字会驻中国调查员 C.D. 詹姆森来函,报告义赈会决定以五万先令尽快开始镇江赈灾,为灾区购买粮食,请求帮助安排运输和其他问题。同日另一信中,又报告有关赈灾事宜,提出二十万先令由华洋义赈会使用,三十万先令为安徽和江苏的工作准备的。詹姆森请求二十万先令应该立即通过张謇支付给华洋义赈会,请孙中山通知陈其美和张謇。(邓丽兰:《临时大总统和他的支持者》,第 122—125 页)

△　报载中华国货维持会来电,以各省光复,服制应改,目前绸货滞销,鉴于军衣已改呢制,要求礼服、礼冠定为国货,便帽常服听民自由,以利商业。电中提议在制定礼服规定时,准其公举代表面陈意见。(《申报》1912 年 1 月 11 日,"公电")

△　报载南汇士绅来电,控诉当地民政长赵瑾琪以官自居,专制独断,仍用清廷仪仗,反对剪发,酿成地方上捣毁自治所、劝学所、商会店铺等惨剧,请谕上海民政总长将其撤换。(《申报》1912 年 1 月 11 日,"本埠新闻")

1月12日（辛亥年十一月二十四日） 复函临时参议院，讨论国旗问题。

函中指出，前日临时参议院议决以五色旗为国旗，不可立即颁行。"盖现时民国各省已用之旗，大别有三：武昌首义，则用内外十八省之徽志，苏浙则用五色之徽志；今用其一，必废其二。所用者必比较为最良，非有绝大充分之理由，不能为折衷定论。故本总统不欲遽定之于此时，而欲俟满虏既亡，民选国会成立之后，付之国民公决。若决定于此时，则五色旗遂足为比较最良之徽志否，殆未易言"。从旗之历史、旗之取义、旗之美观而论，则青天白日旗为宜。"天日之旗，则为汉族共和党人用之南方起义者十余年。自乙未年陆皓东身殉此旗后，如黄冈、防城、镇南关、河口，最近如民国纪元前二年广东新军之反正，倪映典等流血，前一年广东城之起义，七十二人之流血，皆以此旗。南洋、美洲各埠华侨，同情于共和者亦已多年升用，外人总认为民国之旗，至于取义，则武汉多有极正大之主张，而青天白日，取象宏美，中国为远东大国，日出东方，为恒星之最者。且青天白日，示光明正照自由平等之义，著于赤帜，亦为三色，其主张之理由尚多"。（《大总统复参议会论国旗函》，《临时政府公报》第6号，"纪事"）

△ 咨临时参议院，请议决法制局职制，尽速设立法制局。

咨文为："临时政府成立，所有一切法律命令，在在须行编订，法制局之设，刻不容缓。应将法制局职制提出贵院议决，以便施行。除派本府秘书员李肇甫于本月十二日亲赴贵院提议外，合即先将法制局职制草案，咨送贵院查核办理。"（《大总统咨参议院法制局职制》，《临时政府公报》第3号，"法制"）后经临时参议院议决，任命宋教仁为法制局局长。

△ 复函蔡元培，说明临时政府组织用人原则，指出对康有为与章太炎应区分看待。

函谓："关于内阁之设备及其组织用人之道，弟意亦如是，惟才能是称，不问其党与省也。但此时则不能不收罗海内名宿，来教所论甚明。然其间尚有当分别论者。康氏至今犹反对民国之旨，前登报之手迹,可见一斑。倘合一炉而冶之,恐不足以服人心,且招天下之反对。至于太炎君等,则下过偶于友谊小嫌,决不能与反对民国者作比例。尊隆之道,在所必讲,弟无世俗睚眦之见也。"(《复蔡元培函》,《孙中山全集》第 2 卷,第 19 页)①

△ 下午 3 时,至海军学堂慰劳海军处人员,并至学堂后狮子山点验炮台,乘联鲸舰到各军舰巡视。在狮子山炮台视察时进入地道,赞许该炮台炮位坚固,布置周妥,分别存记犒赏。(《南京电报》,《民立报》1912 年 1 月 13、14 日,"专电")随往者有卫戍总督徐绍桢等。又至下关举行阅舰仪式,检阅军舰八艘。(《申报》1912 年 1 月 14 日,"专电")

△ 致电制造局,命将此前进攻金陵时受损的各炮,迅速修理,解往南京安置。制造局总理李平书遵谕即令日夜开工,赶紧修竣。(《南京添炮台之预备》,《申报》1912 年 1 月 13 日,"本埠新闻")

△ 致电关外都督蓝天蔚,命其节制北伐沪军及海容、海琛、南琛三舰,统一事权。(《天铎报》1912 年 1 月 14 日,"要电")蓝后于本月 16 日率北伐军乘海容号抵芝罘(今烟台),2 月初在日本关东租借地北端的高丽城和碧流河地带登陆,但因日本要求,撤至辽西。

△ 广东、湖南、广西军政府来电要求北伐。

陈炯明来电,指出袁世凯阳托议和,阴图聚兵,停战期万不可再展,请伍廷芳、温宗尧发布最后通牒,如袁于 15 日前没有明确答复,或答复不能符合民军主张,即当开战,并表示"已准备大兵两镇,率赴前敌"。(《申报》1912 年 1 月 14 日,"公电")

谭延闿来电,称"君主、民主问题,必非从容坛坫所能解决。况以袁贼阴险,虏性刁顽,必须决胜疆场,乃可以登同胞于共和幸福之中"。反对伍廷芳强与谈判,要求饬令伍廷芳与袁世凯严重交涉,"无论所订若何条件,以二十七日以前解决,过后只有开战二字,万不承认议和"。(《申报》1912 年 1 月 14 日,"公电")

---

① 《中华民国国父实录》编者认为此电系指聘请章炳麟任枢密顾问事,将该电时间置于 2 月 12 日。(罗刚编著:《中华民国国父实录》第 3 册,第 1744 页)待考。

陆荣廷、王芝祥来电,指出"国体已定共和,袁世凯尚欲以会议解决,其狡诈人所共见。无论如何结果,必至于战"。请求对于安徽都督的北伐三策"亟备实行,以为和议后盾",并表示"即率队赴鄂"。(观渡庐编:《共和关键录》第2编,第156页)

△　孙毓筠来电,报告安徽财政困难达于极点,目前正在组织全皖银行,定于月内开办,总行设芜湖,支行设安庆、沪镇、临淮,请求分饬各银行接洽。(《申报》1912年1月14日,"公电")

△　江北财政次长张炎流来电,以"江北饷期已迫,危急万分",请求设法维持,拨款接济。电文称"保江北之藩篱,即所以固江南之门户。况徐有张勋,鲁犹负固,万一有变,不特贻大局之忧,且亦招满廷之笑"。(《申报》1912年1月14日,"要闻")

△　云南都督蔡锷来电,报告四川各地割据情形,表示滇军"本拟蜀平赴鄂。乃蜀难未已,不能不暂留以相援助。惟滇本瘠壤,筹饷维艰,而逼处强邻,不宜稍疏防守。现在出省军队已及万余,兵力亦难再分。且蜀中方割据纷争,于援兵转生疑忌。故滇军援蜀,亦种种困难,诚恐祸势蔓延,妨害大局"。请通电各省,妥筹办法,并再提请程德全回川主政。(《天南电光集》第23电,谢本书等编:《云南辛亥革命资料》,第79页)

△　苏州参谋厅来电,指出现在江苏省各机关均已统一,经公决,禀请都督庄蕴宽于1月15日将江苏先锋第三营以外的其余机构一律解散。(《申报》1912年1月14日,"公电")

△　汤寿潜来电,表示浙江都督将由浙江人士公推蒋尊簋担任,日内赶办交卸,完成后即赴南京。(《申报》1912年1月14日,"公电")

△　成都商会旅沪代表马桐来电,告以成都防、陆两军全体哗变,焚劫商市,各银行、票庄、典当、商号、居民、公馆都被搜括一空,损失约两千万,经同志会、民团追捕,夺获现银三百余万及许多货物,请求电饬四川军政府将原赃保存,妥筹善后,以便赔偿损失。(《民立报》1912年1月13日,"公电")

△　宋耀如来函,报告只要外国人生命财产不受损害,各国列强不会干涉中国,并介绍自己女儿排练业余戏剧、打算组织音乐会、演出戏剧,想携女儿同行来南京拜访,希望提供通行证件。(邓丽兰:《临时大总统和他的支持者》,第28—29页)

△　飞南第再次来函,提醒稳定广州秩序,使列强没有干涉借口,同时应该尽快下令停止招募女兵。(邓丽兰:《临时大总统和他的支持者》,第102页)

△　佛兰克·里尔(Frank Reher)来函,随送一本由其主编的《国家矿工》杂志,内有其撰写的一篇文章,对孙中山的光荣奋斗和取得的成就阐述了看法。(《佛兰克·里尔(Frank Reher,美国)函》,《海外友人致孙中山信札选(一)》,《民国档案》2003年第1期,第7页)

△　报载石门女党员徐自华来电,请修复秋瑾墓。电文提到:"前华(徐自华)为营墓西湖,卒遭虏廷毁灭,心实痛之。今拟就原址建风雨亭,并改亭旁刘祠为秋社。"(《申报》1912年1月12日,"要闻")

△　报载湖州旅沪同乡会杨兆鏊等来电,以蒋尊簋统率浙军有年,"威望夙著,军心爱戴,且曾督粤,近又代汤继任浙督",推举其为浙江都督。(《民立报》1912年1月12日,"公电")

△　黟县商会、商学界王孝祥、余旭升、余绍曾来电,祝贺当选临时大总统。(《民立报》1912年1月14日,"贺电")报载澄海民政长冯泰来电,祝贺当选临时大总统。(《民立报》1912年1月12日,"贺电")

1月13日(辛亥年十一月二十五日)　在总统府接见张馥祯、辛素贞,对两人所呈新政条陈极表赞成,允即交议实行。

接见时询问两女士:"闻贵女士在沪曾建设尚侠女学堂,能实行尚侠两字,年来四方豪俊每至贵学堂参现,所以革党中人至以贵学堂为党人往来之机关,贵女士所知遗逸之士,请举以告。"又将两人所举名单记录于日记簿,表示会派人招聘录用。又问:"贵学堂前曾编有课本,于数年前,即提倡种族主义、暗杀主义等事,然否?"两女士回答:有提倡种族主义、实行暗杀主义诸人,皆尚侠女学堂至友。(《大总统敬礼女侠》,《民立报》1912 年 1 月 19 日,"新闻二·南京通信")

　　△ 伍廷芳来电,询问对于停战延期的意见,并提出"尚须延期,则三日恐必不足,请尊处酌定日数,迅即电复,以便转致前途"。(观渡庐编:《共和关键录》第 2 编,第 154—155 页)

　　△ 陆荣廷来电,指出袁世凯居心狡计,和议万不可恃,应请各省都督同心协力,继续北伐。并报告广西援军先后分四批出发,尚有防边旧部约一万人,但因饷械无着,恳请拨小口径枪一万杆、川资、服装九十万两,先汇来桂,到沪以后再接济军饷。如能解决这些困难,当亲率北征。(《民立报》1912 年 1 月 15 日,"沪军政府电报")报载光复军总司令李燮和来电,指出袁世凯屡假和议,违约进攻,阴谋叵测,请于原定停战期限旧历二十七日早 8 时以前宣布北伐令,所部驻扎南京、上海的军队十三营,均已准备出征,届时如仍然未奉战令,视当停战期满,即"亲督所部,分途出发,直捣黄龙,破釜沉舟,誓不荡尽虏氛不返"。(《民立报》1912 年 1 月 13 日,"南京电报")

　　△ 《北华捷报》报道,由于南京城最近频发士兵或民众抢劫、暴力事件,孙中山决定成立特别警察部队,对犯案者予以逮捕、处决,并宣布将建立类似于宪兵团体的组织,违法乱纪者将定罪惩罚。("The Government at Nanking","*The North-China Herald*",Jan. 13, 1912,"Miscellaneous","The Revolution in China") 又报道,《纽约太阳报》(*New York Sun*)宣称,保护中国领土主权完整和维护和平已经超过了孙中山和他的朋友们的能力,因为他们对于政府管理缺少经验。("American Opinion","*The North-China Herald*",Jan. 13, 1912,"Miscellaneous","The Revolution in China")

　　1 月 14 日(辛亥年十一月二十六日)　通电各省都督,不得以嫌疑拘系曾经出仕清廷的人士。

　　因各地都有曾在清廷出仕的人以嫌疑被拘被系,张謇曾来函请求通电各省军政府予以制止,(张孝若:《南通张季直先生传记》,第 172 页)本日通电各省都督、各军政分府,对于此类人士,"如其人果系汉奸,敢于破坏我国前途,则诚自速愆尤。若以为曾受清命……今日改革政治为共和,则国犹是国,人犹是人,蓄众容我,并无畛域"。要求今后各地如遇此等情况,应先查实,交审判厅查核定罪,不得以嫌疑二字滥用拘系,损害民国革新名誉。(《民立报》1912 年 1 月 18 日,"沪军都督府电报")

△ 复电直隶、河南省谘议局,答复其提出的清帝退位条件。

直隶、河南谘议局提出的清帝退位三条件为:"一、清帝退位后,能否举袁为大总统? 二、共和成立后,接管清政府所有北方军队,能否不究既往,与南军一律待遇? 三、优待皇室及旗民生计,能否先行议定?"复电答:"临时政府唯一目的,在速定共和,本总统受职誓言,即以专制倾覆、民国成立为解职之条件,所以示为民服务之本心也。清帝退位,共和既定,袁有大功,为众所属,第一条件,自无不能。南北既成一致,转敌为友,彼此解释嫌疑,更无不一律待遇之理。至于皇室可崇以尊号,给以年金,保其所有财产。而旗民生计,则各省正在筹议中。须知民国以专制为敌,而权位非所争,南北既可调和,则生灵免于涂炭。不分畛域,自是平等之本怀,清廷以退让而释干戈,皇室报酬,应示优异。此次贵局所开条件,早经临时政府宣布,不必置疑。本总统所必除者,为人道之蟊贼;所最尚者,为真正之和平。凡所宣言,皆为全国之大计。若复拘牵小节,反复游移,抗亿兆国民之心,保一姓世袭之位,至必重诉解决于武力,其咎当有所归。"(《孙总统复直豫谘议局原电》,《民立报》1912 年 1 月 19 日,"紧要电报")

△ 与黄兴为议和日期联名致电伍廷芳,"请公便宜行事,议定日数,约以十四日为期"。(观渡庐编:《共和关键录》第 2 编,第 157 页)

△ 致电黎元洪,商议飞船及军粟事。电文称:"飞船据称适用,但运送及试验所费甚巨,不如由尊处派人来议,并可请沪上洋工师试验,较为便利。且尊处若无军粟,亦可就近借用沪军粟。"[1](《致黎元洪

---

[1] 此为黎元洪收到该电日期。

电》,《孙中山全集》第 2 卷,第 21 页)

　　△　致电安徽都督孙毓筠,请转饬皖北各军,严守纪律,保护名誉。电称:"我军素称义师,中外共见,倪电所称,难保无诬蔑之处。请转饬皖北各军,务宜严守纪律,认真训练,以保义师之名誉,勿令敌军有所借口。"(《民立报》1912 年 1 月 20 日,"总统府电报")

　　△　复电扬州淮南运商,就张謇日前宣布的改革盐法意见进行解释,指出各户尽可照章请运,勿自相惊疑,停运食盐。电称:"前者张总理宣布之意见书,改征税法,正为划除苛政,听商集合公司,所谓使盐与万物同等,即使盐业与各项商业同等,旧业何至有度弃之虞。来电亦知与同胞共沾幸福,所谓同胞者,合全国国人而言也之。幸福与同胞共之,独盐业不可与同胞共之乎? 况乎张总理改革盐法意见,尚待决于国会,并非目前办法,该商等尽可照章请运,并一面组织公司,何必自相惊疑,长此停运。饷源民食,在在攸关,如再观望不前,则无怪其另招新商贩运也。至每引缴银二十四五两之说,系赅括课厘、加价、杂捐、盐本在内,指收没清长芦运使战利品而言,非统商场存圩之盐而言也,其勿误会。"(《民立报》1912 年 1 月 20 日,"总统府电报")

　　△　伍廷芳来电,报告袁世凯内阁以停战期限将满,提议延期,因讨论旬余无效果,本不能允其所请,昨接旅沪洋商团来函,以商务损失为由,渴望两方不再开战,早日实现和平,并电催清帝退位以顺人心。今袁提议延期,似不必过于固执,以失天下之望,现已电致袁内阁,务于延期停战的 14 日之内,将提议各条从速解决,恳通告各军队。(观渡庐编:《共和关键录》第 2 编,第 157 页)同日伍廷芳来电,告知得北京密电,现在清廷正商筹退位事宜,但是担心此后推举苟不得人,现已告其南方多次宣布孙中山可以让位,决不食言,若清帝退位,则南京政府即可发表正式公文,此后两方政府如何合并,可由两方协商决定。(观渡庐编:《共和关键录》第 1 编,第 71 页)

　　△　黎元洪来电,告知已电川、滇两省,援川滇军不必撤回,可速

至宜昌，经襄阳直趋河南，并派川军速出汉中，支援陕西、山西。（《民立报》1912 年 1 月 16 日，"总统府电报"）

△ 谭延闿等来电，反对停战，表示继续停战"足使国民怯疑、军人阻气，此等无条理之议和，无效果之停战，敝省未便苟同，况停战愈久，将来流血愈多。欲谋和平幸福，必须从根本解决，敝省惟有如前次各电，整队开战而已"。（观渡庐编：《共和关键录》第 2 编，第 158—159 页）王传炯亦来电揭露袁世凯"于停战期内运兵筹饷，节节进攻……议和一举，实欲制我死命"，反对议和、停战。（观渡庐编：《共和关键录》第 2 编，第 166 页）

△ 美国北长老会教士、万国改良会会长丁义华来函，建议如果和谈破裂，在 3 月份之前发布一道强硬的最后通牒给北京，并向满族王公重申承诺，如果无条件放弃皇位、并在规定的十天或十五天之内离开北京，就能获得保护与津贴。这样，外国政府就比较容易承认新共和国。（邓丽兰：《临时大总统和他的支持者》，第 108—109 页）

△ 浙江衢州军政分府李龙元来电，电贺元宵庆祝大会。（《浙江衢州军政分府李龙元为贺元宵节大会致大总统等电》，中国第二历史档案馆编：《南京临时政府遗存珍档》第 1 册，第 154 页）

△ 自由党来电，祝贺当选临时大总统，并告知派代表面陈。（《民立报》1912 年 1 月 15 日，"贺电"）

△ 进步党借番禺学宫明伦堂为会场，在广东省城开全体会议。叶竞生宣布进步党宗旨，指出孙中山当年提倡革命三要素，即民权、民族、民生，今第一、第二均已见诸实行，本党即抱定孙所倡第三要素。（《社会党异曲同工》，《天铎报》1912 年 1 月 23 日，"中外大事"）

△ 报载中华共和宪政会来电，指出蒙古独立、俄放弃中立，日、英将继起，是延长停战的恶果，请速饬外交总长严行交涉，北伐尤不可缓。（《民立报》1912 年 1 月 14 日，"公电"）

△　报载安徽怀远士民来电,报告皖北七年中六次水荒,全赖华洋义振会救济,怀远有土匪两万多人来袭,毙、伤者多人。(《民立报》1912 年 1 月 14 日,"安徽电报")

△　报载江西临时议会议员叶先圻等来电,控诉政事部长贺赞元多方阻挠临时议会选举,把持政柄,破坏共和,现由原有谘议局议员四十八人监察投票、开票,选定新议员八十人,加入旧有议员,共一百二十八人,刻日开会。(《申报》1912 年 1 月 14 日,"要闻")

1 月 15 日(辛亥年十一月二十七日)　上午 10 时,出席总统府及各部贺年礼,演说"勉励有加,众大欢跃"。(《南京电报》,《民立报》1912 年 1 月 16 日,"专电")晚,于总统府大宴海陆军士数百人。(《南京电报》,《民立报》1912 年 1 月 16 日,"专电")是日各地奉孙中山命令,举行补祝元旦活动。

△　电令上海都督陈其美,严缉刺杀陶成章凶手。电文称赞陶成章"抱革命宗旨十有余年,奔走运动,不遗余力,光复之际,陶君实有巨功"。要求陈其美捉拿凶手,明正其罪,"以慰陶君之灵,泄天下之愤"。(《陶先生死不瞑目》,《民立报》1912 年 1 月 17 日,"新闻三")1 月 14 日凌晨,光复会领导人陶成章为陈其美之部下蒋介石主谋刺杀于上海法租界广慈医院。

△　复电伍廷芳,如清帝退位,即推袁世凯自代。电称"如清帝实行退位,宣布共和,则临时政府决不食言,文即可正式宣布解职,以功以能,首推袁氏"。(观渡庐编:《共和关键录》第 1 编,第 71 页)

△　致松芳正义委托书,告以"中华民国政府设立中央银行之事,已嘱托阪谷博士、原口要博士,关于此件,当望阁下鼎助,实为厚幸"。(李廷江:《日本财界与辛亥革命》,第 236 页)

△　委任日人内田良平为临时政府外交顾问。(《给内田良平委任状》,陈旭麓、郝盛潮主编:《孙中山集外集》,第 667 页)

△　复电张振武。本月 10 日,张振武来电请求派人前来联系以川款为湖北购买军械,复电告其"川款已由中央政府承借,派黄复生、

熊克武府沪接收,筹办蜀军北伐队,碍难改作别用"。(《民立报》1912
年 1 月 15 日,"总统府电报")①

　　△　接见大冶铁矿商务部副部长陈荫明,向陈表示:"民国于盛
(宣怀)并无恶感情,若肯筹款,自是有功,外间舆论过激,可代为解
释。惟所拟中日合办,恐有流弊。政府接认,亦嫌非妥当办法,不若
公司自借巨款,由政府担保,先将各欠款清偿,留一二百万作重新开
办费,再多借数百万转借与民国。"(《陈荫明复王勋电》,陈旭麓等编:《辛
亥革命前后·盛宣怀档案资料选辑之一》,第 231—232 页)

　　△　章太炎来函,批评新政府行政。函称:"就职半月,新政未
行,仆何所容其反对。乃如改历定官诸议有所指摘,此自平议之常。
令新政府所行庶政,事无美恶,权无当否,徒以新政之名,禁人訾议,
度执事亦不谓然也。私衷过虑,以为天下恒少善人,况承满政府腐败
之余,贪墨生心,奸欺得志,非督以威刑,格以绳墨,旧染将不可涤除,
独于执事尊重纠察一权,有所未择,亦以救弊,宜然耳。苟讳国恶以
避外交之责言,彰虚美以淆邦人之观听,身遇开明之世,所不敢出
也。"(马勇编:《章太炎书信集》,第 417—418 页)

　　△　汤寿潜来电,指出此次议和备战,袁世凯方面有十四项不信
之举,即"明授唐使全权,议件必须电商,名实先已不符,不信一;停战
期内攻娘子关,不信二;进占太原,不信三;河南大戮志士,不信四;捏
登蒙、回、艺〔藏〕不认共和之报,不信五;暴令倪嗣冲陷颍、亳,不信
六;张勋联溃卒于徐州,一再接济饷械,不信七;滦军要求立宪,围攻
诛杀,不信八;即鄂地援兵大集,请让武汉,不信九;一闻代表举总统,
而不审上有临时字样,即于限内炮拣〔击〕,不信十;遣使议和,清廷已
明认民军之国家,默许共和为政体,其亲贵之明达者亦知国民实行优
待,密请退位,袁必强待国民会之议决,在斗满汉为鹬蚌,彼得收渔人
之利,不信十一;滥借滥抵,宁亡中国而必逞其臆,竟忘其家族庐墓亦

_____

① 此为报载日期。

隶于中国，不信十二；国民地点已明言北京或天津及南京矣，袁自任
接议，不敢南来，复强伍总长来京，不信十三；各款由全权唐使电商而
后定，忽有取消之说，并径撤唐使，不信十四"。如果继续停战，袁又
可偷借外债，强迫内帑，大增饷械，节节进攻，建议"不应续认，迅与决
一血战"。（《浙江都督汤寿潜为呈明不应续认停战并历陈袁世凯议和备战之
不信事致大总统等电》，中国第二历史档案馆编：《南京临时政府遗存珍档》第 1
册，第 172—175 页）同日，汤寿潜来电，告以浙省公举军统蒋尊簋为都
督，自己于今日交卸。（《汤寿潜为报明浙督已举蒋尊簋并交卸事致大总统
等电》，中国第二历史档案馆编：《南京临时政府遗存珍档》第 1 册，第 156 页；
《民立报》1912 年 1 月 17 日，"沪军政府电报"）

△ 伍朝枢来电，告以欧洲各国不愿帮助清政府，请将国内近情
随时电示。（《伍朝枢为请将中国近情随时电示事致大总统电》，中国第二历
史档案馆编：《南京临时政府遗存珍档》第 1 册，第 178 页）

△ 浙江上虞曹娥绅商暨自治会来电，对于绍兴军政分府派员
重设百货厘捐，表示万难承认，请求速电军政分府予以撤销。（《时报》
1912 年 2 月 3 日，"中华民国立国记"）

△ 各地来电报告补行庆祝元旦。

上海商会陈作霖，商务公所会长朱佩珍、林世杰、贝仁元等来电，
报告本日上海工商界全体休息一天，升旗悬灯，庆祝总统履任，补祝
纪元。（《民立报》1912 年 1 月 15 日，"贺电"）王震来电报告上海南北商务
总会、商务总公所及各商家于 15 日举行庆祝礼。（《举行大祝典之盛
况》，《申报》1912 年 1 月 16 日，"本埠新闻"）安徽都督孙毓筠、瓜洲镇守官
赵鸿喜、湖南都督谭延闿等来电报告今日补行庆祝元旦大典。（《申
报》1912 年 1 月 17 日，"公电"；《民立报》1912 年 1 月 17 日，"贺电"；《民立报》
1912 年 1 月 18 日，"沪军政府电报"）报载泰州民政长李岳蘅、司令长张淦
清等来电，报告于 1 月 15 日举行提灯会。（《申报》1912 年 1 月 15 日，
"公电"）广东大浦民政长张应兆、广东国民团体会及各属分会代表陈
惠普、梁崎亭、黄介眉、李三、何君光、何友泉、陈季灼等、潮汕铁路局

梁扩、凡侠、江西建昌府知府黄绶暨南城县知事袁延闾、南丰县知事祝宝书、新城县知事傅维新、广昌县知事钱佩青、瀍溪县知事欧阳保福、中华国货维持会来电，恭贺就任临时大总统或庆祝改元。(《民立报》1912 年 1 月 15 日，"贺电")

是月上半月　与黄兴致电日本军政界元老山县有朋，请求其支持中国的革命事业。电文指出："欲保东亚和平，必得日本赞成民国。我公大力，可以主持，无任盟祷。"(李廷江：《日本财界与辛亥革命》，第 246 页)

1 月 16 日（辛亥年十一月二十八日）　发布《准颁布陆军编制表令》。(《准颁布陆军编制表令》，《孙中山全集》第 2 卷，第 24—25 页)

△　命令陆军部严加约束士兵。

各地光复后，军队的组成十分复杂，纪律不整，"有非依法律辄入人民家宅，搜索银钱、衣物、书籍据为己有者；有托名筹饷，强迫捐输，甚且掳人勒赎者；有因小怨微嫌，而擅行逮捕人民，甚或枪毙籍没，以快己意者。排挤倾陷，私欲横溢，官吏放手，民人无依"。(《痛哉孙中山之吏治谈》，《申报》1912 年 3 月 30 日，"要闻一")为此颁布命令："民国除旧布新，原为救民起见。江宁光复以来，秩序紊乱，至今尚未就理。顷闻城乡内外盗贼充斥，宵小横行，夜则拦路夺物，昼则当街卖赃。或有不肖兵士，藉稽查为名，私入人家，擅行劫掠，以至行者为之戒途，居者不得高枕。此皆兵士约束不严，督察诘奸不力所致。除令卫戍总督、巡警总监外，为此令仰贵总长速筹防范方法，转饬各军一体加意约束，以靖闾阎而肃军纪。"(《孙中山颁布严加约束兵士的临时大总统令》，中国第二历史档案馆编：《南京临时政府遗存珍档》第 1 册，第 1—7 页)

△　复电黎元洪，商讨购买飞船等事务。

复电告知黎元洪，"飞船及尊电嘱购之各物，已嘱前途照办，但不知价值贵贱如何，故欲尊处派人到沪面议。既属需用甚急，谨当嘱其即运往鄂。其他各物不知能全办否？已电驻沪鄂军交通所总理张复汉君接洽。"（《复黎元洪电》，《孙中山全集》第 2 卷，第 25 页）[1]后因日人要价过昂，黎元洪拒绝了购船一事。

　　△　致电浙江都督府，要求对陶成章优予抚恤。指出"应由浙督查明其家属，优予抚恤，并将其生平之行谊及光复之芳勋，详细具报，备付将来民国国史"。（《民立报》1912 年 1 月 20 日，"总统府电报"）

　　△　道胜银行借款案交临时参议院议决。出席议员二十人，主席赵士北，议决办法：此项借款为中央政府借款；借款数目为一百万镑，以镑计不以两计；指定武昌四局栈、汉口韦尚文、刘人祥之地皮为抵押品；签约事由中央财政部会同鄂军办理。（刘星楠：《辛亥各省代表会议日志》，《辛亥革命回忆录》第 6 集，第 256 页）

　　△　陈其美来电，报告由北京转来消息，一是袁世凯进见隆裕太后，请清帝逊位，二是袁世凯在京遇炸弹刺杀未中，今夜恐有大乱发生。（《上海都督陈其美为据报载袁世凯请清帝逊位及遇炸弹事致大总统等电》，中国第二历史档案馆编：《南京临时政府遗存珍档》第 1 册，第 190—191 页）后孙中山询问袁的情况，确信袁并未受伤，稍感欣慰。（"President Sun Yat-sen Sympathy for Yuan Shih-kai"，"*The North-China Herald*"，Jan. 20，1912，"Miscellaneous"，"The Revolution in China"）

　　△　陆荣廷来电，请示酌定军队服章。（《时报》1912 年 2 月 5 日，"中华民国立国记"）

　　△　伍朝枢来电，报告法国外交部相信清政府必倒，法国公使赞成共和。（《伍朝枢为法外部相信清政府必倒及法使赞成共和事致大总统电》，中国第二历史档案馆编：《南京临时政府遗存珍档》第 1 册，第 194 页）

　　△　各地民军纷纷来电反对停战，要求北伐。

　　马毓宝指出和议既无效果，袁世凯又背约开战，如再允其停战，劳师糜饷，影响士气，请求立即宣布开战，由各省饬令前敌诸军，联合进攻。（《申报》1912 年 1 月 19 日，"公电"）陆荣廷、王芝祥指出袁世凯居心叵测，反对延期停战。（《民立报》1912 年 1 月 18 日，"沪军

_____

　　①　此为黎元洪收到该电日期。

政府电报"）贵州都督赵德全指出，袁世凯必派汉奸，潜为运动，据湖南电知，杨度已南下到沪，要求严加防范，勿中袁计。（《贵州都督赵德全为袁世凯派杨度南下运动国民会赞成君主事致大总统等电》，中国第二历史档案馆编：《南京临时政府遗存珍档》第 1 册，第 196 页）湖南岳州镇守府司令官曾继梧指出，袁世凯不愿议和，请速北伐。（《湖南岳州镇守府司令官曾继梧为北军于停战期中违约乞速北伐事致大总统等电》，中国第二历史档案馆编：《南京临时政府遗存珍档》第 1 册，第 203—205 页）陕西代表甘锡泽、高正中等以升允于停战期内进攻西安，危急万状，请求尽快发兵援救。（《民立报》1912 年 1 月 17 日，"公电"）报载浙嘉中学全体学生来电，指出和议万不可恃，请速北伐。（《民立报》1912 年 1 月 16 日，"嘉兴电报"）

△ 中华共和促进会来电，要求速与日本交涉，防其夺取满洲，并要求严拒各国提议监督中国海关收入。（《共和促进会为各国提议监督海关收入乞拒复事致大总统等电》，中国第二历史档案馆编：《南京临时政府遗存珍档》第 1 册，第 200 页）

△ 陈其美、徐宝山来电，恭贺新禧。（《上海都督陈其美为恭贺新禧致大总统等电》，中国第二历史档案馆编：《南京临时政府遗存珍档》第 1 册，第 186 页；《北伐军司令部徐宝山为恭贺新禧致大总统等电》，中国第二历史档案馆编：《南京临时政府遗存珍档》第 1 册，第 188 页）报载无锡军政分府秦毓鎏、孙保圻、吴廷枚、社会军务团长蒯际唐、张安卿来电，祝贺共和成立及补祝新纪元。（《民立报》1912 年 1 月 16 日，"贺电"）

△ 博浪沙兄弟会（Bow Leong Sha Brothers）杨吉（Jim Young）、吴二郎（Yee Lang Wo）来函，盛赞"经过近十六年艰苦卓绝的奋斗，革命终于取得成功。我们兄弟会一贯支持你的革命计划，向美国许多城市寄去信函介绍你，因此，人们以爱国热忱欢迎你。"（《海外友人致孙中山信札选（一）》，《民国档案》2003 年第 1 期，第 7 页）

△ 张平州来函，感谢收到 11 号的回信，表示愿意提供无偿服务，希望得到介绍信。（邓丽兰：《临时大总统和他的支持者》，第 186 页）

　　△　报载九江卫戍司令官兼参谋长余鹤松、第二标统带刘世均等来电，报告萍乡煤矿大半为盛宣怀私产，又在江西境内，理应归江西管理。湖南将萍乡煤矿据为己有，并在各口岸设分售处，不合公义。请中央政府及各省都督电告湖南都督，速将该矿拨还。(《申报》1912 年 1 月 16 日，"公电")

　　△　报载李岷琛、赵熙、萧湘、焦直、黄桢祥等来电，反对熊克武、黄复生接收川款、组织蜀军北伐队，指出此款系全川脂膏，现在川乱吃紧，应组织军队回川救援，熊、黄意图侵蚀，誓不承认。(《民立报》1912 年 1 月 16 日，"总统府电报")

　　△　报载淮南湘鄂西皖四岸盐商来电，反对张謇盐政。电文称："民军起义，首重保商，淮南运票，固明明商业也，况中国商务何一不由清政府，此次之肇祸，即以川粤铁路收归国有，股本减折发还，以致大失人心。今当民国政府成立之初，岂可蹈其覆辙。"要求明颁命令，以淮盐运销事务概循旧章，其他事项，如裁汰冗员、剔除弊端、减停杂捐、归并名目等，再从容讨论。(《民立报》1912 年 1 月 16 日，"公电")

　　1 月 17 日(辛亥年十一月二十九日)　接见英使参赞和领事，"谈甚久，英参赞极表满意之度"。(《民立报》1912 年 1 月 19 日，"公电")

　　△　孙毓筠来电，指出不应再与袁世凯议和，应从速筹议待遇皇室、处分满人及安置北方军官军队办法，宣告中外，并通牒袁氏，限期答复，如不同意，立即继续开战。(《安徽都督孙毓筠为请袁世凯限期答复议和以便从速解决事致大总统等电》，中国第二历史档案馆编:《南京临时政府遗存珍档》第 1 册，第 212 页)

　　△　旅沪山东绅商学界来电，报告山东局势危急，公议推举胡瑛担任山东都督，暂请杜扶东(杜潜)代理，请求力为主持，并促胡瑛速莅山东。(《民立报》1912 年 1 月 17 日，"公电")

　　△　蓝天蔚来电，报告已于本日午后 3 时率领海陆军队抵烟台，受到各界欢迎。(《蓝天蔚为报告率海陆军抵烟台承各界欢迎事致大总统等电》，中国第二历史档案馆编:《南京临时政府遗存珍档》第 1 册，第 214 页)

△ 浙江都督蒋尊簋来电，报告接任浙江都督，于 1 月 16 日视事。（《浙江都督蒋尊簋为报告于元月十六日接任浙督事致大总统等电》，中国第二历史档案馆编：《南京临时政府遗存珍档》第 1 册，第 218—219 页。）

△ 美国长老会牧师法兰西斯·史蒂文森（Francis B. Stevenson）来函，对中国革命成功和孙中山当选为中华民国总统致以衷心的祝贺，并表示希望能为中国办以下三件事：1. 坚持现行的禁烟政策直至取得最后成功。2. 对烈性酒、烟草尤其是香烟制定类似的政策。3. 制定移民政策，鼓励人口移居开发关东。（《海外友人致孙中山信札选（一）》，《民国档案》2003 年第 1 期，第 7—8 页）

△ 报载曹运鹏等来电，盛赞孙中山、黄兴革命历史，报告本日补行庆祝。南洋苏坡华商亦发来贺电。（《民立报》1912 年 1 月 17 日，"贺电"）

1 月 18 日（辛亥年十一月三十日） 致电伍廷芳，阐明清帝退位后推举袁世凯之条件，对优待清室、皇族及蒙、满、回、藏人条件提出修正。

在伍廷芳与唐绍仪的上海秘密协商过程中，唐向伍提出关于优待清室各条件，第一款"世世相承"四字改为"统系相承"，如不能接受，则改为"仍存不废"；第二款"或仍居宫禁"五字，实难删去，请将"仍"字改为"暂"字；第三款改为"优定大清皇室经费，年支若干，由国会议定，惟至少亦须三百万两"；第五款改为"德宗崇陵未完工程及奉安经费，仍照实用数目支出"。（观渡庐编：《共和关键录》第 1 编，第 72 页）本日，伍廷芳来电，报告与唐绍仪谈判情况，并拟各项优待条件如下：一、优待皇族条件：大清皇帝改称让皇帝，相传不废，以待外国君主之礼待之；暂居宫禁，日后退居颐和园；优定让皇帝岁俸年支若干，由新政府提交国会议决，惟不少于三百万两；所有陵寝宗庙得永远奉祀，并由民国妥为保护；德宗崇陵未完工程及奉安经费，仍照实用数目支出；保护其原有之私产。二、优待满蒙回藏人条件：满、蒙、回、藏人与汉人平等，均享受一切权利，服从一切义务；保护其应有之私产；先筹八旗生计,于未筹定以前,原有口粮暂仍其旧;从前营业之限制,居住之限制,一律蠲除;所有王公世爵概仍其旧。(观渡庐编:《共和关键录》第1编,第73页)乃召集内阁会议,讨论清帝退位条件,议决电致北京,提出四项要求:一、清帝必逊位并弃让所有之大权;二、满人不能预闻中国临时政府政务;三、临时都城不得设在北京;四、袁世凯非俟列强承认共和政府及民国建设完全之后,不能预闻共和临时政府政务。(《临时政府对于袁世凯之要求》,《申报》1912年1月21日,"要闻")致电伍廷芳,令转告唐绍仪,清帝退位后推让袁世凯之手续,必须慎重,提出五项条件:一、清帝退位,其一切政权同时消灭,不得私授于其臣。二、在北京不得更设临时政府。三、得北京实行退位电,即由民国政府以清帝退位之故,电问各国,要求承认中华民国。四、孙中山即向参议院辞职,宣布定期解职。五、请参议院公举袁世凯为大总统。(《孙文来电》,观渡庐编:《共和关键录》第1编,第76—77页)对于唐绍仪所提之各条修改,要求转告:皇室优待条件,一、名号定为宣统皇帝,删去"世世相承"四字;二、退居颐和园;三、经费由国会定之;四、如议;五、包括在经费内;六、如议。满、蒙、回、藏五条如议。(《孙文来电》,观渡庐编:《共和关键录》第1编,第78页)又急电伍廷芳,请其即入南京面商,并邀请唐绍仪同来,以决大计。(《南京孙文来电》,观渡庐编:《共和关键录》第1编,第74页)伍廷芳来电告知,唐绍仪与北京往来电商,一入南京,必致耽搁;并且无法保密,将为北京、外人所疑,影响居中调停,故唐不能来。(《复南京孙文黄兴》,观渡庐编:《共和关键录》第1编,第74—75页)

　　△　复电商务总会陈作霖、沪南商会王震、商务公所朱佩珍、全国商团联合会沈懋昭、国民总会叶增铭、市政所长莫锡纶,对其请求沪督陈其美兼督江苏、以一事权的建议,表示"苏督一职,向由省议会选举,倘经苏议会正式公举之,本总统无不同意"。(《复上海商务总会等电》,《孙中山全集》第2卷,第27页)

　　△　嘱总统府秘书处致函美国北长老会教士、万国改良会会长丁义华,告已收阅庆贺元旦及民国成立的专函,并对上海开大会讨论

禁烟，表示欣悦，也愿意向该会发表佩服赞成的意见。（《附南京总统府秘书处致丁义华君书》，《民立报》1912 年 1 月 23 日，"新闻三·改良会纪事"）此前 1 月 15 日，丁义华来函祝贺新年，并表示"在这个对您和新的共和中国而言的欢庆日子里，我刚刚给美国和我们在北京的部长发了电报，告诉他们我们对新中国能够建成一个强大的共和国所持的信心"。（邓丽兰：《临时大总统和他的支持者》，第 109 页）丁义华（Edward Waite Thwing）是美国基督教北长老会的牧师，1868 年生于波士顿，1887 年来华传教，早年曾参加了孙中山在日本成立的同盟会，1910 年，他和张伯苓等积极发起组织了天津的北洋万国改良会。

　　△　委任秦毓鎏为总统府秘书员。（《给秦毓鎏委任状》，郝盛潮主编、王耿雄等编：《孙中山集外集补编》，第 62 页）

　　△　陈其美来电，为派温宗尧为通商交涉使事，请示与交涉司划明权限。（《上海都督陈其美为派温宗尧为通商交涉使请与交涉司划明权限事致大总统等电》，中国第二历史档案馆编：《南京临时政府遗存珍档》第 1 册，第 230 页）

　　△　陈炯明来电，请速派员代理广东都督。（《广东代理都督陈炯明为请速派员代理广东都督事致大总统等电》，中国第二历史档案馆编：《南京临时政府遗存珍档》第 1 册，第 234 页）

　　△　谭延闿来电，为洋商和传教士纷纷领取护照一事，请示可否征收外人护照费，以便限制，并请拟定章程颁行。（《湖南都督谭延闿为可否征收外人护照费请拟定章程事致大总统等电》，中国第二历史档案馆编：《南京临时政府遗存珍档》第 1 册，第 224 页）

　　△　蒋雁行来电，报告徐州方面紧急情报，一是张勋部有哗变，目前在竭力收拾人心，声言不日南攻蚌埠、东攻宿迁，并有旗兵二十营相助；一是睢宁千总勾结张勋攻睢，造成民心惶惶。电文指责张勋盘据徐州，不遵约退兵，又于停战期内声言进攻，当属违约，现已饬所部严密防堵，请求电饬扬、镇各军迅赴宿迁，共同抵抗，并请伍廷芳严重交涉，请其退出徐州。（《申报》1912 年 1 月 19 日，"公电"）

△ 陕西军政府来电,报告清军第六镇由洛阳西上,陕军退守潼关,目前陕省兵力均赴西路与升允相持,难以兼顾,请求火速救援。另强调和议万不可恃,恐中袁世凯缓兵之计。(《民立报》1912年1月27日,"沪军政府电报")

△ 龙州商会来电,建议勿迁就袁世凯,不能同意重新进行全国投票,免中袁世凯恃票取决之计,为列强借口。(《时报》1912年1月26日,"中华民国立国记")

△ 芜湖军政分府司令吴振黄来电祝贺海军部成立。(《芜湖军政分府司令吴振黄为贺海军部成立事致大总统等电》,中国第二历史档案馆编:《南京临时政府遗存珍档》第1册,第228页)

△ 哈同来函,对上个星期一受到邀请及在南京受到热情款待表示感谢,希望孙中山来上海时接受他们的接待。并报告上海的银行家目前不愿意考虑以南京的不动产抵押贷款之事,但自己会将此事放在心上,等待时机。(邓丽兰:《临时大总统和他的支持者》,第98—99页)

△ 浙江都督蒋尊簋来电恭贺新禧。(《浙江都督蒋尊簋为恭贺新禧致大总统等电》,中国第二历史档案馆编:《南京临时政府遗存珍档》第1册,第226页。《申报》1912年1月20日,"公电")广东北海洋务委员庞子钊等来电,祝贺当选临时大总统。(《临时政府公报》第10号,"电报")报载厦门教育会、南声报馆来电,祝贺当选临时大总统。(《民立报》1912年1月18日,"贺电")

△ 卡尔博士(Dr.Karr)自英国曼彻斯特来函,介绍其本人在多所大学从事过研究,并到世界各地游历,一直从事国际贸易问题的研究,愿为新政府的商贸部效劳或出任在欧洲的代表。(《海外友人致孙中山信札选(一)》,《民国档案》2003年第1期,第8页)

△ 报载李烈钧来电,指出袁世凯以停战议和为缓兵之计,欲充其军备,缓我军心,须早日决战,武力解决。并报告袁世凯在河南一带招集捻匪三万余人,发给枪械,编组成军,并已派一部进占光山、宣

化店等处。(《申报》1912 年 1 月 18 日,"公电")

1 月 19 日(辛亥年十二月初一日) 就修改议和条件数作电示。

致电伍廷芳,命转告唐绍仪,昨日电中所述条件"第三、四、五条合并改为'各国承认中华民国之后,临时总统即行辞职,请参议院公举袁为大总统'"。(《孙文来电》,观渡庐编:《共和关键录》第 1 编,第 78 页)又再电伍廷芳,强调前日伍廷芳来电中所述"相传不废"应改为"终身不废";强调优待条件不可交海牙存案,其理由为:"一、国内之事件,交到国际公会,大伤国体。二、不信国民,必须存案于外,即为丧失外国人信用,牵涉于国际。三、惟有用正式公文通告各国政府,即可为将来之保证。"(《孙文来电》,观渡庐编:《共和关键录》第 1 编,第 80 页)

△ 复咨临时参议院,说明停战议和的理由,并陈述北伐方略。

本月 14 日,伍廷芳在孙中山的同意下,答应袁世凯继续延长停战时间十四天(1 月 15 日至 29 日)的要求。本日临时参议院质问继续停战一事未经参议院同意,且未通知参议院,违背《临时政府组织大纲》;决定仍当立即进兵,要求停战期内,江、皖所有军队与武昌援山、陕之军同时并进。临时参议会为此咨孙中山,并推举议员赵士北、王正廷、陈承泽面陈。(刘星楠:《辛亥各省代表会议日志》,《辛亥革命回忆录》第 6 集,第 257 页)乃复咨说明,关于停战一事未及向临时参议院提出,与临时政府组织大纲并不违反;议和成否,将于数日内解决。现在用兵方略,"当以鄂、湘为第一军,由汉京铁道前进;宁、皖为第二军,向河南前进,与第一军会合于开封、郑州之间;淮、扬为第三军,烟台为第四军,向山东前进,会于济南、秦皇岛;合关外之军为第五军,山、陕为第六军,向北京前进。一、二、三、四军既达第一之目的,复与第五、六军会合"。届时当亲督江、皖之师,毋庸另委他人。同时命令财政、陆军两部急筹饷源。(《大总统咨参议院作战方略并令部急筹财政》,《临时政府公报》第 2 号,"令示")

△ 复函挽留江北都督蒋雁行。因蒋雁行以"事务殷繁,积劳撄疾"具辞职书,并派人持呈,特复函表示:"北虏未平,江北尤为重要之

地,执事身当前敌,勋望在人,为民国屏蔽,断不能以此时息肩。尚望
黾勉从事,并加以珍摄为荷。"(《大总统慰留蒋都督》,《申报》1912 年 1 月
25 日,"要闻")

△　各地军政府来电,继续建议北伐。

黎元洪来电,以北军进攻山、陕,建议北伐,表示"和议万不可恃,
乞速示机宜,以免贻误大局。"(观渡庐编:《共和关键录》第 2 编,第 174—
175 页)广西副都督王芝祥来电,建议停战期满后,各路联军应继续增
加,以厚我军威力。并报告广西续派联军,昨进全州,已令各队继进;
都督陆荣廷 20 号到桂,王芝祥所部 21 号起行,兼程赴鄂。(《广西副
都督王芝祥为报告于廿一号率师赴郑州事致大总统等电》,中国第二历史档案
馆编:《南京临时政府遗存珍档》第 1 册,第 242 页;《民立报》1912 年 1 月 22 日,
"沪军政府电报")福建都督孙道仁、政务院总长彭寿松来电,报告福建
先出一标,其余后续继发,建议停战期限一到,应请即行宣战。"现在
举国盼望共和,妇孺皆知大义,人心所在,即天心所在,胜负存亡之
数,不卜可知。若过于延缓,任逞狡谋,借款卖地,转恐有妨将来大
局"。(观渡庐编:《共和关键录》第 1 编,第 133 页)19、20 日《时报》连载李
燮和上书,坚决主战,反对议和,指出:"一月以来,最足为失机误事之
尤者,莫如议和一事。"呼吁革命党人根除依赖袁氏之心,以"议战"代
替"议和",武力推翻清廷。上书坦率陈言,要求早定和战之局,切不
可再"迟疑不决,当机不断,成且误听袁氏再求议和之举"。(《光复军
总司令兼吴淞军政分府李燮和上孙大总统书》,《时报》1912 年 1 月 19 日、20
日,"要件")

△　陈炯明来电,告以广东前派王宠惠、薛仙舟、赵士北三人为
中央参议院参议员,当王现任外交,薛现任组织中央银行,均不能兼
任参议,特另委派钱树芬、丘沧海两人。丘现在南京,钱从美洲回国,
亦将首途赴任。(《广东都督电》,《申报》1912 年 1 月 21 日,"公电")

△　蔡锷来电,提出三项治国建议。一是破除省界,"我国幅员
既广,省界夙严,势涣情疏,每多隔阂……今中央政府成立,缔造经

营,当先从破除省界入手"。二是对于各类人才不存党见,"只宜惟贤是任,不必过存党见,使有弃才,益自树敌"。三是尊重现实,循序渐进,"外鉴世界之趋势,内察本国之舆情,必审慎周详,节节进步,庶全国得以按弦赴节,不致有纷扰滞碍之虞。若期望过高,变更太骤,恐事实与理想不相应,而人民未易奉行;或法令与习惯有相妨,而急切难生效力。故新旧递嬗之交,目光固宜高远,而手法则不妨平近"。(《天南电光集》第 29 电,《云南辛亥革命资料》,第 82 页)

△ 柏文蔚来电报告前日有敌兵一千五百人至宿州,今早又有兵车三十辆由徐州至宿州,恐有南下之举。(《时报》1912 年 1 月 26 日,"中华民国立国记")

△ 报载宜昌民军司令唐牺支来电,报告宜昌 10 日查获孙鸿猷,假慈善会会员名义,由京赴蜀,为清廷暗筹军需,并带有匿名《国民实利意见书》多本,现已按律拘禁,建议通饬严密查禁该书并缉拿党羽。(《申报》1912 年 1 月 19 日,"公电")

△ 报载张振武来电,表示受到外人催迫及宵小播弄,恳求设法筹款六十万,以备兑交军械之用,以免爽约。(《民立报》1912 年 1 月 19 日,"公电")

1 月 20 日(辛亥年十二月初二日) 复电伍廷芳,申明 18 日提出让位五项条件之意,强调袁世凯不得于民国未举之前接受清廷统治权。

命转告唐绍仪,提出五项条件之意为:一、清帝退位,系帝制消灭,非只虚名。二、袁须受民国推举,不得由清授权。三、袁可对中外发表政见,服从共和,以为被举之地。四、临时政府不容有两,以避竞争,今清帝退位后,民国政府当然统一。五、袁可被举为实任大总统,不必用临时字样。(《孙文来电》,观渡庐编:《共和关键录》第 1 编,第 77 页)同日另一复电,内容大致相同,坚持袁世凯必须在各国承认民国政府、临时大总统辞职后,由参议院推举。所列新条件如下:一、清帝退位,政权同时消灭,不得私授其臣民。二、在北京不得更立临时政府。

三、各国承认中华民国之后,临时总统辞职,请参议院公举袁为大总统。复电强调,这些条件对于民国安危具有重大关系,在所必争。袁世凯不得于民国未举之先,接受清廷授予统治权。清帝退位,民国临时政府当然统一,外国必立时承认。(《孙文来电》,观渡庐编:《共和关键录》第1编,第79页)

△　再电伍廷芳,对清室优待条件和优待条件不交海牙存案事再次作出强调。指出:"删去'让'字及改定'满、蒙、回、藏人一与汉人平等',可依议。惟'相传不废'改作'终身不废'。又,如条件由民国临时政府用正式公文通告各国政府作为保证,不交海牙存案,合再告唐申明。"(《南京孙文来电》,观渡庐编:《共和关键录》第1编,第76页)

△　颁布各级将校应严厉约束兵士的临时大总统令。令文为:"南京各军队纪律不整,本总统早有所闻。今阅上海《泰晤士报》十九日论说,其所登载,多系情实。该报向表同情于民国,今为恳切之忠告,若不切实督戒约束,不唯贻讥外人,后患何堪设想?该报所报下级军官及高级之官,终必同受其危险者,诚非过虑。除令卫戍总督外,为此令仰贵部速即颁行军令,责成各军司令以下将校切实奉行,以后各负其责任。"又指出"须知纪律严明,训练有素,然后能保军人之名誉,作民国之干城。我南京军队不乏爱国男儿,亦断不容以少数不规则之行为,坏全体之名誉也。宜将此义通谕知之"。并将《泰晤士报》所载评论南京军纪混乱的文章发与各军将校阅看,俾知警省。(《孙中山颁布各级将校应严厉约束兵士的临时大总统令》,中国第二历史档案馆编:《南京临时政府遗存珍档》第1册,第7—14页)

△　致电黎元洪,通报清帝退位优待条件,要求继续备战。将与袁世凯谈判所约条件告知:一为清帝退位,一切政权同时消灭,不得私授其臣民。二为在北京不改设临时政府。三为各国承认中华民国之后,即行辞职,请参议院公举袁为大总统。同时告以北军进攻态势,建议"一面扰围铁路,一面选派洛阳、山阳之民军以牵制之"。(《致黎元洪电》,《孙中山全集》第2卷,第29页)

△ 派日人秘书池亨吉到日本驻南京领事馆会见日本领事铃木荣作,通告"准备向最先承认新政府之强国提供某种重大权益"。(段云章编著:《孙文与日本史事编年(增订本)》,第 256—257 页)

△ 致电陈炯明,要求转邓子瑜,"即将所部军械由保民来会同北伐,以符(胡)汉民之约"。(《粤省新猷》,《天铎报》1912 年 1 月 20 日,"中外大事")[1]胡汉民曾在返国前带华侨青年回国,编组广东北伐援军。

△ 阪谷芳郎来函,为委托设立中央银行事,请将"特许状"盖上正式之印送达,同时表示招股之事在临时政府得到各国承认前难以发表。电称:"接到贵电及中华民国元年一月初十日贵翰委托阪谷以贵国中央银行设立之事,是系整顿贵国之财政,增进国利民福,尤重要且紧急,故直当为设立之准备。请将特许札权盖上正式之印,即速送下为盼。然招股份之事,贵国非经列国之承认,甚属困难。故各国承认之日,即拟为发表。"该函及所提《设立中央银行特许状》译成中文,由原口要携带至中国。(李廷江:《日本财界与辛亥革命》,第 217 页)

△ 各地民军继续要求北伐。陈其美来电,对于停战议和一再展限表示忧愤,电称"当率所部,驰赴前敌,一决胜负,断不容再事偷安,贻误全局"。(《民立报》1912 年 1 月 22 日,"沪军政府电报")蔡锷来电,要求长驱北伐,并报滇军已募发北伐,现正运兵。(《云南都督蔡锷为和议中敌军南侵请北伐现正运兵事致孙中山等电》,中国第二历史档案馆编:《南京临时政府遗存珍档》第 1 册,第 250—251 页)又来电报告云南省特派参谋李伯庚、刘风二人日内起程赴南京。(《临时政府公报》第 3 号,"附录·电报")柏文蔚来电,报告涡阳被敌占领,寿、蒙危急,望速命兵抵御。(观渡庐编:《共和关键录》第 2 编,第 114—115 页)报载江阴军政分府参谋官兼秘书官包道平来电,希望"坚持宗旨,勿误和议,自老雄师,道平亦当执戈跃马,以与袁氏决一雌雄,使异族恶劣专制之政府早日推翻,则我北省同胞早见天日"。(《申报》1912 年 1 月 20 日,"公电")

---

① 此为《天铎报》登载日期。

△ 贵州都督赵德全来电,赞成江西都督马毓宝关于联军统一的通电。(《民立报》1912 年 1 月 26、30 日,"沪军政府电报")

△ 徽州军政处胡孝龄来电,告以被公推为徽州军政府长,已于 13 号视事。(《民立报》1912 年 1 月 21 日,"安徽电报")

△ 美国人杨高(Geo Young)自香港来函,祝贺当选临时大总统,并托吴齐昂(Woo Ghi On)转告个人有关情况,希望能像其父亲杨库万(Young Ku Wan)一样受到关照。(《杨高(Geo Young,香港)函》,《海外友人致孙中山信札选(一)》,《民国档案》2003 年第 1 期)

△ 报载陈其美来电,报告同盟会中多人告发四川人顾鳌为汉奸,希望详细查明电示,以便核办。(《申报》1912 年 1 月 20 日,"公电")

△ 报载鄂军务部来电,报告湖北蕲州凌元洲派充湖北省兵站总参谋,忽然逃去,形迹可疑,请求转饬所属,严拿解来。(《民立报》1912 年 1 月 20 日,"湖北电报")

1 月 21 日(辛亥年十二月初三日) 主持南京临时政府第一次内阁会议。

午后 1 时,主持南京临时政府第一次内阁会议,到会者有陆军、海军、教育各部总长、各部次长,议决事项有:"一、议行政方针,主张中央集权。二、筹措军饷,拟将招商局抵押一千万。缘招商局盛宣怀股居多,理当没收。商股可由政府认还,如该局不允,当以相当之法对付。三、和议大定,优待清室条件,已由伍廷芳开去,俟清廷退位后,将请袁世凯来南京,以就此间政府。"会议议定此后星期一、四午后 2 时开阁议。(《记新政府第一次阁议》,《申报》1912 年 1 月 25 日,"要闻")

△ 两次致电伍廷芳,要求袁世凯加快答复议和条件。其一鉴于"退位之言,日复一日,无以取信中外",要求转告北方,另派正式代表,或仍以全权给唐绍仪,从速解决和议问题。(观渡庐编:《共和关键录》第 2 编,第 24 页)其二要求转告袁世凯,须于 20 日将清室优待条件全部答复,再议其他事项。(观渡庐编:《共和关键录》第 1 编,第 89 页)

△ 致函康德黎夫妇,说明自己担任临时大总统,"以无私的热

情接受之一职务,是要借此将具有四万万人口的中国,从迫在眉睫的危殆和屈辱中拯救出来"。信中告诉康德黎夫妇,"担任现在的职务以来,异常忙碌,总有各种事务妨碍我执笔,此情你们当能想象,亦能体谅。当我从现在的地位回顾已往的艰辛与苦斗,念及你们始终不渝、令人难忘的盛情厚谊时,使我更加感激你们。到目前为止,我能告诉你们的,就是南京诸事进步迅速,前途有望,我或许不能如我所希望的经常写信给你们,但你们可从报上不时看到我的活动"。(《致康德黎函》,《孙中山全集》第 2 卷,第 31—32 页)

△ 致电邓泽如,请其即来南京,商理要事。并告以已电家人来南京,望邓与其同行。(《致邓泽如电》,《孙中山全集》第 2 卷,第 33 页)本日孙科到达上海,住城内,准备去南京。(上海市档案馆编:《辛亥革命与上海——上海公共租界工部局档案选译》,第 105 页。)

△ 犬养毅来函,告以日本已决定采取不干涉政策,其余各国没有干涉能力,不必顾虑各国干涉事。函谓:"窃谓阁下如忧列强启瓜分之端者,而袁亦以此一事巧冲动革军诸台之意,以驯致妥协之势,然是不可有之事也。敝邦政府已决不干涉之方针矣。而国论之所向,阁下已然知之。敝邦已如此,列国谁能有干涉之力?阁下断勿顾虑。今日之事,只有勇往迈进而已,断断乎勿迟疑,北京已在阁下之掌中矣。"(翠亨孙中山故居纪念馆藏档,B9—29)

△ 黎元洪来电,赞同江西都督马毓宝主张设立中央民国银行及各分行,发行纸币,恳请急行举办,以统一财政,促进流通。(《副总统黎元洪为请财政部组织中央民国银行发行纸币事致大总统等电》,中国第二历史档案馆编:《南京临时政府遗存珍档》第 1 册,第 262 页)

△ 旧金山致公总堂来函,报告墨西哥政府允赔款三百一十万,定于 6 月 1 号缴清,清公使串同保皇党意图中饱,请求临时政府与墨交涉,延交赔款,并派唐琼昌代表赴墨办理。(翠亨孙中山故居纪念馆藏档,B9—4)

△ 温哥华女基督徒格莱特(Glater)来函,要求孙中山不要辞

职，表示"我们加拿大人和英国人都在关注此事，希望您会留任。我们希望看到中国重振雄风，在世界民族之林占有一席之地。不要让别国干涉内政，我们希望美好的和平将会到来。我衷心祝愿您和您的共和国"。(《海外友人致孙中山信札选(一)》，《民国档案》2003 年第 1 期，第 8—9 页)

△　美国北卡罗来纳州农业机械技术学院 A. 鲁迪(A. Rudy)博士来函，表示愿意到中国，希望能有机会去施展其农业才干，提出"既然共和国希望开创一个进步繁荣的新时代，在贵国迅速增加耕地面积的建议应该得到阁下的认真考虑，我希望能与贵国政府达成共识，以便展现我的方法而不致于失败"。(《海外友人致孙中山信札选(一)》，《民国档案》2003 年第 1 期，第 9 页)

1 月 22 日(辛亥年十二月初四日)　致电伍廷芳及各报馆，说明提出让位条件之目的，公布让位办法。

21 日伍廷芳来电，认为清帝退位宜由袁世凯与南京临时政府协商，以两方同意组织统一全国之政府，如此统一政府成立之后，于内必能统一全国秩序，于外必能得各国之承认。(观渡庐编：《共和关键录》第 1 编，第 83 页)本日伍又来电，重申与袁协商组织临时政府的建议，认为无须要求北方另派正式代表以续和议。(观渡庐编：《共和关键录》第 2 编，第 24—25 页)故命伍转告袁世凯，指出袁世凯不但欲去除清政府，同时也要取消民国政府，而在北京另行组织临时政府，因而昨电坚持"须俟各国承认后，始行解职"，以巩固民国之基础，并非前后意见有所冲突。如果袁世凯能与清政府断绝关系，接受民国条件，则当仍践前言，举袁自代。确定办法如下："一、清帝退位，由袁同时知照驻京各国公使电知民国政府，现在清帝已经退位，或转饬驻沪领事转达亦可。二、同时袁须宣布政见，绝对赞同共和主义。三、文接到外交团或领事团通知清帝退位布告后，即行辞职。四、由参议院举袁为临时总统。五、袁被举为临时总统后，誓守参议院所定之宪法，乃能接受事权。"其中第一、二两条为袁与清政府断绝关系、变为民国国民之条件。此为最后解决办法,如袁不能实行,则是不愿赞同民国,不愿和平解决,如此则所有优待皇室、八旗各条件,不能履行。(观渡庐编:《共和关键录》第 1 编,第 88—89 页)

△ 派胡汉民至临时参议院,将议和条件交临时参议院表决。

议和条件五条,一、清帝退位,由袁世凯同时知照驻京各国公使电知民国政府;二、袁世凯须宣布政见,绝对赞成共和主义;三、大总统接到外交团通知清帝退位布告后,即行辞职;四、大总统辞职后,由参议院另举袁世凯为临时大总统;五、袁世凯被举为大总统后,须誓守参议院所定之约法,乃能接受事权。胡汉民报告完毕,经全体议员可决。(刘星楠:《辛亥各省代表会议日志》,《辛亥革命回忆录》第 6 集,第 258 页)将临时参议院议决结果电告伍廷芳、汪精卫,请转告唐绍仪,"今日复电五条,并由政府提出参议院,得其同意,盖尊重和平之极。前途若再不办到,则是有心反对,众怒实难犯"。(观渡庐编:《共和关键录》第 1 编,第 90 页)

△ 派胡汉民参加中国同盟会本日在南京举行的会员大会。

到会者十八省会员约两千人。胡汉民代表孙中山正式提议修改誓词为"颠覆满清政府,巩固中华民国,实行民生主义",一致通过。在讨论今后改组政党问题时,意见不一,多数人以为武装革命已告终了,应改为公开政党,从事于宪法国会运动,代表国民,监督政府,不应仍带秘密性质。一部分人则以革命目的并未达到,让位袁氏,前途尤多危险,党中宜保存秘密工作,不宜侧重合法政治竞争。每省各选评议员一人,有人提议孙中山方综国政,不宜兼摄党事,举汪兆铭为总理。胡汉民起而与争,未能成功。(《天铎报》1912 年 1 月 23 日,"要电")

△ 致电伍廷芳,令速电袁世凯,制止清军叶长盛部违约在山东进攻革命军。(观渡庐编:《共和关键录》第 2 编,第 77 页)

△ 令陆军部赏恤受伤之镇军第一标一营前队二排二棚副目石凤鸣。石凤鸣禀称因中弹受伤,请给费接换假腿。令陆军部查核伤

状如何、曾否已由镇军赏恤、是否应照给医费。（中国第二历史档案馆编：《中华民国史档案资料汇编》第2辑，第266页）

△　犬养毅来函，劝对袁世凯警惕，不宜轻离南京。函云："如闻者袁有妥协之意，而阁下亦颇欲之。夫不衄一兵，而能成共和政体，贵国之福莫大于此。第袁谲诈百端，心术不测，若陷其计中，大势去矣。毅谓南北协商，宜于南京，不宜于天津。我苟见致于彼，蠹惑胁迫，势之所必。至阁下往天津，犹入羿之彀中，毅为共和危之。愿阁下勿寸步去南京也。"（翠亨孙中山故居纪念馆藏档，B9—30）

△　招商总局来电，为临时政府各军首领以军需紧急要求将招商局抵押借款并限四十八小时答复，表示招商总局抵押借款一事非常重大，恳求先由中央政府速觅银主受押，同时电告各省股东来沪，于十日之内召开股东大会，共同决议。（《南京临时政府拟以招商局产抵借日债史料》，《历史档案》1983年第3期，第45页）

△　义赈会委员会代表罗炳生（E. Lobenstine）发来报告书，提请关注目前饥荒状况，并请帮助实施赈灾计划。据其报告，共有七个省、约二百七十万人、三万平方公里的地域受到影响，在未来几个月中需要救济的预算为二百七十万元，义赈会仅能提供10%—15%的援助，呼吁临时政府支持赈灾工作，以显示中国新政府不仅是一个民治的政府，也是一个民享的政府。（邓丽兰：《临时大总统和他的支持者》，第126—128页）

△　各地都督来电反对议和，主张北伐。湖南都督谭延闿来电，对于上海都督陈其美、南昌都督马毓宝、福州都督孙道仁各通电反对议和一再延迟，表示赞成。（《申报》1912年1月25日，"公电"）蜀军都督张培爵、夏之时指出，和议决无可信之理，万不可听，建议取消和议，联合各省军队，陆续分进；至于派充国民代表参加袁世凯所主张的国民会议，应作罢论。（《临时政府公报》第6号，"电报"）江北都督蒋雁行指出，议和万不可恃，已做好北伐准备，"请外交总长于停战期内，将重要条件一律解决。如敌再借故延缓，万难承认"。（《申报》1912年1月

24日,"公电")报载蔡锷来电,建议多备军队,先筹饷械,望黄兴、黎元洪决定进行。滇军现挑选精兵,添配机关枪,专事北伐,已饬令受黄、黎两元帅指挥调度。(《民立报》1912年1月22日,"沪军政府电报";《申报》1912年1月22日,"公电")

△ 张凤翙来电,报告潼关复失,邠、长、洋、陇相继沦陷,陕西省城空虚,望重庆、襄阳就近来援,请求火速设法接济。(《民立报》1912年2月5日,"沪军政府电报")

△ 那文(罗伯特·斯·诺曼)来函,表示希望能够进入新国家即将建立的旧金山领事馆工作。(邓丽兰:《临时大总统和他的支持者》,第67—68页)

1月23日(辛亥年十二月初五日) 复电伍廷芳,命将前日电文中关于清帝退位、举袁为临时大总统之五项条件正式通告袁世凯,并强调袁有取消民国临时政府之电,此事于理绝对不行。袁必须有赞同民国之表示,与清政府断绝关系,彼此才有协商余地。表示"个人名位非所愿争,而民国前途岂可轻视",要求伍继续完成和谈代表使命,另派全权一节,可无置议。(观渡庐编:《共和关键录》第1编,第90—91页)

△ 接见陕西特派员李良才,得报陕西近因清军违约进攻,十分危急。(《时报》1912年1月25日)致电伍廷芳,命电请清内阁,令其实践停战条约,派得力专员星夜驰赴山西、陕西战地,宣令停战。(观渡庐编:《共和关键录》第2编,第67—68页)

△ 命财政部将江南造币厂归财政部管理,"所有厘定币制及整理厂规,应由贵部议复呈核。为此令行贵部迅速妥议,呈候核夺"。(《临时大总统等关于江南造币厂请厘定币制整理厂规并隶归财政部文件》,中国第二历史档案馆编:《中华民国史档案资料汇编》第2辑,第382页)

△ 复丁义华函,表示局势稳定后,当尽全力禁烟。丁义华在1月15日来函,告知星期日将举行一个声势浩大的抵制鸦片集会,请孙中山发表一些个人看法,来表达新政府禁烟工作的政策与意向。

（邓丽兰：《临时大总统和他的支持者》，第 111—112 页）本日复函答："先生尽瘁敝国之社会改良，历有年所，实所心敬。此时戎马倥偬，对于禁烟一事，不免松懈，至为遗憾。一俟大局稍定，即当尽全力划除此不良之毒物。当此过渡时期，法律制裁所未及者，尚望诸君子热诚诱导，以社会之感化力，补其缺憾。"（《附孙大总统致丁君义华书》，《民立报》1912 年 1 月 23 日，"新闻三·改良会纪事"）①

△ 伍廷芳来电，指出与袁世凯谈判，不可随时更变筹定办法；若清帝退位，全国有统一之共和政府，则目的已达，至于总统如何选举、国务总长如何委任，都易商量。（观渡庐编：《共和关键录》第 1 编，第 89 页）

△ 黄兴来函，介绍日本人岛田经一系旧同志，此次购买武器，只待款有着落，即可决定。因其携带三井一函，关系到盛宣怀借款事，请予接见。此函由岛田经一持交孙中山。（翠亨孙中山故居纪念馆藏档，B5—2）

△ 陆荣廷来电，表示赞同安徽都督孙毓筠 17 日电所论，请孙中山定夺宣布，以安人心。（《广西都督陆荣廷为请宣布皖督霰电所论事致大总统等电》，中国第二历史档案馆编：《南京临时政府遗存珍档》第 1 卷，第 272 页；《民立报》1912 年 1 月 26 日，"沪军政府电报"）17 日，孙毓筠通电，指出不应再与袁世凯议和，应通牒袁氏，限期答复，如不同意，立即继续开战。

△ 蒋雁行来电，报告北军驻兵地点及官长姓名如下：第二镇第十标全标，标统唐天喜；炮三标三营中队，队官王得福；马三标二营工队，队官刘寿五；禁卫军步一协、炮一标，标统宋王珍；均驻北京。毅军六营，统领张殿儒，驻南苑。二、六两镇现共有四营，协统鲍贵卿，驻保定。第三混成一协，统领卢永祥；步标统汪学谦、王立用；炮两营，标统刘学信；马一营半，标统王；驻正定、石家庄、五陉县等处。第

① 此为报载日期。

二镇马队三营,标统高;驻郑州。二镇炮二营,统带崔滞;步五营,统制王占元,标统唐仲仁、吴金标;驻信阳州。第四镇全镇统制陈光远;六镇一协统领李纯及段祺瑞;驻孝感县。第十二混成协,统领周符麟,驻潼关。第三镇,统制曹锟,驻太原。第五镇,统制张永成,驻山东。第十九协,又新招二十营,统领张士钰,驻河南。毅军五营,驻通州。禁卫军大营、毅军四营,统制何宗莲,驻大同府。京旗全旗,保护京汉铁路等语。(《申报》1912年1月25日,"公电")

　　△　甘锡泽、高正中来电,反对以胡瑛为陕西经略使,请求速派援兵,筹济军火,取消经略之名。(《民立报》1912年1月24日,"公电")

　　△　寿州民军参谋张树侯、孙旨美、周佐卿、耿附俐,军官毕少帆、廖海粟、彭卓甫、张会要、孙鹤堂等来电,告以寿州民军司令王龙亭于1月5号托故远行,其友李隋然代理,亦于19日夜逃去,同人公推张孟介为总司令。(《民立报》1912年1月25日,"南京电报")

　　△　旧金山致公总堂来函,再次为墨西哥政府因莱苑华侨损失赔款三百一十万元,清公使与保皇党从中意图渔利一事,请新政府主持办法;并保荐唐琼昌,言其熟悉外交、善于词令,具备代表资格。(翠亨孙中山故居纪念馆藏档,B9—4)

　　△　砵仑同盟会会长李炯来函,告以近日在砵仑开创一新报,并将报纸首版寄呈。信中推荐其知交黄某回国效力,恳请因材委用。(翠亨孙中山故居纪念馆藏档,B9—5)

　　△　报载湖南南路士民来电,坚决反对召开国会决定国体。电称:"和议屡展,士气已衰,开会投票,尤属至危。共和民国,已经中外承认,若待再议,则前举总统、组织政府等事皆戏耳。如果召开国会投票,主张君主制者多得一、二票,革命的结果不堪设想。请求尽速决战,取消国会,毋堕敌计。"(《申报》1912年1月23日,"公电")

　　△　报载泰州共和会来电,建议效法德国,由南方各省召集国会。暂将各省临时议会建成众议院,国会即成。(《民立报》1912年1月23日,"泰州电报")

△　报载许子麟、林镜秋来电,告已抵福建,承福建都督孙道仁挽留,筹办实业银行,不能来南京。(《民立报》1912 年 1 月 23 日,"福建电报")

△　《泰晤士报》(*The Times*)发表评论,指出孙中山致电袁世凯,否认授权袁建立共和国,中国出现了新的困难。评论说这份电报是不公道的和侮辱人的,除非袁世凯已失信于改革者,而到目前为止,并未出现如此的证据。在改革者将共和国掌握在自己的手中时,这些证据的缺乏却使南京共和党人的行为不可原谅。《泰晤士报》担心这一举措会使革命收获的和平局面被打破,将整个国家推向一个内外都最危险的境地。("Attitude of Dr. Sun Yat-sen","*The North-China Herald*",Jan. 27,1912,"Miscellaneous","The Revolution in China")

1 月 24 日(辛亥年十二月初六日)　向《大陆报》记者辩明让位于袁世凯的立场。

下午,接见《大陆报》记者,谈及《大陆报》所载中国政局之要略,指出《大陆报》对自己有所误解。表示让位于袁的计划并未改变,但袁要求南京临时政府于清帝逊位后两日内解散,不能不提出反对。临时政府早向袁世凯明白声明,清廷应赞成共和而逊位,非赞成袁世凯而逊位。袁如实行共和政体,可以退让;若袁世凯仍为清廷效力,则不能轻让。"共和政府为国民军各将士所造成,流几许热血,费多少金钱,始购得此共和两字,其价值之大,殆可想见。故余实无权可以贸然授与,而不得不要求实行之保证。如袁坚持目下之态度,则余何能辜负国民之信托,以彼等得之于敌人之手者,而妄献之于袁氏乎。"又表示南方十七省选自己为总统,组织临时政府,不过为整顿秩序,以待永远政府之成立。"讵袁因总统已定,即解唐绍仪之职,而取消其议约。民政府乃告以选举总统与议和并无关系,临时政府之组织,系为联合预备起见。余复亲电袁氏,谓如翻然来归,余仍愿退任相让。袁始承允续行交涉,一面由唐君办理一切,一面运动满人逊位,而以国会问题置之不顾。袁之出此举,殆欲由捷径以获总统之任耳"。(《孙总统之言论》,《申报》1912 年 1 月 27 日,"要闻")

△　复函国民协会,解释设立临时参议院的理由。

国民协会曾上书,对设置临时参议院表示异议,主张组织国民参事院,"掌立法、预算事宜"。(《国民协会为建议设立国民参事院上大总统书》,《时报》1912 年 1 月 10 日,"来函")乃复函阐明:"方今虏氛未靖,战祸方延,执行政务,首贵敏速。若组织民选议事机关,必先定选举制度及组织选举机关。而各地秩序未复,计即自今开办,至速非数月之久不能成立,揆之时势,似嫌太慢。参议院由各省都督派员组织,本一时权宜办法,而在此过渡时代,力取简易,不遑他计□。若至时局大定,全国无烽,彼时临时政府当须改造,则参议院自在取消之列,而国民参事院之设,将为必行之要政,望诸君鉴谅此意,暂缓督促。一面协助政府,力谋军事进行。"(《国民协会文牍》,《民立报》1912 年 1 月 25 日,"新闻三";《孙总统复国民协会书》,《申报》1912 年 1 月 25 日,"要闻")

△　报载复函南京市民,谈及整顿军纪、江苏都督常驻问题及市政诸问题。

复函表示"兵民相疑,实光复后最大恨事。吾民经济恐慌,苦痛已甚,况复流兵抢劫,时有所闻,战后人民。何以堪此?本总统就任以后,首谋统一军队,近连日与陆军当局筹议办法,不日当可军纪一新。愿诸君转达市民,少忍以待"。关于江苏都督常驻问题,表示将按来函所陈办理,不日当可发表。关于市政诸问题,告以可随时直接反映给内务部。(《复南京市民函》,《孙中山全集》第 2 卷,第 39—40 页)

△　致电江苏都督庄蕴宽,建议在江苏省现有参议员名额中取消一名,分予江北地区,"以便其关切陈仪"。(《南京去电》,《临时政府公报》第 1 号)

△　黎元洪来电,指出宜昌盐厘抵借英、德商款,原每年一百万两,后因收不敷解,由清廷部议改为七十五万两,余数由中央指拨凑足。现在民国对于清政府的债约,凡是在义师未起以前者,自应承认。但湖北省川淮盐厘,名义上为抵押品,实际上仍为鄂省进项,将

来筹议归还,仍请中央政府统筹全局办理。关于宜昌川盐欠解数目,已电饬查复;其淮盐督销,本系江苏省管辖,请求饬令调查。(《时报》1912 年 2 月 5 日,"中华民国立国记")

△　蜀军都督张培爵、夏之时来电,告以本省特委熊斐然、李肇甫、黄树中三人为蜀军政府参议员,即由上海赴会任职。(《民立报》1912 年 2 月 1 日、20 日,"沪军政府电报";《申报》1912 年 2 月 1 日,"公电")

△　川南军都督刘朝望来电,告以决定归并重庆张培爵、夏之时两都督,将此间事权统一。现当众宣布,即日卸职。(《申报》1912 年 2 月 1 日,"公电";《时报》1912 年 2 月 1 日,"中华民国立国记";《民立报》1912 年 2 月 1 日,"沪军政府电报")

△　林正良来函,建议将满洲、蒙古、西藏、新疆划分成数州,委任现在的蒙古和满族王公为都督,可以称为"北中华共和国",如果皇帝愿意给这些州一定程度的自治权,可让他担任中国北部的总督。建议告诫反对组成共和国的蒙古王公,如果他们建立起一个独立的国家或置身于俄国的庇护之下,将一定沦为世界上的三等甚至劣等国家,不会比现在拥有更多的自由,他们的地位将比现在更糟;如果加入共和国,他们将有极大的可能列于第一等的强国之中。同时,向列强宣布革命政府将采取必要的措施统一币制和度量衡。(邓丽兰:《临时大总统和他的支持者》,第 172—174 页)

△　蒙塔古·哈里斯来函,申请一个政府行政职位,表示自己长期赞同中国共和主义者的思想,并介绍了自己的教育经历和技能。(邓丽兰:《临时大总统和他的支持者》,第 179—180 页)

△　报载广东医学共进会来电,指出卫生关系内政外交,中央官制宜立为专部。(《民立报》1912 年 1 月 24 日,"广东电报")

1 月 25 日(辛亥年十二月初七日)　在总统府会见日人头山满、寺尾亨等人,两人表示反对南北妥协,劝孙中山彻底北伐,宫崎寅藏和萱野长知同去,会见时在座。(近藤秀树编、禹昌夏译:《宫崎滔天年谱稿》,《辛亥革命史丛刊》第 1 辑,第 158 页)

△　致电朱执信,劝其不必避往香港,表示可以婉劝汪精卫回粤就任广东都督。(《孙总统电告汪精卫不日归粤》,《香港华字日报》,1912 年 1 月 26 日,"粤省新闻")此前向广东各界推荐朱执信为广东都督,朱坚辞不就,并于 1 月 21 日避往香港。(《都督将属谁?》,《香港华字日报》,1912 年 1 月 23 日,"广东新闻")

△　与黄兴联名致电伍廷芳,请转致袁世凯,临时政府决不妥协迁就。"时局至此,亦非停战问题,乃在南北合力一致直入北京,以实力定大局。"(《民立报》1912 年 1 月 25 日)①

△　致电阻止美洲华侨敢死队回国。美国旧金山华侨组织美洲华侨敢死队,华侨蔡斯度、关伟林、朱是民、欧阳尧、蔡光明等决意归国参加北伐,因舟费延搁,决定进行劝捐;伍平一特作《美洲华侨敢死队劝捐序》,帮助其募捐。(《美洲华侨敢死队劝捐序》,《少年中国晨报》1912 年 1 月 21 日,"笔权")同盟会举出执理担任劝捐,来电要求承认,遂致电令勿启程,电云:"兵力足,敢死队勿来。"(《孙总统电阻敢死队之行》,《少年中国晨报》1912 年 1 月 25 日,"紧要新闻")

△　报载孙中山向各西文报纸说明,已与各都督、内阁商定,只要袁世凯或者列强表示承认民国政府,即举袁为大总统,而各省都督、临时内阁均极力反对,旋经再三劝解,始允承认。然而袁氏忽然电称:南京临时政府应于清帝退位后二日内即行取消。因袁氏前有可疑之状,今又有此举,决定不允照准,于是又与各都督、内阁磋商,议定如袁氏一人或列强承认民国,即举其为大总统。如果袁不欲待列强承认,则自己愿意亲往北京一行,或袁来南京,磋商最后办法,同时仍以袁为大总统。当时外国舆论因清廷不愿退位,和平又无希望,颇议民军反悔。孙表示,"余辈所不欲者,惟袁氏不承认吾人所立之临时政府,及不照吾人所定办法,任意私举代表而已"。(《西报之是是非非》,《民立报》1912 年 1 月 25 日,"新闻一")

---

①　此为报载日期。

△ 招商总局来电,针对黄兴只许展限三天要求就抵押借款作出答复,恳求展限至2月1号股东大会为止,同时请政府寻觅押主。并恳中央政府承诺有确实担保和相当利益,以便向各股东解释,不致临期反对。(《南京临时政府拟以招商局产抵借日债史料》,《历史档案》1983年第3期,第46页)

△ 蔡锷来电,报告贵州、四川匪势益张,"蜀则军府林立,黔则公口遍开,方以争权夺利为图,决难望其荡平匪乱,不惟民罹涂炭,恐将为外患所乘"。请饬中央参谋部速筹平乱办法,建议程德全回川主持。同时表示"援蜀救黔,滇军宜专任此责。然滇军兵力尚强,而饷项奇绌,若旷日持久,财力实有不支"。决定借外债一千万元,以扩充实业,分济黔、蜀。(《天南电光集》第36电,《云南辛亥革命资料》,第87页)

△ 派往关东义军招抚使、鄂军都督府外交员、旅沪商团联合会代表吴鹏翮、鄂军都督派赴海参崴代表、旅沪商团联合会会员萧恭寅等上呈,报告赴海参崴招降义勇等事,告以已嘱义勇队头目张凯亲自来上海,会同韩民李洎等推举代表,前来报告黎元洪副总统。待张凯、李洎到上海后,再报告大总统、副总统妥酌办理,陈请察核,批示施行。(翠亨孙中山故居纪念馆藏档,B11—121)

△ 一些人士和组织继续来电反对延展停战期限,主张北伐。

广西都督陆荣廷来电,表示清兵于停战期内,侵略陕西、山西,西安张凤翙都督请倡请联军北伐,是切要之图,请求预为施恤。(《广西都督陆荣廷为清军侵略秦晋请联军北上事致大总统等电》,中国第二历史档案馆编:《南京临时政府遗存珍档》第1册,第282页;《临时政府公报》第13号,"附录·电报")中华民国宣导会来电,请求勿再延期停战,指出"蒙、藏告警,原于和议之迁延,若不速决,恐招异变。本会见和议之不足恃,又接各地支会函电,均主张速战,乞停战勿再延期,以堕狡计"。(《中华民国宣导会为蒙藏告警停战期勿再展延事致大总统等电》,中国第二历史档案馆编:《南京临时政府遗存珍档》第1册,第284页;《民立报》1912年1月27日,"公电";《时报》1912年1月27日,"中华民国立国记")

△ 威廉·罗林斯(Willian Rollins)自印度来函,介绍自己的经历,请求效劳。(《海外友人致孙中山信札选(一)》,《民国档案》2003 年第 1 期,第 9 页)

△ 报载旅沪陕人陈涛、茹欲可、李岳瑞、王炳灵、王玉书、柏惠民来电,决不承认胡瑛经略陕西之名义,请即速派援兵,筹济军火。(《民立报》1912 年 1 月 25 日,"公电")

△ 报载云南国民会来电,祝贺当选临时大总统。(《民立报》1912 年 1 月 25 日,"云南电报")

1 月 26 日(辛亥年十二月初八日) 致电陈炯明、广东省议会及粤路公司,呼吁赞同以广东铁路抵押借款。

电称:"和议难恃,战端将开,胜负之机,操于借款。前文在外洋,本与数处有成议,乃各省代表必要临时政府,此'临时'字样,断难使各国立即承认,数处虽有成议,亦因之而阻迟。故现时借款必当以私人名义,尚不能用国家名义。今欲借各省之各种实业以为抵当,而借款以应中央政府目前之急需。其办法用中央担任偿解,订立合同,务期于不损公司利益。苏浙铁路已慨然借出,而广东铁路股东深明大义,想必不吝也。大局所关,千钧一发,务望赞同此举。俾款早有着,全局早定。"(《粤路押款之会议》,《民立报》1912 年 2 月 4 日,"新闻一")上海粤商虚可扬等通电响应,(《民立报》1912 年 2 月 4 日,"公电")但粤路公司得电后,即于 27 日开股东会议,反对意见很大,议决由公司开股东会议,再行续议。(《粤路押款之会议》,《民立报》1912 年 2 月 4 日,"新闻一";《粤路抵借外债问题》,《申报》1912 年 2 月 4 日,"接要闻")此事最后终未实行。

△ 命四川都督府释放刘师培,委送来南京,并要求不得苛待。

刘师培因投效端方,随端方入蜀,1911 年 11 月端方在四川资州为鄂军所杀,刘师培被拘。命总统府复电:"刘光汉被拘,希派人委送来宁,勿苛待。"教育部亦电四川都督府转资州分府:"报载刘光汉在贵处被拘。刘君虽随端方入蜀,非其本意,大总统已电贵府释放。请由贵府护送刘君来部，以崇硕学。"(《临时政府公报》第1号，"南京去电")

△ 授意总统府复电招商局，告以"中央政府借贵局抵押事，已觅有押主。至于利益，则贵局既能为国尽力，当有相当之报酬，自无待言"。(《南京临时政府拟以招商局产抵借日债史料》，《历史档案》1983年第3期，第47页)前一日，招商局来电，恳展限至2月1号股东大会，并请政府先觅押主，中央政府许有确实担保和相当利益，遂有此复。

△ 南京临时政府、汉冶萍煤铁厂矿有限公司与日本三井物产株式会社于南京签订汉冶萍公司中日合办草约。

本月21日，何天炯告盛宣怀南京政府因等巨款以接济军费，同意由中日合办汉冶萍公司。(《何天炯致汉冶萍公司函》，陈旭麓等编：《辛亥革命前后·盛宣怀档案资料选辑之一》，第233页)加以正金银行坚持以中日合办汉冶萍公司为借款条件。南京临时政府授权三井洋行与盛交涉。25日上海三井物产会社来电，表示"如本月底各项条件未能为盛所接受，谈判即作破裂论，贵政府即可对汉冶萍及盛氏产业采取必要步骤"。并要求将此点电告盛宣怀、何天炯。(《上海三井物产会社致孙中山函》，陈旭麓等编：《辛亥革命前后·盛宣怀档案资料选辑之一》，第237页)当日，复电表示，已将各点告知盛。本日，临时政府、汉冶萍公司、三井物产株式会社于南京签订《汉冶萍公司中日合办草约》。草约规定：公司股本为日金五千万元，并由中、日合资办理；公司股本中、日各半；除公司现存由日本借入日金一千万元外，公司尚须续借日金五百万元，以上借款一千五百万元，应作为日人投入公司股本；在本合同第三款借款内，由公司借政府五百万元应付现金若干，其余作为政府向三井购买军装之需(英文本作"购买武器与军火")。《借款合同要点》说明："中华民国若对外国出让中国矿山、铁路、电力等权利时，应在同等条件下优先让予三井。"(《汉冶萍公司中日合办草约》，陈旭麓等编：《辛亥革命前后·盛宣怀档案资料选辑之一》，第235—236页)此后27日，上海三井物产会社再次来电，告以盛宣怀表示一二日内可签草约；三井洋行上海分行经理山本条太郎来函，除确认上述来往各电外，并告以汉冶萍业务经理王阁臣自日返沪途中来访,急于了解中日合办汉冶萍公司的想法是如何产生的,山本条太郎向他说明孙中山、胡汉民设想汉冶萍中日合办的原由,并提到当时山本条太郎曾经谈到,假使能同意浙江铁路由中日合办,也许能以该路为抵押设法借款。若仍保持为中国铁路公司,恐难罗致借款。(《上海三井物产会社致孙中山函》,陈旭麓等编:《辛亥革命前后·盛宣怀档案资料选辑之一》,第 237 页)29日,盛宣怀委派汉冶萍公司协理李维格为代表,按《草约》与日商代表小田切万寿之助在神户签订《汉冶萍公司中日合办草约》。(《盛宣怀给李维格的委任状》《汉冶萍公司中日合办草约(神户)》,陈旭麓等编:《辛亥革命前后·盛宣怀档案资料选辑之一》,第 240—241 页)

△ 致电黎元洪,指出和议难恃,我军战斗准备刻不可忽,凡关于湖北方面作战计划,请黎相机制宜,而全军行动之总方略,应由中央规定,通告各处,以期统一。(《致黎元洪电》,《孙中山全集》第 2 卷,第 41 页)①

△ 致电广肇公所董事伍廷芳等,对各同乡热心捐款,以助军饷,急公好义,表示感谢。(《民立报》1912 年 1 月 30 日,"公电")

△ 致电烟台代理都督杜潜,告以即令烟台都督胡瑛先行来烟,烟台所属海、陆军,届时协同筹应。(《临时政府公报》第 1 号,"南京去电")同时致电关外都督蓝天蔚,告已促胡瑛赴烟台,令蓝天蔚所属海、陆军届时协同筹应。(《临时政府公报》第 1 号,"南京去电")

△ 致电陈其美,请释放因事系狱的旧党人赵珊林,表示"赵珊林为吾党旧同志,去岁新军反正之役,颇为出力。今闻因事系狱,请念前功,即予省释"。(《临时政府公报》第 1 号,"南京去电")

△ 伍廷芳转来段祺瑞电,报告段与各路统兵大员于今晨联衔电奏,请定共和政体。都中已有布置,切告各路民军,万勿稍有冲突,以免贻误大局。(《申报》1912 年 1 月 29 日,"公电";《时报》1912 年 1 月 29

---

① 此为黎元洪收到电文日期。

日,"中华民国立国记";《民立报》1912年1月28日,"沪军政府电报")

△ 唐绍仪转来袁世凯电,袁表示"衰病侵寻,敢冀非分,区区此心,可质天日,所望国利民福,免资渔利,斯愿足矣"。(《时报》1912年1月31日,"中华民国立国记";《申报》1912年2月1日,"要闻")

△ 黎元洪、蔡锷等来电,反对停战议和。黎元洪表示,"此停战期满,彼方若不决定退位,共同组织共和民国,再议展期,决不承认。曲实在彼,即前次所提待遇从优之条件,一律取消。鄂中全体军士均已预备作战,誓不愿与满清共和。再不可听其狡展,致遏我军义勇之气"。请将种种情形通告各国。(《临时政府公报》第1号,"电报")又来电指出北军屡次违约,而反诬我军,和局万不能成,请速解决,以免贻误大局。(观渡庐编:《共和关键录》第2编,第69—70页)蔡锷表示,决不可与北军言和。其理由有三:一是"现民国中央政府已成立,大总统已举定,民主君主问题无得有研究之价值"。二是"国民会议,袁世凯欲于北京开议,又欲各省州县皆举代表,无非为狡展播弄之地步,以充彼战备,懈我军心"。三是"主张共和,殆全国一致;所反对者,惟少数之满清奴隶耳。设开会议而堕袁之狡诈,守定君主国体,则各省必不肯承认,战祸终无已时。仍拥戴满清为君主,固理所必无;即别以汉人为君主,亦事势所不容。故君主国体,为中国今势所万不能行,必强留存此物,将来仍难免第二、三次之革命"。(《临时政府公报》第10号,"电报";《申报》1912年2月5日,"公电";《时报》1912年2月5日,"中华民国立国记";《民立报》1912年2月5日,"沪军政府电报")邝敬川、罗锷来电请示北伐。(《临时政府公报》第17号,"附录·电报")

△ 孙毓筠来电,报告安徽参议员范光启现任铁血军司令,不能兼顾,来电辞职。所遗参议员一席,已委任王善达接充,不日即赴南京任事。(《申报》1912年1月28日,"公电";《时报》1912年1月28日,"中华民国立国记";《民立报》1912年1月28日,"沪军政府电报")又来电报告安徽军政府司令部长胡万泰,已任北伐总司令,所有军政组织,又经更改,司令部不另设立司令总长,改由都督自任。添设副司令一人,委孙荣

充任。其原属司令部之考功、执法、训练三科均改隶军务部。(《临时政府公报》第 5 号,"电报";《申报》1912 年 1 月 28 日,"公电";《时报》1912 年 1 月 28 日,"中华民国立国记";《民立报》1912 年 1 月 28 日,"沪军政府电报")

△ 蒋雁行来电,报告江北民政总长选举一事,先已通电淮、扬、徐、海、通海各县各派代表来浦,准于 1 月 28 日公举。因奉孙中山宥电,指示江北民政总长选举或委任事应与庄蕴宽都督交涉,而最近之海门、睢宁、宿迁及阜宁、山阳、海州、清河、安东等县,业已派正式代表投文到浦,27 日到者更多。拟展期二日,待庄蕴宽都督电示后,再投票公举。(《时报》1912 年 2 月 4 日,"中华民国立国记")

△ 蓝天蔚来电,报告日人态度有较大变化,在东北明确采取中立政策,并有从中帮助之意,但为避免惹起要求,不敢妄借外力。又请从速筹办增兵和济款事。(《蓝天蔚为言日人确实中立并请增加兵力及济款事致大总统等电》,中国第二历史档案馆编:《南京临时政府遗存珍档》第 1 册,第 302 页)

△ 潮州混成协统兼安抚使陈宏萼来电,报告日本轮船运送军火进口,不服检查,一闻扣留,就由日本领事谕使出口,侵犯中国主权,请向驻沪日本领事交涉。(《潮州混成协统兼安抚使陈宏萼为日轮运军火进口不服检查复由日领谕使出口请与驻沪日领交涉事致大总统等电》,中国第二历史档案馆编:《南京临时政府遗存珍档》第 1 册,第 312—314 页)

△ 社会党长沙支部来电,控告湖南都督谭延闿禁止该支部开会,请予维持。(《民立报》1912 年 1 月 28 日,"公电";《时报》1912 年 1 月 28 日,"中华民国立国记")

△ 吧城中国同盟支会职员杨鼎如、钟幼珊、陈柏鹏、黎公耀来函,告以筹办公债一事,同人已集有万元,不日可由上海银行电汇,请寄公债票五万或十万元前来,由同人分别往各埠销售。又告本埠商会及中华会馆素染康、梁之毒,对于近来中央政府饬办各件,均置之不理,接大总统来电竟不发表,今后电报请直接发与同人。(翠亨孙中

山故居纪念馆藏档,B9—6)

　　△　新加坡女界华侨劳佩华、李娇、赵陈氏、卢子珊等来函,表示新加坡侨居中国之人民,亦应承担一份义务。男界有广东救济捐、福建保安捐,女界同人特倡女界救济捐,自倡捐以来,已达二万余元,前月已汇港纸二万元交广东都督陈炯明收,现仍有四五千元,及上月演戏筹款约有四千元左右,其中有二千左右元系用于购买国债票。两款将汇至上海中华银行,转交大总统收,为北伐之用。(翠亨孙中山故居纪念馆藏档,B9—7)

　　△　报载蔡锷来电,报告已饬滇军各部队,联合蜀军,分道援剿来犯北军。"惟北虏以和缓兵,彼则兔突狼奔,我乃老师糜饷。若不迅扫其穴,恐大局终难底定"。(《时报》1912 年 1 月 26 日,"中华民国立国记")同时贵州都督赵法全来电,告以成都危急,已飞饬援川黔军,协同滇蜀各军,务速援剿,"请速振战备,立捣幽燕,无失事机,致中奸计。蔡都督主张甚是,祈即采行"。(《民立报》1912 年 2 月 6 日,"沪军政府电报")

　　1 月 27 日(辛亥年十二月初九日)　致电伍廷芳及各国公使,指示揭露袁世凯破坏共和。

　　致伍廷芳电中指出,此次议和屡屡展期,原欲以和平手段达共和目的,但袁世凯失信阻挠共和,为全国军民所共愤,"致令共和之目的不能速达,又令清帝不能享逊让之美名,则袁世凯不特为民国之蠹,且实为清帝之仇"。因而停战期满,万不可再允展期,"若因而再启兵衅,全唯袁世凯是咎"。并命伍廷芳公布停战议和经过。31 日,总统府秘书处对此电作出更正。(白蕉:《袁世凯与中华民国》,荣孟源、章伯锋主编:《近代稗海》第 3 辑,第 23—24 页;《致伍廷芳电》,《孙中山全集》第 2 卷,第 50 页)①又电伍廷芳,告以临时参议院议决结果,并命伍向中外发表"彼方撤消唐使、不认全权所已签约之国民会议选举法及提出清帝

――――――――――

　　①　《孙中山全集》标明此电发电日期为 1 月 29 日,据《时事新报》1912 年 1 月 28 日,该电发电日期应为 1 月 27 日。

退位之议，已以正式公文通告优待条件及各种办法又复不认，再三反复，知清廷实无心于平和，此番开战，其曲在彼之真相"之真相。（观渡庐编：《共和关键录》第 2 编，第 25—26 页）同时致电各国公使，历述近期议和情形，并将和议中梗责任归咎于袁世凯，表示"本总统甚愿让位于袁，而袁已允照办。岂知袁忽欲令南京临时政府立即解散，此则为民国所万难照办者。盖民国之愿让步，为共和，非为袁氏也。袁若尽力共和，则今日仍愿相让"。次日《时事新报》译载《大陆报》北京电云：当袁世凯闻民国政府愿举为其总统的消息后，立即改变其保卫大清之态度，力主清帝退位，并且此前所议国民大会一节，也尽行抹却。既而知民国政府坚持要求其赞成共和，而决不肯贸然相让，则袁氏又改变态度。评论指责"袁氏之意，实欲使北京政府、民国政府并行解散，俾得以一人而独揽大权"。（白蕉：《袁世凯与中华民国》，《近代稗海》第 3 辑，第 23 页）

△ 派胡汉民赴临时参议院陈述停战意见。因停战期将满，需要咨商解决主战或者延期，特派胡汉民赴临时参议院陈述意见，讨论结果，全体主战。（刘星楠：《辛亥各省代表会议日志》，《辛亥革命回忆录》第 6 集，第 260 页）

△ 特简陈炯明为广东都督（陈原为署理都督）。（《申报》1912 年 1 月 29 日，"专电"）

△ 委任陈兆丰为步队十六团团长。（《给陈兆丰委任状》，《孙中山全集》第 2 卷，第 44 页）

△ 山本条太郎来函，要求确认 1912 年 1 月 25 日至 27 日来往各电报，这些电报均为关系汉冶萍抵押由中日合办以抵押借款事。（《上海三井物产会社致孙中山函》，陈旭麓等编：《辛亥革命前后·盛宣怀档案资料选辑之一》，第 237 页）

△ 伍廷芳来电，告以段祺瑞现统北洋第一、第二军驻扎孝感，今既联合各路统兵将帅赞同共和，建议由黎元洪副总统就近派员与之接洽。（《临时政府公报》第 2 号，"电报"；《申报》1912 年 1 月 29 日，"要闻"；

《时报》1912年1月29日,"中华民国立国记";《民立报》1912年1月29日,"紧急电报")

△　黄钟瑛来函,推荐刘冠雄担任海军部长,请向参议院宣布,即公举承任。(翠亨孙中山故居纪念馆藏档B2—9)

△　陈其美来电,报告山东军清军违约围攻黄县,我军为保护地方治安,不得不以战为守,请转知外交部长,向清廷严加责问。(《临时政府公报》第2号,"电报";《时报》1912年2月2日,"中华民国立国记")

△　孙道仁来电,告以编成军队由上海赴南京,听候调遣;对于停战期内袁世凯纵兵进攻山西表示愤怒,表示要再选将士,亲率赴宁,请命赴敌。(《临时政府公报》第2号,"电报";《时报》1912年2月2日,"中华民国立国记")

△　孙道仁、彭寿松来电,表示听闻参议员陈承泽辞职,已致电张继充任。(《临时政府公报》第4号,"电报")

△　陈炯明、黄世仲来电,提议现今各省应全面接受各省都督号令,不应援昔日委任状作为依据,请电示广东,将从前委任状所称"某某部都督"取消。(《临时政府公报》第4号,"电报")

△　蒋尊簋来电,报告浙江省现派王正廷、陈毓川、殷汝顾三人为中央参议员。(《申报》1912年1月29日,"公电";《时报》1912年1月29日,"中华民国立国记";《民立报》1912年1月29日,"沪军政府电报")

△　大通军政分府黎宗岳来电,谴责袁世凯延误共和,要求定期宣战,指出"共和者为铁血之共和,非哀求之共和。应请伍代表切实质问袁世凯:如力求共和,即与民军一致进行,推倒奄奄待毙之满政府,当易如反掌;如反对共和,即定期宣战,不必再以支吾相延宕"。(《临时政府公报》第2号,"电报";《民立报》1912年1月29日,"大通电报";《申报》1912年1月29日,"公电";《时报》1912年1月29日,"中华民国立国记")

△　吴铁城、蔡公时、黄席珍来电,告以即将赴上海编制细则,希即示下,并请通知胡汉民,以便随时指示方针。(《临时政府公报》第4号,"电报")

　　△　川南军政分府杨家彬、邓邦植、卢俊、金鉴等来电,报告滇军在川情形,指出所谓"川乱"不过是土匪骚扰,而"客军重累,反开衅端,实于大局有碍",请求火速电饬,促其和解,早日联合北伐,避免内讧。(《临时政府公报》第 8 号,"电报")

　　△　菲律宾中华同盟会会长郑汉淇来函,告以本月 24 日电汇上海银行洋银七千五百两,请求饬财政部迅速给予收条,使所有华侨了解政府信用,踊跃捐输。同时北伐月捐的办理已有端绪,请从速下国债票,以便筹办。(翠亨孙中山故居纪念馆藏档,B9-8)

　　△　魏紫维(Zee Vee Wai)来函,感谢受到接见,并转告其友亨特牧师提供的讯息和敌情。又告在南京的美国军官已经制作了共和国旗,并准备升旗、鸣礼炮二十一响来承认中华民国,但华盛顿指示要他们等待。(邓丽兰:《临时大总统和他的支持者》,第 138—139 页)

　　△　传教士托马斯·哈维德来函,质问中国共和领袖准许出售妇女的行为,指出这将有损于共和政府的声誉。(邓丽兰:《临时大总统和他的支持者》,第 145—146 页)

　　△　《时事新报》载袁世凯幕友有密电至南京,通告孙中山及江苏都督,表示若南方能举袁为大总统,则彼此当息干戈,永归于好,袁氏亦必尽力迫胁清帝退位,誓守共和,为民国谋幸福。但如南方不允所请,则彼等当为袁氏效死力,决不迁就。(白蕉:《袁世凯与中华民国》,《近代稗海》第 3 辑,第 22 页)

　　△　报载蓝天蔚来电,报告山东登州、黄州大捷,我军以少胜多,勇敢精锐,请求"协助饷械,俾成劲旅"。(《申报》1912 年 1 月 27 日,"公电";《时报》1912 年 1 月 27 日,"中华民国立国记")

　　1 月 28 日(辛亥年十二月初十日)　出席临时参议院成立大会,致祝词。

　　上午 11 时,与各部总、次长出席临时参议院成立大会,到会者共有十七省议员三十八人。祝词中阐述"革命之事,破坏难,建设尤难",表示"自今日以往,诸君子与文所黾勉仔肩,而弗敢推谢",勉励议员尽智竭力,巩固民国基础。(孙中山:《祝参议院开院文》,《孙中山全集》第2卷,第44—45页)临时参议院自成立起至北迁,共有四十五天开会八十九次,议决案五十九件,未决案四十六件,主要体现在立法、财政、任免、决定各种事项,体现了临时政府的分权原则。

△ 接见《申报》特别访事员,介绍近期议和情况。

下午,《申报》特别访事员顾复生,告以目前正在密电往返,磋商重要问题,29日当宣布最后方案,到时希望各报刊载,以便周知。(《且待议和最后之解决》,《申报》1912年1月29日,"要闻")

△ 致电陈炯明及中国同盟会,嘱调和两会会员关系。

因各地同盟会员与光复会员矛盾冲突时有发生,广东汕头光复会员、民军司令许雪秋、陈芸生等与同盟会之间势成水火,章太炎来函,告知潮州同盟、光复二会,日益轧轹,几有贵族、平民之分,并详述光复会历史,指出两会若以名号相争,徒令粤东局势糜烂(马勇编:《章太炎书信集》,第418—419页)乃致电要求陈炯明予以调处,指出:"同盟、光复二会同为革命党之团体……二党宗旨,初无大异,特民生主义之说稍殊耳……两会欣戴宗国,同仇建虏,非只良友,有如弟昆。纵前兹一二首领政见稍殊,初无关于全体。今兹民国新立,建虏未平,正宜协力同心,以达共和之目的,岂有猜贰而生阋墙。为此驰电传知,应随时由贵都督解释调处。同盟、光复二会会员,尤宜共知此义。虽或有少数人之冲突,亦不可不慎其微渐,以免党见横生,而负一般社会之期许。"(《临时政府公报》第1号,"南京去电")同盟会广东支部复电"岭南同盟会并无于光复有轧轹事情"。(《临时政府公报》第4号,"电报"),但实际矛盾并未消除。

△ 致电广东北伐军司令姚雨平、协统林震,为本月27日广东北伐军与镇军收复被清军张勋部袭取的固镇,表彰广东北伐军。电称"闻我军昨夜得胜,追敌数十里,足见士卒用命,甚堪嘉许"。(《临时政府公报》第1号,"南京去电")

△ 致电北京蒙古王公喀尔沁亲王贡桑诺尔布等,希望蒙古王

公帮助维持西北秩序。其时外蒙古库伦于上年 12 月 1 日宣布独立后,活佛哲布尊丹巴称大蒙古皇帝;本月 11 日乌里雅苏台又告独立,俄国派军队进入蒙古;月底得俄军支持的蒙兵进逼黑龙江。电文指出民国无仇满之意,汉、满、蒙、回、藏无分畛域,"汉、蒙本属同种,人权原自天赋,自宜结合团体,共谋幸福……今全国同胞见及于此,群起扫除专制;并非仇满,实欲合全国人民,无分汉、满、蒙、回、藏,相与共享人类之自由"。又提醒俄国觊觎外蒙古,"俄人野心勃勃,乘机待发,蒙古情形,尤为艰险"。希望关怀时局,维持西北,并请速举代表,参议政要。(《临时政府公报》第 4 号,"电报")贡桑诺尔布为蒙古王公领袖,卓索图盟喀喇沁右旗世袭札萨克亲王,兼卓索图盟盟长,辛亥革命后赞成共和革命。

　　△　致电广东都督陈炯明及各省都督,禁止仇杀保皇党人。电称:"今兹南纪肃清,天下旷荡,旧染污俗,咸与维新。法令所加,只问其现在有无违犯,不得执既往之名称以为罪罚。至于挟私复怨,藉是为名,擅行仇杀者,本法之所不恕。亟宜申明禁令,庶几海隅苍生,咸得安堵。"(《临时政府公报》第 1 号,"南京去电")

　　△　电告广西都督陆荣廷,请其派遣精锐部队参加北伐,不必亲来。电称:"北伐之军,要选精锐。执事勇敢无前,贵部亦早有名誉,若得为国前驱,满虏当不足平。惟西粤倚执事如长城,或不必亲行,只遣精队北伐,亦足以张我军旅。"(《临时政府公报》第 4 号,"电报")

　　△　令各行政机关订阅《临时政府公报》。(《大总统令各部及卫戍总督及各都督订阅本报》,《临时政府公报》第 4 号,"令示")次日,《临时政府公报》正式出版,今所见者共 58 号,最后一号为 4 月 5 日出版。

　　△　伍廷芳来电,报告与袁世凯等磋商各事。电称"停战之期,至明日上午八时为满,不再展期,已经决定。惟段祺瑞现与北京四十二将校联名电奏清廷,速行宣布共和。段现统第一、第二两军,处武汉前敌。如黎副总统与之接洽,则明日武汉方面可联为一,不致复有战争之事。至张勋一军,唐君绍仪屡电劝其赞同共和,张回电反对。

唐君又电袁内阁,嘱其严饬张军,勿得暴动。倘明日停战期满,张果然跳梁,则兵衅非自我开,更可令天下万国,知曲直所在。"并告袁世凯一直在运动清帝退位。来电建议停战期满,尚未得清帝退位之意,再行发表,"对外可得友邦之同情,对内可激同胞之义愤",较为妥善。(《临时政府公报》第2号,"电报")遂于当日转发黎元洪。(《致黎元洪电》,《孙中山全集》第2卷,第45—46页)

△ 伍廷芳来电,转发段祺瑞电文,段电称:"兄弟阋墙,分梗御侮,谋国利民福者,似宜远瞻近瞩,审慎出之。瑞凤抱宗旨,不忍地方再有糜烂,涂炭生灵;且公使俱在都门,秩序一乱,是将授以干涉之柄也。"并告与各将领联合上奏昨夜已到京,现两军相持太近,时有冲突,已准备稍退,要求民军不可再进。伍廷芳指出,已屡电黎副总统,请速派员与段接洽,请孙中山、黄兴致电与段祺瑞联络,以期一致进行。(《临时政府公报》第2号,"电报";《申报》1912年1月29日,"要闻";《时报》1912年1月29日,"中华民国立国记";《民立报》1912年1月29日,"紧急电报")

△ 温宗尧来电,请设捕获裁判所。电云:"稽查军火,自是要着。惟各国兵舰运件往口,因驻沪谍报科查获扣留,领事啧有烦言,辗转解说,一有不恰,易生枝节。而战时查捕,实难松劲。惟有颁立条件,速设捕获战品裁判所,分别讯办,以济其穷。"并推举伍廷芳等,请中央委任。(《外交部委任设立捕获裁判所文》,《临时政府公报》第7号,"令示";《温宗尧为请设捕获战品裁判所事致孙中山等电》,中国第二历史档案馆编:《南京临时政府遗存珍档》第1册,第337页)次日,南京临时政府外交部委任温宗尧设立捕获裁判所。(《外交部委任设立捕获裁判所文》,《临时政府公报》第7号,"令示")3月27日,《民立报》刊载《中华民国捕获战品裁判所章程》,以捕获战品裁判所审讯一切捕获战品案件。(《民立报》1912年3月27日,"要件")

△ 沈秉堃来电,指出陕西、山西形势危急,需要统筹全局,派兵救援,无论和议结果如何,当即出师应援。(《临时政府公报》第2号,"电

报")

△ 马毓宝来电,指出段祺瑞等既赞成共和政体,则各路清军应退出百里以外。又清廷诸亲贵未必赞成共和,建议各部联合,集合兵力,进驻北京。如果段祺瑞军不允是约,诚恐又是诈变。(《临时政府公报》第 2 号,"电报";《时报》1912 年 2 月 2 日,"中华民国立国记")

△ 陈其美来电,报告接即墨官立小学堂民军首领班麟书电,知该地已经光复,特予转达。(《临时政府公报》第 3 号,"电报")

△ 蒋雁行来电,报告敌军已占领窑湾,派人监视电局,民军电报不通,正在南下。(《临时政府公报》第 5 号,"电报";《时报》1912 年 2 月 4 日,"中华民国立国记"。)

△ 苏军统制刘之洁来电,感谢派人来苏慰问,表示"惟平日心迹坦白无他,名誉固不愿牺牲,责任尤不敢放弃。知我罪我,并无居心。既受一次之虚惊,或可增一分之胆力。此后益当坚忍自励,冀消疑忌,仰副厚望"。(《临时政府公报》第 4 号,"电报";《时报》1912 年 2 月 1 日,"中华民国立国记")

△ 广西右江军政分府总长陈古香来电,请求挽留广东都督陈炯明,称"广东为交通繁盛之区,内治外交,均难稍忽。非得一行高望重之人治理,诚恐内讧卒起,外患乘之。一发全身,关系非鲜"。因汪精卫不回广东,非陈炯明不能担此都督重任,恳请电示陈炯明,切勿辞职。(《临时政府公报》第 5 号,"电报")

△ 高要县长、高要县议会、肇城自治会、肇庆商会、实业分所、高要教育团来电,报告肇庆北伐军推举启军统领颜启汉为正司令长、前肇庆民政长梁祖训为副司令长、罗莲舫为正参谋长、陈泽民为副参谋长、许梅山为誓死队长。(《临时政府公报》第 6 号,"电报";《时报》1912 年 2 月 5 日,"中华民国立国记")

△ 报载皖军界来电,报告安徽军政府司令部长胡万泰即将率师北伐,此后司令总长由都督兼任,孙棨为全皖副司令长,请求都督委任。(《民立报》1912 年 1 月 28 日,"沪军政府电报";《申报》1912 年 1 月 28

日,"公电";《时报》1912 年 1 月 28 日,"中华民国立国记")

　　△　报载《共和急进报》来电,报告该报于 28 号在安徽出版,凡有致安徽各处公电,愿代转发表,文件亦可代登。(《民立报》1912 年 1 月 28 日,"安徽电报")

　　1 月 29 日(辛亥年十二月十一日)　接见广东北伐桂军前敌第一标统带张定国、副统带邓颂眉、驻九江军政分府参谋官员吴铁城、交通局长蔡公时、前海牙平和会公使林凤钧、镇江招商局董事朱秉钧、广东惠军中军刘耀廷、同盟会员李家翰、同盟会员陈豪、陈觉民、杨超前、傅宗毅、杨殿藩、赵珊林、魏勐、刘元梓、容当、许述堂。(《正月二十九日总统府调见人名单》,《临时政府公报》第 6 号,"纪事")

　　△　致电未列名段祺瑞通电之北军将领王占元、张永成、何宗莲、张十钰、张殿儒、姜桂题、张怀芝、朱家宝、倪嗣冲、潘榘楹,指出"南北本是一家,岂肯为彼少数人之私而流血。民国政府但图共和成立,救同胞于水火,他无所恋。天下之事,将与公等共之"。肯定段祺瑞等联衔奏请共和之举,希望"所企一致进行,无复猜贰,转敌为友"。劝其一致赞助共和。(《临时政府公报》第 4 号,"电报")

　　△　复函中华国货维持会,阐述民国易服问题。

　　此前,中华国货维持会来电,要求礼服礼冠,请定国货,便帽常服,听民自由,并希望可派代表面呈意见。(《申报》1912 年 1 月 11 日,"公电")复函指出:"礼服在所必更,常服听民自便。此为一定办法,可无过虑。"指出民国建立之初,人民急于易服,争购呢绒,竞从西制,致使外货畅销,内货阻滞,确实造成目前困难,政府刚刚成立,实在未能兼顾;要求该会研究改良礼服制作,拟定图式,详加说明,以备采择,以"适于卫生,便于动作,宜于经济,壮于观瞻";同时,又希望丝业、衣业各界力求改良,使衣料仍不出国内产品。并介绍陈少白、黄龙生为国货维持会顾问。(《孙总统复书》,《民立报》1912 年 1 月 30 日,"新闻三"〔据《临时政府公报》第 7 号校〕)后国货维持会又来函表示感谢,报告"研究礼服式样,敝会讨论已久,咸谓必如来示所云,以适于卫生、便于动作、宜于经济、壮于观瞻为要□。至于形式,大致不外采择世界大同,再加改良",并欢迎陈少白、黄龙生。(《维持会再复孙总统书》,《民立报》1912 年 1 月 30 日,"新闻三·国货维持会文牍")

　　△　委任吴鼎昌、薛颂瀛为中国银行正、副监督,令中国银行发行统一货币,先发行军用票。

　　令云:"南京为民国首都,亟应整顿金融,以图都市之发达。业经筹拨巨款,开办中国银行,发行划一货币。惟目前军需孔亟,应先发行南京军用钞票,以维持市面,而协助饷糈。"(《临时政府公报》第 4 号;"中华民国"史事纪要编辑委员会编:《中华民国史事纪要(初稿)——一九一二年正月至六月》,第 158 页)中国银行由设于上海的清政府大清银行改立。南京临时政府成立后,大清银行商股联合会于 1912 年 1 月初上书,提出了改组大清银行的方案,其要点为:1. 大清银行改组为中国银行,作为政府的中央银行;2. 停止原大清银行的业务,于中国银行内另设大清银行清理机关;3. 大清银行原有官股五百万两,全数予以补抵此次战事地点各行所受损失及一切滥账;4. 大清银行原有房屋生财等项,统归新组织之中国银行接收应用;5. 商股股东等原有之大清银行股份五百万两,承认为中国银行股份,照票面价额,换给股票作为旧股,另再加招商股五百万两;6. 自财政部批准之日起,作为筹备期间,由财政部长委任正副监督会同大清银行股东代表筹办一切。(中国银行总行、中国第二历史档案馆合编:《中国银行行史资料汇编》上编[一],第 3 页)据此方案,新组织的中国银行成为民国的中央银行,但保障原大清银行商股的利益不受损失,所持股份全数转为中国银行股份。该方案通过南京临时政府财政总长陈锦涛转呈,陈本人原为大清银行副监督。孙中山见到这份报告后,立即面示陈锦涛:"新政府既已成立,凡商民已得旧政府正当之权利,自宜分别准予继续。所请将大清银行改为中国银行,添招商股五百万两,认为新政府之中央银行,由部筹款,以雄财力,并请派正副监督,先行开办,克期成立。凡新旧营业账款,请分电各省都督力加保护,并将该行原有房屋、器具、簿据等项先行发还各节,大致尚属妥协,著即准行。"(中国银行总行、中国第二历史档案馆合编:《中国银行行史资料汇编》上编[一],第3页。)基本上接受了大清银行商股联合会的全部要求。

△　致电黎元洪,告以段祺瑞军通电响应共和,已拟退兵,电黎元洪"派人与段接洽,我民国军队为共和主义而战,若果能南北联合,一致进行,即不血刃而功可成也"。(《致黎元洪电》,《孙中山全集》第2卷,第49页)①

△　致电马毓宝,表示近闻江西省城地方不靖,倘不严申禁令,"殊与本总统建立共和民国宗旨有违,即各界保民起义,初心亦当不愿有此"。要求"务当化除畛域,合谋统一,所有朋比异同,易于误会之举,尤宜痛行戒绝"。(《保治安之要电》,《时报》1912年2月8日,"地方要闻")

△　伍廷芳来电,转发袁世凯转来汉口商界要求"将汉口、汉阳分划界限,作为中立地点,不再在此开战"的电文,建议如与段祺瑞军接洽妥协,则武汉方面,当不至再有战事。关于是否允许该处中立,由汉口自办巡警,于军事计划有无妨碍,请速酌复。(《南京临时政府公报》第5号,"电报")

△　唐绍仪来电,转段祺瑞来电,要求严禁针对北军的袭击事件,请迅速电黎副总统查照。(《临时政府公报》第3号,"电报";《时报》1912年1月31日,"中华民国立国记")次日伍廷芳亦转发是电。(《申报》1912年2月1日,"要闻";《时报》1912年1月31日,"中华民国立国记";《民立报》1912年1月31日,"紧要电报")

△　唐绍仪来电,告已将28日两电通过袁世凯转发段祺瑞,又再电张勋,劝其勿固执,尚未得回复。(《临时政府公报》第5号,"电报";《时报》1912年2月4日,"中华民国立国记")

△　黎元洪来电,报告与北军接洽联络情形,已通饬各军驻扎原地暂不前进,所有一切准备不得松懈,以免受"老师费财之害",使共

---

①　此为黎元洪接电日期。

和政体得早日告成。(《临时政府公报》第 3 号,"电报";《申报》1912 年 2 月 3 日,"要闻";《时报》1912 年 2 月 3 日,"中华民国立国记")

△ 马毓宝来电,请示现在各省都督府官制是否已由中央政府订定,请从速颁发通行,以期统一。(《临时政府公报》第 8 号,"电报";《时报》1912 年 2 月 2 日,"中华民国立国记")

△ 江西临时议会来电,报告昨日按照章程选举正副议长,刘景烈当选议长,宋育德、陈鸿钧当选副议长。(《临时政府公报》第 8 号,"电报")

△ 同盟会广东支部来电,报告岭南同盟会并无与光复会冲突事情。(《临时政府公报》第 4 号,"电报")

△ 蜀军正、副都督张培爵、夏之时来电,对于重庆海关称总税司拟将海关税项解往上海汇丰存储,以偿债款,表示国家财政不容授人以柄,请求速复,以便交涉。(《临时政府公报》第 11 号,"附录·电报")

△ 成都正、副都督尹昌衡、罗纶来电,报告成都、重庆军政府决定合并,机关设成都,已议定川、滇、黔会师北伐。(《时报》1912 年 2 月 9 日,"中华民国立国记";《申报》1912 年 2 月 9 日,"公电";《民立报》1912 年 2 月 8 日,"沪军政府电报")

△ 蒋雁行来电,请将最近与袁世凯交涉情形速行宣布,以便正式作战。(《临时政府公报》第 5 号,"电报";《时报》1912 年 2 月 5 日,"中华民国立国记")

△ 沈剑侯来电,指出江北为江苏省一部分,不宜割治,并请将上海都督一起撤销,以昭统一。(《时报》1912 年 1 月 21 日,"中华民国立国记";《民立报》1912 年 1 月 31 日,"公电")

△ 潮州安抚使陈宏萼来电,报告日本轮船私运军火,并表明与广东都督的分歧。(《潮州安抚使陈宏萼为日轮私运军火事致孙中山等电》,中国第二历史档案馆编:《南京临时政府遗存珍档》第 1 册,第 316—318 页)

△ 晋军军务部长温士泉来电,报告太原失守后情形,谴责清军有意违约,袁世凯居心奸险,望早日联师北伐,并请接济山西枪

弹。(《临时政府公报》第 1 号,"电报";《时报》1912 年 2 月 1 日,"中华民国立国记")

△ 域多利致公总堂等来函,表示愿牺牲公产为民国军用,请求早日北伐,并派谢君秋、梁翼汉回国觐见,"望大哥念花亭之秘密、高溪歃血之盟,况且大总统是洪门总领,正宜成政党以慰陈近南、郑成功之灵,慰同人仰望之心"。(翠亨孙中山故居纪念馆藏档,B9—9)

△ O.M. 格林来函,澄清有关肯尼迪背叛孙中山的怀疑,提醒孙中山,任何试图封锁美联社、路透社的做法将不明智。(邓丽兰:《临时大总统和他的支持者》,第 140—141 页)

△ 报载豫晋秦陇协会来电,指出袁世凯表面上议和,却侵犯陕西、山西,"今停战期满,万无可忍,祈速宣战,以解西北之危。"反对继续停战。(《民立报》1912 年 1 月 29 日,"公电";《临时政府公报》第 2 号,"电报")

1 月 30 日(辛亥年十二月十二日)　将《中华民国临时政府组织法草案》及《南京府官制草案》咨请参议院审议。

据法制局局长宋教仁呈拟《南京府官制草案》二十二条,合照《临时政府组织大纲》第五条,咨请参议院议决咨复。又以临时政府现已成立,而组织之法尚未制定,据法制局局长宋教仁呈拟《中华民国临时组织法草案》五十五条,合并咨送参议院,以资参考编订。("中华民国"史事纪要编辑委员会编:《中华民国史事纪要(初稿)——一九一二年正月至六月》,第 161 页;《大总统咨参议院南京府管制草案请议决咨复并中华民国临时组织法草案》,《临时政府公报》第 3 号,"法制")

△ 接见徐宗汉、徐岳两女士及西人施维格、香军司令部参事余麏。(《正月三十日总统府谒见人名单》,《临时政府公报》第 6 号,"纪事")

△ 陆军部长黄兴、次长蒋作宾上呈,请核准委任陆军部各职员。(翠亨孙中山故居纪念馆藏档,B2—12)

△ 伍廷芳遵命发表通电,披露自上年 12 月 18 日以来议和之经过,说明未能在停战期内和平解决,咎在清廷,现在停战期限已满,

若发生决裂,衅非我开。民国政府外对于友邦,内对于国民,均可昭示此意。伍廷芳将与袁世凯议和以来的全部过程来电汇报。(《临时政府公报》第 6 号,"电报")同日另电转来北京各来电报告情形,请示"若遽正式宣布开战是否有碍?"并指出"如果欲正式宣战,照通例应由总统宣布"。(观渡庐编:《共和关键录》第 1 编,第 91—92 页)

△ 伍廷芳来电,报告旅沪豫晋秦陇士绅组织红十字会长王麟编偕同医生等二十人赴陕西、河南战地,对交战双方实行救济,请通告各路统领予以护送。(《临时政府公报》第 7 号,"电报")

△ 清帮办直东防务大臣张怀芝来电,表示已经认可段祺瑞联衔奏请共和,并非固执己见,认为"中国今日,推倒清政府易而平乱难,抵制列强尤难。一或不慎,则瓜分之祸立见",建议"当此莫若留君之口,以备化除满汉;留袁公之手,以备削平忧乱",要求孙中山"既知袁内阁为难,陷于危困,即请代筹切实办法"。(《临时政府公报》第 4 号,"电报";《时报》1912 年 2 月 2 日,"中华民国立国记";《申报》1912 年 2 月 3 日,"要闻")

△ 唐继尧来电,报告云南北伐军组织就绪,29 日出发,将取道贵州、四川,会同援川大军北上。(《申报》1912 年 2 月 8 日,"公电")

△ 蔡锷来电,主张应铸造各省通用银元、银币,请饬部议定,速造中华民国银、铜元新模,颁行通用,以便陆续收回旧币。(《天南电光集》第 48 电,《云南辛亥革命资料》,第 94 页)

△ 孙道仁、彭寿松来电,报告福建诏安保安自治会"多误会共和意义,以为共和政体成立,人人皆有用人行政之权",阻挠军政府委任官员赴任;强调"监督之权归于人民,用人行政之权归之政府,政权始能活动"。(《临时政府公报》第 8 号,"电报")

△ 蓝天蔚来电,为烟台军政府没收烟土招致日本领事干涉一事,要求速电告各公使,烟台由民军担任完全保护之责,以免干涉。(《关外都督蓝天蔚为烟台军政府没收烟土事致海陆军部转孙中山密电》,中国第二历史档案馆编:《南京临时政府遗存珍档》第 1 册,第 352 页)

△　广西副都督王芝祥来电,指出"和议中梗,联军北伐,断不容缓"。(《临时政府公报》第 10 号,"电报")

△　安徽芜湖北伐军司令官刘祺来电,报告将率同第二营管带陈步义、第三营管带郑乃成、第四营管带傅家珍,及参谋官李铎、陈承经、筹备员齐俊卿组织步队一标、炮队一队,克期北伐。(《民立报》1912 年 2 月 1 日,"安徽电报";《临时政府公报》第 7 号,"电报")

△　宿迁绅商士民陈光甲、沈薪萍、叶蔚、张鸿鼎、胡光、季学源等来电,报告北军拟分路大进,宿迁危在旦夕,吁恳遴派援军星夜驰援。(《临时政府公报》第 7 号,"电报")

△　招商局广州港澳股东甘作培、唐安等来电,表示临时政府拟将招商局产抵押巨款,港澳股东集议,均不接受,请将抵押一事取消。(《南京临时政府拟以招商局产抵借日债史料》,《历史档案》1983 年第 3 期,第 48 页)

△　清江浦有电(发电者不详)报告昨日江北都督府开军事会,公举江北总参谋长孙岳为浦镇扬联军总司令,即日出发。(《临时政府公报》第 7 号,"电报";《申报》1912 年 1 月 31 日,"公电";《时报》1912 年 1 月 31 日,"中华民国立国记";《民立报》1912 年 1 月 31 日,"清江浦电报")

△　美国南达科他州利来恩斯市 Y. H. 史密斯(Y. H. Smith)来函,祝贺当选"中国第一任总统",希望能够协助起草和制订宪法,以确保"民有、民治、民享政府"的实现,保护人民权力。(《海外友人致孙中山信札选(一)》,《民国档案》2003 年第 1 期,第 9—10 页)

△　报载旅沪粤省同志梁慕光、夏重民、谭民三、张元抱、容尚、容卓生、叶竞生、易次乾等来电,指出陈炯明出发在即,汪精卫归期无定,朱执信避地香港,广东主持无人,广东局势岌岌可危,现公推徐桂、冯自由、卢信三人,请求选择委任,以维大局。(《临时政府公报》第 2 号,"电报")

△　报载伍平一自旧金山致电孙中山转汪精卫:"君任总理,庆得人。"(《临时政府公报》第 2 号,"电报")

△　报载吉林旗人松毓上书，指出张作霖、冯麟阁等必流为盗贼，扰害人民，"苟能去张、冯二贼，则三省事即可为，去袁（世凯）则大局定矣"。（《吉林旗人之共和热》，《申报》1912年1月30日，"要闻"）

△　报载安徽都督府秘书科邓艺孙、洪海闿、汪津本、李德膏、陈仲、卢光诰、冯汝简、吕嘉德、李中一、龙炳来电，为刘师培求情，恳请予以宽宥，"延读书种子之传"。（《临时政府公报》第2号，"电报"；《时报》1912年2月2日，"中华民国立国记"）

△　报载日本华侨统一联合会会长王敬祥等自东京来电，报告康、梁运动失败，日人多数赞成共和。（《民立报》1912年1月30日，"日本电报"）

1月31日（辛亥年十二月十三日）　参议院开会讨论以临时大总统名义提出之《中华民国临时政府组织法草案》，决定另行起草《中华民国临时约法》，将原案退回。（"中华民国"史事纪要编辑委员会编：《中华民国史事纪要（初稿）——一九一二年正月至六月》，第161页）是案后于2月7日参议院组织临时约法起草委员会，3月8日完成三读程序，咨请临时大总统，于3月10日公布。

△　复电张怀芝，告以南北一致赞成共和，内忧外患不难消弭。复电指出："南北一致赞同共和，则内忧外患无难消弭。执事所论，亦即文之所怀。然非立使清帝退位，宣布共和，更无解决之方法。袁内阁陷于危困，乃复犹豫，于理于势，俱万不可。"希望张怀芝等帮助切实进行。（《临时政府公报》第4号，"电报"）

△　接见由上海来之美国加利福尼亚大学工学士濮登青、湖北来谒之林煜南。（《正月三十一号总统府谒见人名单》，《临时政府公报》第6号，"纪事"）

△　批复日本华侨统一联合会会长王敬祥等，表彰其呈解捐款，嘱与横滨、长崎等地华侨团体联系，"如彼此互相联络，协同共济，其裨益于民国前途，自非浅小，是所厚望者也"。对于所呈请派代表赴日，表示赞成，待参议院同意后，即行发表。又指出"改历一节，前既

颁布改为阳历,自应一体遵行。惟结算账目,暂沿旧习,仍用阴历亦无不可"。(中国新闻社编:《纪念辛亥革命七十周年》图片集,第25页)

△　财政部奉令发行南京军用钞票。令文为:"南京为民国首都,亟应整顿金融,以图都市之发达,业经筹拨巨款,开办中国银行,划一货币。惟目前军需孔亟,应先发行南京军用钞票,以维持市面,而协助饷糈,着财政部速筹办理。"财政部发行南京军用钞票总额一百万元,规定于三个月后准持票到南京中国银行兑换银元。(《财政部发行军用钞票示谕稿》,中国第二历史档案馆编:《中华民国史档案资料汇编》第2辑,第386页)但该纸币信用不足,发行数日后即出现钱业、米业停市。(陈锡祺主编:《孙中山年谱长编》上册,第645页)

△　外交部奉令,通电各省都督保护外人生命财产。电云:"停战期满,军事再兴,恐有不法之徒,乘机滋扰害及外人生命财产。顷奉大总统命,通电各省都督加以保护。"(《外交部电各省都督保护外人文》,《临时政府公报》第7号,"纪事")

△　黎元洪来电,表示已严申禁令,不与段祺瑞军冲突,"但显为民军者禁之自易,而隐为民军者防之实难。"前日段祺瑞下车所遇炸药,决不是民军所为,要求段军改用民军旗章,以免危险。(观渡庐编:《共和关键录》第2编,第134—135页)

△　唐绍仪来电,转发段祺瑞要求速阻止民军进攻颍州的电报。(《临时政府公报》第6号,"电报";《时报》1912年2月5日,"中华民国立国记")

△　陈炯明来电报告,美国南支那舰队曾受政府命令,倘遇中华民国军舰下驰施礼时,应一体回礼,美国驻广州总领事将这一信息告诉广东外交部官员,请约定日期,以一军舰对美军舰施礼,以便美军舰回礼,并暗示美海军承认中华民国后,法、德、日、葡等国必将随之。陈炯明以此事关系甚大,紧急请示应由中央还是由广东先行实施。(《临时政府公报》第6号,"电报")

△　蔡锷来电报告云南简练精兵为北伐队,唐继尧为司令官,韩凤楼为参谋长,共有干部学兵一大队、步兵四大队、骑兵一中队、炮兵

一中队、机关枪二中队及宪兵、卫生、辎重弹药、纵列各队。已于28日出发,取道贵州、湖南,先发十五万元军饷。(蔡锷:《致孙中山黄兴及各省都督电》,毛注青等编:《蔡锷集》,第142页)

△　孙毓筠来电,报告颍州北洋军后路空虚,兵队即将哗溃,已派员前往招抚;亳州今日全境光复。(《申报》1912年2月2日,"公电";《时报》1912年2月2日,"中华民国立国记";《民立报》1912年2月2日,"安徽电报")

△　陈锦涛来电,报告苏路借款已由中华银行解日金三十万元,今再由中华银行解捐款十万元,二十天共解六十余万元。现存沪款无多,请予撙节。(翠亨孙中山故居纪念馆藏档,B5-3)

△　温宗尧来函,介绍戴维·福莱萨,其人若干年前即与《泰晤士报》有联系,现作为《泰晤士报》随军记者,请求接受来访。(邓丽兰:《临时大总统和他的支持者》,第144页)又来电报告湖北老河口地方教会被土匪劫抢,会中教士处境危急,请速设法保护。(《临时政府公报》第6号,"电报";《时报》1912年2月5日,"中华民国立国记")

△　天津《民意报》驻山东观战记者张俞人来电,报告沪军北伐总司令刘基炎率兵将回烟台、山东都督连承基兵弱、扼守危城,请求设法急救,确保登州、黄县为民军北伐根据地。(《民立报》1912年2月3日,"山东电报")

△　第一军经理部叶兆松来电,报告修造科李白在上海赶制炸药,失事身亡,同志表示哀悼,请存案并希望登报。(《民立报》1912年2月3日,"公电")

△　北方将领姜桂题来电,报告已与段祺瑞联请袁世凯具情代奏,清廷亲贵意志已经改变,北方地区已无他虑,希望彼此尊重人道,笃守信义,永享和平幸福。(《临时政府公报》第7号,"电报")

△　詹姆斯·坎斯(James Canthe)自英国伦敦来函,告以能将孙中山的函电通过有利渠道发表,并表示"英国人人都支持你。一位小说家说,任何人的经历都没有你这样富有传奇色彩"。(《海外友人

致孙中山信札选(二)》,《民国档案》2003年第2期,第3页)

　　△　施维森来函,推荐江南实业学堂毕业班学生为新政府工作,也借此机会为自己向新政府申请适合的工作。(邓丽兰:《临时大总统和他的支持者》,第181—182页)

　　△　报载蔡锷来电,报告云南省派参谋李佃庚、雷风二人前往南京,日内起程。(《临时政府公报》第3号,"电报";《民立报》1912年2月12日,"沪军政府电报";2月28日,"公电";《时报》1912年2月27日,"公电")

　　△　报载蓝天蔚来电,报告沪军全部均开往登州、黄县,海军轮番游弋登州、龙口各处,战况甚佳。(《临时政府公报》第3号,"电报")

　　△　报载各地要求北伐电报。安襄郧荆招讨使季雨霖来电,指出"纵然即一心求和,亦当分途北伐,海陆并进,使敌军不敢妄动,然后和局可成"。(《临时政府公报》第3号,"电报";《申报》1912年2月3日,"公电";《时报》1912年2月3日,"中华民国立国记")张承櫆来电,指出"如清廷果欲以和平解决,当互相为质,两面弭兵。若一面议和,一面备战,为日弥久,必兆瓜分,同归于尽"。(《申报》1912年1月31日,"公电";《民立报》1912年1月31日,"南京电报")陆荣廷来电,请求早定北伐,解救陕西、山西之危。(《临时政府公报》第3号,"电报")豫晋秦陇协会来电,请求速派得力,分道赴援,并即日北伐,以解陕西之危。(《临时政府公报》第3号,"电报")

　　△　报载驻淞江防步队第一协一标队官左庆余、周杰等来电,推黄汉湘兼任该标统带,待命北伐。(《民立报》1912年1月31日,"公电")

　　△　报载旅沪潮州会馆来电,报告潮、汕形势,请求电饬林激真专防嘉应,张立村、梁冠三立即出发,撤电局员梁纪梅。(《民立报》1912年1月31日,"公电")

　　△　报载陕西三原县勤公社来电,祝贺当选临时大总统。(《民立报》1912年1月31日,"陕西电报")

　　是月下旬　复电河南谘议局议长方幹周,指出清廷如果退位,全国人民及各友邦必同情爱戴,皇室亲贵永久尊荣,可享千古优待;八旗生计,民军政府已多方筹划,将来定有良好结果;南北军队不但地位照旧,感情上亦须互相友爱,以便将来一致对外。民军不惜牺牲一切,欲成共和,目的在于改革政治,造福同胞,使国家免受瓜分惨祸。若能早日成功,即应让贤。倘有为君主谋万世一系的要求,民军政府万难承认。(《汴直人渴望共和》,《申报》1912年1月31日,"要闻")

是月　函复女界共和协济会,表彰女界"自共和民国成立,将合全国以一致进行,女界多才,其入同盟会奔走国事百折不回者,已与各省志士媲美。至若勇往从戎,同仇北伐,或投身赤十字会,不辞艰险;或慷慨助饷,鼓吹舆论,振起国民精神,更彰彰在人耳目"。肯定该会会员"联合全国女界,普及教育,研究法政,提倡实业,以协助国家进步",并指示该会请开办女子法政学校,应呈明教育部核办,本处可以拨助五千元,用于扩充公益。至于女子是否应有参政权、定于何年实行、国会能否准许女界设旁听席,应咨送参议院议决。(《孙中山先生复本会书》,《神州女报》第2期,1912年12月)

△　命内务部编印阳历历书,"赶于阴历十二月前编印成书,以便颁发各省施行"。前此,参议院根据孙中山交议,决定由政府于阴历十二月前制定历书,颁发各省;新旧二历并存;新历下附星期,旧历下附节气;旧时习惯可存者,择要附属,吉凶神宿一律删除。(《临时大总统关于颁布历书令》,中国第二历史档案馆编:《中华民国史档案资料汇编》第2辑,第18页)

△　通令统一盐政事权,强调:"盐课为饷项大宗,必须事权统一,总收总支。"要求各省都督、各军政府、各司令务顾全大局,产盐、运盐各地方,有需要驻警保护者,务必协力帮助,"保商业即以顾饷源"。(《统一盐政事权通令》,《孙中山全集》第2卷,第54页)

△　致函南洋侨胞,为华侨金一清、黎先良发起电戏筹备善后补助会一事,号召华侨给予帮助。巴达维亚华侨金一清、黎先良发起电戏筹备善后补助会,自备资本,购买关于中国之电戏影画,前往南洋各埠开演,将所得资金捐赠新政府财政部,故致函希望"所历各埠,务

望同志诸君乐为臂助,以期有成,庶不负两君跋涉之苦衷,而祖国亦受其赐"。(《致南洋华侨函》,《孙中山全集》第 2 卷,第 55 页)

2 月

　　2 月 1 日(辛亥年十二月十四日)　致电黎元洪,嘱于段祺瑞退兵时勿相进逼,以免冲突。

　　段祺瑞此前联合北方将领通电,力主共和。黎元洪派员至孝感,与段接洽联络,段将北洋军退却,并要求民军不必前进,致生误会。黎元洪 1 月 29 日来电,告已通饬各军,驻扎原地,暂不前进。(《临时政府公报》第 3 号,"电报")本日复电指出:"北军赞同共和,似无疑义。段军既经贵处与之协商,彼军退时,可勿相逼,以免疑心,而生冲突。"(《致黎元洪电》,《孙中山全集》,第 2 卷,第 56—57 页)

　　△　接见神州女界共和协济社女界协赞总会代表,表彰和资助其会务。

　　上海神州女界共和协济会代表张昭汉、陈鸿璧、唐群英、程颖四女士来南京谒见,缴募军饷二万元;并请愿将来女子政权,商量协济社办法。孙阅读该会上书及章程,并听取了四位代表意见,表示极为嘉许,并决定由临时政府拨给五千元作为开办女子教育总会及扩充公益之用。(《民立报》1912 年 2 月 1 日,"紧要电报";《总统扶植女权》,《民立报》1912 年 2 月 11 日,"新闻三")

　　△　致电广东各社团,征求广东都督人选意见。

　　因在南京的广东同乡于总统府举行会议,推举冯自由担任广东都督,致电表示可以由冯担任,表示"为大局计,此间虽甚资冯臂助,让当徇商人之请,暂为割爱。用特电知,希即会商电复"。(《申报》1912 年 2 月 3 日,"公电")同日,致电汪精卫,赞同驻宁广东同乡诸公力举冯自由担任广东都督,已按其所请发电至粤,同时赞同举汪担任高等顾问。电云："本日据旅宁同乡诸公到府会议，力举冯自由堪胜粤督之任，请电粤商办等情，已照办电粤。诸公并举阁下担任高等顾问，文亦颇以为然。"（《民立报》1912 年 2 月 4 日，"公电"）又电广东，提出广东都督人选，还有何克夫、胡毅生、邓泽如三人可以胜任，电云："本日有旅宁同乡议冯自由为都督，面求代为发电通知。惟以文意尚有三人足以胜任：何克夫曾运动广东、云南、广西三省革命之事业，有军事学识，三月二十九之役，偕黄兴首先行战，破围而出，以功以能，当之无愧。次则胡毅生，亦久任实行，其在水陆军务处，卓有成勋。又有邓泽如君，为南洋同志之领袖，负经理长才，周知社会之情状，各民军统领多尝与结纳，而得信服。此三人文知之甚深，敢介绍于桑梓，惟公等选择而举之。"（《孙总统荐举堪任粤督之人电》，《时报》1912 年 2 月 9 日，"地方要闻"）

△　接见北洋招抚军队曲同丰、谢远涵、魏勖，上海决死团团长胡华亭、孙克传，第二师团长杜淮川，第三师团长陈懋修等。（《二月一号总统府谒见人名单》，《临时政府公报》第 6 号，"纪事"）

△　山本条太郎自上海来函，告以："东京总公司来电，关于汉冶萍中日合办事已完全洽妥，但为使该约生效，并使您获得所需之借款，尚须所有董事的批准及股东的证实。这就需要相当时日。为了尽速向您提供借款，已洽妥以汉阳铁矿为抵押，筹借二百万至三百万日元。"山本条太郎告知，已草拟了为目前借款所必需的文件，由森恪呈请孙批准，由孙中山和黄兴签字。（《上海三井物产会社致中山函》，陈旭麓等编：《辛亥革命前后・盛宣怀档案资料选辑之一》，第 244—245 页）

△　伍廷芳来电，报告袁世凯要求徐州一带民军迅速停止进攻，请示如何回复。（《临时政府公报》第 7 号，"电报"）又电告，已为山东即墨民军与德国青岛提督冲突一事与德国总领事交涉，德方表示，昔日租借胶州湾之时，曾与清廷立约，胶州湾百里以内不得通过军队，如必须通过，要先商明德国驻青岛提督，今即墨民军不守此约，因而有所指责，伍廷芳表示以后凡遇此类交涉，应一概移交外交总长核办。

（观渡庐编：《共和关键录》第3编,第11—12页）又电告北军要求徐、颍两路民军勿再进攻,请示如何回复。（《临时政府公报》第8号,"电报";《时报》1912年2月8日,"中华民国立国记"）

　　△　黎元洪来电,报告湖北方面照会段祺瑞,为段军主张共和北上一事,约定阴历本年之内,湖北民军保持现状,湖北境外亦设法维持。如阴历年内不能解决,湖北民军即当前进,以资援助。并报,段祺瑞表示凡北军退出之地,即归鄂军管理。（《临时政府公报》第7号,"电报";《申报》1912年2月3日,"要闻";《时报》1912年2月3日,"中华民国立国记";《民立报》1912年2月3日,"紧要电报"）又来电,告以湖北邮票将罄,邮政困难,请速定邮票票式、任筹办法,颁布施行。（《临时政府公报》第9号,"电报";《时报》1912年2月9日,"中华民国立国记"）

　　△　蔡锷来电,表示此前电请程德全回川主政,现因程任内务部总长,请以已抵达四川的王采臣、胡文烂两人中,一人出任川事,一人规画西藏。（《临时政府公报》第8号,"电报"）又电报告援蜀滇军与四川哥老会冲突。（《民立报》1912年2月15日,"沪军政府电报"）

　　△　陈其美来电,报告今日午后招商总局在张园开股东大会,对招商局抵押借款一事,各股东全体同意,请电致谢悃,以资鼓励。（《临时政府公报》第7号,"电报";《民立报》1912年2月2日,"沪军政府电报"）

　　△　实业部长张謇来电,报告淮盐停运已久,经晓以大义,许诺力加保护,各盐商表示即日开运,请电令各都督转饬各军政分府、各司令加意保护。（《临时政府公报》第9号,"电报";《时报》1912年2月9日,"中华民国立国记"）

　　△　蜀军都督张培爵、夏之时自重庆来电,鉴于西安受清军攻击,危急待援,请即取消和议,实行北伐,并报告四川已联合川、滇、黔之军,克日出发。（《临时政府公报》第13号,"附录·电报"）

　　△　大同府都统何宗莲自张家口来电,要求孙中山暂不应居总统之名,以不战而成大功。表示"北省各界,并非均不赞成共和,即满人中亦居多数赞成。不过以时势观之,实因民军訾北人有不两立之

势;又到处惨杀满人。骤举总统,意近除去专制而复行专制耳。由此而令人不得不起抵抗之举,即人亦必誓死相抗。若果公能实心共和,救济同胞,视北人及满蒙回人同为一家,不以仇杀为是"。同时指出云南、库伦及呼伦贝尔、伊犁、西藏必须早为定夺,以免落入他人入手。(《临时政府公报》第 8 号,"电报";《时报》1912 年 2 月 8 日,"中华民国立国记")

△　江苏高邮、宝应、海门、如皋、山阳、阜宁、安东、桃源、清和、邳州、宿迁、睢宁、赣榆、海州各代表商民刘绥曾、沈秉璜等来电,告以为推举江北民政总长,公推代表赴南京面禀,请予接见。(《临时政府公报》第 8 号,"电报")

△　丁义华来函,建议南方各省的领袖们发电报给各国列强,表示支持南京中央政府,以推动各国承认新政府。(邓丽兰:《临时大总统和他的支持者》,第 110 页)

△　原美国志愿军第四十四步兵师上尉詹姆斯·K. 魏金斯(James K. Wiggins)自西雅图来函,表示愿意为中国的新政权效力。(《海外友人致孙中山信札选(二)》,《民国档案》2003 年第 2 期,第 3 页)

△　报载江苏代都督庄蕴宽来电,告以根据《临时政府组织大纲》,现派陈陶遗、凌文渭、杨廷栋三人代表江苏全省,有关江北地方情形自可代达,请转电江北都督蒋雁行,该处如有关系地方困苦之事,可随时转告陈、凌、杨。(《临时政府公报》第 4 号,"电报";《时报》1912 年 2 月 2 日,"中华民国立国记")

△　报载新加坡同盟会会长陈楚楠来电,告以本会公认张永福为代表,来宁祝贺孙当选临时大总统。(《临时政府公报》第 4 号,1912 年 2 月 1 日,"电报")陈楚楠是新加坡著名华商,经营树胶种植业,1904 年与张永福合办《图南日报》,鼓吹反清革命,1905 年结识孙中山,1906 年任中国同盟会新加坡分会会长,1907 年创办《中兴日报》,积极筹款支援中国同盟会发动两广及云南起义。

△　报载兴中会成员宗少东、温至山等自广东来电,敬颂祝词,并请示如何维持兴中会回粤同人的生活。(《临时政府公报》第 4 号,"电

报"）

2月2日（辛亥年十二月十五日）　与黄兴分别以中华民国总统、陆军总长名义,签署承认南京临时政府与日本三井洋行订立借款续合同。

续合同规定:三井洋行代汉冶萍公司备款日金二百五十万元,借与民国政府。所有公文及草约,业于1912年2月2号经双方签字认可。一、公文及草约内所规定之中日合办手续,以及汉冶萍公司由三井洋行备款借与民国政府,由民国政府知照湖南、湖北、江西都督,以免各方面阻挠。二、汉冶萍公司借民国政府日金二百五十万元,以大冶铁矿作抵,款项将由三井洋行交付民国政府,所有兑换汇水,均由三井洋行自定。三、以上借款以一年为期,周年七厘行息,每半年付一次利息。四、付利还本,凡关于此次款项事宜,均由三井洋行经理。五、三井洋行当竭力募集日金二百五十万元,借与民国政府(此条业已声明在草约内)。连同前述借款,共计日金五百万元。(《南京临时政府与日商三井借款续合同》,中国第二历史档案馆编:《中华民国史档案资料汇编》第2辑,第339页)

△　正式照会各国,以后凡是在中国办理交涉事宜,应向新政府磋商办理。但因北京各公使现在尚未迁移,外务总长特在南京三元巷设立迎宾馆,专门用于招待外宾。(《民国外交之发轫》,《申报》1912年2月3日,"要闻")

△　接见中华民国工党总部代表徐继曾、英国领事伟晋颂、前同知衔候补知县黄培楷、广东陆军毕业生邝国华、浙江同盟会分会代表姚勇忱、日本人士法学士菊池良一、法学士山田纯三郎、法学士森恪、株式会社大仓组取缔役门野重九郎、株式会社大仓组取缔役熊谷直道、株式会社大仓组取缔役河野久太郎、株式会社大仓组取缔役宫崎寅藏、马国文、何永享、刘德裕、梁少文、韩宾礼等。(《二月二日总统府谒见人名单》,《临时政府公报》第7号,"杂报")宫崎寅藏会见时身份为株式会社大仓组董事,与大仓组有关人员门野重九郎、河野久太郎、熊

谷直道同去。(近藤秀树编、禹昌夏译:《宫崎滔天年谱稿》,《辛亥革命史丛刊》第 1 辑,第 159 页)

△　为汉口镇商民张崇、吴沛霖等呈请筹办汉镇商务、建筑市场,实业部奉令发布《通告汉口商民建筑市场文》。令文根据"平均地权"宗旨拟定,指出:"幸今者东南底定,民国肇基,商务为实业要政之一,亟应恢复。善后各事,尤宜审慎,须立永远之计,毋为权宜之策。"要求审定办法,先清丈基址,进行登录,与地主议定地价,地主须按照所定地价百分之一,纳地税于国家,他日国家因公需地之时,即照现定地价,随时收买。(《实业部通告汉口商民建筑市场文》,《临时政府公报》第 8 号,"令示")

△　接连致电伍廷芳,为清军张勋、倪嗣冲部破坏和局,进攻徐州、颍州,要求伍电告袁世凯切实约束,取信协商。一电云:"倪嗣冲竟从颍州进兵,南至颍上,前接段电,谓已约束勿进,今殊不然,实为有心破坏。请即电北京电阻。"(观渡庐编:《共和关键录》第 2 编,第 17 页)一电云:"徐、颍两地实彼方先行进攻,民军迎击却之,张勋、朱震所称,皆非事实。若彼方真有和平之意,宜饬张勋等更稍退却,方可取信协商。以张勋等屡次违约妄进,非段军之比也。请电告袁。"(观渡庐编:《共和关键录》第 2 编,第 100 页)

△　致电招商总局,请总局派员来与政府商洽抵押借款事宜。

为解决财政问题,临时政府拟定以轮船招商局局产为担保,向日本资本组织商洽借款银一千万两,招商局多数董事反对。临时政府及所辖各军将领采取高压手段,1 月 20 日,招商局接到沪军都督府转来的各地军事长官的公函,措辞严厉,指出:"执事等别有谋划,欲危民国,以利一己,是为我民国之公敌,我军人等当先诛之!"要求即日将该局抵押一千万两暂借于中央政府,以充军用,并于四十八小时内答复。(《南京临时政府拟以招商局产抵借日债史料》,《历史档案》1983 年第 3 期,第 48—49 页)2 月 1 日下午 3 时许,招商局在上海张园举行股东大会讨论,宣读陆军军官将校致招商局函,陈其美参加大会并代表政府宣布意见。会议仅十七分钟，未投票，结果一致赞成借款。(《招商局股东赞成借款》,《申报》1912 年 2 月 3 日,"本埠新闻")遂致电招商局:"得沪都督陈其美电,贵局昨在张园开股东大会,各股东全体承认,无一反对者,询属热心爱国,深明大义,钦佩之至。请贵局总董即派员来与政府接洽一切,事可速成,切盼。并致谢忱。"(《南京临时政府拟以招商局产抵借日债史料》,《历史档案》1983 年第 3 期,第 48 页)但本日招商总局来电,报告昨日开股东会讨论抵押借款事开会,实到四千三百九十六股,仅得十成之一,多数股东不及到会。粤港澳股东甘作培等二十九户共六千五百余股来电、广东代表陈理云等来电、香港股东邓荣基堂等共二十八户五百四十二股来函,均表示坚决反对,又有旅沪未到会之股东来函声明,会场股东未过半数,所作决议均为无效。(《南京临时政府拟以招商局产抵借日债史料》,《历史档案》1983 年第 3 期,第 48 页)

　　△　接见上海工党总部副领袖徐企文,对其主张表示极为赞成,勉励该党"努力进行,使工界早日受福"。徐企文 1 日来南京,是日中午谒见。(《南京工党支部电》,《申报》1912 年 2 月 4 日,"公电")

　　△　临时政府陆军部来电,为湘桂联军总司令官沈秉堃提请取消湘桂联军番号和总司令名义,报告所有各军司令名义正在取消,特备文呈请备案施行。(《陆军部关于取消湘桂联军番号撤消关防文电》,中国第二历史档案馆编:《中华民国史档案资料汇编》第 2 辑,第 214 页)

　　△　伍廷芳来电,报告袁世凯要求民军不要进兵东北,请示如何回复。(观渡庐编:《共和关键录》第 2 编,第 84 页)又来电开列北方联名赞成共和诸将领姓名:署理湖广总督、第一军总统段祺瑞,古北口提督、毅军总统姜桂题,护理两江总督、长江提督张勋,察哈尔都统、张军统制官何宗莲,副都统段芝贵,河南布政使、帮办军务倪嗣冲,陆军统制官王占元、陈光远、李纯、曹锟、吴鼎元、潘榘楹、孟恩远,总兵马金叙、谢宝胜、王怀庆,参议官靳云鹏、吴光新、曾毓隽、陶云鹤,参谋官徐树铮,炮队协领官蒋廷梓,陆军统领官朱泮藻、王金镜、鲍贵卿、卢永祥、陈文运、李厚基、何丰林、张树元、马继增、周符麟、萧广传、聂汝清、张

锡元、施从滨、萧安国,营务处张士钰、袁乃宽,巡防统领王汝贤、洪自成、高文贵、刘金标、赵倜、仇俊恺、(周)德启、刘洪顺、柴得贵。(《临时政府公报》第 8 号,"电报";《申报》1912 年 2 月 5 日,"要闻";《民立报》1912 年 2 月 4 日,"紧要电报";《时报》1912 年 2 月 4 日,"中华民国立国记")又来电报告,袁世凯磋商即墨民军与德冲突事,此系与外国交涉之事,请交外交总长办理。(观渡庐编:《共和关键录》第 3 编,第 12—13 页)

△　黎元洪来电报告与袁世凯商定清军退兵办法六条,将其致段祺瑞之照会电告。("中华民国"史事纪要编辑委员会编:《中华民国史事纪要(初稿)——一九一二年正月至六月》,台北:"中华民国"史料研究中心,1986 年,第 170—171 页)

△　陈炯明来电,以孙中山委任冯自由担任广东都督,恳请冯自由速来赴任,以定人心。(《临时政府公报》第 7 号,"电报";《时报》1912 年 2 月 6 日,"中华民国立国记";《民立报》1912 年 2 月 6 日,"公电")

△　江北都督蒋雁行暨参事会来电,请求与两淮盐政总理张謇磋商,批准陶思澄为西坝栈长。(《临时政府公报》第 9 号,"电报";《时报》1912 年 2 月 9 日,"中华民国立国记")

△　江苏都督庄蕴宽来电,指出凡国有、省有及地方所有财物,均有主权,其中原清政府直接管理者,可归国有;其余江宁官厅、江宁府所管者,应仍分归省有及地方所有。建议南京临时政府应将原江宁府直接管理的财物酌为分拨,不应一切统归国有。(《申报》1912 年 2 月 5 日,"公电")

△　关外都督蓝天蔚来电,转发关于即墨光复,德、日两国干涉等各项电报,并请向德、日领事进行交涉。(《关外都督蓝天蔚为转烟台电关于即墨光复德日两国干涉等事致孙中山电》,中国第二历史档案馆编:《南京临时政府遗存珍档》第 2 册,第 396 页)

△　温宗尧来电,报告驻沪通商交涉使关防即日启用,原颁上海通商交涉使关防撤消。(《温宗尧为启用驻沪通商交涉使关防事致孙中山等电》《温宗尧为启用驻沪通商交涉使关防并缴销原关防事致孙中山等电》,中国第二历史档案馆编:《南京临时政府遗存珍档》第 2 册,第 401—404 页)

　　△　黄仁茭自襄阳来电,报告潼关失守,陕西危在旦夕,将应召东下,日内启行。(《临时政府公报》第 16 号,"附录·电报")

　　△　旅港商人李顺帆来电,要求"现举副督即授",表示"陈(炯明)督去粤之机,屡易督,妨粤甚"。(《港商李顺帆等为举粤副督事致孙中山等电》,中国第二历史档案馆编:《南京临时政府遗存珍档》第 2 册,第 400 页)

　　△　广东法政团来电,请示三年以上法政毕业是否均有司法资格。(《临时政府公报》第 9 号,"电报")

　　△　大卫·弗里曼(David Freeman)自吉隆坡来函,祝贺中国革命成功,并提醒新政权吸取西方的物质文明,与中国古老独特的文明相结合,以使改革取得成功。建议不要以别的宗教取代儒教,不要在煤矿开采、铁路和港口建设方面给外国特权,不要向外国借款,不要让中国陷入工业制的魔掌。(《海外友人致孙中山信札选(二)》,《民国档案》2003 年第 2 期,第 3—4 页)

　　△　报载江西临时议会来电,告已公举代表廖国人(疑为"仁"字——引者注)、卢士模两人来南京,面陈江西议会组织情形。(《临时政府公报》第 5 号,"电报")

　　2 月 3 日(辛亥年十二月十六日)　会见森恪和宫崎寅藏、山田纯三郎等人,商谈以租借满洲取得日本援助问题。

　　本日会见担任日本政界、财界联络人的森恪、宫崎寅藏、山田纯三郎三人,胡汉民代表黄兴参加会见。(近藤秀树编、禹昌夏译:《宫崎滔天年谱稿》,《辛亥革命史丛刊》第 1 辑,第 159 页)森恪转达了日本元老桂太郎的意见,提出:日本认为满洲最终难由中国独力保全,可以预料,革命政府之前途必有诸多困难,基于地理上、历史上之特殊立场,如无日本之特殊援助,则其成功之可能实甚渺茫。希望孙中山舍弃命运已定之满洲,一任日本势力发展,以此换取日本之特殊援助,完成革命大业,并建议孙或黄兴秘密赴日,与桂太郎商定此事。孙中山表示:"为东洋和平计……当此次举事之初……以此希求日本援助中国革命。但日本疏远余等,不相接近。当余发难之时,曾申请在日本立足,而日本官宪不允余入境。"对前此日本对中国革命冷淡之态度不满,向森恪说明自己之处境及最近革命政府财政至困之情况,指出最近革命政府之财政匮乏已达极点,几陷于完全破产境地,倘近五日内无足够之资金以解燃眉之急,则军队恐将解散,革命政府亦将面临瓦解命运,表示"至今仍对解决财源问题存一线之希望,若有幸可能解决防止军队离乱之足够资金,余等可将对袁和谈延至年后,再筹资金,而后排除袁氏,按当初之计划以兵力彻底扫除南北异己分子,建立共和政体,绝他日内争之根"。如在阴历年底得不到一千五百万元,则只有把政权让给袁世凯,"今后难发突变,亦几乎无望履行与日本之密约"。谈话中,虽然再一次声称"时机已失",但又表示本人或黄兴可往日本会见桂太郎,以商定革命政府前途大计及满洲问题。(孙中山:《与森恪的谈话》,陈旭麓、郝盛潮主编:《孙中山集外集》,第166—169页)会谈后由森恪以加急电报报告益田孝,电文为:"财政困乏支那,年底前若无一千五百万元,将有战争,或革命政府将陷混乱。因与汉冶萍公司已成立五百万元借款,以招商局担保向邮船公司、与英德美国等借款一千万元正在交涉中,若五日以内其借款无望成立,万事皆休,孙、黄当与袁缔结和议,让政权于袁。因孙承认租借满洲,日本为防止革命军解散,汉冶萍公司五百万元之外若立即再借一千万元,与袁世凯之和议可中断,孙文或黄兴可至日本达成满洲之秘密契约。钱未到手前,军队有解散之虞,若离南京,恐生变事。满洲之事,倘决意实行,乞四日内电告借款一千万元,当中止对袁世凯之和议。"(李廷江:《日本财界与辛亥革命》,第255页)

　　△　致电、致函井上馨,希望日本提供财政援助。

　　本日与黄兴联名通过森恪,利用三井的密码,致电日本政界元老井上馨。同日又单独署名致函井上馨,更深一步表达了希望日本提供财政援助之意。函称:"由三井森君处得闻阁下赞助之良意,感谢千万。今后新政府与日本财政上之关系,凡百当丛于阁下之指导,必有统一之办法,以企最完满之结果。近日任命代表来谒贵邦,惟阁下有以教之。前以电信奉闻,今更函白诚意,区区不尽。伏乞亮察,仰仗鼎助,无任拜祷。即颂起居。孙文叩。山县、桂两公处,亦乞代达鄙诚为荷。再者,西园寺侯处,未能直接通函,亦乞代为致意。孙文叩。二月三日。"(《孙文、黄兴、盛宣怀书牍》,汤志钧:《乘桴新获——从戊戌到辛亥》,第388页)

△　接见社会党领导人江亢虎,答应致电谭延闿,帮助中国社会党。

中国社会党湖南支部来电告湖南都督谭延闿禁止社会党开会,江亢虎作为该党代表谒见。孙中山不赞成谭延闿禁止社会党活动,允电饬维持,表示:"社会主义虽人类共同思想,实西洋最新之学说,亟须输入新著,使一般人可解宗旨为入手第一义。自苦政务太烦,不能躬任主持,拟令长子新自美洲回国者赞助其事。"向江询问工党情形及其代表人,江告以工党亦社会党员发起,其代表人即社会党员。(《大总统与社会党》,《民立报》1912年2月6日,"新闻三")

△　接见德国领事舒理慈、辻本清藏、革命战乱地方慰问及开教视察使福田阐正、日本东京银座桥本才吉、海军陆战队杜汉生、中国同盟会会员周群、谭赓尧,以及曹锡圭、李天麟、林希侠、蔡少汤、张琴等。(《二月初三日总统府谒见人名单》,《临时政府公报》第8号,"杂报")

△　致电招商局,要求即使有部分股东反对抵押借款,仍请派人来南京商量。电文称:"前日股东开会议决,具见同情,至远地未深明委曲者,当不难于疏通。无论如何,仍请派员来宁熟商一切。"(《南京临时政府拟以招商局产抵借日债史料》,《历史档案》1983年第3期,第48页)

△　复电大同府都统何宗莲,说明民国没有自分南北、苛待满族之理,并重申共和国家成立后,当即辞职。何宗莲本月1日来电,指出民军仇视北人,又到处惨杀满人,要求孙中山暂不应居总统之名。本日复电指出:"共和民国,系结合汉、满、蒙、回、藏五大种族同谋幸福,安有自分南、北之理,更安有苛待满族之理?……令共和国家早

日成立。文当即避贤路,国家之事,由全国五族人共组织之,文何私焉。"(《临时政府公报》第 9 号,"电报")

△ 与临时政府外交总长王宠惠联名致电烟台都督杜潜,命迅饬民军暂时退出即墨,等待与德国交涉。德国驻南京领事报告,即墨县由民军占据,宣布独立,根据中、德之间的条约,请电饬该处民军迅即退出。本日电示杜潜,"迅饬该处民军照约暂行退出,候本部与德国商定再行办理"。(《大总统暨外交总长电烟台都督饬即墨民军照约暂行退出文》,《临时政府公报》第 12 号,"纪事")

△ 令内务部饬所属保护人民财产,不得擅自查封人民房屋。令文为:"江宁克复之际,各军封存房屋,作为办公驻军之用,原为取便于一时,并非攘以为利。临时政府成立以来,即以保护人民财产为急务。贵部职司民政,尤属责无旁贷。仰即通饬所属,共体此意,凡人民财产房屋,除经正式裁判宣告充公者外,勿得擅行查封,以安闾阎。"(《内务部通饬保护人民财产令》,《临时政府公报》第 6 号,"令示")

△ 自由党在上海张园举行庆祝自由党成立大会,开会前派代表到南京,请求孙中山、黄兴担任自由党正、副主席。孙向自由党表示,章程中不应写入关于专门成立除奸的侦探部的规定,应该保密。(上海市档案馆编:《辛亥革命与上海——上海公共租界工部局档案选译》,第 120 页)

△ 轮船招商总局来函,将粤港澳各埠股东及旅沪未到会股东原电、原函照抄呈送。(《南京临时政府拟以招商局产抵借日债史料》,《历史档案》1983 年第 3 期,第 49 页)

△ 黎元洪来电,转告颍州南北军队冲突情形。(《临时政府公报》第 10 号,"电报";《时报》1912 年 2 月 6 日,"中华民国立国记";《申报》1912 年 2 月 6 日,"公电";《民立报》1912 年 2 月 6 日,"沪军政府电报")又来电,请电催王正廷从速回湖北担任外交工作。(《临时政府公报》第 10 号,"电报";《时报》1912 年 2 月 10 日,"中华民国立国记")

△ 伍廷芳来电,报告北方谈判代表唐绍仪要求谈判清廷优礼

条件,请续停战一星期,请示如何答复。(《临时政府公报》第9号,"电报")

△ 唐绍仪来电,请电阻襄河一路南方民军进攻北军。(《临时政府公报》第10号,"电报";《时报》1912年2月10日,"中华民国立国记")

△ 陈其美来电,报告北方将领发起南北军界统一联合会,标榜"此次人民要求共和,处处依赖军队之力,以南军种其因,以北军结其果。所谓武装解决,由专制时代一变而成共和时代,诚数千年未有之伟举,亿万同胞之幸福。且共和不日颁布,南北公举临时大总统,组织临时新政府,内政外交,万端待举。吾军界同人,自应振刷精神,首先提倡化除私见,辅助统一之大总统,组织一劲强完全之新政府,巩立于环球之上,为最有权利、最有势力之中华民国"。倡议协力同心,组织团体,以三大纲为义务:(一)俟清廷宣布共和后,中央统一新政府成立时,务须服从统一政府之命令;(二)恢复各地方之安宁秩序;(三)保护外人之生命财产。要求南军衔名赞成。陈其美将电文转达孙中山。(《临时政府公报》第9号,"电报";《民立》1912年2月4日,"沪军政府电报";《时报》1912年2月5日,"中华民国立国记")

△ 广西都督陆荣廷来电,报告已饬沿边各军队严密防范越南法兵,请云南、广东都督迅速分饬各边军共同严防。(《临时政府公报》第10号,"电报";《民立报》1912年2月6日,"沪军政府电报")

△ 江苏省议会张謇等来电,指出临时政府为全国之政府,非一省之政府,所有政府与江苏都督权限亟宜划清。陆军方面,关于国防之事,如北伐各军水路要塞,应由陆军部担任;其关于省防、治匪、保民之事,仍由江苏都督担任。财政方面,凡应属于国家收支各项,由财政部直辖;应属地方收支各项,仍由江苏都督管辖。南京府只以上元、江宁两县为范围,应仅管两县收支。请交参议院分条核议,明定规约。(《临时政府公报》第10号,"电报";《时报》1912年2月8日,"中华民国立国记")3月10日,《临时政府公报》颁布南京府官制,规定民国临时政府所在地方设南京府,以原有之上元、江宁二县为区域,直隶于内

政部。(《大总统宣布南京府官制公布》,《临时政府公报》第 34 号,"法制")

　　△　护理山东都督虞克昌来电,报告德人连日利用胶济铁路为清廷运兵运械,并派兵至即墨,在青岛帮助清廷捕拿民党,破坏中立,请令外交总长向德政府交涉。(《临时政府公报》第 9 号,"电报";《时报》1912 年 2 月 9 日,"中华民国立国记")

　　△　姚雨平自蚌埠来电,报告民军胜利,已追敌至安徽宿县附近。(《临时政府公报》第 10 号,"电报")又电请运送广东造子弹、机关枪弹及枪支接济。(《临时政府公报》第 10 号,"电报")

　　△　庐州军政分府孙万乘来电,报告进攻颍州战况,请求尽快加派援兵,开赴颍州前线。(《申报》1912 年 2 月 6 日,"公电";《时报》1912 年 2 月 6 日,"中华民国立国记")

　　△　《北华捷报》评论指出,共和派已经一分为二,旧党人和新党人。前者是由孙逸仙和这些年一直和他一起工作的革命党人构成,新党人则包括上海与邻近地方光复时领导这些地方事务的革命人。新党人才刚刚接受共和理念,并不为旧党人信任和喜欢。孙逸仙将势力从上海转移到南京,说明他已经在削弱新党派的势力,因此,尽管避开了公开纠纷,但引发的不满情绪日益高涨。另外重要的一点是,广东人(the Cantonese)几乎垄断了权力,当前的共和运动也就意味着以中国奉广东人。考虑到广东人在中国的中部和北部并不受欢迎,这也预示和平且成功建立共和政府前景黯淡。另一个不理想的现状是,孙逸仙深受着那些日本人(现正在南京包围着他)的影响,并且十分依赖他们的保护和建议,这些影响甚至超过了他自己的同乡广东人。这也引起了中国人很大的不满,不仅引发了许多人对共和国失去信心,而且引发出一种敌对的感觉。("Old Republicans and New", "The North-China Herald", Feb. 03, 1912, "Miscellaneous", "The Outlook in China")

　　△　清隆裕太后谕袁世凯,授权全权与民国政府商酌优待条件,准备退位。(《大清皇帝宣统三年十二月十六日旨》,《临时公报》辛亥年十二

月二十六日）

2月4日（辛亥年十二月十七日）　与黄兴复电伍廷芳,命继续与袁世凯协商。

2月3日,袁致电伍廷芳,建议"请自十七日早八钟起至廿三早八钟止,续停战一星期,以便协商。如承允许,即可由两方电饬各军队遵照",即自2月4日起续停战一星期。(《临时政府公报》第9号,"电报")伍来电告知。本日复电,指出"时局至此,已非停战问题,乃在南北合力一致,联师北上,以实力定大局……停战一节,应无庸议"。"如果赞成共和,彼此均系友军,自应联兵北上,共逼清帝退位,早图底定。若迁延顾虑,作无谓之抵抗,无论是否误会民军宗旨,而在民军方面,不能不视为反对共和之蟊贼,将与天下同诛之……若东南言联合,西北主抵抗,则民军自当一致运动,宁可玉碎,决不能坐受人给,致贻中外之笑也。"同意与袁继续协商清帝退位条件,并命致电袁,要求严饬山西、陕西、甘肃清军立即停止战事。(观渡庐编:《共和关键录》第2编,第73—74页)

△　接见《申报》记者,提出对停战、让位、建都问题的主张。

在谈话中表示:一俟袁世凯宣布共和,即将辞任,并呈请南京参议院选袁为总统,但清帝逊位之后,须设立临时政府一年,以选举国会代表,组织永久新政府。又说:袁提议再将停战期限展长七日,此举似可不必,关于停战问题,早与清军各将领议定。袁今有全权承认民军,从今日来电可以知之。至于将来都城设于何处,表示南京、北京皆适宜,但全国大多数都赞成设于南京。(《申报》1912年2月7日,"要闻")《北华捷报》报道,孙中山当天接受采访,指出临时政府要保留总的行政权,就要收回对北方各省的控制权。("Interview With The President", Feb. 10, 1912, "*The North-China Herald*", "Miscellaneous", "The Revolution in China")

△　接见北伐联军司令柏文蔚、驻浔军政分府参谋官吴铁城、仪征民政长陈鹤年,以及程家柽、刘辛、魏勖、刘德裕、柯永亨等。(《二月

初四日总统府谒见人名单》,《临时政府公报》第9号,"杂报")

△　命财政部核办变通军用票办法,并将曾倏等《维持市面变通军用票办法公禀》交财政部。(《临时大总统为曾倏等请变通军用钞票办法交财政部核办令》,中国第二历史档案馆编:《中华民国史档案资料汇编》第2辑,第388页)

△　伍廷芳来电,报告袁世凯内阁正式交来优待条件,今日午后2时伍将偕唐绍仪、汪精卫坐专车来宁面商,7:30可到,请求派人到车站接待。(《时报》1912年2月6日,"中华民国立国记";《民立报》1912年2月6日,"紧要电报")前日,袁世凯已将拟定之《关于大清皇帝优礼之条件》九款、《关于皇族待遇之条件》四款、《关于蒙满回藏各族待遇之条件》七款,分别列作甲、乙、丙三项,电告伍廷芳。

△　益田孝致电山县有朋,报告森恪与孙中山会谈之内容。电文中称:"森恪已即刻作为无责任者进行会见,孙已承诺租借南满之事……若日本承担此借款,已允中断对袁讲和,孙文或黄兴即刻来日缔结秘密契约。"请求以此意旨答复孙中山:"孙、黄两位愿在日本指导下处理对日美关系之意已悉。山县、桂两公处已转致阁下之意,近日将任命代理人启程。"(李廷江:《日本财界与辛亥革命》,第256页)

△　黄兴来电,报告山东即墨光复后,德人输运清兵,并拘捕民军代表,请与德领事交涉。(《黄兴为转送青岛来电即墨光复德人输运清兵并捕我民军代表事致孙中山电》,中国第二历史档案馆编:《南京临时政府遗存珍档》第2册,第438—439页)

△　陈其美来电,报告南社社员周实丹、阮式在淮城光复时为清山阳县令姚荣泽杀害。目前通州军政分府拘姚后,将其藏匿,不肯解往上海,请求"大总统及法部,保护人道,尊重人权,当知吾辈之所以革命者,无非平其不平"。指责通州分府当局为"民贼汉奸,戴反正之假面具,以报其私仇,杀我同志"。(《民立报》1912年2月6日,"沪军政府电报")周实丹、阮式为南社社员,1911年11月策动淮安独立,被清山阳县令姚荣泽杀害,后姚逃匿南通。

△ 江西都督马毓宝来电,报告江西续派学生军两营赴南京会师北伐,请示该军驻扎地点。(《临时政府公报》第 10 号,"电报";《申报》1912 年 2 月 11 日,"要闻")

△ 杜潜自烟台来电,告已辞登州军政府代理都督,即日南旋。(《临时政府公报》第 10 号,"电报")同日报载山东绅商军学各界自烟台来电,以山东都督杜潜决意辞职,公举虞克昌暂行护理山东都督职务,急候胡瑛来烟,主持一切,请转告胡瑛火急启程。(《临时政府公报》第 7 号,"电报";《时报》1912 年 2 月 7 日,"中华民国立国记")

△ 姚雨平自蚌埠来电,报告宿州战况,望尽快接济枪枝弹药。(《临时政府公报》第 10 号,"电报")

△ 蜀军都督张培爵、夏之时来电,报告川南主客军冲突,已派员前往调解,希望能够和平解决,联师北伐。(《临时政府公报》第 7 号,"电报";《时报》1912 年 2 月 9 日,"中华民国立国记")

△ 报载川南军分府杨家彬、邓邦植等来电,报告遭援川滇军伏击,请求设法维持。(《临时政府公报》第 7 号,"电报";《时报》1912 年 2 月 9 日,"中华民国立国记")

2 月 5 日(辛亥年十二月十八日)　以临时大总统名义,将《关于大清皇帝优礼之条件》《关于皇族待遇之条件》《关于蒙满回藏各族待遇之条件》等条款交参议院议决。

上午,派胡汉民、伍廷芳、汪精卫出席参议院开议会,进行说明。参议院经逐条讨论后,将《关于大清皇帝优礼之条件》改作《关于清帝逊位后优待之条件》,对原案中尊号、岁费、住地、陵寝、崇陵工程、宫中执事人员、清帝财产、禁卫军等项作出修改。删去第八款"大清皇帝有大典礼,国民得以称庆";对其余两条也作了修改。参议院复咨告以议决结果,并将所有修正原案之处,逐条另缮清单呈报。"本院议决:丙项系民国五大民族相约之件,与优待清帝无涉,应另作一起,于清帝未退位前先行宣布,故列作第一清单。原案甲乙两项,系清帝退位后,乃得享此优待,应于清帝退位后始生效力,即于清帝退位后,乃可为正式之宣布,故列作第二清单。第二清单之内,所开各条,凡有大清皇帝字样,已改作清帝二字。此二字若清廷尚有要求务从原案,则本院亦可让步,仍称大清皇帝,以予通融"。此修正条款于 6 日由伍廷芳电复袁世凯。(罗家伦主编:《国父当选临时大总统实录》,下册,第 222—226 页)

△　下午,主持召开临时政府内阁会议,蔡元培、吕志伊、居正、于右任、魏宸组及海军部代表参加,议事有:一、同意清帝年俸至少四百万两,但须参议院通过。二、清帝于旧历二十五日宣布逊位后,任其居住北京或热河。三、清帝逊位发表后,参议院始举袁世凯为大总统,但须于南京就职。四、邮政印花,第一次纪念邮票,中印孙中山肖像,四周围新花[1]。五、各部总长如在假中,启用关防时,次长须另用小戳。(《申报》1912 年 2 月 7 日,"专电")

△　批锡金军政分府秦毓鎏呈,表彰其为临时政府筹集北伐资金。批文称:"现在中央财政极形困难,而整军北伐,在在需款,殊深焦虑。自锡金军政分府筹集银洋二千五百元,赍呈陆军部,以备北伐之用,力顾大局,谊切同袍,洵堪嘉尚。至所呈报该军政分府布置情形,均属妥协,具见苦心。仰即并力进行,共襄宏业,本总统有厚望焉。"(《大总统批锡金军政分府秦毓鎏解呈饷银及报告光复以后办法》,《临时政府公报》第 8 号,"令示")[2]

△　拉塞尔·肯尼迪来函,告以明早将同美国国会邓尼博士及著名作家麦考密克同来南京,请求在星期二下午 3∶30 到 4∶30 之间给予十分钟会面时间。(邓丽兰:《临时大总统和他的支持者》,第 141—142 页)

△　湖南共和协会上书,论述汉阳铁厂招日股弊端,认为铁厂关系长江流域实业,应由民国政府出面主持,支持政府以汉阳铁厂抵押

---

① 　内阁议决光复纪念邮票用孙中山肖像,为此专摄半身正面像一张,右侧像一张,拟择一张印入票中。(《南都纪事》,《申报》1912 年 2 月 13 日,"要闻")

② 　此为《临时政府公报》发表日期。

借款。提出主张有：一、请顾全汉阳铁厂商办宗旨，勒令盛宣怀将旧有股款及历年帐目清理造册，其中属于盛宣怀之股份，亦准保全，免其充公；二、汉阳铁厂商股不过四百余万，官本五百万，商股居于少数，应由民国作主，以该厂产业抵借外债一千万两，以一半发交该厂重振厂务，以后再添招股本。(翠亨孙中山故居纪念馆藏档，B5—4)

　　△　庄蕴宽来电，赞成成立南北军界统一联合会，建议就各省现有军队抽调精锐，加强训练，以备剿办土匪，"其不服从统一政府命者，天下共击之"。(《临时政府公报》第 11 号，"附录·电报"；《民立报》1912年 2 月 7 日，"沪军政府电报"；《申报》1912 年 2 月 9 日，"公电"；《时报》1912 年2 月 9 日，"中华民国立国记")

　　△　蒋雁行来电，报告皂河战况，表示正在计划分路进攻，决定后即飞报各处。(《临时政府公报》第 10 号，"电报")

　　△　闽军司令官许崇智来电，报告闽军各队来沪情形，表示不日将亲自到南京。(《临时政府公报》第 11 号，"附录·电报")

　　△　皖南同乡会汪德渊等来电，控告芜湖军政分府吴振黄假冒湖北军政府委任名义，自立分府，电恳将其撤职，暂以原举之芜湖军政分府、现任新常关监督李葆林兼领地方事务。(《皖南旅沪同乡会为吴振黄事往来各电汇录·致南京孙大总统电》，《时报》1912 年 2 月 13 日，"专件")

　　△　马毓宝来电，以旧历十二月三十日为传统年节，请求对于民间燃炮悬灯等事暂不禁止；在旧历年节期间准各营队、局所停止办公三日。(《临时政府公报》第 12 号，"附录·电报")

　　△　许则秋自马来西亚来函，介绍自己从事矿业和种植业非常成功，对英国法律有较全面的认识，对中国法律、中国人风俗和中国官员及各省人的习惯也认识得比较全面，希望在 5 月间前来拜见。(《海外友人致孙中山信札选(二)》，《民国档案》2003 年第 2 期，第 4 页)

　　△　张凤翔自西安来电，报告与清军作战及陕西危亡情形，望速筹大计。(《临时政府公报》第 10 号，"电报"；《民立报》1912 年 2 月 5 日，"沪军

政府电报")①

　　△　张培爵、夏之时来电,告以川鄂交界形势安定,请停止派兵入川,成、泸、渝三处已联合统一。(《临时政府公报》第8号,"电报")②

　　△　报载美国有署名"书报社"来电,报告刻由汇丰电汇公债七千二百五十两。(《临时政府公报》第8号,"电报")

　　△　西班牙同盟团体会、郧阳知事伍铨萃等来电,庆贺当选大总统。(《临时政府公报》第8号,"电报")梧州基督教来电,祝贺"二十载经营,成功一旦。从兹信仰自由,惟公是赖"。(《临时政府公报》第8号,"电报")③

　　△　报载徐茂均来电,控告清奉天总督赵尔巽、河南巡抚齐耀琳捕拿、惨杀境内无辫者,请电袁世凯内阁及北军各统领,保护北方五省、东北三省之剪辫者,并将以前拿获的嫌疑者一律释放。(《申报》1912年2月5日,"公电";《民立报》1912年2月5日,"公电")

　　△　报载时秀峰、徐咸中、吕佩璜自浦口来电,指出保江必先保淮,保淮必先颖、寿,恳火速致电北伐各军星夜往援。(《民立报》1912年2月5日,"浦口电报")

　　2月6日(辛亥年十二月十九日)　致函招商局董事、股东,解释以招商局抵押借款的理由,并告此举不会使招商局权利受到丝毫损害。

　　临时政府初与日本邮船株式会社及日清公司商订,拟借款一千万元,招商局在本月1日上海召开的临时股东大会上,对政府要求不表反对。本日,致函表示:"政府因于军需、国用孔亟,非得巨款无以解决民国之困难。战士既不惮牺牲其生命,则我商民亦必致其力尽义务于国家。前者提出以招商局局产抵押借款之议,实于贵局之权利利益毫无所损。"并解释,此项借款本利俱由中华民国政府担任偿

---

①　此为《临时政府公报》发表日期。

②　此为《临时政府公报》发表日期。

③　均为《临时政府公报》发表日期。

还,不使招商局受丝毫之损害;招商局如承认此次借款,中华民国当承认招商局为民国国家邮船公司;将对招商局扩张外洋航路予以补助津贴,可以协商具体办法。(《南京临时政府拟以招商局产抵借日债史料》,《历史档案》1983 年第 3 期,第 50 页)后于本月 10 日,陈其美、汪精卫出席招商局董事会会议,再申明上述三项条件,董事会一致赞成。(《招商局董事会关于南京临时政府借款事项会议记录》,中国第二历史档案馆编:《中华民国史档案资料汇编》第 2 辑,第 305—307 页)后孙中山又致电招商局港澳股东甘作培、邓荣基等,特地专门作出解释,请各股东"勿生误解"。(《临时政府公报》第 13 号,"电报")在德、美、英等国压力和各地股东反对下,舆论哗然,参议院态度激烈,质问政府,此项借款最终未能或立。(高劳:《临时政府借债汇记》,《东方杂志》第 8 卷第 11 号,1912 年 5 月 1 日)

△ 函复上海基督教美以美会高翼圣、韦亚杰,主张政教分离,信教自由。

复函指出:"政教分立,几为近世文明国之公例。盖分立则信教传教皆得自由,不特政治上少纷扰之原因,且使教会得发挥其真美之宗旨。外国教士传教中国者,或有时溢出范围,涉及内政。此自满清法令不修,人民程度不高,有以致之。即有一二野心之国,借宗教为前驱之谍者,然不能举以拟政教分立之例也。今但听人民自由奉教,一切平等……若借国力以传教,恐信者未集,反对已起,于国于教,两均无益。"对于其"欲自立中国耶教会",表示"此自为振兴真教起见,事属可行,好自为之,有厚望焉"。(《大总统复美以美会高翼圣、韦亚杰论中国自立耶教会函》,《临时政府公报》第 9 号,"纪事")①

△ 聘章太炎、张静江为枢密顾问。

致章太炎敦聘书云:"唯冀耆硕之士,为之匡襄,砥砺民德,纲维庶政,岂惟文一人有所檠臬,冠裳所及,实共赖之。执事目空五蕴,心

---

① 此为《临时政府公报》发表日期。

殚九流,撷百家之精微,为并世之仪表,敢奉国民景仰之诚,屈为枢密顾问,庶几顽懦闻风,英彦景附,昭大业于无穷,垂型范于九有。伫盼高风,无任向往,急惠轩车,以慰饥渴。"(《大总统敦聘章太炎为枢密顾问书》,《临时政府公报》第 13 号,"纪事")是日章太炎抵达南京,孙中山派专员迎接。(《民立报》1912 年 2 月 7 日,"南京电报")

　　△　再次与森恪探讨租借满洲的可能。

　　下午 5 时,要求森恪催促答复租借满洲事,表示:"已将对袁世凯和谈延至 9 日,故 9 日前乞有确切答复。"后益田孝于 8 日电示森恪,指出:"与袁世凯之和谈虽非可容余等置辞之事,亦请转告对孙、黄深切之同情,余等祈孙、黄在于己有利地位上达成妥协,井上侯难于直接回答。目下汉冶萍之二百五十万,将设法于明日汇出,铜官山明日可有确切答复,招商局借款若成,当亦努力尽快送款。满洲一事,倘能来一人,劝告签定秘密条约,可望得到更多同情。"(李廷江:《日本财界与辛亥革命》,第 256 页)此后至孙中山辞去临时大总统职务,有关租借满洲之交涉没有再进行。(陈锡祺主编:《孙中山年谱长编》上册,第 647—648 页)

　　△　复函女界协赞会,表彰该会"前曾以五千元缴存沪军都督府,指定为北伐购置枪炮之用。兹又集成万元于沪上钱庄存储,请饬交财政部验收。集腋成裘,有此巨款,皆由贵会员不辞艰苦,沿门劝募所得,深为嘉尚。以此补助军饷,益可作三军之气。扫平索虏,女界亦与有功焉"。对于该会与神州女界共和协济社联合为一,亦表示"自能相得益彰"。(《大总统复女界协赞会代表张昭汉陈颖两女士募助军饷函》,《临时政府公报》第 9 号,"纪事")①

　　△　颁发《陆军暂行给予令》,规定陆军军人及隶属陆军人员一律按章发给俸饷,给予各种供应。(《临时大总统颁发〈陆军暂行给予令〉令》,中国第二历史档案馆编:《中华民国史档案资料汇编》第 2 辑,第 171 页)

――――――――――

　　①　此为《临时政府公报》发表日期。

△　美国记者麦考密克来函请求接见。（邓丽兰：《临时大总统和他的支持者》，第 147 页）

△　伍廷芳来电，转告袁世凯要求东北民军迅即退回，建议"目下续订停战期限，和议将有端倪，似不宜过以武力相逼"，请求立刻电饬东北金州等处民军，听从命令，免生枝节。（《临时政府公报》第 13 号，"附录·电报"）又电告北方将领要求承认清廷优待条件，已复电优待条件已得修正并由参议院议决，但须坚持清帝逊位。（《临时政府公报》第 11 号，"附录·电报"；《时报》1912 年 2 月 7 日，"中华民国立国记"；《民立报》1912 年 2 月 7 日，"紧要电报"）对北京蒙古联合会大意相同之来电，亦同样回复。（《临时政府公报》第 11 号，"附录·电报"；《时报》1912 年 2 月 7 日，"中华民国立国记"；《民立报》1912 年 2 月 7 日，"紧要电报"）

△　陈炯明来电，询问汪精卫奉委回粤为高等顾问消息是否确切，请求电示行期。（《临时政府公报》第 12 号，"附录·电报"）汪精卫来电，赞成冯自由出任广东都督，表示自己于广东事务一定尽力，不须有高等顾问之名。（《临时政府公报》第 11 号，"附录·电报"；《时报》1912 年 2 月 11 日，"中华民国立国记"）

△　蔡锷来电，介绍蒋方震"留学东西洋十余年，品行、学术、经验、资望为东西洋留学生冠，亟应罗致，以餍海内之望"，建议委以参谋部总长或其他重要军事职务。（《天南电光集》第 65 电，《云南辛亥革命资料》，第 101 页）

△　陆荣廷来电，就北京南北军界统一联合会，表示"现南京共和政府业已成立，南军早服从命令，北军果表同情，和平解决，自是吾民幸福。至恢复各地方安宁秩序，保护外人之生命财产，东南各省早已实行，自表同情"。（《申报》1912 年 2 月 9 日，"公电"；《民立报》1912 年 2 月 9 日，"沪军政府电报"）

△　盐政总理张謇来电，就当前盐政不能统一，吁恳电饬湖南、湖北、江西、安徽四省都督，凡淮盐运赴各省，须切实保护；运盐暂仍适用旧章，免除各商认缴借款及报效银两；淮盐在各省的督销仍由盐

政总局委派,所收课厘、加价、复价、杂捐等仍按旧章支配。电文指出,"民国成立,首在有统一能力。欲求统一,必各都督合顾大局,不分轸域,方有实效",希望将此意向各都督说明。(《临时政府公报》第 17 号,"附录·电报";《时报》1912 年 2 月 23 日,"公电")

　　△　温宗尧来电,报告捕获战品裁制所一旦奉到关防及委任状,即行开办。并告知海军部特派员吴光宗已到上海。(《温宗尧为报告捕获战品裁制所俟奉到印状即行开办并告知吴光宗已到沪事致孙中山暨外交部电》,中国第二历史档案馆编:《南京临时政府遗存珍档》第 2 册,第 462 页)

　　△　粤路公司来电,表示多数赞成借路押款,请求先电复拟借款数额及具体进行办法。(《粤路公司集议详情·附粤路公司致孙总统电》,《申报》1912 年 2 月 12 日,"要闻")

　　△　地方将领来电主张北伐。江北参谋杨立言、刘文翰来电指出,不可信任北军将领所谓联衔主张共和,徐州、颍州方面敌人暗集重兵,利用津浦铁路,相机南进,南京异常危险,请预为筹备,勿中诡计。(《申报》1912 年 2 月 8 日,"公电";《时报》1912 年 2 月 8 日,"中华民国立国记")嘉兴同盟会员陈以义、金銮等来电,望勿堕袁世凯之计,偏安于东南。(《临时政府公报》第 11 号,"附录·电报")镇军第六联队长张大刚、教练官陈云程来电,主张进攻徐州方面北军,所部愿作前驱。(《临时政府公报》第 11 号,"附录·电报";《民立报》1912 年 2 月 8 日,"清江浦电报")淮上军总司令张汇滔自正阳关来电,报告与北军作战危急情况,请求各北伐军队分路赴援,"一二日内到,尚有可济"。(《时报》1912 年 2 月 11 日,"中华民国立国记")

　　△　湘桂联军总司令沈秉堃来电,以段祺瑞军反正,和局将成,请求卸职。(《湘桂联军总司令沈秉堃为段军反正和局将成请求卸职事致大总统等电》,中国第二历史档案馆编:《南京临时政府遗存珍档》第 2 册,第 80—481 页)

　　△　报载处州军政分府吕东升来电,控告浙军第二镇统制周承菼植党营私,恳请撤换。(《申报》1912 年 2 月 6 日,"公电";《时报》1912 年 2

月6日,"中华民国立国记";《民立报》1912年2月6日,"处州电报")

　　△　报载蜀汉军驻涪州筹办处来电,报告该军在川各地组织北伐队,北伐时请电示。(《民立报》1912年2月6日,"四川电报")

　　2月7日(辛亥年十二月二十日)　复电陈其美,指示姚荣泽杀害周实丹、阮式案交沪军都督府办理。

　　2月4日,陈其美上书揭露姚氏蒙蔽大总统,请将姚荣泽交上海都督究办。(《民立报》1912年2月6日,"沪军政府电报")本日复电指出:"此案既经周、阮二人家属及各团体迭向贵都督告发,自应径由贵都督讯明律办,免致枝节横生,沉冤莫白。"(《大总统电令沪都督秉公讯办周阮被杀一案文》,《临时政府公报》第12号,"令示";《民立报》1912年2月10日,"沪军都督府电报")同时电令南通总司令张察,命"迅将姚荣泽及此案证据卷宗,克日遴派妥员,解送沪军都督讯办"。(《大总统电令南通州总司令将姚荣泽及全案卷宗解送沪都督讯办文》,《临时政府公报》第12号,"令示")张察本日来电,报告江苏都督财政司来文饬提杀害周实丹、阮式案之姚荣泽,已将姚解苏州,请饬江苏都督转解上海。(《临时政府公报》第16号,"附录·电报")后乃电苏督庄蕴宽将姚案改归沪军都督府,彻查讯办。(《大总统令江苏都督庄蕴宽据左横等呈诉周、阮冤案请改交沪军都督办理》,《临时政府公报》第11号,"令示")4月,上海审判厅判处姚荣泽死刑,但袁世凯以"本案发生在扰乱之际"为理由,特赦姚荣泽,免予执行。(《临时大总统令》,《临时公报》民国元年4月14日,"命令")

　　△　致函王鸿猷,邀其次日来总统府一同会见来访的美国参赞。函云:"明日下午四时,有美国参赞到府,并欲候见各部总次长。伊系密奉其政府命观光中国新政府人物者。敬此通知,请届时到府一会。"(《致王鸿猷函》,《孙中山全集》第2卷,第67页)

　　△　致函宋教仁,指示关于现今运用之法制规则,可由法制院拟定,提交参议院议决实行。函云:"法制院长宋鉴:关于现今应用之法制规则,可由贵院便宜拟订,以便提出参议院议决施行。"(《民立报》1912年2月8日,"南京电报")

△　伍廷芳来电,鉴于北洋军队已全体赞同共和,要求速发命令至皖北、淮、徐、陕西、山西、山东各处军队,由南北双方军队派出代表接洽协商。(观渡庐编:《共和关键录》第 2 编,第 29 页)特别是徐州前线等地,须速发紧急命令至前敌,与张勋所派代表,接洽协商办法。(观渡庐编:《共和关键录》第 2 编,第 102—103、106 页)黎元洪也来电,希望各处派员联络,以免南北军队冲突。(《申报》1912 年 2 月 10 日,"公电")

△　伍廷芳来电,报告有日本兵一万三千名在奉天大连湾柳树屯登陆,请告外交总长和关外都督、山东都督。(《民立报》1912 年 2 月 9日,"紧要电报";《申报》1912 年 2 月 9 日,"要闻";《时报》1912 年 2 月 9 日,"中华民国立国记")又报告俄蒙兵围攻胪滨。(《临时政府公报》第 12 号,"附录·电报";《申报》1912 年 2 月 9 日,"要闻";《时报》1912 年 2 月 9 日,"中华民国立国记";《民立报》1912 年 2 月 9 日,"紧要电报")

△　伍廷芳来函,转交美国报业主、国会议员 Hearst 先生三封来信,提到美国的一些朋友一直在尽力说服其政府承认中华民国。(邓丽兰:《临时大总统和他的支持者》,第 153 页)

△　黎元洪来电,为湖北禁烟事,请中央政府先与英国交涉,将洋药归中国官卖,以便推动土药管理和禁种、吸禁。(《临时政府公报》第 13 号,"附录·电报")又来电指出,湖北省沙市、宜昌、江汉三关,年收税款三四百万两,均假手外人征收,归外人掌握,此项税款抵还洋债外,为数甚巨,重庆关税亦有相同情形。来电指出关税主权为我国固有,外人并无管理权,询问此事是否已经交涉,应当如何办理。(《临时政府公报》第 18 号,"附录")

△　黎元洪等来电,指出专制政治尚未尽除,而假共和之名遂私图之事已不断有传闻。电文指出:"共和国之革命军消,盖以破坏易,而建谋难,不如此不足以收容全国之杰俊,而共救时艰。"要求各省加以监督,毋令不肖之辈假公名以遂私谋。(《申报》1912 年 2 月 10 日,"公电";《时报》1912 年 2 月 10 日,"中华民国立国记";《民立报》1912 年 2 月 10 日,"武昌电报")

　　△　参议院湖北议员刘成禺转黎元洪来电,以列强纷纷谋我边境,宜速促清帝退位,排拒外国之要求,请求速电袁世凯内阁,早日决定大计。(翠亨孙中山故居纪念馆藏档,B4-3)

　　△　蔡锷来电,指出四川独立后,土匪蜂起,劫掠横行,军府林立,不能维持治安。滇军入川是为了代平蜀乱,救蜀民于水火,促国家之统一。(《天南电光集》第68电,《云南辛亥革命资料》,第103页)

　　△　孙毓筠来电,报告为抚恤吴禄贞遗属捐三百元,并呼吁各人捐助款存储汇丰银行,按月生息,提供济恤。(《临时政府公报》第12号,"附录·电报";《时报》1912年2月12日,"中华民国立国记")

　　△　广东省议会来电,报告已于5日开特别会议表决,仍举陈炯明为正都督,请再电陈炯明,勿萌去志。(《临时政府公报》第14号,"附录·电报")

　　△　贵州都督杨荩诚来电,报告已率军北伐,抵常德暂驻,请示如何补充饷械。(《贵州都督杨荩诚为报告率军北伐已抵常德暂驻请求指示事致大总统暨各部长电》,中国第二历史档案馆编:《南京临时政府遗存珍档》第2册,第506页)广西都督王芝祥来电,告以已于5日抵长沙,拟即进驻湖北孝感,改编成协,请示作战方略。(《临时政府公报》第13号,"附录·电报")

　　△　华侨联合会来电,报告本会于2月开成立会,推举汪精卫为正会长,吴世荣为副会长。(《临时政府公报》第16号,"附录·电报";《申报》1912年2月8日,"公电";《时报》1912年2月8日,"中华民国立国记";《民立报》1912年2月8日,"公电")

　　△　泗水书报社来电,请求追查陶成章被刺案,称"陶公之死,冤沉莫白,乞速追究,以慰英魂"。(《民立报》1912年2月8日,"南洋电报")

　　△　驻九江司令官朱汉涛来电,报告参谋长余鹤松因公调任南昌,兹经江西都督电委总教练官唐祚桢兼理,今后应商示事宜希直接与唐接洽。(《申报》1912年2月9日,"公电")

　　△　报载浙江旅沪学会朱福铣来电,请求将招商总局抵借债的

一千万元款项,由财政部分拨一部分给浙军。(《申报》1912年2月7日,"公电";《时报》1912年2月7日,"本埠新闻·浙江旅沪协会致孙大总统电";《民立报》1912年2月8日,"公电")

△　报载四川军政府特派全权联合成渝大使张致祥、蜀军政府特派联合成渝全权大使朱之洪来电,报告成都、重庆军政府商议合并统一办法,业已签订草约。决议以成都为全川统一机关,正名中华民国蜀军政府都督,驻节成都。就成都、重庆两处正都督,投票选举,以定新政府正、副都督,重庆设镇抚使一人。(《临时政府公报》第11号,"附录·电报";《申报》1912年2月7日,"要闻";《民立报》1912年2月8日,"四川电报")

2月8日(辛亥年十二月二十一日)　接见美记者麦考密克(Fredrick McCormick)和美驻华使馆参赞邓尼(Charles Daniel Tenney,丁家立),要求美国承认临时政府。

会见时向麦考密克表明,要使临时政府合法,需要各国承认,指出:"我们有三亿六千万人民,我们在十五个省份行使权力——远达缅甸边境。我们有政府,但不合法,我们不能继续这样下去。人民已在督责我们,他们不了解列强为什么不承认我们,他们不了解我们的外交问题。你知道排外情绪到处都是,它可能爆发,我们无法阻止它——我们无法向那些督责我们的中国人解释。世人都很友善——欧洲人都够朋友——我们到处都有朋友。但我们需要的是承认。你们应该承认我们。"对于麦考密克提出的与北方协议、将中国划分为二、各建一政府以便共同获得承认的建议,坚决予以拒绝,表示:"我国人民的感情是一致的。所有的人都反对满清,都站在我们一边。北京并没有政府。"并对袁世凯的为人表示焦虑。(《接见麦考密克时的谈话》,《孙中山全集》第2卷,第140—142页。)在谈话中向麦考密克和邓尼透露了正在与日本交涉的情况,给美国国务卿诺克斯递送了一份绝密情报:日本人正在迫使中华民国缔结一个进攻性和防御性的联盟,答应承认中华民国;日本在中华民国组织陆海军过程中提供帮助;日本的影响正在延缓清帝的退位,以便迫使共和国依从日本的条款。孙中山介绍,这个建议是通过日本的一位较老的国务活动家提出来的,他控制着日本政府,而且谈判也是和他一起进行的。麦考密克及邓尼拜访孙中山后,被介绍与南京政府各部总长晤面。(韦慕庭著、杨慎之译:《孙中山——壮志未酬的爱国者》,第 86 页)邓尼(丁家立,Tenney Charles Daniel,1857 年—1930 年),美国马萨诸塞州波士顿人,美国公理会传教士、外交官、教育家。1882 年来华传教,1895 年任天津北洋西学学堂首任总教习,1903 年该学堂易名为北洋大学堂(今天津大学),仍任总教习,后任美国驻华公使馆汉务参赞。麦考密克(Fredrick McCormick),1900 年作为《哈勃周刊》(*Harper's Weekly*)的记者来华,后作为美联社的特派记者,报道日俄战争、辛亥革命等重大事件,在华十余年,对中国颇有了解和研究。麦考密克于次年出版《中华民国》(*The Flowery Republic*)一书。

　　△　命伍廷芳与袁世凯交涉,严行约束张勋、倪嗣冲所部,并催促早定清帝退位事。

　　7 日,伍廷芳转袁世凯来电,责怪民军违约进攻,要求派员接洽。(观渡庐编:《共和关键录》第 2 编,第 102—103 页)复电指出:"张勋为民军击退,所报杀使等事,殊为子虚。现查张勋、倪嗣冲均增兵增械,势欲南下。倪军尤为狡诈,屡诱攻颍上民团,惨杀无状,应请彼方严行约束,勿使徒托函电空言。至退位之事,更宜催促早定,不堪久待也。"(《临时政府公报》第 13 号,"附录·电报")

　　△　请章太炎到南京面商担任枢密顾问一事。(《章太炎允任枢密顾问》,《申报》1912 年 2 月 10 日,"要闻")

　　△　批内务部总长程德全呈请取消《闽都督府大纲》,批示交秘书处饬公报局即行取消,并指出"公报为临时政府发表政令之机关,以后凡关于发表法令之件,必须公布者,始能登录。"《闽都督府大纲》刊载于《临时政府公报》第 5、第 6 号,程德全以"其组织名称显然于国内独立成一政府",《公报》刊载"已引起政治权不一之失策",呈文

要求取消。(《大总统批内务部请取销公报所登闽都督府组织大纲呈》,《临时政府公报》第 10 号,"令示")①

　　△　令内务部筹画兴复汉口市场,要求该部与汉口方面接洽,将汉口建成模范市。令云:"此次武汉首义,汉口受祸最酷……民国政府对于汉口市场兴复问题,提倡补助,自是应有之义,本大总统尤深同情。惟汉口为水陆要冲,铁路、航路俱以为集合点……内务部于市政土木各事,有统筹全局之责。希即迅速筹划,与该绅商等妥为接洽,务使首义之区,变为模范之市。"(《大总统令内务部筹画兴复汉口市场》,《临时政府公报》第 10 号,"令示")②

　　△　令南洋印刷厂总理茅乃登将该厂交归印铸局办理。(《大总统令南洋印刷厂总理茅乃登交出该厂归印铸局办理》,《临时政府公报》第 10 号,"令示")③

　　△　各地来电反对优待清帝条件中清帝尊号仍存等条款。陈炯明来电,对清帝仍居北京、不去帝号、王公仍旧沿袭爵位之条款表示坚决反对,指出倘若按此条件言和,难保彼方军队乘机布置,称"宁陆沉中国,决不忍见此非驴非马之国体,为天下笑也。"(《临时政府公报》第 14 号,"附录·电报")广东省议会来电,指出:"不伦不类之共和国,必至贻笑万国,贻害将来",恳请从速改订,否则仍以兵力解决。(《临时政府公报》第 15 号,"附录·电报")谭人凤来电,指出:"君主、民主国体绝不相容,总统、皇帝名称自不能两立。"详列五大危险,要求"激励各军同时北上"。(《临时政府公报》第 13 号,"电报")

　　△　黎元洪来电,以湖北外交需人甚急,催请参议院议员王正廷返鄂担任外交部长,并请催促王即刻来鄂。(《临时政府公报》第 16 号,"附录·电报")

　　△　贵州都督赵德全来电,报告贵州省公推乐嘉藻、任可澄、金

---

① 此为《临时政府公报》发布日期。
② 此为《临时政府公报》发布日期。
③ 此为《临时政府公报》发布日期。

昌祚出任参议员,克日赴南京。(《贵阳赵都督电》,《申报》1912 年 3 月 2 日,"公电")

△　江北都督蒋雁行来电,报告现派邓继恩为驻南京代表,如有重要事件,请就近谕饬。(《临时政府公报》第 16 号,"附录·电报")

△　江西省临时议会来电,对向赣督所提南浔铁路抵押借款事,未经过议会与该路股东,表示反对,报告昨日开会提出质疑:(一)以一百五十万元充中央政府之用,是否各省一致;(二)以一百万元充江西军政府之用,是否出于马都督意见;(三)以南浔铁路作抵之权,是否由各大股东提出。(《赣路抵借外债之电书·赣省临时议会致孙总统电》,《申报》1912 年 2 月 22 日,"要闻二")

△　楚谦兵舰教练官、同盟会会员萧举规上书,论袁世凯不宜当大总统,指出当武昌起事之后,袁世凯独冒天下之不韪,与民军对抗,现名为赞成共和,实则君主立宪。"彼之所谓袭皇帝尊号而又优待者,即君主立宪之皇帝不负政治责任而神圣不可轻犯之变相也。彼之所谓大总统云者,即君主立宪之内阁总理之变相也。"不具备担任大总统之资格。又指出海军之腐败尽人皆知,请将海军总长、所有旧舰长尽行更换。表示自己愿于总统府秘书海军员处列名,在海军中担任服务。(翠亨孙中山故居纪念馆藏档,B4—4)

△　粤商维持公安会、总商会、七十二行、九善堂等来电,感谢孙中山电留陈炯明督粤,重申该会一致坚留陈炯明。(《临时政府公报》第 16 号,"附录·电报")

△　上海祥兴洋行考尔德·马歇尔(Calder Marshall)来函,请求帮助提取在裕宁(Yu Ning)政府银行的存款。该银行在南京光复后,由孙中山批准,业务转至大清(Ta Ching)银行。(《海外友人致孙中山信札选(二)》,《民国档案》2003 年第 2 期,第 4 页)

△　报载鄂军务部军事局长刘家伧来电,建议陆军建制、编成官佐名称等级、军服颜色,从速颁发各共和省份,以归划一。(《临时政府公报》第 10 号,"电报")

△　报载宁调元、高剑公、雷铁厓、柳亚卢、朱葆康、沈砺等来电,对山阳周实丹、阮式案,请电饬南通总司令张察毋再袒护、抗拒,将案犯姚荣泽火急解往上海。(《时报》1912 年 2 月 8 日,"中华民国立国记";《民立报》1912 年 2 月 8 日,"公电")

△　报载广西来宾县长何永福、士绅翟富文来电,以中西风俗不同、改从阳历关系国粹农时,提议定立春日为元旦,匀分二十四节为十二月,仍沿用闰日不闰月办法,折衷阴阳历,请速召天文、历法专家议决。(《临时政府公报》第 10 号,"电报")

△　报载广东北海商会绅商各界贺电,祝贺当选临时大总统。(《临时政府公报》第 10 号,"电报")

2 月 9 日(辛亥年十二月二十二日)　主持召开内阁会议。

下午,主持召开内阁会议,黄兴、蔡元培、黄钟瑛、胡汉民、王鸿猷、于右任、景耀月、马君武、魏宸组、宋教仁参加,讨论地方官制、各省军政、财政等统一办法、教育部与内务部分划权限、法制院官制草案、添设拓殖部专管藩属及侨民等问题。议案为:一、地方官制问题,各省军政、财政等统一办法尚需切实研究,再行决定。二、法制院官制草案,宗教、礼俗归内务部管理,议决归教育部管理;教育部草案,分普通教育、专门教育、实业教育三种,教育总长蔡元培提议,拟改学校教育司、社会教育司、历象司;学校教育司分普通教育科、专门教育科、实业教育科,社会教育司分宗教科、美术科、编辑科,历象司分天文科、测候科。会议讨论赞成。三、议决添设垦殖部,专管藩属及各国侨民事宜,拓殖部总、次长人选待定。(《南京新内阁议案》,《申报》1912 年 2 月 10 日,"要闻")

△　请章太炎面商枢密顾问办法,并聘赵凤昌为枢密顾问。

本日派胡汉民至教育部,请章太炎到总统府面定枢密顾问办法。报道称章太炎允就枢密顾问职,但须聘赵凤昌、熊希龄为助理,亦予同意。(《章太炎允任枢密顾问》,《申报》1912 年 2 月 10 日,"要闻")是日致函赵凤昌,聘其为枢密顾问。函云:"民国初基,余膻未洗,万方多故,正待经营。文以薄质,谬承重任,思力未精,丛脞堪虞,非有硕彦相为扶持,恐负国人推选之意。素审执事器识宏通,体用兼备,拟藉高远之识,以为切磨之资,敢奉屈为枢密顾问。"(《致赵凤昌函》,《孙中山全集》第 2 卷,第 72 页)赵凤昌辞任不就。

△　致电陈炯明,勉其留任广东都督。

此前为广东都督人选事,曾电广东社团,同意冯自由督粤,并向广东社团提议何克夫、胡毅生、邓泽如为粤督候选人。陈炯明提出辞去粤督率兵北伐,2 月 7 日,广东省议会来电请求挽留。(《临时政府公报》第 14 号,"附录·电报")本日致电陈炯明,指出:"省会阳电挽留执事为正任都督,取消有期代理之约,海内外各界亦均挽留等语。粤为东南要地,现时秩序未复,人心未安,执事苦心经营,深洽人望,当为地方勉留。即以大局计,无论和战如何。粤亦为最有力之后援,岂可无人,以资镇慑? 前已屡电申明,今省会来电,亦同此意,可见谋百粤之治安,实难于求北伐之大将。"(《临时政府公报》第 14 号,"电报")

△　致电陆荣廷,要求严惩抢掠劫杀之举动,维持公安,"果真有抢掠劫杀之举动,自要严惩。即系民军,亦以守法与否为断"。(《临时政府公报》第 13 号,"电报")

△　复电黎元洪,指出专卖不是禁烟良法,"实于禁烟进步有阻,盖视为一种收入,必难收净尽之效,理势然也。故即将来官卖之法,亦恐无以取信内外而必能其办到"。关于税关事宜,"正在注意办理交涉,惟必俟各国承认民国后方有结果"。(《复黎元洪电二件》,《孙中山全集》第 2 卷,第 73—74 页)

△　致函王鸿猷,向其介绍曹锡圭、杜次珊。曹锡圭、杜次珊为财政事提出各种建议,孙中山请王鸿猷与其分别详商。一函云:"杜次珊君,潮州人,云有法向上海潮商借款数十万元,然必由造币局会同银行出名,借为造币之用乃可。如何办法,请与详商为荷。"一函云:"兹有曹锡圭君屡次到府谒见,曾条陈多事,俱关于财政、

军政者。此间事忙,无从细察,故特介绍前来,望兄详细咨询,如有可采,不妨施之实事。"(《致王鸿猷函二件》,《孙中山全集》第 2 卷,第 72—73 页)

△　令法制局拟定任官状纸程式及任官规制。令云:"案据临时政府中央行政各部及其权限第二条、第三条所载,任用职员分简任、荐任、委任三等。今各部成立,用人甚多,关于任用各项职员事宜,如状纸之程式,任委之手续,亟应明定规则,以期统一。"(《大总统令法制局拟定任官状纸程式及任官规制》,《临时政府公报》第 11 号,"令示")①

△　令内务部分电各省都督,将所属行政各部改称为司。令云:"查各省光复以来,地方官职,均系各自为制,所定名称,难免歧异。兹值中央政府成立,关于设官分职事项,允宜统筹全局,从新厘定,以昭划一……所有中央行政各部,既称为部,则各省都督府所属之行政各部,应拟改称为司,庶使中央各部与地方各部示有区别。"(《大总统令内务部分电各省都督所属行政各部改称为司》,《临时政府公报》第 11 号,"令示")②

△　伍廷芳来电,解释所议优待条件,必须以清帝宣布赞成共和为前提,然后中华民国于其退位之后,予以优待。如此则中华民国统一南北之基础已立,对于清帝之一身及其祖宗家族不妨从优看待。清帝虽不去其尊号,而以外国君主之礼相待;王公虽不去其爵,而公权、私权与国民同等。(《申报》1912 年 2 月 11 日,"要闻";《时报》1912 年 2 月 11 日,"中华民国立国记";《民立报》1912 年 2 月 11 日,"紧要电报")

△　段祺瑞来电,提出临时政府人员、临时政府暂设地点,应由全体共同商定;清帝退位之时,即为共和临时政府成立之日;请南方将应推之大总统、临时政府必要之人员与地点迅速电示,以便与北方军界公议。(《临时政府公报》第 14 号,"附录·电报";《民立报》1912 年 2 月 12 日,"紧要电报")同日又来电指责信阳、徐州一带南方民军连日攻

---

①　此为《临时政府公报》发表日期。
②　此为《临时政府公报》发表日期。

击,希能予禁止。(《临时政府公报》第15号,"附录·电报";《时报》1912年2月12日,"中华民国立国记";《民立报》1912年2月12日,"紧要电报")

　　△　蒙古王公联合会发来通电,称袁世凯"政治经验至富,军队尤极推崇",推其为统一新政府临时大总统。(《蒙古王公联合会致各省通电》,《临时公报》,辛亥年十二月二十九日,"电报")

　　△　谭人凤来电,以与北方议和相责备,指出"预料和议一成,临时政府即令解组,而各省民军未甘降服,是则阁下欲谋统一,反启纷争,希望和平,激成战祸。今日舆论仅以溺职相责者,其咎尤小,将来众怒,以误国致讨者,其祸实大"。(石芳勤编:《谭人凤集》,第31页)

　　△　蔡锷来电,建议由中央参酌各省现行制度,对于各省军政府组织机关、用人政策,拟具大纲,颁布通行,以归一律;各省岁入应悉报中央,由中央视各省缓急,量为分配;由陆军部按照各省情形整编军队,汰弱留强,加强训练,已成之镇,悉听中央调遣。(《天南电光集》第73电,《云南辛亥革命资料》,第106页)

　　△　陈锦涛来电,报告日本政界元老井上馨对于汉冶萍、招商局抵押借款一事极愿相助,只是不便直接出面,请电森恪转井上,以表谢忱;并告森恪今日下午可交期票五十万两,日后方能兑用;森恪明日到南京,请予接洽。(翠亨孙中山故居纪念馆藏档,B5—5)

　　△　章太炎来函,反对汉冶萍公司抵押借款,指出"此等重要事件,不经议会通过,而以三人秘密行之,他日事情宣布,恐执事与盛宣怀同被恶名,自是无容足于中区之地",要求趁事未彰布,速与挽回。(马勇编:《章太炎书信集》,第419—420页)

　　△　粤军司令官姚雨平、浙江司令官朱瑞、镇军旅团长郑为成来电,报告昨日张勋由徐州派人来宿州,请求指定两军代表会议地点,现已由驻宿粤军、浙军、镇军各司令长共同商定,拟以宿州以北三十里的符离集为会议地点,协商赞成共和举措,订定条件,但张勋所怀宗旨是否真实,决定会议办法有无结果,皆不可知。(《临时政府公报》第15号,"附录·电报";《申报》1912年2月13日,"要闻")

△　江北民政长何锋钰来电,报告赣榆沦陷、青口告警情势。(《申报》1912 年 2 月 10 日,"公电";《时报》1912 年 2 月 10 日,"中华民国立国记";《民立报》1912 年 2 月 10 日,"海州电报")

△　曲同丰来电,转段祺瑞要求停战电两通,请电饬民军各司令暂勿进攻。(《申报》1912 年 2 月 12 日,"公电";《时报》1912 年 2 月 12 日,"中华民国立国记";《民立报》1912 年 2 月 11 日,"清江浦电报")

△　华侨梁爵荣自上海来函,恳求将其推荐给轮船招商局上海总局,任该公司船运经理助理,并指出中华民国政府依法将该公司收为国有,实行其列举的措施,即可振兴该公司。(《海外友人致孙中山信札选(二)》,《民国档案》2003 年第 2 期,第 5—6 页)

2 月 10 日(辛亥年十二月二十三日)　再次会见邓尼与麦考密克,被告知美国决不会承认南京临时政府。据麦考密克记述,"美国的外交代表,以无庸置疑的明确性与无庸置疑的强调语气告诉孙中山,美国是决不会承认南京政府的,以迫使孙中山将此视为来自美国的具有摧毁力量的最后通牒;而这个共和国,正是孙中山最希望获得帮助的国家,他毫无办法,于是转向了北京"。(卿斯美:《辛亥革命时期列强对华政策初探》,《纪念辛亥革命七十周年学术讨论会论文集》中册,第 1359 页)

△　令陆军部委任宋子扬为徐州军政长。后陆军部回复,徐州方面军队已由柏文蔚节制,未便设立军政长。(《临时大总统关于委任宋子扬为徐州军政长职与陆军部往来令申》,中国第二历史档案馆编:《中华民国史档案资料汇编》第 2 辑,第 215 页)

△　致函沈缦云,告以前由其代收之款,已忘记从何处汇来,现乘陆文辉出沪之便,特托其查问,并请将入银交他带回。(《致沈缦云函》,陈旭麓、郝盛潮主编:《孙中山集外集》,第 345 页)

△　黎元洪来电,指出段祺瑞电请将应推之大总统及临时政府必要之人员与地点迅速电示一事,望能尽快议决复示。(《南北磋议共和要电·黎副总统致南京政府电》,《申报》1912 年 2 月 12 日,"要闻")

△　唐绍仪来电,指责民军追击张勋等部。(翠亨孙中山故居纪念

馆藏档,B4—7)

△　温宗尧来电,告以上海华洋诉讼中,法领事与公共租界领袖领事办理方式不同,商会中人较有意见,并且租界公廨委员未经民国委任,请示应否不允签字,以为抵制。(《临时政府公报》第 16 号,"附录·电报")

△　张凤翙自西安来电,表示政府成立以来曾未奉一字电命,近来东西受敌,潼关不守,屡电求援,各处坐视不理,惟有率关中同胞坐以待毙。(《民立报》1912 年 2 月 11 日,"沪军政府电报";《时报》1912 年 2 月 13 日,"中华民国立国记")

△　庄蕴宽来电,呼应黎元洪 7 日通电,请大总统宏宣训誓,申儆国人,自今以后,有假"自由"之名以图私利者,立置重典。(《申报》1912 年 2 月 12 日,"公电";《时报》1912 年 2 月 12 日,"中华民国立国记";《民立报》1912 年 2 月 12 日,"苏州电报")

△　尹昌衡、罗纶来电,报告现在成、渝议决合并,已无内讧问题,无需滇军援助,在蜀滇军应或回云南,或北伐,请予裁夺。(《民立报》1912 年 2 月 13 日,"公电")

△　广州临时自治会来电,特举孙眉出任广东都督,已经自治会开议,一致赞成。(《广州临时自治会为举孙眉督粤事致孙中山暨各部长电》,中国第二历史档案馆编:《南京临时政府遗存珍档》第 2 册,第 540 页)

△　陈其美来呈,以上海、江苏两地相互牵制,请取消沪军都督名义。(《申报》1912 年 2 月 11 日,"本埠新闻";《时报》1912 年 2 月 11 日,"本埠新闻")[1]

△　蒋雁行来电,指出江北民政总长一职难以兼顾,请派人接任,或由地方公举。(《临时政府公报》第 16 号,"附录·电报")

△　皖南同乡会汪德渊等来电,请令李葆林兼摄芜湖政务,或请大通黎宗岳暂行移芜接任。(《皖南旅沪同乡会为吴振黄事往来各电汇录·致南京大总统电》,《时报》1912 年 2 月 13 日,"专件")

---

[1]　日期据陈梅龙著:《陈其美传论》,天津教育出版社,1996 年,第 378 页。

△　施维森来电,表示愿意提供江南实业学堂 B 班学生及其前任教师的名单。A 班的名单已经在 1 月 31 日的信中寄给孙中山。

(邓丽兰:《临时大总统和他的支持者》,第 182 页)

△　在上海担任警察工作的黄锦英来函,建议建立一支强有力的警察队伍,采用英国警察制度训练,最好仿效英国驻上海租界区警察制度;又建议确立一种开明的国教,认为基督教新教可接受为国教;同时提出要使中国人接受现代商业和工业训练。(《海外友人致孙中山信札选(二)》,《民国档案》2003 年第 2 期,第 6—7 页)

△　魏紫维(Zee Vee Wai)自上海来函,提醒不要过多地出席公众集会,并且任何场合都必须有保镖保护。(《海外友人致孙中山信札选(二)》,《民国档案》2003 年第 2 期,第 8 页)

△　《公报》载旅沪广东同志会梁燕云、徐礼焯来电,表示赞成冯自由出任广东都督,请求即发委任状,促冯兼程返粤。(《临时政府公报》第 12 号,"附录·电报")

2 月 11 日(辛亥年十二月二十四日)　复电谭人凤,解释优待清室条件,希望赞助临时政府向参议院提出的财政案。

2 月 8 日、9 日,谭人凤来电反对优待条件、反对议和,孙中山曾复电解释:"前提条件,系委曲以求和平,若虚君之制犹存,则决不能承认。文虽愚昧,亦断不容以十数省流血构成之民国,变为伪共和之谬制。祈共鉴之。孙文。"(《孙大总统复谭君人凤电》,《民立报》1912 年 2 月 13 日,"紧要电报")本日又复一电,表示"卓识伟论,鄙意极表赞同。优待条件,曾由参议院公决,目下筹集军费为第一要着,而所提出之财政案,参议院颇难通过,殊深焦灼",望谭协同赞助,以匡大局。(《临时政府公报》第 17 号,"电报")

△　致电招商局港澳股东甘作培、邓荣基等,对招商局抵押借款一事进行解释。

此前 1 月 30 日,招商局港澳股东甘作培等来电,强烈反对临时政府拟将招商局产抵押巨款;2 月 1 日招商局股东大会上,甘作培等二十九户来函表示决不承认抵押借款。故通过广东都督陈炯明转电甘、邓等："民国政府以军需孔急，非得巨款，无以解当前之困难。故有以招商局产抵借之议论。仍由政府担任偿还，于招商局权利无损。乃沪局开会通过，而港澳股东反对。须知将士为民国不惜身命，商民亦同休戚。苏路、浙路俱属商业，今皆承认抵押，并非强招商局独为其难。为此电告各股东勿生误解，贻粤人羞。"(《南京临时政府拟以招商局产抵借日债史料》,《历史档案》1983年第3期,第54页;《临时政府公报》第13号,"电报")①

△ 致函日本众议员古岛一雄,谓"侧闻足下今次选举,再出候补,以足下磐磐大才,于东方大局独具只眼,深期当选,主持正论,东亚平和有厚望焉"。(段云章编著:《孙文与日本史事编年(增订本)》,第283页)古岛一雄(1895—1952)是日本大正、昭和年间的政治人物,精通汉文,曾任日本国粹派杂志记者、《九州日报》主笔,1911年以后当选众议员,曾同头山满等一起和孙中山有联系。

△ 令陆军部将所有北伐军改名讨虏军,令云:"现在北军既已赞同共和,从此南北一家,必无自相攻击之理。如有执迷不悟,反抗共和者,是为南北之公敌,中华之蟊贼,我共和民国神圣军人,自应同心戮力,大张挞伐,以歼丑类,而竟全功。兹据北军赞同共和,深堪嘉许,应由贵部饬所有北伐军悉改名为讨虏军,以符名实,而免误会为要。"命陆军部通电各省。(罗家伦主编:《国父当选临时大总统实录》下册,第25页)

△ 委任留美华侨黄芸苏、张蔼蕴为使粤宣抚员,以资联络军民。(《民立报》1912年2月11日,"南京电报")②

△ 令江苏都督转饬南洋印刷厂,将全厂事务交总统府印铸局长黄复生管理。(《大总统令江苏都督转饬南洋印刷厂职员迅办交代》,《临时

---

① 此系《临时政府公报》发表日期。
② 此系报载日期。

政府公报》第 13 号,"令示")①

　　△　袁世凯来电,转清帝退位诏书全文。(《临时政府公报》第 15 号,"附录·电报")另电声明,"大清皇帝"既明诏辞位,"从此努力进行,务令达到圆满地位,永不使君主政体再行于中国"。但因北方秩序不易维持,东北人心未能一致,不能如愿南来。(《临时政府公报》第 15 号,"附录·电报";《申报》1912 年 2 月 21 日,"公电一";《民立报》1912 年 2 月 14 日,"紧要电报";《民立报》1912 年 2 月 21 日,"补录休刊期内号外电报")

　　△　伍廷芳来电,转达河南谘议局来电,电文主张"大清皇帝"名号较"清帝"仅多二字,不必不予。(观渡庐编:《共和关键录》第 1 编,第 114—115 页)又转达黎元洪来电,请段祺瑞转袁世凯内阁尽快派各省代表来鄂,共同商定正式政府事项。(观渡庐编:《共和关键录》第 1 编,第 140 页)

　　△　汪精卫来电,指出招商局抵押借款可以济急,并可从四国借款公司设法借款,关于汉冶萍日人附股,建议作罢。(翠亨孙中山故居纪念馆藏档,B5—7)

　　△　张培爵、夏之时来电等,略陈成、滇两军误会,请求速电两方,停止战争。(《民立报》1912 年 2 月 22 日,"沪军政府电报")

　　△　光复会总会来电,指责浙省同盟支部来电攻击浙江都督蒋尊簋,认为"共和肇始,理应和衷共济",请求立即加以调和。(《申报》1912 年 2 月 13 日,"公电";《时报》1912 年 2 月 13 日,"中华民国立国记";《民立报》1912 年 2 月 13 日,"公电")本日,报载各地组织来电,控告浙江都督、同盟会会员蒋尊簋。光复会员吴锡斋、吴嵎、俞忠郊、赵文衡、沈滨、应兆松、陈庆安、毛镇焕等控告蒋尊簋任用汉奸,私植党羽;绍兴同盟会代表潘任、黄广来电,控告蒋尊簋任用汉奸,反对民党,要求撤销会员资格,予以惩处;宁波同盟会代表江镜清、张家瑞、胡朝阳、林士曾来电,控告蒋尊簋勾结汉奸,欲消灭各民党,请求照会章惩处;严州同

————————

　　①　此系《临时政府公报》发表日期。

盟会代表邵瑞彭、王谟也要求总会严厉惩办;处州同盟会会员吕月屏、陆通球请将蒋斥出同盟会;同盟会浙江支部谴责浙督蒋尊簋恃势专横。(《申报》1912 年 2 月 11 日,"公电")同盟会杭州会员汪锡庚控诉蒋尊簋为保皇党所蔽,肆行专制。(《民立报》1912 年 2 月 11 日,"杭州电报")

　　△　前镇军内秘书长谭道渊上呈,纵论两淮盐政利弊,提出化除引界、桶价改银币、衙役改员司。批示交财政部详细调查,与实业部互商办理。(《谭道渊等关于因革两淮盐务文件》,中国第二历史档案馆编:《中华民国史档案资料汇编》第 2 辑,第 366—368 页)

　　△　淮上副司令张纶、皖境北伐各军联络使程恩培、北伐第四支队长卢镜寰来电,指出倪嗣冲为人反复、性情残忍,北方内阁如不将其兵柄保案一并撤销,严惩其罪行,所部宁可与其决一死战。(《民立报》1912 年 2 月 14 日,"正阳关电报")

　　△　江北民军第二标兼海州民政长何锋钰来电,报告任立钊等本系匪徒,当予剿办,电请立即通饬严拿。(《民立报》1912 年 2 月 13 日,"海州电报")

　　△　苻真来电,因长沙有人因举袁世凯为临时大总统一事加罪于杨度,并谋害其亲属,请电湖南都督,予以保护。(《苻真为湘人以举袁世凯为临时大总统事加罪于杨度请电湘督力为解说保全事致孙中山等急电》,中国第二历史档案馆编:《南京临时政府遗存珍档》第 2 册,第 565—568 页)

　　△　张国兴(Chang Kwock Hing)来函,建议发行战时彩票,筹款由财政部控制,并提醒不能让军队分化,以防止出现无政府状态。(《张国兴(Chang Kwock Hing,上海)函》,《海外友人致孙中山信札选(二)》,《民国档案》2003 年第 2 期,第 8 页)

　　△　报载蔡锷来电,报告云南编练北伐队情形,告已取道黔、湘出发,请先拨发军饷十五万元。(《申报》1912 年 2 月 11 日,"公电";《时报》1912 年 2 月 13 日,"中华民国立国记";《民立报》1912 年 2 月 11 日,"沪军政府电报")

　　△　《临时政府公报》载共和党广西支部刘崛等来电,报告该党

已向都督陆荣廷及省议会提出各项要求,请立刻明确答复,否则将采取一定手段。(《临时政府公报》第 13 号,"附录·电报")

△ 《临时政府公报》载云南张文光来电,祝贺担任临时大总统,称"较德论功,实与华盛顿后先媲美"。(《临时政府公报》第 13 号,"附录·电报")同时载蔡锷来电恭贺新禧。(《临时政府公报》第 13 号,"附录·电报")

2 月 12 日(辛亥年十二月二十五日) 致电伍廷芳,告今日经参议院同意,如 15 日下午 12 时以前清帝不退位,则收回优待条件,要求伍廷芳即转北京。(观渡庐编:《共和关键录》第 1 编,第 138 页)本日,清廷公布退位诏书。

△ 命财政部核办沈秉荃呈请代招中国银行股本。(《临时大总统关于沈秉荃请赴海内外劝募公债代招银行股本令》,中国第二历史档案馆编:《中华民国史档案资料汇编》第 2 辑,第 308 页)

△ 委任王景春为外交部参事、冯自由为外交部商务司长、马良为外交部外政司长、徐田为外交部编译司长、徐霁为外交部秘书长。(《给王景春等委任状五件》,陈旭麓、郝盛潮主编:《孙中山集外集》,第 670—671 页)

△ 伍廷芳来电,报告袁世凯电复,倪嗣冲军没有揭红十字旗在战线前后侦探并焚毙死人、破棺弃尸之事。(观渡庐编:《共和关键录》第 2 编,第 123 页)

△ 张謇来电,为反对汉冶萍抵押借款,提出辞去实业部长职。电文指出汉冶萍一事,曾一再上陈,未蒙采纳,身任实业部长,事前不能参预,事后不能补救,请求自劾辞职。(《时报》1912 年 2 月 13 日,"中华民国立国记";《民立报》1912 年 2 月 13 日,"公电")

△ 谭延闿来电,告以湖南依据清法律馆编订未行之新刑律,酌加修改,为三百九十条,名《湖南现行刑法》,请示是否可以实行,或仍候中央政府颁定刑法。(《临时政府公报》第 21 号,"附录";《时报》1912 年 2 月 27 日,"公电";《民立报》1912 年 2 月 27 日,"新闻一")

△　蔡锷来电,提出总税司拟将税款存汇丰银行,现与蒙自海关谭税司抗争,已允将正、分各关收款暂存本关,双方均不提用。(《云南都督蔡锷为总税司拟将税款存汇丰现与蒙关谭税司抗争已允将正分各关收款暂存本关两不提用事致大总统等电》,中国第二历史档案馆编:《南京临时政府遗存珍档》第2册,第584—585页)又来电指出,今各国对于民国未正式承认,亦未正式交涉,债务名义尚未确定,我民国无履行义务之责。(《滇军都督蔡锷为各关税款总税务司拟汇存汇丰银行经与蒙自关税司抗争允关款在存本关两不提用事致大总统暨外交总长电》,中国第二历史档案馆编:《南京临时政府遗存珍档》第2册,第590—591页)

△　孙毓筠来电,报告安徽江堤溃决,无力兴修,近由华洋义振会借款兴办堤工,请求成全。(《临时政府公报》第18号,"附录")

△　温宗尧来电,报告捕获战品裁判所成立,自任所长,丁榕、蔡序东、吴光宗为副长,已领到大总统颁关防,即日启用。(《温宗尧为捕获战品裁判所成立并启用关防事致各方通电》,中国第二历史档案馆编:《南京临时政府遗存珍档》第2册,第570页)

△　齐耀琳及豫省各界来电,转呈该省公举袁世凯为临时大总统电。(《齐耀琳及豫省各界为转呈该省全体公举袁世凯为临时大总统电事致各方通电》,中国第二历史档案馆编:《南京临时政府遗存珍档》第2册,第578—580页)

△　姚雨平、郑为成、朱瑞来电,报告与张勋协商停战情形,指出张勋居心叵测,声明现仍致书张勋,令其速即发表赞成共和,若负隅顽抗,则当遵照陆军部命令,于本日由宿州向徐州前进。(《临时政府公报》第19号,"附录")

△　有以"全浙人民"名义来电,称颂浙江都督蒋尊簋莅任以来,亲贤远佞,力挽狂澜。(《民立报》1912年2月13日,"杭州电报")

△　绍兴军分府王金发来电,报告该分府因粮漕厘捐一律豁免,饷无所出,已与浙江省财政部商定开办统捐。(《民立报》1912年2月15日,"公电")

△　江西省临时议会议长刘景烈来电,不赞成以未成之铁路抵

押,建议就本省淮盐收入余利,或萍乡煤矿,择一抵押借款。(《赣省抵借外债之电书续·临时议长致孙总统电》,《申报》1912 年 2 月 23 日,"要闻二")

△ 美国人 C. F. 盖斯勒(C. F. Geissler)来函,表示孙中山的革命热情和坚定意志令人钦佩。(《海外友人致孙中山信札选(二)》,《民国档案》2003 年第 2 期)

△ 雷因·博拉克(Lein Bollack)自法国巴黎来函,建议选择中立地方作为中华民国首都,推广国际通用语(IDO)作为中国的语言,尽快在中国各个学校开设国际通用语课程。(《海外友人致孙中山信札选(二)》,《民国档案》2003 年第 2 期,第 8—9 页)

△ 玛格丽特·莱洛伊(Margaret Molloy)从上海来函,呼吁在制定新中国的外交政策时,允许传教士在中国任何地方都可登记为中国公民,享有与其他中国公民同等的权利。(《海外友人致孙中山信札选(二)》,《民国档案》2003 年第 2 期,第 9 页)

△ 报载淮南场食商来电,指出扬州所谓盐务保存会,各商没有签字到会,不知其宗旨若何,恐致误会,谨以声明。(《盐商不认有保存会》,《申报》1912 年 2 月 12 日,"要闻")

2 月 13 日(辛亥年十二月二十六日)　以清帝退位,向参议院辞职,推荐袁世凯继任临时大总统。

上午 10 时,收到清廷公布退位诏书,召开国务员会议。会后咨文参议院,辞临时大总统职。咨文称:"本总统以为我国民之志,在建设共和,倾覆专制。义师大起,全国景从。清帝鉴于大势,知保全君位必然无效,遂有退位之议。今既宣布退位,赞成共和,承认中华民国,从此帝制永不留存于中国之内,民国目的亦已达到。当缔造民国之始,本总统被选为公仆,宣言、誓书,实以倾覆专制、巩固民国、图谋民生幸福为任。誓至专制政府既倒,国内无变乱,民国卓立于世界,为列邦公认,本总统即行解职。现在清帝退位,专制已除,南北一心,更无变乱,民国为各国承认,旦夕可期。本总统当践誓言,辞职引退。"(《临时大总统咨参议院辞职文》,《临时政府公报》第 17 号,"令示")咨文附条件三项：一、临时政府地点设于南京，为各省代表所议定，不能更改；二、辞职后，俟参议院举定新总统亲到南京受任之时，大总统及国务各员乃行辞职；三、《临时政府约法》为参议院所制定，新总统必须遵守颁布之一切法制章程。（《临时大总统咨参议院辞职文》，《临时政府公报》第17号，"令示"）同时咨参议院，推荐袁世凯继任临时大总统。咨文云："今日本总统提出辞职，要求改选贤能。选举之事，原国民公权，本总统实无容喙之地。惟前使伍代表电北京，有约以清帝实行退位，袁世凯君宣布政见赞成共和，即当推让，提议于贵院，亦表同情。此次清帝逊位，南北统一，袁君之力实多，发表政见，更为绝对赞同。举为公仆，必能尽忠民国。且袁君富于经验，民国统一，赖有建设之才，故敢以私见贡荐于贵院，请为民国前途熟计，无失当选之人。"（《临时大总统咨参议院推荐袁世凯文》，《临时政府公报》第17号，"令示"）

同时致电袁世凯，表示愿退在草野，为一共和国民。电文称："文以菲材，辱膺国民推戴，受任以来，拮据张皇，力不副愿，尝恐覆𫗦贻羞，负国民委托之重。自惭受任无状，日夜希冀推贤让能，苟得如公者举而自代，其缔造国民幸福，当非意料所能预揣，文即引躬退在草野，为一共和国民，于愿已非常满足。无如时势未来，形格势禁，致公未得即遂共和进行之愿，文实尸位至今。幸清帝逊位，民国确立，维持北方各部统一，此实惟公一人是赖。语云英雄造时势，盖谓是也。文徒何功，过蒙奖誉，曷胜媿汗。新旧交替，万机待举，遗大投艰，非公莫办。谨虚左位，以俟明哲，曷胜伫立翘望之至。"（《临时政府公报》第15号，"电报"）又致电强调组织共和政府，不能由清帝委任。清帝退位诏中有"即由袁世凯以全权组织临时政府，与民军协商统一办法"之语，故在电文中指出："民国从此大定，不胜忻庆，盖全国人民之幸福也。现即报告参议院，提出辞表，推荐执事。至共和政府不能由清帝委任组织，若果行之，恐生莫大枝节……请即速来宁，以副群望。如虑一时北方无人维持秩序，当可由执事举人，电知临时政府，畀以镇守北方全权。"（《临时政府公报》第18号，"附录"）

△　复电章太炎,解释汉冶萍借款的理由。

汉冶萍借款签约后,章太炎于报端撰文批评,并来函表示坚决反对(马勇编:《章太炎书信集》,第419—420页)。故复函解释:"此事弟非不知利权有外溢之处,其不敢爱惜声名,冒不韪而为之者,犹之寒天解衣付质,疗饥为急。先生等盖未知南京军队之现状也。每日到陆军部取饷者数十起,军事用票,非不可行,而现金太少,无以转换,虽强迫市人,亦复无益。年内无巨宗之收入,将且立踣,此种情形,寓宁者俱目见之。召盛而使募债事,仍缓不济急,无论和战如何,军人无术使之枵腹。前敌之士,犹时有哗溃之势。弟坐视克兄之困,而环视各省,又无一钱供给。以言借债,南北交相破坏,非有私产,无能为役。似此紧急无术之际,如何能各方面兼顾。且盛氏自行抵押,亦无法禁制。该矿借日人千万,今加借五百万,作为各有千五百万之资本。夫中国矿业,甲于五洲,竞争发达,当期其必然。否则,专为盛氏数人之营业,亦非无害,此意当为时论扩之。至于急不择荫之实情,无有隐饰,则祈达人之我谅。"(《复章太炎函》,《孙中山全集》第2卷,第85—86页)章当日又来函,仍申述反对意见,指出:"执事倡义岭南,颠连困苦十余年,而后克定大功,完成民国。民之表仪,当垂之史策而不朽……今以私卖国产,自点令名,十年之功,悉为灰土,何其昧于取舍如是哉。"要求孙中山"翻然改图,下书罪己,听参议院评其可否",否则惟有割席决裂。(翠亨孙中山故居纪念馆藏档,B5—8)

△　与外交总长王宠惠联名通电各省都督,改定邮政现行办法。其办法经外交部议定如下:"(一)邮票由中央政府颁发各省,不得另行印用,以归划一;(二)此次新颁发之邮票,暂准通行于国内;(三)各省现办邮务各洋员,可准其照向章办理,暂勿干预。以上各条,即希分饬各属照办。"(《大总统暨外交部通告各省都督改定邮政现行办法电文》,《临时政府公报》第20号,"法制")

△　通告举行民国统一庆典。因清帝退位,民国统一,向南北各省、各军司令等发布通告,定于本月15日举行民国统一大庆典。

(《民立报》1912年2月15日号外,"南京电报")

△　复电蒙古联合会,告知:"今日始得接清帝逊位之详电,当即报告参议院,提出辞表,并推荐袁君之功能。"(《临时政府公报》第18号,"电报")2月9日,蒙古王公联合会来电,要求推举袁世凯为临时大总统,(《蒙古王公联合会致各省通电》,《临时公报》辛亥年十二月二十九日,"电报")故有此复。

△　致电黎元洪及湖南、江西、安徽都督,要求鄂、湘、赣、皖四省盐政依照统一办法,"民国成立,首在有统一能力,欲求统一,必各都督合顾大局,不分畛域,方有实效。所望各省共扶大局,不独盐政一端之幸也"。(《临时政府公报》第14号,"电报")①

△　伍廷芳来电,告已接袁世凯来电,现在清帝既已退位,北方秩序暂由袁维持,与南京临时政府协商统一办法,自此合汉、满、蒙、回、藏同建中华民国,"同心协力,以固共和之政本,进国民之幸福"。(观渡庐编:《共和关键录》第1编,第119—120页)又告得袁世凯电云,北方一时恐难平静,京畿须以重兵镇慑,奉天已决计反对,北方十分危险,拟请商南京、湖北,电告陕西张凤翙移军西向,专防升允,北军退出潼关,防堵奉、热。请速酌复。(观渡庐编:《共和关键录》第2编,第178页)又电报告,各处清军与民军仍时有冲突,今清帝辞位,自此以后国内所有军队皆中华民国军队,已告袁世凯通饬一律改悬中华民国五色旗,此后见同一国旗之军队,不可挑衅,如见尚未改悬国旗者,应即通告,嘱其遵命改悬。(《临时政府公报》第17号,"附录·电报";《时报》1912年2月23日,"公电")

△　黎元洪来电,转达段祺瑞电称,进攻陕西之北军酌留队伍弹压地方,其余均用于防堵奉、热,请南方政府电饬西安张凤翙,全力抵拒升允。(观渡庐编:《共和关键录》第2编,第177—178页)

△　谭延闿来电,报告湖南盐政困难情形,指出盐务为民食所

---

①　此为《临时政府公报》发表日期。

需、饷源所出，应互相维持，保全大局。(《临时政府公报》第 21 号，"附录"；《民立报》1912 年 2 月 27 日，"新闻一")

　　△　上海商民诸翔、杨景斌等来电，指出上海都督自请取消，请求速允。(《申报》1912 年 2 月 21 日，"公电二"；《民立报》1912 年 2 月 16 日，"公电")

　　△　美国人梅根（A. J. Meighan）自纽约来函，表示愿往中国帮助筹建一个稳固政府，并对部队的运作提供建议，又表示可以担任中国驻华盛顿的特使，说服美国政府承认民国。(《海外友人致孙中山信札选(二)》，《民国档案》2003 年第 2 期，第 10 页)

　　△　魏紫维（Zee Vee Wai）自上海来函，附转其友人、神学博士 J. M. W. 法尔哈（J. M. W. Farnham）牧师的信。(《海外友人致孙中山信札选(二)》，《民国档案》2003 年第 2 期，第 10 页)法尔哈来信中，建议在各省按年息十厘发行债券，筹集巨款，并指出在新兴的共和国完全巩固之前，需尽量多筹借款额。(《海外友人致孙中山信札选(三)》，《民国档案》2003 年第 3 期，第 3 页)

　　△　报载安徽青年军来电，表示欢迎皖军总司令柏文蔚所派白汝灏为本军大队长，韩衍怂恿少数人反对，欲要挟都督孙毓筠取消白汝灏资格，请求力为主持。(《申报》1912 年 2 月 13 日，"公电")

　　△　报载旅沪华侨何剑飞来电，对浙江省同盟会会员攻击浙江都督一事，希望设法调和，保全大局。(《申报》1912 年 2 月 13 日，"公电")

　　△　报载尹昌衡、罗伦来电，报告四川军政府现编两镇，分兴安、紫阳、宁羌三路进兵，已先遣一旅团，规复汉中，大军续发。(《民立报》1912 年 2 月 13 日，"沪军政府电报")

　　2 月 14 日（辛亥年十二月二十七日）　率各部总次长赴参议院辞职，得参议院批准。(《民立报》1912 年 2 月 16 日"号外"，"南京电报")电告袁世凯："今日文偕各部总次长到参议院辞职，已得允诺。以新总统接事为解职期。同时文推荐执事为临时大总统，明日二时参议院开选举大会，先此电闻。"(《临时政府公报》第 18 号，"附录")

△　将辞职与推荐袁世凯继任等事电告黎元洪，并告将委派代表偕同唐绍仪赴北京与袁协商统一办法，请黎迅即委派代表到沪会同前往。电文为："今日文偕各部总长向参议院辞职，已得承诺。俟新总统接任，即行解职。同时文并推荐袁公慰亭，明日开选举会。日间拟委代表偕唐君少川前赴北京，与袁公慰亭协商统一办法。本拟到武昌面谒执事，再由汉口乘车赴京，因汉口以北，火车不便，改由海道。祈执事迅即委派代表到沪，会同前往，以速为妙。"（《临时政府公报》第 17 号，"电报"）

△　致电伍廷芳、唐绍仪，请电告袁世凯迅即南来，并要求伍、唐将和议往来密电在上海发表，以明公论，同时要求伍、唐来南京妥商各事。（观渡庐编：《共和关系录》第 1 编，第 120 页）

△　颁布关于 15 日率同各部长以次人员恭谒明孝陵的临时大总统令，要求各部转饬所属官员，于 11 时半齐集孝陵，随同行礼。（《孙中山颁布关于定十五日率同各部长以次人员恭谒孝陵的临时大总统令》，中国第二历史档案馆编：《南京临时政府遗存珍档》第 1 册，第 27—32 页）

△　命法制局编纂文官试验草案，备咨参议院议决。

前一日，内务部长程德全呈文建议实行文官考试，将考选人才分发各省。本日批示："今当民国建立伊始，计非参酌中外，询事考言，不足以网罗天下英才，而裨治理。该部所请，诚为当今急务，应候令行法制局，将文官试验编纂草案，咨文参议院议决后，即日颁布施行可也。"（《内务部请颁文官试验令呈及临时大总统批》，中国第二历史档案馆编：《中华民国史档案资料汇编》第 2 辑，第 28 页）后法制局将《文官考试委员官职令》《文官考试令》《外交官及领事官考试委员官职令》《外交官及领事官考试令》等草案编成，孙中山即咨交参议院议决，并请《将文官考试委员官职令》《文官考试令》草案提前议决。（《大总统咨参议院议决文官考试与外交官及领事官考试令草案文》，《临时政府公报》第 24 号，"咨"）

△　纠正参议院关于建都问题的决议。

临时参议院讨论孙中山辞职咨文关于临时政府地点设于南京之条件,用记名投票法表决。当日二十八票中有二十票主北京,五票主南京,二票主武昌,一票主天津。吴玉章记述,开会的时候,革命党人李肇甫上台陈述迁都北京的必要,参议员中原来就有不少人对袁不愿南下表示同情,赞成迁都北京的人便成了多数。晚,和黄兴纠正参议院关于建都问题的决议,严厉批评李肇甫,并限次日中午 12 时以前必须复议改正过来。(吴玉章:《辛亥革命》,第 158—159 页)

△　令陆军、内务两部派员会同教育部调查员,对各处学堂及查封充公之家屋妥善保护,毋任毁坏散失,以重文教、保公产。(《大总统令陆军内务两部派员会同教育部调查员保护各处学堂及前查封充公之家屋文》,《临时政府公报》,第 15 号,"令示")①

△　令财政部呈请盐政办法,要求盐政暂时遵照财政包干体制,从权办理,以裕军资。(《大总统令财政部呈请盐政办法文》,《临时政府公报》,第 15 号,"令示")②

△　共和党在成都成立,改中国同盟会四川分部为共和党四川分部,以孙中山为共和党总理。(《天铎报》1912 年 2 月 28 日,"要电")

△　黎元洪来电,指出此后组织中央,各省尤须协同一致,现已通饬鄂属各军及各部处,请通知其他省及其他机关。(《临时政府公报》第 21 号,"附录";《民立报》1912 年 2 月 27 日,"新闻一")

△　陈其美来密电,告招商局昨晚接北京邮传部电,一切政务仍由袁世凯全权总理,原议借款事遂至翻悔。密电指出,原清廷邮传部应已不能再生效力,如果南方事务统归北京总理,则民国所有已成契约将悉归无效,后果不堪设想,务请电袁世凯严行诘问,同时饬招商局,不得听信自误。(翠亨孙中山故居纪念馆藏档,B5—10)

△　陈炯明来电,反对清废帝仍据紫禁城,要求先将中央政府设

---

①　此系《临时政府公报》发表日期。
②　此系《临时政府公报》发表日期。

于何地、组织中央政府之人物及禁卫军之安置三项方法明确宣布,主
张若中央政府在南京,则清废帝居北京亦可,但只宜设一统兵大员,
以兵队保护其生命财产,以前的禁卫军编作他用;若中央政府移往北
京,则组织中央政府人物必须是一向奉行共和主义、受到全国人民共
同信赖之人;若中央政府在北京,组织政府之人为不能深信之人,则
废帝宜退居热河,北京一带应由有力的革命军守卫。(《临时政府公报》
第18号,"附录";《时报》1912年2月24日,"公电")驻浔司令官朱汉涛、参
谋唐祚桢、潘志远、粮饷局舒法甲也来电,提议清帝退出关外,以杜后
患。(《临时政府公报》第17号,"附录·电报")

　　△　陈锦涛来电,指出民国已经举办的公债、洋债、中国银行之
创办等财政措施,新临时共和政府成立时必须继续有效,请速与唐绍
仪声明宣布,否则恐失现临时政府信用。(翠亨孙中山故居纪念馆藏档,
B5-9)15日孙中山复电同意。

　　△　孙道仁来电,表示现时所有事项仍秉承南京中央政府裁决。
(《临时政府公报》第17号,"附录·电报";《民立报》1912年2月16日,"沪军政
府电报")

　　△　女子同盟会会长吴木兰、副会长林复呈文,报告集合女界同
志,设立女子同盟会,以扶助民国、促进共和、发达女权、参预政事为
宗旨,致力于普及教育和整军经武,已于1月10日在上海设立事务
所,开成立大会,推举吴木兰为正会长,林复为副会长;并附设经武练
习队,明定课程,进行教练。附呈同盟会章程并练习队简章,请求准
予立案。(翠亨孙中山故居纪念馆藏档,B8-8)

　　△　湖北同盟会支部来电,报告湖北同盟会支部已联合共进会、
文学社及各机关,组成共和同盟会。(《临时政府公报》第20号,"附录")

　　△　沪军第一师、第二师、第一混成旅、福字敢死团、沪军光复军
为上海都督陈其美事辞职,来电请求挽留。(《沪军全体为恳请总统挽留
都督陈其美事致孙中山等电》,中国第二历史档案馆编:《南京临时政府遗存珍
档》第2册,第636—637页)

　　△　《安徽船》同人来电,通告本报在安庆怀宁设立,于阴历元旦出版。(《安徽船同人为呈报在安庆怀宁驿设立报馆事致各方通电》,中国第二历史档案馆编:《南京临时政府遗存珍档》第 2 册,第 642 页)《安徽船》系民国初期安徽革命激进派的报纸。1912 年初同盟会员韩衍创办,并任主笔,为都督府的喉舌,社址设在怀宁驿口。

　　△　鄂军部副官罗虔来电等,报告欧洲留学同学经费艰难,请设法维持,免废学业。(《鄂军部副官罗虔为欧洲同学经费艰难请设法维持事致孙中山等电》,中国第二历史档案馆编:《南京临时政府遗存珍档》第 2 册,第 650 页)

　　△　镇江一十七区乡自治商团、体操会暨绅学各界杨邦彦、张文铨、魏谦、殷尚质等来电,请于镇江维持或另设一高等机关,或暂留军政分府,待战事结束后,再与其他分府同时裁撤。(《杭州通信·镇江士民保存军政分府》,《时报》1912 年 2 月 26 日,"地方通信")

　　△　丁义华来函,祝贺孙中山在争取和平统一方面所取得的巨大进步,赞许孙中山坚持新中国必须有一个自由首都的立场。(《丁义华(Edward Thwing,上海)致函》,《海外友人致孙中山信札选(三)》,《民国档案》2003 年第 3 期,第 3 页)

　　△　J. K. 奥尔(J. K. Ohl)来函索要照片,并希望在照片正面签上孙的名字。他向孙中山指出,一切事情都取决于制宪工作,共和制政府的命运在制宪省手里,希望看到制宪工作能够确保政府走向成功。(《海外友人致孙中山信札选(三)》,《民国档案》2003 年第 3 期,第 3—4 页)

　　△　《临时政府公报》载杜受之来电,报告已由新加坡回粤,拟编华侨义勇队一标,将来开赴南京,请电广东都督给地编练。(《临时政府公报》第 15 号,"附录·电报")

　　△　《临时政府公报》载上海和议纠正会来电,报告该会组成缘由,并公举代表江亢虎、夏重民、李怀霜访问议和代表伍廷芳,未得要领,将于 12 日开大会讨论决定,赴南京要求修改。(《临时政府公报》第

15 号,"附录·电报")

　　△　报载前同盟会员罗振元、赵琪、周行等来电,报告此间有人召集党羽及原清廷侦探,自号同盟支部,请速禁止。(《民立报》1912 年 2 月 14 日,"杭州电报")

　　△　报载李烈钧来电,以和局告成,内部军队尤须整顿,特派参谋官张鲁藩至赣、皖、宁、沪各处调查军事。(《民立报》1912 年 2 月 14 日,"沪军政府电报")

　　△　《临时政府公报》载云南普洱镇马溮仲来电,报告已遵示改用阳历,并率领所属弁兵,悬张国旗,鸣炮,祝贺孙中山当选大总统,并补祝新年。(《临时政府公报》第 15 号,"附录·电报")又载陆荣廷、王芝祥、同盟会员冯一鳝等贺电。(《广西都督陆荣廷等为恭贺新禧致大总统等电》,中国第二历史档案馆编:《南京临时政府遗存珍档》第 1 册,第 148 页;《民立报》1912 年 1 月 17 日,"沪军政府电报";《临时政府公报》第 15 号,"附录·电报")

　　2 月 15 日(辛亥年十二月二十八日)　赴明孝陵行祭告礼。

　　上午 11 时,率各部及右都尉以上将校赴明孝陵行祭告礼。行前王宠惠请示,今日为参议院议决推选之期,大总统或须出席,请以他日祭告何如? 孙回答:"我正因此命全师而出也。今日之事,闻军中有持异议者,恐于选举之顷,有所表示,其意不愿我辞职,又不满于袁世凯也。且此案如不通过,人必疑我嗾使军队维持个人地位,故特举行祭告,移师城外,使勿预选事也。"(王宠惠:《追怀总理述略》,载《逸经》第 25 期,1937 年 3 月 5 日,第 24 页)举行祭告礼时,"军士数万,各国领事临观"。仪式顺序为:一、奏乐;二、总统率军民谒陵告光复;三、读谒陵文;四、总统宣告民国统一。(《民立报》1912 年 2 月 16 日号外,"南京电报")祝告文云:"岁在辛亥八月,武汉军兴,建立民国。义声所播,天下响应。越八十有七日,既光复十有七省。国民公议,立临时政府于南京,文以薄德,被推为临时总统。瞻顾西北,未尽昭苏,负疚在躬,尚无以对我高皇帝在天之灵。迄者以全国军人之同心,士大夫之正议，卒使清室幡然悔悟，于本月十二日宣告退位，从此中华民国完全统一，邦人诸友，享自由之幸福，永永无已，实维我高皇帝光复大义，有以牖启后人，成兹鸿业。文与全国同胞，至于今日，始敢告无罪于我高皇帝，敬于文奉身引退之前，代表国民，贡其欢欣鼓舞之公意，惟我高皇帝实鉴临之。"（《祭明太祖文》，《孙中山全集》第 2 卷，第 95 页）谒陵文云："武汉首义，天人合同，四方向风，海隅景从，遂定长江，淹有河淮。北方既协，携手归来，虏廷震惧，莫知所为，奉兹大柄，还我国人。五大民族，一体无猜。呜乎休哉！非我太祖在天之灵，何以及此？昔尝闻之，夷狄之运，不过百年，满清历年，乃倍而三，非天无常，事会则然。共和之制，亚东首出，事兼创造，时异迟速。求仁得仁，焉用怨讟。又闻在昔救时之士，尝跻斯丘，勖励军志，俯仰山川，歔欷流涕。昔之所悲，今也则乐。郁郁金陵，龙蟠虎踞，宅是旧都，海宇无吪。有旆肃肃，有旅振振，我民来斯，言告厥成。乔木高城，后先有辉，长仰先型，以式来昆。"（《大总统谒陵文》，《临时政府公报》第 17 号，"纪事"）

△　出席庆贺南北统一共和成立典礼。

祭告礼结束后返回总统府，举行招待会，接待政府官员、陆军代表、海军代表以及国民代表。午后 2 时，总统府举行典礼，庆贺南北统一共和成立，发表演说："清帝退位，南北统一，袁公慰廷为民国之友，盖于民国成立事业，功绩极大。今日参议院选举总统，若袁公当选，余深信必能巩固民国。至临时政府地点，仍设南京。余于解任后，亦仍愿尽力于新政府也。"（《民立报》1912 年 2 月 16 日号外，"南京电报"）仪式开始时，全体议员起立欢迎，鸣礼炮以示敬意，乐队演奏歌曲，南京戍卫都督徐绍桢提议全体议员起立向孙中山鞠躬，孙回礼并发表演讲，指出："这是所有人欢庆的日子。这是我们历史上最伟大的日子。经过几百年对失政的抗争，今天我们终于能通过一个伟大的共和国将所有人民联合起来并实现民族的自由和统一以及南北的统一。清帝的退位意味着自由得以完全恢复。现在我们可以开始着

手民族的建设和统一工作。南方的热情很快就传遍四方。尽管北方
依旧存在一小股力量，但最后，这股力量将会完全屈服于民族的愿
望。"表示依照誓约，已经辞职，国会选举袁世凯作为新一任总统，"由
于南京是国都，我们已经邀请袁先生前来南方就任。他的到来象征
着南北方的联合统一。尽管北方一开始要求解散临时政府并在北京
建立新政府，但我们仍坚定地指出保留南京临时政府的重要性。袁
先生对我们的事业也表示支持并且他和我们都有着共同的愿望——
发展我们的财力以及统一我们的利益。袁先生昨天是我们的反对
者，但今天他却是我们的朋友。当他到来之时，他将会受到人民的欢
迎。他的到来也将是一家人的团聚。我以临时政府的名义，向他表
示一致的欢迎以及表达临时政府和议会的感情。他将统一所有冲突
的利益。他不来或者不愿意来，也许是因为他并不信任我们真诚的
言语。这样我们将会很失望。但是我相信他会来，因为他是真心希
望能为我们的国家带来和平和统一。我希望在南方和北方之间能建
立一种持久的和平。当我解任后，我将和你们一样作为一个市民继
续尽力于共和国。共和国万岁"！（"Reception at the President's Resi-
dence"，"*The North-China Herald*"，Feb. 24，1912 "Miscellaneous"，"The
Republic in China"。）

　　△　临时参议院复议临时政府地点，仍设于南京。

　　据吴玉章记述，是日晨秘书处把孙中山提请复议的咨文作好后，
需要盖总统印，而孙已动身祭明孝陵，黄兴也正在穿军装，准备起身
去明孝陵。吴只好找到胡汉民，拿来钥匙，取出孙的图章盖印，发出
咨文。同时通知所有革命党人必须按照孙中山的意见投票。（吴玉
章：《辛亥革命》，第151页）参议院举行临时大总统选举前，由广东、广西
参议员临时动议，重议临时政府地点，多数议员不赞成，表示即欲重
议，也必须由总统不认可前议，交令复议。正在此时，总统府提请复
议之咨文送达，遂重议，仍用记名投票法表决。开票结果，计得二十
七票，其中十九票主南京，六票主北京，二票主武昌。参议院乃复咨

孙中山,临时政府地点仍设南京。直隶、奉天、江苏、云南、陕西、山西
等省议员始终主张北京。(《参议院议决临时政府地点之实情》,《时报》1912
年 2 月 25 日,"要闻")

　　△　致电袁世凯,告以临时参议院开临时大总统选举会,袁以十
七票当选。电云:"今日三点钟由参议院举公为临时大总统,临时政
府地点定在南京。现派专使奉请我公来宁接事。民国大定,选举得
人,敬贺。"(《南京孙逸仙致袁大总统电》,《临时公报》壬子年正月初一日,"电
报")

　　△　致电伍廷芳、唐绍仪,告"今日三点钟由参议院一致举袁公
慰亭为临时大总统,临时政府地点定在南京。此间已直电北京,使告
知派专使奉迎来宁受事。"(观渡庐编:《共和关键录》第 1 编,第 145 页)

　　△　致电北方将领张锡銮、何宗莲、冯国璋、张怀芝、张勋、倪嗣
冲、姜桂题,表彰其赞成共和之功。电云:"清帝辞位,由专制变为共
和,实项城维持之力,更诸将士赞助之功。四万万受福无穷,深堪嘉
佩。从此南北一家,同心协力,竟破坏之功,开建设之绪,巩我共和民
国之前途,增我五族人民之乐利,所仰望于诸将士者,尤非浅鲜。"
(《临时政府公报》第 18 号,"附录")

　　△　致电黎元洪及各省都督,通报推荐袁世凯担任临时大总
统,参议院已经通过,临时政府地点仍定南京,以袁到南京接事日
为自己解职之期,现已派专使迎袁南来。(《临时政府公报》第 18 号,
"附录")

　　△　复电财政部上海办事所陈锦涛,指出新选总统系承受现在
南京临时政府之事,凡民国现行财政事宜,如公债、外债、中国银行之
创办及一切财政之已经施行者继续有效,指示财政部宣布。(《临时政
府公报》第 18 号,"附录")

　　△　致电袁世凯,请严饬禁止私卖奉天行宫文物。电称:"闻奉
天行宫所藏器物,由私人订卖于外国,价值甚巨。按此种器物,实为
民国公产,并非皇族私有,应行禁止私卖。"(《临时政府公报》第 17 号,"电

报")次日袁复电查禁。(《临时政府公报》第 17 号,"附录·电报";《时报》
1912 年 2 月 23 日,"公电")

　　△　令准财政部委派汤寿潜充南洋劝募公债总理,并令印铸局
从速赶铸南洋劝募公债总理关防。(《大总统令财政部准派交通部汤总长
充南洋劝募公债总理并刊发关防》,《临时政府公报》第 16 号,"令示")①

　　△　袁世凯来电,表示无以副国民付托之重、孙中山推荐之殷,
请参议院另举贤能。(《袁全权复电》,《临时公报》辛亥年十二月二十九日,
"电报")又来电表示一时不能南行,是因为北方危机隐伏,并非因清帝
委任。承认孙中山来电所论"共和政府不能由清帝委任组织"极为正
确,提议"与其孙大总统辞职,不如世凯退居,盖就民设之政府、民举
之总统而谋统一,其事较便",由南京政府将北方各省及各军队妥筹
接收。(《袁世凯复孙总统电》;《申报》1912 年 2 月 21 日,"公电一";《民立报》
1912 年 2 月 17 日,"紧要电报";《时报》1912 年 2 月 21 日,"公电";《民立报》
1912 年 2 月 22 日,"补录休刊期内号外要电")

　　△　黎元洪来电,告以已向参议院电辞副总统及大元帅之职,待
重新选举后,即行解职;同时赞同推荐袁世凯为临时大总统,已委任
赴京代表。(《临时政府公报》第 21 号,"附录")

　　△　内蒙古代表阿穆尔灵圭、贡桑诺尔布来电,请代转致电袁世
凯,表示临时大总统一席,非袁莫能胜任,请袁俯顺群情,勉肩重任。
(《临时政府公报》第 20 号,"附录";《民立报》1912 年 2 月 26 日,"新闻一")

　　△　庄蕴宽来电,对于孙中山咨交参议院辞职文所附条件中之
"临时政府地点设于南京,为各省代表所议定,不能更改";"辞职后俟
参议院举定新总统亲到南京受任之时,大总统及国务各员乃行辞职"
极为反对,表示统一政府必在京津。(《申报》1912 年 2 月 21 日,"公电
二";《时报》1912 年 2 月 21 日,"公电";《民立报》1912 年 2 月 17 日,"苏州电
报")

　　△　广东民军反对参议院移都北京等决议。陈炯明来电,对和

────────────

①　此为《临时政府公报》发表日期。

议条件中帝号不去、亲酉袭爵、仍居北京、拥有禁卫军等项,极力反对,提醒:"和议果属如是,是清帝不啻以袁内阁为汉奸;大总统权术则效公于实际,则不难利用新政府大借外债,充实北军,以制各独立省之死命。"对于参议院主张移都北京,表示如再不能力争,广东将先取消本省参议员。(观渡庐编:《共和关键录》第 1 编,第 128 页)粤军第一镇统制钟鼎基等来电,反对定都北京,力主解散参议院,并表示愿决死一战。(《第一镇统制钟鼎基等为提出议和条件种种失败非将参议院解散无以谢天下事致孙中山等电》,中国第二历史档案馆编:《南京临时政府遗存珍档》第 2 册,第 672—674 页)广东军团协会来电,反对参议院决定将临时政府迁移北京,请解散参议院。(《广东军团协会为反对参议院决定将临时政府迁移北京事致大总统等急电》,中国第二历史档案馆编:《南京临时政府遗存珍档》第 2 册,第 652 页)广东军团协会是广东部分民军统领在陈炯明的策动下成立的,陈为军团协会会长,周之贞为副会长,李捷云、高剑父、刘师复、刘一佛为干事。

　　△　部分地区民军仍主张北伐。山东都督府来电,报告山东已举连承基为鲁军讨虏总司令。(《临时政府公报》第 17 号,"附录·电报")处州军政分府吕东升来电,报告已组织北伐队,请速宣战,保卫南方,援助北方。(《临时政府公报》第 17 号,"附录·电报")

　　△　绍兴军政分府王逸来电,为浙江都督蒋尊簋辩护,指其为人爽直。(《临时政府公报》第 17 号,"附录·电报")

　　△　内务部总长程德全、关外都督蓝天蔚来电,表示清帝退位,民国统一,提出辞职或请求取消其职务。(《申报》1912 年 2 月 21 日,"公电二";《临时政府公报》第 17 号,"附录·电报")

　　△　尹昌衡、罗纶来电,请示以旧日谘议局议员及各厅州县会之议长为临时省议会议员,又请示提交省议会议决事项范围。(《临时政府公报》第 22 号,"附录·电报";《申报》1912 年 2 月 28 日,"公电";《民立报》1912 年 2 月 28 日,"总统府要电汇录")

　　△　张培爵、夏之时来电,为总税司欲将海关税饷交汇丰银行存

储事,请示各省是否一律执行,担心"稍不审慎,即有财权操诸外人之虑"。(《渝军政府张培爵、夏之时为总税司欲将海关税饷交汇丰银行存储各省是否一律请速详复事致孙中山等电》,中国第二历史档案馆编:《南京临时政府遗存珍档》第2册,第692页)

△　姚雨平来电,询问清帝是否已经退位,以便转知军队。(观渡庐编:《共和关键录》第1编,第138页)

△　红十字会沈敦和来电,表示统一已见明文,南北战祸永息,红十字会乐赞和平。(《红十字会圆满功德》,《申报》1912年2月21日,"本埠新闻")

△　江北第二军司令徐宝山来电,报告扬州军民庆贺全国统一。(《江北第二军司令徐宝山为庆贺全国统一事致孙中山等电》,中国第二历史档案馆编:《南京临时政府遗存珍档》第2册,第668页)太平府知事程锦骥来电,祝贺清帝退位,共和成立。(《民立报》1912年2月15日,"太平电报")

2月16日(辛亥年十二月二十九日)　致函唐绍仪,请其北上与各国公使交涉,并敦促袁世凯南下就职。

函云:"清帝辞位,民国大定。而联合统一之手续犹未完全。兹谨请先生北行:一、对外之事须与各外国公使交涉,故请为外交全权代表;并派外交次长魏宸组同往整理外交文书要件。二、惟先生周知南北之情事,除委专使欢迎项城袁公外,更企先生道达一切,务请袁公即日来南,以副众望,文亦得刻日卸肩。大局安全,系于先生此行,不胜盼祷。"另一函告唐,参议院复议,仍定都南京,指出:"当先生来宁之夕,文已辞职。经参议院承诺,以新选临时大总统到宁受事日为文解职之期。旋定京都问题。参议院有主张在北者,军人即群起抗议,闽粤各省即以此电请解散参议院。故昨日参议院再议,仍定南京。盖定新总统来宁受职,于未举袁公之时,早经参议院议决。而军人以京都地点移动,且有取消南京临时政府之嫌,愤激不堪。袁公若不速来,诚恐失各省及军人之信仰,而枝节横生。从前种种调和,终致不良之结果,甚非文与袁公之本意。且在彼军众见清帝退位诏中,有全权组织政府之语。袁公不来南京,则以为实受满清之委任,而不认民国之选举。此一点,终无由洗。于民国历史,亦为不光。"要求袁世凯无论如何困难,须来南京就职。(《新发现的孙中山之书信四件》,上海《图书馆杂志》1986 年第 4 期,第 3—4 页)

△ 复电陈其美,告参议院仍定都南京。

2 月 14 日,临时参议院讨论临时政府设置地点问题时,以多数通过设于北京的决议,15 日广东都督陈炯明来电反对。(观渡庐编:《共和关键录》第 1 编,第 128 页)后临时参议院复议,决定临时政府仍设南京。本日,复电向陈其美说明,"粤督删电用意,专在反对临时政府设于北京。今参议院既决定仍在南京之议,则粤督疑虑可释矣"。(《临时政府公报》第 18 号,"附录")

△ 致函阪谷芳郎,告取消设立中央银行计划。

函云:"阪谷博士台鉴:前请鼎助关于中央银行之事,蒙荷热心,可为深感。惟以缔造之始,需用浩繁,金融机关,刻不能缓,久仪遵教,迫不及待,是以率先成立,因于事势使然,非倏变初议也。今中央银行虽建,惟巩固与否,尚未可知。异日如有困难,再当求助。谅阁下高怀宏识,必终不我遐弃。专此。即颂起居。孙文叩。"此函阪谷 2 月 29 日收到。(李廷江:《日本财界与辛亥革命》,第 216—217 页)

△ 唐绍仪代转袁世凯来电,对获参议院正式选举担任临时大总统,表示"敢不勉尽公仆义务",表示等待专使到北京,面商一切,请先电示专使为何人,何日起程。(《临时政府公报》第 20 号,"附录";《民立报》1912 年 2 月 20 日,"紧要电报";《时报》1912 年 2 月 21 日,"公电";《民立报》1912 年 2 月 22 日,"补录休刊期内号外要电";《申报》1912 年 2 月 26 日,"南京总统府来往要点")

△ 议和全权代表伍廷芳,参赞温宗尧、汪精卫来电,报告谈判清帝优待条件之经过,提议其中必须注意者应一一解释,包括清帝名号、清帝居所、禁卫军编制、王公世爵问题,参议院已宣布,在清帝退位之后,由两方代表照会驻京各国公使,请其电达各国政府。(《时报》

1912 年 2 月 23、24 日，"要件"；《民立报》1912 年 2 月 23 日，"新闻一")同时来电，以和议告竣，请辞议和总代表。(《临时政府公报》第 20 号，"附录"；《时报》1912 年 2 月 23 日，"要件"；《民立报》1912 年 2 月 23 日，"新闻一")

△　关于定都问题，各地来电意见分歧。

部分地方民军反对定都北京。陈炯明发来密电，表示临时政府地点问题未定，袁世凯来与否尚不可知，广东所派精兵不能不发，请孙中山退而督粤，联络数省都督以为声援，并派精兵驻长、淮一带制约袁世凯。(翠亨孙中山故居纪念馆藏档 B4—10)陆荣廷来电，认为孙中山向参议院请辞、参议院另举总统，均与法理未合。(《桂军都督陆荣廷为反对定都北京事致大总统等急电》，中国第二历史档案馆编：《南京临时政府遗存珍档》第 2 册，第 724—725 页)又电表示，如果迁都北京，当率精兵北伐。(《广西都督陆荣廷为表示如果迁都北京其当率精兵会师中原事致孙中山等电》，中国第二历史档案馆编：《南京临时政府遗存珍档》第 2 册，第 700 页)孙道仁来电，提出建议数则：一、南京不可轻议去就；二、内政须早定规则；三、裁减军队，节约饷款；四、速筹财政困难；五、停止党派之争。建议在吴淞、汴梁训练精兵。(《福建都督孙道仁为分布条陈数则乞公同酌行事致孙中山等电》，中国第二历史档案馆编：《南京临时政府遗存珍档》第 2 册，第 704—706 页)湘桂联军梅馨、蒋国经、赵恒惕、黄本璞、覃振等来电，表示建都问题不能解决，愿提兵北上，决一死战。(《申报》1912 年 2 月 29 日，"公电"；《时报》1912 年 2 月 29 日，"公电")

另有多地来电支持定都北京。蒋雁行来电，支持江苏都督庄蕴宽关于应在北京建都的通电，请建都北京，以维大局。(《清江浦来电》，《临时公报》民国元年 2 月 22 日，"电报")蒋尊簋亦致电赞同。(观渡庐编：《共和关键录》第 1 编，第 147—148 页)谭延闿来电，指出建都南京只可为暂时计划，中央政府之地点宜取北京；组织中央政府必须得素抱革命主义之人；清废帝禁卫军当秩南部。(《湖南都督谭延闿为筹商中央政府地点组织中央政府人物及禁卫军之编制致大总统等急电》，中国第二历史档案馆编：《南京临时政府遗存珍档》第 2 册，第 731—735 页)

△　地方民军报告北军动向。宿迁民政长陈杭来电，报告宿境皂河、窑湾一带北军均已退出。(《临时政府公报》第 21 号，"附录"；《民立报》1912 年 2 月 20 日，"窑湾电报"）姚雨平来电，报告张勋军队已向山东退走，民军已进驻徐州。(《临时政府公报》第 21 号，"附录"）粤军总司令姚雨平来电，表示愿作先驱，出关赴奉天讨虏，请预作外交政策。(《申报》1912 年 2 月 21 日，"公电二"；《民立报》1912 年 2 月 20 日，"南宿州电报"）

△　张凤翙来电，报告陕、甘目前庶政初就，急待命令，安排各项事宜。(《临时政府公报》第 24 号，"附录·电报"）

△　黎元洪来电，反对将招商局抵押借款，指出若抵押借款，则扬子江流域将为外人掌握，请设法保护主权。(《黎元洪为反对将招商局抵押借款事致孙中山等电》，中国第二历史档案馆编：《南京临时政府遗存珍档》第 2 册，第 698 页)

△　陈锦涛来电，请速颁发债票署名式样，以便刊印募款。(《临时政府公报》第 18 号，"附录"）

△　孙毓筠来电，报告柳大年（号曼青）革命历史及被赵尔巽、张作霖逮捕情形，请电袁世凯督令赵尔巽立予释放。(《临时政府公报》第 20 号，"附录"）18 日，袁来电告已电赵查明释放。(《临时政府公报》第 20 号，"附录"；《申报》1912 年 2 月 26 日，"南京总统府来往要电"）

△　无锡临时县议事会议长胡雨人来电，控告无锡军政分府"蹂躏民权，蔑视省制，把持一县赋税，增募营兵"，请电饬江苏都督查办。(《民立报》1912 年 2 月 22 日，"公电"）

△　北伐海军总司令汤芗铭来电，请电谕鲁、燕各港口及在港各军队，自清帝退位之日起，升挂民国五色旗一个月。(《临时政府公报》第 21 号，"附录"）

△　海外人士詹姆斯·坎斯(James Canthe)自英国伦敦来函，认为孙中山支持段祺瑞是明智之举。(《海外友人致孙中山信札选(三)》，《民国档案》2003 年第 3 期，第 6 页)

△　报载江苏省议会张謇来电，指出共和政体下，支配财政应得

议院及地方议会之许可,扬州、上海俱以大总统批准为借口,将征收丁漕等事项移文江苏都督,违背共和原理,请交参议院或饬苏督交省议会核议。(《民立报》1912年2月16日,"公电";《申报》1912年2月21日,"公电二")

△ 报载天津洪秉端、陈天民等来电,请示办理北方团体。(《民立报》1912年2月16日,"天津电报")

2月17日(辛亥年十二月三十日) 致电袁世凯,请其妥善处理北方事务,尽快南来就职。

本月15日,袁世凯复电,虽然承认共和政府不能由清帝委任组织,但又强调不能离北京南下之理由。(《申报》1912年2月21日,"公电一")。16日,又来电重申各种困难,要求等专使到京再行面商。(《临时政府公报》第20号,"附录")本日致电云:"至公谓目前北方秩序,不能得措置各方面同宜之人,自不待言。然若分别诸要端,多电知数人,俾各受所委,得资镇慑,此亦为将来政府,遍于南北东西必当筹用之一法,公应首肯。"(《临时政府公报》第19号,"附录")又致电告以奉天冯麟阁部围攻庄河民军,请速命赵尔巽撤兵。电云:"据烟台蓝天蔚都督来电:奉天冯麟阁率步骑千三百余,炮十门,围攻庄河等因。请速命赵督撤兵,以息战端,至要。"(《临时政府公报》第18号,"附录")18日袁复电告已电赵饬冯军即停攻击。(《临时政府公报》第20号,"附录")

△ 致电议和全权代表伍廷芳、参赞温宗尧、汪精卫,表彰其"为民国议和事,鞠躬尽瘁,不避嫌怨,卒能于樽俎之间,使清帝退位,南北统一,不流血而贯彻共和之目的,厥功甚懋"。准辞议和代表职务,并代国民谢其劳绩。(《临时政府公报》第19号,"附录")

△ 致电广西都督陆荣廷,告仍以南京为临时政府地点,袁世凯须亲来接任,政府方能解职;将来大总统及国都问题须待民选议院成立、举行全国大选后才可决定,今仍号以"临时"名义,于《临时政府组织大纲》没有不合。(《临时政府公报》第18号,"附录")

△　致电福建都督孙道仁,告以"现在南北联合,民国统一,战事既喜,人心自安。更由参议院编定宪法,使临时政府得以遵守,自不致有损害秩序之虞"。(《临时政府公报》第 19 号,"附录")

△　致电陈其美,挽留其镇守上海,不可引退。电云:"现在清帝退位,民国统一,上海为江南要区,非有大将镇守,不能维持一切。据各地纷纷来电,咸以公为民国长城,关系全局,力请挽留。人心如此,公不可告退。尚望勉为其难,勿怀退志。"(《临时政府公报》第 18 号,"附录")致电沪军将领吴绍璘等,对其来电反对上海都督陈其美辞职、主张取消沪军都督府、推陈出任江苏都督,表示已对陈其美加以慰留,江苏都督须由地方议会公举,不能由中央委派,若经正式选举,中央当予同意。(《将士爱戴陈都督》,《民立报》1912 年 2 月 22 日,"新闻三")此前江苏公民俱乐(Kiangsu Citizens Club)部也来电,认为挽留上海都督的行为违反和破坏了省宪(provincial constitution),;上海国民协会(Shanghai People's Association)来电,指出上海军队的每月支出达到一百万两,人民不堪负担,苏州和上海近在咫尺,都督府面面相对,与中央集权的理念相矛盾,请求取消上海都督一职。("The Shanghai General", "The North-China Herald", Feb. 24, 1912, "From The Chinese Press")吴绍璘是湖南湘乡人,早年赴日留学,入成城学校、日本陆军士官学校,1902 年回国,曾任湖南新军第四十九标统带官、江宁参谋处总办、江宁督练公所军事参议官,参加上海光复,任沪军第一师师长。

△　致电陈其美,指示顾鳌案可即保释。(《临时政府公报》第 19 号,"附录")

△　令临时政府财政部查明原清政府上海道交托比利时存款一事。本月 15 日,中华民军协济总会来呈,报告原清上海道存放各商号公私款项共计银十六万两,交托比利时领事代为收贮,由比领事委派律师向各商号追缴。该会认为此款应归民国所有,要求由该会向比领事收回各存款票据,向各商号按数清收,汇解财政部。本日令临

时政府财政部予以查明,并将原呈发交财政部。(《临时大总统关于处理前清沪道押产令》,中国第二历史档案馆编:《中华民国史档案资料汇编》第2辑,第280—281页)

△　陆荣廷来电,称颂孙中山功成身退,超过拿破仑、华盛顿之勋业;袁世凯赞成共和,自能胜任总统;参议院本无选举总统之权,亦不再加责备。但国都地点,必须定于南京,袁未到之前,万万不可退位。(《临时政府公报》第18号,"附录")

△　张凤翙来电,报告甘肃清军升允近日进攻乾(州)、凤(翔),无法与之接洽。(《临时政府公报》第22号,"附录·电报";《民立报》1912年2月20日,"沪军政府电报";《时报》1912年2月27日,"要闻";《申报》1912年2月28日,"公电")

△　谭延闿来电,报告杨度家属等业已饬令保护,请转告胡汉民、汪精卫。(《临时政府公报》第22号,"附录·电报";《时报》1912年2月27日,"公电";《民立报》1912年2月28日,"总统府要电汇录")

△　尹昌衡、罗纶来电,报告成、渝两地军政府统一经过和人事安排。(《临时政府公报》第24号,"附录·电报";《申报》1912年2月23日,"公电";《时报》1912年2月24日,"公电";《民立报》1912年2月23日,"沪军政府电报")

△　山东交涉使何承焘来电,报告山东拘禁共和党人,请通电释放。(《何承焘为请通电释放鲁省遭拘禁共和党人事致孙中山等电》,中国第二历史档案馆编:《南京临时政府遗存珍档》第2册,第716页)

△　粤军共和会统领陆兰清、李福林等来电,反对政府移设北京,请仍设南京,并请勿遽辞职。(《粤军共和会统领陆兰清等为不承认政府移设北京事致孙中山等电》,中国第二历史档案馆编:《南京临时政府遗存珍档》第2册,第758页)

△　吴兴知县李朋来电,论述组织统一政府关系至巨。(《吴兴知县李朋为论述共和成立组织统一政府关系至巨事致孙中山等电》,中国第二历史档案馆编:《南京临时政府遗存珍档》第2册,第751—755页)

△　吕宋中华商会来电,望与袁世凯合力缔造共和政府。(《临时

政府公报》第 20 号，"附录"；《申报》1912 年 2 月 26 日，"南京总统府来往要电"）

　　△　报载绍兴王铎中、张越民、金楚珍、陈大鉴、赵建藩、杨祖同、车驰、吴邦藩等来电，表示浙江都督蒋尊簋为浙江人民公选，办事公正勤谨，近日同盟会、光复会少数会员攻讦，请求查究纠正。（《民立报》1912 年 2 月 17 日，"绍兴电报"）

　　2 月 18 日　连续致函袁世凯，促其南下就职。

　　电告袁世凯，"此间派定教育总长蔡元培为欢迎专使，外交次长魏宸组、海军顾问刘冠雄、参谋次长钮永建、法制局局长宋教仁、陆军部军需局长曾昭文、步兵第三十一团长黄恺元、湖北外交司长王正廷、前议和参赞汪精卫为欢迎员，偕同唐绍仪，前往北京，专迎大驾"。（《临时政府公报》第 20 号，"附录"）另函袁世凯，强调袁南下之必要，"嗣以国民同意挽公南来，文遂亦以为公之此行，易新国之视听，副舆人之想望，所关颇巨"。并指出首都须定于南京，"但以新国民暂时中央机关之所在，系乎中外之具瞻，勿任天下怀庙宫未改之嫌，而使官僚有社城尚存之感。则燕京暂置为闲邑，宁府首建为新都，非特公之与文必表同意于国民，即凡南北主张共和疾首于旧日腐败官僚政治之群公，宁有间焉"。并强调"俟公受事而文退"。（《大总统致新选袁总统函》，《临时政府公报》第 25 号，"纪事"）

　　△　发布文告，号召全国国民消除畛域之见，共谋国家建设。

　　文告指出，"今中华民国已完全统一矣。中华民国之建设，专为拥护亿兆国民之自由权利，合汉，满、蒙、回、藏为一家，相与和衷共济，丕兴实业，促进教育，推广东球之商务，维持世界之和平，俾五洲列国益敦亲睦，于我视为唇齿兄弟之邦。因此敢告我国民，而今以后，务当消融意见，蠲除畛域，以营私为无利，以公益为当谋，增祖国之荣光，造后民之幸福"。（《孙大总统布告天下电》，《民立报》1912 年 2 月 20 日号外，"紧要电报"）

　　△　咨复参议院，说明汉冶萍借款并未违法。

　　本月 2 日，与黄兴签字承认日商三井洋行代汉冶萍公司备款二百五十万日元借予临时政府之合同,规定该款以大冶铁矿作抵。12日,参议院以汉冶萍及招商局抵押借款违法发起质问。(《抵押借款及发行军用钞票质问案》,张国福选编:《参议院议事录·参议院议决案汇编》,《参议院议决案汇编·质问案》,第1页)咨复:"政府据院议通过之国债一万万元,因仓猝零星征集,颇难应急。遂向汉冶萍及招商局管产之人,商请将私产押借巨款,由彼等得款后,以国民名义转借于政府,作为一万万元国债内之一部分。嗣又因政府批准以汉冶萍由私人与外人合股,得钱难保无意外枝节,旋令取消五百万元合股之议,仍用私人押借之法,借到二百万元,转借于政府。是政府原依院议而行,因火急借入二百万元以应军队之要需,手续未及分明,至贵院有违法之防……实无违法及另造报告之处。"(《临时大总统答复文》,《参议院议决案汇编·质问案》,第1页;《孙总统答复违法借款之质问》,《申报》1912年2月25日,"要闻一")

△ 致电袁世凯,请电奉天赵尔巽释放柳大年等。(《临时政府公报》第20号,"附录")当日袁世凯复电"已电赵督查明释放"。(《临时政府公报》第20号,"附录")

△ 下午,与吴稚晖及一参军游南京北极阁。本日为农历春节,"兴尽而返,未随一仆"。(《民立报》1912年2月21日,"南京电报")

△ 袁世凯来电,希望同心协力,尽快设法规复秩序。(《临时政府公报》第19号,"附录";《申报》1912年2月23日,"公电";《时报》1912年2月25日,"公电")又来电告已电令奉天赵尔巽停止攻击,请电知蓝天蔚亦不再进攻。(《临时政府公报》第20号,"附录";《申报》1912年2月26日,"南京总统府来往要电";《时报》1912年2月26日,"公电")又电告奉天已赞成共和,改称中华民国,换悬五色国旗,改行阳历,如蓝天蔚不再扰攘,大局可望保全。(《临时政府公报》第21号,"附录";《时报》1912年2月27日,"公电";《民立报》1912年2月27日,"新闻一")

△ 唐绍仪来电,转达北方意见,指出南方反对清谕中"全权组织"字样,实为无结果之风潮,请为劝解。(《临时政府公报》第20号,"附

录";《时报》1912年2月26日,"公电";《申报》1912年2月26日,"南京总统府来往要电")

△　伍廷芳来电,指出"民国方新,对于一切诉讼,应采文明办法",建议对姚荣泽案"拟由廷特派精通中外法律之员承审,另选通达事理、公正和平、名望素著之人为陪审员,并准两造聘请辩护士到堂辩护,审讯时,任人旁听"。如得同意,请即电复照办。(《临时政府公报》第20号,"附录";《时报》1912年2月26日,"公电")又来电对烟台胡瑛请示山东事宜,表示已辞代表之职,请直接电示胡。(《临时政府公报》第21号,"附录";《时报》1912年2月27日,"公电";《民立报》1912年2月27日,"新闻一";观渡庐编:《共和关键录》第2编,第81—82页)又转倪嗣冲反映前线冲突电①。(观渡庐编:《共和关键录》第2编,第89页)

△　同盟会江西省支部会长吴铁城、易次乾来电,报告同盟会江西省支部即日成立事务所,马毓宝都督及军政两界重要人物陆续加入。(《临时政府公报》第22号,"附录·电报";《民立报》1912年2月28日,"总统府要电汇录")

△　蓝天蔚来电,恳请取消关外都督职务。(《各省往来要电汇纪·烟台电》,《时报》1912年2月21日,"公电")

△　虞洽卿来电,请求挽留沪军都督陈其美。(《虞洽卿为乞留沪军都督陈其美事致孙中山等电》,中国第二历史档案馆编:《南京临时政府遗存珍档》第2册,第760页)

△　山东各府杨沅、薛玉清、于复元、张友溪、臧堪(疑为"伯"字——引者注)坝、于师谦等来电,表示不承认清鲁抚张广建、吴炳湘再留祸于山东,公举胡瑛为临时都督。(《临时政府公报》第22号,"附录·电报";《民立报》1912年2月28日,"总统府要电汇录")

△　皖南旅浔同乡会舒先庚、洪晓芸来电,控告芜湖军政分府吴振黄骄奢横行,请从速将吴撤职,请黎宗岳移驻。(《申报》1912年2

---

①　该电文代字"洽"疑为"恰","恰"为17日。现根据伍氏自编之《共和关键录》所注日期列于18日。

26 日,"公电";《民立报》1912 年 2 月 26 日,"公电";《时报》1912 年 2 月 26 日,
"公电")

△　杨度来电,对其电湘关照一事表示感激。(《杨度为谢其电湘
维持事致孙中山黄兴等电》,中国第二历史档案馆编:《南京临时政府遗存珍档》
第 3 册,第 762 页)

△　海外人士 J. K. 奥尔来函表示敬意,并建议做好宪法制定
工作,制定一部适合中国国情的宪法。(《海外友人致孙中山信札选
(三)》,《民国档案》2003 年第 3 期,第 4—5 页)

2 月 19 日　咨参议院,请设立稽勋局。咨云:"务请速行建议,
在临时政府时代,特设一开国稽勋局,俟所议通过,即委任专官,领受
局事。对于开国一役,调查应赏应恤之人,分别应赏应恤之等,详订
应赏应恤之条,再咨贵院议决施行……即目前本总统与行政各官属,
当裁并军队、批答恤款之际,皆有所依循,是又足为临时维持秩序、稳
固治安之补助也。"(《大总统咨参议院设立稽勋局文》,《临时政府公报》第 20
号,"令示";《设立稽勋局及附设捐输调查科案》,张国福选编:《参议院议事录·
参议院议决案汇编》,《参议院议决案汇编·庶政案》第 6 页)

△　复电袁世凯,告早已电令南方军队停止进攻,或有未接布告
而产生误会者,今已严谕各军切实遵守。(《临时政府公报》第 20 号,"附
录")

△　致电唐绍仪,为山西旧政府军攻破娘子关后抢掠之事,要求
转告袁世凯,令其从速悉数撤出。电云:"晋省电言旧政府攻破娘子
关后,所派入军队尚有抢掠之事,晋人对于此项军队,感情甚恶,倘不
从速悉数撤出,恐酿成事端。请酌转袁公办理。"(《临时政府公报》第 20
号,"附录")

△　致电江西都督马毓宝,告以外官制尚未发表,江西欲于各司
之外设立参谋处、承政厅,可以权宜暂行。(《临时政府公报》第 20 号,
"附录")

△　复电伍廷芳:"所陈姚荣泽案审讯方法极善,即照来电办理
可也。"(《临时政府公报》第 20 号,"附录")

△　复电胡瑛："所陈派代表与鲁抚张广建接洽,事甚善,即照来电办理可也。"(《临时政府公报》第 20 号,"附录")此前胡瑛于 16 日电伍廷芳,清山东巡抚张广建要求民军派代表赴济南协商,胡瑛根据当时形势,认为宜和平解决,互派代表接洽。(《临时政府公报》第 21 号,"附录")

△　袁世凯来电,表示将来取道天津或汉口南下均可从便,将派员前迎所遣欢迎代表。(《临时政府公报》第 20 号,"附录";《申报》1912 年 2 月 26 日,"南京总统府来往要电")

△　各地纷纷来电,对定都问题发表不同主张。蒋尊簋来电表示赞同本月 15 日江苏都督庄蕴宽关于"统一政府必在京津"的通电。(《杭州浙军都督蒋尊簋来电》,《临时公报》民国元年 2 月 23 日,"电报")陈昭常来电,赞同庄蕴宽通电,认为"若谓南人发难,建都必在南京,是犹有畛域之见,目下纵云统一,将来南北心理必致酿成纷争,窃以为非共和之福"。(《民立报》1912 年 2 月 26 日,"新闻一")山东都督胡瑛来电不赞同庄蕴宽的通电,指出政府设立地点,临时与永久不同,民国永久政府将来应设地点宜为武汉,临时政府设于南京已经过参议院公议、大总统宣布,不应再有争执。(《临时政府公报》第 20 号,"附录";《申报》1912 年 3 月 14 日,"公电")丹徒临时议会杨鸿发等来电,指出定都、定规宜眼光远大,不可违背议院议决。(《丹徒临时议会杨鸿发等为定都定规宜远大请以参议院议决为主事致孙中山等电》,中国第二历史档案馆编:《南京临时政府遗存珍档》第 3 册,第 786 页)民社来电,对中央政府地点提出折中主张,建议定都武昌。(《民社为组织中央政府折中定制建议定都武昌事致各方通电》,中国第二历史档案馆编:《南京临时政府遗存珍档》第 3 册,第 798—800 页)

△　有以"湖北全体"名义来电,对汉冶萍矿抵押借款事决不承认。(《湖北全体为不承认汉冶萍矿抵押借款事致孙大总统等电》,中国第二历史档案馆编:《南京临时政府遗存珍档》第 3 册,第 808 页)

2 月 20 日　致电谭人凤及《民立报》,解释让位于袁世凯的原因。

电中表示："所求者,倾覆满清专制政府,创立中华民国也。清帝退位,民国统一,继此建设之事,自宜让熟有政治经验之人。项城以和平手段达到目的,功绩如是,何不可推诚? 且总统不过国民公仆,当守宪法,从舆论。文前兹所誓忠于国民者,项城亦不能改。若在吾党,不必身揽政权,亦自有其天职,更不以名位而为本党进退之征。"(《临时政府公报》第 17 号,"附录")

△　夫人卢慕贞、女儿孙婉、孙娫等抵南京团聚。

2 月 9 日,夫人及孙婉、孙娫、侄女孙霞、佣妇阿清由庇能乘英国邮船经新加坡,与邓泽如会合,2 月 19 日抵达上海,本日入南京。(邓泽如:《中国国民党二十年史迹》,第 84 页)《北华捷报》报道了他们到达上海的情形,描述:"孙中山先生的儿子,穿着外国的服饰,前段时间从美国回来。而孙夫人和她的两个女儿,穿着中式服饰,坐最后一班英国邮船从槟城赶过来。在上海期间,他们居住在哈同(S. A. Hardoon)先生家。"("Dr Sun's Family", "*The North-China Herald*", Feb. 24, 1912, "Miscellaneous" • "The Republic in China".)

△　唐绍仪来电,转达日本在中国东北异动的情况。(翠亨孙中山故居纪念馆藏档 B4—11)

△　陈锦涛来电,请示凡是由总统亲自署名之特令,与关于各部用人、行政、须各部长副署之令文,应规定界限,并设机关通告;请由法制院拟定交参议院院议,由总统颁行。(《临时政府公报》第 22 号,"附录 • 电报";《申报》1912 年 2 月 28 日,"公电";《民立报》1912 年 2 月 28 日,"总统府要电汇录")

△　山西都督阎锡山来电,祝贺清帝退位。(《申报》1912 年 2 月 23 日,"公电";《民立报》1912 年 2 月 23 日,"山西电报";《时报》1912 年 2 月 24 日,"公电")

△　中国建设会戴屏诚等来电,赞同定都北京,反对定都南京。(《中国建设会戴屏诚等为赞同定都北京事致孙大总统等电》,中国第二历史档

案馆编:《南京临时政府遗存珍档》第 3 册,第 829—833 页)安徽都督孙毓筠来电,建议建都天津,并发交参议院。又报告清军在东北联络马贼头目,勾引外人,定都问题,万不可再悬。(《申报》1912 年 2 月 23 日,"公电";《时报》1912 年 2 月 24 日,"公电";《民立报》1912 年 2 月 23 日,"安徽电报")

△　江西省民国联合分会符鼎升等来电,报告有三十余人自称总统府特派来赣,请速即查明,并予取消。(《申报》1912 年 2 月 29 日,"要闻二")

△　丁义华来函,请就鸦片问题发表一项宣言,声明必须停种鸦片,并寄上所著《中华民国与鸦片问题》一文,文中指出,如果让鸦片贸易继续存在,只会使新生的共和国走向灭亡,新生的中华民国可以向大英帝国及全世界宣告:中国要更改《鸦片条约》;在中华民国进行的鸦片贸易和鸦片种植必须终止;中国不再依靠祸国殃民的鸦片获取财政收入;中国必须也能够重获自由;独立自由的新国旗决不能被鸦片贸易压倒;中国需要把钱花在教育和发展方面;中国不希望出现在世人面前的是一个抽吸鸦片的共和国形象;中国会竭尽全力禁止万恶的鸦片贸易和禁吸鸦片;中国人民必定重获自由。(《丁义华(Edward Thwing,上海)致函》,《海外友人致孙中山信札选(三)》,《民国档案》2003 年第 3 期,第 6 页)

△　G. G. 卢本特(G. G. Rupert)于美国俄克拉荷马州来函,请求阅览其著作《黄色的危险》,指出这本书对所有国家和民族都具有重大意义。(《海外友人致孙中山信札选(三)》,《民国档案》2003 年第 3 期,第 6 页)

△　魏紫维(Zee Vee Wai)来函,建议聘一位私人牧师,以便在安息日为孙主持礼拜仪式。(《魏紫维(Zee Vee Wai,上海)致函》,《海外友人致孙中山信札选(四)》,《民国档案》2003 年第 4 期,第 3 页)

是月中旬　会见日本驻南京领事铃木荣作。

会见时向铃木询问:"关于承认共和国问题,各国意向如何?"铃木荣作没有正面回答,反问:"关于这个问题,你的期待结果如何?"孙答:"目前共和政府已掌握南方实权,各国尚不承认,只是各自互相观察别人的态度。这种暗中猜疑,完全不必要。"并称美国驻华舰队司令已向他表示承认共和国,暗示望日本政府亦予承认。(段云章编著:《孙文与日本史事编年(增订本)》,第286页)

2月21日 复电各地华侨,说明让位于袁世凯的原因。

复电指出:"因推举袁君为第二临时总统,纷接来电相争,其词颇多误会,恕不能缕缕见复,谨括举其要以相答曰:诸君尽其心力,与内地同志左右挈提,仆满清而建民国,今目的已达,以此完全民国,归诸全体四百兆人之手,我辈之义务告尽,而权利则享自由人权而已,其它非所问也。至于服务之行政团,若总统类者,皆我自由国民所举用之公仆。当其才者则选焉……总统既非酬庸之具,袁君即为任劳之人,宜敬观其从容敷施,以行国民之意,使民国之根基,由临时尽力维持而完固焉。"(《孙总统复各埠华侨电》,《民立报》1912年2月23日,"紧要电报")同日致电陈炯明及广东各团体,大意略同。(《致陈炯明及广东各团体电》,《孙中山全集》第2卷,第112页)

△ 致电广东各团体、报馆,反对孙眉出任广东都督。

广州光复后,一部分同盟会员及华侨之有恢复旧兴中会之议,拥孙眉为首领,(《革命逸史》第2集,第8—9页)粤省民军以兵力要挟省议会,令举孙眉为都督。(《民立报》1912年2月24日,"南京电报")故致电阻止,表示:"连接各界议举家兄为粤督之电,文未作答,非避嫌也。家兄质直过人,而素不娴于政治,一登舞台,人易欺以其方。粤督任重,才浅肆应,决非所宜。若为事择人,则安置民军,办理实业,家兄当能为之。与其强以所难,将来不免覆餗,何如慎之于始。知兄者莫若弟,文爱吾粤,即以爱兄也。"(《临时政府公报》第21号,"附录")同日亦致电孙眉,劝其勿受推举,指出:"粤中有人议举兄为都督,弟以为政治非兄所熟习。兄质直过人,一入政界,将有相欺以其方者。未登舞台,则众人属望,稍有失策,怨亦随生。为大局计,兄宜专就所长,专任一事,如安置民军、办理实业之类,而不必当此大任。且闻有欲用强力胁迫他人以举兄者,以此造因,必无良果,尤不可不避也。"(《致孙眉电》,《孙中山全集》第 2 卷,第 114 页)还曾致电香港陈席儒,希望勿举孙眉为广东都督。电文云:"家兄之事,文期期以为不可。前已有电劝家兄及电省城各界矣。昨再电粤,许令精卫、汉民俱回,请省会勿庸另举他人。"(《致陈席儒等电》,《孙中山全集》第 2 卷,第 131 页)推戴孙眉任广东都督系王和顺等利用以反对陈炯明,胡汉民忆述:"余离粤后,民军石锦泉等愈跋扈,陈竞存使魏邦平执石杀之,王和顺、关仁甫、杨万夫等益自危,其党羽四出谋去陈。先生之兄孙眉为所动,则偕黄仕龙等至南京。余察其言,不啻为反动派游说,而先生亦前知王和顺等之为人,戒兄眉勿受其欺。已而民军推戴孙眉之电报纷至,先生则自为电斥之,谓:'素知兄不能当此军民大任,毋误粤局。'眉怏怏而去。而王和顺、关仁甫遂反竞存,以兵击之,王、关则先逸去,黄明堂、李福林、陆兰清等诸部悉附省政府,王、关遂溃败。"(《胡汉民自传》,《近代史资料》总 45 号,第 64 页)

△　乘马视察清凉山、雨花台等胜迹。(《民立报》1912 年 2 月 22 日,"南京电报")

△　会见英国《泰晤士报》记者戴维·福来萨,一起饮茶并长谈,王宠惠在座。在谈话中对袁将南下表示满意,并表示袁到来时,将与之会晤,并且会亲自陪伴袁到各地,以防狂热分子暗杀。(骆惠敏编:《清末民初政情内幕——乔·厄·莫里循书信集》上册,第 892 页)戴维·福来萨(David Stewart Fraser,1869—1953)以英国伦敦《泰晤士报》远东通讯员的身份,来到英国在中国的租借地威海卫,曾对日俄战争进行报道,后来在中东地区旅行了一段时间,1911 年回到中国,担任《京津泰晤士报》主编。《京津泰晤士报》是一家以外报为依托的中文报纸,有一定的舆论影响力。

△　黎元洪来电,报告中华红十字会在武汉设立临时医院,万国红十字联合会承认该会为中华民国正式红十字会,请准予立案,予以

表彰。(《临时政府公报》第 23 号,"附录·电报";《时报》1912 年 2 月 28 日,
"公电";《申报》1912 年 2 月 28 日,"公电";《民立报》1912 年 2 月 28 日,"公电")

　　△　尹昌衡、罗纶来电,请电知各省,此后凡遇四川军用银票,一
律通用,以利市面。(《临时政府公报》第 22 号,"附录·电报";《时报》1912
年 2 月 27 日,"公电";《民立报》1912 年 2 月 28 日,"总统府要电汇录")

　　△　蔡锷来电,报告成都方面出兵至资州自流井,将与滇军开
战,请电告成都都督顾全大局,勿发动内战。(《申报》1912 年 2 月 25 日,
"公电";《民立报》1912 年 2 月 25 日,"公电")又来电报告西蜀陆军叛乱,已
电饬丽江驻军防堵,并派桂军一大队前往守御。(《申报》1912 年 2 月 29
日,"公电";《民立报》1912 年 2 月 29 日,"公电")又来电报告云南省派张耀
曾、顾视高、席聘臣为中央参议员。(《云南都督蔡锷为布告派张耀曾等三
人为中央参议员事致大总统等电》,中国第二历史档案馆编:《南京临时政府遗
存珍档》第 3 册,第 836 页;《临时政府公报》第 22 号,"附录·电报";《临时政府
公报》第 23 号,"附录·电报";《民立报》1912 年 2 月 22 日,"沪军政府电报")另
电报告云南现存净紫铜一百六十余万斤,毛铜二十余万斤,请通电各
省来滇购运,以维矿业。(《天南电光集》第 100 电,《云南辛亥革命资料》,第
119—120 页)

　　△　阎锡山来电,表示已电请晋民公会及谘议局另选贤能,一旦
有继任者,即自解兵权。(《临时政府公报》第 24 号,"附录·电报";《临时政
府公报》第 30 号,"附录·电报";《时报》1912 年 3 月 16 日,"公电";《申报》1912
年 3 月 4 日,"公电";《民立报》1912 年 3 月 4 日,"山西电报")

　　△　陈其美来电,转发蒙古王公联合会推戴袁世凯担任临时大
总统的电报。(《临时政府公报》第 23 号,"附录·电报")

　　△　张镇芳、张怀芝、张锡銮等自天津来电,申言首都应定北京。
(《民立报》1912 年 2 月 22 日,"天津电报")

　　△　报载孙岳等来电,指出建都北京有三大害:一是人心趋向一
如旧日;二是偏处一隅,尾大不掉;三是对满族之胶葛永无断绝。
(《临时政府公报》第 18 号,"附录";《申报》1912 年 3 月 3 日,"公电";《民立报》
1912 年 3 月 3 日,"宿迁电报")

△　报载盐务发起人蒋翊武、王小芹等来电,建议优先振兴盐政,在南京设立改良盐政总研究所,并提议汤化龙、张謇出面提倡。(《临时政府公报》第 18 号,"附录")

△　报载沪军都督府财政总长朱佩珍上辞呈,请派人来沪接任。(《上海财政总长朱佩珍辞职书》,《申报》1912 年 2 月 21 日,"本埠新闻";《时报》1912 年 2 月 21 日,"本埠新闻")

△　报载中华共和促进总会来电,祝贺清帝退位。(《申报》1912 年 2 月 21 日,"公电二";《民立报》1912 年 2 月 20 日,"公电")

2 月 22 日　参加邹容、彭家珍二烈士追悼会。

与胡汉民、王宠惠、徐绍桢等在南京参加邹容、彭家珍二烈士追悼会,由胡汉民代读祭文。(《民立报》1912 年 2 月 24 日,"南京电报")祭文云:"昔在虏清,恣淫肆虐,天厌其德,豪俊奋发。共谋倾圮,以清禹域。惟蜀有材,奇瑰磊落。自邹迄彭,一仆百作。宣力民国,厥功允多。岷江泱泱,蜀山峨峨,奔放磅礴,导江干岳。俊哲挺生,厥为世率。虏祚既斩,国徽矻建。四亿兆众,同兹歆羡,魂兮归来,瞑目九原。"(《大总统祭蜀中死义诸烈士文》,《临时政府公报》第 22 号,"纪事")

△　复函章太炎,再解释汉冶萍借款问题。

复函略谓:"今急难之时期稍过,自当比择而从其宜。大抵挖肉补疮,依然不免,但要视疮痛如何,肉可否挖耳。"关于临时政府地点问题,复函中为黄兴辩护,指出:"临时政府地点,鄙见亦与克兄同……文与克兄交处固久,先生亦素知其为人,此次执持过坚,然迥非出于私意。以先生之明,犹谓克欲谋总理,冤枉如此,谁与为辩?"请章"毋过操刻酷之论"。(《复章太炎函》,《孙中山全集》第 2 卷,第 120—121 页)

△　电告广东军政府,令胡汉民回任广东都督,要求汪精卫同返。

一电云:"大局已定,袁慰庭南来,文与精卫、汉民俱可返粤。并可筹借巨款,为粤经营布置。请公等维持现状,勿使目前有所动摇。"另一电云:"革命功成,民国统一,胡都督不日可回原任,精卫亦能同回助理,请毋庸另举他人。现状维持,统祈暂为尽力。"(《致陈炯明等电三件》,《孙中山全集》第 2 卷,第 145 页)①

　　△　向黎元洪转达参议院仍举其为临时副总统,并特派总统府参军黄大伟携公文前赴武汉递交。(《大总统咨黎副总统转达参议院公举仍为临时副总统文》,《临时政府公报》第 22 号,"咨")

　　△　复电福建都督孙道仁、政务长彭寿松,指示各省可按权宜办法设置官职,同时要求"吾辈对于国事有所谓役务,无所谓利权,故责任未尽者,不能以引退为名高"。(《临时政府公报》第 21 号,"附录")

　　△　批法制局呈,指示关于新闻、杂志、演说会等事,归内务部管理。(《大总统批法制局呈教育部官职令修改全案并新闻杂志演说会应归教育部关于与否请示遵由》,《临时政府公报》第 19 号,"令示")②

　　△　令教育部会商内务部,核办林宗雪呈请募资开办女子桑蚕学校,并拨绿筠花圃为该校校地。令云:"军代表林宗雪呈,拟募资开办女子蚕桑学校,恳请拨借绿筠花圃为校地等情。查民国新造,凡有教育,应予提倡,乃足以启文明而速进化。该女代表既能募资设校,热诚可嘉,自当照准。"(《大总统令教育部会商内务部核办林宗雪呈请募资开办女子桑蚕学校并恳拨绿筠花圃为校地由》,《临时政府公报》第 19 号,"令示")③杭州光复时,成立了女子国民军,林宗雪为女军首领,随尹维俊统带的浙军敢死队于 1911 年 11 月底出发至镇江,(《会师攻克金陵之先声》,《申报》1911 年 11 月 27 日)加入徐绍桢率领的江浙联军。南京光复后,林宗雪回到上海,向沪军都督陈其美请愿继续招募女军,并与

---

　　①　《孙中山全集》第 2 卷仅标注为 1912 年 2 月,根据《临时政府公报》所载另电,此两电应为 22 日所发。(《临时政府公报》第 25 号,"电报")

　　②　此为《临时政府公报》发表日期。

　　③　此为《临时政府公报》发表日期。

辛素贞的女国民军合而为一,改为女子北伐队,林任司令,当时这支女军又被称为"浙江女子国民军北伐队",(《巾帼吐气》,《民立报》1912 年 1 月 7 日)南京卫成总督府成立后,徐绍桢任卫成总督,林宗雪遂开列名册及详细编制情形具呈,请示善后。1 月 28 日,陆军部下令徐绍桢将其解散。(《女子军暂缓北伐》,《民立报》1912 年 1 月 29 日;《金陵军事谈》,《天铎报》1912 年 1 月 30 日,"中外大事")

　　△　令江苏都督庄蕴宽咨商安徽都督,会咨实业部,取缔渔业公会,令云:"案查江阴大通渔民杨烺等,前以组织渔业公会……本总统并未批准,该渔民等何得凭空影射,希图垄断,殊属不合,著即申斥。"(《大总统令江苏都督庄蕴宽咨商安徽都督会咨实业部明定范围取缔渔业公会由》,《临时政府公报》第 19 号,"令示")①

　　△　令财政部江南造币厂仍归江苏省办理;令上海都督核办上海财政长朱佩珍辞职并遴选人员接任;令法制局迅速编纂文官试验章程草案;令交通部规定宁省铁路时刻表。(《大总统令财政部为江苏都督呈请江南造币厂仍归宁省办理由》《大总统令沪都督核办上海财政长朱佩珍呈请辞职请遴员接任由》《大总统令法制局迅速编纂文官试验章程草案由》《大总统令交通部规定宁省铁路时刻表以利行旅由》,《临时政府公报》第 19 号,"令示")②

　　△　袁世凯来电,告知山东北洋驻兵系由英、意公使特请保护洋人,今后如何配置驻军,已派人赴山西调查,请予代转。(《临时政府公报》第 23 号,"附录·电报")又电转达广东七十二行电告,广东盗贼蜂起,军民冲突,请速设法收拾。(《袁世凯为转粤东七十二行公安会电称军民冲突恐生大变请速设法收拾以苏民困事致大总统等电》,中国第二历史档案馆编:《南京临时政府遗存珍档》第 3 册,第 862 页)

　　△　黎元洪来电,对再度当选临时副总统,表示一待诸事完成,仍当归耕为一自由公民。(《临时政府公报》第 24 号,"附录·电报";《时报》

----

① 此为《临时政府公报》发表日期。
② 此为《临时政府公报》发表日期。

1912 年 2 月 25 日,"要闻";《申报》1912 年 2 月 25 日,"公电";《民立报》1912 年
2 月 25 日,"武昌电报")

△ 各地来电争论沪军都督去留问题。江苏公民会来电,以破
坏省制为由,反对慰留沪军都督。(《申报》1912 年 2 月 22 日,"公电";《时
报》1912 年 2 月 22 日,"要闻")广西共和协进公来电,表示:"苟无沪军都
督支撑数月,其危险不知若何,安能有今日之成绩。且各军受伤之将
士,给以医药,授以川资;各省来沪之学生,嘉以招待,惠以旅糈。关
系民国,妇稚皆知。"请将对苏、沪两督并立问题提交参议院。(《申报》
1912 年 2 月 25 日,"公电";《民立报》1912 年 2 月 25 日,"公电";《时报》1912 年
2 月 25 日,"要闻")沪民公会来电,以沪军月支百万,民力难支,且苏、
沪近在咫尺,请取消沪督。(《申报》1912 年 2 月 22 日,"公电";《时报》1912
年 2 月 22 日,"要闻")

△ 香港南行来电,请挽留广东都督陈炯明,不另选举。(《香港
南行为乞留陈炯明为粤省都督事致孙大总统电》,中国第二历史档案馆编:《南
京临时政府遗存珍档》第 3 册,第 866 页)

△ 皖南绅商朱士英、胡文研等来电,控告安徽都督孙毓筠调兵
压制芜湖。(《民立报》1912 年 2 月 24 日,"安徽电报")

△ 孙毓筠来电,报告安徽省前派参议员王善达已辞职,改派胡
绍斌担任。(《临时政府公报》第 23 号,"附录·电报";《申报》1912 年 2 月 24
日,"公电";《时报》1912 年 2 月 25 日,"公电";《民立报》1912 年 2 月 24 日,"沪
军政府电报")

△ 宋小濂等自齐齐哈尔来电,赞同建都北京。(《申报》1912 年 2
月 24 日,"公电";《时报》1912 年 2 月 24 日,"要闻";《民立报》1912 年 2 月 24
日,"沪军政府电报";《民立报》1912 年 2 月 26 日,"新闻一")

△ 美国共济会柑桔分会秘书长、共济会加州阿拉梅达市橡树
林分会会员 T. W. 邓肯(T. W. Duncan)来函,希望能在中国新政府
机构里供职,可担任总统秘书、对外联络工作或其他类似职位,并告
自己与《旧金山检查者报》有多年联系,是其驻外特别代表。(《海外友
人致孙中山信札选(四)》,《民国档案》2003 年第 4 期,第 3 页)

△　报载各省旅沪同乡会来电,反对沪军都督府发行公债票章程,指出上海发行公债,只应以上海县所属之税租作抵,不可享有全国财政权,以国家税款作抵,请明发命令,立时取消。(《反对沪军政府公债章程·各省旅沪同乡会致南京电》,《时报》1912 年 2 月 22 日,"要闻")

△　报载闽军杜持、张宗英、陈树德,松军张兆辰、韩尚文、王民皥、吴吴山,旅沪常士彝、陈维新等来电,请慰留浙江都督蒋尊簋。(《关于浙都督辞职要电·又致南京电》,《时报》1912 年 2 月 22 日,"公电")

△　报载浙军政府参谋科长童必惮来电,建议所有同盟、光复等名目,一概取消。(《关于浙都督辞职要电·杭州电》,《时报》1912 年 2 月 22 日,"公电")

△　报载旅沪甘肃同乡会来电,要求迅速宣布清帝逊位,否则请振旅北行,甘军当一律反正。(《临时政府公报》第 19 号,"附录";《时报》1912 年 2 月 13 日,"中华民国立国记";《民立报》1912 年 2 月 13 日,"公电")

△　报载浙江旅松军界代表、光复会员、松军第一团长张兆辰、同盟会员、第二团长韩尚文来电,控告统制周承菼营私植党,浙江同盟会侵权违法。(《时报》1912 年 2 月 22 日,"公电")

△　报载马毓宝来电,赞成赣省铁路借款二百五十万元,五分之三归中央,五分之二归江西省用,但该路一直属于商办,须交股东议复。(《赣路抵借外债之电书·赣都督致孙总统电》,《申报》1912 年 2 月 22 日,"要闻二")

△　报载松江军政分府来电祝贺清帝退位,要求尽早协商南北统一。(《申报》1912 年 2 月 22 日,"公电";《民立报》1912 年 2 月 22 日,"公电")

2 月 23 日　复电王勋,转告盛宣怀,命取消汉冶萍中日合办草约。

电文指出:"该草约前虽批准,后以其交款濡滞,并不践期,已电告前途,汶定取消,盛氏万不能以已由政府核准为借口。唐君等前商办法系为盛氏计。今各省反对,舆论哗然,盛氏宜早设法废去此约。

且证书有须通过于公司股东会一语,不为通过,此约即废,不患无以处此也。"(《盛宣怀致李维格密电》,陈旭麓等编:《辛亥革命前后·盛宣怀档案资料选辑之一》,第253页)盛宣怀致电王勋转孙中山,表示当立即知照董事开股东会,会集时,定将欲废去该约之意告知各股东,称"如此重要产业终能完全保存,实为中华民国幸福"。(《盛宣怀致孙中山电》,陈旭麓等编:《辛亥革命前后·盛宣怀档案资料选辑之一》,第352页)3月22日,上海开临时股东会,到会四百四十人,计二十万零八千八百三十八股,全部反对中日合办,超过公司全股十分之八,合同草约宣告无效。(《盛宣怀、李维格致小田切万寿之助函》,陈旭麓等编:《辛亥革命前后·盛宣怀档案资料选辑之一》,第261页)同时又复盛宣怀一函,表示盛宣怀"以垂暮之年,遭累重叠,可念也。保护维持,倘能为力之处,必勉为之"。又表示"现在南北调和,袁公不日来宁,愚意欲乘此机会,俾消释前嫌",允代向袁世凯疏通,使盛可以回国乐居故里。(《孙中山致盛宣怀函二通》,《社会科学战线》1981年第4期,第72页)

　　△　派胡汉民向参议院说明汉冶萍借款及草约取消诸事项。

　　22日,参议院以上次关于抵押借款及发行军用钞票案的答复"疑问尤多""不得要领",再次向大总统提出质问,并要求即日派员到院答复。(《抵押借款及发行军用钞票再质问案》,张国福选编:《参议院议事录·参议院议决案汇编》,《参议院议决案汇编·质问案》,第3页)乃派胡汉民携汉冶萍借款各种文件交参议院,并再次咨复说明借款情况及取消草约之决定。答复的主要内容有:一,汉冶萍之款,系该公司以私人资格与日本商订合办,其股份各一千五百万元,尚未通过合同于股东会,先由该公司借日本五百万元转借与临时政府,而求批准其事,先交二百万至三百万元,待合办合同成立再交清五百万元。该款已陆续收到二百万元。现已取消合办,但已收支之二百万元,照原约须为担保之借款。二,军用钞票,当时因中央所印未能竣工,议借上海已印成者发行,因上海中华银行不肯代负交换责任,又决定加印南京通用银元及三月通换字样,现发行约一百一十余万元。(《附大总统答复文》,张国福选编:《参议院议事录·参议院议决案汇编》,《参议院议决案汇编·质问案》第 3—4 页;《汉冶萍拒款问题》,《申报》1912 年 2 月 28 日,"要闻一")

△　胡汉民面陈力辞广东都督。(《临时政府公报》第 25 号,"电报")再电广东军政府,委任汪精卫担任广东都督,待袁世凯来南京后,汪即返粤,其未到任前,仍由陈炯明代理,各界不可再举他人。(《临时政府公报》第 22 号,"电报")汪亦不愿就任。

△　复电黎元洪,告以已令内务部准红十字会立案,电云:"查民国军兴以来,各战地将士赴义捐躯,伤亡不鲜,均赖红十字会救护、掩埋,善功所及,靡特鄂省一役而已,文实德之。兹接电示,以该会前在武汉设立临时病院,救伤掩亡,厥功尤伟。复经日本有贺氏修改会章,已得万国红十字会公认,嘱予立案等因。该会热心毅力,诚不可无表彰之处,应即令由内务部准予立案,以昭奖劝。"(《临时政府公报》第 22 号,"电报")

△　致电袁世凯,要求袁世凯电阻奉天、哈尔滨、黑龙江等处官吏反对共和、杀害民党。电云:"奉天、哈尔滨、黑龙江等处官吏反对共和,惨杀民党。当此南北统一,拯救民生,维持秩序,最为要策,岂容东省官吏破坏全局。况北满介于两大(指日、俄两国),更不宜有阋墙之祸。祈速电阻安杀,并将段军就近弹压,保护大局,民国幸甚。"(《临时政府公报》第 24 号,"电报")

△　复电南昌江西省临时议会,希望以赣路借款协助中央。电云:"铁路借款前电马都督,即欲使通知省会等,征求意见。现在中央财政困乏,各省协助,虽无一定之额,然以苏路则以百余万,借于中央,浙路借款若成,亦允以大部分借用。对于赣路,议借百五十万,以一百万归本省,亦审度所能出。此议非马都督提起,至应否由股东会取决,可听主裁。惟望知大局之艰难,中央需款之急,一时财政收入无源,亟相扶助,则民国之幸也。"(《赣省举借外债之电书》,《申报》1912 年

2 月 23 日,"要闻二")①

　　△　为中央演说团题词"苦口婆心"。中央演说团为胡颐伯、余根海等组织,每逢星期日在南京大中桥升平园开会演说,发起不到一个月,有团友六百余人之多。(《中央演说团纪事》,《民立报》1912 年 2 月 23 日,"新闻三")

　　△　黎元洪来电,告知湖南都督谭延闿无遇险事。(《临时政府公报》第 23 号,"附录·电报")

　　△　刘学询来函,告以现有西商可以认借一千万两,年期、息金均较有利,可在上海交款,如有意筹借,请示意接洽办法。(翠亨孙中山故居纪念馆藏档,B5—14)

　　△　第二军军长徐宝山来电,报告清、淮地区米价骤涨,人心恐慌,要求通告浙江都督转饬所属,一律严禁出口,并详查有无奸商私运囤积,同时请求通饬各省,加以严禁。(《临时政府公报》第 24 号,"附录·电报")

　　△　常熟联合会支部蒋凤梨来电,指出民选参议院急不可缓,请速定选举法,限期组织成立。(《临时政府公报》第 24 号,"附录·电报";《申报》1912 年 2 月 26 日,"公电";《民立报》1912 年 2 月 26 日,"公电")

　　△　湖北共和促进会来电,指出汉冶萍煤铁矿厂虽系盛宣怀投资,但仍属鄂、赣公产,不宜用国际合办名义吸引外资,请即挽回。(《湖北共和促进会反对中外合办汉冶萍煤铁矿厂事致孙中山等电》,中国第二历史档案馆编:《南京临时政府遗存珍档》第 3 册,第 872 页;《民立报》1912 年 2 月 25 日,"武昌电报";《时报》1912 年 2 月 27 日,"要闻";《申报》1912 年 2 月 28 日,"要闻一")

　　△　旅京香山人梁士诒、谭学衡、蔡廷干、叶恭绰等来电,称颂让位袁世凯,功绩远超华盛顿之上,"凡吾乡人,与有荣焉"。(《临时政府公报》第 20 号,"附录";《申报》1912 年 2 月 26 日,"南京总统府来往要电";《民立报》1912 年 2 月 26 日,"新闻一")

────────

　　①　此为报载日期。

△　香军汉字营统带刘汉华来电,不承认袁世凯为总统,请勿遽辞职。(《香军汉字营统带刘汉华致孙总统等不承认袁世凯为总统电》,中国第二历史档案馆编:《南京临时政府遗存珍档》第 3 册,第 874 页)

△　香港女皇学院学生高洪福(Kao Hong Foh)自上海来函,表示想重返海关工作,请予安排。(《海外友人致孙中山信札选(四)》,《民国档案》2003 年第 4 期,第 3—4 页)

△　报载法制局副长汤化龙呈文,请求辞职。(《法制局副长汤化龙之辞职》,《时报》1912 年 2 月 23 日,"要闻")

△　报载粤军钟鼎基、苏慎初来电,坚决反对参议院多数议员主张建都北京,请解散参议院。(《申报》1912 年 2 月 23 日,"公电")

△　报载上海国民协会本部来电,报告荷属泗水华侨因升旗燃炮庆祝民国成立,为荷警凶殴,死伤十余人,请临时政府予以交涉。(《申报》1912 年 2 月 23 日,"公电")

△　报载沪军第一师长吴绍璘,正参谋吴晋,旅长华振基、田应贻,团长梁敦骐、龚渭霖、陶澄孝、敖正邦、李铎、史秉直、金焯、徐定清;沪军第二师长黄郛,参谋长何澄,团长蒋志清、吴淞要塞司令兼要塞步兵团长姜国梁;沪军光复军总司令李征五,参谋何万波、孙铁生,团长陈雁声、王若周来电,反对上海都督陈其美辞职,主张推为江苏都督。(《临时政府公报》第 20 号,1912 年 2 月 23 日,"附录";《申报》1912 年 2 月 21 日,"公电二")

△　报载民国联合会江西分会符鼎升等来电,指出江西供给中央政费与江西铁路借款,本为两事,中央无指定商路抵押之权,请取消原议。(《赣省抵借外债之电书续·联合会致孙总统电》,《申报》1912 年 2 月 23 日,"要闻二")

△　报载尹昌衡、罗纶来电,报告在川滇军与川人矛盾冲突,希望电告云南军政府,速将援川之师转向北伐,解除四川内患。(《民立报》1912 年 2 月 23 日,"沪军政府电报")

△　报载山东各界代表汪懋琨、石金声等来电,公举胡瑛为都

督,未到任前,由齐鲁总司令柳成烈代理。(《临时政府公报》第 20 号,
"附录")

△　报载庐州军政分府孙万乘来电,表示先取消军政分府,所有
军队请陆军部另委接带,地方民政改归行政厅管辖,自己愿归田求
学。(《民立报》1912 年 2 月 23 日,"安徽电报")

2 月 24 日　在南京总统府接见邓泽如,举荐其为广东都督。邓
向胡汉民婉言谢绝。据胡汉民告诉邓泽如:"现广东政争甚难处置,
都督陈竞存辞职,孙先生推荐阁下代之,因民军各统领均与阁下感情
最深,此因事择人,请勉为其难。"邓泽如婉谢曰:"此次之来,实以孙
总统宝眷同行之谕,义不可辞。……今南北合赞共和,清帝退位,联
汉、满、蒙、回、藏五族为一家,议和之局已定。泽本商人,素无政治、
军事之学识,广东都督一席,自度才力不胜,决不敢担任。此次革命
功成,得以翱翔入国门,吸共和新空气,何幸如之! 趁此余暇,拟浪游
苏杭山水,以扩眼界,而畅襟怀。"(邓泽如:《中国国民党二十年史迹》,第
84 页)

△　致电蔡锷,告拟派一熟悉川省情形人士,赴四川筹划统一事
宜。电云:"蜀省军府分立,势甚危险,诚如敬电所云。幸近日逐渐取
消,办理略有端绪,可为告慰。此间拟即派一娴熟该省情形之人,前往
筹划一切统一事宜。"(《致蔡锷电》,《孙中山全集》第 2 卷,第 129 页)

△　令陆军、财政、内务三部遵照参议院决议,将各地军政分府
撤销或由省都督改设司令部,司令部长不得干涉民政、财政。(《大总
统令陆军、内务、财政三部照参议院议案将各省军政分府酌改为司令长不得干
涉民政、财政由》,《临时政府公报》第 21 号,"令示")①

△　令教育部核办甘霖呈请,在对美赔款项下给予官费游学美
国,令云:"民国新建,奖励游学,而培养人才,实为当今急务。但资格
如何选派,学费如何筹措,应由该部统筹全局,酌核办理。"(《大总统令

---

①　此为《临时政府公报》发布日期。

教育部核办甘霖呈请由美赔款项下给予官费游学美国由》,《临时政府公报》第21号,"令示")①

△《临时政府公报》发表《大总统令法制局审定官职试验章程草案由》《大总统令财政部委任汤寿潜、林文庆往南洋劝募公债并办法委任状由》《大总统令陆军部选派卫兵驻参议院守卫由》。(《临时政府公报》第21号,"法制""令示")

△ 袁世凯来电,告已送柳大年、张涵初于2月23日从秦皇岛登船航上海。(《临时政府公报》第24号,"附录·电报")又电告东北、西北均已改挂国旗,联成一家。(《临时政府公报》第24号,"附录·电报")

△ 马毓宝来电,主张建都北方。(《民立报》1912年2月25日,"武昌电报";《申报》1912年2月26日,"公电";《时报》1912年2月26日,"要闻")

△ 张凤翙来电,报告升允进攻民军,请速设法援救,调陕、川、滇、黔各军火速攻击升允后路。(《陕西乞援要电补录》,《申报》1912年3月6日,"要闻二")

△ 曲同丰来电,报告22日已抵韩庄,拟先到济南,沿途军队、百姓均安谧。(《临时政府公报》第24号,"附录·电报")

△ 华侨联合会来电,报告泗水荷兰当局加调马、步兵团,掳男女儿童四百余人,乞速拯救。(《临时政府公报》第24号,"附录·电报")

△ 越兴事社、三合会团体自治两粤支部等来电,表示不承认袁世凯为总统。(《越兴事社等致孙中山等不承认袁世凯为总统电》《三合会两粤支部致孙大总统等不承认袁世凯为总统电》,中国第二历史档案馆编:《南京临时政府遗存珍档》第3册,第878—888页)

△ 报载商务总会陈作霖、沪南商会王震、商务公所朱佩珍、全国商团联合会沈懋昭、国民总会叶增铭、市政所长莫锡纶来电,主张上海都督陈其美应当兼辖江苏省,以统一事权。(《临时政府公报》第21号,"附录";《民立报》1912年2月27日,"新闻一")中华民国共和讨论会来

---

① 此为《临时政府公报》发布日期。

电,主张陈其美既然表示愿意辞上海都督职,应即俯允,以使江苏省统一。(《申报》1912 年 2 月 24 日,"公电")

△ 报载山东共和急进会来电,告以公推连承基为鲁军总司令。(《临时政府公报》第 21 号,"附录";《民立报》1912 年 2 月 27 日,"新闻一")

△ 报载姜桂题来电,表示敬意,称"建设方始,伟论卓见,深为嘉佩。从此南北一家,联络一气,巩固共和基础,增进人民幸福,为五大洲之强国,实所至愿"。(《临时政府公报》第 21 号,"附录")

△ 报载蔡公时来电,就符鼎升对己恶评予以辩解,请严厉追查证据。(《申报》1912 年 2 月 24 日,"公电";《时报》1912 年 2 月 24 日,"公电";《民立报》1912 年 2 月 24 日,"南昌电报")

2 月 25 日 咨参议院,请将《将文官考试委员官职令》、《文官考试令》草案提前议决。(《大总统咨参议院议决文官考试与外交官及领事官考试令草案文》,《临时政府公报》第 24 号,"咨")

△ 令财政部即拨芦盐二十万包与安徽省,分销所得之款由该部验收。(《大总统令财政部准安徽都督呈请拨盐分销由》,《临时政府公报》第 22 号,"令示")①

△ 报载犬养毅至南京晋谒。(《民立报》1912 年 2 月 25 日,"南京电报")

△ 报载吴振麟晋谒求差,并表示"庚戌四月请日政府逐孙总统亦非出之本心"。(《民立报》1912 年 2 月 25 日,"南京电报")

△ 黎元洪来电,转北京哈裳电称袁世凯不宜来南京,黎请示如有高见,请速通告。(《黎元洪为转北京哈裳电称袁世凯不宜来南京请婉商执政诸公府为迁就如有高见请速通告以便研究事致孙大总统等电》,中国第二历史档案馆编:《南京临时政府遗存珍档》第 3 册,第 911—916 页)

△ 广西都督陆荣廷来电,报告于 25 日到广西平、梧、浔各属剿办图匪,所有军政府工作委托军政司长陈炳焜代行。(《临时政府公报》第 25 号,"附录·电报";《时报》1912 年 2 月 27 日,"公电";《申报》1912 年 2 月

---

① 此为《临时政府公报》发布日期。

27 日,"公电";《民立报》1912 年 2 月 28 日,"公电";《临时政府公报》第 26 号,"附录·电报")

　　△　武昌社会党来电,以汉冶萍矿、招商局于军务、民生关系极重,反对与外人合办或抵押。(《反对借款抵押再纪·武昌社会党来电》,《时报》1912 年 2 月 28 日,"要闻")

　　△　江苏公民会来电,请即撤销上海都督。(《沪督去留之问题·上海去电》,《时报》1912 年 2 月 26 日,"要闻")

　　△　国民协会本部来电,报告泗水荷兰官员连日派兵围捕老幼,请严诘荷兰公使,并酌派兵舰前往保护[①]。(《时报》1912 年 2 月 26 日,"公电";《申报》1912 年 2 月 26 日,"公电";《临时政府公报》第 25 号,"附录·电报")

　　△　报载旅沪宁波同乡会虞和德、朱佩珍、夏启瑜、李厚礽、李征五、张寿镛等来电,以原清浙江统制吕本元上年中已交卸职务,未反抗民军,请归还已查封的房屋、器具。(《临时政府公报》第 22 号,"附录·电报";《民立报》1912 年 2 月 28 日,"总统府要电汇录")

　　△　报载南阳绅商学军来电,告已公推吕霞乃为豫南军政府临时都督,韩邦孚为民政长。(《临时政府公报》第 22 号,"附录·电报";《申报》1912 年 2 月 28 日,"公电")

　　△　报载湖北兵站总监胡捷之来电,请示鄂省兵站办理事宜。(《临时政府公报》第 22 号,"附录·电报")

　　△　报载中华共和促进总会来电,对建都问题,主张人和在南,地利在北,不若暂设南、后迁北,顾及两方,消除意见。(《申报》1912 年 2 月 25 日,"公电";《民立报》1912 年 2 月 25 日,"武昌电报";《时报》1912 年 2 月 26 日,"公电")沪军师长吴绍璘反对建都南京。(《申报》1912 年 2 月 25 日,"公电";《民立报》1912 年 2 月 25 日,"公电";《时报》1912 年 2 月 25 日,"要闻")

----

　　①　据《临时政府公报》,发电人为温宗尧。(《临时政府公报》第 25 号,1912 年 2 月 29 日,"附录·电报")

2月26日　咨参议院，请求开临时会，提前议决财政部长陈锦涛向华俄道胜银行借款一百五十万镑一案。

南京临时政府拟向华俄道胜银行借款，五厘利息，九七折扣，一年期，用中央名义担保，无需抵押。条件为下次政府有大借款，在所索权利相同前提下，华俄银行有优先权。21日，陈锦涛与俄方签字，待中央电许、参议院通过。本日急咨参议院，并派胡汉民到院陈述。（《华俄道胜银行借款案第一次议决案》，张国福选编：《参议院议事录·参议院议决案汇编》，《参议院议决案汇编·财政案》，第7页；《大总统准财政部电称拟借华俄道胜银行款项咨参议院提前决议文》，《临时政府公报》第25号，"咨"）

△　临时政府举行内阁会议，讨论荷兰殖民政府虐待巴达维亚（雅加达）、泗水华侨问题。

本月20日，荷属巴达维亚、泗水等地华侨因庆祝民国统一大典，遭到荷当局镇压，华侨联合会、国民协会连续来电"乞速拯救"。本日内阁会议议定交涉条件："一、限三日内释放捕获者；二、赔偿损失财产；三、被害者之赔偿；四、恢复人权，与欧侨、日侨一律看待，如无满意答复，民国自有相当之对待。"（《民立报》1912年2月28日，"南京电报"）

△　上午，接见美国建筑师纽孟（B. Leigh Newman），四天后（3月1日），纽孟在上海来函表示感谢。（《海外友人致孙中山信札选（四）》，《民国档案》2003年第4期，第6页）

△　致函陈锦涛，对于上海军政府财政部长朱佩珍请求颁公股半数（洋一百二十五万元）作为中华银行资本，命与接洽商议。（《致陈锦涛函》，《孙中山全集》第2卷，第130页）

△　致电袁世凯，因清陕甘总督升允反对共和、进攻咸阳、西安危急，要求设法急援。电云："升允闻清帝辞位，仍反对共和，已破醴泉，现攻咸阳，省城危急万分，请电尊处速为救援。查升允实为国民公敌，前已承段军允借饷械助战，惟虑不足应急，更请从速设法为援。"（《临时政府公报》第25号，"电报"）

△ 致电陈炯明,重申以 23 日电为准,由汪精卫督粤,陈炯明代理。电云:"前廿二日电令胡汉民回任,汪精卫同返。次日,汉民面陈力辞,故廿三日再电委任汪精卫督粤……两电想先后到粤。自以廿三日电为实,以精卫督粤,陈督代理,其廿二日汉民回任之令取消。"(《临时政府公报》第 25 号,"电报")后广东省议会决定留任陈炯明,不另选举。(《临时政府公报》第 26 号,"附录")

△ 本日眷属抵达南京。(《天铎报》1912 年 2 月 28 日,"要电")

△ 各地来电提出建都主张。江西都督马毓宝来电,建议建都北京或天津两处;副总统暂驻南京;袁世凯继任后,凡前大总统孙中山已颁布之命令,应一律照行,不可更改;清帝既废,所有腐败帝政、玉玺皆作废,前清之国务大臣一律取消,另简派民国国务大臣;南北军队酌量调驻,将现在北方军队调赴东三省、甘肃、新疆等处,再由南方酌调军队若干驻北京、保定一带。(《民立报》1912 年 3 月 2 日,"江西电报";《申报》1912 年 3 月 2 日,"公电")汕头同盟会支部来电,主张临时政府地点与建都为两个问题,袁世凯应南来就职后,再议建都北京。(《汕头同盟会支部为临时政府地点与建都实为两问题袁世凯应南来就职后再议建都事致孙大总统等电》,中国第二历史档案馆编:《南京临时政府遗存珍档》第 3 册,第 926 页)共和党广西支部来电,提议定都南京,不认袁世凯为总统。(《共和党广西支部提议定都南京不认袁为总统事致孙总统等电》,中国第二历史档案馆编:《南京临时政府遗存珍档》第 3 册,第 928 页)陈锡蕃、李盛铎等来电,就建都问题主张目前不应舍北就南,倘争持不已,会损害南京参议院的信用和共和的本旨。(《申报》1912 年 2 月 29 日,"公电";《时报》1912 年 2 月 29 日,"要闻")

△ 陈锦涛来电,报告有人以南京各部所派名义,来上海向洋商追借款项,希查明回复。(《临时政府公报》第 26 号,"附录·电报")

△ 湖南都督谭延闿来电,以湖南邮政司在反正时协助甚大,恳电商总税务司不要迁调。(《湖南都督谭延闿恳电商总税务司勿迁调湘邮政司事致孙大总统等电》,中国第二历史档案馆编:《南京临时政府遗存珍档》第 3

册,第 930 页)

△　孙毓筠来电,报告芜湖军政分府自愿取消。(《临时政府公报》第 26 号,"附录·电报";《申报》1912 年 2 月 28 日,"公电";《民立报》1912 年 2 月 28 日,"安徽电报";《时报》1912 年 2 月 28 日,"要闻")

△　柏文蔚来电,请即命财政部赶设庐州钞票兑换处,以方便皖北军、商。(《临时政府公报》第 25 号,"附录·电报")

△　蓝天蔚来电,报告赵尔巽已派重兵乘南满火车进攻开原,请求尽速去电斥阻。(《临时政府公报》第 26 号,"附录·电报")

△　齐鲁总司令柳成烈来电,控告清山东巡抚张广建、警道吴炳湘派兵围困谘议局,阻止公民开会,并不准自由发电报,锢禁绅士。(《民立报》1912 年 2 月 28 日,"青岛电报")

△　常州军政分府赵乐群来电,反对裁撤军政分府,表示应待中央政府组织成功,各种政体已定,先将都督名义取消,而后各分府自然裁撤。(《时报》1912 年 3 月 6 日,"公电")

△　华侨联合会来电,恳请速电华、荷使节,转电爪哇荷官,以保侨商。(《临时政府公报》第 25 号,"附录·电报";《民立报》1912 年 2 月 27 日,"华侨联合会要电";《时报》1912 年 2 月 27 日,"要闻")又来电,报告泗水已开市,有一百多华人被拘禁,荷当局要挟书报社董事承认惨案中死者了图谋不轨。(《临时政府公报》第 26 号,"附录·电报")

△　报载驻皖青年军大队长廖传仪等来电,声明有人假借青年军全体队员名义,一再发电污蔑总军监兼第一大队军监韩衍。(《临时政府公报》第 24 号,"附录·电报";《时报》1912 年 2 月 26 日,"公电";《申报》1912 年 2 月 26 日,"公电";《民立报》1912 年 2 月 27 日,"安徽电报")

△　报载淮、徐、海旅沪同乡会来电,控告盐阜辑私营管带耿清池、丁宝贵纵兵抢劫,请求致电扬州,调回耿、丁。(《耿管带用心太险·附录上海去电》,《时报》1912 年 2 月 26 日,"要闻")

△　报载驻沪广西共和协进会来电,指出沪军都督府科员曾铺

擅用该会会名，干预沪督存废问题，系受人主使，该会不予承认。

（《沪督去留之问题·上海去电》，《时报》1912 年 2 月 26 日，"要闻"）

2 月 27 日　再咨参议院，说明华俄道胜银行借款一案。

为请求参议院提前决议向华俄道胜银行借款一案再咨参议院，根据参议院要求，转呈与该银行订立借款草合同，并派胡汉民、财政部委员黄体谦到院陈述。（《大总统咨参议院提出华俄道胜银行借款草合同请提前议决文》，《临时政府公报》第 25 号，"咨"）参议院修改后通过。（《华俄道胜银行借款案第二次议决案》，张国福选编：《参议院议事录·参议院议决案汇编》，《参议院议决案汇编·财政案》，第 7—10 页）3 月 1 日，《临时政府公报》发表咨文两件。咨文一云："民国统一，战事已息，目前以恢复秩序，分别安置军队为第一要义，必需巨款，方足敷布。而各处疮痍未复，未能遽取诸民，拟借用外债。昨日得财政部电称，现拟借华俄道胜银行之款……共借一百五十万镑，经涛（即财政总长陈锦涛）于箇（廿一）日签字……为此要求贵院即开临时会，提前决议。"咨文二云："兹将与该银行订定借款草合同，呈请转咨贵院开临时会，提前公决核准前来。相应咨请贵院察照办理。"（《咨参议院请核议借华俄道胜银行款项文二件》，《临时政府公报》第 26 号，"咨"）①

△　又咨参议院，建议于稽勋局内设捐输调查科。

咨文云："义旗之举，必有所资，诛锄民贼，非可徒手。或助饷于光复之日，或输资于暗杀之辰，毁家纾难，实无以异于杀身成仁。在当日党人筹措军债，曾许偿还，虽出资者以义忘利，而民国坐享成功，莫为之报，何以昭大信而劝方来。本总统以为稽勋局内可附设一捐输调查科，专调查光复前后输资人民，其持有证券来局呈报、或由他项方法确实证明者，就其输助金额给以公债票。"（《大总统咨参议院在稽勋局内设捐输调查科文》，《临时政府公报》第 23 号，"咨"）后于 3 月初再咨参议院，要求提前决议并迅速咨复。（《大总统咨参议院请提前议决设立

————————

①　此为《临时政府公报》发表日期。

稽勋局及捐输调查科两案文》,《临时政府公报》第 32 号,"咨")参议院于 3 月
13 日议决,设立稽勋局,于稽勋局内设捐输调查科,但因捐输调查科
事涉财政,须另案提交决议。(《设立稽勋局及附设捐输调查科案》,张国福
选编:《参议院议事录·参议院议决案汇编》,《参议院议决案汇编·庶政案》第 6
页)3 月制定稽勋局官制。5 月,稽勋局于北京成立,冯自由任局长。

　　△　再电陈其美,挽留其担任上海都督。电云:"前得辞表,亟电
挽留。顷闻执事退志仍坚……惟以军事、财政、外交、交通诸大端言,
沪上都督万难遽行取消。幸请顾全大局,再行勉为其难。"望其勿告
退。(《临时政府公报》第 25 号,"电报")

　　△　聘问清废帝文由迎袁专使蔡元培在北京送达,文云:"中华
民国大总统聘问大清皇帝好。"又云:"皇帝安居民国之内,吾中华人
民皆以宾礼相待。"(《民立报》1912 年 2 月 28 日,"北京电报")

　　△　致函广东同盟会员,告以委派留美华侨黄芸苏、张蔼蕴为使
粤宣慰委员,以资联络民军。函云:"弟离国十余年,匆匆过港,又不
克与诸同志握手,深以为憾!兹派黄君芸苏、张君蔼云(蕴)为宣慰委
员,更与我同志接洽一切。黄君为金山同盟会长,张君尽瘁党事有
年,因特专函,即问义安。"(《自海外归国时致同盟会诸同志函》,黄季陆编:
《总理全集》,下册,"函札"第 147 页)

　　△　傍晚,前四川总督王人文(Wang Jen-wen)由温宗尧(Wen
Tsung-yao)陪同,乘坐专列由上海往南京,前来会晤。("From The
Chinese Press"·"Notes From Nanking","*The North-China Herald*",Mar. 2,
1912,"Miscellaneous"·"The Republic in China".)

　　△　令陆军、内务两部通饬所属,以后查封房屋或借民房办公,
须分别饬咨南京府知事。(《大总统令陆军、内务两部通饬所属嗣后查封房
屋及借民房办公分别饬咨南京府知事文》,《临时政府公报》第 23 号,"令示")①

　　△　批旅沪甘肃同乡会康新民等公举岑春煊甘肃都督呈,表示

---

　　①　此为《临时政府公报》发表日期。

必得本省多数人赞成、能够担任筹备经费、并得其本人同意,方可委任。批文为:"自民国成立以来,宪法尚未规定,各省都督皆由自举。今甘肃旅沪同乡会议决举岑西林为甘省都督,于事理实属可行。惟必本省赞成之人多数同意,允担任筹备进行经费及先商请岑西林允肯就任,本总统乃能发给委任状以委任之。"(《大总统批旅沪甘肃同乡会康新民等公举岑春萱〔煊〕为甘肃都督呈》,《临时政府公报》第 23 号,"令示")①

△　华侨联合会来电,再告泗水粤侨危急万分,请速拯救。(《临时政府公报》第 27 号,"附录·电报";《时报》1912 年 2 月 28 日,"要闻";《民立报》1912 年 2 月 28 日,"公电";《申报》1912 年 3 月 2 日,"要闻一")又电告"若交涉无效,势必一网歼尽。去电请勿登报,并勿来电。恐拯救未见,惨祸先临"。(《临时政府公报》第 27 号,"附录·电报";《申报》1912 年 2 月 29 日,"要闻一";《民立报》1912 年 2 月 29 日,"公电";《时报》1912 年 2 月 29 日,"要闻")本日报载李征五来电,为泗水华侨惨案,请求速电荷兰政府,进行交涉,尊民族而伸国权。(《申报》1912 年 2 月 27 日,"要闻一";《民立报》1912 年 2 月 27 日,"公电")

△　陈锦涛来电,报告上海英领事因未接正式公文不同意发款,须由总统照会南京英领事,并由南京英领事电知上海英领事,方可收款,请照会南京英领事。(《陈锦涛为沪英领事未接正式公文不允发款请照会南京英领事事致孙总统等电》,中国第二历史档案馆编:《南京临时政府遗存珍档》第 3 册,第 936 页)

△　袁世凯复电,告以陕西危急,昨已电饬迅速赴援。(《临时政府公报》第 26 号,"附录·电报")又来电,告东北已经宣布共和,经通饬各军队停止行动,现开原民军又有进攻举动,请予解散。(《临时政府公报》第 27 号,"附录·电报")

△　蓝天蔚来电,告已奉命严饬所属各部停止行动,将军队撤回烟台,控诉赵尔巽名虽赞成共和,实为民军公敌,请示善后办法。(《临时政府公报》第 27 号,"附录·电报")

---

①　此为《临时政府公报》发表日期。

△　黎元洪来电,主张临时政府最适当地点应属武昌,请从速组织临时政府,开辟武汉,建筑新都。(《民立报》1912 年 3 月 1 日,"武昌电报";《时报》1912 年 3 月 1 日,"公电";《申报》1912 年 3 月 1 日,"公电")

△　临时政府地点争议会旅津商人代表崔文藻、徐铮等来电,主张临时政府宜北不宜南,若令袁世凯南下接任总统,北方必有变乱,请允将临时政府设于北方。(《申报》1912 年 2 月 28 日,"公电";《民立报》1912 年 2 月 28 日,"公电";《时报》1912 年 2 月 28 日,"要闻")

△　孙毓筠来电,请照准方潜回安徽办理政务,南京府另委人接任。(《临时政府公报》第 27 号,"附录·电报")

△　尹昌衡、罗纶来电,特任熊景伊为全川陆军军团长兼军事叙议院副院长,各镇受其节制调遣。(《民立报》1912 年 3 月 10 日,"四川电报")

△　署河南藩司王祖同、河南谘议局议长方贞来电,告所派郭奎文持谘议局委托书驰赴南阳与民军接洽,被该军参谋刘英所杀,请主持公理。(《民立报》1912 年 3 月 1 日,"开封电报";《申报》1912 年 3 月 1 日,"公电")

△　温宗尧来电,报告瑞典女传教士柏永青拟回汉口传教,询问有无危险、应如何担任保护。(《温宗尧致孙大总统等关于瑞典女教士柏永青拟回汉口传教应如何担承保护请示知电》,中国第二历史档案馆编:《南京临时政府遗存珍档》第 3 册,第 946 页)又电报告本月 24 日胡承诰为上海沪军光复军拘禁,驻沪领事团深抱不平,请电饬沪军都督陈其美、闸北光复军统领李征五,予以释放。(《温宗尧请电饬沪军都督闸北光复军统领李释放胡承诰事致孙大总统等电》,中国第二历史档案馆编:《南京临时政府遗存珍档》第 3 册,第 949 页)

△　广东军团协会、各军队、同盟会广东支部来电,表示坚决不承认袁世凯为总统,并请遣散参议院。(《同盟会广东支部为不承认袁世凯为总统并请遣散参议院事致孙中山等电》,中国第二历史档案馆编:《南京临时政府遗存珍档》第 3 册,第 964—965 页)

△　安徽芜湖军政分府吴振黄来电,呈报依孙都督毓筠命,已将

芜湖军政分府取消,所有行政均须直接联络驻安庆的安徽都督。
(《安徽芜湖军政分府吴振黄呈报依陈都督命取消皖芜军政分府事致孙大总统
等电》,中国第二历史档案馆编:《南京临时政府遗存珍档》第 3 册,第 952 页;
《临时政府公报》第 27 号,"附录·电报")

　　△　皖事筹办处来电,报告皖事筹办处成立,公举范厚泽为理事
长,以调和皖南北之意见。(《皖事筹办处致袁总统孙总统等呈报该处成立
公举范厚泽为理事长电》,中国第二历史档案馆编:《南京临时政府遗存珍档》第
3 册,第 944 页;《申报》1912 年 2 月 29 日,"公电")

　　△　大通商会自治公所来电,报告安徽都督孙毓筠拟派兵攻
芜湖、大通,请求迅速致电孙毓筠即日退兵。(《大通商会自治公所为
孙少侯都督拟派兵先攻芜湖继袭大通乞孙公即日还辕事致孙大总统等
电》,中国第二历史档案馆编:《南京临时政府遗存珍档》第 3 册,第 960—961
页)

　　△　报载山东全省商会、教育会、绅学界各团体来电,表示不承
认山东巡抚张广建,欢迎胡瑛任山东都督,并恳速电催促胡瑛都督来
济统一政权。(《临时政府公报》第 23 号,"附录·电报")

　　△　报载旅沪、宁山西同人来电,反对袁世凯以李盛铎任山西都
督,请求仍以已举的阎锡山担任。(《申报》1912 年 2 月 27 日,"公电";《民
立报》1912 年 2 月 27 日,"南京电报";《时报》1912 年 2 月 27 日,"公电")

　　△　报载诸城议事会员臧伯埙等来电,控告和议期内清兵违约
进袭诸城,请求尽速设法禁止。(《临时政府公报》第 23 号,"附录·电报")

　　△　报载同盟会四川支部临时干事杨庶堪、石运光、黄金鳌、龚
廷栋来电,请将同盟会改为政党。(《临时政府公报》第 23 号,"附录·电
报")

　　△　报载汉冶萍上海公司商务长王勋来电,告汉冶萍中日合办
废约事正与三井公司商量,据称三井与南京政府所定之约易废,而公
司合办草约须开股东会议议决后再废。(《临时政府公报》第 23 号,"附
录·电报";《时报》1912 年 2 月 27 日,"要闻";《民立报》1912 年 2 月 27 日,"公
电")

△　伦班肯(Lun Ban Keng)自上海来函,告已与彭成苏(Chen-su Pang)医生就成立卫生部一事作了安排,目前正在研究成立南京大学,希望能予以支持并批复。(《海外友人致孙中山信札选(四)》,《民国档案》2003年第4期,第4—5页)

2月28日　致电湖北同志,望对孙武"格外原谅"。

武昌起义后,孙武恃功而骄,对黎元洪不逊,对起义同辈亦多傲慢。上月27日夜,武昌毕血会、教导团、将校补充团及军队少数人组成之改良政治群英会发起暴动,围抄孙武住宅,黎元洪于弹压事变后令孙武辞职。(方孝纯:《辛亥首义之片断回忆》,中国人民政治协商会议湖北省委员会:《辛亥首义回忆录》第3辑,第115—117页)故致电表示即派代表来鄂调查,希望湖北同志取和平态度,毋伤同胞同志之意,引发外人干涉。电云:"各同志与军务部长孙武大起冲突,其中理由虽不甚悉,惟我民国军宗旨不外厚爱同胞,保全大局。况该部长于起义之时,不为无功,请同志尤宜格外原谅。万一有不能容恕之处,亦宜宣明罪状,同议办法,不失为文明举动。文已电谕军务部长张振武、北伐军统杜锡钧、混成协协统王安澜、前先锋第一军统领王国栋等,就近极力排解,旋即派代表来鄂彻查。务望各同志和平为主,毋伤同胞同志之意,毋启外人干涉之端。是则文所厚望,诸同志三思为幸。"(《二次革命之尾声》,《时报》1912年3月6日,"要闻")又致电孙武,劝告其不要"以前事存芥蒂",望与辛亥起义同人"一心一德,共此艰难"。(《致孙武望辛亥起义同人共任艰难函》,中国国民党中央党史委员会编:《国父全集》第2册,第183页)

△　批复财政部,"所拟造币厂章程十二条,尚称妥恰,应即照准。"(《临时大总统关于造币厂章程复财政部批》,中国第二历史档案馆编:《中华民国史档案资料汇编》第2辑,第399页)

△　批复陆军部,准以顾忠琛为第十六师师长,张振发、赵念伯为第三十一、第三十二旅旅长。(《批陆军部关于顾忠琛等任命文》,《孙中山全集》第2卷,第135页)

△　函复上海共和促进会,对其工作表示肯定。函云:"贵会同人于研究政治之余,复言论机关组织,为国民导,热心宏愿,曷胜钦佩。辱承问序,深愧不文,然厚意复不可却,谨书数语奉寄,尚希裁酌。鄙照别寄,并祈察入。"从其所请寄序文一篇。(《孙大总统之手书》,《天铎报》1912 年 2 月 28 日,"本埠要闻")[1]

△　黎元洪来电,告已遵照中央行政各部名称为部,各省都督所属之行政各部应改称为司的命令,湖北军政府军务部等,一律改司。(《临时政府公报》第 28 号,"附录·电报";《申报》1912 年 3 月 2 日,"公电";《民立报》1912 年 3 月 2 日,"公电")

△　贵州都督赵德全来电,支持广西都督陆荣廷 16 日通电,表示总统之去就、国都之所定,非参议院一院所能决定,请大总统担负巨责,以定大局。(翠亨孙中山故居纪念馆藏档 B4—26)

△　温宗尧来电,建议原来隶属清内务府的资产定为清帝私产,此外京、省、各部、各属收管的资产均应属民国,不得私相授受,请求明示。(《温宗尧为转蔡领事函询民国照会中清帝退位后所有手制之动产不动产不得私相授受乞示明事致孙大总统等电》,中国第二历史档案馆编:《南京临时政府遗存珍档》第 3 册,第 974—975 页)

△　陈锦涛来电,请电袁世凯速饬释放由胡瑛派遣前往商议停战而为张广建拘留的张弼臣、侯雪舫、丁鼎臣三人。(《临时政府公报》第 27 号,"附录·电报")

△　陈其美来电再次请求辞职。(《临时政府公报》第 27 号,"附录·电报")

△　谭人凤来电,对上海都督、山西都督、山东都督之去留,主张"皆不容他人妄议,有敢动摇之者,义师共击之"。(《临时政府公报》第 27 号,"附录·电报";《时报》1912 年 3 月 1 日,"要闻";《民立报》1912 年 2 月 29 日,"公电")

△　蒋雁行来电,报告 2 月 27 日在清江浦由十五县代表正式投

---

[1]　此为报载日期。此函最后落款为"孙武顿首",当为手民之误。

票举定江北民政司正长季龙图、次长张祖焱。(《临时政府公报》第29号,"附录·电报")

　　△　杨荩诚来电,报告有重要公事面陈,已经出发赴南京,所属军队仍驻常德,一切军政事务暂交司令官田宗贞代理。(《杨荩诚为有要公面陈已经首途赴南京事致孙中山等电》,中国第二历史档案馆编:《南京临时政府遗存珍档》第3册,第986页)

　　△　上海国民协会本部来电,指出现在争持国都地点问题,将陷中国于无政府地位,请尽快组织临时政府。(《申报》1912年2月29日,"公电";《时报》1912年2月29日,"公电")

　　△　报载华侨联合会来电,报告泗水华侨被虐待一案,举林文庆、庄啸国为代表,晋京面陈。(《临时政府公报》第24号,"附录·电报")大同民党公济总会来电,请求为泗水惨案向荷使交涉,以保国权而慰民望。(《申报》1912年2月28日,"公电";《民立报》1912年2月28日,"公电")

　　△　报载旅沪晋同乡会来电,以山西省驻兵未撤,现又发生都督之争,请速向袁世凯交涉退兵。(《临时政府公报》第24号,"附录·电报")又电绝不承认袁派李盛铎督晋。(《临时政府公报》第24号,"附录·电报")

　　△　报载新城绅民代表王承继、张正源、崔凤信来电,控告济州新城县尹吴士钊破坏共和,拘留绅民,请转电袁世凯速将其撤职。(《临时政府公报》第24号,"附录·电报")

2月29日　命财政部查照承认中华银行为商办银行,并予以补助。

中华银行系陈其美任沪督之初,命财政长沈缦云创立,当时所订招股章程,规定公股、商股各半,但公股实未拨发。该行股东郭辉等呈文,请仍承认原定章程,拨发公股。是日批示:"查该行系在沪上光复之时,由沪军陈都督饬令沪财政长等所组织。在当时中央政府尚未成立,金融阻塞,商旅束手。沪军当东南之要冲,征兵转饷,时局危迫,间不容发,赖该行之功,遂得应付裕如。认该行为商银行之性质,由国家补助一半,其办法如日本银行之对于正金银行。如目前无现金,给以公债票一百二十五万作抵。庶政策既不因之违碍,商本亦赖以维持矣。"(《临时大总统等关于上海中华银行性质及国家能否补助文件》,中国第二历史档案馆编:《中华民国史档案资料汇编》第 2 辑,第 414 页)

△　颁布临时大总统令,命令各部迅将 3 月份支出预算表填送,以便汇交参议院编定。(《孙中山颁布各部将三月份支出预算表填送以便汇交参议院编定的临时大总统令》,中国第二历史档案馆编:《南京临时政府遗存珍档》第 1 册,第 41—48 页)

△　以中华民国红十字会"热忱毅力,殊堪嘉尚,应予立案,以昭奖劝",令内务部准予立案。(《大总统令内务部准予中华民国红十字会立案文》,《临时政府公报》第 25 号,"令示")①

△　袁世凯来电,告以对奉天局势,已嘱北、南各派代表面商,电饬东三省都督赵尔巽,对于民军所派人员和平接洽,但对扰乱治安者,仍视为公敌。(《临时政府公报》第 29 号,"附录·电报")

△　黎元洪来电,转告新举大总统袁世凯不日乘坐京汉铁路火车过汉口赴南京举行受职礼,请饬海军部先行预备兵舰,以便东下。(《民立报》1912 年 3 月 4 日,"公电")又来电报告湖北省奉南京内务部通饬,将所属各部一律改称为司,安靖如常。(《临时政府公报》第 28 号,"附录·电报";《申报》1912 年 3 月 3 日,"公电";《民立报》1912 年 3 月 2 日、4 日,"武昌电报")

△　马毓宝来电,请令行各省,对于前清显宦专祠,如曾文正、左文襄等各祭祠,不得任意销毁,以遵崇体统,而保护文明。(《临时政府公报》第 31 号,"附录·电报")

△　孙道仁来电,赞成中央政府地点设在京、津,先请袁世凯亲临南京组织中央政府,并实行宣誓,然后迁移北京。(《民立报》1912 年 3 月 3 日,"公电";《申报》1912 年 3 月 3 日,"公电")

----

①　此为《临时政府公报》发表日期。

△　蒋翊武来电,报告 28 日武昌暴乱,主张迅速集齐军队,联合湘、桂留鄂之师,如有不遵黎元洪副总统之命令及有损副总统威严者,以武力镇压。(《民立报》1912 年 3 月 2 日,"汉口电报";《申报》1912 年 3 月 3 日,"公电")

△　上海商学青年军联合会来电,报告该会定于 3 月 10 日在上海江苏教育总会开成立会,请派代表到会。(《青年军联合会致孙大总统等布告三月十号开成立会电》,中国第二历史档案馆编:《南京临时政府遗存珍档》第 3 册,第 990 页;《民立报》1912 年 3 月 1 日,"公电";《申报》1912 年 3 月 1 日,"公电")

△　贵州都督赵德全来电,报告滇军入境,沿途擅自行动,市面恐慌,人心震动,请求公评。(《赵德全为滇军入境借道赴鄂沿途擅自行动占领城邑事致孙中山等电》,中国第二历史档案馆编:《南京临时政府遗存珍档》第 3 册,第 999—1003 页)

△　驻沪闽军协统杜持、步队统带黄国华、教练官陈树德,管带吴俊杰、陶质彬、黄雪严、贺能斌,炮队管带杨国祥、工程营管带王嘉凯、马队队官沈汉秋、机关枪队队官戴藩国、卫生队队长张定镇来电,反对南京陆军部将闽军编为第十四师,派王孝缜为师长,以原师长许崇智改为高等顾问官,请饬部取消成命。(《时报》1912 年 3 月 6 日,"公电")

△　佛学研究会章太炎、陈三立、狄葆贤、汪德渊、梅先远、蒯寿枢等来函,对金山寺僧屡被审判厅拘去,并有刑讯逼勒罚款等事,请速挽救。(《民立报》1912 年 2 月 29 日,"公电")

△　报载广东统制龙济光来电,报告所编练军队因接和议已成电示,即告中止。(《临时政府公报》第 25 号,"附录・电报";《申报》1912 年 3 月 2 日,"公电")

△　报载上海京剧演员潘月樵、夏月珊等为集合同志创立伶界联合会,上呈请予立案,呈称"戏曲一道为社会教育之一端,感化人心,维持风化,关系甚大……兹际民国新建,社会平等,凡在人民,各

有天职;况又南北统一,实行共和,欲民智之开通,当以改良戏曲为急务。"表示将先就上海组织伶界联合会,改良旧曲,排演新戏,阐发共和原理,推广全国。(《伶界联合会潘月樵呈总统文》,《时报》1912 年 2 月 29日,"来件")

是月底　在南京会见越南志士潘佩珠。据潘自述:"一九一二年二月底,我到南京,曾拜见孙中山,并出席中国同盟会会员大会……我到达南京之际,政局非常复杂。孙中山忙不暇接,但仍抽空接见了我。"(潘佩珠:《自我批评》[手稿],转引自齐赫文斯基著、丁如筠译:《孙中山的外交观点与实践》,《国外中国近代史研究》第 4 辑,第 26 页)

是月　复容闳 1 月 2 日函,邀其归国。复函称:"当此破坏后,民国建设,在在需才。素仰盛名,播震环宇,加以才智学识,达练过人,用敢备极欢迎,恳请先生归国,而在此中华民国创立一完全之政府,以巩固我幼稚之共和。倘俯允所请,则他日吾人得安享自由平等之幸福,悉自先生所赐矣。先生久离乡井,祖国萦怀,量亦不致掉头而我弃也。"(《致容闳函》,《孙中山全集》第 2 卷,第 143—144 页)

1 月至 2 月　为汉冶萍借款事,两度致函张謇,予以解释。

张謇对汉冶萍借款持反对意见,来函指出:"凡他商业皆可与外人合资,惟铁厂则不可;铁厂容或可与他国合资,惟日人则万不可。日人处心积虑以谋我,非一日矣;然断断不能得志。盖全国三岛,无一铁矿,为日本一大憾事。而我则煤铁之富,甲于五洲。鄙人尝持一说,谓我国铁业发达之日,即日本人降伏于我国旗之下之日;确有所见,非过论也。数年以来,日人于铜官山,于大冶,于本溪湖,百端设法,思攘而有之;终亦不能如愿。今盛宣怀因内地产业为民军所占,又乘民国初立,军需孔亟,巧出其平日老猾手段以相尝试。吾政府不加深察,一受其饵,则于国防,于外交,皆为大失败。民国政府建立伊始,纵不能有善良政策,为国民所讴歌,亦何至因区区数百万之借款,贻他日无穷之累,为万国所喧笑? 比来上海各西报,对于吾政府时有微词。愿两公宏此远谟,勿存见小欲速之见,致堕宵小奸匿之谋。"又言"民国政府对于该公司当始终扶助；不能因其为盛所经营，而稍加摧抑。即盛宣怀之私产，亦当通饬保全，以昭大公。至中日合办之说，则万不可行；未可因其以借款之故，稍予通融"。（张謇：《为汉冶萍借款致孙总统、黄部长函》，张謇研究中心等编：《张謇全集》第 1 卷，第 238—239 页）故复函详为解释，希望张为政府开释。函云："惟度支困极，而民军待哺，日有哗溃之虞，譬犹寒天解衣裘付质库，急不能择也……而该件急迫，已有成议，今追正无及……今日所见为独占无二者，他日当使竞争而并进。于众多矿中，分一矿利与日人，未见大害，否则以一大资本家如盛氏者专之，其为弊亦大。舆论于此，未必深察。先生一言，重于九鼎，匡救维持，使国人纵目光千远大，为将来计；而亦令政府迫于救患之苦衷，权宜之政策，免为众矢之的。不胜厚望。"（《复张謇函》，《孙中山全集》第 2 卷，第 142—143 页）又劝其勿辞职，复函表示："现仍在设法中，比较利害，可改即改。直言文所深佩。时危拂衣，想非所忍，尚企为苍生挽留，不胜盼切。"（《复张謇函》，《孙中山全集》第 2 卷，第 146 页）并嘱胡汉民致函张謇，但张謇最终仍辞去实业部长职务。并向孙中山表示："事能幹旋，胜于留謇。謇愿我大总统之令名，暨民国第一次政府之誉望，永永使全国国民记忆弗衰。謇即不才，与有荣焉。任事之初，本约短期。今清帝退位，已经宣布，大局指日即定；区区为国之心，可以稍安。幸谅素志，许践前约。"（张謇：《复孙总统电》，张謇研究中心等编：《张謇全集》第 1 卷，第 240 页）

△　陆兰清上呈文，介绍个人游历南洋、组织洪门经历，表示现掌握军队，请谕粤督委任，并告派陈剑虹、黄复黄代表来宁谒见。（翠亨孙中山故居纪念馆藏档，B11—2）

△　复函胡礼垣，表示赞同胡氏提出的大同主张。函云："此次南军崛起，朔虏败北，几月之间，使东南半壁，气象一新者，自是我族茹苦含辛，久困必亨之所致，文何功焉！所愿虏酋知机，及今逊位，不劳兵力，克底共和，还大汉之河山，免生民于涂炭，则文之志也。来教

主张大同,尤其婆心济世,蒙虽未逮,敢不勉旃。"(《复胡礼垣函》,《孙中山全集》第 2 卷,第 143 页)

3 月

3 月 1 日　参加在小营演武厅举行的革命先烈追悼会。据《申报》报道,"三月初一上午十一时,在讲武厅举行革命诸先烈追悼会,自大总统以下皆至……乃宣读祭文,旋由总统及黄总长以次演说,激励军士。毕,再奏军乐,总统回府。"(《南都近事》,《申报》1912 年 3 月 4 日,"要闻一")致文追悼"近二十载以迄今兹死义诸烈士"。(《大总统追悼革命死义诸烈士文》,《临时政府公报》第 28 号,"纪事")①

△　批陆军部呈报勋章章程,以"勋章所以酬庸劝士,亟应制定颁行,以励有功。该部所拟勋章章程及形式,尚属妥善,应准颁行"。(《陆军部拟定勋章章程申及临时大总统批》,中国第二历史档案馆编:《中华民国史档案资料汇编》第 2 辑,第 190 页)

△　颁给香山籍侨领郑占南旌义状,文为:"郑占南先生于中华民国开国之始,为国宣劳,深资得力,特给予最优等旌义状,奕代后民永多厥义。此旌。临时大总统孙文。中华民国元年三月初一日。"(方李邦琴:《孙中山与少年中国——从美国当年的报纸看辛亥革命》,第 281 页照片)同时颁给张永福、郑螺生、李源水、林义顺、周献瑞、邓慕韩、骆连焕、梅乔林、张蔼蕴等旌义状。(《颁给张永福等旌义状九件》,《孙中山全集》第 2 卷,第 152—154 页)颁给李笃宾、温庆武、陈新政、林镜秋、沈联芳、陈信藩、许柏轩、徐赞周、何萌三、潘叔谦、《少年中国报》、嗬吧哇觉群书报社、槟城书报社、松柏港民群书报社等旌义状。(《颁给李笃

---

①　据《民立报》报道,孙中山参加追悼会的时间为下午 2 时,孙中山与黄兴、各部总长、卫戍总督参加陆军部于小营举行之追悼先烈大会。孙中山携其女儿到场。待考。(《民立报》1912 年 3 月 2 日,"南京电报")

宾等旌义状十四件》,陈旭麓、郝盛潮主编:《孙中山集外集》,第673—676页)

△　颁给《天铎报》旌义状,表彰"《天铎报》于中华民国开国之始,宣扬大义,不遗余力。应发给优等旌义状,奕代后民,永多厥义"。4月8日,《天铎报》特刊此状文,并致感谢。(《临时大总统颁给〈天铎报〉旌义状文》,《天铎报》1912年4月8日,首栏)

△　命陆军部转饬所属,统一领取军需公债办法。(《大总统令陆军部遵照财政部公债票定章并伤所属一体遵行由》,《临时政府公报》第26号,"令示")①

△　咨参议院,请议决商人张人杰、褚民谊等输集款项十万两以充军饷文,并令财政部与交通部等协商办理。根据交通部转呈商人张人杰、褚民谊等呈文,表示愿输款项十万两报效政府,经财政部核议可行,令按照张人杰、褚民谊等原禀各条,详加研求,与交通部、内务部协商,与捐输者妥拟办法。(《大总统咨参议院请议决商人张人杰褚民谊等愿输集款项十万两以充军饷文》《大总统令财政部核议商人张人杰褚民谊等输集款项并协商交通内务两部妥拟办法由》,《临时政府公报》第26号,"咨""令示")②

△　蔡元培来电,报告北京兵变。电称:"昨夜八时,北京城内枪声四起,所在纵火,招待所亦有兵士纵枪,殴门而入,掳掠一空。培与汪君兆铭、范君熙绩、杨君广勷、蒋君岭暍、张君魁,暂避外国人家。今晨至六国饭店,王君正廷、王君景春亦至,余人尚无下落。此事闻因第三镇兵变,杂以步军统领衙门所辖及禁卫军等,专为抢掠起见,与政治无关,亦未滥杀人。"(《民立报》1912年3月3日,"北京电报")袁世凯亦来电告知。(《临时政府公报》第29号,"附录·电报")

△　赵尔巽、陈昭常、宋小濂自奉天来电,指出应建都北京,袁世凯不能赴南受任,应先将北京暂定为首都,赶紧组织临时政府,编布各项重要法规。(翠亨孙中山故居纪念馆藏档,B4－37;《时报》1912年3月

---

① 此为《临时政府公报》发表日期。
② 此为《临时政府公报》发表日期。

14 日,"要闻")

△　广东统制龙济光、广西都督陆荣廷、广西镇统龙觐光来函,请委任孙眉为广东都督,并派联军团长金镕谒见,汇报详情。(翠亨孙中山故居纪念馆藏档,B11-5)

△　庄蕴宽来电,报告镇江流通米粮并未弛禁,已电饬当涂民政长据实查复。(《临时政府公报》第 29 号,"附录·电报")

△　戴季陶来电,告已与袁世凯、唐绍仪商妥解决奉天问题办法,待回烟台与关外都督蓝天蔚接洽后,再详细电陈。(《临时政府公报》第 29 号,"附录·电报")

△　墨西哥加兰姐埠商工会来电,报告墨西哥局势混乱,侨民处境危险,请设法保护。(《临时政府公报》第 33 号,1912 年 3 月 9 日,"附录·电报")

△　同盟会南洋万里望支部来电,反对孙中山辞职,请解散参议院,各省由人民公举代表,选举总统。(《同盟会南洋万里望支部为解散参议院各省取民公举代表选举总统事致孙中山等电》,中国第二历史档案馆编:《南京临时政府遗存珍档》第 3 册,第 1019—1023 页)万里望为马来西亚吡叻州怡保市的一个镇,位于吉隆坡以北。

△　随迎袁代表团北上的王清淳(Chin Chun Wang)来函,抨击 29 号北京兵变,认为是由下流地方官员和部队军官共同策划,企图搅乱北京宁静,以造成袁世凯必须留在北方的印象,同时认为整个事件一定是袁世凯的属下策划的,袁并不知情,并很快能够控制局势。来函指出选举唐绍仪为总理是明智的做法,又建议开展童子军活动,使八岁至十八岁之间男孩接受训练,热爱国家,尊重各自的权利。(《海外友人致孙中山信札选(四)》,《民国档案》2003 年第 4 期,第 5 页)

△　《远东评论》主办者李尔(Geo Bronson Rea)自上海来函,表示将分期寄送《远东评论》汇刊本,包含许多关于中国铁路和工业的文章,并介绍了关于《远东评论》的工作方针为保障中国同外国金融家公平交易,保障外国制造商公平得到公共工程合同及标书。建议

由政府担保的中国铁路贷款条件应与给其他任何国家贷款条件一样,作为纯金融业务处理,并除去提供资金的国家独家供应物资的条款。(《海外友人致孙中山信札选(四)》,《民国档案》2003 年第 4 期,第 5—6 页;邓丽兰:《临时大总统和他的支持者》,第 74—76 页)

　　△　报载广东省议会来电,告已挽留陈炯明为都督,不另选举。(《临时政府公报》第 26 号,"附录·电报")

　　△　报载沪军军界统一会陈其美来电,指出陆军部关系重大,总、次长必须由完全赞成共和,并且其声望、道德、学术、经验确为全国军界所信仰者担任。(《民立报》1912 年 3 月 1 日,"公电";《申报》1912 年 3 月 1 日,"公电")

　　△　报载民社本部来电,反对临时政府财政部以全国所得赋税为偿,向华俄道胜银行借款一百五十万金镑,谴责临时政府欺蔽议员订立正式借约。(《民立报》1912 年 3 月 1 日,"公电";《时报》1912 年 3 月 1 日,"要闻";《申报》1912 年 3 月 1 日,"要闻一")

　　3 月 2 日　公布经参议院议决之《参议院法》十八章一百零五条。(《大总统宣布参议院议决参议院法公布》,《临时政府公报》第 55 号,"法制")

　　△　复电袁世凯,对北京兵变中袁世凯及各专使平安无恙表示欣慰,并告以转达各省。(翠亨孙中山故居纪念馆藏档,A1—23)

　　△　致电唐绍仪,表示赞成日、俄加入借债,指示"宁、鄂而外,每亦需款,乞并注意。项城望速启程。兵变实情乞电告"。(翠亨孙中山故居纪念馆藏档 A1—22)

　　△　委任狄楼海为山西宣抚使,即行赴晋,调和都督、巡抚两军意见。(《申报》1912 年 3 月 3 日,"专电")

　　△　颁布关于禁烟、禁止刑讯、禁止买卖人口、革除前清官厅称呼等命令。

　　《大总统令禁烟文》宣布,于立法时剥夺吸烟者之选举、被选举一切公权,并由内务部转行各省都督,令云:"鸦片流毒中国,垂及百年。

沉溺通于贵贱,流衍遍于全国……其有饮鸩自安、沉湎忘返者,不可为共和之民。当咨行参议院,于立法时剥夺其选举、被选一切公权,示不与齐民齿。并由内务部转行各省都督,通饬所属官署,重申种吸各禁,勿任废弛。其有未尽事宜,仍随时筹画举办。尤望各团体讲演诸会,随分劝导,不惮勤劳,务使利害大明,趋就知向,屏绝恶习,共作新民,永雪东亚病夫之耻,长保中夏清明之风。"《大总统令内务司法两部通饬所属禁止刑讯文》命令内务、司法两部转饬所属,"不论行政司法官署,及何种案件,一概不准刑讯。鞫狱当视证据之充实与否,不当偏重口供,其从前不法刑具,悉令焚毁。仍不时派员巡视,如有不肖官司,日久故智复萌,重煽亡清遗毒者,除褫夺官职外,付所司治以应得之罪"。《大总统令内务部禁止买卖人口文》指出:"自法兰西人权宣言书出后,自由博爱平等之义,昭若日星……今查民国开国之始,凡属国人,咸属平等。背此大义,与众共弃。为此令仰该部遵照,迅即编定暂行条例,通饬所属,嗣后不得再有买卖人口情事,违者罚如令。其从前所结买卖契约,悉予解除,视为雇主雇人之关系,并不得再有主奴名分。"《大总统令内务部通知各官署革除前清官厅称呼文》指出:"官厅乃治事之机关,职员乃人民之公仆,本非特殊之阶级,何取非分之名称。查前清官厅,视官等之高下,有大人、老爷等名称,受之者增惭,施之者失体,义无取焉。光复之后,闻中央地方各官厅,漫不加察,仍沿旧称,殊为共和和政治之玷。嗣后各官厅人员相称,咸以官职,民间普通称呼则曰先生、曰君,不得再沿前清官厅恶称。"(《大总统令禁烟文》《大总统令内务司法两部通饬所属禁止刑讯文》《大总统令内务部禁止买卖人口文》《大总统令内务部通知各官署革除前清官厅称呼文》,《临时政府公报》第 27 号,"令示";《孙总统之新政令》,《民立报》1912 年 3 月 5 日,"新闻一")①

　　△　批准临时政府财政部拟具造币厂章程。(《大总统批财政部拟

―――――――――

　　①　此为《临时政府公报》发布日期。

具造币厂章程》,《临时政府公报》第 27 号,"令示")[1]

△　批龙华制革厂股商叶韶奎等呈文,指出:"现在民国大局已定,亟当振兴实业,改良商货,方于国计民生有所裨益。披阅所陈历年筹办情形,良工心苦,洵非虚言。至拟更改公司组织,重招新股,力图扩充,树工界之先声,作商场之模范,将于该厂见之。"(《大总统批龙华制革厂股商叶韶奎等禀呈历办情形及现拟扩充办法请批准呈》,《临时政府公报》第 27 号,"令示")[2]

△　黎元洪来电,告已免军务部正长孙武职务,外间传言孙武家属被戕消息不实,电称:"军务部正长孙武不克称职,正请速行更换前来。查孙武当起义以前,奔走呼号,尚著劳勋,洎莅军务,弥费经营。近以心力交瘁,丛脞时虞,不愿以疲敝之身久膺军务,迭请解职养疴。虽元洪优予慰留,未加允许,而该部长谦挹之怀,终必欲洁身引退,以避贤路。此次金请更换,既昭各同志之公道,尤遂该部长之初心,元洪亦未便强挽。"并遵照临时政府电谕,改部为司,委任曾广大为军务司长。(《民立报》1912 年 3 月 4 日,"武昌电报";《申报》1912 年 3 月 4 日,"公电")

△　陈炯明来电,报告广东省参议员邱沧海因病不能赴南京就职,改委金章接任。(《临时政府公报》第 36 号,"附录·电报")

△　陈其美来电,报告接到北京消息,称本日午后 2 时,北京又有暴动,当即又致电北京询问情况,又称秩序已稍定。(《临时政府公报》第 30 号,"附录·电报")

△　蔡锷来电,告已电饬援蜀滇军旅长李鸿祥率所部赴援陕西。(《民立报》1912 年 3 月 10 日,"公电";《申报》1912 年 3 月 10 日,"公电")

△　阎锡山来电,报告大同驻军于 23 日晚全军哗变,已派人安抚,并请袁世凯派兵就近镇压,尚未得到答复。(《阎锡山为大同淮军全军皆变已派人安抚及请袁世凯就近镇压事致孙中山等电》,中国第二历史档案馆编:《南京临时政府遗存珍档》第 3 册,第 1054—1055 页)

---

[1]　此为《临时政府公报》发布日期。
[2]　此为《临时政府公报》发布日期。

　　△　淮上军司令张纶来电,报告皖北荒歉,连年凋敝,拟赴上海恳请华洋义赈会拨款赈济。(《临时政府公报》第 33 号,"附录·电报";《时报》1912 年 3 月 6 日,"公电";《申报》1912 年 3 月 6 日,"公电";《民立报》1912 年 3 月 6 日,"正阳关电报")

　　△　魏劻来函,指出北京兵变后,凡北方军队所辖地方,都将发生此类现象。袁世凯虽经参议院举为第二次临时总统,然尚未受职,即以临时大总统名义颁布命令,一国之内有南、北两总统,必然影响外国承认。(翠亨孙中山故居纪念馆藏档,B4-48)又上呈提出整理山西实业计划和联蒙防俄计划。(翠亨孙中山故居纪念馆藏档,B11-112)

　　△　陈警天上书,报告入云南腾越考察经过,指出目前云南经济以矿务为最急,森林、垦牧、实业次之,特将所有调查筹办情形,具折上陈。(翠亨孙中山故居纪念馆藏档,B6-19)

　　△　有来电请外交部派陆征祥处理爪哇交涉。(《某君请外交部派陆征祥处办爪哇交涉事致孙中山电》,中国第二历史档案馆编:《南京临时政府遗存珍档》第 3 册,第 1026 页)

　　△　报载陈天民等自天津来电,报告北京兵变。(《民立报》1912 年 3 月 2 日,"天津电报")

　　△　报载孙毓筠来电,请电袁世凯电赵尔巽,立即释放柳大年。(《民立报》1912 年 3 月 2 日,"公电")

　　△　外报载,由于中国华侨宣称在爪哇岛受到荷兰人的野蛮对待,孙中山下令海军部派出巡洋舰"海筹"号、"海容"号以及"海琛"号前往爪哇岛保护中国华侨,并要求荷兰政府赔偿中国遭受的损失,及取消所有对中国华侨施行特殊对待的条令和惯例,否则将停止所有荷兰货物在中国的贸易。("From The Chinese Press"·"Notes From Nanking","*The North-China Herald*", Mar. 2, 1912,"Miscellaneous"·"The Republic in China".)

　　3 月 3 日　当选中国同盟会总理。

中国同盟会本部于南京开全体大会,宣布同盟会宗旨:"巩固中华民国,实行民生主义。"提出九条政纲:一、完成行政统一,促进地方自治;二、实行种族同化;三、采用国家社会政策;四、普及义务教育;五、主张男女平权;六、励行征兵制度;七、整理财政厘金;八、力谋国民平等;九、注重移民垦殖事业。大会选举孙中山为总理,黄兴、黎元洪为协理,决定扩张会势,建成民国最大政党。(《民立报》1912 年 3 月 5日,"南京电报")

△　下午,特别召开内阁会议,讨论应付北方局势办法,决定亲自带兵北上,援护袁世凯,同时拟请黎元洪来南京镇守。(《民立报》1912 年 3 月 5 日,"南京电报")致电蔡元培、唐绍仪等,指出"今日之事,当以平乱为第一义"。(翠亨孙中山故居纪念馆藏档,A1—20)

△　向南京一名西报记者作出声明,表示对北京和天津形势的担忧,指出南京临时政府现在准备全责管辖北方;又表示绝对相信袁世凯的诚意,相信袁有能力控制局势;共和党人将整顿秩序,保护外国人的生命与财产;北方局势不过是爆发了一场有暴徒加入的士兵哗变而已,绝大部分的南、北方士兵和人民都忠实于共和主义。("Dr. Sun Yat-sen's Opinion","*The North-China Herald*",Mar. 9,1912,"Miscellaneous"•"The Republic in China".)

△　复电黎元洪,告已收悉孙武辞职。电云:"军务司长孙武辞职,派曾广大接充,内务、教育两司亦均得人,商民不惊,市井无恙,极见苤筹硕画,布置周详,闻之极慰。"(《复黎元洪电》,《孙中山全集》第 2卷,第 144 页)①

△　复函康德黎,告以自己辞职后,希望不日即可卸任,但恐诸事或许尚难好转,因此需要将工作稍事延长;并提到:"你无疑已从前两天的报上看到北京的混乱,这要求唤起极大的注意,并且要立即采取行动,以防止混乱的蔓延。但我希望不久一切将恢复正常。"(《复

---

①　《孙中山全集》第 2 卷将此件标注日期定为 1912 年 2 月。查黎元洪告知委任曾广大为军务司长电为 3 月 2 日,(《民立报》1912 年 3 月 4 日,"武昌电报";《申报》1912 年 3月 4 日,"公电")本电应为 3 月 3 日。

康德黎函》,《孙中山全集》第 2 卷,第 171 页)

△　复函沈缦云,允任中国信成实业银行名誉总董。函云:"执事诸君以信成银行拟改为实业银行,创实业金融机关,以资流通挹注。热心盛举,弟极赞成。辱认第为总董,职任甚重,而弟为东西南北之人,何以克称。若以同情之末,许为名誉之员或庶哉耳。专复,即颂近安。"(沈云荪:《上海信成银行始末》,《近代史资料》总 55 号,第 117 页)

△　咨复参议院,为参议院弹劾司法部次长吕志伊事,指出参议院所指责吕"蔑视议院、蹂躏民权"不能成立,表示"共和民国之下,立法权固当倍加尊重,而行政权亦不宜轻蔑……兹当民国初定,常人亦不能无过激之意,其未见于行为者,自不必深求"。要求共同尊重维持。(《大总统咨复参议院弹劾司法部次长吕志伊违法文》,《临时政府公报》第 28 号,"咨")①

△　因中央公债票已经发行,令上海都督陈其美停止发行上海公债票,命其转饬上海财政司。(《大总统令沪都督转饬财政司即日停止发行公债票文》,《临时政府公报》第 28 号,"令示")②

△　令上海都督陈其美核办杨文彬被拘一案。据云南留日毕业生杨文彬呈称在上海因嫌疑被久,请予省释,特指示上海都督,如讯有触犯民国法令确实证据,应予以制裁;倘系无罪,即可早日恢复自由,要求秉公核办。(《大总统令沪都督核办杨文彬为被嫌久拘请省释文》,《临时政府公报》第 28 号)同时批杨文彬:"应候沪军都督讯明发落。已将原呈发交沪军都督,秉公核办。所请提宁质讯之处,着毋庸议。"(《临时政府公报》第 28 号)③

△　黎元洪来电,转段祺瑞电称,北京昨夜稍有异动,现已弹压平靖,秩序如常,与政治无关,请各省勿听信谣传。(《黎元洪为转段祺瑞电称都中不宁现正一律弹压平靖与政治毫无关系请各省镇定事致孙中山等

---

① 此为《临时政府公报》发布日期。
② 此为《临时政府公报》发布日期。
③ 此为《临时政府公报》发布日期。

电》,中国第二历史档案馆编:《南京临时政府遗存珍档》第 3 册,第 1058—1059
页)

△ 财政部长陈锦涛呈文,为中华银行拨发公股事,以"财政部
经费并无来源,无法筹拨巨款",且若各地光复时有功之金融机关亦
援例办理,则无法应付。提出:"今中华银行创设未久,规模未备,设
立之时,不过为一隅发行军用钞票之机关……况目前部款,既绝无来
源,各省又纷纷请助,安有余力以办外国汇兑之经营?"同时指出"设
各省金融机关,凡经有功光复者纷纷援例,则补助政策中央必致立
穷,特种银行机关且遍全国。况且此种补助之款,系属特别支出,非
经议院通过,政府实无权特许。本部固不能破坏宪政,抑恐徒启纷
争"。请改正 29 日要求财政部承认中华银行为商办银行并予以补助
的命令。(《临时大总统等关于上海中华银行性质及国家能否补助文件》,中国
第二历史档案馆编:《中华民国史档案资料汇编》第 2 辑,第 415 页)

△ 章太炎来函,对取消汉冶萍借款原约表示赞赏,但传闻盛宣
怀致电股东董事会,仍借口公司合办草约十条已经核准,请予电复是
否属实。(《申报》1912 年 3 月 7 日,"要闻一";《民立报》1912 年 3 月 7 日,"公
电";《时报》1912 年 3 月 7 日,"要闻")

△ 谭延闿来电,望早决建都大计,断不可因言论争执,迁延坐
误。(《谭延闿为望诸公胸怀大局早决建都大计事致孙中山等电》,中国第二历
史档案馆编:《南京临时政府遗存珍档》第 3 册,第 1088—1089 页)

△ 上海国民协会本部来电,指出北京兵变系由争持临时地点、
导致统一政府不能成立所致,请火速电袁世凯暂缓南下,就近组织统
一政府;同时请设法挽回道胜银行借款案,顾全舆论。(《民立报》1912
年 3 月 4 日,"公电";《申报》1912 年 3 月 4 日,"公电";《时报》1912 年 3 月 5 日,
"公电")

△ 洪秉端、陈天民自天津来电,指出全国一致主张临时政府地
点定于北京,现京、津、保连日兵变,若再相争,恐宗社党从中勾结,后
患不堪设想。请速派兵一镇,来北方镇慑。(《民立报》1912 年 3 月 5 日,

"天津电报")

△　广东旅津爱国团李兼善、杨文昭、蔡芳圃、吴远基、袁冠南来电,表示北兵变乱,外人将起干涉,望速进兵,安民救国。(《临时政府公报》第 32 号,"附录·电报")

△　贵州各界代表来电,公举唐继尧暂任贵州省临时都督。(《贵州各界为公举唐继尧暂任黔省临时都督事致孙中山等急电》,中国第二历史档案馆编:《南京临时政府遗存珍档》第 3 册,第 1081—1085 页)

△　鄂军旅沪同人来电,告以现公举胡培德来南京面晤总统,接洽鄂事。(《临时政府公报》第 32 号,1912 年 3 月 8 日,"附录·电报")

△　盐业协会来电,报告松江沿海盐廒被马子谨等持械强占,并将发卖存盐,请电令严禁并查办。(《民立报》1912 年 3 月 5 日,"公电";《申报》1912 年 3 月 5 日,"公电")

△　胡瑛自烟台来电,建议南北统一后,应在内、外两蒙古,前、后西藏,以及青海、新疆、黑龙江划出重要区域,仿古代屯田方法,配置被裁军队。(《民立报》1912 年 3 月 6 日,"公电";《申报》1912 年 3 月 6 日,"公电";《时报》1912 年 3 月 7 日,"公电")

△　报载板浦有署名"海属公民"者来电,报告江苏海州地方赈务甚急,请迅派许鼎霖由青岛回上海办理。(《民立报》1912 年 3 月 3 日,"板浦电报")

△　报载东三省联合会副会长柳大年、张根仁来电,报告已于 2 月 24 日经赵尔巽派员押解至秦皇岛,3 月 1 日抵沪,先此鸣谢。(《民立报》1912 年 3 月 3 日,"公电")

3 月 4 日　致电蔡元培、唐绍仪,对"速谋统一"的主张提出意见。电称:"速谋统一,自是。惟京津乱象如此,秩序未复,组织政府于旋涡中,人皆以为危。项城主如何办法,可商请急示。南方情形,亦须顾及。"(翠亨孙中山故居纪念馆藏档,A1—21)

△　令准陆军部呈请奖恤吴禄贞、张世膺、周维桢三烈士。令文云:"查民国新成,宜有彰励之典。吴、周、张三氏当义师甫起之日,即

阴图大举,绝彼南下之援,以张北伐之势。事机甫熟,遂毙凶刃,叠被重创,身首异处,死事至惨。而抚恤之典,尚尔缺如。该部所请,实属深明大体,应准如所请,风示天下。"(《临时大总统奖恤吴禄贞等令》,中国第二历史档案馆编:《中华民国史档案资料汇编》第2辑,第268页)

△ 复电马毓宝,对清朝显宦专祠,主张要分别情形,提出不同对待办法。2月29日,马毓宝致电孙中山、黎元洪,建议不得任意销毁前清显宦专祠。(《临时政府公报》第31号,"电报")本日复电指出,对于前清诸显宦,"倘人民对之已无敬爱之心,则政府视之应在淫祠之列,理应分别充公,改作正用,毋滥视典,致蛊来兹,是则崇体统、保文明之正当办法也"。(《大总统复江西都督马毓宝毁淫祠电文》,《临时政府公报》第31号,"令示")

△ 批财政部关于补充造币厂正长呈文,同意该厂正长由该部次长王鸿猷兼任,江南再币厂厂长以王兼善补充、帮长以赵宗蕃补充。(《财政部等关于补充造币厂正长及整顿江南造币厂批令》,中国第二历史档案馆编:《中华民国史档案资料汇编》第2辑,第406页)

△ 致电陈其美,请其帮助湖南自天津所购盐入口运输到湖南。(《临时政府公报》第32号,"电报")

△ 袁世凯来电,称北京兵变,"该兵、匪等本无政治意见,事后即已溃逃,绝非反对鄙人。连日经严饬军队及巡警弹压地面,一面抚恤被害商民,人心已定,秩序渐次回复"。要求不要发兵北来。(翠亨孙中山故居纪念馆藏档,B4—66)又来电表示万难即日南行,并指出北京外交团及中国驻外各代表均认为欲巩固民国,保全共和,惟有从速建统一政府。(翠亨孙中山故居纪念馆藏档,B4—67)

△ 蔡元培等来电详细报告北京兵变,称:"内变既起,外人干涉之萌亦现。无政府之状态,岌岌不可终日。于是一方面袁君颇不能南行,而一方面则统一政府不可不即日成立,在事实上已有不可易之理由。培等会议数次,谓不能不牺牲我等北来之目的,以全垂危之大局。"提出两项建议:一、取消袁世凯南行之要求;二、确定临时政府之

地点为北京。并提出袁接收权力之具体办法:"袁君在北京行就职式,而与南京、武昌商定内阁总理,由总理在南京组织统一政府,与南京前设之临时政府办交代。"(《蔡专使致南京政府电》,《申报》1912 年 3 月 9 日,"要闻一")

△　黎元洪来电,指出目前局势,面临"兵亡""民亡""国亡""种亡",究其原因,仍本于建都之争,请力去成见,早定国都,组织政府,以使中央统一,杜绝外人干涉。(《黎元洪为请力祛成见早定国都组织政府事致孙中山等电》,中国第二历史档案馆编:《南京临时政府遗存珍档》第 3 册,第 1092—1097 页;《申报》1912 年 3 月 7 日,"公电";《民立报》1912 年 3 月 7 日,"武昌电报";《时报》1912 年 3 月 7 日,"要闻")又来电指出,目前最足虑的局势,是英、美调兵已到,日本兵两日内亦可到,虽未明有干涉,但新政府的危险已迫在眉睫,建议临时都城暂定北京,勿蹈危险。(《申报》1912 年 3 月 10 日,"要闻一")

△　段祺瑞、姜桂题、冯国璋等来电,主张就内情、外交、边部各方面观之,临时政府应设于北京,大总统暂难离京,统一政府必须旦夕组定。(翠亨孙中山故居纪念馆藏档,B4-70;《申报》1912 年 3 月 10 日,"公电";《时报》1912 年 3 月 10 日,"要闻")云南临时省议会来电,仍主建都北京。(翠亨孙中山故居纪念馆藏档,B4-69)蒋尊簋来电,赞同建都北京、新总统不必莅南京履任。(《民立报》1912 年 3 月 6 日,"公电";《时报》1912 年 3 月 7 日,"要闻";《申报》1912 年 3 月 6 日,"公电")军界统一联合会来电,请袁世凯在北京受任,迅速组成临时政府,政府建成后,再请大总统巡视全国。(翠亨孙中山故居纪念馆藏档,B4-71)[①]

△　陈其美来电,报告九江兵变,停市闭城,特别戒严。(翠亨孙中山故居纪念馆藏档,B11-87)

△　陈天民电自天津来电,报告京、津、保暴乱已平,正法叛兵甚

---

①　据黄彦、李伯新考订,据有关记载,该会曾发出"支"电,且日期上与该电文所说"宣布已逾两旬,蔡使来亦数日""袁未离北,乱端已见"等相符,故可判断此件即"支"电,为 3 月 4 日所发。参阅黄彦、李伯新编:《孙中山藏档选编(辛亥革命前后)》,第 163 页,注 2。

多,市面损失一时难以恢复。(《民立报》1912 年 3 月 6 日,"天津电报")

　　△　光复军司令李燮和来电,请求辞职归田。(《李燮和为辞职归田事致袁世凯电》,中国第二历史档案馆编:《南京临时政府遗存珍档》第 3 册,第 1142—1145 页;《申报》1912 年 3 月 6 日,"公电";《时报》1912 年 3 月 6 日,"公电")同时上辞呈。(《大总统批光复军司令李燮和辞职呈·附原呈》,《临时政府公报》第 34 号,"令示";《时报》1912 年 3 月 13 日,"要闻")

　　△　魏勖来函,指出北京兵变即起于袁世凯住所之旁,袁乞外人维持秩序,启外人干涉之祸;又闻袁世凯乞援于南京临时政府,建议令外交部照会各国,声明南京临时政府担任维持北京治安之责。来函反对袁世凯以外务部首领名义向各国公使通告受皇帝委任组织临时政府。(翠亨孙中山故居纪念馆藏档,B4—68)

　　△　卡赛特(Arther Cassot)致函孙中山,表示愿意提供效率最高的报刊剪辑服务,内容覆盖全美国,每千份收费三十五美元。(《海外友人致孙中山信札选(四)》,《民国档案》2003 年第 4 期,第 7 页)

　　△　报载程德全、赵熙等来电,反对以武昌四局、四栈、韦刘地皮、四川盐课税厘作为偿款议借道胜银行外债。(《申报》1912 年 3 月 4 日,"要闻一")

　　△　报载芜湖军界来电,推举吴振黄为皖军师团长,请予委任。(《民立报》1912 年 3 月 4 日,"芜湖电报")

　　3 月 5 日　出席追悼粤中倡义死事烈士大会。

　　下午 1 时,出席在南京中正街举行的追悼反清武装起义中牺牲的广东烈士大会。该大会由孙中山与胡汉民等人发起,以纪念陆皓东、史坚如、杨衢云、倪映典、温生才、黄花岗诸烈士。《民立报》刊登通告云:"今者民国殆大定矣,追维既往,天道未张,人事参迕之时,我诸烈士或奔而踬,或植而蹶,心苦而功高……旅人等爰本古礼,掬群诚,订于中华民国元年三月五日下午一时,在南京中正街开会,为粤中后先诸义烈,追悼其在天之灵。"(《追悼粤中倡义死事诸烈士通告》,《民立报》1912 年 3 月 15 日,"来件")

△ 复电蔡元培等,告以已同意袁世凯不必南下就职,拟由黎元洪代表袁世凯在南京接事,及同意唐绍仪任国务总理,电云:"今晨由汉民电拟以黎副总统代项城在南接事,一面以同意唐公为总理,此即最完全调和之办法,且可迅速。如黎可能来,则濮经由榕间交代于武昌,盖断不敢以空言参涉,使南方先成牺政府状态也。至统一组织成,任袁公便宜定夺。文原主北京不可建立政府,正因在外人势力范围之中。今日本等纷进兵,尤非昔比。公等亦持苟且之见,夫复何言!此时在北组织,直自投罗网,甚恐将来为高丽、安南之续。惟文此时若再争之,必致强拂众论,而有所恋图。故文欲于 10 日内办到解职,昭示天下。仍望项城远虑,不必觅北方之见。今北方仅军队小动,南方人心犹未统一,项城既不南下,临时政府又瞬息迁移,如何可使异日不致分离?仍望见教。"(翠亨孙中山故居纪念馆藏档,A1-31)此电因误字过多,导致蔡等不能解其意,3 月 7 日曾要求孙再电详示。(翠亨孙中山故居纪念馆藏档,B1-49)

△ 令内务部晓示人民,一律剪辫。民国建立后,偏僻之地留辫者仍然不少,故特颁此令,令云:"满虏窃国,易于冠裳,强行编发之制,悉从腥膻之俗。当其初,高士仁人,或不屈被执,从容就义;或遁入缁流,以终余年。痛矣,先民惨罹荼毒,读史至此,辄用伤怀……今者满廷已覆,民国成功,凡我同胞允宜涤旧染之污,作新国之民。兹查通都大邑剪辫者已多,至偏乡僻壤留辫者尚复不少。仰内务部通行各省都督,转谕所属地方一体知悉。凡未去辫者,于令到之日,限二十日,一律剪除净尽,有不遵者违法论。"(《大总统令内务部晓示人民一律剪辫文》,《临时政府公报》第 29 号,"令示")

△ 致电章太炎,解释汉冶萍公司中日合办事已经取消,并通报相关情况。电云:"所谓取消,即取消合办草约十条之批许也。此草约以须通过股东会而后成立,股东会抗议即无效,不问前曾批许其可以立约否,况政府以后令取消之耶。两次电王(勋)转盛(宣怀),皆令取消合办之约。昨得王复电云:'盛来电本嘱早开股东会,而董事会

则以代表股东名义到东取消。如必须全体股东公决,俟复到,即约齐董事登报开股东会公决'等因。附告。"(《民立报》1912 年 3 月 7 日;《复章太炎电》,《孙中山全集》第 2 卷,第 181—182 页)

△ 咨参议院,请核议实业部所拟《商业注册章程》,以便颁行。(《大总统咨咨参议院提议实业部呈送商业注册章程文》,《临时政府公报》第 29 号,"咨")①

△ 批云南干崖土司刀安仁所呈整顿各属土司行政及呈请颁发陆军品级章服,令内务部核办。批云:"筹边固圉,久为要图。况在共和时代,凡我民国含生负气之伦,皆归统治,政教所及,原无彼此之分。据该土司所陈各节,间有可行,仰候令行内务部酌核办理可也。"(《大总统批云南干崖土司刀安仁条陈各土司行政兴革事宜呈》《大总统批刀安仁禀请颁给陆军品级服章并正式公文以便遵办呈》《大总统令内务部咨商陆军部核办云南干崖土司行政改革及品级章服由》,《临时政府公报》第 29 号,"令示")②

△ 令法制局审定南京市制草案。令云:"兹据内务部缮具两〔南〕京市制草案呈请交该局审定前来。查此项草案,关系重要,仰该局悉心审定,斟酌尽善,仍呈候咨交参议院议决,勿延为要。"(《大总统令法制局审定南京市制文》,《临时政府公报》第 29 号,"令示")③

△ 各地纷纷来电,主张建都北京、袁世凯在北京受职。

黎元洪来电,要求禁止谣言,早定首都,以立国基。(《黎元洪为禁止谣言平定北京秩序以立国基事致孙中山等电》,中国第二历史档案馆编:《南京临时政府遗存珍档》第 4 册,第 1196—1197 页)庄蕴宽来电,主张袁世凯在北京受职,建都问题可付诸国会公决,请速电袁世凯即日在北京受任,早日实现统一政府。(《庄蕴宽为主张袁世凯在北京受职建都问题可付诸国会公决事致孙中山等电》,中国第二历史档案馆编:《南京临时政府遗存珍档》第 4 册,第 1191—1194 页)又来电就统一会关于袁世凯在北京受任、

① 此为《临时政府公报》发布日期。
② 此为《临时政府公报》发布日期。
③ 此为《临时政府公报》发布日期。

政府建成后再巡视全国的提议，请早日解决，以定人心。（翠亨孙中山
故居纪念馆藏档，B4－78）同日江苏临时省议会来电，请速电袁世凯在
北京受任，组织临时政府，召集临时参议院，建都问题待国会议决。
（翠亨孙中山故居纪念馆藏档，B4－79；《申报》1912 年 3 月 7 日，"公电"；《时报》
1912 年 3 月 7 日，"要闻"）谭延闿来电，赞同建都北京，之后再将南京临
时政府各机关移往北方。（《申报》1912 年 3 月 8 日，"公电"；翠亨孙中山故
居纪念馆藏档，B4－80；《时报》1912 年 3 月 8 日，"要闻"）赵尔巽、陈昭常、宋
小濂自盛京来电，要求即日在北京组织临时政府，统一政权。（翠亨孙
中山故居纪念馆藏档，B4－81；《申报》1912 年 3 月 7 日，"公电"；《时报》1912 年
3 月 7 日，"要闻"）陈昭常来电，主张临时政府必须先在北京成立，全局
大定后再筹永久办法，建议南京临时参议院北迁。（翠亨孙中山故居纪
念馆藏档，B4－87；《申报》1912 年 3 月 7 日，"公电"；《民立报》1912 年 3 月 7
日，"吉林电报"；《时报》1912 年 3 月 8 日，"要闻"）

　　△　陈其美来电，报告所收到北方情形。（《临时政府公报》第 33
号，"附录·电报"）

　　△　山东都督胡瑛来电，报告因北京兵变渐平，袁世凯、蔡元培
嘱暂不率军前往，本拟进兵天津，因庚子条约限制，现正协商，准备出
发。（《胡瑛为北京兵变渐平暂不率军前往事致孙中山等电》，中国第二历史档
案馆编：《南京临时政府遗存珍档》第 4 册，第 1172—1173 页）

　　△　九江司令官陈廷训、参谋长余鹤松来电，报告九江卫戍司令
官朱汉涛行为不法，公议处决。（《民立报》1912 年 3 月 7 日，"九江电报"）

　　△　唐绍仪、魏宸组来电，报告美国银行愿垫借留美学费十五万
六千金元，已允由民国政府担任照还。（翠亨孙中山故居纪念馆藏档，B5
－17）

　　△　陈锦涛来电，报告美国银行家摩根代表来南京，请尽主人礼
接待，以利增强民国信用。（《陈锦涛为美国摩根代表来南京请礼待事致孙
中山电》，中国第二历史档案馆编：《南京临时政府遗存珍档》第 4 册，第 1176
页）又来电报告四国银行借款事，北京未提出现款，现据上海英领事

及四国银行意见,以袁世凯为能定乱之人,现四国银行来电要求一致进行,若得回电照准,即可设法付款。(《申报》1912 年 3 月 11 日,"要闻一";《时报》1912 年 3 月 11 日,"公电")

△ 尹昌衡、罗纶来电,报告四川省援陕军各项布置。(《申报》1912 年 3 月 22 日,"公电")

△ 丁义华自上海来函,介绍万国改良会在上海的工作,以及该会帮助中国摆脱毒害的目的,并送上该会成员名单。(《丁义华(上海)致函》《海外友人致孙中山信札选(四)》,《民国档案》2003 年第 4 期,第 7 页)

△ 报载湖北改良政治群英会来电,控告湖北军务部正长孙武办事专制,同时报告已取消各部名称,改换司印。(《时报》1912 年 3 月 5 日,"公电")

△ 报载马毓宝呈文,告已于 2 月某日奉到颁发委任状,表示将"勉尽驽骀,追随骥骥"。(《申报》1912 年 3 月 5 日,"要闻二")

△ 报载旅沪粤人伍廷芳、温宗尧、陈可良、谭干臣、许炳榛、郑官应来电,对胡承诰被沪军光复军统领李征五逮捕一事,指责李征五据此勒索巨款,特请速饬李,将胡承诰释放。(《申报》1912 年 3 月 5 日,"公电";《民立报》1912 年 3 月 5 日,"公电";《时报》1912 年 3 月 5 日,"要闻")

3 月 6 日 以内务部所颁《暂行报律》未经参议院决议,复电报界俱进会及各报馆,宣布《暂行报律》无效。

此前 3 月 4 日,内务部因清时行用报律已无效力,在民国报律未订之前,先订《暂行报律》三章,规定已出版及今后出版的新闻杂志,其发行及编辑人姓名,须向内务部呈明注册,或就近地方高级官厅呈明,咨内务部注册。自令到之日起,至阳历 4 月 1 日,已出版之新闻、杂志各社须将本社发行及编辑人姓名呈请注册;以后出版者,须于发行前呈明注册,否则不准其发行。凡是流言煽惑,破坏共和者,除停止出版外,其发行人、编辑人并坐以应得之罪;调查失实,污毁个人名誉者,被污毁人可以要求更正;如不履行更正,经诉讼讯明,将酌量科罚。报律颁布之后,章太炎指责《暂行报律》制定程序违法,指出"民主国本无报律","立法之权,职在国会,今纵国会未成,未有编定法律者,而暂行格令亦当由参议院定之。内务部所司何事,当所自知。辄敢擅定报律,以侵立法大权。己则违法,何以使人遵守"。(章太炎:《却还内务部所定报律议》,《时报》1912年3月7日,"代论")成舍我谴责临时政府钳制言论自由,认为:"言论自由,共和国之通例;监督政府,报纸之天职。今新政府雏形未完,我言论界对于党轴之举动,方自愧未能确尽监督之天职,不谓内务部反横加取缔,钳制我自由之言论。"(《申报》,1912年3月7日,"清谈")报界俱进会及各大报纸上书,抗议"统一政府未立,民选国会未开,内务部擅定报律,侵夺立法之权,且云煽惑关于共和国体有破坏弊害者,坐以应得之罪。政府丧权失利,报纸监督,并非破坏共和。今杀人行劫之律尚未定,而先定报律,是欲袭满清专制之故智,钳制舆论,报界全体万难承认"。(《民立报》1912年3月6日,"上海报界上孙大总统电")在该电文署名的除报界俱进会外,还有《申报》《新闻报》《时报》《时事新报》《民立报》《大共和日报》《民报》《神州日报》《民声日报》等。事件发生后,居正找到总统府秘书长胡汉民,商量"浇熄此祸",胡汉民表示同意。孙中山对其笑曰:"取消可乎?"(居正:《报律闻祸》,陈三井、居蜜编:《居正先生全集》上册,第192页)本日又复电各方:"民国一切法律,须经参议院议决发布,乃生效力。此次内务部所布暂行报律三章,未经参议院决议,应作无效。除令该部知照外,特此复闻。"(《民立报》1912年3月8日,"南京电报")9日,《临时政府公报》发布取消暂行报律令。

　　△　将参议院决议电复蔡元培,并电告各省。参议院议决,同意袁世凯在北京就职,并议决办法六条:"一、由参议院电知袁大总统,允其在北京受职;二、袁大总统接电后即电参议院宣誓;三、参议院接到宣誓之电后即复电认为受职并通告全国;四、袁大总统受职后,即将拟派国务总理及各国务员姓名电知参议院求其同意;五、国务总理及各国务员任定后即在南京接收临时政府交代事宜;六、孙大总统于

交代之日始行解职。"(《南京参议院致袁大总统电》,《临时公报》民国元年 3 月 9 日,"电报")

△ 将 4 日蔡元培报告北京事变电文转发黎元洪。(《致黎元洪电》,《孙中山全集》第 2 卷,第 189—190 页)并致电黎及各省都督。电文云:"得北京蔡专使等迭次报告北方最近情形,以为袁世凯总统急难南来。而统一政府之组织,又不可缓。为大局计,应即变通提出办法数条,经交参议院,今日决议如下:一、由参议院电知袁总统,允其在北京受职;一、袁总统接电即电参议院宣誓;一、参议院接到宣示之后,即复电承认,并通告全国;一、袁总统既受职后,即将拟派国务总理及国务员姓名电知参议院,求其同意;一、国务总理及国务员任定后,即在南京接收临时政府交代事宜;一、孙总统于交代之日始行解职。"(《南京孙总统电》,《申报》1912 年 3 月 9 日,"公电")①

△ 令准陆军部建立杨卓林、郑子瑜烈士专祠,并同祀吴樾、熊成基、陈天华三烈士。令云:"民国缔造之功,匪一手足之烈,睹兹灿烂之国徽,尽系淋漓之血迹。以上诸烈士,或谋未遂而身赴西市,或难未发而瘐死囹圄,或奋铁弹之一击,或举义旗于万夫,或声嘶去国之吟,或身继蹈海之烈,死事既属同揆,庙食允宜共飨。该部所请,事属可行。尚有陈烈士天华,前后屡图义举,均未获就,发愤著书凡数十万言,皆发扬民族之精义,至今家有其书。此次义师一呼,万方响应,实由民族学说灌输人心,已匪朝夕,故铜山崩而洛钟应,光复大业,期月告成。考陈烈士与杨烈士生平最友善,其蹈海事迹亦复相同,允宜一体同祀,并照给恤银,合就令仰该部遵厢办理。"(《大总统令陆军部准予建立杨郑二烈士专祠并附祀吴熊陈三烈士文》,《临时政府公报》第 30 号)②

---

① 该电文中所谓"今日议决"各项,为 3 月 6 日临时参议院议决之事。故电文日期可定为 3 月 6 日。刘路生已采此说,参阅刘路生:《〈孙中山全集〉〈国父全集〉1912 年佚文异文考略》,《中山大学学报论丛》2000 年第 3 期。

② 此为《临时政府公报》发布日期。

△ 令陆军部准所拟以第八、第十七两师编为第三军办法,要求认真督率训练,建成劲旅。(《陆军部关于第八第十七两师编为第三军申及大总统令》,中国第二历史档案馆编:《中华民国史档案资料汇编》第 2 辑,第 241—242 页)

△ 咨请参议院议复财政部借款救济皖灾案。咨云:"前据财政部总长陈锦涛呈称:华洋义赈会以安徽救急事宜向四国银行借款,请示办法前来……据该报告灾情万急,如十日内无大宗赈款,恐灾民坐毙日以千数……窃以该省兵燹偏灾,纷乘沓至,物力凋敝,罗掘俱穷……可否俯念民生流离,倒悬待解,借款救济,实为瞬不容缓之举……据此,理合咨请贵院查照全案理由,克日议复,以便施行,事关民命,幸勿迟误。"(《大总统咨参议〔院〕议核借款救济皖灾文》,《临时政府公报》第 30 号,"咨")又批卢安泽等呈云:"皖省灾情之重,为数十年所仅见,居民田园淹没,妻子仳离,老弱转于沟壑,丁壮莫保残喘,本总统忝为公仆,实用疚心。前据财政部呈称,华洋义赈会拟向四国银行借款救济,当经批令该部派员与借主商订一切条件矣。"(《大总统批筹办全皖工振事务卢安泽等呈》,《临时政府公报》第 30 号,"令示")①

△ 答《字林西报》记者问。记者问:"贵大总统对于此次北方兵变有何意见?"孙答:此次北方兵变,颇为关心,深信袁大总统有弹压方法,外间虽有恐慌谣言,不会损害信任;民国政府必设法维持北方秩序,保护外人生命财产;南方各省现正协助袁大总统;此次事件实因叛兵勾结土匪而起,北方军士暨人民皆赞成共和。(《民立报》1912年 3 月 6 日)②

△ 因南京城墙、屋宇遍贴日本药品广告,有碍观瞻,严令内务部派警丁撤除。(《民立报》1912 年 3 月 6 日,"南京电报")③

△ 令内务部通饬禁烟,指出:"鸦片流毒中国,垂及百年,推其

---

① 此为《临时政府公报》发布日期。

② 此为报载日期。

③ 此为报载日期。

为祸之烈，小足以破业殒身，大足以亡国灭种……明德新民，首涤污俗，剗酴毒厚疾，可怀苟安。除申告天下，明示禁止外，为此令仰该部，迅查前清禁烟各令，其可施行者，即转咨各都督通饬所属，仍旧厉行，勿任弛废。其有应加改良及未尽事宜，并著该部悉心筹画，拟一暂行条例，颁饬遵行。务使百年病根，一旦拔除，强国保种，有厚望焉。"（《大总统令内务部通饬禁烟文》，《临时政府公报》第 30 号，"令示"）①

△　令内务部准南京府知事方潜辞职。（《大总统令内务部许南京府知事方潜辞职荐员接任文》，《临时政府公报》第 30 号，"令示"）②

△　袁世凯来密电，告已电致黎元洪副总统，请即代赴南京受职，至内阁总理一席，属意唐绍仪，请向参议院说明，以期通过。（翠亨孙中山故居纪念馆藏档，B4－89）同时公开通电予以宣布。（《临时政府公报》第 33 号，"附录·电报"；《时报》1912 年 3 月 9 日，"要闻"；《申报》1912 年 3 月 9 日，"公电"）又来电告知目前北京秩序逐渐恢复，津、保亦已平靖。（《临时政府公报》第 36 号，1912 年 3 月 12 日，"附录·电报"；《申报》1912 年 3 月 9 日，"公电"；《民立报》1912 年 3 月 9 日，"北京电报"）

△　蔡元培等来密电，报告连日京、津各处逐渐平靖，不必急于运兵北上，各国外交团也不以运兵为然。（翠亨孙中山故居纪念馆藏档，B4－86）又来电表示，因袁世凯已委托副总统黎元洪代赴南京受职，北上欢迎任务已经结束，拟回南京面陈一切。（翠亨孙中山故居纪念馆藏档，B4－83；《临时政府公报》第 33 号，"附录·电报"）后南方各军均未出发。3 月 8 日报载，南京临时政府已得北京来电，兵变已平，孙总统亲征之说作罢。（《民立报》1912 年 3 月 8 日，"南京电报"）

△　各地来电主张定都北京。蔡锷主张建都北京。（《天南电光集》第 131 电，《云南辛亥革命资料》，第 136 页）孙毓筠表示前请移驻天津之议应当取消，主张仍北京组织统一政府，请袁世凯大总统正式宣

布,此系暂设临时政府,将来都城建于何处,再由国会公议。(翠亨孙中山故居纪念馆藏档,B4—93;《申报》1912 年 3 月 8 日,"公电";《时报》1912 年 3 月 8 日,"要闻")蒋雁行请求早定国都地点。(《申报》1912 年 3 月 7 日,"公电";《民立报》1912 年 3 月 8 日,"清江浦电报";《时报》1912 年 3 月 8 日,"要闻")扬州军政分府徐宝珍指责临时政府成立以来,对于国利民福,未尝有所作为;对建都地点问题,彼此争执,致令政府不能及时组成,请求服从多数,早定大计。(《时报》1912 年 3 月 10 日,"公电";《申报》1912 年 3 月 9 日,"公电")①报载上海日报公会来电,请立即在北京组织完全政府,建定国都,以期南北统一。(《申报》1912 年 3 月 6 日,"公电";《民立报》1912 年 3 月 6 日,"公电";《时报》1912 年 3 月 6 日,"要闻";《临时政府公报》第 33 号,1912 年 3 月 9 日,"附录·电报")②

△　上海制造局各厂处委员匠目来电,恳求电饬李平书,勿准辞职,并发给正式委任状,责成其继续担任局长。(《临时政府公报》第 30 号,"附录·电报")江苏公民会、沪民公会来电,指出制造局关系重大,李平书办理有年,成绩卓著,请予留任。(《民立报》1912 年 3 月 7 日,"公电";《时报》1912 年 3 月 7 日,"公电")同日报载大同民党公济总会长章水天等来电,指出制造局为军界命脉,请挽留李平书。(《申报》1912 年 3 月 6 日,"公电")

△　陈炯明来电,报告广东独立后,民军如麻,"民军之势怡张,政府之权怡削",目前正解散民军,在解决散兵问题后,才能顾及其他政务。(翠亨孙中山故居纪念馆藏档,B11—6)

△　陈其美来密电,请示滞留上海的各省北伐队,应如何令回各省,或改驻内地,并报告留沪各北伐队中,闽军最多。(翠亨孙中山故居纪念馆藏档,B3—10)

△　中华民国共和宪政会、工商勇进党、共和建设会、工党、公民

①　据《民立报》,此电发电人为徐宝山。(《民立报》1912 年 3 月 9 日,"公电")
②　据《临时政府公报》第 33 号,此电发电者为《申报》《新闻报》《时报》《神州报》《时事新报》《民立报》《天铎报》《爱国报》《民报》《大共和报》《民声报》。

急进党、社会党、民国公会、大同公党、农工统一党、民生国计会来电，指责参议院通过违法契约，主张参议院因议员过少，已失议事资格，现决议电袁总统执行，以收统一。(《中华民国共和宪政会等为不认可参议院违法契约事致孙中山等电》，中国第二历史档案馆编：《南京临时政府遗存珍档》第4册，第1214—1215页；《申报》1912年3月8日，"公电"；《时报》1912年3月7日，"公电"）据相同内容的该团体致袁世凯、黎元洪等另电，发电团体为：共和建设会、公民急进党、工商勇进党、社会党、工党、华侨联合会、民社、民国公党、民国统一党、民生国计会、大同民党、公济总会、宣导会、共和宪政会。

　　△　庄蕴宽来电，转呈江苏临时议会反对南京参议院议决以全国赋税抵借外债，并称本省参议员业已全体辞职，参议院嗣后表决各件，如与江苏义务相关者，概作无效。(《申报》1912年3月8日，"公电"；《民立报》1912年3月9日，"公电"；《时报》1912年3月8日，"公电"）

　　△　马毓宝来电，报告江西省军队已遵示编为两个师，归为一军，由都督兼任军司令官。(《临时政府公报》第38号，1912年3月14日，"附录·电报"）

　　△　胡瑛来电，报告已遵命停止前进，光复军到烟台编入鲁军第一旅，闽军即将开来，兵力足以镇守、策应。(《申报》1912年3月9日，"公电"；《民立报》1912年3月9日，"公电"；《时报》1912年3月9日，"公电"）

　　△　张论来电，报告正阳有美商招贴买发辫，引起误会，请告美领事照约禁止，饬令出境。(《张论为请告美领事照约禁止美商在正阳招贴买发辫饬令出境事致孙中山电》，中国第二历史档案馆编：《南京临时政府遗存珍档》第4册，第1208页）

　　△　水冰清上书，评论袁内阁成员优劣，评论如下：唐绍仪：不愧首领，惟信用梁士诒，为盛德之累。赵秉钧：办理警察甚好。沈家本：熟知中国刑律，前与伍廷芳会定草律。张謇：熟知中国理财法。梁士诒：与革党闽人陈璧串通，邮传部司员叶恭绰、袁长坤在陈璧家内秘密订借汇理、汇丰两银行五百万镑，私分扣用，经鹿传霖、那桐查办，

有案在身,并有他案。杨士琦:庸鄙贪狠。(翠亨孙中山故居纪念馆藏档,B4－94)

△ 粤光汉社黄洗铨来电,报告泗水华侨因庆祝民国成立,惨遭荷人屠禁,请予交涉。(《粤光汉社为泗水华侨因庆祝民国惨遭荷人屠禁请交涉事致孙中山等电》,中国第二历史档案馆编:《南京临时政府遗存珍档》第4册,第1244页)

△ 报载商人李子乾、陈子辉等来电,报告广东都督委任协军钟自鸣前往西江剿匪,被李耀汉攻击,请电广东都督,命令钟自鸣坚守任务。(《临时政府公报》第30号,1912年3月6日,"附录·电报")

△ 报载湘军统领官王隆中自长沙来电,指出与北方和议条件欠斟酌,每年以四百万两任清帝挥霍、暂居宫禁、建都地点北迁等,应严词以争,力图补救,甚至以兵力相决。(《临时政府公报》第30号,"附录·电报")

△ 报载湖北军务司长曾广大来电,报告已担任军务司正长,市面照常。(《申报》1912年3月6日,"公电")

△ 报载九江军界来电,指责九江军司令官朱汉涛不孚众望,劣迹多端,现宣布其罪状,解去其司令官之职。(《申报》1912年3月6日,"公电";《时报》1912年3月6日,"公电")

3月7日 复电袁世凯,告参议院已议决允其于北京受职,无需改为黎元洪来宁代为受职,并将参议院议定六条通过专使转达。电云:"支日因专使来电,知公不能刻日南行,故有商请黎副总统到宁代公受职之电……因恐黎副总统镇守武昌,不能遽来,仍稽时日,是以将专使要求各条提交参议院,当经院议决,公在北京受职。其办法六条、除由参议院电知外,今日一再电专使转达尊处……尤望即依参议院所开手续,正式受职,速电国务总务总理员名,俾参议院同意,刻日派遣来宁,接收交代,早定大局。"(《临时政府公报》第33号,"附录·电报")

△ 复电蔡元培,告以参议院之议决,并指示:"前提议袁大总统

不必南行,委由副总统代赴南京,惟以内外属望至殷,副总统或不能遽来,仍恐有稽时日。昨提出参议院,经院决议,电允袁总统在北京受职。是黎副总统来宁代表一节,可以取消。惟袁总统得参议院电覆认可之日,举行仪式,应由专使等代表民国接受誓词,赍交参议院保存,以昭隆重。"(《临时政府公报》第33号,"附录·电报")蔡元培当日复电,对孙中山设此委曲求全、使民国早收统一之效的办法,表示敬佩,并告昨已托宋教仁、钮永建、王正廷、彭汉遗来京报告,请示应否再嘱汪精卫回南京。(《临时政府公报》第36号,"附录·电报")

△　致电黎元洪,请保全湖北军务部长孙武,指出孙武在武昌起义中有功,请黎告诫各界,勿加迫害。电文称:"闻军界各同志与军务部部长孙武起冲突,经副总统令孙武辞职,而论者依然不靖,且有购拏之说。按前武昌军务部长孙武,奔走光复之事累年,此次武昌起义,厥功甚著。纵使行事用人或有偏颇,而解职以去,用避贤路,副总统可谓持之平允矣。至谓孙武有何罪状,则当由副总统正式宣布,岂容蜚语四出,极其所之,至使望门投止,状类逃遁。文以为甚非所以待有功者之道。敬请副总统为各界告戒,无伤同气,无害功能,天下幸甚。"(《临时政府公报》第33号,"附录·电报")后黎以孙武为高等顾问官,食上等一级俸。(《临时政府公报》第46号,"附录·电报")

△　致电江西省议会,因马毓宝来电称病请辞江西都督,要求选举继任之人。电云:"据贵省马都督来呈辞职,并请派员接管等因。查都督为今日地方行政长官,责任重大,应由省议会公举,而得中央同意。加给委任,方足以昭慎重。今马都督力陈办事艰难,力求隐退,即请贵会速行正式选举继任之人,电告以便核委。"(《赣省更举都督情形》,《申报》1912年3月14日,"要闻二")8日,江西省临时议会选举李烈钧为新都督。

△　令以后各部局互相咨商的文件,不必呈请转饬,应直接办理。令云:"查公务以敏迅为归,事权以分任为主。近来各部、局于应行直接自办之件,每每呈请转饬前来,既滋旷日之嫌,复乖负责之义,

殊属不合。以后除呈请核办、存案备查及呈候咨交参议院决议等类，应行具呈本府外，其各该部、局等互相咨商之件，统应直接办理，以期简当，而明事权。"(《大总统令九部三局凡互相佐商及可以直接办理之件毋庸呈请转饬文》,《临时政府公报》第34号，"令示")

　　△　令内务部掩埋城垣内外各处暴露尸棺。令云："查江南风俗，常有亲死不葬，殡厝旷野，历年既久，橙棺暴露。又此次大变之后，尸骸狼藉，未及归土者，往往而有。此不惟伤行路之心，损首都之美，抑恐天气转热，蒸成疫疠，关系全都人士卫生，实非浅鲜。为此令该部饬下所司，速派专员，切实调察。其有主之棺，责令自行收葬，无主者由官妥为埋掩。务期实力奉行，勿徒以虚文塞责。"(《大总统令内务部掩埋城垣内外各处暴露尸棺文》,《临时政府公报》第31号，"令示")①

　　△　令印铸局长黄复生编具概算书，迅速将三月份应支款项编具概算后，十日内送交财政部。令云："兹据财政部呈称，各国财政，皆有预算，以谋收支之适合。其预算案之编制，英由财部，美由议院。今我政尚共和，宜采美制。虽政府行将统一，综筹全局者当自有人；而目前费用孔繁，职掌度支者何从措手。况交替在即，尤应预备，略示规模。否则紊乱纠纷，窃恐贻讥来者。应请饬下各部，迅将三月份应支款项，编具概算书，限十日内送交本部。由本部添具收入概算书，汇送参议院，编成预算，以凭筹办。等由前来。为此令行该局查照办理。"(《大总统令印铸局局长黄复生据财政部呈请饬各部编具概算书文》,《临时政府公报》第31号，"令示")②

　　△　钮永建、宋教仁、王正廷、彭汉遗等来电，报告昨日陪同袁世凯的特派员唐在礼、范源濂、张大昕、王赓出发，9日可到上海，请派员并命沪军都督接待，即日备车赴南京。(《临时政府公报》第36号，"附录·电报")

----

　　①　此为《临时政府公报》发布日期。
　　②　此为《临时政府公报》发布日期。

△　黎元洪来电,指出因首都地点问题,以致中央政府的建立迁延时日,特派覃振由南京赴北京,陈商组织中央政府事宜,到时请予接谈。(《临时政府公报》第 37 号,"附录·电报")又电称贵州省境不宁,黔军不能自保,现已致电云南、贵州两都督,请将贵州秩序整顿后,即将滇军撤回。(《民立报》1912 年 3 月 10 日,"公电")

△　蓝天蔚来电,就临时政府地点之争,请各方早定方针,从速成立政府。(《蓝天蔚为从速成立政府以安大局事致孙中山等电》,中国第二历史档案馆编:《南京临时政府遗存珍档》第 4 册,第 1172—1173 页;《申报》1912 年 3 月 9 日,"公电";《时报》1912 年 3 月 9 日,"要闻")

△　唐绍仪、魏宸组来电,报告荷兰当局自昨日起释放泗水被拘华人,现有肇事者百人在监待查,有可能被驱逐出境。(翠亨孙中山故居纪念馆藏档,B9—21;《申报》1912 年 3 月 17 日,"公电";《时报》1912 年 3 月 17 日,"要闻")

△　温宗尧来电,报告德国总领事函称,有德国东方舰队运输船铁滩危亚挂水师旗号,于日内由扬子江到汉口,计划很快下行。(《临时政府公报》第 36 号,"附录·电报")

△　乔纳基(Jonnochy)自上海来函,表示渴望为新政府效力,介绍自己是高级私人侦探、咨询代理、全能的商人,粤语流利,会说日语、英语、西班牙语、葡萄牙语、意大利语和上海话,保证忠于职守,勤奋工作。(《海外友人致孙中山信札选(四)》,《民国档案》2003 年第 4 期,第 7 页)

△　报载黎元洪来函,指出湖北省议员刘成禺在议院用词偶失检点,由议长当场纠正,已经足够,不应指为违背国宪,不应有罗织兴狱之举。(《吕志伊拟捕惩鄂议员原函·附录黎副总统致孙总统及伍司法总长函》,《时报》1912 年 3 月 6 日,"要闻")

△　报载范光启、刘天民、朱艮、郑芳荪、凌毅、陈策、胡绍斌、王善达、孙万乘、龚振鹏、李绪昌、高樾、戴圣德、阚钧、倪纬汉、许世清等来电,指出王赓在清时曾陷孙毓筠于狱,后又密札给在上海的安徽商

人调查安徽革命党,近日勾结劣绅,想当安徽都督,望同乡人士勿为其所迷惑。(《民立报》1912 年 3 月 7 日,"南京电报")

3 月 8 日　致电重庆蜀军政府张培爵、夏之时转滇军司令长,命滇军遵参谋部电令,发兵援陕,军饷由蜀军政府量力筹济,滇军不可任意索要。此前参谋部电令滇军取道汉中援陕,滇军在重庆为索饷和驻扎等事与蜀军发生矛盾,遂致电调解。电云:"前因川乱就平,曾电滇都督将驻川滇军撤回,慎固边圉。旋以陕西升允猖獗,由参谋部电命该军取道汉中,会师援陕……该军当确遵参谋部电命,由郧阳或襄阳援陕为要。至各地甫经安集,易起惊扰,该军军行所至,尤以客主相安为第一要义。军饷一层,蜀军政府自当量力筹济,滇军亦不可任意要索,致伤邻谊。破坏之后,祸机丛伏,所恃以维系者,唯顾全大局之一念耳。"(《临时政府公报》第 34 号,"附录·电报")

△　致电蔡元培、唐绍仪、汪精卫,令阻止北京陆军部给奖武汉于敌保案。电云:"报载北京陆军部于前次武汉于敌保案仍旧给奖,此事如确,无异反对共和,应力阻。"(翠亨孙中山故居纪念馆藏档,A1－26)9 日,唐等复电,告知陆军部为武汉事给奖经询问袁世凯,并无其事。(翠亨孙中山故居纪念馆藏档,B4－104;《时报》1912 年 3 月 15 日,"公电")

△　咨参议院请速议决设稽勋局及捐输调查科两案文,指出:"兹值大局渐定,酬庸之典,清理之事,亟宜举行。为此咨请贵院,将前两案提前决议,迅赐咨复,以便施行。"(《大总统咨参议院请提前议决设立稽勋局及捐输调查科两案文》,《临时政府公报》第 32 号,"咨")①

△　令法制局迅复南京市制,指出"市制为整顿地方切要之图",要求"勿再迟延,致误要公"。(《大总统令法制局迅复南京市制文》,《临时政府公报》第 32 号,"令示")②

---

①　此为《临时政府公报》发布日期。
②　此为《临时政府公报》发布日期。

△　令法制局审定临时中央裁判所草案。(《大总统令法制局审定临时中央裁判所草案文》,《临时政府公报》第32号,"令示")①

△　令内务部安置江宁难民、提拨款项,指出"江宁光复,难民遍地,生计艰难,不独旗民为然。应如何教养兼施、工赈并举之处,仰内务部统筹全局,随时与该主管官厅协商办理"。(《大总统令内务部核办潘宗彝条陈安置旗民生计并提拨原有款项由》,《临时政府公报》第32号,"令示")②

△　蔡元培来密电,告已与袁世凯接洽照办由蔡元培等代表民国接受誓词,袁世凯就任总统职后即须用印,请示应否等待南京将印章送来,或另铸造。并报告据袁世凯云,东三省现在并无戕杀党人之事,拟于同行中派定二人,偕同袁世凯所委人员前往细查。(翠亨孙中山故居纪念馆藏档,B4—101)

△　袁世凯来电,报告于8日电复参议院,对关于在北京就职所议六项条件,全部认可,请代为公布誓词,誓词为:"民国建设造端,百凡待治,世凯深愿竭其能力,发扬共和之精神,涤荡专制之瑕秽,谨守宪法,依国民之愿望,蕲达国家于安全强固之域,俾五大民族同臻乐利。凡兹志愿,率履勿渝。俟召集国会,选定第一期大总统,世凯即行解职。谨掬诚悃,誓告同胞。大中华民国元年三月初八。袁世凯。"(《袁大总统电达受任宣誓词·北京电》,《时报》1912年3月10日,"要闻")③

△　袁世凯来电,告以国务总长拟派唐绍仪,请送交参议院,求其同意。(《临时政府公报》第36号,"附录·电报";《时报》1912年3月14日,"要闻")

△　上海总商会、沪南商会来电,希望早定统一政府,免生意外干涉。(《申报》1912年3月9日,"公电";《时报》1912年3月9日,"公电")安

---

①　此为《临时政府公报》发布日期。
②　此为《临时政府公报》发布日期。
③　誓词据《大总统宣布新选袁大总统宣誓电文》校。(《临时政府公报》第36号,"令示")

徽临时议会来电,要求按参议院初议决案,以北京为首都,并派专使前往北京请袁世凯受职。(《安徽临时议会为请建都北京并派专使前往请袁受职事致孙中山等电》,中国第二历史档案馆编:《南京临时政府遗存珍档》第 4 册,第 1264—1265 页)齐耀琳、王祖同暨河南省各界来电,请速电袁世凯即日在北京受任,建都问题应待国会议决。(《齐耀琳王祖同暨河南省各界请袁世凯速在北京受任组织健全政府通电》,中国第二历史档案馆编:《南京临时政府遗存珍档》第 4 册,第 1279—1283 页)

　　△　蔡锷来电,表示滇军入黔,应贵州省百姓要求,唐继尧暂任都督,一待贵州全境安宁,当回云南。贵州反正前后,各种困难已由云南设法筹备接济,将来安定后,希望中央政府予以维持。(《蔡锷为黔省反正公私困难前已由滇稍筹协济将来底定亟望中央政府维持事致孙中山等电》,中国第二历史档案馆编:《南京临时政府遗存珍档》第 4 册,第 1285—1288 页)又电,告已命滇军退保滇边,暂行缓进陕西。(《天南电光集》第 135 电,《云南辛亥革命资料》,第 138 页)

　　△　陈廷训、戈克安、刘世钧、余鹤松、蔡锐霆来电,报告江西都督马毓宝辞职,经在九江开会,公举李烈钧接任,即赴湖北欢迎李烈钧来江西就任。(《申报》1912 年 3 月 10 日,"公电";《民立报》1912 年 3 月 10 日,"九江电报";《时报》1912 年 3 月 10 日,"要闻")

　　△　《时报》《国风日报》来电,指出北京兵变与宗社党无涉,此时秩序已经恢复,请南方民军不要发兵京、津。(《时报等为北京兵变与宗社党无涉请勿发兵京津事致孙中山等电》,中国第二历史档案馆编:《南京临时政府遗存珍档》第 4 册,第 1268 页)

　　△　盛宣怀来函,对保全家产表示感谢,并表示拟将产业暂交日商抵押借款,分次汇解,请转发上海义振会查收,救济江苏、安徽水灾。(《盛宣怀致孙中山函》,陈旭麓等编:《辛亥革命前后·盛宣怀档案资料选辑之一》,第 327—328 页)

　　△　丁义华来函,表示将尽力协助开展禁烟工作,下星期一来南京,希望有机会面见并商讨禁烟一事。(《丁义华(上海)致函》,《海外友人致孙中山信札选(四)》,《民国档案》2003 年第 4 期,第 7—8 页)

△　报载山东统一会自青岛来电,报告自宣布共和后,山东省城及各府州县形势不利,有意反对共和,要求速筹办法,驱逐原有官吏。（《临时政府公报》第32号,"附录·电报"）统一会成员姜金和、王善谟等来电,反对委任孙宝琦为山东临时都督,请与袁世凯交涉,改任胡瑛。（《临时政府公报》第32号,"附录·电报"）

3月9日　依参议院咨请,以临时大总统名义通电全国,宣布袁世凯就任临时大总统之誓词。

通电为:"本日接到袁世凯君电传誓词,其文曰:'民国建设造端,百凡待治。世凯深愿竭其能力,发扬共和之精神,涤荡专制之瑕秽。谨守宪法,依国民之愿望,蕲达国家于安全强固之域,俾五大民族同臻乐利。凡兹志愿,率履勿逾。俟召集国会,选定第一期大总统,世凯即行解职。谨掬诚悃,誓告同胞。'"（《大总统宣布新选袁大总统宣誓电文》,《临时政府公报》第36号,"令示"）本月21日,袁世凯在北京受大总统职誓书交参议院保存。（《大总统咨参议院特派秘书长赍送袁总统在北京受职誓书文》,《临时政府公报》第44号,"咨"）

△　咨参议院开临时议会,议决袁世凯拟派之唐绍仪为国务总理。

本月8日,袁世凯按参议院议决之就职办法第四条,电告孙中山,国务总理拟派唐绍仪,本日复电袁世凯,赞成推举唐绍仪,电云:"顷得初八日电,悉国务总理拟任唐君绍仪,文极赞成,即代咨送参议院矣。"（《临时政府公报》第36号,"附录·电报"）同时请参议院开临时会议决,咨文云:"查组织统一政府,刻不容缓,相应照录全电,咨请贵院即开临时会,议决咨复,以凭转复。"（《大总统咨参议院开临时议会议决新举袁大总统电派唐绍仪为国务总理文》,《临时政府公报》第37号,"咨"）初,同盟会坚持内阁总理必须由同盟会会员担任,参与磋商的赵凤昌献议,第一任内阁总理必须是孙文、袁世凯两位新旧总统公同信任的人物,只有唐绍仪最为适当,劝唐绍仪加入同盟会,是双方兼顾的办法。孙、黄即表示欢迎唐绍仪入党,即决定其为国务总理。（刘厚生《张謇传记》,第 196—197 页)本月 11 日,参议院以多数通过唐绍仪任内阁总理一案。(《南京参议院来电》,《临时公报》民国元年 3 月 17 日,"电报")本月 30 日,在临时政府公宴唐绍仪宴上,黄兴与蔡元培联名介绍唐绍仪加入中国同盟会,孙中山签字主盟,唐绍仪起立宣誓。(居正:《梅川日记》,罗福惠、萧怡编:《居正文集》上册,第 101 页)

△ 致电蔡元培,告临时大总统印可另铸,但国务总理等应速来南京。电称:"袁公受职时,请为文致贺。印可另铸。惟国务总理、国务员须速来,使文速交代、解职,符参议院议案。此间之印,即可取消。"(翠亨孙中山故居纪念馆藏档,A1—25)

△ 令财政部准刊行印有第一期大总统像之纪念币及其它通用货币式样,下令迅速将新模印就。令云:"查币制改良,新民耳目,自属要图。所请以一千万元上刊第一期大总统肖像以为纪念一节,应准照行。其余通用新币,花纹中间应绘五谷模型,取丰岁足民之义,垂劝农务本之规。为此,训令该部即便遵照,速将新模印就,分令各省造币厂照式鼓铸可也。"(《财政部请颁发通用新币花纹呈及临时大总统令》,中国第二历史档案馆编:《中华民国史档案资料汇编》第 2 辑,第 409 页)

△ 《临时政府公报》发表令内务部取消《暂行报律》的令文,指出《暂行报律》因"未经参议院决议,自无法律之效力";又"寻绎三章条文,或为出版法所必载,或为宪法所应稽,无取特立报律,反形裂缺";但至于"民国此后应否设置报律,及如何订立之处,当俟国民议会决议"。(《大总统令内务部取消暂行报律文》,《临时政府公报》,第 33 号,"令示")

△ 委任梅乔林为总统府秘书员。(《给梅乔林委任状》,《孙中山全集》第 2 卷,第 200—201 页)

△ 蔡元培来电,告已推定范熙绩、谭学夔二人,与袁世凯所派人往奉天调查有无戕杀党人事件。(翠亨孙中山故居纪念馆藏档,B4—103;《临时政府公报》第 37 号,"附录·电报";《时报》1912 年 3 月 15 日,"公

电")

△　陕西都督张凤翙来电,报告升允增兵猛攻,逼近西安,危急万分,请速设法救援。(《民立报》1912年3月10日,"公电")同日又来电,报告援军毅军十营已到西安,后五营亦即开发。(《张凤翙为援军赵统领已到西安事再致各方通电》,中国第二历史档案馆编:《南京临时政府遗存珍档》第4册,第1308页)

△　陆荣廷来电,表示临时政府的组织为存亡关键,建议请袁世凯立即在北京受职。(《民立报》1912年3月17日,"广西电报")黎宗岳来电,主张尽快在北京组织临时政府,以统一事权。(《黎宗岳为请除成见速在北京组织临时政府以归统一事致孙中山等电》,中国第二历史档案馆编:《南京临时政府遗存珍档》第4册,第1290—1291页;《申报》1912年3月11日,"公电";《民立报》1912年3月11日,"安徽电报";《时报》1912年3月11日,"公电")

△　温宗尧来电,鉴于米价渐高,而眼下面粉囤积很多,沪厂每日可出三万包左右,去年预定外货还有一百四十到一百五十万包,请通饬各处粮台,参用面食,既可补充粮食,又解决面粉囤积,一举两得。(《申报》1912年3月10日,"公电";《民立报》1912年3月10日,"公电";《时报》1912年3月10日,"公电")

△　B. 席德(B. Schade)来函,自荐来中国担任陆军部长顾问,并指出中国若搞国有化运动,外国列强不会注意,自己可参与这项工作。(《海外友人致孙中山信札选(四)》,《民国档案》2003年第4期,第8页)

△　报载工党总部朱开甲、徐继曾等来电,请慰留制造局李平书。(《民立报》1912年3月9日,"公电";《时报》1912年3月9日,"公电";《申报》1912年3月9日,"公电";《临时政府公报》第36号,"附录·电报")

△　报载黄贵自奉天来电,报告此前奉天被拘禁十九人,东三省都督仅释放二人,其余十七人仍在狱内,请速即电致东三省都督,以保全生命。(《临时政府公报》第33号,"附录·电报")

△　报载有署名"亳州全体"者来电,报告亳州与邻近各州县政界、军界依然着清廷红顶绿翎官冠,在统一机关中独树异帜,请将驻

军遣散或编入他军,以靖地方。(《民立报》1912 年 3 月 11 日,"浦口电报")

△　报载墨西哥驻架连埠全体华侨来电,报告墨西哥再次发生动乱,现美国总统已电饬美国人返国,请速设法保护华侨。(《临时政府公报》第 33 号,"附录·电报")

3 月 10 日　袁世凯在北京就任临时大总统,蔡元培代表孙中山致祝词。

祝词曰:"我国新由专制政体,而改为共和政体,现在实为过渡之时代,最重要者有召集国会、确定宪法诸事。孙大总统求全国第一能负此最大责任之人,而得我大总统,因以推荐于代表全国之参议院,参议院公举我大总统,而我大总统已允受职。孙大总统为全国得人庆,深愿与我大总统躬相交代,时局所限,不克如愿。用命元培等代致祝贺之忱,希望我大总统为我中华民国造成巩固之共和政体,为全国四万万同胞造无量之幸福焉。"(《民立报》1912 年 3 月 12 日)仪式完成后,蔡元培等来电,报告就职仪式情况:"今日午后三点钟,袁公行受职礼。袁公于宣读誓词后,以誓词交于元培。元培代总统致祝词,袁公诵答词。到会行礼者,自欢迎团外,有各部首领、各军统、镇统、协统、统领及满洲、蒙古、回族、西藏绅士等。礼毕,茶会乃散。"表示职务已毕,拟即日回南京。(翠亨孙中山故居纪念馆藏档,B4-105)袁世凯也来电,告已依参议院 6 日议决第三条,于新历 3 月 10 日在北京受职,南京欢迎团暨五族官绅、军商学各界均来参礼。(《申报》1912 年 3 月 13 日,"公电";《民立报》1912 年 3 月 13 日,"紧要电报";《时报》1912 年 3 月 13 日,"要闻")

△　在南京近郊游览。

本日为星期日,偕子女往南京附近各山游猎、摄影。(《申报》1912 年 3 月 12 日,"专电")游览中表示希望身后葬于紫金山。上紫金山后四面回顾,指对面远外方山和秦淮河说:"你们看,这里地势比明孝陵还要好,有山有水,气象雄伟,我真不懂当初明太祖为什么不葬在这里!"胡汉民说:"这里确比明孝陵好,拿风水讲,前有照,后有靠,左右有沙环抱,加以秦淮河环绕着,真是一方大好墓地。"孙带笑说:"我将来死后葬在这里那就好极了。"(郭汉章:《南京临时大总统三月见闻实录》,《江苏文史资料选辑》第1辑,第37页)

△ 颁行陆军补官任职及免官免职令。(《临时大总统令》,中国第二历史档案馆编:《中华民国史档案资料汇编》第2辑,第219页)

△ 下午2点,信成银行第六届股东年会在南市的总行举行,有大约一百人出席。经理周舜卿宣读了报告,回顾银行上一年的工作。协理沈缦云向大会致辞,提出将它改成工业银行,并表示新政府支持工业,已与孙中山谈过这一想法,并得到了认可,以及接受担任银行董事会的荣誉主席。股东会批准邀请孙中山担任荣誉主席。("Notes on Native Affairs" • "Singchun Bank", "*The North-China Herald*", Mar. 16, 1912, "Miscellaneous" • "The Republic in China".)

△ 批准光复军司令李燮和辞职,对其在革命中的贡献表示嘉许。3月6日,李燮和上书请辞光复军总司令职,本日批复:"用兹嘉许,放李靖为神仙;树之风声,使樊侯无容地。"(《大总统批复光复军司令李燮和辞职呈》,《临时政府公报》第34号,"令示")[1]

△ 令司法部将各省审检厅暂行大纲留部参考,对人民权利不可轻率处置,指出:"司法官制与中央地方官制相辅而行,现在中央地方官制尚未颁布,关于名称细节,不必遽拟更张。且所改审厅、检厅各名目,亦欠妥协,四级三审之制,较为完备,不能以前清曾经采用,遂尔鄙弃。该检察长拟于轻案采取二审制度,不知以案情之轻重,定审级之繁简,殊非慎重人民生命财产之道,且上诉权为人民权利之一种,关于权利存废问题,岂可率尔解决。"(《大总统据法制局局长宋教仁转呈江西南昌地方检察长郭翰所拟各省审检厅暂行大纲令交司法部藉备参考文》,《临时政府公报》第34号,"令示")[2]

△ 令交通部整顿宁省铁路开车时间,指出:"宁省铁路开车时

刻参差不一,有碍交通,业经饬令设法整顿在案。乃令行未久,故态复萌,近来仍不按时开行,闻有较规定时刻迟至一小时之久者,疲玩至此,珠堪痛恨。为此再令该部转饬该路总管,务须加意整顿,遵章开驶,不得迟误。如再玩视,应即立予撤换,以重路政。"(《大总统令交通部整顿宁省铁路开车时间文》,《临时政府公报》第34号,"令示")①

△ 令交通部整顿电话,指出:"电话为交通要品,现当百政待举之际,传达消息,所关尤重。乃本城所用电话,每于呼应不灵、阻滞叠生之弊。贻误要公,莫此为甚。为此令仰该部,赶即这法改良,抑或加线传达,以资灵敏。"(《大总统令交通部整顿电话文》,《临时政府公报》第34号,"令示")②

△ 陈炯明来电,指责广东民军王和顺所部狙击军政府派出的巡查军队,并诬控陈炯明苛待民军,请复电加以诘责,令其服从广东军政府指挥,不许顽抗。(《临时政府公报》第40号,"附录·电报";《时报》1912年3月18日,"要闻")又来电,请严令王和顺服从广东军政府命令,电称:"王和顺蓄意破坏广东,屡抵抗命令,宣言事败即杀外人以起瓜分,居心实不可问。顷以遣散各民军,彼所部辄自疑在被散之列,狙击巡查军队,并伤及派往弹压官长,罪无可道。闻彼辈有电到南京,幸勿为其所惑。即以严电饬其凛遵粤政府命令,可免惊扰居民,波累无辜,否则恐损伤太大也。"(《临时政府公报》第41号,"附录·电报";《粤省兵变事详纪》,《时报》1912年3月19日,"要闻")

△ 桂林绅商学界来电,就广西2月28日省议员全体辞退一事,报告其真实原因在于人少,所称省防军统领秦步衢"带兵蹂躏议场,逮捕议员",实为借口而已。(翠亨孙中山故居纪念馆藏档,B11-52;《申报》1912年3月17日,"公电";《民立报》1912年3月22日,"广西电报";《时报》1912年3月17日,"要闻")

△ 山东登黄同盟会负责人徐镜心来电,控告沪军北伐先锋队

---

① 此为《临时政府公报》发布日期。
② 此为《临时政府公报》发布日期。

刘基炎不能合作,并分兵登、黄,运动反对革命的士绅,占据登州军政府,吞并鲁军北伐队,将激成祸变。(《徐镜心为呈报光复登黄时沪军北伐先锋队占据登州扰乱商民并反诬安抚者为土匪事致孙中山等电》,中国第二历史档案馆编:《南京临时政府遗存珍档》第4册,第1327—1332页)

△ 孙毓筠来电,请求先行筹拨遗款,完成安徽省堤工,一旦向外国借款成功,即如数归还。又报上海华洋义赈会已派员赴皖北放赈,请求将其中的多数用于兴办堤工,以少数分放江苏、安徽春赈。(《临时政府公报》第39号,"附录·电报")

△ 盐业协会来电,对于浙盐官收商运、废弃无卤场灶一案,报告目前浙西盐场投资巨大,一旦废弃,将造成商本损失和场商、灶丁生活困难,请求仍让盐商继续煎卖,维持沿海数万灶丁生计。(《申报》1912年3月11日,"公电";《民立报》1912年3月11日,"公电")

△ 上海商学青年联合会来电,报告9日该会成立,推伍廷芳、程德全为名誉会长,温宗尧、李平书为会长。(《青年联合会为该会成立及会长人员事致孙中山等电》,中国第二历史档案馆编:《南京临时政府遗存珍档》第4册,第1314页;《申报》1912年3月11日,"公电";《民立报》1912年3月12日,"公电";《时报》1912年3月17日,"公电")

△ 报载江阴布厂上呈,报告江阴各布厂有五千织机,每日生产两千余匹布,质量比洋货为美,价值较洋布为廉,各厂股东又均系华商,可在军需困竭时代为筹垫,请令陆军部、内务部通饬军、警两界,定购各厂土布制备夏季军衣,或由各厂成衣公司代制军衣。(《江阴布厂禀请维持国货》,《申报》1912年3月10日,"要闻二")

△ 报载清江各团体江北参事会、联合分会、县议事会、商会、教育会、清江民政长、保安公所来电,报告江北灾情,请求设法筹集巨款,从速拨济。(《申报》1912年3月10日,"公电";《民立报》1912年3月10日,"清江浦电报";《时报》1912年3月12日,"公电")

3月11日 公布《中华民国临时约法》。

《中华民国临时约法》由参议院自上月7日开议,本月8日正式通过,本日公布。《中华民国临时约法》总纲规定了中华民国的国家性质,明确规定:"中华民国之主权属于国民全体"(第二条),确立了民主共和的国体;并规定:"中华民国以参议院、临时大总统、国务员、法院行使其统治权"(第四条),确定了实行立法、行政、司法三权分立的政体。《临时约法》规定了人民的权利与义务。在《总纲》之后和各章之前,专立《人民》一章,规定:中华民国人民不分种族、阶级、宗教信仰,一律平等(第五条);人民享有人身自由、财产及营业自由、言论、出版、集会及结社自由,有书信自由及居住迁徙自由,有请愿、陈述自由,有控告官吏违法之权,以及有应试任官之权,有选举与被选举之权。同时也规定了人民有纳税及服兵役的义务。《临时约法》规定了立法、行政、司法三部门的职权和彼此相互制衡的关系。临时约法对人民主权利及义务,立法、行政与司法机关之产生、职权,总统、副总统的产生与职权均有规定,附则中规定"宪法未施行以前,本约法之效力与宪法等"。(《大总统宣布参议院议决临时约法公布》,《临时政府公报》第 35 号,"法制")《中华民国临时约法》是在《临时政府组织大纲》基础上修订制定的,自 1911 年 12 月 3 日制定,到 1912 年 1 月 2 日,中经三次修订及一次修订提案被否决,进行了多次修改。1912 年 1 月 5 日拟定了《中华民国临时约法草案》(亦名《临时政府组织大纲修正案》)。1 月 25 日,景耀月、马君武等人在《临时政府组织大纲》基础上起草《大中华民国临时约法》,主总统制。2 月 7 日、9 日,临时参议院讨论临时约法草案,(《参议院议事录》1912 年 2 月 7 日,张国福选编:《参议院议事录·参议院议决案汇编》,第 27 页)改总统制为内阁制。《临时约法》规定总理由议会的多数党产生,总理对总统要办事项,如不同意,可以驳回;总统颁布命令须由总理副签才得生效。参议院 2 月 7 日开议,将《草案》拟定的六章四十九条,修改为七章五十五条,后又改定为七章五十六条,3 月 8 日正式通过,3 月 11 日由孙中山以临时大总统名义下令公布。《中华民国临时约法》是南京临时政府即将终结时,为未来政府制定的法律准则。《中华民国临时约法》并不符合孙中山的政治理想。孙中山召集同盟会籍参议员及干部共同研商政制问题时强调:"中华民国临时约法,可谓是较临时政府组织大纲更进一步,但我鉴于古今中外政治上之利弊得失,创制五权宪法,非如此,则不足以措国基于巩固,维世界之和平。而却是非一蹴可几。我今只说要定一条:'中华民国主权,属于全体国民。'一以表示我党国民革命真意义之所在,一以杜防盗憎主人者,与国民共弃之。"(居正:《梅川日记》,罗福惠、萧怡编:《居正文集》上册,第95页)在《中华民国临时约法》颁布前,孙中山借鉴并批判西方国家的三权分立制度,创立了五权宪法学说。辛亥革命时期,以同盟会为主体的革命党人并未了解和接受五权宪法,所组建的南京临时政府采取了三权分立的原则,《中华民国临时约法》与五权宪法的主张相背离。孙对《临时约法》并不满意。尽管如此,在"二次革命"失败后,孙中山虽然使中华革命党再次打出了五权宪法的旗帜,但仍继续维护《中华民国临时约法》,以之作为反对北洋军阀的武器,同时发展和完善其五权宪法思想。在第二次护法运动后,孙中山五权宪法思想已经成熟,彻底放弃护法主张。(臧运祜:《孙中山与〈中华民国临时约法〉关系纵论》,《华中师范大学学报》2012年第5期)

　　△　致电袁世凯,将参议院咨复多数同意袁举唐绍仪为国务总理、并请转复袁即行任命之咨文转致袁世凯。南京临时参议院亦致电袁,告已公决同意。(《南京孙大总统来电》,《临时公报》,1912年3月17日,"电报";《南京参议院来电》,《临时公报》民国元年3月17日,"电报")

　　△　南京临时政府财政部呈文,请将《商业银行暂时则例》咨送临时参议院议决,公布实施。(《商业部凝定商业银行暂行则例请咨交参议院议决呈稿》,中国第二历史档案馆编:《中华民国史档案资料汇编》第2辑,第416页)

　　△　令内务部、司法部通饬所属禁止体罚,不准再用笞杖、枷号及他项不法刑具。令云:"近世各国刑罚,对于罪人或夺其自由,或绝其生命,从未有滥加刑威,虐及身体,如体罚之甚者……顷闻上海南市裁判所审讯案件,犹用戒责,且施之妇女。以沪上开通最早,四方

观听所系之地,而员司犹蹈故习,则其他各省官吏,保无有乘民国初成、法令未具之际,复萌故态者。亟宜申明禁令,迅于革除。为此令仰该部速行通饬所属,不论司法、行政各官署,审理及判决民、刑案件,不准再用笞杖、枷号及他项不法刑具。其罪当笞杖、枷号者,悉改科罚金、拘留。"(《大总统令两部通饬所属禁止体罚文》,《临时政府公报》第35号,"令示")①

　　△　批准陆军部所呈《陆军军官学校暂行条例》。批云:"发扬国威,端赖军队。军队骨干,全在军官。该部成立之初,即请设陆军军官学校,为造就初级军官之所,自系为亟图民国军事进行起见,殊堪嘉慰。"(《大总统批准陆军部所拟军官学校条例文》,《临时政府公报》第35号,"令示")②

　　△　袁世凯来电,表示:"承公推荐,忝兹重任,尚望随时指使。将来解职后,甚盼来京,面聆雅教。"(《临时政府公报》第39号,"附录·电报")

　　△　唐绍仪来密电,指出段祺瑞所发电文必非袁世凯授意,因为北方军人阅读报章言论发生误会,不必回复段祺瑞。(翠亨孙中山故居纪念馆藏档,B4—108)

　　△　陈炯明来电,报告已派兵围剿广东民军王和顺,广东省城安稳。电称:"和顺抗不遵命令,早经开炮关城,经派兵围剿。王已潜逃,所部除吴镜如一协遵命不动外,皆已分溃,刻正搜捕解散。省城安稳。"(《临时政府公报》第41号,"附录·电报";《粤省兵变事详纪》,《时报》1912年3月19日,"要闻")

　　△　山东巡抚张广建暨共和进行筹备处等来电,表示各国公例未有国会所在地与政府分离者,建议第一次临时政府草订简略选举方法召集临时议会,编制正式国会选举章程,现时内政、财政各种问题可暂由临时议会解决。待正式国会成立,再纂订宪法。(《临时政府

---

① 此为《临时政府公报》发布日期。
② 此为《临时政府公报》发布日期。

公报》第 42 号,"附录·电报";《时报》1912 年 3 月 14 日,"公电";《申报》1912 年
3 月 14 日,"公电";《民立报》1912 年 3 月 14 日,"济南电报")

△ 福建省法制局长林万里来电,请电告袁世凯,各部长官用人
时要严慎甄择,勿再起用前清在京官僚。(《民立报》1912 年 3 月 12 日,
"福建电报")

△ 尹昌衡、罗纶来电,报告接陕西都督 10 日万急电,立即先遣
部队迅速推进,但与滇军的交涉尚未解决,不能全力赴救,请速电云南
都督,急饬援川滇军会师北伐。(《民立报》1912 年 3 月 21 日,"成都电报")

△ 尹昌衡、张培爵来电,报告成都、重庆两军政府合并,决定即
照成都改定之名,不再更易。(《申报》1912 年 3 月 17 日,"公电";《时报》
1912 年 3 月 17 日,"公电")

△ 江苏临时省议会来电,请将江苏省代理都督庄蕴宽销去"代
理"名义,改为实任。(《申报》1912 年 3 月 15 日,"要闻一")

△ 陈廷训、戈克安、余鹤松、刘世钧、蔡锐霆来电,报告已奉陆
军部令,于本月 11 日将朱汉涛正法。(《申报》1912 年 3 月 14 日,"公电";
《时报》1912 年 3 月 14 日,"要闻")

△ 黄三德来函,报告各埠捐来军费等,现已清算完毕,尚存军
饷银四千三百余元,由朱三进等交意大利银行存贮,除预支印寄《征
信录》邮票、电灯、煤、蜡火、话筒各款费用外,电汇孙中山收理。但朱
三进拟留此款私作纪念,遂将始末情由报告。同时报告本局各办事
人员及其工作表现。(翠亨孙中山故居纪念馆藏档,B9—11)

△ 报载俞应麓、蒋群、廖国仁、徐大纯、张鸿藻来电,对江西省
各界公电所称都督马毓宝劣迹,表示经详细调查,确系实情,特电陈
为全省同胞请命。(《时报》1912 年 3 月 11 日,"公电")

△ 报载程德全、章炳麟、张绍曾、刘莹泽、陈宧、吕均、钱芥尘等
来电,为王赓辩护,指王为热心共和、尊重道德之人。(《民立报》1912
年 3 月 11 日,"公电")

△ 报载制造局巡警总分处警务长吴荣实,警员邹景雯、朱镇

南、巡员程麟、李云黼来电,请挽留制造局总理李平书。(《申报》1912
年 3 月 11 日,"公电";《民立报》1912 年 3 月 9 日,"公电")

3 月 12 日 咨参议院,提议以唐绍仪与财政部会商向四国银行
借款二百万两一案先行备案。咨云:"二月二十六、七日,接北京袁世
凯、唐绍仪等来电,因民国南方需用甚急,已与四国银行商妥,即交二
百万两,以后再可陆续商量交付,暂以民国财政部收据作保,将来由
大批外债扣还。至利息及各条件,现因紧急用款,一时未及妥订,俟
妥订后,再交参议院通过等语。因军需孔急,已于二十八日由四国银
行领到现银二百万两,应请咨交参议院备案,俟有大批借款时,再行
并案交院通过等因前来。相应咨行贵院,即烦查照备案可也。"(《大
总统咨参议院提议唐绍仪与财政部会商借到四国银行款二百万两先行备案
文》,《临时政府公报》第 36 号,"咨")[①]

△ 令陆军部、海军部统一长江水师编制,委任合适人员,指出
"长江水师亟须统一,其应如何编制、委任妥员接充之处",由陆军部
咨商海军部核办。(《临时大总统等关于商定长江水师统一编制文件》,中国
第二历史档案馆编:《中华民国史档案资料汇编》第 2 辑,第 244—245 页)

△ 致电袁世凯,要求停止委任前在汉口惨杀军民之易乃谦、王
遇甲、丁士源、徐孝刚等。电云:"据军商各界呈称:易乃谦、王遇甲、丁
士源、徐孝刚等前在汉口惨杀军民,绝灭人道,乡里切齿,咸欲得而甘
心。共和成立以后,又对于南方代表漫诋共和,故意挑起南方恶感,南
方将士皆称应行宣布死刑。应请径电袁总统先行停止委用等语。自
系实在情形,即希查核办理。"(《临时政府公报》第 38 号,"附录·电报")

△ 致电广东报界公会转广东惠州民军统领王和顺,要求王和
顺遵守广东都督陈炯明安置民军的约束。电云:"闻惠军在省与督部
新军有冲突事。陈督设法安置民军,自为今日治粤必然之策。且分
别留遣,并无一律解散之说。君等宜遵守约束,共维大局。须知世界

[①] 此为《临时政府公报》发布日期。

各国之军队,皆不能讲平等,而命令必出于一是。倘以猜嫌之故,致启纷争,惊扰居民,谁任其咎? 特此正告我爱国之民军知之。"(《临时政府公报》第38号,"附录·电报")

△　复函康德黎夫人,指出:"满清的逊位,并非即是中国的完全得救。在我们的前面,尚有大量工作必须完成,俾使中国能以伟大强国的身份与列国并驾齐驱。"向康德黎夫人表示:"我们正在谋求在中国实行宗教自由,而在此新制度下基督教必将昌隆繁盛。"并告不久将有广州之行。(《复康德黎夫人函》,《孙中山全集》第2卷,第230—231页)

△　令准财政部次长兼江南造币总厂正长王鸿猷呈请,以全国造币分厂多未成立,正长一职暂缓设置,同意取消造币厂正长兼职。(《王鸿猷为暂缓设置造币厂正长呈及临时大总统批》,中国第二历史档案馆编:《中华民国史档案资料汇编》第2辑,第409—410页)

△　令内务部转饬遵照参议院议决南京府官制办理文。(《大总统令内务部转饬遵照参议院议决南京府官制办理文》,《临时政府公报》第36号,"令示")①

△　为留日铁道毕业生祝晋关于铁道问题的条陈,转发交通部,令备采择。(《大总统据留日铁道毕业生祝晋条陈铁道四端令交通部备采择文》,《临时政府公报》第36号,"令示")②

△　令江北都督蒋雁行核办张惠人请赈一事,要求根据实际情形酌量办理。(《大总统令江北都督蒋雁行核办张惠人请赈文》,《临时政府公报》第36号,"令示")并批张惠人等呈,告以"江淮以北,遍野哀鸿,言之实深悯恻。仰候令行江北都督体察情形,酌量办理。"(《大总统批张惠人等请赈呈》,《临时政府公报》第36号,"令示")③

△　批印铸局局长黄复生呈,同意将各官厅印刷品归印铸局办理并酌量取资。批云:"所请以备部、局官厅官用印刷品均归该局办

_____

①　此为《临时政府公报》发布日期。
②　此为《临时政府公报》发布日期。
③　此为《临时政府公报》发布日期。

理,并该局刊刻印信、关防以及图书等类,一并酌童取资各节,事属可行,着即照准。"(《大总统批批印铸局局长黄复生请将各官厅所用印刷品归印铸局办理并酌量取资呈》,《临时政府公报》第 36 号,"令示")①

△ 南京临时政府财政部"仿各国特许银行之制",拟订《海外汇业银行则例》上呈。呈称:"窃照现值政府统一,各省善后之际,百端待理,需款繁巨,仰给于部固属同一为难,思取于商更虑易滋纷扰。内地之元气已伤,目前之筹款无从。为今之计,舍发公债而外,别无良策。查募债之道,必与欧美有无相通,方能措置裕如,而尤以采用金货汇兑本位以定基础,提倡海外汇业银行以为枢机,图国际通商之便,免汇票变动之害,固交易之信,利外资之用,挹彼注兹,酌盈剂虚,非独济一时之急,抑且宏远之大规。"(《财政部拟订海外汇业银行则例咨交参议院议决呈稿及临时大总统批》,中国第二历史档案馆编:《中华民国史档案资料汇编》第 2 辑,第 422 页)后孙中山于 18 日批复。

△ 蔡锷来电,主张对于军人参加集会结社问题,宜区别对待,对于南北军界统一会之类组织,应从维持大局起见,予以赞同,至于政治集会,不宜以统兵大员组织,请中央颁行集会结社律。(《天南电光集》第 143 电,《云南辛亥革命资料》,第 142—143 页)

△ 谭人凤来电,反对北京政府现议每月向外国银行借银七百万两,指出此事事关全局,应审慎图之。(《临时政府公报》第 39 号,"附录·电报";《时报》1912 年 3 月 17 日,"公电")

△ 汪精卫来电,表示在京、津时,曾约"少数同志筹革命之进行,此次重来,已与诸同志筹收束之法。"表示日内须南行,对于众多京、津团体,请派人来料理。(《民立报》1912 年 3 月 14 日,"北京电报")

△ 孙道仁来电,请迅速设法筹赈江北灾情。(《临时政府公报》第 42 号,"附录·电报")

△ 赵尔巽来电,指责蓝天蔚诬称东北受宗社党运动,已撤共和

---

① 此为《临时政府公报》发布日期。

国旗,警告此后蓝倘有率兵进攻之举动,致召意外之变,应负其责。(《申报》1912 年 3 月 15 日,"公电";《民立报》1912 年 3 月 15 日,"盛京电报";《时报》1912 年 3 月 14 日,"要闻")

△ 尹昌衡、罗纶来电,再次要求滇军撤回云南,表示四川军政府已备送银十万两。(《申报》1912 年 3 月 16 日,"公电";《民立报》1912 年 3 月 16 日,"成都电报";《时报》1912 年 3 月 16 日,"公电")

△ 民国仁济会来电,力主以黄兴为陆军总长。(《临时政府公报》第 40 号,"附录·电报")①

△ 海军协会来电,报告萨镇冰服务海军多年,武昌起义后不攻击民军,还暗嘱军官,不使炮弹命中民军,不阻止官兵反正。以学问、德望,为民国海军发达计,应举其主持民国海军。(《海军协会为萨镇冰服务海军有年预谋海军发达非其不可事致袁世凯等电》,中国第二历史档案馆编:《南京临时政府遗存珍档》第 4 册,第 1377—1381 页)

△ 广西都督陆荣廷主张临时政府宜采法国制度,应举孙中山担任内阁总理,为此致电袁世凯、参议院及各省都督。(《申报》1912 年 3 月 16 日,"公电")

3 月 13 日 致电陈炯明,赞成其对王和顺部民军之处置。

本日,广东省议会来电:"民军统王和顺,久蓄异志,潜招桂兵,私购枪炮,分据要地。前日突阻新军查街,捣毙数命,斩断电线十一,置炸炮轰城内外。陈都督万不得已,始宣罪状,令军围攻。幸其部下多不从逆,现王逃兵溃,商民多受惊骇扰害。此役并非因裁兵而起,各民军皆安,请纾廑念。"(《临时政府公报》第 48 号,"附录·电报")遂致电要求陈炯明对王部严行搜捕解散,"其余各路民军,于起义之际,具有勤劳,北方既平,当以公安为重,慎终如始,方为善保勋名"。(《临时政府公报》第 39 号,"附录·电报")

△ 复电奉天谘议局,告以华俄草约并无抵押之说,前后经参议

① 据《民立报》,该电发文机构为"民国协济会"。(《民立报》1912 年 3 月 15 日,"公电")

院多数决议通过,但此约因少数议员宣布,已归无效。(《临时政府公报》第 39 号,"附录·电报")

△ 委任范光启为中国同盟会本部政事部干事。(《给范光启委任状》,《孙中山全集》第 2 卷,第 234 页)

△ 批示财政部察核办理造币总厂匠徒请留任厂长余成烈一事,此前造币总厂匠徒上呈,要求收回另委他人成命,留任厂长余成烈。(《临时大总统关于造币总厂匠徒请留余成烈交财政部核办令》,中国第二历史档案馆编:《中华民国史档案资料汇编》第 2 辑,第 410—411 页)

△ 下午,应邀与秘书员、各部总、次长出席英美联合会举行的茶会。(《申报》1912 年 3 月 15 日,"专电")

△ 令内务部通饬各省劝禁缠足,指出缠足之俗"恶习流传,历千百岁,害家凶国,莫此为甚。夫将欲图国力之坚强,必先图国民体力之发达。至缠足一事,残毁肢体,阻阏血脉,害虽加于一人,病实施于子姓。生理所证,岂得云诬? 至因缠足之故,动作竭蹶,深居简出,教育莫施,世事罔问,遑能独立谋生,共服世务? ……曩者仁人志士,尝有天足会之设,开通者已见解除,固陋者犹执成见。当此除旧布新之际,此等恶俗,尤宜先事革除,以培国本,为此令仰该部速行通饬各省一体劝禁。其有故违禁令者,予其家属以相当之罚"。(《大总统令内务部通饬各省劝禁缠足文》,《临时政府公报》第 37 号,"令示")①

△ 令内务部通饬各省慎重农事,"饬下所司,劳来农民,严加保护。其有耕种之具不给者,公田由地方公款,私田由各田主设法资助,俟秋成后计数取偿。各有司当知此事为国计民生所系,务当实力体行"。(《大总统令内务部通饬各省慎重农事文》,《临时政府公报》第 37 号,"令示")②

△ 批江宁自治公所请将江苏代理都督庄蕴宽移驻南京、留南京卫戍总督徐绍桢暂缓北上呈文,指出"保卫地方,约束军队,乃政府

---

① 此为《临时政府公报》发布日期。

② 此为《临时政府公报》发布日期。

应尽之责,自应妥为部署,以靖间阎",望商民各安生业,勿信谣传。(《大总统批江宁自治公所请饬代理庄都督移驻宁垣并留徐卫戍总督暂缓赴北呈》,《临时政府公报》第37号,"令示")①

　　△　批李文藻关于印花税呈文,指出印花税在各国行而有利,我国亟应仿办,所呈可交财政部存备采择。(《大总统批李文藻关于印花税呈》,《临时政府公报》第37号,"令示")②

　　△　令将蒯寿枢关于盐政的条陈转发实业部,指出:"盐政之善否,于国家收入及人民日需,利害关系,至为切要。"令实业部藉备采择。(《大总统据安徽都督孙毓筠转呈蒯寿枢条陈令交实业部藉备采择文》,《临时政府公报》第37号,"令示")③

　　△　蔡元培来电,报告蔡元培、汪精卫、魏宸组及随行四人,于今日上午9时半乘专车赴汉口。(《临时政府公报》第42号,"附录·电报")

　　△　孙毓筠来电,报告安徽省暂行官制,设五司、三局,参照江苏、江西省办法,同署办公,已提交临时省议会议决,克日实行。一待中央订定颁布新官制,即遵章办理,以期全国统一。(《临时政府公报》第42号,"附录·电报";《时报》1912年3月15日,"公电";《申报》1912年3月15日,"公电")

　　△　庄蕴宽来电,告以接本省议会咨文,受推为实任都督,已请省议会另行公举。(《临时政府公报》第42号,"附录·电报";《时报》1912年3月15日,"要闻";《申报》1912年3月15日,"公电";《民立报》1912年3月15日,"苏州电报")

　　△　尹昌衡、张培爵来电,请设法阻止援鄂军及鄂军经营西藏、率兵入川的行动。(《民立报》1912年3月16日,"成都电报")

　　△　广东省议会来电,报告镇压民军王和顺部情形,并指此事并非因裁兵而起,其他各民军皆安妥。(《临时政府公报》第48号,"附录·

---

①　此为《临时政府公报》发布日期。
②　此为《临时政府公报》发布日期。
③　此为《临时政府公报》发布日期。

电报")

△ 报载上海统一共和党来电,请速定都北京。(《时报》1912 年 3 月 13 日,"公电")又来电,指出泗水华侨被荷人惨待一案为民国初次外交,稍一退让,即启列强效尤,请速严正交涉,力争国权。(《时报》1912 年 3 月 13 日,"公电")华侨炸弹队自徐州来电,表示泗水同胞庆祝共和,升旗燃炮,荷人无理干涉,倘致决裂,本队愿为前驱。(《临时政府公报》第 37 号,"附录·电报")

3 月 14 日 派代表出席在上海举行的吴禄贞追悼大会,代致悼词。

追悼会由黄兴与汤化龙等联名发起,假上海张园举行。会前,黄兴以陆军部名义呈报批准:吴禄贞照大将军例赐恤金一千五百元,遗族每年恤金八百元。(《时报》1912 年 3 月 17 日)孙中山悼文为:"荆山楚水,磅礴精英,代有伟人,振我汉声。觥觥吴公,盖世之杰,雄图不展,捐躯殉国。昔在东海,谈笑相逢,倡义江淮,建牙大通。契阔十年,关山万里,提兵燕蓟,壮心未已。滦州大计,石庄联军,将犁虏廷,建不世勋。契狁磨牙,蜂虿肆毒,人之云亡,百身莫赎。下□同袍,惟周与张,庶相民军,恢复汉疆。邦基始建,公目未瞑,敬奠椒桂,以酹忠魂。"(《吴绶卿哀挽录》,《时报》1912 年 3 月 17 日,"本埠新闻")

△ 委任黄晋三为总统府庶务员,委任彭丕昕为印铸局庶务长兼工正,委任宾步程充金陵机器局局长。(《给黄晋三等委任状二件》《给宾步程委任状》,陈旭麓、郝盛潮主编:《孙中山集外集》,第 678—679 页)委任缪名震为总统府庶务员。(《给缪名震委任状》,郝盛潮主编、王耿雄等编:《孙中山集外集补编》,第 70 页)

△ 李烈钧来电,接受江西都督之职。(《临时政府公报》第 43 号,"附录·电报")

△ 江北第二军司令长徐宝山来电,主张寓兵于工,实行导淮入海,已电商江苏省议会公决,请示核准,以便协商江淮水利公司实行。(《临时政府公报》第 43 号,"附录·电报";《时报》1912 年 3 月 22 日,"公电")

△　蓝天蔚来电，对赵尔巽前日通电进行驳斥，并即请辞职，以免遭人嫉视。(《临时政府公报》第 46 号，"附录·电报")

△　报载吴淞军政分府北伐陆军长黄汉湘来电，表示现在南北统一，李燮和已辞北伐总司令，自应将北伐陆军司令长之职一同告辞。(《民立报》1912 年 3 月 14 日，"吴淞电报")

△　报载北京总董事会、总议事会、商务会总三团体来电，指北京此次兵变，系少数游勇鼓动，现秩序已复，至于所传宗社党煽惑，未免视彼过高，不需要南方民军北来。(《申报》1912 年 3 月 14 日，"要闻一")

3 月 15 日　批陈婉衍为开办复心女学请求教育部拨款的呈文。

陈婉衍于 1911 年 11 月 14 日奉光复军总司令李燮和之命召集女子军，以"女子北伐光复军"名义刊出招募广告，该女子军以宗孟女校、爱国女校学生为基干，1 月 16 日发表《女子北伐队宣言》，并遴选强干堪任军事者数十人，分编临阵、补阵、侦探、卫生四队，督带北上，作北伐之预备。1912 年 2 月南京临时政府陆军部下令解散女子军后，李燮和于 3 月初上呈，请示将光复军女子队改组为复心女学，并请酌给开办、常年经费。3 月 6 日，教育部批示，称因该部"财力未充，所请酌给经费一节，应暂缓议"，(《教育部批光复军总司令李燮和请将光复军女子队改组女学堂酌给开办常年经费并请出示保护呈》，《临时政府公报》第 30 号，"令示")3 月 15 日，陆军部批示给予复心女学一千元作为开办经费，至于常年经费，则请向教育部禀请。(《设女学堂开办费及尹志锐等出国川资和学费的文书》，藏于南京第二历史档案馆，全宗号：26，案卷号：45)本日批示："既据曾经具呈教育部在案，仰候部核办可也。"(《大总统批陈婉衍拟开办复心女学校请饬部拨款呈》，《临时政府公报》第 39 号，"令示")①

△　复函盛宣怀，表示解职后将从事实业。电云："兴实业以振

---

①　此为《临时政府公报》发布日期。

时局,为今日不可少之着。执事伟论实获我心。弟不日解组,即将从事于此。执事经验至富,必有以教我也。各事能曲谅执事行之苦衷,曷胜纫感。乡间在迩,再容畅谈。"(《孙中山致盛宣怀函二通》,《社会科学战线》1981 年第 4 期,第 72 页)

△　令内务部核办吉涌等请变卖八卦洲产业作旗民生计。(《大总统令内务部核办吉涌等请变卖八卦洲产业以作旗民生计文》,《临时政府公报》第 39 号,"令示")①

△　令内务部转饬南京府知事,核办李鼎等呈请抚恤。(《大总统令内务部转饬南京府知事核办江宁贫老李鼎等呈请抚恤文》,《临时政府公报》第 39 号,"令示")②

△　令财政部将侨商统一联合会王敬祥等募捐清册存案。(《大总统令财政部将侨商统一联合会王敬祥等募捐清册存案文》,《临时政府公报》第 39 号,"令示")③

△　令交通部核办宁省铁路局总协理温世珍等呈报改良行车办法。令云:"该路为人民交通利便而设,故时间不宜稍误。惟军政时代,军队开拔,运输辎重,勾留阻滞,亦是实情。兹据呈称,该局另备加车,每日往返四次,专为各项军队而设,办法甚为周妥。仰候将原呈发交交通部核饬遵办可也。"(《大总统令交通部核办宁省铁路局总协理呈报改良加车行驶文》,《临时政府公报》第 39 号,"令示")④

△　令江苏都督遵财政部议复江南造币厂办法。(《大总统令江苏都督遵照财政部议复江南造币厂办法文》,《临时政府公报》第 39 号,"令示")⑤

△　蔡元培、汪精卫来电,报告昨晚抵汉口,即赴武昌谒黎元洪副总统,报告在北京经过,今晚乘金陵轮赴南京。(翠亨孙中山故居纪念馆藏档,B4—109;《临时政府公报》第 43 号,"附录·电报")

---

① 此为《临时政府公报》发布日期。
② 此为《临时政府公报》发布日期。
③ 此为《临时政府公报》发布日期。
④ 此为《临时政府公报》发布日期。
⑤ 此为《临时政府公报》发布日期。

△　松军来电,拥护江苏省议会公举庄蕴宽为江苏实任都督。(《时报》1912 年 3 月 19 日,"公电")

△　蔡锷来电,就前陈建都北京,请求早定大计,同时提议袁世凯用人行政,应破除畛域。(翠亨孙中山故居纪念馆藏档,B4-112;《天南电光集》第 152 电,《云南辛亥革命资料》,第 146 页)

△　陈炯明来电,报告镇压王和顺等部民军经过,指出此次事变,为广东独立以来时刻预期者,今日爆发尚易收拾,若姑息容忍,将来之祸恐不止此。(《临时政府公报》第 45 号,"附录·电报";《时报》1912 年 3 月 25 日,"要闻")

△　广东军团协会来电,报告广东陆军、惠军激战,现已调息,惟都督陈炯明决意辞职,请催促汪精卫返粤主持大局。(《临时政府公报》第 46 号,"附录·电报")

△　蒋雁行来电,报告半月内如无大宗赈款来江北接济,饥民将死亡过半,请迅拨数万元,由总长派员办理。(《临时政府公报》第 43 号,"附录·电报";《时报》1912 年 3 月 20 日,"公电";《民立》1912 年 3 月 20 日,"清江浦电报")又电称病请予准假调养。(《申报》1912 年 3 月 20 日,"公电";《时报》1912 年 3 月 20 日,"公电")

△　陆荣廷来电,报告广西先捐助一千元救济江北灾区,请大总统俯如所请。(《临时政府公报》第 49 号,"附录·电报")

△　伍廷芳来电,为胡承诰被上海光复军统领李征五逮捕勒索巨款一案,指责事属非法;胡承诰被拘拿时,未经司法官厅出票,拘留将近一个月,未予审理,违背文明;请饬李征五速将胡承诰释放,以存公理。(《申报》1912 年 3 月 17 日,"公电";《民立报》1912 年 3 月 17 日,"公电";《时报》1912 年 3 月 17 日,"要闻")

△　松江军政分府来电,报告已分别委派松江各盐场场长,并派兵派船分驻沿海地方以资镇慑,同时将松盐公所取消。(《申报》1912 年 3 月 17 日,"公电";《时报》1912 年 3 月 17 日,"公电")

△　蒙塔古·哈里斯来函,报告昨天《中国公报》(*The China*

Gazette) 有针对孙中山的一则无礼诽谤。(邓丽兰:《临时大总统和他的支持者》,第 180 页)

△　报载汕头光汉社、同盟会、公安维持会来电,报告林激真全军到潮,潮汕人心稳定。(《民立报》1912 年 3 月 15 日,"汕头电报")

△　报载自由党浙江支部许畏三、罗传等自杭州来电,请践约担任自由党大总裁。(《民立报》1912 年 3 月 15 日,"杭州电报")

3 月 16 日　批潘月樵、夏月珊等呈,赞扬其"启导伶界,有功社会",准其开办伶界联合会。批云:"潘月樵、夏月珊等启导伶界,有功社会,一片婆心,实堪嘉尚,所请各节,既经沪军都督批准立案,自无不合之处,应准其开办。至于夺获制造局有功,自应受赏,应由该员禀请沪军都督,通报陆军部查核办理。"(《孙总统赞成伶界联合会》,《申报》1912 年 3 月 18 日,"本埠新闻")

△　转发张謇电予袁世凯,电文请求袁世凯紧急借款以供江苏、安徽赈灾。(《致袁世凯电》,《孙中山全集》第 2 卷,第 241 页)20 日,袁来电告拨款二十九万元交张謇,作江皖两省工赈款。(《临时政府公报》第 48 号,"附录·电报";《时报》1912 年 3 月 29 日,"公电")

△　命财政部核办镇江商人贾凤威呈请在无锡设立分银行、推行钞票,并将原呈发财政部。(《临时大总统关于贾凤威请设分银行于无锡发交核办令》,中国第二历史档案馆编:《中华民国史档案资料汇编》第 2 辑,第 422 页)

△　咨参议院,请查照国务员名单。国务员名单开列于下:外交部陆征祥,内务部赵秉钧,财政部熊希龄,教育部范源濂,陆军部段祺瑞,海军部蓝天蔚,司法部王宠惠,农林部宋教仁,工业部陈榥,商业部刘炳炎,交通部陈其美,邮电部梁士诒。(《大总统咨送袁大总统选派国务员姓名请参议院查照文》,《临时政府公报》第 40 号,"咨")①

△　令实业部审批侨商统一联合会王敬祥等拟办兴业贸易会社。(《大总统令实业部审定侨商统一联合会王敬祥等呈请拟办兴业贸易会社

---

①　此为《临时政府公报》发布日期。

文》,《临时政府公报》第 40 号,"令示")①

△　袁世凯来电,提议黄兴对于目前军队的维持关系重大,望予婉商,使勿持归田之意。(《临时政府公报》第 46 号,"附录·电报")

△　袁世凯来电,对于安徽都督孙毓筠请求拨发皖北堤工款一事,表示外款尚未借定,京库支绌,希望南京方面能够设法筹款。(《临时政府公报》第 43 号,"附录·电报")

△　熊希龄来电,表示"于全国财政毫无研究,才力不及,万难胜任"财政总长,请改选他人。(《时报》1912 年 3 月 17 日,"公电";《申报》1912 年 3 月 17 日,"要闻一";《民立报》1912 年 3 月 17 日,"公电")

△　陈锦涛来电,表示对新政府财政总长一职,断难胜任,请另简贤能。(《申报》1912 年 3 月 18 日,"公电";《民立报》1912 年 3 月 18 日,"公电")

△　蔡锷来电,解释滇军入贵州的情况。电称:"黔省遍开公口,匪党横行,掳掠奸淫,全省糜烂,屡经绅耆函电请援。虽以唇齿之亲,未忍坐视,然援蜀方遭疑忌,亦不愿再以恤邻之义而反生内讧之疑,故皆婉词谢之。及北伐队唐司令过黔,绅民又复拦路要求镇抚,至有欲自刎于马前,以为黔民请命者。迭接唐司令来电,皆催令以北伐为急。至黔军以黄泽霖扣饷哗变,省城震动,又复急电请援,乃饬唐司令赴筑镇慑,纪律严明,父老欢庆。时赵都督已逸去,遂公推唐为临时都督。据黔省全体绅民通电,则以黔省之扰乱,人民之困苦,此次滇军之秩序,可以概见。"(《天南电光集》第 155 电,《云南辛亥革命资料》,第 147—148 页;翠亨孙中山故居纪念馆藏档,B11—71)

△　陆军第十六师顾忠琛来电,主张陆军总长以黄兴为最合适人选。(《申报》1912 年 3 月 18 日,"公电";《民立报》1912 年 3 月 18 日,"镇江电报")又电告于 3 月 14 日奉陆军部颁到关防,遵即启用。(《民立报》

---

①　此为《临时政府公报》发布日期。

1912 年 3 月 18 日,"镇江电报")

△　江北旅长车庆云、杨春普,参谋长刘文翰、杨立言来电,报告江北自光复后,全赖都督蒋雁行维持大局,请予慰留。(《申报》1912 年 3 月 20 日,"公电";《时报》1912 年 3 月 20 日,"公电")

△　海军要港司令处、驻沪楚同、保民、飞霆、江利、楚有、登瀛洲、策电、甘泉、湖隼、张字各舰艇来电,反对蓝天蔚任海军总长。(《申报》1912 年 3 月 17 日,"要闻一";《民立报》1912 年 3 月 17 日,"公电";《时报》1912 年 3 月 20 日,"公电")①

△　倪嗣冲来电,指出现当过渡时代,南北各军,骄纵恣肆,时有所闻,请电商袁大总统设法镇慑。(《临时政府公报》第 43 号,"附录·电报")

△　上海总分商会来电,报告宁波存粮仅够数日,民情恐慌,镇江禁口,来源尽绝,恳请转饬准予帆运。(《临时政府公报》第 43 号,"附录·电报")

△　杨荩诚来函,报告贵州反正时,华之鸿捐款助军饷,蒙许与褒奖状,请示是否可将褒奖状带回,或是交邮局寄往。(翠亨孙中山故居纪念馆藏档,B11—72)

△　报载陈炯明来电,报告王和顺抗拒民军,已被痛剿。王已逃跑,余党溃散,广东境内平安。(《民立报》1912 年 3 月 16 日,"南京电报")

△　报载辛汉上辞呈,请辞南京府知事。辛汉为日本帝国大学法学士,以"久客他方,不知乡里事"等理由不愿担任南京府知事职。(《辛汉辞南京府知事呈》,《时报》1912 年 3 月 16 日,"要闻")

△　报载江苏铁血军司令范先启、皖路局长朱艮涵、教育次长倪纬汉,参议院议员胡绍斌、凌毅、常恒芳,皖军第一师长孙万乘、营长郭梓青、三十五旅长龚振鹏、参谋王正蕃、副官郑赓臣、第一军中队长陈章奇、团长赵云龙、赵丹、营长阚钧、朱子明、陈芝宣、毛保乾,卫戍

----

①　该电日期代码"锐"疑为"铣(16 日)"之误,姑定为 3 月 16 日。

属官吴文龙、淮上军师长郑芳荪、南京府知事方潜，留日学生刘天民、高荫藻、庐州外交长王善达、安徽省实业司长凌济安、交通部长许世清、庐州中学监督李绪昌、前皖军都督王天培等来电，驳程德全、朱瑞等为王赓辩护电，指出王赓罪行，证据确凿，程德全、朱瑞二电恐出自王赓捏名。(《申报》1912 年 3 月 16 日，"公电")

3 月 17 日 下午 1 时，参加于南京三牌楼劝业场举行的追悼武汉死义诸烈士大会，以"国民公仆孙文"名义致祭文。祭文云："中夏不吊，满夷窃乱，盗憎主人，府尤丛怨。岂曰无人，摧仇奋患，时不可为，热血空溅，乃及辛亥，火中成军，武汉飙发，胡虏土崩。既攻既击，椓我弟昆，虽椓我昆，大功则成。人生有死，死有重轻，死以为国，身毁名荣。漠漠沙场，烈骨所暴，崭崭新国，烈士所造。千祀万禩，俎豆馨香，魄归蒿乡，魂在帝旁。伏维尚飨。"(《武汉死义诸烈士追悼会干事广告》，《临时政府公报》第 40 号，"告白"；《大总统追悼武汉死义诸烈士文》，《临时政府公报》第 43 号"纪事")

△ 通令各省都督，遵行财政部拟发行债票办法，统一财政，限制各省办理公债。令云："查现在大局底定，财政亟应整理，该部所陈债票办法，系为统一财政起见，应予通令一体遵行。为此令该都督查照办理可也。"(《大总统通令统一财政限制各省办理公债文》，《临时政府公报》第 41 号，"令示")①

△ 咨参议院，请核议《商业银行暂行则例》。(《大总统咨参议院议决财政部呈厘定商业银行暂行则例文》，《临时政府公报》第 41 号，"咨")②

△ 令浙江都督查办上海信大钱庄庄主刘学询呈称抵款各节，并要求秉公办理。(《大总统令浙江都督查明刘学询呈称抵款各节秉公核办文》，《临时政府公报》第 41 号，"令示")③

△ 令内务部通令开放福建广东疍户、浙江惰民、河南丐户及为

---

① 此为《临时政府公报》发布日期。
② 此为《临时政府公报》发布日期。
③ 此为《临时政府公报》发布日期。

奴之"义民"、优倡隶卒等人一律享有公权、私权。令云："天赋人权，胥属平等。自专制者设为种种无理之法制，以凌轹斯民，而自张其毒焰，于是人民之阶级以生……凡以上所述各种人民，对于国家社会一切权利，公权若选举、参政等，私权若居住、言论、出版、集会、信教之自由等，均许一体享有，毋稍歧异，以重人权，而彰公理"。(《大总统通令开放蛋户惰民等许其一体享有公权私权文》,《临时政府公报》第41号,"令示")①

△ 批上海日报公会呈，表示："报纸代表舆论，监督社会，厥功甚巨。此次民国开创，南北统一，尤赖报界同心协力，竭诚赞助。"(《大总统批上海日报公会请减轻邮电费文》,《临时政府公报》第41号,"令示")令交通部核办批准报界公会所拟减报界邮电费办法，即令所属知照。(《大总统令交通部核办报界公会请减邮电费文》,《临时政府公报》第41号,"令示")交通部呈复："拟嗣后凡关于报界之电费，悉照现时价目减轻四分之一，邮费减轻二分之一，庶商困得以稍疏，而邮电两政亦不致大受影响。除电费一项，令行上海电报总局知照外，邮费一项，恳电袁大总统转饬北京邮电总局帛黎遵照。"孙中山亦将此致电袁世凯，请其转饬遵办。(《大总统为减轻报界邮费致袁大总统电文》,《临时政府公报》第49号)②帛黎在清时主持议行邮政，时任邮传部邮政总局总办，民国建立时对临时政府持观望态度。

△ 令财政部察核办李国梁等关于将前清旧票改换新钞并改良盐政的呈文。(《大总统令财政部察核李国梁等呈请改良盐政文》,《临时政府公报》第41号,"令示")③

△ 令财政部核办扬州保存盐务会代表焦润田、左西山等上书，请将扬州盐务办事地点仍设于扬州，并请委任办理军事之人主持盐务。提出："两淮盐务岁得千余万课厘，得早完全，军需有着，全局攸关，非同恒乏。加之扬州乃南北要冲，任盐务者，尤非稍知军事之人，

① 此为《临时政府公报》发布日期。
② 此为《临时政府公报》发布日期。
③ 此为《临时政府公报》发布日期。

不克务任。"(《大总统令财政部核办左酉山等呈请仍留盐务办事地点于扬州文》,《临时政府公报》第 41 号,"令示";翠亨孙中山故居纪念馆藏档,B6－26)①

△ 批仇志远关于要求五年专利专熬戒烟药料的呈文,指出:"鸦片流毒,垂百余年,祸国害民,深堪痛恨。民国建立伊始,凡我国民,固当力为戒绝。"令内务部核办其所配药料及专利应否准行。(《大总统批仇志远请专利五年专熬戒烟药料以煮饷糈文》,《临时政府公报》第41号,"令示")②

△ 批示胡汉民等关于速设国史院的呈文。胡汉民、黄兴、王宠惠、宋教仁、马君武、王鸿猷、于右任、钮永建、蒋作宾、居正、黄钟瑛、汤芗铭、吕志伊、徐绍桢、秦毓鎏等九十七人上呈文,请求速设国史院,"将我民国成立始末,调查详彻,撰辑中华民国建国史,颁示海内,以垂法戒而巩邦基。如蒙俯允,即请作为议案,提交参议院议决,并祈从速特委专员筹办一切"。批示表示赞同,指出:"中国历代编纂国史之机关,均系独立,不受他机关之干涉,所以示好恶之公,昭是非之正,使秉笔者据事直书,无拘牵顾忌之嫌,法至善也。民国开创,为神州空前之伟业,不有信史,何以焜耀宇内,昭示方来。"(《大总统批胡汉民等请咨参议院提议设立国史院并派专员筹办文》,《临时政府公报》第 41 号,"令示")③后将其作为议案咨请参议院议决。(《大总统咨参议院议决胡汉民等呈请设立国史院文》,《临时政府公报》第 42 号,"咨")

△ 批示上海总商会要求公选参议院议员的呈文,指出:"现在参议院为临时组织,故议员由各省都督送派。将来必合集民选议会,为正当立法机关,以代表国民。民国制度,一视齐等,不分界限。以我商业日益发达,选举普及全国之日,商界当不止占三名选举之数,正不宜以此自限,本总统有厚望焉。"(《大总统批上海总商会请愿公举参

---

① 此为《临时政府公报》发布日期。
② 此为《临时政府公报》发布日期。
③ 此为《临时政府公报》发布日期。

议院议员呈》,《临时政府公报》第41号,"令示")①

△ 袁世凯来电,转告陕西、甘肃大局可望敉平。(《临时政府公报》第44号,"附录·电报";《时报》1912年3月23日,"要闻")

△ 黎元洪来电,告以孙武现充湖北军政府府高等顾问官,食上等一级俸。(《临时政府公报》第46号,"附录·电报")

△ 浙江旅沪学会朱福铣等来电,指出今日因国务员人选南北又起争执,请选"才德兼优、物望所在者组集之,以副舆论而奠邦基"。(《时报》1912年3月18日,"公电";《申报》1912年3月18日,"公电";《民立报》1912年3月19日,"公电")虞和德等来电,指出南北纷争,组织国务卿久延不决,致陷人民于无政府之境地,恳请破除成见,遴选才德兼备者充任。(《上海虞和德等上南北政府公电》,《申报》1912年3月18日,"要闻一")

△ 盛宣怀来电,请求核准将个人财产筹押三十万元捐献救灾,并速电苏州、扬州都督,将久大、肇大等产业仍归原业主执管,以便赶办。(《盛宣怀致孙中山、黄兴、唐绍仪电》,陈旭麓等编:《辛亥革命前后·盛宣怀档案资料选辑之一》,第329页)

△ 魏勔来函,提议创立报社,挽救舆论,表示此事只需备数百元资本,二三日内即可出版,请借支数百元。(翠亨孙中山故居纪念馆藏档,B7-4)

△ 香港绸缎匹头行来电,指出王和顺肇乱,陈炯明执法将其解散,原为大局起见,现陈炯明辞都督职务,广东全省震动,请速电慰留。(《临时政府公报》第45号,"附录·电报")

△ 张镇芳自天津来电,转山东省临时议会电报,内容为山东省临时议会已宣布正式公举胡瑛为山东都督,此后除在烟台的临时议会外,如有济南发电以全体名义者,皆属假冒。张镇芳指出,"观此电,则不受政府命令,各省将自为风气矣"。(《临时政府公报》第49号,

---

① 此为《临时政府公报》发布日期。

"附录·电报")

△　贵州都督唐继尧来电,报告张百麟、黄泽霖、赵德全等种种恶行,请各处协同缉拿。(《黔军都督唐继尧为请协缉赵德全等人事致袁世凯孙中山等急电》,中国第二历史档案馆编:《南京临时政府遗存珍档》第4册,第1500—1501页)

△　报载豫晋秦陇协会来电,建议新内阁国务员宜兼用北方贤俊,以资统一。(《民立报》1912年3月17日,"公电")

△　《神州日报》刊载旅东同人上《为汉冶萍华日合办丧权失利隐遗后患事上孙大总统书》,刊译日本大阪《每日新闻》所登《汉冶萍矿华日合办之草约》,要求挽回利权。(《为汉冶萍华日合办丧权失利隐遗后患事上孙大总统书》,《神州日报》1912年3月17日,"来稿")

3月18日　批财政部呈《海外汇业银行则例》。

南京临时政府财政部"仿各国特许银行之制",曾拟订《海外汇业银行则例》,于3月12日呈报。批示指出:"海外汇业实国际贸易之枢纽,即国民经济之关键,东西各国先例昭然。当金融紧迫之秋,得此酌剂盈虚,诚足以扩张商务,补救时艰,所拟海外汇业银行则例三十二条,仰候咨送参议院提议可也。"(《财政部拟订海外汇业银行则例咨交参议院议决呈稿及临时大总统批》,中国第二历史档案馆编:《中华民国史档案资料汇编》第2辑,第422页)

△　令内务部咨江苏都督,切实查明并协筹办法清理海洲阜宁苇荡积弊,指出此事"在前清时议局既举其弊,而有司终延玩未行,坐失膏腴,殊为可惜。今据呈前来,合亟令仰该部咨行江苏都督切实查明,协筹办法,以清积弊,而收弃利"。(《临时大总统清理阜宁苇荡积敝令稿》,中国第二历史档案馆编:《中华民国史档案资料汇编》第2辑,第373页)

△　丁义华来函,请以共和国总统名义向英国发出一封呼吁书,号召英国人民支持中国摆脱鸦片贸易。(邓丽兰:《临时大总统和他的支持者》,第113页)

△　蓝天蔚来电,请大总统袁世凯派员来烟台,并预告启行日

期,以便接待。(《临时政府公报》第 45 号,"附录·电报")又电表示难以胜任海军总长,请取消任命。(《临时政府公报》第 45 号,"附录·电报";《时报》1912 年 3 月 24 日,"公电")

△　张锡銮来电,报告奉令署理直隶,已于 3 月 18 日任事。(《临时政府公报》第 46 号,"附录·电报";《临时政府公报》第 48 号,"附录·电报")

△　山东临时议会周庆恩、张应东、刘牺来电,请电袁世凯,罢免张广建,令胡瑛都督赴济南履任。(《临时政府公报》第 48 号,"附录·电报")

△　蜀军政府夏之时来电,报告撤销所派赴上海临时会议代表兼购械委员周代本职务,此后周如再用代表名义,即作无效。(《民立报》1912 年 4 月 1 日,"四川电报";《申报》1912 年 4 月 1 日,"公电")

△　尹昌衡、张培爵来电,报告重庆镇抚总长夏之时电请辞职,出洋游学,已从优议助游学经费三万元,镇抚总长一职已改派军团长胡景伊前往接任。(《申报》1912 年 4 月 2 日,"公电")又电控告入川滇军"居心叵测,遇事诬蔑",请严敕滇军迅即撤回。(《民立报》1912 年 3 月 25 日,"四川电报")

△　唐继尧来电,报告贵州反正以来,赵德全、张百麟、黄泽霖、蓝鑫、叶占棕等人把持政权,罪行累累,贵州民众向云南请援,唐继尧暂任黔军都督,对此前一切组织进行改良。(《申报》1912 年 4 月 6 日,"公电")

△　江宁电政局员工等来电,对电政局以擅离职守之罪名处罚调撤黄志澄表示不满,反对调委王忠英来接办,拟公举该局领班于延庚临时代理局务,请迅饬总局委派贤员。(《时报》1912 年 3 月 23 日,"公电")

△　报载马毓宝来电,对九江军界逼退驻浔卫队司令官朱汉涛、自举陈廷训,又陈廷训等电请马毓宝解职,举李烈钧接任都督,表示深为不满,指出江西现状危险万分,非民国前途之福。(《民立报》1912

年 3 月 18 日,"江西电报")

　　△　报载上海日报公会及各报来电,对广东《七十二行商报》本月 9 日载南京同盟会本部电,谓有上海各报多被买收等语,质问有何确证,指责孙中山作为同盟会会长,负有明确宣布的责任。署名者除日报公会外,有《申报》《新闻报》《时报》《神州日报》《时事新报》《民立报》《天铎报》《启民爱国报》《民报》《大共和日报》《民声日报》。(《上海各报馆被诬之交涉·报界全体致同盟会会长电》,《申报》1912 年 3 月 18 日,"要件二")

　　3 月 19 日　发布大总统令,要求各地维持现状,保全公安,勿各自为政,纷纷更举都督。令文为:"从前各省自举都督,本为与中央离绝。现在全国已经统一,各省更无所谓独立,所有地方官制,按照约法,应由中央制定公布施行,地方议会有无选举督官之权,自应于官制内规定,由参议院议决。若各省于此项官制未公布以前,各自为政,再纷纷另举都督,大局必更紊乱,且与统一之旨相背。目前办法总以维持现状、保全公安为宗旨,万不可轻易纷扰,致生枝节。"(《民立报》1912 年 3 月 21 日,"临时大总统命令";《申报》1912 年 3 月 21 日,"要闻一")

　　△　致电袁世凯,请令邮政总办帛黎必须除去此前邮票中有碍国体之"临时中立"字样。电云:"邮政总办帛黎,前于邮票上盖印临时中立字样,经外交部、交通部令其抹去此四字,加印中华民国字样于上。惟伊现在仍不将临时中立四字抹去,遂成中华民国临时中立八字,实属有碍国体。闻已颁发数省,应请即令帛黎转电各处,必须无临时中立字样,方许发行。"(《临时政府公报》第 44 号,"附录·电报")

　　△　复电陈炯明,肯定其在广东镇压王和顺之举,指出"王和顺……此次公然作乱,目无法纪,幸除其一二私党之外,各民军皆知大义,不受所煽惑",称陈炯明"坚强不挠,办理尤合机宜,民害之除,社会之幸也。自兹以后,我粤民军当以遵守法纪、维持治安为第一之天职,慎终如始,善保光复之成勋"。(《临时政府公报》第 45 号,"附录·

电报")

△　复电盛宣怀,就盛 3 月 8 日来函表示将产业暂交日商抵押汇解、转发上海义振会,复电告以自己"将次解职,义款之济,可直交华洋义振会"。(《孙中山致盛宣怀函》,陈旭麓等编:《辛亥革命前后·盛宣怀档案资料选辑之一》,第 330 页)

△　复电上海各报馆,告以同盟会本部并未发表诬蔑上海报馆电文。复电称:"经由同盟会本会监事查复,广东《七十二行商报》九日所载南京同盟会本部广东分会歌电一节,本部并未发过此项电文,在宁本部亦无各省分会之组织。该报所载,实与本会无涉,特此声明。至该报有无得过此项电文,及何人妄用本部分会名义,应再彻查。"(《神州日报》1912 年 3 月 21 日,首栏)次日又为此事复电各政党。

△　令黄兴批准优恤山西行军参谋王家驹并附祀晋、鄂两省忠烈祠。据陆军部总长黄兴呈称,"山西行军参谋王家驹率兵攻克宁武、怀仁、大同一带,以功升总参谋兼四标统带。由虎谷渡河,略取河西蒙古地,贼闻惊溃,进占萨城、托斯和等处。不料孤军深入,弹尽援绝,为敌弹贯脑而死。查该总参谋忠勇性成,前后十余战,无不身先士卒,卒至捐躯报国。"令示指出其"自属正当办法,应即照准,以示褒奖,而慰忠魂"。(《临时大总统等奖恤王家驹文件》,中国第二历史档案馆编:《中华民国史档案资料汇编》第 2 辑,第 270—271 页)

△　令外交部妥筹禁绝贩卖猪仔、保护华侨办法,令广东都督严行禁止贩卖猪仔,严禁拐贩华工,"以尊重人权,保全国体","务使博爱平等之义,实力推行"。(《大总统令外交部妥筹禁绝贩卖猪仔及保护华侨办法文》《大总统令广东都督严行禁止贩卖猪仔文》,《临时政府公报》第 42 号,"令示")①

△　令教育部通告各省优、初两级师范开学。令文指出:"惟教育主义,首贵普及;作人之道,尤重童蒙。中小学校之急应开办,当视

---

①　此为《临时政府公报》发表日期。

高等专门为尤要。顾欲兴办中小学校,非养成多数教员不可;欲养成多数中小学教员,非多设初级优级师范学校不可。"命教育部"妥筹办法,通告各省,将已设之优级初级学校一并开学,其中小学校仍不可听其停闭,速筹开办,是为至要"。(《大总统令教育部通告各省优、初级师范开学文》,《临时政府公报》第42号,"令示")①

△ 令实业部核办浙西盐场叶宝书等关于浙江改革盐政办法有碍该处场灶生产的呈文。(《大总统令实业部核办浙西场灶代表叶宝书等呈改良浙省盐政办法文》,《临时政府公报》第42号,"令示")②

△ 批复陆军部,不批准该部关于测绘人员比照陆军官佐阶级的呈文,指出"现今东西各国测绘人员,均据文职,无据武职之例。该部所呈测绘人员可否比照陆军官佐阶级拟定之处,碍难照准"。(《大总统批陆军部转呈陆地测量总局拟将测绘人员阶级比照陆军官佐阶级订定呈》,《临时政府公报》第42号,"令示")③

△ 自由党、共和促进会、国民协会、民生国计会、统一党、进步党、大同公党、公济总会、浙江旅沪学会、国民公会、共和建设会、公民急进党来电,指责同盟会致电广东都督诬称上海各政党人物多被袁世凯买收,要求二日内给予明确答复。(《各政党对付同盟会污蔑大会议纪事》,《申报》1912年3月20日,"要闻一")同日报载民社、民国公会、统一党、国民协会亦有内容相同的来电责问。(《民立报》1912年3月19日,"公电")

△ 胡惟德来电,报告自去年各省起义后,所有借款、赔款均无款可付,各国要求将全国关税归总税司统辖,各关所收关税每星期汇交上海,分存汇丰、德华、道胜三家银行,为归还外债、赔款之用,现已将一月前到期各借款本利付清,但赔款则自上年阴历九月以后概未照付,此时无法收回此项权益。只有待新政府成立后,还清所有欠

① 此为《临时政府公报》发表日期。
② 此为《临时政府公报》发表日期。
③ 此为《临时政府公报》发表日期。

款,并且有把握偿还以后应偿各款,则各关收税自可规复旧制。(《临时政府公报》第 46 号,"附录·电报";《时报》1912 年 3 月 25 日,"要闻")

△　山东同盟会徐镜心、谢鸿焘、丁惟汾、蒋洗凡来电,指出山东文登惨杀民党案件,系某前清官吏主使,请速设法援救。(《临时政府公报》第 48 号,"附录·电报";《民立报》1912 年 3 月 20 日,"山东电报")

△　关外义勇军总司令官吴鹏翮、统制官刘永和、第一混成协统凌翘、第二协统张恺及同志萧恭寅、孙其翼来电,控告赵尔巽驱逐民军,残杀同志,联名挽留关外都督蓝天蔚,并要求蓝天蔚将"死者如何抚恤,生者如何保全,已集军士如何交替,潜伏各军如何汇集"诸事妥为安置。此电由蓝天蔚代发。(《临时政府公报》第 49 号,"附录·电报";《申报》1912 年 3 月 21 日,"公电";《民立报》1912 年 3 月 22 日,"山东电报")

△　上海广肇公所、潮州会馆来电,报告惠州民军司令林激真违抗都督命令,攻占潮、汕,扰乱地方,牵动外交,请示究办。(《申报》1912 年 3 月 20 日,"公电";《时报》1912 年 3 月 20 日,"要闻")

△　张凤翙来电,报告甘肃敌军先后退去,升允逃入甘肃境内。(《申报》1912 年 3 月 24 日,"公电";《民立报》1912 年 3 月 24 日,"陕西电报";《时报》1912 年 3 月 24 日,"要闻")

△　水产团林仕纶、伍正名来电,强调水产尤为重要,中国此后振兴海军,非与渔业联络办理不可,望维持袁大总统议设渔业部一事。(《时报》1912 年 3 月 22 日,"公电")

△　大通军界代表胡聘臣等来电,报告大通军政府成立经过,表示愿意服从都督黎宗岳,并挽留其担负保卫皖南之责。(《大通军界代表胡聘臣为挽留黎宗岳担负保卫皖南完全责任事致袁世凯孙中山等电》,中国第二历史档案馆编:《南京临时政府遗存珍档》第 4 册,第 1525—1528 页)

△　四川军政府副都督夏之时来电,表示成、渝合并,革命目的达到,希望能逊志求学,待重庆镇抚府总长来重庆,即交卸一切,乘舸东下。(《蜀军政府副都督夏之时为俟渝镇交卸后即东渡求学事致孙中山等电第五百二十七号一九一二年三月十九日》,中国第二历史档案馆编:《南京临时政府遗存珍档》第 4 册,第 1535—1540 页;《申报》1912 年 4 月 2 日,"公电";《民

立报》1912 年 4 月 4 日,"公电")

　　△　华侨联合会自上海来电,报告暨南学堂经费过去由江、闽、粤三海关担任,请示今后办法,以免华侨子弟中道失学。(《民立报》1912 年 3 月 20 日,"公电")

　　△　中国求报社方咸五自北京来电,指徐宝山主张导淮,寓兵于工,实为救国伟略。(《民立报》1912 年 3 月 23 日,"北京电报")

　　△　报载民生国计会上呈,报告该会发起社会联合义振会,救济江北水灾,请列孙中山之名于赞成者之首,并请委派代表莅会。(《民生国计会之筹赈策·陈请书》,《申报》1912 年 3 月 19 日,"本埠新闻")

　　△　报载华侨联合会、统一党、民社、民国公会、统一共和党、国民协会、豫晋秦陇协会、工党、工商勇进党、总商会、华商联合会、社会党、寰球中国学生会、光复总会、共和宪政会、全国商团联合会、盐业协会、商学青年联合会、广西共和协进会、惜阴公会、民生国计会、西北实业协会、大同公济会、工业建设会、报界同党国货维持会、泉漳会馆、潮州公所、国民总会、万国改良会苏州支部、大同民党来电,报告因泗水华侨惨案发起对荷外交后援团,请速与荷兰公使严正交涉。(《临时政府公报》第 42 号,"附录·电报")

　　△　报载柏文蔚自下关来电,报告陆军第四师司令部已在临淮镇成立,师长由第一军军长暂行兼理。(《民立报》1912 年 3 月 19 日,"南京电报")

　　△　报载陆军第三师交通团铁道营长徐策来电,指出民国宜取法各国铁路队直辖军事最高权的做法,已奉令组织铁道大队,目前成军两月,依然困守,请准予辞职。(《申报》1912 年 3 月 19 日,"公电";《时报》1912 年 3 月 19 日,"公电")

　　△　报载蜀军都督张培爵来电,推尹昌衡为蜀军正都督,自为副都督。(《申报》1912 年 3 月 19 日,"公电";《民立报》1912 年 3 月 19 日,"四川电报")

　　△　报载狄楼海来电,对受委派宣慰山西一职,表示恐负委任,

请另简贤明。(《临时政府公报》第42号,"附录·电报";《时报》1912年3月16日,"公电")

3月20日　出席江皖倡义诸烈士追悼大会。

与黄兴等参加在南京第一舞台举行的江皖倡义诸烈士追悼大会,(《民立报》1912年3月21日,"南京电报")并以"国民公仆孙文"名义致悼词,追悼赵声、吴樾、熊成基、倪映典等烈士。本月中旬,与黄兴等五十七人通告发起筹备江皖倡义诸烈士追悼会,(《江皖倡义诸烈士追悼会》,《申报》1912年3月15日,"广告")本日举行,致祭文云:"莽莽神州,山川大佳,绣错膏沃,曰江曰淮。是生哲人,文光湛湛,何期沦胥,武装璀璨。亦以族类,敢异其心,行同窃鈇,号等摸金。昆冈既炎,则莫克遏,怀襄之流,靡或不没。崇山嶒嵘,横心所兵,鞑鞳宫羽,横声所鸣。滟滟江淮,壮人之泪,化碧激哀,剖心作气。呜呼! 京江汤汤,戎衣锵锵,剑胆诗心,痛疽肺肠。柝我常山,天胡不牖,丽尔仙城,三月念九。呜呼! 征我兵士,本我爪牙,觥觥英,复我邦家。亦越趑烈,曰有熊裔,在江之滨,爰举烽燧。呜呼! 埶辟草莱,惟吴季子,瀺濛燕云,霹雳而起。血衅金汤,脂敷窾凿,权舆椎轮,先觉是倚。呜呼! 英烈多多,有名无名,大化消息,埶摄缄縢。畁我英烈,手造江山,如此江山,英风不还。滔滔东流,夹流耸翠,手提掷还,群灵之惠。有酒在尊,有肉在俎,为汝歆歔,披沥丹府。悠悠我思,股肱心膂,为我告哀,九泉之下。尚飨。"(《大总统追悼江皖倡义诸烈士文》,《临时政府公报》第45号,"纪事")

△　致电袁世凯,转发参议员吴景濂等函,函中要求将议决之《接受北方统治权案》电达袁世凯,并请袁委任经直隶谘议局公选之王芝祥为直隶总督。(《临时政府公报》第45号,"附录·电报")

△　致电《民立报》并转各政党,重申广东《七十二行商报》九日所载南京同盟会本部广东分会歌(5日)电一事与同盟会决无关系,须彻加查究。电云:"前见各报来电,当即令同盟会本部干事调查。据复,歌日并无发过此项电报到粤,在宁本部亦无广东分会之组织,

该电与本会绝无关系。至究竟广东《七十二行商报》有无得过此电，及何人妄用此种名义，仍须彻查严究。"（《民立报》1912 年 3 月 22 日，"南京电报"）

△　令内务总长慎重铨选人员，非有特别缘故，一人不得随便兼两职。令文以清末仕途腐败为鉴，指出："南京临时政府草创之际，各处奔走疏附来求一地位者，当不乏人，以此苟得之心，遂开诈伪之习，或本旧吏而冒称新材，或甫入校而遽号毕业，蒙混诬枉，得之为能。虽转瞬统一政府成立，此地各官署立即取消，然使不肖者得持此以为进身之具，其遗患方来，何可数计。"命内务部"于用人之际，务当悉心考察，慎重铨选，勿使非才滥竽，贤能远引"。（《孙中山颁布用人之际务须慎重铨选人员非有特别缘故不能兼职的临时大总统令》，中国第二历史档案馆编：《南京临时政府遗存珍档》第 1 册，第 65—69 页）

△　接见女子参政同盟会代表唐群英、蔡惠，婉言劝诫唐、蔡向参议院提议女子参政权一事。告以"此事未有一经提议即能通过者，倘能坚忍耐劳至再三，将来或能达此目的。幸毋为无意识之暴举，受人指摘，否则殊非本总统赞成女子参政权之始意"。（《女子以武力要求参政权》，《申报》1912 年 3 月 24 日，"要闻一"）1912 年 3 月 11 日《中华民国临时约法》颁布，因未对"男女平等"做出规定，引发女界不满，唐群英、张昭汉等向孙中山请愿，3 月 19 日上午，唐群英等人赴参议院请求参政权。本日上午，唐群英等人再赴参议院，"复向议场乱窜，守卫兵上前拦阻时，抵抗不服，并将议场门窗玻璃击碎数扇，入就议员席上，任意扰乱，历时五六点钟之久不去"。遂有此劝。（《女子以武力要求参政权》，《申报》1912 年 3 月 24 日，"要闻一"）

△　发给旌义状与从前力助革命之诸志士作纪念。（《民立报》1912 年 3 月 20 日，"南京电报"）①

△　咨参议院，请核议各部、院 3 月份概算。（《大总统据财政部呈

————————————

①　此为报载日期。

送各部院三月分概算书咨参议院请议决文》,《临时政府公报》第 43 号,"咨")①

△　命安徽都督孙毓筠办理上海裘业商会在安徽境内被该处联总率土匪劫船掳货一案。(《大总统令安徽都督查明上海裘业商会报告被匪掳芥追究惩处文》,《临时政府公报》第 43 号,"令示")②

△　批辛汉呈,不准辞南京府知事职。(《大总统批南京府知事辛汉辞职呈》,《临时政府公报》第 43 号,"令示")③

△　命南京府知事辛汉调查金陵市面有无奸商市侩哄抬米价、是否应设立机构平粜救济饥民。(《大总统令南京府知事查明张瀛呈请调查饥民设局平粜情形妥办文》,《临时政府公报》第 43 号,"令示")④

△　命江西都督李烈钧查办郑裕庆宝记银行被查封一案。(《大总统令江西都督速查九江商人郑裕庆所开宝记银号被封是否冤抑秉公核办文》,《临时政府公报》第 43 号,"令示")并在批郑裕庆呈中指出:"民国义师所至,一面为除暴,即一面为安良。倘非果为反对共和,甘作民贼,及显有侵吞亏空官款确证,其为人民财产,应当一律保护,岂容有株连抄没之举。"(《大总统批郑裕庆为商号被封冤抑再恳饬查揭封以昭公允呈》,《临时政府公报》第 43 号,"令示")⑤

△　致函新加坡中华总商会及各埠商会,告以信成银行拟扩充、添招新股,改办实业银行,自己已应允为该行名誉总董,今该行已拟定简章,分投招股,但国内金融机关面临困难,希望华侨同胞给予赞助。本月下旬由该行董事会公举沈缦云等前赴各埠招集股份,特函恳招待,并介绍给海外诸同志。(《实业银行之进行》,《民立报》1912 年 3 月 20 日)⑥

△　袁世凯来电,告已饬北京度支部将新币二十九万余元拨交

_____

① 此为《临时政府公报》发布日期。
② 此为《临时政府公报》发布日期。
③ 此为《临时政府公报》发布日期。
④ 此为《临时政府公报》发布日期。
⑤ 此为《临时政府公报》发布日期。
⑥ 此为报载日期。

张謇,作江苏、安徽两省工赈款。(《临时政府公报》第 48 号,"附录·电报";《时报》1912 年 3 月 29 日,"公电")

　　△　大通绅商学界代表来电,请慰留黎宗岳维持皖南现状,保卫治安,暂缓他调。(《民立报》1912 年 3 月 24 日,"安徽电报")

　　△　李烈钧来电,报告已饬湖口统领杨金标负责护送马毓宝行旌。(《临时政府公报》第 46 号,1912 年 3 月 23 日,"附录·电报")

　　△　山东统一会来电,对山东巡抚张广建致电黄兴,谓无逮捕代表之事,一一提出质疑,指责其巧言自解。(《申报》1912 年 3 月 23 日,"公电";《民立报》1912 年 3 月 23 日,"山东电报")

　　△　上海总商会来电,报告须运现银进山采办茶叶,此前各省因银根缺乏,已禁止现银出口,请速电湘、鄂、赣、皖、浙各省都督,饬属随时放行。(《申报》1912 年 3 月 22 日,"公电";《时报》1912 年 3 月 22 日,"公电")

　　△　黔军都督唐继尧等来电,报告目前财政困难万分,请电云南都督速与法国领事交涉借款,并请由部拨款,或饬四川、广东、湖南各省接济。(《黔军都督唐继尧等为财政困难万分请电滇督速与法领交涉借款并祈由部拨款或饬川粤湘各省接济事致袁世凯孙中山等人万急电》,中国第二历史档案馆编:《南京临时政府遗存珍档》第 4 册,第 1565—1573 页)

　　△　美国北方长老会传教团查尔斯·里曼(Charles Leaman)来函,介绍自己在上海传教历史,建议中国遵循稳定繁荣的共和政策,认为新国旗五色条纹的比例不当,建议以红色条纹中十八颗星代表中国十八个行省,黄色条纹中两颗星代表关东两省,蓝色条纹中一颗星代表蒙古,白色条纹中一颗星代表新疆,无星的黑色条纹代表西藏;另一种设计是天蓝底色,上缀有二十二颗星。来函建议中国在诸多方面比如国旗、政府、经济、权利、公正等与美国尽量相似。(《海外友人致孙中山信札选(四)》,《民国档案》2003 年第 4 期,第 8—9 页)

　　△　报载皖省军政司正长吴振黄来电,对黄兴委任其为军事顾问、安徽都督孙毓筠又加委为皖省军政司正长,表示接受。(《临时政

府公报》第 43 号,1912 年 3 月 20 日,"附录·电报")

△　报载鄂军毕血会正会长蔡济民、副会长王文锦、徐达明来电,报告鄂军毕血会现已成立,其章程系仿照美国波斯顿毕血会办理,以"安慰就义忠魂,招纳倡义伟士及抚恤阵亡将士家属,并铸铜像、设专祠"为宗旨。(《申报》1912 年 3 月 20 日,"公电";《民立报》1912 年 3 月 20 日,"武昌电报";《时报》1912 年 3 月 20 日,"公电")

3 月 21 日　应允女子参政同盟会唐群英等,将为女子参政权事代向参议院斡旋。本日唐群英等携武器欲闯参议院,议长请孙中山派兵保护。即派近卫军二百人前往参议院。唐群英等又至总统府谒见,控诉该院派兵阻止之事,也要求派兵保护女士入院,并请孙出席参议院提出此议。孙允代向参议院斡旋,并令其女儿陪同前往。(《女子以武力要求参政权》,《申报》1912 年 3 月 24 日,"要闻一")

△　命财政部将源丰润钱号抵押拨充中国公学经费。据中国公学董事张謇呈,将上海源丰润号抵押清沪道部款指拨为中国公学经费,命财政部核办。(《临时大总统关于将源丰润钱号抵押拨充中国公学经费令》,中国第二历史档案馆编:《中华民国史档案资料汇编》第 2 辑,第 478 页)

△　批财政部,同意中华银行不由国家补助。中华银行正式成立后,陈其美等人曾要求南京临时政府视中华银行为国家对外汇兑专业银行,给予相应财力资助,因财政部长陈锦涛力持异议,呈文反对,遂接受了陈锦涛意见,批云:"所称中华银行补助一节,颇有窒碍难行之处,尚属实在情形,应予照准。"(《临时大总统等关于上海中华银行性质及国家能否补助文件》,中国第二历史档案馆编:《中华民国史档案资料汇编》第 2 辑,第 414—415 页)

△　委任李燮和为长江水师司令长。因长江上、下游各设有司令二员,建议改"总司令长"名称为"司令长"。(《临时大总统等关于商定长江水师统一编制文件》,中国第二历史档案馆编:《中华民国史档案资料汇编》第 2 辑,第 247—248 页)

△　推荐温宗尧,认为堪任国务卿之任。袁世凯拟任温为驻英

公使,孙中山复电表示甚赞成。(《神州日报》1912 年 3 月 21 日,"专电公电")①

△　咨参议院,请核议《中国银行则例》。(《大总统咨参议院抄送财政部呈送厘定中国银行则例请议决文》,《临时政府公报》第 44 号,"咨")②

△　咨参议院,特派秘书长胡汉民送交袁世凯在北京受职誓书保存于参议院。咨云:"兹由蔡专使元培等赍回袁大总统在北京受职誓书,特派秘书长胡汉民送交贵院保存。"(《大总统咨参议院特派秘书长赍送袁总统在北京受职誓书文》,《临时政府公报》第 44 号,"咨")③

△　令上海通商交涉史温宗尧查复商人梁祖禄承办垦牧被奸商捏控一事。(《大总统令上海通商交涉史迅查商人梁祖禄呈称承办垦牧迭被奸商捏控情形文》,《临时政府公报》第 44 号,"令示")④

△　令陆军部查办安宁垦牧公司经理人曹锡圭请设督垦营地局事。(《大总统令陆军部饬查垦牧公司曹锡圭请设督垦营地局文》,《临时政府公报》第 44 号,"令示")⑤

△　批示参谋部次长钮永建,对其所呈请辞参谋部次长职务及呈请严予处分,不予批准。批云:"两呈均悉。该次长参赞戎机,宣力民国,两月以来,克尽厥职。际兹共和统一,战事告终,大局虽已敉平,军备尚多筹划。允宜同心戮力,共济时艰,勉力前途,毋负委任。所请辞去参谋部次长及呈请严予处分之处,应毋庸议。"(《大总统批参谋部次长钮永建请辞职并请处分报告不慎罪状呈》,《临时政府公报》第 44 号,"令示")⑥

△　复电四川军政府夏之时,解释公文格式。电云:"公文程式必须盖印书名者,所以示负担责任、分晰权限之至意。行政阶级既有

---

①　此为报载日期。
②　此为《临时政府公报》发布日期。
③　此为《临时政府公报》发布日期。
④　此为《临时政府公报》发布日期。
⑤　此为《临时政府公报》发布日期。
⑥　此为《临时政府公报》发布日期。

上下之分,即有命令服从之别,此公文格式所以有咨、呈、令等之区分。然负责任,分权限之精意,初不因行政之阶级而生歧异之点,亦不致以对于下级官署公文署名遂损上官之尊严也。"(《大总统复蜀镇抚使解释公文程式署名电文》,《临时政府公报》第44号,"令示")①

△　报载接见李翊灼等人,面允其提出关于发起佛教会的各项条件。李翊灼等发起佛教会,主张政教分权,前来谒见。(《民立报》1912年3月21日,"南京电报")

△　前关外都督参谋侯建武来函,提出东北善后办法,解决赵尔巽、张作霖及其军队,指出现时关外都督所部军队不能遣散,须暗防宗社党,建议办理日、俄交涉时,以强硬与和平两手相辅进行,对关外都督蓝天蔚应有适当安置。(翠亨孙中山故居纪念馆藏档,B11-124)

△　山东都督之争南北各方纷纷来电。五镇统制马龙标等北洋系基层军官来电,指责山东烟台都督频繁更易,地方秩序不宁,请求饬令胡瑛取消都督名义,退出占地。拥护张广建。(《山东新旧党冲突之危机·济南电》,《时报》1912年3月25日,"要闻")鲁军总司令连承基等来电,请求挽留胡瑛担任山东都督。(《申报》1912年3月23日,"公电";《民立报》1912年3月23日,"山东电报")山东同盟会徐镜心、谢鸿焘、蒋洗凡、李凤五、乐星鍌、左汝霖、邱特亭、李五丹来电,指出山东祸乱全因张广建等旧官吏所致,将联合全省进兵济南,剪除民贼。(《申报》1912年3月23日,"公电";《民立报》1912年3月23日,"山东电报")山东临时省议会来电,报告山东士绅汪懋琨等为张广建辩诬一电,系张窃名私发,属捏名之罪,请求惩处。(翠亨孙中山故居纪念馆藏档,B11-117;《申报》1912年3月23日,"公电")

△　华侨联合会来电,报告新加坡华侨重新组织华侨总商会,已禀准英政府,请中国政府给予钤记,以资保护。(《临时政府公报》第48号,"附录·电报")

———————

①　此为《临时政府公报》发布日期。

　　△　报载浙军将校维持会虞廷来电,希望不要因组织阁员起南北争持,指责少数军人破坏大局,请速开导维持。(《申报》1912年3月21日,"公电";《民立报》1912年3月21日,"公电";《时报》1912年3月21日,"公电")

　　△　报载江苏临时省议会来电,指出临时政府地点已定北方,南京为本省完全辖地,参议院议决南京府制属于侵夺本省主权,请予取消。(《申报》1912年3月21日,"公电")

　　3月22日　令法制局审核律师法草案。令文指出:"律师制度与司法独立相辅为用,夙为文明各国所通行。现各处既纷纷设立律师公会,尤应亟定法律,俾资依据。"(《大总统令法制局审核呈复律师法草案文》,《临时政府公报》第45号,"令示")①

　　△　袁世凯来电,告以范源濂坚辞教育总长,蔡元培在京时,曾商请蔡续任,蔡未允诺,请就近恳商蔡元培留任。(《临时政府公报》第49号,"附录·电报")又电告已饬知邮局,即日将留有"大清邮政"字样的邮票停发。(《临时政府公报》第49号,"附录·电报")

　　△　黎元洪来电,主张各国务员须择学识、经验确有专长,无论新旧、南北,皆当协力赞成。(《申报》1912年3月25日,"公电";《民立报》1912年3月25日,"武昌电报";《时报》1912年3月26日,"公电")又来电指出覃振本派往北京,现其人在南京迟迟不动身,且以代表名义发表对袁世凯组织内阁的个人私见,已饬令销差,其所发电均作废。(《申报》1912年3月27日,"公电";《民立报》1912年3月27日,"湖北电报")

　　△　熊希龄、赵凤昌来电,报告汉冶萍公司开会,到会股东四百四十一人,全体投票议决,反对汉冶萍公司中日合办,已由股东会电达盛宣怀迅速取消。(《临时政府公报》第49号,"附录·电报")

　　△　胡瑛来电,报告山东省补选史泽咸、陈命官、于洪起为中央参议院议员。(《申报》1912年3月24日,"公电";《民立报》1912年3月24

---

　　①　此为《临时政府公报》发布日期。

日,"烟台电报")

△　山东临时议会周庆恩等来电,控诉张广建横行专制,烟台组织临时议会要求斥退张广建,"议会为民意机关,议会所举即民之所举。新建国家,一切政体组织,自当以人民之公举为从违"。要求都督胡瑛讨伐张广建,如果议会战败,则合民党以援;一省力弱,则合数省以趋。请示协商组织联合机关。(《民立报》1912 年 3 月 25 日,"烟台电报";《时报》1912 年 3 月 25 日,"要闻")

△　张广建来电,报告山东警备道吴炳湘在济南遇刺无恙,当场拿获凶手一名,供称受人委派,来山东暗杀各官长。(《申报》1912 年 3 月 24 日,"公电";《民立报》1912 年 3 月 24 日,"济南电报";《时报》1912 年 3 月 24 日,"要闻")

△　军界统一会大通代表曹赤霞、马林,阳河代表徐廷荣、张炳尔,浙江代表张栩、屈映光,江北代表田汝霖,山西代表王人杰,湖北代表赵均腾、张昉、彭方传,扬州代表华彦云,直隶代表孙国英、戈宝琛,彰德代表王子甄,通州代表张殿如,江南代表刘承恩、张锡元来电,希望化除意见,解决统一,早定国务责任人员,并请将南方近日组织内阁情形电示众知。(《申报》1912 年 3 月 25 日,"公电";《民立报》1912 年 3 月 25 日,"专电")

△　全国军界统一会来电,针对南方军商界呈请将抵抗民军之易乃谦、王遇甲、丁士源、徐孝刚等宣布死刑、停止委用,指出现既南北一家,理宜破除成见,力消前嫌,不应再生嫌隙。(《时报》1912 年 3 月 29 日,"公电")

△　方云藻来电,控告林激真违抗广东都督命令,糜烂汕头,现林兵在汕未撤,潮境岌岌可危,倘一旦决裂,牵动全局。(《临时政府公报》第 50 号,"附录·电报";《时报》1912 年 3 月 30 日,"公电")

△　丁义华来函,建议以中华民国首任总统身份正式发表呼吁,摆脱鸦片祸害,指出孙中山在解职前作出这样的呼吁,会给全国民众带来鼓舞和力量,并引发一场声势浩大的肃清鸦片流毒运动。(《丁义

华(上海)致函》,《海外友人致孙中山信札选(四)》,《民国档案》2003 年第 4 期,第 10 页)

　　△　麦克格里格(A. Mcgregor)于上海来函,建议中国应该有一家公司负责进口机械、铁路材料,介绍自己在东方两家主要公司从事工业工程,一直关注中国工业发展,希望能有用武之地。(《海外友人致孙中山信札选(四)》,《民国档案》2003 年第 4 期,第 10 页)

　　3 月 23 日　与日本驻宁领事铃木荣作谈话,指出汉冶萍公司合办一事因舆论反对,而且在股东大会上已被否决,该案只能视为业已取消;又表示:"我自己早已认识到合办之利,不久将在广东兴办中外合办事业,由我和我的代理人直接经营,对合办反对论者将以事实显示其利害得失,对他们作启蒙工作。"(《与日本驻宁领事铃木的谈话》,陈旭麓、郝盛潮主编:《孙中山集外集》,第 171 页)

　　△　致电各省都督,令速劝办振捐,并将各处灾情和筹办方法上报。电称:"溯自川路事起,武汉倡义以来,兵灾蔓延,于兹数月。东南半壁,已无宁区。加以升庯抗命,西北兴戎,京都失防,祸延津保。神州以频年水旱之余,益切满目疮痍之感。夫民国新造,首重保民。顾以用兵之故,致滋失所之忧。本总统每一念及我同胞流离颠沛之惨众,未尝不为之疾首痛心,寝食俱废也。兹者大局已定,抚慰宜先。为此电令该都督等速设法劝办振捐,一面酌筹的款,先放急振,以济灾黎,而谋善后。并将各处被难情形及筹办方法,先行电复,俾得通盘筹算,防患未然。"(《南京孙总统电》,《申报》1912 年 3 月 26 日,"公电")

　　△　批财政部关于设立农业、兴农、殖边银行的呈文,对其建议表示肯定,并可咨送参议院核议。

　　本月 18 日,财政部具呈设立农业、兴农、殖边等银行,并附《兴农银行则例》五十三条、《农业银行则例》四十四条、《殖边银行则例》三十二条,指出:"今民国方兴,共和确定,兴利除弊,当在斯时。敝部职掌全国金融机关,中央普建各银行,因宜次第规划,而农业、殖边等银行,岂能独付缺如。兹拟筹设农业银行,为贫民代谋生计。创办殖边银行,为疆隅安置流民。互相维系,积极进行。"主张由中央政府募集资本,在首都设立兴农银行,再酌量提拨地方公款,在各地设农业银行。本日批示:"中国地称膏腴,尤广幅员,而东南之收获,不见其丰;西北之荒芜,一如其故。此无他,无特别金融机关以为之通融资本耳。创设农业、殖边等银行,实属方今扼要之图。所拟各银行则例,仰候咨送参议院核议可也。"(《财政部拟订兴农农业殖边等银行则例请咨交参议院议决呈稿及临时大总统批》,中国第二历史档案馆编:《中华民国史档案资料汇编》第 2 辑,第 424—440 页)

△　命黄兴准予陆军部二等副官陈鲁抚恤金。据陆军部总长黄兴呈称:该部二等副官陈鲁,于本月 21 日在总长办公室内被流弹击伤,当晚死亡,该员历年奔走革命,不辞艰险,殊深痛惜。故令示照准抚恤,"以示体恤而慰忠魂"。(《临时大总统等奖恤陈鲁文件》,中国第二历史档案馆编:《中华民国史档案资料汇编》第 2 辑,第 271—272 页)

△　蔡锷来电,报告已命在四川滇军,分别取道遵义、大定、大关,从四川撤回云南。(《天南电光集》第 167 电,《云南辛亥革命资料》,第 153 页)

△　《民约报》自天津来电,报告宗社党到处煽惑、私制龙旗等,要求南方军队切勿解散。又请发电阻止袁世凯遣散蓝天蔚烟台各军。(《民立报》1912 年 3 月 24 日,"天津电报")

△　云南共和、国民、同盟、保安、报界等会,统一党、政学社来电,控告云南省议会议员皆属委派,不能代表全省,请主持由民众公选。(翠亨孙中山故居纪念馆藏档,B11—67)

△　杨谱笙、沈翔云来密电,指出江苏省议会本为清谘议局变相而成,其中富裕田主有左右议会之势,与民生主义背道而驰,要求将现在的江苏省议会另行组织。(翠亨孙中山故居纪念馆藏档,B11—97)[1]

---

[1]　此电原无月份。据黄彦、李伯新考订,电文中所说由"英长交通"即陈其美出任北京国务院交通部总长,是袁世凯于 3 月中旬提出,而月底则改任陈为工商部总长,可知本电应为 3 月下旬所发。参阅黄彦、李伯新编:《孙中山藏档选编(辛亥革命前后)》,第 588 页,注 2。

　　△　谭学夔自奉天来电,报告奉天赵尔巽、张作霖诚心承认共和,目前形势安静,均悬挂国旗,指出有人强意破坏,极力煽惑,请求勿信流言。(翠亨孙中山故居纪念馆藏档,B11—125)

　　△　袁世凯来电,表示经派员访查,烟台同盟会徐镜心等电称山东祸乱未已、归咎于张广建等,与实际多不相符,希望对其就近加以约束,勿令自由行动。(《临时政府公报》第 50 号,"附录·电报";《时报》1912 年 3 月 28 日,"要闻")

　　△　广东商民来电,表示王和顺挟惠军扰乱广东,都督陈炯明用兵平定,陈炯明若去职,广东全省失去依靠,请电慰留。(《广东商民为都督陈炯明去职全粤失恃乞电留事致南京大总统暨各部总次长电》,中国第二历史档案馆编:《南京临时政府遗存珍档》第 5 册,第 1624 页)

　　△　驻港香邑侨商会所卓尧峰、陈赓虞、唐溢川来电,报告陈炯明平定王和顺之变,反遭疑谤,因而辞职,日果陈离任,大局恐难保全,连日各地商民纷纷发电挽留,希望设法维持粤局。(《临时政府公报》第 46 号,"附录·电报")①

　　△　四川正、副都督尹昌衡、张培爵来电,赞成章太炎定都北京的通电,乞早定建都北京大计。(《四川都督尹昌衡张培爵为乞早定建都北京大计事致各方通电》,中国第二历史档案馆编:《南京临时政府遗存珍档》第 5 册,第 1630 页)

　　△　报载广东报界来电,控告陈炯明因报纸转载东南关商民诉受战事影响情形,拘主笔、司理,封《总商会报》等三报,"未赴法庭质诉,破坏共和"。(《申报》1912 年 3 月 23 日,"公电";《民立报》1912 年 3 月 23 日,"公电";《时报》1912 年 3 月 24 日,"公电")

　　△　报载旅港番禺、南海、顺德、东莞、香山、梅州、高要等商会车茂轩、何藻云来电,报告广东新军、惠军连日巷战,商民毙命,目不忍睹,请即电广东都督先行停战,以保居民财产性命。(《广东之痛定思痛·港团为民呼吁》,《申报》1912 年 3 月 23 日,"要闻二")

――――――――――

　　①　此为《临时政府公报》发布日期。

△　报载豫军总司令李亚东来电,报知民国大局已定,宣布辞职归农。(《申报》1912 年 3 月 23 日,"公电";《民立报》1912 年 3 月 23 日,"南阳电报")

△　报载中华民国女子参政会唐群英、张义英、张昭汉、王昌国、徐清、陈鸿璧、林宗素、蔡慧、胡坚、张嘉蓉、童文旭、裴贵仙、周文洁、程颖、岳垚、施瑞山、周其永、葛文媛、沈佩贞、李俊英、张佳宾、沈明范、陈瑛、王道宏、李思贤、吴木兰等上呈,对参议院议决《中华民国约法》关于人民权利平等条文取消"女子与男子权利一律平等"提出质疑,呈请据情提议,以重法律、申女权。(《要求女子参政权之武力·附录女子参政会上孙中山书》,《时报》1912 年 3 月 23 日,"要闻")

△　报载孙中山某日下午参加了由南京教会事业委员会(Nanking Association)举办的接待会,参加者有北京的代表、袁世凯的代表、南京的政府官员,以及内阁的各部长,地点在 Bullock 夫妇宅,精心布置了代表中华民国和美国、英国、德国的旗帜,出席的有超过二十个中国人和一百个外国人,包括英国人、美国人和德国领事,其中作出主要贡献的是南京教会事业委员会主席司徒雷登(J. Leighton Stuart)。报道称,"总统(指孙中山——引者注)以他的高贵、朴素和人格魅力赢得了在场每位人的赞誉。"("Reception to Dr. Sun", "*The North-China Herald*", Mar. 23, 1912, "Miscellaneous", "The Republic in China")

3 月 24 日　咨参议院,请核议司法总长伍廷芳关于适用民刑法律草案及民刑诉讼法的呈文。咨文称:"编纂法典,事体重大,非聚中外硕学,积多年之调查研究,不易告成。而现在民国统一,司法机关将次第成立,民刑各律及诉讼法均关紧要。该部长所请,自是切要之图。合咨贵院,请烦查照前情议决见复可也。"司法部呈文要求就清代民律草案、第一次刑律草案、刑事民事诉讼法、法院编制法、商律、破产律、违警律,除第一次刑律草案关于帝室之罪全章、及关于内乱罪之死刑碍难适用外,其余均由民国政府声明继续有效,以为临时适用法律。(《大总统据司法总长伍廷芳呈请适用民刑法律草案及民刑诉讼法咨参议院议决文》,《临时政府公报》第47号,"咨")①

△　令教育部批准佛教会立案。令文指出:"兹据佛教会李翊灼等函称:设立佛教会,以求世界永久之和平及众生完全之幸福为宗旨,并呈会章,要求保护前来。查近世各国政教之分甚严,在教徒苦心修持,绝不干于政治,而在国家尽力保护,不稍吝惜。此种美风,最可效法。"指出佛教会之设立符合《临时约法》,要求批准立案,称:"是该会要求者,尽为约法所容许,有行政之责者,自当力体斯旨,一律奉行。合将该会大纲,发交该部,仰即查照批准立案可也。"(《大总统令教育部查照佛教会李翊灼等函请保护即予批准立案文》,《临时政府公报》第47号,"令示")并复函佛教会,肯定该会"揭宏通佛教,提振戒乘,融摄世间出世间一切善法,甄择进行,以求世界永久之和平,及众生完全之幸福为宗旨"。同时指出"近世各国政教之分甚严,在教徒苦心修持,绝不干预政治。而在国家尽力保护,不稍吝惜。此种美风,最可效法"。并介绍了《临时约法》中关于宗教自由的条文,指出该会所要求者,为民国《临时约法》所容许;所有该会大纲,已交教育部存案。(《复佛教会函》,陆达节编:《孙中山先生外集》,第57页)②

△　令财政部核办泗水商务总会李炳耀等呈请给予已设立中华民国国债事务所董事委札。(《大总统令财政部核办泗水商务总会李炳耀等呈请给国债事务所委札文》,《临时政府公报》第47号,"令示")③

△　令法制局恢复驻沪通商交涉使分设厅科任职章程。(《大总统令法制局核定呈复驻沪通商交涉使分设厅科任职章程文》,《临时政府公报》第47号,"令示")④

---

① 此为《临时政府公报》发布日期。
② 此为《临时政府公报》发布日期。
③ 此为《临时政府公报》发布日期。
④ 此为《临时政府公报》发布日期。

△ 批福建都督孙道仁呈,指出孙道仁故父在中法战争中有功于国,而建有专祠,不属于应归公专祠之列,该都督请取消专祠及祠后住宅入官之请,应毋庸议。(《大总统批闽都督遵照部议取消昭忠祠并报效住屋呈》,《临时政府公报》第 47 号,"令示")①

△ 湖南都督谭延闿来电,告知长沙关税税司无自收自解税款之权,税司已经同意,并提出取消将税款存储于汇丰银行之议,已派分交司次长陈安良赴北京与中央政府商议。(《湖南都督谭延闿为告知湘省税款税司无自收自解之权并欲取消存储汇丰之议已派陈安良赴北京与中央政府会议事致孙大总统外交部长等电》,中国第二历史档案馆编:《南京临时政府遗存珍档》第 5 册,第 1633—1636 页)又来电主张国务员应即时确定,其工作听命于中央政府,而以国会为监督机关,以符民国政体。(《湖南都督谭延闿为倡议建设方始宜统筹至计事致各方通电》,中国第二历史档案馆编:《南京临时政府遗存珍档》第 5 册,第 1647—1652 页;《临时政府公报》第 52 号,"附录·电报";《申报》1912 年 3 月 26 日,"公电";《民立报》1912 年 3 月 26 日,"湖南电报")

△ 河南统一党支部自陕州来电,报告晋南同志已在运城组成统一党支部,于 3 月 21 号开第一次大会,推定张士秀为临时部长、王平摄副部长。(《河南统一党支部为布告成立暨推定正副部长及干事员事致各方通电》,中国第二历史档案馆编:《南京临时政府遗存珍档》第 5 册,第 1645—1646 页;《民立报》1912 年 3 月 27 日,"河南电报")

△ 广西都督陆荣廷来电,赞同山东都督胡瑛所提裁兵屯边的建议,请中央政府采择施行。(《广西都督陆荣廷为赞同鲁督胡瑛所提裁兵屯边之建议请中央政府采择施行事致孙中山袁世凯等电》,中国第二历史档案馆编:《南京临时政府遗存珍档》第 5 册,第 1654 页)

△ 贵州都督唐继尧来电,报告土药为贵州省最大的财源,建议寓禁于征,拟定本省限制种烟办法,对已种之烟土重税厘银。(《贵州都督唐继尧为拟定该省限制种烟办法并对已种之烟重税厘银事致袁世凯孙中

---

① 此为《临时政府公报》发布日期。

山等急电》，中国第二历史档案馆编：《南京临时政府遗存珍档》第 5 册，第
1659—1666 页）

　　△　山东统一会姜致中来电，指出山东第五镇统制马龙标等受
张广建策动，公然发电不承认先经山东人民公举、又经孙大总统委任
的山东都督胡瑛，特报告现正请求胡都督即日进兵，并公电淮军司令
陈干率领淮军、鲁军由徐州迅赴济南。（《申报》1912 年 3 月 26 日，"公
电"；《民立报》1912 年 3 月 26 日，"山东电报"）

　　△　中国银行临时理监事会来电，报告沪行经理宋鲁为军人持
械拘捕，请求饬令上海都督陈其美立即释放。（《宋汉章被拘·临时理监
事会电》，《申报》1912 年 3 月 26 日，"本埠新闻"）同日中国银行监督吴鼎昌
来电，亦请速电即刻释放，交银行查办。（《宋汉章被拘·吴监督电》，《申
报》1912 年 3 月 26 日，"本埠新闻"）

　　△　报载汉冶萍股东会来电，报告汉冶萍开股东会，到会股东四
百四十人，共二十万零八千八百三十八股，全场一致反对中日合办汉
冶萍公司，反对总数已逾公司全股十分之八，根据公司章程已有议决
之权，中日合办的草约无效，请速取消。（《临时政府公报》第 49 号，"附
录·电报"；《时报》1912 年 3 月 24 日，"本埠新闻"；《申报》1912 年 3 月 24 日，
"本埠新闻"）

　　△　报载安徽颍郡七属驻省联合会丁绪余、澹台树人、王德
奎、张杰英、高亚东、何从义、孙照斗来电，指责倪嗣冲提议将阜、
亳、太、涡四邑改属河南省，电恳仍隶属安徽。（《民立报》1912 年 3 月
24 日，"南京电报"）袁世凯来电，告知四邑改隶河南省并无其事，倪
驻颍军队已撤去一混成协标。（《临时政府公报》第 50 号，"附录·电
报"）

　　△　报载巴黎同盟会员范静安、夏坚仲、汪世寄、卢琴斋自巴黎
来电，报告《时报》所载张翼枢在法招摇撞骗的消息，内容不实，张翼
枢已回国。（《民立报》1912 年 3 月 24 日，"欧洲电报"）

　　△　报载李亚东来电，指出南阳电报局局员王庆善、领班张昶初

在光复期间劳苦功高,建议酌予优调,以示鼓励。(《民立报》1912 年 3 月 24 日,"南阳电报")

△　报载旅厦潮商来电,控告林激真在潮、汕纵兵抢掠,任意妄杀,请迅速拯救。(《民立报》1912 年 3 月 24 日,"汕头电报")

△　《纽约时报》报道,孙中山表示民国政府将采取更为积极有效的措施,避免人民陷入饥荒。孙已得到科学赈济方面的权威克雷西(Earl H. Cressy)所介绍的最新科学方法,也已派出一名代表向外人表达了合作的意愿。"这表明新成立的民国政府已向全面承担赈灾责任迈出了第一步"。(《科学赈济中国饥民》,《共和十年——〈纽约时报〉民初观察记·社会篇》,第 464 页)

3 月 25 日　唐绍仪抵达南京,总统府举行欢迎仪式,并开内阁会议议决孙中山交代各事及国务员人选。(《民立报》1912 年 3 月 26 日,"南京电报")

△　命法制局迅速拟定国务院官职令草案。令云:"现今国务总理唐君业已南来,各部国务员行将发表。查国务员官制尚未拟定,将何所凭据以事组织? 为此令仰该局迅将国务院官职令草案拟定,呈送前来,以便一面交参议院议决,一面交唐总理暂行依用,勿延片刻,切切此令。"(《大总统咨参议院议决国务院官制文·附法制局原呈》,《临时政府公报》第 51 号,"咨")①

△　卢慕贞夫人和其他家属自南京乘车抵达上海,住哈同花园。(上海市档案馆编:《辛亥革命与上海——上海公共租界工部局档案选译》,第 147 页)

△　收到马云卿等自南阳来电,控告第六镇统制李纡令该镇统带吴金彪进攻宛城,烧杀抢掠。(翠亨孙中山故居纪念馆藏档,B11—107)

△　福建都督孙道仁来电,表示召集国会应依临时约法第五十三条的规定,福建省派参议员之事,该都督并未与闻。(《临时政府公

_____

①　此为《临时政府公报》发布日期。

报》第 52 号,"附录·电报")

△ 胡瑛来电,报告所部已编定宪兵队,巡防保护领事团和商界,请通告南京、上海各领事转告驻烟台领事各自安处,并请总理唐绍仪电达总统袁世凯,知会外交团。(《临时政府公报》第 54 号,"附录·电报")

△ 中国同盟会山东支部来电,报告现已联合各界,请求山东都督胡瑛迅速进兵,扫除反对民国的第五镇统制马龙标。(《民立报》1912年 3 月 27 日,"山东电报")鲁军总司令连承基等来电,要求速斩马龙标以谢天下。(《申报》1912 年 3 月 26 日,"公电")

△ 袁世凯任命的山东都督张广建、五镇统制马龙标暨四十七协统领张树元、中路巡防统领孔庆塑、前路巡防统领兖州镇田中玉、左路巡防统领登州镇叶长盛、右路巡防统领曹州镇张善义、后路巡防统领方致祥来电,指责烟台同盟会徐镜心等屡屡发电,企图制造冲突,应请胡瑛严加约束。(《申报》1912 年 3 月 27 日,"公电";《民立报》1912 年 3 月 27 日,"山东电报";《时报》1912 年 3 月 28 日,"公电")

△ 关外临时议会正、副议长及全体议员来电,报告已于 24 日组织临时议会,公选议员,请取消清时之谘议局。(《关外临时议会正副议长及全体议员为组织临时议会公选议员以为人民代表议事机关事致孙中山及各部总次长暨各报馆电》,中国第二历史档案馆编:《南京临时政府遗存珍档》第 5 册,第 1683—1686 页)

△ 军界统一会来电,报告该会已于 3 月 25 日开成立大会,议决会纲,并派员赴南京促成统一政府。宁、苏、浙、豫、皖、奉、吉、黔、粤、鄂、燕、鲁、晋十三省,以及蒙古、临淮、江北、热河、察哈尔、上海等处代表共五十九人与会。(《临时政府公报》第 52 号,"附录·电报";《时报》1912 年 3 月 28 日,"公电";《申报》1912 年 3 月 28 日,"公电";《民立报》1912 年 3 月 28 日,"公电")

△ 潮州会馆来电,报告潮、汕危急,请速救援。(《临时政府公报》第 50 号,"附录·电报")

△　报载自由党本部暨七十二支部职员来电,指出自由党发起之初,孙中山应允担任正主裁,现在上海召集七十二支部公同举定,恳请实践前言,早日莅沪视事,宣布党纲。(《申报》1912 年 3 月 25 日,"公电";《民立报》1912 年 3 月 26 日,"公电")

△　报载沈佩贞来电,以女子参政为共和民国所必要,恳请照准女子参政权。(《临时政府公报》第 50 号,"附录·电报";《申报》1912 年 3 月 25 日,"公电")

3 月 26 日　与日本驻宁领事铃木荣作谈话,表示唐绍仪来宁时间尚短,公务繁忙,还没有时间谈到汉冶萍合办一事,日内当选择适当时机,与唐商谈,力劝其接办,然后派密使将结果报告铃木荣作,并商议今后之措施。(《与日本驻宁领事铃木的谈话》,陈旭麓、郝盛潮主编:《孙中山集外集》,第 172 页)

△　咨参议院,请议决财政部拟定之金库则例,咨云:"据财政部呈称:窃维整顿财政,首在杜绝弊端,而机关之组织不完,则弊端无由而杜绝……谨拟采用委托制度,订定金库则例十四条,呈请察核后,咨送参议院议决,颁布施行,为金库规则之基础……查该部所呈,自属整理财政切要之图。相应缮具该项则例,咨请贵院迅即议决,以便施行。"(《大总统咨参议院请议决财政部拟定金库则例文》,《临时政府公报》第 48 号,"咨")[1]

△　咨参议院,请议决法制局拟定的法官考试委员官职令、法官考试令草案,咨云:"司法为独立机关。现在南北统一,所有司法人员,必须应法官考试合格人员,方能任用。"(《大总统咨参议院请议决法制局拟定法官考试委员官职令及法官考试令草案文》,《临时政府公报》第 48 号,"咨")[2]

△　咨参议院,请议决内务部所呈《暂行传染病预防法草案》。咨云:"查传染病发生甚易,传播至速,亟应制定预防法规,俾有司实

---

① 此为《临时政府公报》发布日期。

② 此为《临时政府公报》发布日期。

力奉行,人民知所防范。该部所称,实为卫生行政最要之举。"(《大总统咨参议院请议决内务部呈暂行传染病预防法草案文》,《临时政府公报》第48号,"咨")①

△ 派赵光等赴香港迎赵声灵柩,令广东都督届时派员照料,并照会香港政府及在港绅商一体知照。(《大总统令广东都督派员照料迎赵烈士灵柩文》,《临时政府公报》第48号,"令示")②

△ 令教育部开列有资格的秘书员名单,酌候分派留学。(《民立报》1912年3月26日,"南京电报")后令教育部秘书及有功革命者共六十余人,派往各国留学。(《民立报》1912年3月30日,"南京电报")③

△ 陈其美来电,报告中国银行经理宋汉章、胡六芗等,在上海光复时暗将公款改为私款,使民军无从查究诘,在银行为巨蠹,在民国为公敌,因此派员捕获,由沪军都督府会同上海南、北商会秉公核算,涓滴归公。(《临时政府公报》第54号,"附录·电报";《时报》1912年3月27日,"本埠新闻";《申报》1912年3月27日,"公电";《民立报》1912年3月27日,"公电")

△ 烟台商会来电,请慰留胡瑛,予以山东政权。(《临时政府公报》第48号,1912年3月26日,"附录·电报")④

3月27日 举行临时大总统正式解职仪式,所有政治上一切关系,均交新总理唐绍仪接收办理。总统府已于前一日停止办公,本日解散。(《民立报》1912年3月28日,"南京电报")⑤

△ 为"南京政府一等匿名印电"事复函章太炎。

早晨,复函章太炎,说明"南京政府一等匿名印电"系奸人伪托,并告以已下令电局查报。3月26日章氏在《大共和日报》刊登《诘问

---

① 此为《临时政府公报》发布日期。
② 此为《临时政府公报》发布日期。
③ 此为报载日期。
④ 此为《临时政府公报》发布日期。
⑤ 《申报》指出,孙中山27日解职"此说不确,因须待国务卿发表,方可卸此仔肩,日期尚难预定"。(《申报》1912年3月30日,"专电")

南京政府一等匿名印电》,对该电所云章太炎主张建都北京,袁拟以功授以教育总长或最高顾问之职、并要求晋京陛见一事,提出诘问。本日复函:"其人心事无赖,而造语不通,不足当识者一噱也。惟以一等电发寄,则不知何等细人,窃盗何种印信为之,已饬电局查报。"又指出"时局虽称大定。然图治未见加奋,思乱者仍犹未已,于极无聊赖中,犹欲试其鬼蜮。民德如此,前途大可忧也"。(汤志钧:《章太炎年谱长编》上册,第 395 页;《复章太炎函》,《孙中山全集》第 2 卷,第 288—289 页)

△　命陆军部总长黄兴将萍浏醴起义殉难之刘道一列入大汉忠烈祠,并将其事迹宣付国史院立传,命陆军部从优议恤。令云:"兹据汪兆铭等呈称:湖南烈士刘道一,游学日本,与其兄揆一密谋光复,结会党首领马福益,于丙辰冬起兵浏阳。事败乘间走日本,苦心计划,联络会党,传播革命思想。岁丙午,复与党首肖克昌等起义于萍、浏、醴等处,事败被逮,狱吏用酷刑讯供不得,遂以烈士佩章所镌锄非二字定狱,从容就义,死事极惨……自应准予列入大汉忠烈祠,同享祀典,并将事实宣付国史馆立传。"(《临时大总统奖恤刘道一文件》,中国第二历史档案馆编:《中华民国史档案资料汇编》第 2 辑,第 272—273 页)

△　咨参议院,请议决追认袁世凯于 3 月 10 日发布之大赦令。咨文云:"查临时约法第四十条,临时大总统得宣告大赦、特赦、减刑、复权,但大赦须经参议院之同意。又同法第五十六条,本约法自公布之日施行。袁总统前项命令,查系三月初十日所发布,在约法施行之前,须得贵院之追认,方为有效。"(《大总统咨参议院请议决袁大总统大赦命令文》,《临时政府公报》第 49 号,"咨")①

△　咨参议院,请议决参谋部 3 月份概算书中所漏列的公债票预算书。(《大总统咨参议院议决参谋部公债票预算书文》,《临时政府公报》第

---

①　此为《临时政府公报》发布日期。

49号,"咨")①

△　命财政部拨银一万元交实业部,备赈清、淮灾民。令云:"查清淮一带,饥民麇集,流离死亡,相属于道,实堪悯恤。除令行江苏都督另筹抚恤方法,协力进行外,为此令仰该部长,迅即拨银一万元,交由实业部,派员前往切实散放,以济灾黎而谋善后。"(《大总统令财政部拨银一万元交实业部备赈清淮难民文》,《临时政府公报》第49号,"令示")②

△　令参谋部裁撤大本营名目,所有关防、案卷等即交参谋部存储,兵站局因尚有转运业务,暂时由参谋部兼管。令云:"民国统一,战事终息,大本营名目,应即取消。所有关防、案卷等即交参谋部存储,以资查考。其作战局职员,向系参谋部第一局职员兼任,着即消去兼差,仍归本部办事。至兵站局尚有转运等事,未便即予撤除,应暂由参谋部兼管,仍酌裁冗员,以节靡费。"(《大总统令参谋部裁撤大本营名目文》,《临时政府公报》第49号,"令示")③

△　令广东都督会商粤省昭字军统领,酌发该军将士功牌执照,以酬谢其自愿解甲归田。令云:"查该军将士,于粤省反正时,既能自筹饷项,立功于前,迨大局平定之后,复能不事矜伐,解甲引退,实属深明大义,殊堪嘉尚。所请给予功牌执照一节,应即照准,以彰酬庸之典。"(《大总统令广东都督酌给昭字军全军将士功牌执照文》,《临时政府公报》第49号,"令示")④

△　收到南阳左军司令部军事参谋熊梦飞来电,报告河南巡抚齐耀琳擅自进兵南阳,破坏大局,请速通电解决。(翠亨孙中山故居纪念馆藏档,B11-108)

△　黎元洪来电,对于山东都督之争,建议袁大总统准予胡瑛辞职,同时将张广建调离,另任命一最有资望之人迅速赴任。(《申报》

1912 年 3 月 30 日,"公电";《民立报》1912 年 3 月 30 日,"武昌电报")湖南都督谭延闿来电,要求胡瑛、马龙标顾全公义,不要自相残杀,请求调和胡、马之争,以维大局。(《湖南都督谭延闿为乞调协胡瑛马龙标之争以维大局事致各方通电》,中国第二历史档案馆编:《南京临时政府遗存珍档》第 5 册,第 1728 页)

△　黎元洪来电,对刘公在襄阳使用"河南安抚使"名义发表通电一事,解释曾委任刘公为北伐左军总司令兼河南安抚使,河南宣布共和后即电饬取消,改为驻襄司令官,因道途梗阻,命令送达较迟,因而还使用从前职衔。(《临时政府公报》第 54 号,"附录·电报")

△　直隶都督张锡銮来电,报告天津、保定在兵变后已开办平粜急赈,并由绅民成立京津保善后协会,亟盼政府成立,早定方针,救恤灾民。(《临时政府公报》第 54 号,"附录·电报")

△　蒙古联合会来电,指出宣布共和已逾四十天,总统就职已逾半个月,而政府尚未成立,实陷入无政府之危境,原因在于党派纷错,意见歧出。呼吁凡被任为国务员者,应以国家为前提,迅速就职,议院、议会亦宜敦劝就职,组成政府。(《申报》1912 年 3 月 29 日,"公电";《民立报》1912 年 3 月 29 日,"公电";《时报》1912 年 3 月 29 日,"要闻二")

△　江北都督府机关报处来电,转发蒋雁行请求拨赈电文。(《临时政府公报》第 52 号,"附录·电报";《民立报》1912 年 3 月 31 日,"清江浦电报")

△　国事维持会来电,主张"不有良社会,不能制造良政府",报告该会已于 3 月 26 日成立及组织宗旨。(《国事维持会为报告该会成立日期及组织宗旨事致各方通电》,中国第二历史档案馆编:《南京临时政府遗存珍档》第 5 册,第 1711—1714 页)

△　《神州日报》本日和下一日连续刊载钟观光上书,请求在南京设立纪功碑、纪念林。(《上孙大总统书》,《神州日报》1912 年 3 月 27、28 日,"来稿")

△　报载蓝天蔚自烟台来电,报告已交出军权,现有军队等待

袁世凯派人接收，以便早日归田。(《民立报》1912 年 3 月 27 日，"山东电报")

3 月 28 日　通令各省都督，务须严饬所部，保护人民生命财产，不得越法肆行。通令谓："此次改革，原为救民水火，乃自各省光复以来，各地方行政长官及带兵将领，良莠不齐，每每凭借权势，凌轹乡里。有非依法律辄入人民家宅搜索银钱、衣物、书籍据为己有者；有托名筹饷、强迫捐输、甚且掳人勒赎者；有因小忿微嫌擅行逮捕人民甚或枪毙籍没，以快己意者。拥挤倾陷，私欲横溢，官吏不法，民人无依。若不从严缔治，将怨郁之极，铤而走险，恐非地方之福。现在地方官制尚未颁行，各省都督具有治兵、察吏之权，务须严饬所属，勿许越法肆行。一面出示晓谕人民，有受前项疾苦者，许其按照临时约法，来中央平政院陈诉，或就近向都督府控告。一经调察确实，立予尽法惩治，并将罪状宣示，以昭儆戒。"(《痛哉孙中山之吏治谈》，《申报》1912 年 3 月 30 日，"要闻一"；《大总统令各都督保护人民生命财产电文》，《临时政府公报》第 52 号，"令示")

△　以同盟会总理名义委任于右任、陈汉元、黄郛、褚民谊、姚勇忱为中国同盟会驻沪特派组织员。又委任沈缦云为南洋交际员。(《民立报》1912 年 3 月 28 日，"南京电报")

△　内务部次长居正、参事田桐、于德坤、林长民、吴玉章及秘书多人因国务总理已经发表，上呈请求解职。(《居正等请予解职呈大总统文稿》，中国第二历史档案馆编：《中华民国史档案资料汇编》第 2 辑，第 133—134 页)

△　调停飞机队与《中华民报》纠纷。飞机队因《中华民报》报道黄兴遇刺时有涉及该队之语，声称欲携弹炸毁报馆，经调停无事。(《民立报》1912 年 3 月 28 日，"南京电报")[1]

△　令各省都督劝办赈捐，救济灾民。令云："夫民国新造，首重保民。顾以用兵之故，致贻失所之忧。本总统每一念及我同胞流离

——————————

[1]　此为报载日期。

颠沛之惨像,未尝不为之疾首痛心寝食俱废也。兹者大局已定,抚慰宜先。为此电令贵都督等,从速设法劝办赈捐,仍一面酌筹的款,先放急赈,以济载黎,而谋善后,并将各处被难情形及筹办方法,先行电复,俾得通盘筹算,患防未然。"(《大总统令各省都督酌放急赈文》,《临时政府公报》第 50 号,"令示")①

△　以临时大总统名义颁布《陆军官佐暂行补官简章》。(《大总统颁行陆军官佐暂行补官简章》,《临时政府公报》第 50 号,"法制")②

△　陈其美来电,报告苏州防营肇乱,大肆抢掠,现已稍定,恐传闻失实,特电奉闻。(《陈其美为报告苏州防营肇乱大肆抢掠现已稍定大局无虞事致袁世凯孙中山等电》,中国第二历史档案馆编:《南京临时政府遗存珍档》第 5 册,第 1744—1745 页)

△　河东地方联合会自陕州来电,控告前山西南镇谢有功奉李盛铎命令镇守平阳,居民闻风惊慌,河东毗连平阳,势必挑起变端,请电达袁大总统速将李、谢撤去。(翠亨孙中山故居纪念馆藏档,B11—113)③

△　张广建来电,报告山东情形,请求辞山东都督职务,又表示未离山东以前,对于军警各界会妥善维持,不贻大总统南顾之忧。(翠亨孙中山故居纪念馆藏档,B11—118;《申报》1912 年 3 月 31 日,"公电";《民立报》1912 年 3 月 31 日,"济南电报";《时报》1912 年 4 月 1 日,"公电")

△　绍兴旅沪同乡会来电,表示上海中国银行经理宋鲁被上海都督派兵诱捕,殊属违法,无论宋鲁所犯何罪,应正式传讯,请速电饬释放。(《申报》1912 年 3 月 29 日,"公电";《民立报》1912 年 3 月 29 日,"公电";《时报》1912 年 3 月 29 日,"本埠新闻")

△　大通襄安镇徐钊等来电,控诉土豪李经成荼毒地方,扰乱治

---

① 此为《临时政府公报》发布日期。

② 此为《临时政府公报》发布日期。

③ 本篇原电无月份。据黄彦、李伯新考订,因电文中俱同时提及"孙大总统"和"袁大总统",当在孙中山于南京解职之前、袁世凯于北京就职之后,故定为 3 月。参阅黄彦、李伯新编:《孙中山藏档选编(辛亥革命前后)》,第 600 页,注 1。

安,请求查办。(《大通襄安镇徐钊等人为土豪李经成荼毒地方乞迅赐查办事致袁世凯孙中山及各部长电》,中国第二历史档案馆编:《南京临时政府遗存珍档》第 5 册,第 1740—1741 页)

3 月 29 日　出席南京临时政府各部总、次长等举行的饯别宴会。

中午 1 时,与唐绍仪参加黄兴、徐绍桢与各部总次长、各军市长、司令、卫戍总督在南京水西门内胡氏花园举行的公宴,4 时结束,宴毕摄影留念。(《神州日报》1912 年 3 月 31 日,"专电公电";《民立报》1912 年 3 月 31 日,"南京电报")

△　出席交议内阁名单的参议院会议。

下午 4 时 30 分,与唐绍仪、黄兴莅参议院,5 时开议,与唐绍仪、黄兴、各部总次长先后入席。唐绍仪向参议院提交内阁名单。参议院表决时与唐绍仪及各总次长均退席。讨论至 9 时,议决宣布,再与唐绍仪等入席。到会议员三十八人,表决结果:外交总长陆征祥三十八票,内务总长赵秉钧三十票,陆军总长段祺瑞二十九票,海军总长刘冠雄三十五票,司法总长王宠惠三十八票,教育总长蔡元培三十一票,财政总长熊希龄三十票,农林总长宋教仁三十四票,工商总长陈其美二十四票,交通总长梁如浩十七票,除梁如浩外均获通过。孙中山赴院时携有印绶,表示立即解职,参议院以当日只议决新内阁问题,总统解职应另择日期,正式宣告,以表尊崇。(《国务员通过纪事》,《民立报》1912 年 3 月 31 日,"新闻一")次日,袁世凯照此议决任命各总长,交通总长由唐绍仪兼任。(《临时大总统令》,《临时公报》,民国元年 3 月 31 日,"命令")

△　批黄兴呈,同意刘道一烈士应援照杨卓林例给予抚恤。(《临时大总统奖恤刘道一文件》,中国第二历史档案馆编:《中华民国史档案资料汇编》第 2 辑,第 273 页)

△　委任陈干为三十九旅旅长。(《孙中山全集》第 2 卷,第 293 页)

△　内务总长程德全上呈文,报告现南北统一,该部所有人员全

体辞职。(《内务总长致大总统呈稿》,中国第二历史档案馆编:《中华民国史档案资料汇编》第 2 辑,第 134 页)

△　咨参议院,请将前次咨请议决之 3 月份概算表册即予提前决议咨复,以便在月底前公布遵行。(《大总统咨参议院提前议决三月份概算表册文》,《临时政府公报》第 51 号,"咨")①

△　批黄兴、蔡元培、宋教仁等发起拓殖协会呈,准其立案。该协会以"拓地垦荒、殖产兴业"为宗旨,藉以"苏民困,维国本",(《南京拓殖协会电》,《申报》1912 年 3 月 21 日,"专电")于本月 18 日下午 1 时开成立大会于南京悦宾楼,选举黄兴为会长。(《拓殖协会成立记》,《民立报》1912 年 3 月 20 日,"新闻一")后以拓殖协会名称引起蒙古人士误会,改为垦殖协会。成立后由黄兴领衔呈请立案。孙中山批示:"吾国民族,生聚于东南,而凋零于西北。致生聚之地,人口有过剩之虞;凋零之区,物产无丰阜之望。过与不及,两失其宜,甚非所以致富图强之道。拓殖协会之组织,自是谋国要图,国家应予协助,所请维持经费三十万元,仰候令饬财政部编入预算可也。"(《大总统批黄兴等请指拨大宗经费组织拓殖协会呈》,《临时政府公报》第 51 号,"令示")②

△　令陆军部抚恤四川籍烈士邹容、谢奉琦、喻培伦、彭家珍。四川公民黄复生等四十二人,为崇扬忠烈,呈请政府抚恤为革命而壮烈死难之四川籍烈士邹容、谢奉琦、喻培伦、彭家珍四人。批示明令陆军部分别照陆军大将军与左将军阵亡例抚恤。令曰:"案查邹容当国民醉生梦死之时,独能著书立说,激发人心。喻培伦则阐明利器,以充发难军实。彭家珍则歼除大憝,以收统一速效。所请赐恤崇祀各节,着即照准。惟谢奉琦丙午在蜀运动起义,组织各县机关等因,虽其功在民国不小,究与邹、喻、彭三烈士之功略有区别,着改照陆军左将军阵亡例赐恤,仍准崇祀忠烈祠,以慰忠魂而垂不朽。"(《大总统

____

①　此为《临时政府公报》发布日期。
②　此为《临时政府公报》发布日期。

令陆军部抚恤邹谢喻彭四烈士文》,《临时政府公报》第51号,"令示")①

△　收到温寿泉自陕州来电,控告谢有功滥杀、纵令所部奸淫抢掠,请合力铲除此"共和蠹贼"。(翠亨孙中山故居纪念馆藏档,B11—114)

△　盛宣怀来函,告以因汉冶萍公司股东反对,现已致函日方代表取消中日合办前议。又告已商三井,拟将祖产典当抵保一款,全部捐助用于救济江苏、安徽灾情,请发交江苏、江北两都督,准如所请办理。(《盛宣怀致孙中山函》,陈旭麓等编:《辛亥革命前后·盛宣怀档案资料选辑之一》,第333—334页)

△　袁世凯来电,赞赏黎元洪对于山东都督之争的建议。(《申报》1912年3月31日,"公电";《民立报》1912年3月31日,"北京电报";《时报》1912年3月31日,"要闻")

△　山东都督张广建来电,报告烟台胡瑛代表刘艺舟、王兰卿等在青岛私印传单,毁谤自己,被德租界当局拘留。(《山东都督张广建为烟台胡瑛代表刘艺舟及王兰卿等在青岛私印告白传单事致各方通电》,中国第二历史档案馆编:《南京临时政府遗存珍档》第5册,第1759—1764页)

△　张广建来电,报告山东巡警道吴炳湘被刺案,因案情重大,正在解送北京总检察厅起诉,归大理院受理。(《申报》1912年3月31日,"公电";《时报》1912年3月31日,"公电")

△　云南国民公会等六团体来电,指责云南省议会结党怙恶,攘夺公权,各团体开国民大会,议决另行公选。(翠亨孙中山故居纪念馆藏档,B11—68)

△　公民急进党自上海来电,反对有人为黄兴争陆军总长职务。(《时报》1912年3月30日,"公电")

△　报载上海江防统制章驾时、统领朱廷燎、赵鸿喜、黄汉湘、许宏恩、龚先耀、张玉山、邵茂春来电,欢迎委任李燮和为长江上下游总司令。(《民立报》1912年3月29日,"公电")

3月30日　签字主盟,唐绍仪加入同盟会。

---

① 此为《临时政府公报》发布日期。

据居正记述,本日南京临时政府在总统府欢宴唐绍仪,蔡元培致辞,除对唐氏为人倍加赞誉外,并请加入同盟会,黄兴亦力劝之,全体与会党人鼓掌欢迎,唐绍仪表示首肯。当即由居正取同盟会入会志愿书,由唐氏签字;蔡元培、黄兴亦签字作介绍人。唐氏旋起立,由孙中山主盟,正式宣誓加入同盟会。(《中华民国国父实录》第3册,第1855页)《民立报》1912 年 4 月 1 日载:"唐总理自填入同盟会愿书,昨由孙中山、黄克强二君介绍入会。"(《民立报》1912 年 4 月 1日,"南京电报")

△　咨参议院,请议决徐绍桢或程德全堪任镇守府。(《民立报》1912 年 3 月 28 日,"南京电报")

△　咨参议院,请议决海军部官职令草案、稽勋局官职令草案。(《大总统咨参议院议决海军部官职令草案文》、《大总统咨参议院议决稽勋局官职令草案文》,《临时政府公报》第 52 号,"咨")咨参议院,取消陆军部概算册中之卫戍费。(《大总统咨参议院将陆军部概算册中之卫戍费一项取消文》,《临时政府公报》第 52 号,"咨")①

△　令交通部严加取缔各处捏名发电的事件。(《申报》1912 年 3月 30 日,"专电")②

△　因女界共和协济社代表陈述务本女塾停办,答应捐银一万元。(《民立报》1912 年 3 月 30 日,"南京电报")③

△　令陆军部抚恤在淮南蚌山战役中死难的廖传珝等人。(《大总统抚恤廖传珝等令文》,《临时政府公报》第 52 号,"令示")④

△　令财政部将拨助拓殖协会的经费编入预算,"令仰该部将该协会所请维持经费三十万元,即行编入每年预算案,即交参议院核议。"(《大总统令财政部将黄兴等呈请拨助拓殖协会经费三十万元编入预算

---

①　此为《临时政府公报》发布日期。
②　此为报载日期。
③　此为报载日期。
④　此为《临时政府公报》发布日期。

文》,《临时政府公报》第52号,"令示")①

△　收到江西社会党、国民会、自由党、教育总会、南昌府议会等来电,控告江西省临时议会私派国会议员,请电饬江西都督予以取消,妥定普通选举简易法,由国民公选议员赴会。(翠亨孙中山故居纪念馆藏档,B11—88)②

△　苏州实业协会来电,报告苏州兵祸虽平,损失巨大,现正筹议办法,呈请江苏都督核办。(《时报》1912年3月31日,"公电")

△　胡瑛来电,报告接袁世凯总统电称,委任周自齐为山东都督,由胡瑛暂留烟台办理民军善后及外交事宜,山东大局已定。(《申报》1912年4月1日,"公电";《民立报》1912年4月1日,"烟台电报")

△　广西都督陆荣廷来电,报告荷属华侨被害事引起此间人心激昂,请示如何交涉。(《广西都督陆荣廷为荷属华侨被害乞示如何交涉事致大总统及外交总长王宠惠电》,中国第二历史档案馆编:《南京临时政府遗存珍档》第5册,第1786页)

△　山东省临时议会来电,反对黎元洪关于山东都督之争的解决办法,强调胡瑛都督经临时议会正式选举、呈请孙总统委任前来,指出副总统附和袁世凯旨意,辅佐专断命令,剥夺鲁人公权。请求允许在烟台的山东省议会赴济南招集各属议员,共同组织议会,选举山东都督。(《山东省临时议会及统一会为请求由议会另举都督事致各方通电》,中国第二历史档案馆编:《南京临时政府遗存珍档》第5册,第1790—1798页;《申报》1912年4月1日,"公电")

△　段祺瑞来电,表示"当勉效驽驱,聊以承乏",应允担任陆军总长。(《申报》1912年4月2日,"公电";《民立报》1912年4月2日,"公电")

────────────

① 此为《临时政府公报》发布日期。

② 原电无月份。据黄彦、李伯新考订,因电文中提及的"民国约法"颁印于3月11日,称中山为"先生"则表明他已卸或将卸临时大总统职之时,故酌定为3月。参阅黄彦、李伯新编:《孙中山藏档选编(辛亥革命前后)》,第580页,注1。

△　报载伊犁司令总长杨缵绪、参谋总长贺宏栋、外交总长冯特民来电，控告新疆巡抚袁大化镇压民军，实行专制，妄图充当共和都督，主张接任都督者必须经过公举。（《民立报》1912 年 3 月 30 日，"公电"；《申报》1912 年 4 月 5 日，"要闻二"；《时报》1912 年 3 月 31 日，"公电"）

△　温宗尧、伍廷芳、岑春煊、王人文、程德全、张謇、陈其美、于伯循、陈锦涛、李钟珏、沈懋昭、杨天骥、刘昌言来电，报告发起蒙藏交通公司，订于 4 月 1 日在沪通商交涉使署举行发起大会，恭请届时出席。（《温宗尧等为呈报蒙藏交通公司改订于四月一号在通商交涉使署召开发起大会事致孙中山唐绍仪等电》，中国第二历史档案馆编：《南京临时政府遗存珍档》第 5 册，第 1773—1776 页；《申报》1912 年 3 月 31 日，"公电"；《民立报》1912 年 4 月 1 日，"公电"）

△　山东交涉使周泽春来电，报告拟归省，请另派人接办青岛交涉事务。（《周泽春为请另派妥人接办青岛交涉事致孙中山王宠惠魏宸组电》，中国第二历史档案馆编：《南京临时政府遗存珍档》第 5 册，第 1777—1778 页）

△　报载基督教五公会来电，指出鸦片流毒，其害甚于专制，鸦片一日不除，民国一日不得真自由，恳求速请英国恢复中国自由禁烟主权。（《临时政府公报》第 52 号，"附录·电报"）

△　报载上海民社社员任传榜、武昌日知会会员张汉杰来电，建议于国务员中兼用满、蒙人士，以示大公无私。此电由烟台关外军政府代发。（《民立报》1912 年 3 月 30 日，"烟台电报"）

△　报载刘廷柱等来电，报告江阴军政分府已于 3 月 28 日奉文取消。（《民立报》1912 年 3 月 30 日，"江阴电报"）

△　报载张人杰来电，指出浙江省办理统捐，实系殃民之举，公家获益无几，平民受累无穷，与民生主义大为违背，有碍共和前途，请立电停办。（《申报》1912 年 3 月 30 日，"公电"；《民立报》1912 年 3 月 30 日，"宁波电报"；《时报》1912 年 3 月 30 日，"公电"）

3月31日　出席同盟会鉴别会暨欢迎唐绍仪入会大会,演说民生主义。

中午,出席南京同盟会员在复成桥商务总会举行的饯别孙中山解总统职并欢迎新入会会员唐绍仪大会,到会会员约四百余人。景耀月致饯别辞、欢迎辞,孙中山发表关于民生主义与社会革命之演说,4时散会。(《民立报》1912年4月1日,"南京电报"。)演说表示,今后将致力于民生主义,"今日满清退位,中华民国成立,民族、民权两主义俱达到,唯有民生主义尚未着手,今后吾人所当致力的,即在此事。社会革命为全球所提倡,中国多数人尚未曾见到,即日许多人以为改造中国,不过想将中国弄成一个极强大的国,与欧美诸国并驾齐驱罢了。其实不然。今日最富强的莫过英、美,最文明的莫过法国。英是君主立宪,法、美皆民主共和,政体已是极美的了。但是贫富阶级相隔太远,仍不免有许多社会党要想革命。盖未经社会革命一层,人民不能全数安乐,享幸福的只有少数资本家,受痛苦的尚有多数工人,自然不能相安无事"。指出要预防资本家垄断的弊病,实行社会主义政策。演说中说:"英美诸国因文明已进步,工商已发达,故社会革命难。中国文明未进步,工商未发达,故社会革命易……英美诸国社会革命,或须用武力,而中国社会革命,则不必用武力……中国原是个穷国,自经此次革命,更成民穷财尽,中人之家已不可多得,如外国之资本家,更是没有,所以行社会革命是不觉痛楚的……吾人当此民族、民权革命成功之时,若不思患预防,后来资本家出现,其压制手段恐怕比专制君主还要甚些,那时杀人流血去争,岂不重罹其祸么……故一面图国家富强,一面当防资本家垄断之流弊。此防弊之政策,无外社会主义。本会政纲中,所以采用国家社会主义政策,亦即此事。"(《在南京同盟会会员饯别会的演说》,《孙中山全集》第2卷,第

318—324 页)①

△　咨参议院，请议决协助拓殖协会经费。(《大总统咨参议院提前议决协助拓殖协会经费文》,《临时政府公报》第 53 号,"咨")②

△　报载孙中山拟为修建武汉纪念铁桥捐款十万元。(《民立报》1912 年 3 月 31 日,"南京电报")

△　令陆军部抚恤在历次起义或事故中死难的李君白、杨禹昌、彭克俭、胡震江、胡焰恂、彭遂良、彭昭等烈士。(《大总统抚恤烈士李君白等令文》,《临时政府公报》第 53 号,"令示")③

△　令各省都督将应解财政部之款项从速完缴，以充中央行政费用。财政部呈报:"本部收入的款，向以全国赋税为大宗。自光复以来，各州县经征款项，应划归中央政府者，虽早经本部通电催解，而各该省迄未照解前来，以致收入亦无从概算……募借外债，原非持久之谋，整顿税源，难济目前之急。外省之解拨不至，公产之收入无多。舍此而外，别求财源，纵有孔、桑，何从着手? 特际此新政方兴，讵可因噎而废食，度支虽绌，总期积极以进行。"故吁恳大总统令行各省，"念国计关系之重，谅本部筹划之艰，将应解部款，从速催缴。其有不足，应行设法弥补之处，并请咨照参议院议定救济方法，俾本部得所遵守，而财政藉以维持，实为至要"。批示:"查现当建设伊始，庶政待兴，支出则刻不容缓，收入则的款无多。该部所陈财政窘迫各节自系

──────────

①　《在南京同盟会会员饯别会的演说》,《孙中山全集》第 2 卷，第 318—324 页，但日期应为 3 月 31 日。《孙中山年谱长编》已经改订，参阅该书上卷第 683—684 页。另据《申报》1912 年 4 月 3 日，明确记载"三十一日同盟会开饯别会于复成桥"。《神州日报》亦记载孙中山解职前一日，南京同盟会本部会员公饯孙中山，孙中山发表演说，大意相同。(《孙中山解职记》,《神州日报》1912 年 4 月 4 日,"要闻一"此文的前半部分，被译成法文，载同年 7 月 11 日比利时工人党机关报布鲁塞尔《人民报》(Le Peuple)，又被从法文转译成俄文，7 月 15 日载于俄国布尔什维克报纸《涅瓦明星报》第 17 期，题目为《中国革命的社会意义》，同时发表的列宁的《中国的民主主义和民粹主义》一文对其进行了评论。这一部分的英译文则发表于同年 7 月 13 日美国纽约《独立杂志》，题目为《中国的下一步》。参阅陈锡祺主编:《孙中山年谱长编》上册，第 684 页。

②　此为《临时政府公报》发布日期。

③　此为《临时政府公报》发布日期。

实情,目下各地秩序已渐回复,各种法制未经颁布以前,其一切应行经征各款项,自当照旧征收,解交财政部,以充中央行政各费用。中央与各地互相维持,新造民国乃得立于不敝。我各省贤达有为之都督、司令及百有司,必能深明此义,无俟本总统之反复说明。除照所呈另咨参议院外,为此令仰该都督,即将应解部款从速完缴,俾资挹注,切切毋违。"(《大总统令各省都督将解部各款从速完缴文》,《临时政府公报》第 53 号,"令示")①

　　△　江北都督蒋雁行、参谋杨桂堂、刘文翰、十九师师长孙岳、旅长车庆云、杨春普来电,因陆军总长已委任段祺瑞,而黄兴为民国首功,为南北军界所宗仰,请委以重任。(《申报》1912 年 4 月 2 日,"公电";《民立报》1912 年 4 月 2 日、4 日,"公电")

　　△　山东统一会自烟台来电,报告该会已经成立,现又扩充组织,本日开全体大会,公举王讷如为正会长、徐镜心为副会长,将本部迁移至济南。(《山东统一会为报告该会扩充组织选举正副会长并议决移本部于济南事致各方通电》,中国第二历史档案馆编:《南京临时政府遗存珍档》第 5 册,第 1812 页;《民立报》1912 年 4 月 2 日,"烟台电报")

　　△　报载吴淞水师军官来电,报告现由各军派出代表来上海恭迎李燮和履任长江上下游总司令,请求切实劝驾,以慰群望。(《申报》1912 年 3 月 31 日,"公电")

　　△　报载民生国计会上书,报告于 3 月 27 日特开联合会议,讨论救济淮、徐灾情办法,改定团体联合义赈会名称,公举孙中山为筹赈总长,并订定 4 月 1 日为开办筹赈之日,将议案十条,并举名誉议董团名单上呈核示。(《民生国计会上孙大总统书》,《申报》1912 年 3 月 31 日,"本埠新闻")

　　△　袁世凯任命黄兴为南京留守。南京留守府作为袁世凯计划中临时性的机构设置,主要目的是通过这一机构裁撤在革命中发展起来的民军。根据《南京留守府条例》,其主要职能是维持整理南方

────────────

①　此为《临时政府公报》发布日期。

各军及南京地面,凡南方陆军、水师、要塞,均归留守处理,随时通报陆海军部及参谋部,南方如有事变不及申请大总统时,得先调遣军队、军舰相机处置,随即申报大总统并通报陆海军部及参谋部,南京府知事、交涉巡警所管事务,均归留守统。但是,南方各军及南京地方各官厅人员,须由留守会同江苏都督任免,申报大总统;留守管辖范围内所需款项,由留守咨询理财部筹解。(《临时大总统令》,《临时公报》,民国元年 4 月 15 日,"命令")南方的军事首领,试图以此训练军队,保存力量,但在当时具体的情势下,这一目的很难达到。

是月底　与总统府近卫军官兵惜别,赠予近卫军全体官兵每人米色卡其布军服一套、白竹布手帕,帕中间印两行黑色寸余芳"汉族存亡,在此一举"魏碑体大字,下旁印"大总统孙文书赠"。南京临时政府成立后,以原元帅府近卫团(黄兴的卫队)新编二十六团为总统府近卫军,担任拱卫总统府周围的禁卫和孙中山近身禁卫,以吴浩为总统府近卫军团长,所部为近卫军。孙卸任后,该团改为留守府卫队团、南京卫戍团。(李葆璋:《孙大总统的近卫军始末记》,中国科学院近代史研究所史料编译组编辑:《辛亥革命资料》,第 523、527 页)

是月　为南京莫愁湖畔粤军烈士墓碑题写"建国成仁"四字。参与北伐的粤军曾在固镇、宿县、徐州等地作战,1912 年 3 月,安葬牺牲烈士五十四人于南京莫愁湖畔,孙亲笔题写"建国成仁",黄兴题写"粤军殉难烈士之碑"(横额)。碑为花岗石质,高二点七三米,宽一点零六米,碑文系楷书,右上角书"民国元年三月",左下落款为"临时大总统孙文题"。(《南京辛亥革命遗迹考查》,《江苏文史资料选辑》第 7 辑,第 158 页)

△　香港大学校长和理事会来函敬请出席香港大学开学典礼,典礼仪式将于 1912 年 3 月 11 日在校内大楼举行。(《香港大学致函》,《海外友人致孙中山信札选(四)》,《民国档案》2003 年第 4 期,第 9 页)

△　阿穆尔灵圭来电,要求早日宣布国务员名单,尽快组成政

府。(《阿穆尔灵圭呼吁速认定国务员成立统一政府致孙中山等电稿》,中国第二历史档案馆编:《中华民国史档案资料汇编》第2辑,第121页)

△　朱卓文呈文,呼吁保存明代故物。(翠亨孙中山故居纪念馆藏档,B7—6)

△　前复旦公学学生于右任、张大椿、胡敦复、张铁欧、邵闻泰、王士枢、汪彭年、陈警庸、李谦若、汪东、叶永鎏、钱智修、沈同祉、许丹、郑蕃、胡朝梁、谢冰、郭翔、毛经学、金问洙、曹昌龄、伍特公、张晏孙、赵洪年、毕治安、郑允、李允、张宗翰、徐鼎、陈协恭、陈传德、夏传洙、陆秋心、熊仁、吴葭、吴盖铭、吴兆桓、章锡和、余光粹、张彝、吴士恩、邵闻豫呈文,恳拨经费复办复旦公学。该学经费原由南洋教育经费拨下,光复时由军队借作机关部,学校停办。(翠亨孙中山故居纪念馆藏档,B7—10)

△　山西参议员李素、刘懋赏来函,请求从速派遣专员赴山西,一可与袁世凯直接交涉,要求撤兵;二可入山西调和意见,以定都督所归。并请以狄楼海为山西宣慰使。(翠亨孙中山故居纪念馆藏档,B11—115)[1]

△　同盟会京津支部自天津来电,报告有某国人愿个人名义借款,利息照普通例扣算,附加条件为:关于军用品须许以同价卖物先约权,须军政府认可始开议,成约后须军政府委全权人带凭戳押,经支部往返磋商无异。请求先委任该支部与之开议,迅速派人来天津会同办理。(翠亨孙中山故居纪念馆藏档,B5—18)[2]

△　上海商团吴文辉来函,报告自己在光复时为民军提供子弹一千五百箱,计三百万粒,当时谢绝陈其美都督发给赏银二万八千两。目前各会友在光复后各处巡防,为此歇业者不少,请大总统鉴核

---

① 原函未署时日。据黄彦、李伯新考订,因函中叙及3月事情,又称孙中山为"大总统",当在孙4月1日解临时大总统职之前,故定为3月所写。参阅黄彦、李伯新编:《孙中山藏档选编(辛亥革命前后)》,第602页,注1。

② 原电无月份,代日韵目有误,据黄彦、李伯新考订,估计为1912年2—3月间所发。参阅黄彦、李伯新编:《孙中山藏档选编(辛亥革命前后)》,第205页,注1。

奖给，以慰会友。（翠亨孙中山故居纪念馆藏档，B11—96）[1]

　　△　为李晓生题词，一为"晓生先生鉴　努力前进　孙文题赠"，一为"晓生兄正　同舟共济　孙文"。（刘望龄辑注：《孙中山题词遗墨汇编》，第 165 页）李晓生（1888 年—1970 年），1906 年在新加坡由李镜仁介绍，在晚晴园谒见孙中山，即日加入同盟会。1911 年 10 月，武昌革命成功，孙中山由美国至伦敦，当时在伦敦大学攻读化学的李晓生与吴稚晖代为处理函电。随后孙邀李晓生一起回国，从伦敦起程，前往巴黎、马赛、新加坡、香港、上海至南京。就任临时大总统后，李晓生任总统府秘书（电报科）。

　　△　为居正题词："光明　觉生兄鉴　孙文"。（《建国月刊》第 9 卷第 1 期，1933 年 7 月，"插图"）

　　是年春　自勉题词"奋斗　民元　孙文"，悬挂于南京临时大总统府之办公室内。（刘望龄辑注：《孙中山题词遗墨汇编》，第 166 页）

　　△　为冯自由题词："自由　自由兄鉴　孙文"。（刘望龄辑注：《孙中山题词遗墨汇编》，第 167 页）冯自由（1882 年—1958 年）出生于日本，1895 年加入兴中会，是当时年龄最幼的会员。1905 年参加中国同盟会，后任同盟会香港分会会长，《中国日报》社长兼总编辑。孙中山任中华民国临时大总统后，冯自由任总督府机要秘书，临时政府北迁后，任稽勋局长。

4 月

4 月 1 日　公布参议院法。

　　准参议院 3 月 27 日咨请，公布参议院法。令云："兹准参议院咨

---

　　[1]　原函未署时日。据黄彦、李伯新考订，据函中内容，其时孙中山尚未卸任临时大总统，而南北达成统一协议、陈其美要求取消沪军都督名位均在 2 月以后，故酌定为 2—3 月间所写。参阅黄彦、李伯新编：《孙中山藏档选编（辛亥革命前后）》，第 586 页，注 1。

送议决参议院法十八章共一百零五条前来,合行公布。孙文。"(《大总统宣布参议院议决参议院法公布》,《临时政府公报》第55号,"法制")

△ 解临时大总统职。

咨参议院,请辞临时大总统职。上午参议院召开会议,准辞,成立南北统一政府。(《时报》1912年4月2日,"专电")咨临时参议院报告解职日期文云:"前由贵院议决统一政府办法第六条,孙大总统于交代之日始行解职。今国务总理唐君南来,国务员已各任定,统一政府业已完全成立,于四月二〔一〕日在南京交代,本总统即于是日解职。此后国中一切政务,悉取决于统一政府。本总统受任以来,夙夜忧惧,深恐弗克负荷,有负国人付托之意。今幸南北一家,共和确定,本总统获免于戾,退居林泉,长为自由国民,为幸多矣,此咨。"(《大总统咨参议院报告解职日期文》,《临时政府公报》第56号,"咨")

下午2时,至参议院,行解职礼。仪式为:(一)奏乐开会,(二)孙总统就席,(三)议长报告,(四)孙总统宣言解职,(五)议院致辞,(六)孙总统答词,(七)奏乐闭会,(八)摄影留念。(《民立报》1912年4月3日,"南京电报")解职词中称,任职之三个月"均为中华民国草创之时代",并谓:"三月以来,南北统一,战事告终,造成完全无缺之中华民国,此皆中国国民及全国军人之力所致。"强调中华民国之国民今后当尽国民之天职。"何谓天职,即是促进世界的和平。此促进世界的和平,即是中华民国前途之目的。依此种目的而进行,即是巩固中华民国之基础。又凡政治、法律、风俗、民智种种之事业,均须改良进步,始能与世界各国竞争。凡此种种之改良进步,均是中华民国国民之责任。人人能尽职任,人人能尽义务,凡四万万人无不如此,则中华民国之进步必速。"表示自己解职后,即为中华民国之一国民,"政府不过一极小之机关,其力量不过国民极小之一部分。其大部分之力量,则全在吾中华民国之国民。本总统今日解职。并非功成身退,实欲以中华民国国民之地位,与各国民之力量,与四万万人协力造成中华民国之巩固基础,以冀世界之和平"。(《孙总统之解职词》,《民立报》1912 年 4 月 5 日,"新闻一")

　　致词后,以临时大总统印交还参议院。参议院致辞中颂扬:"中山先生发宏愿救国,首建共和之纛,奔走呼号于专制淫威之下,身濒于殆者屡矣,而毅然不稍辍,二十年如一日。武昌起义未一月,而响应者三分天下有其二,固亡清无道所致,抑亦先生宣导鼓吹之力实多也。当时民国尚未统一,国人亟谋建设临时政府于南京,适先生归国,遂由各省代表公举为临时大总统。受职才四十日,即以和平措置,使清帝退位,统一底定,迄未忍生灵涂炭,遽诉之于兵戎。唯柄国不满百日,而吾五大民族所受赐者,已靡有涯矣。固不独功成不居,其高尚纯洁之风,为斯世矜式已也。""民国之成立也,先生实抚育之;民国之发扬光大也,尤赖先生牗启而振迅之。"(《参议院致词》,《民立报》1912 年 4 月 3 日,"新闻一")致词宣布完毕后,呈交孙中山。典礼结束之时,乐队奏响一首德国进行曲,在音乐声中与内阁各部长退出会议厅,并在走下会议厅阶梯时,向参议院鞠躬,有议员起身回礼。("President Sun Yat-sen's Resignation","*The North-China Herald*",April. 6,1912,"Miscellaneous".)

　　同日,以临时大总统令形式通告 4 月 1 日交代解职,各部须仍照常办公。令文指出统一政府业已完全成立,于 4 月 1 日在南京交代,本总统即于是日解职,本处各部办事人员仍照旧供职,以待新国务员接理,勿得懈怠推诿,"所愿吾百僚执事,公忠体国,勿以私见害大局;吾海陆军士,谨守秩序,勿以共和昧服从;吾五大族人民,亲爱团结,日益巩固,奋发有为,宣扬国光,俾吾艰难缔造之民国,与天壤共立于不敝"。(《孙中山宣布四月一日交代解职各部须仍照常办公的临时大总统令》,中国第二历史档案馆编:《南京临时政府遗存珍档》第 1 册,第 75—80 页)

　　△　晚,出席南京基督教青年会成立典礼并参加宴会,总理唐绍仪及各部长、驻南京各国领事多人出席。(《民立报》1912 年 4 月 3 日,"南京电报")

　　△　令交通部限制官电,"查近日来去电文,长者辄至数百千言,

司电报者,收发一电,动经十数小时,始能完结。是不免以一人一事之交通,致碍各方之信报。推原其故,实缘官电往来,概未取费,发电之人,遂致不知剪裁,往往以简单之事由,发为繁重之言论,烦人废时,几忘设电本意。甚至匿名诋毁,亦借官电传达。"规定每电不得过若干字,并酌量取资,以杜冗长之敝。(《大总统令交通部取缔电报文》,《临时政府公报》第54号,"令示")①

△　令财政部拨公债票二万元,作为武汉死义烈士遗孤教养所开办费。据马伯援、居正等呈称:"窃维武汉一呼,天下响应,专制倒幕,百度维新……微我武汉诸先烈士,掷其头颅,弃其妻孥,以为代价,宁克底此……而其后裔,以失恃而家计艰难,无以为生,为数夥颐,遑论教育之事。若将其子若女,集于一处,幼者育之,长者教之、俾后长成,擅一技之艺,足以自立,同享共和之幸福,是亦稍慰英魂之道。"令云:"查民国开创,武汉实为首功,而诸烈士死事之惨亦独烈。该发起人等遗孤教养所之设,既昭博爱之忱,亦协报功之义。所请拨给公债票二万元之处,即由该部照拨可也。"(《大总统令财政部拨款作武汉死义烈士遗孤教养所经费文》,《临时政府公报》第54号,"令示")②

△　收到旅港琼商梅紫庭、王俊登、钟竹泉、何宜春、戴壮自香港来电,以黄明堂为祸海南,反对广东都督陈炯明再使黄莅琼。(翠亨孙中山故居纪念馆藏档,B11-9)

△　山西司法急进会自太原来电,报告民国共和政体,需要依靠文明法律,保障人权,实行司法独立精神,特发起司法急进会,邮呈简章。(《民立报》1912年4月2日,"山西电报")

△　报载画家程澥上呈,请大总统发布命令,用浅显简单之白话刊刻告示,凡人民受疾苦者,准寄登各报,同时按照《临时约法》向平政院陈诉,或向各省都督府控告,一经调查确实,立予严惩。又控告

---

①　此为《临时政府公报》发布日期。

②　此为《临时政府公报》发布日期。

常州军政分府赵乐群违法侵权,苛暴酷虐。(《呈请大总统严惩荼毒人民之官吏文》,《时报》1912年4月1日,"要件")

△ 《临时政府公报》载同盟会广东支部夏重民来电,提议为黄花岗诸先烈修复旧茔,请黄兴撰写募捐之文。(《临时政府公报》第54号,"附录·电报")

△ 报载王国培、易允等自长沙来电,报告湘乡同人已改长沙雷勇介祠为禹之谟烈士祠,择期追悼。(《民立报》1912年4月1日,"湖南电报")

4月2日 出席海军部设于海筹舰的公宴。唐绍仪亦出席。(《民立报》1912年4月4日,"南京电报")

△ 下午7时,至四象桥女子同盟会话别,未先预告准备,该会仓促置肴饯行,陪坐者为卫戍总督徐绍桢及胡汉民、汪精卫、吕天民、钟俊德、朱立冈,以及吴木兰女士等七八人。谈及此次身虽返粤,而心仍不忘民国,勉励该会振兴女学,以期与男子并驾争雄,共同维持中国前途。11时散席。(《女同盟会饯总统》,《民立报》1912年4月5日,"南京通信")

△ 贵州都督唐继尧来电,提出政府组织亟应统一、民国制度亟应统一,目前袁大总统业已履新,而各省文电往来,犹称"孙大总统",易淆视听。(翠亨孙中山故居纪念馆藏档,B4—113)

△ 新加坡广帮同盟会长、《南侨日报》编辑卢苇航由石叻大监房来函,报告《中兴报》停版后,得同志周之贞助力,组织《星洲晨报》,"三二九"起义后,又开办《南侨日报》,保皇党人遂唆使英政府以搅乱治安罪于1912年2月8号将自己逮捕入狱,今在狱中写《清盗源说》上呈。(翠亨孙中山故居纪念馆藏档,B9—12)

△ 河南八府绅民代表自襄阳来电,控告北军进攻南阳,请速通电,设法维持。(翠亨孙中山故居纪念馆藏档,B11—109)

△ 甘肃临时都督黄钺来电,报告于秦州设立临时军政府,现在兰州官绅虽认共和,尚无正式公文通告,国号、年号概未改革,长庚、

升允尚拥兵未离兰州、平凉,建议联络各军前进,勉令归诚。又建议回、汉各军应分别遣散,但遣散军队需要重饷,乞速发济。(《甘肃承认共和之真相》,《申报》1912 年 4 月 5 日,"要闻二")

△　安徽都督孙毓筠来电,代该省各政党、团体建议安徽省参议员选举办法。(《安徽都督孙毓筠代该省各政党团体为议决皖省参议员选举办法事致各方通电》,中国第二历史档案馆编:《南京临时政府遗存珍档》第 5 册,第 1825—1829 页)

△　报载保定入伍生贺鑫常来电,要求政府选择良师,各省照旧开办陆军中学,招集从前学生,分班肄习。(《申报》1912 年 4 月 2 日,"公电";《民立报》1912 年 4 月 2 日,"安徽电报")

△　报载南阳绅界乔景濂、任学椿、黄家寿、张焕之、李翰之、李豹卿、高琴堂、张叔卿、米奎联、张仲瀛、徐劝峰、李子平、邓厘之、陈福亭、何振乾、任梅卿、张星耀来电,指出河南奋勇军种种表现与《民立报》所载相反,请总统饬令罢兵。(《申报》1912 年 4 月 2 日、23 日,"公电";《民立报》1912 年 4 月 2 日,"南阳电报")

4 月 3 日　由南京抵上海。

上午乘专车由南京赴上海,唐绍仪、汪精卫、胡汉民、于右任同行,总统府各部人员前往欢送。所过各埠均欢迎、欢送。下午 5 时抵上海,闸北市长警务长特派马队警卫队及通班侦探在车站排队迎卫,绅商学界数百人迎接。(《民立报》1912 年 4 月 4 日,"南京电报")沪军都督陈其美率总务科及军警、商、学各界列队迎迓。英、美捕房亦派探捕前往照料。(《孙中山解职来沪》,《申报》1912 年 4 月 4 日,"要闻一")

关于孙中山到沪后之住处,《民立报》报道为"孙中山下车后即往哈同花园暂驻",(《民立报》1912 年 4 月 4 日,"南京电报")《申报》《神州日报》报道为"闻孙君现驻节三马路客利西旅馆",(《孙中山解职来沪》,《申报》1912 年 4 月 4 日,"要闻一"。《孙逸仙来沪消息》,《神州日报》1912 年 4 月 4 日,"本埠新闻")《时报》报道为"孙逸仙君偕同总理唐少川君于三日下午五时乘坐专车来沪,闻孙君寓某君家,唐君则寓客利旅馆"。
(《时报》1912 年 4 月 4 日)据当日孙中山致李晓生函,"宋君坚留弟住其
家以话旧",(《致李晓生函》,《孙中山全集》第 2 卷,第 342 页)及孙中山在此
前后来上海的一贯情形,孙住在宋耀如家中的可能性较大。但当天
应与唐绍仪一同到过客利旅馆,上海工部局警察务档案明确记载,当
日下午 6 时 25 分,唐与孙到达上海客利饭店。(上海市档案馆编:《辛亥
革命与上海——上海公共租界工部局档案选译》,第 195 页)

　　△　致函李晓生,详述与宋耀如交往及话旧,函称:"宋君嘉树
者,二十年前曾与陆烈士皓东及弟初谈革命者,二十年来始终不变,
然不求知于世,而上海之革命得如此好结果,此公不无力。然彼从事
于教会及实业,而隐则传革命之道,是亦世之隐君子也。弟今解职来
上海。得再见故人,不禁感慨当年与陆皓东三人屡作终夕谈之事。
今宋君坚留弟住其家以话旧,亦得以追思陆皓东之事也。"(《致李晓生
函》,《孙中山全集》第 2 卷,第 342 页)①

　　△　令陆军部迅速调查民国开国立功尽瘁及死事者,分别议恤。
(《大总统令陆军部调查开国立功尽瘁及死事者速行分别议恤令》,《临时政府公
报》第 56 号,"令示")②

　　△　令准陆军部请恤革命中死难之赵康时、陶振基、王介夫、朱
继武、杨作商、张钊、沈克刚等。令云:"查以上诸志士,或因光复之
初,兵变遇害;或因只身御敌,为国捐躯;或因赶制炸弹,失慎毙命;或
因密图光复,谋泄被戕。其死事虽殊,而其忠于民国则一,所请恤赏
之处,理合照准。为此令行该部,仰即遵照办理,藉恤生者,而慰忠
魂。"(《大总统准陆军部请恤赵康时等令文》,《临时政府公报》第 56 号,"令
示")③

---

　　①　此函日期据《孙中山全集》第 2 卷第 342 页定为 4 月 17 日,罗刚编著《中华民国国
父实录》第 3 册第 1879 页定为 4 月 15 日,皆误。此日期经王耿雄考证,参阅王耿雄:《孙
中山史事详录 1911−1913》,第 260 页。

　　②　此为《临时政府公报》发布日期。

　　③　此为《临时政府公报》发布日期。

△　批准黄兴等所设"中华民族大同会"立案,批云:"该会以人道主义提携五族共跻文明之域,使先贤大同世界之想象实现于二十世纪,用意实属可钦。所拟教育、编译、调查、实业各种办法,尚属切实可行,应即准予立案。至请政府拨款补助一节,俟该会各项事业开办时,再行呈请拨给。"(《大总统批黄兴等拟设中华民国民族大同会请予立案呈》,《临时政府公报》第56号,"令示")①

△　河南省八府绅民代表自襄阳来电,表彰河南奋勇军极力维持当地秩序,人心稍安,恳留该军仍驻宛境,以资镇抚。(翠亨孙中山故居纪念馆藏档,B11—110)

△　报载陈楚楠、林镜秋、李恢、杨允昌、邱继显、黄耀庭、邵南棠、李国平、林照、黄吉臣、阜崇珏来电,表示闽人想望丰采,请顺道莅临,并已准备派员赴沪欢迎。(《民立报》1912年4月3日,"福州电报")

4月4日　与《文汇报》记者谈将从事于社会革命。

下午,接见《文汇报》记者,表示"中国政治革命现已告成,此后拟开始从事于社会革命。惟社会革命事体重大,非以来武力可以成事,当以和平之方法进行"。在答复《文汇报》记者关于"退职后何所从事"时表示,"我实一完全之社会党,我颇信服亨利乔治主张之学说,以为极可见诸实行,并决其能推行于中国。但经画非一二年可收效,须有百年之功"。(《孙中山将从事社会革命》,《申报》1912年4月5日,"要闻一")还谈及资本制度,说资本制度"中国今尚无之,中国无须与大资本团抵抗。中国今日殊无钱,所有之钱均人民之钱耳。然铁道国有、运河国有、航路国有以及大商业国有各制,则必能行于中国也。"(《西报记者孙逸仙之革命谈》,《时报》1912年4月5日)

△　婉拒自由党请任该党总裁。

晚7时,与孙科、胡汉民、张继、吴稚晖、马君武、王宠惠、汪精卫、

---

① 此为《临时政府公报》发布日期。

邓家彦、陈其美、沈虬斋等出席自由党在上海礼渣西餐馆举行的宴会。自由党李怀霜、周浩、林与乐、周桂笙、谢树华、杨鸿春、余菊农、季鸣、刘艺周、潘月樵、汪炳、余伯陶等出席。李怀霜于席间致颂辞,并请任该党总裁。孙答辞谓:"党派多少,足觇人民程度高低,今日政党过多,宜亟谋联合。鄙人对于自由党,极愿商榷政见。"9 时散席。(《公宴卸任总统》,《申报》1912 年 4 月 6 日,"本埠新闻")①

△　黎元洪来电,对于安庆调兵夹攻大通表示关切,并谓丁兹急难之秋,断无阋墙之暇,恳求袁大总统迅速筹商。(《申报》1912 年 4 月 8 日,"公电";《民立报》1912 年 4 月 7 日,"武昌电报")

△　唐继尧自贵阳来电,报告贵州赵德全、张百麟、黄泽霖窃据高位,结党专横,都督蔡锷与贵州代表周沆、戴戡订立密约,平定黔乱,命唐继尧率北伐兵队取道贵阳,因贵州民众挽留,暂任贵州临时都督,盼中央速派人履任贵州都督。(翠亨孙中山故居纪念馆藏档,B11－73)②

△　周沆、戴戡等来电,报告邀请滇军入黔、请滇军司令唐继尧出任贵州都督经过,指出四川都督致各省通电中责难滇军借援陕之名、企图经过成都、乘乱夺取,必出于匪徒捏造煽惑之词;又指出川乱未平,应当请求邻省协助,共济艰难,对于滇军到来,不必讳忌。(翠亨孙中山故居纪念馆藏档,B11－74)

△　报载上海同盟会交通部来电,因同盟会员王竹卿在嘉兴被

---

①　此日期据《孙中山全集》第 2 卷第 343 页定为 4 月 18 日,罗刚编著《中华民国国父实录》第 3 册第 1883 页定为 4 月 16 日,皆误。此日期已经王耿雄考证,参阅王耿雄:《孙中山史事详录 1911－1913》,第 260 页。另据报载,孙中山于"十七日(应为阳历 4 月 4 日——引者注)午后七时"到自由党本部,党员开会欢迎,李怀霜提言公举中山先生为正主裁。孙中山演说:"当此共和时代,无论政党民党,有监督政治之责。现在党势薄弱,恐难达此目的。惟具此心,力谋进行,对于民国前途,获益匪浅。"(《自由党记事录》,《民立报》1912 年 4 月 20 日,"新闻四")

②　原电无月份。据黄彦、李伯新考订,据电文内容判断,当为唐继尧任贵州临时都督不久所发。且南京收到的译电纸上写"送孙中山先生",可知当时孙已卸任临时大总统职。故酌定为 4 月。参阅黄彦、李伯新编:《孙中山藏档选编(辛亥革命前后)》,第 566 页,注 2。

刺,杭州光复分会致电各报馆,谓刺杀陶成章的凶手王竹卿于27日伏诛,指责光复分会借刺陶之名而了刺王之案,适足证明此案系光复会所主动,请彻查严究。(《民立报》1912年4月4日,"公电")

△　报载吴淞军政分府总司令杨承溥来电,报告吴淞军政分府奉文取消,即于3月底截止,已将出入款项分别子目登载报销,所有护理吴淞军政分府总司令名义一并取消。(《申报》1912年4月4日,"公电";《民立报》1912年4月4日,"公电")

△　报载尹昌衡、张培爵来电,报告派胡景伊代重庆镇抚府总长,仍兼全省军团长。(《申报》1912年4月4日,"公电";《民立报》1912年4月4日,"公电")

4月5日　向《大陆报》记者阐述修筑铁路计划。

在上海客利旅馆接受英文《大陆报》记者访问,阐述借集私款修筑铁路的计划,表示:"余生平事业悉在革命,今幸告成功。此后中国将采行社会主义,使国民生计优裕,故造筑铁路,使内地与各口岸航线联接,实为入手要图。现中国财力尚能兴办,惟将来推广,须待外国助力,政府当优订条款,以招人投资,而不受制于资本家。若各项实业,均将以私款兴办,满若干年后,即归国有,并按此计划编订法律。至各处之骚乱,仅系少数军士,不守纪律。今所急者,生计是也。余不日将赴广东,邀合富商,集资发达天然利源。"对于记者询问是否将赴海外运动外国资本家投资实业,答曰:"此殊不必,吾人有团体可以筹款。"对于兴造铁路是否将兼及航业,答曰:"然。"对于将来组织商轮公司是否会采中外合股形式,答曰:"届时可组织联合公司,定一期限,若干年后归共和政府。"(《孙中山与西报记者之问答语》,《申报》1912年4月6日,"要闻一")

△　夜至沪南新舞台观剧,回行邸后书"光复沪江之举动"赠沈缦云,书"急公好义"赠潘月樵,书"热心劝导"赠夏月珊。(《孙中山先生旅沪记》,《申报》1912年4月7日,"本埠新闻";上海市档案馆编:《辛亥革命与上海——上海公共租界工部局档案选译》,第197页)

△　蔡锷来电,报告援蜀滇军撤退时遭川军袭击,表示滇军在四川迭遭疑谤,此后无论川乱如何,滇军决不与闻。(《天南电光集》第 179 电,《云南辛亥革命资料》,第 162 页;翠亨孙中山故居纪念馆藏档,B11—78 页)

4 月 6 日　视察上海制造局。

上午,偕同孙科及二位女儿及宋蔼龄,乘坐汽车莅制造局视察。制造局总理李平书命卫队、巡警及船坞巡警执枪站班迎接。进局之后,由李平书引导至各厂视察军械制造,再由海军总长刘冠雄请入海军事务处茗谈,出席海军部所备西筵。陪坐者有蔡元培、林向圻、王宠惠、马琼石、廖仲恺、张心如、唐绍仪、摩根、王衡友、于右任、孙鹏、王子匡、胡次珊、王开治、吕天民、杜毅臣、林耐庵、朱敬之、魏子浩、李平书、欧赓祥、甘铎如、黄郛、景耀月、陈其美、胡汉民、毛仲芳、汪精卫、林子超、孙科、叶幼国、陈荔忱、李晓生、任光宇、朱懋庵、邓少良等。筵毕乘汽车赴北所。(《民立报》1912 年 4 月 7 日)《申报》6 日、7 日报道略同。(《孙中山先生旅沪记》,《申报》1912 年 4 月 7 日,"本埠新闻";《孙中山考察制造局》,《申报》1912 年 4 月 6 日,"本埠新闻")

△　出席统一党欢迎会,演说民生主义。

午后 3 时,参加统一党章炳麟、程德全、熊希龄在哈同花园举行的欢迎会。(《孙中山先生旅沪记》,《申报》1912 年 4 月 7 日,"本埠新闻")出席者有汪精卫、胡汉民、于右任、蔡元培、陈其美、景耀月、吕天民、谭人凤、唐绍仪、熊希龄、程德全、赵竹君、张继、刘昌言、曹亚伯、黄郛、邓秋枚等。演说民生主义,谓"此后两大党当共同趋重民生主义,为培进国利民福之预备"。(《两大政党之携手》,《民立报》1912 年 4 月 7 日,"新闻四")会后摄影纪念。(翠亨孙中山故居纪念馆藏照片原件)

△　晚,出席宫崎寅藏于上海六三亭举办之宴会。(近藤秀树编、禹昌夏译:《宫崎滔天年谱稿》,《辛亥革命史丛刊》第 1 辑,第 159 页;陈鹏仁:《宫崎滔天书信与年谱》,第 34 页)宴会后合影。(翠亨孙中山故居纪念馆藏照片原件)

△　晚 11 时,携孙科等乘专车赴南京。(《孙中山先生旅沪记》,《申

报》1912年4月7日,"本埠新闻")

　　△　南京总统府改名为留守府。(《神州日报》1912年4月7日,"专电公电")

　　△　江西都督李烈钧来电,报告景德镇商务总会种种困难情形,请准将已没收之景德镇瓷业公司瑞澂股款全数作为全省公股,令其依旧营业。(《申报》1912年4月9日,"公电";《民立报》1912年4月9日,"公电")

　　△　自由党广东支部来电,报告预备欢迎孙中山来粤,请电复行期。(《民立报》1912年4月7日,"公电")

　　△　报载孙武、张振武、张汉、辜天保来电,对于安徽内讧、大通受到攻击一事,表示统一政府成立,各分府之取消应候大总统命令办理,万不能再起内讧,如一方面先行开战,当视为公敌。(《申报》1912年4月6日,"公电";《民立报》1912年4月6日,"汉口电报";《时报》1912年4月6日,"公电")

　　△　报载尹昌衡、张培爵来电,报告前清四川将军玉崇、都统奉焕在四川保路运动及反正时,均能深明大义,苦心维持,并剀切开导旗军呈缴枪械,现两人决计携眷回京,定于4月6日乘舟东下,请沿江各省都督饬属护送。(《民立报》1912年4月6日,"公电";《时报》1912年4月7日,"公电")

　　△　报载江西临时议会来电,指出以参议院作为中央临时议会,"于义未安,议员额数,亦嫌太隘,颇有商确之处,应俟新选各议员到院与议后,再据《中华民国临时约法》第五十五条提议改正",并报告赣省约法业经规定。(《民立报》1912年4月8日,"南昌电报")

　　4月7日　经南京赴武汉。

　　早晨6时,抵达南京。移驻联鲸舰,8时半开船赴湖北。汪精卫、胡汉民、孙科兄妹、庞青城、景耀月、陈汉元、魏宸组、章士钊夫妇、秘书宋蔼龄及广东、湖北特派员廖仲恺、吴道南等二十八人随行。(《民立报》1912年4月8日,"南京电报";《南京大事记》、《申报》1912年4月9

日,"要闻一")舰行前之7时,黄兴至舰面谈。(《孙中山之行色》,《神州日报》1912年4月10日,"要闻一")预期8日抵达武汉,黎元洪特先传知各司,转饬各界,推举代表预备欢迎。(《记鄂省欢迎孙中山情形》,《申报》1912年4月12日,"要闻一")

△　陈虹奎等致书黄兴,请改南京莫愁湖匾,拟题为"一湖千古两中山",将孙中山与明朝开国功臣徐中山(徐达)并提,以示推崇景仰之意。黄兴复书赞扬孙中山"首倡大义,克尽全功,民国奠定,长揖归田,让德高风,允足增湖山之色"。但指出"千古"二字未妥,请其酌改。(《一湖千古两中山》,《天铎报》1912年4月8日,"中外大事")

△　黎元洪来电,再度谴责安徽省内讧,要求分别将已出发军队火速撤回,将分府名目自行取消,民政、财政划归安徽都督管辖,都督一席,希召集代表开议表决。表示湖北近在比邻,当秣马厉兵,力图自保,决不忍作壁上观。(翠亨孙中山故居纪念馆藏档,B11－92;《申报》1912年4月9日,"公电";《民立报》1912年4月9日,"武昌电报")

4月8日　乘舰过安庆,安徽都督孙毓筠迎接上岸暂驻,再上舰续行。(居正:《梅川日记》,罗福惠、萧怡编:《居正文集》上册,第103页)

△　袁世凯欲请到北京一游,致电黎元洪,请代为劝驾。(《神州日报》1912年4月10日,"专电公电")

△　孙毓筠来电,报告大通黎宗岳已有辞职电发到南京,安徽省已电饬各军队恪守部令,听候办理,军官兵士深明大义,不至贻害地方,一切事宜等待柏文蔚到大通查明商办,随时电报。(《申报》1912年4月10日,"公电")又电指以黎副总统名义所发电文系黎宗岳私党口吻,假冒黎副总统衔名而发于武昌电局,请饬令武昌电局彻查7日发电之人,讯明严惩。(《申报》1912年4月10日,"公电";《民立报》1912年4月10日,"安庆电报")

4月9日　抵达武汉。

上午10时,抵达武汉,停泊招商码头。由黎元洪所派欢迎代表孙武、蒋翊武等鼓小轮迎接登岸。在织布局前厅小憩,乘马车由卫队护卫入文昌门,受到民众热烈欢迎。(《鄂垣欢迎孙中山续志》,《申报》1912 年 4 月 14 日,"要闻一")到湖北军政府,受到黎元洪、各司长、各协、标、营迎接,在军政府会宴,各方致欢迎词,并致答词。宴罢畅谈时局,称赞黎元洪为"中华第一伟人",并对于武汉建筑纪念铁桥力表赞成,答应担任经费筹措。黎元洪称颂孙中山"功成身退,其谦退究非当今俊杰所及"。后摄影纪念。(《孙中山先生莅鄂记》,《民立报》1912 年 4 月 14 日,"新闻一";《鄂垣欢迎孙中山续志》,《申报》1912 年 4 月 14 日,"要闻一")

△ 晚驻节前盐道署同盟会支部办事处,湖北临时议会议员来表欢迎。晚 9 时,又与《民立报》记者章行严谈论社会主义。(《孙前总统君莅鄂记》,《民立报》1912 年 4 月 15 日,"新闻一";《鄂垣欢迎孙中山续志》,《申报》1912 年 4 月 14 日,"要闻一")

△ 收到孙钧、吕复、相黄六、景定成(景梅九)、冷公剑、漆运钧、白逾桓等自天津来电,指责北方《国民公报》《亚细亚报》《中国报》《民兴报》《经纬报》《中华民报》《大同报》《民视报》《定一报》等联合诋毁同盟会,决意以"文字宣战",请南方同志一致行动。(翠亨孙中山故居纪念馆藏档,B12—4)

△ 刘师复来电,指责广西北流县陈廷杰捕杀革命党人,请代达司法总长,迅电广西都督将陈廷杰拘解讯究,援照姚荣泽案办理。(《民立报》1912 年 4 月 12 日,"公电")

△ 贵州绅学商界代表戴戡、周沆、郭重光、刘显世、朱勋、华之鸿、何麟书、黄禄贞、马汝骧来电,报告前贵州都督杨荩诚与前派临时代表平刚等串同私借外债,以黔省矿产作抵,贻祸黔人,公议取消平刚代表名义。(翠亨孙中山故居纪念馆藏档,B11—76;《申报》1912 年 4 月 17 日,"公电";《民立报》1912 年 4 月 17 日,"贵州电报";《时报》1912 年 4 月 18 日,"公电")

△ 报载陈锦涛上呈,报告就职以来种种工作困难,推其原因,在于官制未定,统系不明,行政掣肘,导致财务难有起色。(《财政长陈

锦涛呈大总统交代部务并沥陈困难情形文》，《时报》1912 年 4 月 9 日，"要闻"）

4 月 10 日　早晨，各社党团举代表至行辕求见，逐一延谈至 10 时。（《时报》1912 年 4 月 15 日）

△　由黎元洪陪同，至总督府演讲。

上午 10 时，黎元洪至行辕回拜，邀至总督府，所属各司、镇、军事学校、水师统领等文武官员一百三十余人迎候。演说军人、官吏与共和、自由的关系，指出："自光复以来，共和与自由之声，甚嚣尘上，实则其中误解甚多。盖共和与自由，专为人民说法，万非为少数军人与官吏说法。倘军人与官吏，借口于共和与自由，破坏纪律，则国家机关万不能统一。""共和与自由，全为人民全体而讲。至于官吏，则不过为国民公仆，受人民供应，又安能自由……是人民之供奉，实不啻为购取少数人自由之代价，倘此少数人而欲为自由，非退为人民不可。"解释自己退位的原因为："一在速享国民之自由，一在尽瘁社会上事业。吾国种族革命、政治革命俱已成功，惟社会革命尚未着手。故社会事业，在今日非常紧要……仆此次解职，即愿为一人民事业之发起人。"（《孙先生演说词》，《民立报》1912 年 4 月 15 日，"要件"）

△　出席黎元洪盛宴招待，午后视察造币厂。下午 4 时，出席武昌十三团体联合欢迎会，演说社会革命，以欧美现状说明中国实行社会革命之必要，演说称："种族革命与政治革命。皆以一致之目的行之。今社会革命着手伊始，仆以是希望团体，复以其一致之精神，从事斯业。"指出中国应注重社会问题，"今吾国之革命，乃为国利民福革命，拥护国利民福者，实社会主义。故欲巩固国利民福，不可不注重社会问题。夫美洲之不自由，更甚于专制国，盖专制皇帝，且口不离爱民，虽专横无艺，犹不敢公然以压抑平民为职志。若资本家则不然。资本家者，以压抑平民为本分者也，对于人民之痛苦，全然不负责任者也。一言蔽之，资本家者，无良心者也……世间颇误认为同盟罢工为社会主义，而实非也。罢工一事，乃无法行其社会主义而始用之，以发表其痛苦，非即社会主义也"。（《孙前总统社会革命谈》，《民立

报》1912 年 4 月 16 日，"要件"）

　　△　赴黄鹤楼，受演说团招待，发表演说，指出人民为国家"大股东"，政府应为人民办事。演说称："现今革命功成，满清政府推倒，民国建设，实赖武汉同胞首先起义，其他各省同胞响应，以有今日中华民国出现。愿我各界同胞努力共和，当知民国国家为四万万人之国家，非一人一姓专制之国家。民国譬之公司，人民为大股东，总统至百执事皆为股东服役务，其薪俸则股东之雇工贵也。执事为股东热心办事，使公司日益发达，不亏资本，不损交际，对内完全，对外巩固，庶民国基础万年不拔矣。"胡汉民亦发表演说，阐述孙中山社会革命之意，指出："中山先生主张之三大革命，一种族，一政治，一社会。今满清推倒，政尚共和，种族、政治之命已革。惟社会革命欧美已受其毒，现尚未拔。中国地大物博，先事防闲，或不至如欧美社会之不平均。中山先生三种目的已达其二，此后最关紧要者，当使社会上资本家与劳动者立于平等地位。"后女士周之贞演说，指出女界当按照孙中山的意见，从事民国建设，"为民国共和，皆起自男同胞，用铁血购得，俾女界享安宁幸福。之后破坏过去，建设方长，我女同胞尤当体中山先生之意，同讲进行，方不负先生廿载苦心，而中华为世界第一等文明国，女界之责任始尽"。（《时报》1912 年 4 月 16 日）

　　△　10 时，渡江宿汉口。（《中山先生社会革命谈》，《申报》1912 年 4 月 15 日，"要闻一"）

　　△　暹罗总商会来电，反映潮汕林激真以借款八万元作为出境条件，请饬惩办。（《申报》1912 年 4 月 12 日，"公电"；《民立报》1912 年 4 月 12 日，"公电"）

　　4 月 11 日　与牟鸿勋、李四光、熊继贞、曹伯勋谈话。上午 10时，牟鸿勋等来拜见，谈话中示以八大政纲："一、搜罗人才；二、建设议院；三、订办选举；四、绘制服图；五、研究官制；六、改编军队；七、厘定饷章；八、振兴利源。"（《孙中山莅临武汉五日记》，《武汉文史资料》第 4辑，第 4 页）

△　视察汉阳、汉口。

往汉阳视察铁厂、兵工厂,在兵工厂午餐。旋往汉口,与各随员登车纵览战场,凭吊忠魂,并视察汉口兵灾后景象。下午 2 时,至熙泰昌茶栈出席武汉各界欢迎会,演说阐述团体、政党、社会革命诸问题,劝各团体消除意见,于社会革命一致进行。指出:"武汉首义,阳夏鏖兵,诸君子惨淡经营,已达到种族革命之目的。今满人已推倒,南北已联合,共和已定局,使文见今日成功,实属大幸。以前专制政体,业经过去,将来建设一切,仍赖诸革命大家极力维持。今日团体发达,种种自由,既较清政府为佳,而维持自不容稍缓。其间真理,约分为二宗:(一)政治,(一)言论。有言论以补助团体,有团体以补助政党,则事易举,功易成。团体不可多,多则力分。一方政党,一方民党。民国初基,似此纷纷发起,殊非正轨。然揣其原因,均不外出力为民。如宁、如沪,类皆纷纠,于是便有意见,有意见便不能为民国办事。必须大众统一成一极大民党,始可以监督政府。须知此时与专制时代不同,人人皆为共和国民,人人皆应造共和民国。文等提倡革命,凡分三级:一、种族,此级已经过矣。二、政治,现政治虽云改革,而陈陈相因,仍将障碍。三、社会,将来恐发生大资本家握优胜权,使人民仍不得平等,然今日预为计算,万不能使今日再有流血之革命。"又表示今日并非功成身退,实为暂离临时大总统职,再与诸同胞共筹社会革命。(《中山先生社会革命谈》,《申报》1912 年 4 月 15 日,"要闻一")武汉民社负责人孙武再述孙中山演讲之意,谓今日应及早预防,莫再令其流血。(《中山先生社会革命谈》,《申报》1912 年 4 月 15 日,"要闻一")并希望孙中山就社会革命多作学理上的说明,提出:"先生之词,毫无流弊,惟社会主义须从学理上研究,武汉人恐尚无此程度,倘人民误解,视夺人财产、扰乱社会秩序为社会革命,则极危险。"(《民立报》1912 年 4 月 14 日,"武昌电报")

△　晚,接受广东同乡及汉口商会招待,晚 10 时返联鲸舰。(《民立报》1912 年 4 月 14 日,"武昌电报")

△　湖南旅沪军学商各界邀请在武汉湖南会馆演讲,汪精卫代为出席并发表演讲。(《民立报》1912年4月14日,"武昌电报")

△　黄兴自上海来电,对安徽大通事,告已电请柏文蔚妥善接收,并电都督孙毓筠,劝其早日和平了结。(翠亨孙中山故居纪念馆藏档,B11—93)池州议会来电,报告池州、大通并无战事,黎宗岳挟赀潜逃,现柏文蔚在大通收抚降卒,人心大安。(翠亨孙中山故居纪念馆藏档,B11—94)

△　广东省议会来电,控告广东代都督陈炯明违背中央约法,滥用军律,擅将报馆记者枪毙,剥夺人民生命,钳制言论自由,省议会表决其行为实为违法,请示办理。(《粤议会决议弹劾陈都督(续)》,《申报》1912年4月21日,"要闻二")

4月12日　晨8时,往都督府辞行,与黎元洪谈论统一政策。(《中山先生主张南都之言论》,《申报》1912年4月17日,"要闻一")邀请黎元洪同车顺道过湖南会馆,赴同盟会、社会党等政党之茶话会。(《神州日报》1912年4月14日,"专电公电")

△　出席同盟会湖北支部欢迎会,发表演讲。

上午10时,出席同盟会湖北支部在湖南会馆的欢迎会,发表关于国都问题的演讲,指目前建都应以武昌最为适宜。演说中称:"今日此会实为湖北支部成立以来未有之盛事,鄙人且感且愧。但本会初取三民主义,今日民族、民权两主义已经达到,惟民生主义尚在萌芽,将来惟望诸会员及四万万同胞同心协力,急起直追,以期达到目的。然当今重大问题,民生固属最难解决,而于存亡利害最有关系者,尤在首都。现在北京于历史、地理、经济诸问题上,大有为永远都城之价值,惟都城既有外兵驻戍,大沽、天津我国永不能建立炮台。附京一带,外人之炮台环立,是我政府日处他人兵力之下,欲其不亡,岂可得乎。欲求一巩固安稳之地,非在南方不可。但南方亦有南京、武昌二说,两相比较,本无轩轾,然就现状观察,其十分安全者,厥推武昌,我会员应引起舆论,极力经营,庶可以固立国之本,而臻富强之域."（《中山先生主张南都之言论》,《申报》1912 年 4 月 17 日,"要闻一"）《民立报》载演讲文为:"国都为一国根本,必选一安全地点,然后能图国力发展。北京在外人势力范围之下,洋兵六七千,东交民巷有如炮台。立都于彼,实属危险。安南、高丽、埃及皆亡于外兵深入首都。故国都问题为今日存亡问题,同盟会不可不争。至建都于南京、武昌,皆有同等价值,而武昌距海远,为最安全……建都武昌,三十年后,国事巩固,则都城无论在何处皆可."（《民立报》1912 年 4 月 14 日,"武昌电报"）黎元洪随同参加。

△　发布答谢武汉各团体布告,云:"文此次薄游武权,得与我首义诸君子暨父老昆弟相见,无任感幸。重承各界、各团体厚意欢迎,尤所惭谢。本期稽留时日,得相与从容讨论此后之建设问题,只以粤事孔殷,函电交迫,势难久延,拟先回粤一行,再谋相见。此次各界、各团体诸君盛意隆情,统此申谢。尚有函束相邀,而以时间迫促,未获一一领教者,有负期望,实为歉甚,尚希鉴谅为盼。兹定于明日首途,谨此布告,并申谢悃."（《答谢武汉各团体布告》,《孙中山全集》第 2 卷,第 335—336 页）同时致函武汉报界联合会,除答谢外,更表彰"此次民国成立,舆论之势力与军队之势力相辅而行,故曾不数月,遂竟全功"。勉励"我报界诸公鼓吹宣导于前,尤望指引维持于后,俾我国民得所指南"。（《致武汉报界联合会函》,《孙中山全集》第 2 卷,第 336 页）

△　下午 5 时,与随员及男女公子出文昌门,登联鲸兵舰下驶。黎元洪及军学绅各界、社会团体出城欢送。（《中山先生主张南都之言论》,《申报》1912 年 4 月 17 日,"要闻一"）在汉期间,袁世凯派范源濂、张大昕至武昌迎孙北上,并专函云:"中山先生阁下:大业告成,高飞遐举,鸿冥天幂,蝉蜕尘埃,企慕私忱,匪言可喻。项得沪上消息,知大驾将赴鄂中,与黎君宋卿倾谈国事,两贤相聚,天炳德星。世凯羁滞幽燕,不获饫闻政论,伊人秋水,癏痗交萦,本拟欢迎旌节,示我周行,因前承电复先回粤一行。粤事棼如乱丝,非先生才望不足以转危为

安,世凯何敢以一人之私,辜粤中父老云霓之望? 惟数月后,粤事大定,务请屈临指教,俾纾辋饥。兹遣范君静生、张君真吾两员莅鄂,上候起居,并呈小影,一如世凯躬陪盛宴,亲挹雄谈,临颍神驰,无任延跂,惟为自重不宣。"又函云:"逸仙先生鉴:顷上寸楮,交由唐君在礼、范君源濂赍呈,并面致区区。兹复加派张君大昕、王君赓偕同前往,所有鄙意,统嘱由四君代达一切,幸垂教焉。手此,再问起居。袁世凯再叩。"("中华民国"史事纪要编辑委员会编:《中华民国史事纪要(初稿)——一九一二年正月至六月》,第 434—435 页)孙中山复电表示急于返回广东,仍乘联鲸舰,取道上海,缓行北上。湖南都督谭延闿也邀请取道湖南,亦电辞。(《民立报》1912 年 4 月 14 日,"北京电报")

△ 尹昌衡、周炳篁来电,指出周沆等通电,以黔人议川事,凭据谣传,不符合事实。再列举滇军入川种种不当。(翠亨孙中山故居纪念馆藏档,B11—79)

△ 胡景伊自重庆来电,报告已抵重庆,兼摄镇抚府总长之职。(翠亨孙中山故居纪念馆藏档,B11—80;《申报》1912 年 4 月 15 日,"公电";《民立报》1912 年 4 月 15 日,"重庆电报")

△ 招商局董事伍廷芳、温宗尧自上海来电,请求速令军务、交通各司尽快将快利、固陵两船放回,以便及早修理驶用,并将船费水脚银两照数给发,以免商亏。(翠亨孙中山故居纪念馆藏档,B11—100)

△ 黄兴来电,报告 11 日晚南京发生居民火灾,12 日晨三四时,数十匪徒乘机抢劫白门桥铺户,军队防卫严密,迅速弹压,现城内外各处现均安靖如常。(《宁垣警号汇志》,《申报》1912 年 4 月 13 日,"要闻一")

△ 报载周沆、戴戡、刘春霖、郭重光、钱登熙、刘显世、任可澄、陈夔麒、高培焜、于德楷、唐积福、何麟书、黄敢贞、符诗镕、寇宗蔽、年思敬、李端棨、华之鸿、李忠长、朱勋、马先陶、张元龄、陈光涛、陈廷棨、邓希濂、文明钰、杨志元等自贵阳来电,再报滇军入黔,商业四通,反对前贵州都督杨荩诚回黔,已公议将唐继尧都督名义中"临时"二

字取消。(《民立报》1912 年 4 月 12 日,"贵州电报")

4 月 13 日　上午,抵达安庆,停轮三小时,上岸与安徽都督孙毓筠谈论公事,随即登舰。(《民立报》1912 年 4 月 14 日,"安庆电报")

△　福州广东会馆来电,表示欢迎孙中山过闽,请先电示行程。(翠亨孙中山故居纪念馆藏档,B10—1;《申报》1912 年 4 月 14 日,"公电";《民立报》1912 年 4 月 14 日,"公电")

△　黄兴来电,报告昨日捕获匪徒,经讯供,多系江西军队二十七、二十八两团之兵,已经判决处死二百余名,并报告此次起乱之原因为匪徒勾结,宗社党从中煽惑,已搜获龙旗两面。昨发布戒严令,现仍饬军警极力防范,分饬南京府知事、巡警局切实查报人民损失,以便酌量抚恤。(《南京兵变三记·黄留守通电》,《申报》1912 年 4 月 15 日,"要闻一")

4 月 14 日　下午 5 时半抵上海,停泊于高昌庙制造局,自雇马车与随员赴三马路客利旅馆。与其男女公子宿宋耀如宅(延见宾客则在汇中饭店)。本拟即日赴粤,因招商局轮船本日晨已开赴香港,次当发者泰顺号正在制造局船坞修理,须迟三四日成行,故在上海停留。(《孙前总统抵沪记》,《民立报》1912 年 4 月 15 日,"新闻四")

△　广东都督陈炯明来电,报告预备欢迎事宜。指出"粤中要政,亟待取决。台旆一日未旋,则粤事一日不定。仲恺深悉此间情形,故能以诚动公,并承允即日返粤,可感之至。粤中社会闻电,备极欢迎,舍馆早经布置,惟望联袂偕旋,以慰粤人渴望"。(翠亨孙中山故居纪念馆藏档,B10—3)

△　收到驻荆州第七镇统制唐牺支、军务科长沈乔、参谋长关克威自湖北荆州来电,对孙中山在武汉期间,不克赴武汉欢迎,表示歉意。(翠亨孙中山故居纪念馆藏档,B10—2)

△　收到川南总司令署自泸州来电,报告昨日开会追悼荣县谢奉琦烈士,并公决处汪霖以死刑。谢奉琦受孙中山委任,倡义川南,为汪霖出卖杀害。(翠亨孙中山故居纪念馆藏档,B11—81)

4月15日　在上海为唐绍仪饯行。唐与蔡元培、宋教仁第二天自上海赴天津。(郭廷以编著:《中华民国史事日志》第1册,第40页)

　　△　晚,出席戈登路庞青城宴请。《民立报》记者同席,询知17日乘泰顺轮船赴粤,广东代表廖仲恺先行一日,胡汉民、汪精卫、男女公子、宋蔼龄同行。(《孙前总统之行期》,《民立报》1912年4月16日,"新闻四")

　　△　报载广东欢迎会来电,表示广东民众渴望孙中山荣旋,请求复示日期,以便欢迎。(《民立报》1912年4月15日,"广东电报")

　　△　报载河内同盟会来电,报告潮州林激真依然劫掠索饷,必祸害广东全省,请予急救。(《民立报》1912年4月15日,"河内电报")

4月16日　在上海南京路同盟会机关演说民生主义。

演说勉励同人求革命后之进步,完全实现三民主义,指出:"虽然今日革命虽告成功,共和虽已成立,不过达吾人一部分之目的,决非已遂初心者也。愿诸君以推翻满洲政府之精神,聚而求以后之进步,使吾人向持之三民主义实行无遗,夫然后为吾人目的到达之日,而对于政纲所负之义务,庶几无憾矣。"又指出今后要积极推行民生主义,民生主义就是国家社会主义,指出:"三民主义者,同盟会唯一之九纲也,曰民族主义、曰民权主义、曰民生主义。今满政府已去,共和政体已成,民族、民权之二大纲已达目的。今后吾人之所急宜进行者,即民生主义……夫吾人之所以持民生主义者,非反对资本,反对资本家耳,反对少数人占经济之势力,垄断社会之富源耳。""要之,本会之民族主义,为对于外人维持吾国民之独立;民权主义,为排斥少数人垄断政治之弊害;民生主义,则排斥少数资本家,使人民共享生产上之自由。故民生主义者,即国家社会主义也。前二者吾同志既已洒几许热血,而获今日之成功,则今后更宜极其心思,尽其能力,以达最后之目的。此则予之所深望于同志诸君者也。"(《在上海南京路同盟会机关的演说》,《孙中山全集》第2卷,第337—339页)

　　△　出席上海总商会等欢迎会。

下午 2 时,上海总商会、南市商会、商团公会、市政厅、振市公司五团体在南市新舞台举行的欢迎会,胡汉民、陈其美、熊希龄参加。沈缦云在阐述开会宗旨时强调:"商界今日凋敝极矣,孙先生虽解总统之职,而孙先生生平有二大目的,第一目的革命已达到矣,第二为实业,孙先生此后于实业界必尽提倡、辅助、安慰、保护主力,则将来商业发达,唯孙先生是赖。"孙中山演说,希望国民尽爱国义务,实现国家富强,指出:"中国商业之日就窳败,其故由天地自然之利不能兴,工商陈腐之习不能改,加之赔款日重,厘税剥削,皆满清专制之病。欲求与世界各国竞争可得乎?今民国成立,国民须人人有爱国心,则知中华民国乃自己的民国,非政府的民国,各就其业,改良提倡尽应尽之义务,政府更扶助而掖励之,则将来之富强,可操券而得。"陈其美、熊希龄亦发言,5 时散会。(《商界欢迎孙先生记》,《民立报》1912 年 4 月 17 日,"新闻四";《孙中山之社会主义》,《申报》1912 年 4 月 17 日,"本埠新闻")

△ 参观《民立报》社。

下午 5 时,出席《民立报》社开设的茶话会,参观《民立报》社,与社员讨论新闻事业,并发表讲话,鼓励报纸在今后建设中坚持真理,影响民众,谓:"此次革命事业,数十年间,屡起屡仆。而卒睹成于今日者,实报纸鼓吹之力。报纸所以能居鼓吹之地位,实因能以一种之理想,普及于人人之心中。其初虽有不正当之舆论混淆是非,而报馆记者卒能抱定真理,一往不渝,并牺牲一切精神、地位、财产、名誉,使吾所抱之真理,屹不为动,做中流之砥柱。久而久之,人人之心均倾向于此正确之真理,虽有其他言论,亦与之同化。惟知报纸有此等力量,则此后建设,关于政见、政论,仍当独抱一真理,出全力以赴之。"胡汉民、沈缦云同行,于右任致欢迎词,胡汉民亦发表演说,沈缦云致辞,7 时结束。(《本社欢迎孙先生记》,《民立报》1912 年 4 月 17 日,"新闻四")

△ 报载袁世凯近与幕僚商议,以孙中山为革命事业奔走半生,

其功甚伟,决定援法国大总统例,由民国奉给酬劳费十二万两,每年家计费六万两,但须经国会议决后,方能实行。(《报酬孙中山之商榷》,《神州日报》1912年4月16日,"要闻二")

　　△　收到中国同盟会浙江支部来电,告以公推张恭等前来上海欢迎孙中山莅浙。(翠亨孙中山故居纪念馆藏档,B10—4)

　　△　李烈钧来电,请莅赣驻节数日,游览庐山、鄱阳、西山、南浦各名胜风景,并代表赣人表示欢迎。(翠亨孙中山故居纪念馆藏档,B10—5)①

　　△　黄钟瑛来电,表示暂时代理海军总司令之职,待政府完全成立后,仍请选拔简贤能接代。同时报告设在上海高昌庙原有海军司令处业已撤销。(《申报》1912年4月17日,"公电";《民立报》1912年4月17日,"公电")

　　4月17日　出席中华实业联合会等欢迎会,演说民生主义。

　　上午,与沪军都督陈其美等出席中华实业联合会等在上海张园安恺第举行的欢迎会,并发表演说。在会场上被公推为实业联合会正会长,演说民生主义,指出:"中国乃极贫之国,非振兴实业不能救贫。仆抱三民主义,以民生为归宿,即是注重实业。顾推倒满清政府,民族主义已达,改良专制政治,民权主义已伸。至于民生主义,非以社会主义行之,不能完全。"对于致富之法,"中国最富者莫如煤铁,欧美富强之国,无不重在煤铁。中国汉冶萍为富国基础,倘全国有数百汉冶萍,安得不富"。对于外债问题,"最好行开放主义,将条约修正,将治外法权收回,中国有主权,则无论何国之债皆可借,即外人之投资亦所不禁"。演说中表示:"仆既承贵会举为会长,敢勉尽义务。但仆之宗旨在提倡实业,实行民生主义,而以社会主义为归宿,俾全国之人,无一贫者,同享安乐之幸福,则仆之素志也。"会后摄影纪念。

---

　　① 此电在孙中山故居所藏原有两件,黄彦、李伯新编:《孙中山藏档选编(辛亥革命前后)》所录为另一件,文字基本相同,错漏稍多。参阅黄彦、李伯新编:《孙中山藏档选编(辛亥革命前后)》,第476页。

上海各实业团及华侨资本家、各省实业家、并上海工商勇进党、商会等团体约五百余人参加。前财政部总长陈锦涛、总统府秘书长胡汉民出席。(《中华实业联合会欢迎孙先生记》,《民立报》1912 年 4 月 18 日,"新闻四")在张园设午宴,宴会后摄影留念。(上海市档案馆编:《辛亥革命与上海——上海公共租界工部局档案选译》,第 205 页)

△　出席基督教青年会欢迎会。

下午 3 时,赴四川路基督教青年会,参观附属中学、英文夜校、藏书室、弹子间,出席该会举行的欢迎会,本拟演说社会宗教问题,因赴驻沪十三国领事之公请,时间促迫,只作简要演说,略述青年要旨。参加者有该会全体会员及学界、报界人士,丁义华、丁斐章、曹雪赓、徐维绘、骆维廉、俞宗周等出席,基督教青年会董事张汝舟致欢迎辞。(《补记青年会欢迎孙中山》,《申报》1912 年 4 月 20 日,"本埠新闻")简要演说中提出:"青年会以造就人格为唯一之目的,人格完全,即可期种种事业均得圆满之结果……今日吾中国,尚在痛苦之中,如欲脱离此痛苦而建一完全强大之中国,其至重要之责任,只在吾具有完全人格之全体青年。"(《孙中山先生参观上海青年会摄影附演说》,《进步》第 2 卷第 1 号)

△　出席尚贤堂中西董事欢迎会。

下午 5 时许,至美国人李佳白(Gilbert Reid)所立之尚贤堂,参加尚贤堂中西董事举行的欢迎会,植树并摄影。共有十五国人士参加,上海领袖领事、李佳白及孙中山先后演说。(《补记尚贤堂欢迎孙中山情形》,《申报》1912 年 4 月 19 日,"本埠新闻")由李佳白邀请,举行种植象征和平、自由的棕榈树的仪式。接待会结束时,比利时驻沪领事薛福德(D. Siffert)请李佳白传达对孙中山的感情和敬意。《北华捷报》报道,这些外国人"都欣赏孙中山多年来对改革中国政府目标的坚持不懈。欣赏他的温和、自律、宽容、妥协的品质以及他为了大局的胜利而在次要的事情上妥让的气度。他们欣赏他对待满清政府的宽宏大量;在面对反对与困境时,他仍旧坚持不懈,直到与满清政府制定的这些自由条款获得承认并被认为是光荣的和可敬的,以致于旧王朝能和平地结束,把权力移交给新的共和国"。并祝愿孙一路平安、身体健康、繁荣昌盛。孙中山表示感谢,并希望中国和所有国家民族的友谊与日俱增,中国人民能够在平等基础上得到帮助。("Dr. Sun Yat-sen","*The North-China Herald*", April. 20, 1912, "Miscellaneous")尚贤堂(The International Institute of China)为李佳白于 1897 年由总理各国事务衙门批准在北京成立,主要举办各种中外联谊活动,义和团运动中被毁。1903 年,李佳白在上海法租界霞飞路重建,举办新年茶会等各种中外社交活动,开设学堂、藏书楼和华品陈列所,并邀请多种宗教的人士进行演讲和探讨,宣扬宗教联合。

△　晚上 8 时许,出席中西绅商在宝昌路 408 号洋房宴请。宴毕乘车至金利源码头,登泰顺轮船。(《孙中山赴粤》,《申报》1912 年 4 月 18 日,"本埠新闻";《补记尚贤堂欢迎孙先生》,《民立报》1912 年 4 月 19 日,"新闻四")

△　受推举担任联合义振会会长。联合义振会陈荣华、程少涛赴张园来谒,请速派代表,以便开办,6 时陈荣华、钱野氓又至尚贤堂,孙中山指派马君武为代表,执行一切,并复函云:"弟兹托张君清〔溥〕泉在沪,后闻伊以事往北,非所及也。弟此时急须返粤,对于赈济之义务,殊不能尽,甚为愧歉。惟以公等相推之挚意,只得另委人代办。友人马君武,前实业部次长,办事勤勇,当能尽力于赈务,今以奉白。同时弟当通知马君武君与公等接洽也。"(《孙中山派委义振会代表》,《申报》1912 年 4 月 19 日,"本埠新闻";《孙先生热心灾振》,《民立报》1912 年 4 月 19 日,"新闻四")

△　会晤社会党领袖江亢虎。据报载,孙中山以鼓吹社会主义为己任,并定于 6 月 1 日来上海,逐日演讲,阐发社会主义。并指出社会主义学说很多,不可能如普通演说,几小时就完成。(《孙先生之社会主义》,《民立报》1912 年 4 月 19 日,"新闻四")

△　接见福建特派代表四人,答应在赴广东途中,在福建停留一日。(《孙先生昨晚之广东行》,《民立报》1912 年 4 月 18 日,"新闻四")

△　致电浙江都督蒋尊簋,要求追究孙杰等诬告同盟会会员黄宝箴一案。电云:"前接绍兴公民孙杰等控诉黄皆亲等罪状,并在宁省遍传单……兹查悉黄竞白即黄宝箴,系同盟会会员,黄皆亲即介卿,系光复会会员,黄柏青即宝箴之父。此次杭州光复,该员等皆卓著勋劳。所控各节,语多影响,显系挟嫌者所为,希即将前电取消,并行知绍兴军政分府,查明孙杰等捏词诬控,系何人指使,按律严究,以销隐慝而雪冤诬为望。"(《孙前总统致浙江都督电》,《民立报》1912 年 4 月 19 日,"公电")

△　致电劝陆征祥允任外交总长。(王咨臣:《孙中山 1912 年夏季行程纪事》,《辛亥革命史丛刊》第 4 辑,第 273 页)

△　张凤翙来电,报告陕西饷项奇窘,军队几欲哗溃,袁世凯推说待政府北来、外债成立后,才能接济,请求政府、议院尽快设法接济。(翠亨孙中山故居纪念馆藏档,B5—20)

△　刘学询来函,告以雷士来谈合办银行一事,请示在孙中山来粤后,将来通电应从何处转递,并告彼此电报往来仍以西文为宜;又告光华堂主人嘱呈清醒丸三匣,请求给予四字匾额,以示奖励。(翠亨孙中山故居纪念馆藏档,B6—27)

△　贵州耆老会郭重光等来电,报告贵州各界公举唐继尧作都督,坚决反对杨荩诚回黔。(《申报》1912 年 4 月 19 日,"公电")

是月中上旬　致书英国各报呼吁禁止鸦片入中国。

南行前致书英人,由原秘书官马素寄伦敦各大报,历述鸦片危害,指出不禁止外国烟土运销,在中国禁种断难有效;因与英国条约关系,致使禁烟不能进行,呼吁英国人民于民国发轫之初,请将鸦片禁止运入中国。(《孙前总统请英人禁止运销鸦片书》,《民立报》1912 年 5 月 5 日,"要件")5 月 5 日,《申报》刊载《译孙中山致伦敦报界书》,文称:"鸦片为中国之巨害,其杀吾国民,甚于干戈、疬疫、饥馑之患。吾人今既建设共和政体,切望扫除此毒,告成全功。予自引退临时总统之任后,对于此事,潜心推考,知今日最紧要之事,即在禁绝中国栽种罂粟。然非同时禁绝售卖鸦片,则禁种一事,势难施行。目下烟价高涨,利之所在,足诱起人栽种之心。且吾国幅员辽廓,若非禁绝售卖,势难停种。故必须将买卖鸦片悬为禁令,则禁种始能收效。兹因与贵国订有条约,碍难照行,予今敢请贵国于吾新国定基之初,更施无上之仁惠,停此不仁之贸易。予切愿以人道与忠正之名义,恳贵国准许吾人在本国境内禁止售卖洋药、土药害人毒品,并许恳为厉禁,则栽种自能即停。谨为全国同胞乞助于英国国民。"(《译孙中山致伦敦报界书》,《申报》1912 年 5 月 5 日,"要闻一")

4 月 18 日　晨 4 时,招商局顺泰轮启行赴粤。(《孙先生昨晚之广东行》,《民立报》1912 年 4 月 18 日,"新闻四")

△　李烈钧来电,反对各省都督专司军政、另设民政长官专理民政,指出革命原分军政、约法、宪法三期,今日中央政府由军政时期进为约法时期,约法时期之各省都督应统揽一省之治权,另设军务、财政、内务、外交、教育、司法、实业、交通各司分理庶政,待由约法时期进为宪法时期,规定全国统一官制,废都督,设民政长,以收中央集权之效。(翠亨孙中山故居纪念馆藏档,B11—89)

△　报载程德全来电,以将复任江苏都督,表示首宜以恢复秩序为惟一之方针,并求教育普及,养成人民自治资格,以期达到共和国民程度。(《程都督就职之要电》,《申报》1912 年 4 月 18 日,"要闻一")

4 月 19 日　中午,福建都督孙道仁特派代表顾问官廖恩焘至闽江口迎接,请入省城。(《追纪孙中山先生过马江事》,《民立报》1912 年 5 月 3 日,"新闻一")

△　报载汪精卫、黄兴、张继、吕志伊、马君武、景耀月、陈其美、孙毓筠、洪承点、居正、李烈钧、尹昌衡、张凤翙、方声涛、刘基炎、平刚、丁惟汾、冯自由、宋教仁、谭延闿等上呈文,请求特奖刘道一救国死义,列入大汉忠烈祠,并宣付国史院立传。(《恩奖刘道一公呈》,《民立报》1912 年 4 月 19、20 日)本呈文于 4 月 19 日、20 日连载。

4 月 20 日　抵达福州，受到热烈欢迎。

20 日晨抵福州，福建都督孙道仁上船迎接。因对江面小船有"欢迎孙大总统""孙大总统万岁"之纸旗，表示十分不满，指出共和国的总统卸任就是平民，不可再称总统；"万岁"两字本是封建专制皇帝要求手下官民所称，革命先烈为了反抗"万岁"流血牺牲，如接受这个称呼，无法对得起先烈。表示不能下船。孙道仁急命将旗帜都改作"欢迎孙中山先生"，始离舟登岸。（钱履周：《记孙中山先生来福州的见闻》，《福建文史资料》第 6 辑，1981 年，第 4 页）

登岸后暂驻交涉分所，与前来欢迎的国民协会支部、共和实进会、全闽学生会、国民集益会、人社、赤十字社、盐业研究会、共进会、警察学会、社会党、海外留学生联合会、统一党支部、桥南公益社、自由党支部、中山自治社、闽侯城自治会等团体代表会晤，接见政界各员。（《闽人欢迎孙先生纪盛》，《申报》1912 年 4 月 30 日，"要闻二"）随至福建同盟会支部机关所在地桥南公益社，接受同盟会支部欢迎，并摄影。即往广东会馆，接受广东留闽同乡欢迎。（《孙前总统莅闽记》，《民立报》1912 年 4 月 27 日，"新闻一"）为桥南公益社题写"独立厅"三字留作纪念，在广东会馆又书"戮力同心"四字。（郑贞文：《孙中山先生来闽》，《福建文史资料》第 6 辑，1981 年，第 1 页）

入城，由文庙前抵明伦堂，在应接室小憩约十分钟。在休憩室接见陈更新烈士夫人王碧，了解到其家庭困难，赠银五百元。（郑贞文：《孙中山先生来闽》，《福建文史资料》第 6 辑，1981 年，第 1 页）出席各团体在明伦堂举行的欢迎会，发表演说，表示："共和政府如国民公仆，与从前专制政府视人民如犬马不同，是以凡为民国国民者，可组织一大政党监督政府，不可破坏政府，致反阻碍共和，诸君诚能循此而行，即不负吾本意。"（《孙前总统莅闽记》，《民立报》1912 年 4 月 27 日，"新闻一"）孙中山眷属、汪精卫、胡汉民等出席，社会总代表陈衍报告开会宗旨，雷霆宣读欢迎词，格致书院总理弼履仁、胡汉民演说，合座摄影。（《闽人欢迎孙先生纪盛》，《申报》1912 年 4 月 30 日，"要闻二"）黄昏后赴都督府参观，访问各团体。(《孙前总统莅闽记》,《民立报》1912 年 4 月 27 日,"新闻一")①

　　晚餐后又至浙江会馆,出席彭寿松主持之旅闽共和实进会举行的欢迎会。(郑贞文:《孙中山先生来闽》,《福建文史资料》第 6 辑,1981 年,第 1—2 页)

　　△　黄复生、朱荮煌自北京来电,指 13 日北京《中国日报》、20 日《国民公报》所载孙中山私攫比款五十万、以三十万饷同盟会等语,事关同盟会团体及孙个人名誉,望将认募各款出处明确宣布,以释群疑,并电袁世凯查办。(翠亨孙中山故居纪念馆藏档,B12—5)

　　是月中旬　为曾尚武题词:"天下为公　尚武先生属　孙文。"曾尚武为共进会员,参加武昌起义,任湖北军政府稽查部副部长、部长,是为访问武汉时应请而写。(刘望龄辑注:《孙中山题词遗墨汇编》,第 169 页)

　　△　为梁琴堂题签:"诚仁医院　琴堂先生　孙文。"梁琴堂为医务工作者,武昌起义时参与救护工作。是为访问武汉时,为梁所开办的诚仁医院题签纪念。(刘望龄辑注:《孙中山题词遗墨汇编》,第 169 页)

　　△　为黄喃喃题词:"改良新剧。"黄喃喃为南社社员、新剧作家。(刘望龄辑注:《孙中山题词遗墨汇编》,第 170 页)

　　4 月 21 日　出席福州基督教会欢迎会,发表演说。

　　上午,会见各国驻闽领事及税务司,参加耶稣教会于天安堂举行的欢迎会,并发表演说,阐述宗教与道德的关系,谓:"此次革命,虽与宗教无甚关系,然外人来华传教,殊能增进道德观念,使吾人尽具纯净之爱国心。此后同胞尽力造成良善政府,则民教相安,中外感情愈厚,世界即或基此,永保和平。且今日民国建设伊始,尤赖诸同胞注意道德,而后邦基可固。"又赴广东同乡会午餐。再抵行台,向军警两

――――――――――

　　①　另据郑贞文回忆,在参观都督府前,孙中山在谘议局发表演说,大意为:恢复中华、建立民国,只不过是革命事业的开始,要巩固国民基础,解决民生问题,都必须加倍努力,才能达到革命的目的。并提及黄花岗闽籍十九烈士,是福建人民的光荣,望福建人能完成烈士未竟之志。参阅郑贞文:《孙中山先生来闽》,《福建文史资料》第 6 辑,1981 年,第 1—2 页。

界演说,略谓:"地方秩序首须维持,而为国牺牲之念,尤不可忘。"摄影后即往码头登轮。(《孙前总统莅闽记》,《民立报》1912 年 4 月 27 日,"新闻一")

　　△　参观福州船政局。

　　午后由福州至马江,于铁水坪登岸,由船政局局长沈希南引导,参观船槽及轮机厂、锅炉厂等工厂,在工程处休息,接见在局职员。晚在储材馆就饮,孙科、两女公子、宋蔼龄、胡汉民、福建都督孙道仁、彭寿松等达七十余人参加。船政局局长沈希南致诵词,孙中山答词,勉以兴船政、扩海军、建设一等强国。答词云:"文以解职旋粤,便道过闽,既感闽政府暨社会诸君子欢宴迎送矣。到马江船政局,又荷船政局长沈君希南尽礼欢迎,邀观制造轮机、铁胁、锅炉等厂十余所,乃知从前船政缔造之艰,经营之善,成船不少,足为海军根基。惜乎甲申、甲午两次挫败,兵船毁失殆尽。而满清政府既不能整顿于前,复不能补救于后,一蹶不振,日趋腐败。今幸民国光复,以此任属之沈君。沈君在欧美习学制造有年,办理必能称职。沈君绳其祖武,勉力进行,兴船政以扩海军,使民国海军与列强齐驱并驾,在世界上称为一等强国。"(《追纪孙中山先生过马江事》,《民立报》1912 年 5 月 3 日,"新闻一")

　　4 月 22 日　于福州启轮南行。(《民立报》1912 年 4 月 23 日,"广东电报")

　　△　收到广东军事体育会来电,欢迎孙中山回乡,询问抵省时间,表示将率全体学生前来谒见。(翠亨孙中山故居纪念馆藏档,B10-8)

　　4 月 23 日　广州"三二九起义"烈士陈更新遗属王碧上呈,报告家中负债累累,父母未葬,福建光复后所予恤银只能度日,不能还债,请设法给予帮助。(《陈王碧上孙中山呈》,广州大元帅府纪念馆藏)

　　4 月 24 日　上午,乘泰顺轮抵香港鲤鱼门,广东省政府派宝璧舰迎接。香港、广州各团体派代表到泰顺轮进谒。中午抵香港,港英当局不允登岸,下令禁升悬欢迎旗、禁登报、禁派送传单、禁鸣炮,遂派廖仲恺出席香港的欢迎大会。午后 3 时,偕男女公子及胡汉民等乘宝璧舰往广州。(《民立报》1912 年 4 月 25 日,"广东电报")《申报》报道:中午 1 时 50 分,香港的欢迎大会宣布,孙先生因接北京密电,须即回粤筹商要政,不暇登岸,只委廖仲恺代表赴会,以慰舆望。(《中山先生由港返粤记》,《申报》1912 年 5 月 2 日)

4 月 25 日　抵达广州,受到热烈欢迎。

上午,赴广州途经虎门,巡阅炮台,11 时抵广州天字码头。入旧水师公所休憩,随至财政公所,由陈炯明派代表迎接到都督府,先与陈炯明、各官员、各代表坐谈,随在会议厅举行宴酢,龙济光、胡汉民、宋蔼龄等出席。宴会中致答词,表示今日革命虽已成功,但人民大多未明革命真理,故仍不得谓功成身退。陈炯明历述孙中山之道德功业,外交司长陈少、军界代表覃鎏钦、北伐军代表邹鲁及商界代表陈惠普等致词欢迎。席间,孙中山称颂龙济光之功绩,并请各人为龙祝寿。宴会后与陈炯明至楼上会谈两小时,下午 3 时回财政公所休息。(《孙中山先生抵粤记》,《民立报》1912 年 5 月 2 日,"新闻一";《孙中山先生由港回粤记》,《申报》1912 年 5 月 2 日,"要闻二")抵广州时,称赞陈炯明措置有方。(《民立报》1912 年 4 月 27 日,"广东电报")但本日夜间,陈炯明忽辞都督职赴香港。行前书就署 26 日咨文一件致省议会,表示"出府省亲,公事暂请胡君汉民代行,俟汪君精卫回省乃交卸"。("中华民国"史事纪要编辑委员会编:《中华民国史事纪要(初稿)——一九一二年正月至六月》,第 455 页)

△　致电陈其美及各上海报馆、商学各界、各社团,告以本日中午抵粤。电云:"文于今午抵粤,在沪荷公等渥厚之待遇,情犹如昨,感不能忘。"(《致陈其美及各界电》,《孙中山全集》第 2 卷,第 344 页)

△　黄明堂自琼州来电,报告安抚琼崖工作已完成,今奉都督电饬,将军队遣散,完成后即赴省城面谒。(翠亨孙中山故居纪念馆藏档,B10—11)

4 月 26 日　出席广州军界欢迎会,发表演说。

中午,参加广州军界在广州德宣街陆军司令部举行的欢迎会,演说阐述建设精强陆军的重要,指出:"此次革命之所以成功,民国之得以成立者,全靠军人之力,兄弟特代同胞感谢。想我中国未革命以前,列强环伺,欺凌侵并,无非以我国武力不足。今日民国正当草创,欲中国成为强固之民国,非有精强陆军不可。故民国前途依赖我军人之力正多。今日要务在乎扩张军备,以成完全巩固之国,然后可与世界列强并驾齐驱。"又勉励军人牺牲个人,为同胞谋幸福,指出:"既为军人,须牺牲个人之自由,个人之平等,以为四万万同胞谋自由平等,使四万万同胞得享自由平等之幸福,此军人之天职。乃或者谓军人出力以革命,军人自应与一般国民共享自由平等之幸福。不知革命虽全仗军人,而此乃军人之本分。若军人忘其本分,不为四万万同胞谋幸福,而为个人谋权利,恐非军人最初所抱之革命宗旨。"(《孙中山先生抵粤记》,《民立报》1912年5月2日,"新闻一")在军界欢迎会上,因陈炯明离省,临时动议请推荐继任者,孙中山表示:"昨尚与陈都督谈论要政两小时许,并未提及离粤,今忽有此举动,真为可骇。余现已退为国民一分子,以个人意见,宜仍请陈督回任。"众举胡汉民继任,表示赞成,并提议请陈专任军政。陈炯明离省时另函各界,请择举孙、胡接理,仅留告诫军人要服从命令、拥戴继任胡汉民都督等语。(《民立报》1912年4月28日,"广州电报")

△　收到许日兴、胡树芬呈文,报告从前参加革命历史,现光复后仍受官吏仇视,流离失所,恳予俯恤。(翠亨孙中山故居纪念馆藏档,B1—21)

4月27日　出席广东省议会欢迎会,主张举胡汉民督粤。

下午,参加广东省议会举行的欢迎会,针对"扶正同盟会"策划"第二次革命",陈述意见,表示:"兄弟到香港时。即闻有人欲行第二次党〔革〕命,以图推翻广东政府……广东为全国之肢体,一有祸乱,全国牵动。若辈一发难,北京政府为保全大局计,势必调兵南下,各省必互相救援,玉石俱焚之祸不免,可不寒心。又广东不用一兵,而达反正目的,实为桑梓幸事。然军政府成立未久,一般贪禄之流,欲假第二次革命之名,谋破坏广东大局。我辈若不急起维持,将目前紧要事件速为筹划,恐祸端即见于顷刻。"主张目前时势危迫,应即日举胡汉民为正任都督,以安大局。(陈炯明离粤后,本日上午省议会已表决胡汉民暂行权理。)欢迎会结束时,议长表示:"拟请胡先生为正任都督,皆由孙先生特荐,且众人共信孙先生之言。似乎不举胡先生,则粤乱即起。能举胡先生,则粤乱即定。且孙先生再三详言,谓胡为都督,则陈、汪皆肯回来,用一人而得三人之益。本议长刻经在席上,曾问孙先生,如果举定胡先生为正任都督,孙先生能促成陈、汪两先生一同回来任事否。孙先生答言必然担承,且谓今日能举定胡先生,今夜即电召陈、汪回粤任事云云。"旋开正式选举,胡汉民以得票最多为正都督。(《孙先生之治粤谈》,《民立报》1912 年 5 月 4 日,"新闻一")本日,胡汉民电告袁世凯、参议院履职。(《民立报》1912 年 5 月 1 日,"北京电报")次日,广东省议会议决公举胡汉民继任都督,举汪精卫为参谋、陈炯明为军政。(《民立报》1912 年 4 月 29 日,"广东电报")

△ 主持邀请广东报界茶话会,发表演说。

下午,邀请广东各报社参加茶话会,向记者演说。到会者有公会、安雅、羊城、七十二行商、国民、南越、平民、震旦、人权、中国、广南、公民、民治、日日新、民生、公社、公报、光汉、公论等共十九家。演说强调报纸对于革命的重要性,谓"此次中国推倒满清,固赖军人之力,而人心一致,则由于各报鼓吹之功。各报之所以能收效果者,由于言论一致。惟今日虽已共和,尚未大定,欲其大定,必须统一。统一之法,非恃人心,则恃武力。若恃武力,其流弊必至于专制。然人心不能统一,必生祸乱"。指出报纸应改易方针,不应用于攻击政府,表示:"近观上海各报,言论不能一致。今回粤省,见各报之言论益紊,不按公理,攻击政府。不知一般人民重视报纸,每谓报纸经载,必有其事,以致人心惶惶,不能统一。""报纸在专制时代,则利用攻击,以政府非人民之政府。报纸在共和时代,则不利攻击,以政府乃人民之政府也……故今日报纸,必须改易其方针,人心乃能一致。现在人民每谓共和不如专制,不知共和之结果,须在十年以后。譬如生子虽好,返哺必在二十年之后,若产下数月,即望食报,可乎?"又说这次回广东的目的,一则练兵;一则办实业,使粤人生计不至困难。(《孙先生之治粤谈(二)》,《民立报》1912 年 5 月 5 日,"新闻一")演说后回答报界人士提问。记者廖平庵问借债问题。孙答:"现在外人不欲瓜分中国者,不过惧北京之十数万、武昌之数万、南京之数万,共三十万训练之师耳。查度支部月用经费二千万,兵费为多,而杂税多免,民间又缓不纳粮,不借外债,兵费何取? 一旦乏支,立即哗溃。明知借债遗累后人,然不借债,则连后人皆无,故借债为生死问题,非利害问题。"廖平庵又问外人监督财政问题。孙答:"现在以有路可借,不致监督,若果监督,则应拒之。"关于报界应如何忠告政界的问题,孙答:"忠告政界,属监督行政,是正当之舆论。但不可轻信谣言,攻扞私德。"(《孙先生之治粤谈(二)》,《民立报》1912 年 5 月 5 日,"新闻一")

△ 收到黄鹤鸣烈士的母亲南海县人黄陈氏呈文,报告黄鹤鸣参加去年"三二九"起义殉难,遗属仅在同盟会分两次领银共九十元,乞俯怜按月长给口粮。(翠亨孙中山故居纪念馆藏档,B1—22)

△ 收到增城十二都代表谢慎修、刘意琴、陈藻等来电,控告增城县长吕汝琛纵盗械斗,滥支公款,恃势专横,不承认其为县长。(翠亨孙中山故居纪念馆藏档,B11—11)

△ 收到旅港生药行陈伯清、赵佩琪等自香港来电,请仍留陈炯明督镇广东,龙济光统制专理军政;或促汪精卫督粤,陈、龙共襄军政。(翠亨孙中山故居纪念馆藏档,B11—12)收到香港南北行自香港来电,表示陈炯明都督任粤以来,办理有方,反对陈离粤。(翠亨孙中山故居纪念馆藏档,B11—13)旅港商人冯宪章来电,以陈炯明离任,汪精卫不返,请敦劝胡汉民勿再推辞。(翠亨孙中山故居纪念馆藏档,B11—14)

△ 收到泸州州议事会、城镇筹防聚会会、教育会、农工商会、城

镇自治会、学务处、中学校、共和党支部、国民社会党支部来电,报告泸州滇军曾经携带枪械,持电稿到该局,迫以泸州政、学、绅、商名义通电各处,未给电费,胁迫发电。(翠亨孙中山故居纪念馆藏档,B11—82;《申报》1912年4月30日,"公电")

4月28日　下午,出席各界追悼史坚如烈士大会,并登台演说。(《追悼史烈士纪盛》,《申报》1912年5月5日,"要闻二")

△　广西太平府宁明州人唐振华上呈,请饬广西军政长、民政长归还其因参加镇南关起义被充公的田产。(翠亨孙中山故居纪念馆藏档,B12—28)

△　收到前美兴中会员、韶厘总办钟寅兴致敬电。(翠亨孙中山故居纪念馆藏档,B10—13)

△　收到琼州人叶英峰来函,反对孙委派王斧军回琼筹办实业及任命林格兰回琼筹设同盟支部。(翠亨孙中山故居纪念馆藏档,B11—15)收到琼崖学界卓大彰等自海口来电,请速委任王斧军返琼,维持一切。(翠亨孙中山故居纪念馆藏档,B11—16)

△　澳门镜湖医院赵立夫、霍云生等自澳门来电,报告澳门有数千炮竹工人,到院哭诉失业,禀求弛禁炮壳来澳。(翠亨孙中山故居纪念馆藏档,B11—17)

4月29日　在广州接见香港电报公司代表,答复关于借外债问题。表示:"倘四国利用中国现今财政困难而阻中国之进步,则国人必将发愤自助,设法在国中募集公债,以济目前之急。盖中国非困穷,惟筹款之机关不完备耳。"其时,唐绍仪与英、美、德、法四国银行团谈判借款,因银行团坚持以监督中国财政为条件,谈判陷于僵局。(《孙前总统借款谭》,《民立报》1912年5月1日,"新闻一")

△　出席广东女子团体进行会之欢迎会。主席沈子玉致颂词,称颂:"自有生民以来,未有若孙公者也。自有世界以来,未有若广东之生孙公者也。自有广东以来,未有此次女界之欢迎者也。女界久蜷伏于踢天蹐地之下,得孙公超拔之,知孙公将来必有为女界谋大幸

福。"(翠亨孙中山故居纪念馆藏档,B10－15)

△　视察广东中国同盟模范军,并合影。(广东省立中山图书馆编:《碧血丹心:辛亥革命在广东影像实录》,第 230 页)

△　广西临时省议会议长林绎来电,反对将省议会设在桂林,指出:"本会议员系从地方人会主意思集合南宁,万不能背地方人民之意思群赴桂。大总统、四〔国〕务院可以破坏共和,我广西民选临时省议会议员不能违反代议之名实也。我各地方人民可以不出代议士,我议会可以自由解散,不受政府之解散也。"(翠亨孙中山故居纪念馆藏档,B11－53;《申报》1912 年 5 月 3 日,"公电";《民立报》1912 年 5 月 3 日,"南宁电报")

△　黄兴来电,表示此后应研究财政问题,不可因借债陷入危境,主张劝募国民捐,以减少外债输入,国家骤得此巨款以资接济,可将新借外债投入生产事业。(《申报》1912 年 5 月 2 日,"公电";《民立报》1912 年 5 月 2 日,"南京电报")

4 月 30 日　收到琼崖教育团、自治团、商会冯锦江、李树标、陈膺荣来电,恳委任王斧军回琼维持地方。(翠亨孙中山故居纪念馆藏档,B11－18)

△　收到旅港番禺工商公所自香港来电,告以黄世仲明日将被处决,殊属冤屈,请速查救。(翠亨孙中山故居纪念馆藏档,B11－19)黄世仲 1905 年加入同盟会,是著名报人,曾在《天南新报》《中国日报》《世界公益报》《香港少年报》等十多种报刊担任主编或编辑。辛亥革命后被推举为广东民团局长,任军政府枢密处参议。后因与都督陈炯明不和,被其定以侵吞军饷罪名。胡汉民出任广东都督后,以陈炯明原定罪名将黄世仲枪毙。

△　黄兴来电,报告南京自赣兵作乱后,加意防范,秩序已安宁,现正着手裁减兵员,请赞成提倡国民捐。(翠亨孙中山故居纪念馆藏档,B5－22)

△　文鼎光来函,表示拟报效二十万元用于兴办女校、实业、组织民党,请予接见。(翠亨孙中山故居纪念馆藏档,B10－16)

是月下旬　驳斥北京报纸诬蔑"私攫比款"事。

唐绍仪组阁之初，与六国银行团进行借款谈判，因银行团坚持以监督中国财政为条件，经袁世凯批准，于 3 月向比利时华比银行借款。该项借款部分由唐绍仪交南京临时政府办理善后。北京《中国日报》《国民公报》刊文诬称孙中山"私攫比款五十万，以三十万饷同盟会"。(陈锡祺主编：《孙中山年谱长编》上册，第 695 页) 4 月 20 日，黄复生、朱芾煌通电要求电袁世凯查办谣言。(翠亨孙中山故居纪念馆藏档，B12—5) 4 月 21 日，朱芾煌又从北京致电上海中国同盟会总机关部，告已向中国日报经理诘问证据，据云并无实证，请孙中山将比款来历宣布。(翠亨孙中山故居纪念馆藏档 A1—32) 孙回粤后复电："今国内有同盟会改立政党之议，各债主多愿报效，此捐助同盟会三十万之由来也。但政府尚未还款，而此三十万亦未交付。此外尚有民国政府未立之前，屡次起兵□□外而声明属于借款，许以成功后几倍偿还者，亦在百数十万之数，有债券收条发出，行将详核开列，呈请民国政府偿还。由此观之，政府尚负同盟会巨债，焉有同盟会受惠于政府之事？'私攫比款'，尤为无稽。"(翠亨孙中山故居纪念馆藏档，A1—32)

是月　汤芗铭来函，主张应迅速振兴民国海军，若能以社会主义增进民福，又以海军政策张大国威，则对内对外两无遗憾。(翠亨孙中山故居纪念馆藏档，B2—11)[1]

△　马良、于右任、胡敦复、邵闻泰、叶永鎏、钱智修、郑允等来函，请出任复旦校董。(翠亨孙中山故居纪念馆藏档，B7—11)[2]驻粤南洋华侨实业团曾连庆等上呈，请复开暨南学堂。(翠亨孙中山故居纪念馆

---

[1]　原函未署时日。据黄彦、李伯新考订，函内称"今临时政府又已成立，芗铭在官言官"，说明此函写于唐内阁成立不久、汤受任之后。函中还说"迩闻行旌所至，谆谆以社会主义倡导国人"，则当指孙中山辞职后，4 月上中旬访问武汉、上海并演讲社会主义之事。据此，酌定本函写于 4 月间。参阅黄彦、李伯新编：《孙中山藏档选编(辛亥革命前后)》，第 75 页，注 1。

[2]　原函未署时日。黄彦、李伯新将其写作时间酌定为 4 月。参阅黄彦、李伯新编：《孙中山藏档选编(辛亥革命前后)》，第 358 页，注 2。

藏档,B7—12)

△　谢缵泰来函,希望考虑恢复广东的和平与秩序,调停民军军官,建立军事委员会,调查官兵情况,补贴酬劳所有官兵,重新招募愿意在正规部队旗帜下的健康官兵,收买遣散士兵枪支,为其安排适当工作。又建议合并兴中会、同盟会,对会员品格、履历进行调查,以无记名投票方式开除不良分子,批准新成员入会。(邓丽兰:《临时大总统和他的支持者》,第21—22页)

△　盛宣怀自日本神户上呈,报告汉冶萍公司股东会不赞成公司中日合办,该草合同自应取消,将遵订及取消公函清录密呈。(《盛宣怀分呈袁世凯、孙中山、唐绍仪及外务部长、工商部长文》,陈旭麓等编:《辛亥革命前后·盛宣怀档案资料选辑之一》,第261—262页)

△　广东得胜军秉字营姚秉钧上呈,报告自己革命历史,现奉广东都督陈炯明令解散兵士,已垫银二万余两,请求照数发给。(翠亨孙中山故居纪念馆藏档,B11—8)①

△　那文(罗伯特·斯·诺曼)来函,再次表示愿意在国内或在国外为孙中山工作,希望能收到回信。(邓丽兰:《临时大总统和他的支持者》,第68—69页)

4月至5月　广东学界欢迎孙中山,致颂词中指出,世界各国以国民教育为国家富强之基础,新国家必须以教育为先。称:"夫教育者,所以指导人民德慧术智之进步,扶植社会农工商业之发达,非可苟焉而已也。世界诸雄国,莫不以国民教育为富强之基础。满清时代,有教育之形式,而无教育之精神。其学制,不定普及之方针;其教科,不出愚民之结习。故侈言兴学十有余年,而毫无效果。故今民国缔造,虽百度之未遑,而不可不先注重于教育。譬犹测影者先正其表,树艺者先植其苗,所谓根本上之解决也。"(《广东学界欢迎孙中山颂

---

①　原件未署时日。据黄彦、李伯新考订,该呈折叙事至3月15日,行文仍尊称黄世仲为"总长",而黄于5月1日被陈炯明以"侵吞军饷"的罪名枪决。据此,酌定为3—4月间所写。参阅黄彦、李伯新编:《孙中山藏档选编(辛亥革命前后)》,第506页,注2。

词》,翠亨孙中山故居纪念馆藏档)

5月

5月1日　福建都督孙道仁来电,对孙中山莅临福建表示感谢。电文称:"我公不弃滨屡,惠然肯临,左海都人士亲炙丰采,备聆言论,蒌忱证慰,茅塞顿开。乃甘雨随车,倏闻启发,阳春有脚,弗获适留。汪度钦迟,去思弥切,海天南望,魂梦为劳。道仁等咏好贤之诗,未尽所怀。奏嘉宾之乐,不敢言礼。诸维亮宥,无任主臣。"(翠亨孙中山故居纪念馆藏档,B10—20)

△　收到旅港东莞维持公款会卫汉英、陈耀廷、林煜炎等自香港来电,反对改任岑侣少为东莞长官,电文指出:"东莞黄令办事极洽舆情,地方正赖整顿,忽闻改委岑侣少接任,人心大为不安。恳勿更动,以维大局。"(翠亨孙中山故居纪念馆藏档,B11—24)

△　收到广东连县民政长黄旭升来函。黄旭升告知地方"匪乱粜平,少纾忧念。然而匪巢虽破,匪首在逃,终为地方之害"。表示现有都督陈炯明委任陈仲宾、毛文明督办南、韶、连剿抚,"将来在逃匪首及其党羽不难歼灭,连县不难指日平定"。邀请孙中山"他日驾临湘省,请途经连县,俾连民一瞻伟仪,以慰渴望"。(翠亨孙中山故居纪念馆藏档,B11—25)

△　旅港潮商聚和堂来电,表示反对当局以借款为条件赀林激真部出潮州,"政府既不惟枉法以徇私,商民自不敢不含冤而茹痛"。控告林激真等连日抢劫商号,请迅饬剿办,否则请准许潮人招兵自保。(翠亨孙中山故居纪念馆藏档,B11—26)

△　广东军政府参谋部长覃天存上呈文,报告为庚戌新军起义烈士建祠劝捐,并呈捐簿两册,请分饬捐助。(《覃天存上孙中山呈文》,广州大元帅府纪念馆藏)

5月2日　出席广州商界欢迎会。粤商维持公安会会长黎亮夫、副会长谢焜彝、刘仲平致颂词,并历述广东光复后治安紊乱、经济凋敝之状况,颂词称:"先生发挥方略,为民族、民权、民生三大主义。今者民族、民权目的已达,敝同人等商人也,窃愿与先生请益民生大计。先生以乡桑谊义,当更有乐为训诲者。吾粤现象为何如耶? 掳劫不择,耕种无期,而农困矣;江海不通,运销无术,而工困矣;仇杀抢掠,殷富奔迁,而商困矣。薪桂米珠,金融窘绌,一般人民胥受困矣。呜呼噫嘻,我共和民国之广东,而有此现象,此岂先生所忍见耶? 此岂先生坚抱民生主义之初衷所能料到耶? 敝同人等固商人也,以财产所寄,生命所关,避地无方,挽澜无力,惶惶焉引为大忧,而不得不责望我先生布施宏力,有以拯救而维持之。"指出陈炯明、龙济光、胡汉民、汪精卫等人"欲求粤治,缺一不可",希望均能罗致。(翠亨孙中山故居纪念馆藏档,B10—18)广州商团亦致颂词,大旨相同,并希望将所知"泰西商团之办法若何,成绩若何",予以赐教,对新成立的广州商团"鼓舞提倡、维持调护"。(翠亨孙中山故居纪念馆藏档,B10—21)

△　法国人戈里埃(Paul Collier)来函,告已妥为收藏孙中山照片,并表示:"我们这里所有的人都与您心连心。勇敢! 坚毅! 社会共和国万岁!"(翠亨孙中山故居纪念馆藏档,B9—33)

△　龙觐光自梧州来电,对孙中山返粤表示欢迎。(翠亨孙中山故居纪念馆藏档,B10—22)

△　沈大犹等自汕头来电,报告饶平被匪占据,请电饬林激真派兵救援。(翠亨孙中山故居纪念馆藏档,B11—27)

△　广西临时省议会长林绎、副议长雷恺泽、杨煊合议员三十八人来电,对国务院关于广西迁省问题所发矛盾各电提出抗议,指责"国务院可以任意再复,经行不趎,对于一省议会如此,对于人民可知。一省议会若隐忍不言,人民更何所恕"? 请予公裁。(翠亨孙中山故居纪念馆藏档,B11—54)

5月3日　出席同盟会广东支部在广州东园举行的欢迎会,并发表训示,历陈各国民生疾苦,告诫党人亟应注意。散会后巡视同盟会事务所,途中遇老妇十余人拦舆递折,命人接收。(《同盟会欢迎孙中山先生纪事》,广州《民生日报》1912年5月4日,"新闻一")

△ 南宁总商会代表周茂、王日暄等来电,表示欢迎孙中山访广西。(翠亨孙中山故居纪念馆藏档,B10—23)旅邕粤东会馆代表陈荣湘、王家恩、林鹤廷等自南宁来电,亦盼望孙中山来广西。(翠亨孙中山故居纪念馆藏档,A1—28)后复电:"承电相邀,无任感激。倘诸事稍妥,或赴邕游,以谢诸君盛意。"(翠亨孙中山故居纪念馆藏档,A1—28)

△ 收到德庆商会来电,报告肇罗督办精干廉明,请勿他调。(翠亨孙中山故居纪念馆藏档,B11—28)

△ 桂林广西绅商学界来电,报告广西临时省议会已在桂林成立,少数人号召南宁议员自行集合,自署临时省议会,全省人民皆反对。指责林绎为保皇党,冒用临时省议会名义,自称议长。声明南宁本不应省议会名目,嗣后再有在南宁称省议会者,均为个人言论。(翠亨孙中山故居纪念馆藏档,B11—55;《申报》1912年5月7日,"公电")

5月4日 出席广州报界欢迎会,演说民生主义。

下午6时,出席广州报界在东园举行的欢迎会,并发表演说。演说再次强调"民族、民权目的已达,今后欲谋国利民福,惟有实行提倡民生主义……我国革命,为五千年未有之举,故所主张不必取法于各国,或且驾美法而上之。惟革新伊始,在在需财,现时国家岁入,比之亡清尚少,欲救其弊,必须实行税契及平均地权之法,两方并举,事简而易行"。阐述了平均地权的具体方法,即:"一、即照价纳税,二、即土地国有。二者相为因果,双方并进,不患其不能平均矣。照价纳税之法,浅而易行,宜令有业之家,有税亩多少,值价若干,自行呈报,国家即准是以课其若干分之一,则无以多报少及过抬地价之弊。又土地国有之法,不必尽收归国家也,若修道路,若辟市场,其所必经之田园庐墓,或所必须之地亩,即按照业户税契时之价格,国家给价而收用之。"指出"地权既均,资本家必舍土地投机业,以从事工商,则社会

前途将有无穷之希望。盖土地之面积有限，而工商之出息无限，由是
而制造事业日繁，世界用途日广，国利民福，莫大乎是。否则，我辈推
翻专制，固为子孙谋幸福，而土地一日不平均，又受大地主、大资本家
无穷之专制耳。遗害子孙，何堪设想"。要求"舆论为事实之母，报界
诸君又为舆论之母，望诸君今日认定宗旨，造成健全一致之言论，使
全国人均晓然按价纳税及平均地权之大利，则百废无不举矣"。又指
出"欲本国工商业之发达，当收天然税，而不收人工税。人工税如亡
清政府之厘金、盐税，均有害于民。天然税如耕地税、屋地税，只收其
价百分之一，或二百分之一，于平民无痛苦"。欢迎会 9 时结束。
（《报界欢迎孙中山先生纪事略》《报界欢迎孙中山先生颂词》《孙中山先生演说
词》，《民生日报》1912 年 5 月 6 日，"新闻一"；《粤报界欢迎孙先生记》，《民立报》
1912 年 5 月 12 日，"新闻一"）在会上，为冯自由在香港创办的《大光报》
题赠"与国同春"。（黄汉纲：《中山先生事迹七则》，中国人民政治协商会议广
东省委员会：《纪念辛亥革命七十周年史料专辑》下，第 278 页）

　　△　黄花岗起义烈士黄鹤鸣遗属何玉珍上呈，告以孤儿寡妇，养
费无着，请求安置。（翠亨孙中山故居纪念馆藏档，B12—27）

　　△　收到江门航业保安会来电，反映江门勒缴饷银，每艇月抽三
元，引发风潮，请求即电阻止，照旧抽纳，以免暴动。（翠亨孙中山故居
纪念馆藏档，B11—29）

　　△　旅港梅商各号安庆堂等自香港来电，挽留熊长卿继任梅州
统领。电文称："熊统领长卿安抚梅州，厥功极伟，生命财产倚若长
城，县长、司令争权酿祸，均赖镇压。若易生手接统，立见祸乱。切肤
之痛，誓恳攀留。"（翠亨孙中山故居纪念馆藏档，B11—30）

　　△　高州代表莫亨魁、黄之谋、朱元昌等来电，以段尔源"多擒匪
首，人心悦服，情形熟悉"，请求委任办理高州防务。（翠亨孙中山故居
纪念馆藏档，B11—31）

　　△　中国同盟会福建支会来电，请以同盟会名义，电促福建政务
院长彭寿松就任都督府总参议官。电文指出彭寿松"自起义以迄今

日,拊民镇军,为力甚伟。近以中央官制将次发表,彭君首先电请取消政务院及其院属,洁身引退,以明素志。嗣由闽都督电请总统留充部督府总参议官,并管辖全省警劳"。因彭寿松去志甚决,再恳请以同盟会名义,电促就职。(翠亨孙中山故居纪念馆藏档,B11—83)

△　《民生日报》在广州创办。该报以民生主义为宗旨,在创办宣言中指出"现今时局,亟宜行民生主义","民生主义最适行于中国",(《本报宣言》,《民生日报》1912 年 5 月 4 日)宣传孙中山的民生主义。1913 年 11 月 10 日因"乱党机关报"罪名被勒令停刊。

5月5日　与广州报界代表谈话,强调实行税契。

下午 4 时,邀请广东报界记者朱民表、邓慕韩、王秋湄至行辕谈话,再申前一日在报界欢迎会演说之意,指出实行税契,全国每年可得四十亿元,有此可以开办实业。略谓:"民生问题,须从税契入手。实行税契,似乎多取于民,其实不然。税契实行,各税可免,外债不举,息款不需。故表面虽屡增税,而内容实是减税。"又表示:"实行税契,全国每年可得四十万万,今日支出之数不过四万万。度支既足,可以再筑铁路、开采矿山两种实业。计两项税,二十年后亦可得四十万万,尔时国家不患其贫,且患其富。"至于可能出现行政官员自肥,指出议会有监理财政之权,可以稽核。(《孙先生愿与记者研究民生问题》,《民生日报》1912 年 5 月 7 日,"新闻一";《孙先生演说词汇志》,《民立报》1912 年 5 月 13 日,"新闻一")

△　出席潮州旅省同乡会欢迎会,演说提倡地方自治组织。

演说称:"惟鄙人今日对于我潮州诸父老昆弟深有希望者,即能有责任心,而不可生倚赖性。人人对于国家社会,当视为我个人与他人组织而成。凡国家社会之事,即我分内事,有时凡有益于国家社会之事,即牺牲一己之利益为之而不惜,然后国家社会乃能日臻于进步。且国家之治,原因于地方,深望以后对于地方自治之组织,力为提倡赞助。地方自治之治既日发达,则一省之政治遂于此进步。推之国家亦然。"(《孙先生演说词汇志》,《民立报》1912 年 5 月 13 日,"新闻一")

△　广西都督陈荣廷来电,闻孙中山将有云南之行,务请假道广西,"俾荣廷得聆海言,藉收策进共和之效"。(翠亨孙中山故居纪念馆藏档,A1—29)复电云:"云南之游,尤未有期。倘粤各事稍就绪,有暇必到桂一行,藉以畅叙生平为快。"(翠亨孙中山故居纪念馆藏档,A1—29)

△　广西临时省议会议长林绎来电,邀请访问广西,并报告广西迁省之争。电文云:"广西省会成立在邕,决议迁省。同省十五府属,已有十四府议员到会,共议员额九十六名,到会者达七十八,其反对者仅桂属议员。然综筹全省利害,何能私属一府?"指责国务院对广西迁省问题态度矛盾,出尔反尔,"任意翻复,破坏共和,广西之不厌,亦民国之不幸也。陆都督只能据情电达中央,不能自为裁判。本会屡电大总统、参议院,亦无电复。今幸伟人归来,万恳钧力维持,以救危局"。(翠亨孙中山故居纪念馆藏档,B11—56)

△　秦毓鎏自无锡来电,报告即日撤销所有军队,已请江苏都督派员接统,建议孙中山"遍游国内,鼓吹党旨,唤醒同胞,则共和基础庶能巩固"。(翠亨孙中山故居纪念馆藏档,B11—98)

5 月 6 日　出席广东女子师范第二校欢迎会,强调女子师范教育。

在欢迎会上发表演说,肯定女子师范教育尤为重要,应以提倡女子教育为最要之事。演说云:"现在中华民国成立伊始,万种事业,皆由此时发起,由此时举办。凡为中华民国之人民,均有平等自由之权。今民国既已完成,国民之希望甚大,然最要者为人格,我中国人民受专制者已数千年。近二百六十余年,又受异族专制,丧失人格久矣。今日欲回复其人格,第一件须从教育始。"因此师范教育尤其重要,"中国人数四万万人,此四万万之人皆应受教育。然欲四万万人皆得受教育,必倚重师范,此师范学校所宜急办也。而女子师范尤为重要"。对广东女子师范第二校给予肯定和厚望,表示:"今诸君发起此校,诚得要务。因中国女子虽有二万万,惟于节余一道,向来多不注意,故有学问者甚少。处于今日,自应以提倡女子教育为最要之事,诸君今既成立此女师范第二校,生徒达百七十人,将来此百数十人,各担荷教育之事,希望固甚大也。惟必有学识,方可担任教育。盖学生之学识,恒视教师以为进退,故教师之责任甚大。兄弟今日惟望诸君谨慎小心,养成国民之模范,即教育乃可振兴。教育既兴,然后男女可望平权。女界平权,然后可成此共和民国。但今乃军政时代,正宜上下一心,补救政府,巩固教育。"(《孙先生演说词汇志》,《民立报》1912 年 5 月 13 日,"新闻一")

　　△　出席广东中国同志竞业社欢迎会,要求洪门遵法。

　　在欢迎会会上呼吁洪门"当改其立会之方针,将仇视鞑虏政府之心,化为助我民国政府之力"。劝喻洪门,"今既治溥大同,为共和之国,自不必仍守秘密。可将从前规矩宣布,使人知之,此去局外猜忌之理由也"。告诚洪门在新政府治下不要违法,"人要知取舍,譬如附船舣岸,既由此达彼,即当急于登岸,以出迷津。如仍在船中,便犯水险。故今日大众,当勉为爱国之国民"。(《孙先生演说词汇志》,《民立报》1912 年 5 月 13 日,"新闻一")

　　5 月 7 日　出席岭南学堂欢迎会,忆述少年求学经历及革命思想之产生。

　　在欢迎会会上并发表演说,谈到:"忆吾幼年,从学村塾,仅识之无。不数年得至檀香山,就傅西校,见其教法之善,远胜吾乡。故每课暇,辄与同国同学诸人,相谈衷曲,而改良祖国,拯救同群之愿,于是乎生。当时所怀,一若必使我国人人皆免苦难,皆享福乐而后快者。又数年即回祖国,就学于本城之博济医院……然继思医术救人,所济有限,其他慈善亦然。若夫最大权力者,无如政治。政治之势力,可为大善,亦能为大恶,吾国人民之艰苦,皆不良之政治为之。若欲救国救人,非锄去此恶劣政府必不可,而革命思潮遂时时涌现于心中。惜当时附和者少,前后数年,得同心同行者不过十人。得此十人,即日日筹划,日日进行。甲午中东之役后,政学各界人人愤悲,弟等趁此潮流,遂谋举事于广州,失败后居外经营,屡蹶屡起,直至去年八月,在武汉起事,不半载而大功告成。此固天之不欲绝吾中国也。"勉励学生担当未来建设重任,表示:"今日所成,只推倒一恶劣政府之障碍物而已。以后建设万端,待理何人,则学生是也……凡国强弱,以学生程度为差。仆从前以致力革命,无暇向学读书。行医日只一两时,而事革命者实七八时,而学业遂荒。沿至于今,岁不我与。今见学生,令人健羡,益见非学问无以建设也。譬诸除道,仆则披荆斩棘也,诸君则驾梁砌石者也。是诸君责任,尤重于仆也。肩责之道若何,无他,勉术学问,琢磨道德,以引进人群,愚者明之,弱者强之,苦者乐之而已。物竞争存之义,已成旧说,今则人类进化,非相匡相助,无以自存。倘诸君如有志而力行之,则仆之初志赖诸君而达,共和新国亦赖诸君而成。"(《孙先生演说辞》,《民立报》1912年5月14日,"新闻一";《岭南学堂欢迎中山先生纪事》,《民生日报》1912年5月9日,"新闻二")

△　同盟会本部魏宸组、张甸、宋教仁、李肇甫等来电,请汪精卫来北京主持同盟会本部工作。电文称:"本部事务所租定北京内城兵部署中街十三号,成立已数日。北方情形艰难,殊出意外……切欲暂请精卫先生来京主持数月,俟各事就绪,再回粤服桑梓义务。宸组等实见本会兴建,国基所关,非特私计宜尔也。"(翠亨孙中山故居纪念馆藏档,B8-4)

△　香港四邑商工总局临时主席谭亦侨来电,请求提倡筹借内债,组织国民银行,并表示已有二百余人签名愿意鼓吹进行。(翠亨孙中山故居纪念馆藏档,B6-7)

5月8日　黄兴来电,请通电倡导国民捐,表示:"中央政府连日商议借款,外人竟要挟甚巨,决难承认。而举办政务,整理军队,需款浩繁,非奔走呼号于国民之前,劝其捐助,以救危迫,万无幸理……惟事体重大,关系存亡,须请我公登高一呼,方能四处响应。敬恳迅即通电全国人民及各处华侨,竭力劝导,使共晓然大义,踊跃输将。庶几内固国本,外拒狡谋。"(翠亨孙中山故居纪念馆藏档,B5-23)

△　番邑工商公所、中国机器总会、报界公社、四邑商工总局、金

山庄行、华安公所、平安公所等自香港来电,要求组织国民公立兴业银行,以救危亡,请求速电中外华侨,极力鼓吹,克日告成。(翠亨孙中山故居纪念馆藏档,B6—8)

△　收到香山恭都绅商学界、前山乡董刘尚藻等自澳门来电,告拟于前山恭都学堂开欢迎会,询问驾临日期。(翠亨孙中山故居纪念馆藏档,B10—25)

△　陆荣廷自桂林来电,邀请访问广西。电文云:"以共和幸福,沃被同胞,凡可生负气之伦,无不欲瞻仰颜色,以增光宠。闻道车已旋琦乡,西江咫尺,群情景企,伏冀高纵下赉,以慰饥渴。命驾有期,预示德音,临褚屏营,无任翘忏。"(翠亨孙中山故居纪念馆藏档,B10—26)

△　封川绅商自香港来电,报告周督办(周之贞——引者注)办理肇、罗军务,商民赖安,请勿他调。(翠亨孙中山故居纪念馆藏档,B11—32)

△　海南商学界张厚卿、胡宗铨自海口等来电,报告王斧军为人望所归,商民倚重,请求早日委任,以镇慑琼崖大局。(翠亨孙中山故居纪念馆藏档,B11—35)

△　桂林广西临时省议会来电,报告广西迁省之争,指出:"广西迁省问题,迭准南宁迁省集议所,称系从多数人民之意,以致与本会暨中央政府再四争持,至今不决。兹复准林绎等冬电,又称参议员三十八人等语,不胜诧异。"表示"议会成立须在法定地点,苟法定手续未经履行,则无论人数若干,均难发生效力。况以少数而称多数,用代表人民之名称而为欺饰同胞之举动"。请求公裁。(翠亨孙中山故居纪念馆藏档,B11—57;《申报》1912年5月14日,"公电";《民立报》1912年5月12日,"广西电报")

△　刘钟俊以"中华民国国民"名义上呈,表示"兹阅报端,载有先生整兴实业,注重殖民,并定会客时间与投函方针",因而报告建议与云南情形,提出:一、安插游民以弭盗贼,二、速定服制以维利权,三、普及教育以谋进化,四、宜联保甲以清户口,五、滇粤铁路宜亟修,

六、多造纸币免借外债。请求饬发省议会议决实行。(翠亨孙中山故居纪念馆藏档,B11-69)

△　收到彭寿松自福州来电,报告辞职之后,少数人破坏大局,煽动土客各军冲突,各界极力挽留,情无可却,暂向中央告假一月。(翠亨孙中山故居纪念馆藏档,B11-84)

△　云南都督唐继尧来电,表示遵袁世凯大总统委任,待贵州局势稳定后,自将辞职。电文云:"继尧菲才薄德,待罪黔中,办理一切情形并经电达。势处万难,早思引退,以黔人吁留,积牍盈尺,舆情迫切,不忍遽然舍去。鱼日奉大总统电令,复蒙加以委任。闻命之余,尤深惶悚,当此民国初基,四方多故,既不敢少存意见,贻误地方,亦不敢徒远嫌疑,放弃责任,惟有勉竭绵薄,暂共维持。一俟国基稍固,黔中可保治安,即当解组归田,以明初志。至于力小任重,陨越堪虞,惟祈时赐教言,俾得遵守,至为翘祷。"(《申报》1912 年 5 月 16 日,"公电";翠亨孙中山故居纪念馆藏档,B11-77)

5 月 9 日　出席耶稣教联合会欢迎会,演说宗教与政治的关系。

欢迎会于广州博济医院举行,参加者有男女教友数千人,并真光、路得、培道、美理、夏葛各校女生及培英、神道学生。演说中指出:"我兄弟姐妹,对于教会则为信徒,对于国家则为国民。专制国之政治在于上,共和国之政治在乎民。将来国家政治之得失,前途之安危,结果之良否,皆惟我国民是赖,岂可如前清时代之以奴隶自居,而放弃其根本乎?且前清之对于教会,不能自由信仰,自立传教,只借条约之保护而已,今则完全独立,自由信仰。为基督徒者,正宜发扬基督之教理,同负国家之责任,使政治、宗教同达完美之目的。"(《孙先生重话旧游》,《民立报》1912 年 5 月 16 日,"新闻一";《耶苏联合会欢迎孙中山》,《民生日报》1912 年 5 月 11 日,"新闻一")

△　出席医学共进会欢迎会,演说强调医学的重要性。

下午 4 时半,至卫生司出席医学共进会的欢迎会,并发表演说。演说表示医学为建设入手的途径,指出:"今幸革命功成,建设之事,千头万绪,然以中国现在卫生程度而论,则医学实为建设入手办法之一端。国之要素,德育、智育、体育,三者并重,唯体育方面,舍医界莫属……深望同业诸君,肩此重任,以期使我民族为球上强种。"该会推孙中山为名誉会长,孙应允。8 时散会。(《医学共进会欢迎孙先生纪略》,《民生日报》1912 年 5 月 11 日,"新闻一")与众人合影。(翠亨孙中山故居纪念馆藏照片原件)

△　报载孙中山以海军为国防所系,广东又为沿海要冲、南洋门户,海军尤关重要。现在商诸广东政府筹款,先将海军学校添额招生,为他日收回海权、振兴海军基础。(《注重海军》,《民生日报》1912 年 5 月 6 日,"新闻一")

△　桂林广西临时省议会来电,请往视广西。电文称:"顷闻先生返粤,亿姓欢腾。岭表同胞,莫不想望颜色。桂、粤比邻,谊属桑梓,敬恳光尘莅桂,俾遂瞻仰,无任盼祷,并候示复。"(翠亨孙中山故居纪念馆藏档 B10—27)

△　广西商船总公会自梧州来电,请派颜启汉主持清理河道,称:"西江为谷米所出,捕权尤关,商船往来,每生惶恐。查颜启汉前安抚肇属甚为得力,商船赖安,恳急派清理河道,船商盼切。"(翠亨孙中山故居纪念馆藏档 B11—33)

5 月 10 日　晚 8 时,出席广东留欧美学人在财政司署举行的欢迎会。主席容星桥致颂词,孙答词。罗泮辉、钟荣光出席并答词。午夜散会。(《留学欧美同人欢迎孙中山先生纪事》,《民生日报》1912 年 5 月 13 日,"新闻一")

△　报载袁世凯来电请孙中山来京,并闻派袁克定南下迎接。(《民立报》1912 年 5 月 12 日,"北京电报")

△　报载孙夫人拟在香山县之香洲商埠建造屋舍,孙眉将于此营办商业,孙中山拟至该埠一行。(《香洲埠将地似人重矣》,《民生日报》1912 年 5 月 10 日,"新闻一")

△　收到自由党广西支部自梧州来电,请莅临广西,电称:"闻都

督派龙、黄两代表迎公,梧人望公甚渴,乞速俯临,发挥自由真理,俾本党得藉资扩充。"(翠亨孙中山故居纪念馆藏档 B10-28)

△　中国同盟会江西支部自南昌来电,报告江西内务司长、同盟会员钟震川,被胡谦在都督府杀害,由都督命将胡正法,但外间喧传并未毙命,被胡家属抬回,不许看尸,情实可疑,请电江西都督转饬其家属将胡尸当众收殓,以释群疑。(翠亨孙中山故居纪念馆藏档 B11-90)

是月上旬　与《士蔑西报》记者谈话。对于记者所问关于比利时贷款事,回答:"现因四国反对,恐不能成议。"并表示可以向华人资本家借款,"现在政府方始成立,因取财于外国较易于本国,故吾侪乃欲设法以求外国之财。惟外国如欲监督我国财政,及多生阻力,则不得不另筹别法"。(《孙中山与西报访员一席谈》,《申报》1912 年 5 月 7 日,"要闻一";《孙中山先生借款谭》,《民立报》1912 年 5 月 7 日,"新闻一")

5 月 11 日　出席天主教欢迎会,演说宗教与中国革命的关系。

上午 11 时半,出席天主教在广州石室天主教堂举办的欢迎会,并在该堂圣心书院发表演说。演说肯定宗教与中国革命的关系,希望政治与宗教互相促进,指出:"吾人排万难、冒万死而行革命,今日幸得光复祖国。推其远因,皆由有外国之观感,渐染欧美文明,输入世界新理,以致风气日开,民智日辟,遂以推倒恶劣异族之政府。盖无不由此观感来也。而此观感得力于教会及西教士传教者多。此不独仆一人所当感谢,亦我民国四万万同胞皆所当感谢者也。民国成立,政纲宣布,信仰自由,则固可以消除昔日满清时代民教之冲突。然凡国家政治所不能及者,均幸得宗教有以扶持之,则民德自臻上理。世界宗教甚多。有野蛮之宗教,有文明之宗教。我国偶像遍地,异端尚盛,未能一律崇奉一尊之宗教。今幸有西方教士为先觉,以开导吾国。惟愿将来全国皆钦崇至尊全能之上主,以补民国政令之不逮。伏愿国政改良,宗教亦渐改良,务使政治与宗教,互相提揭。中外人民,愈相亲睦。"(《石室天主堂欢迎孙先生纪略》,《民生日报》1912 年 5 月 13 日,"新闻二")

△　参加孙族恳亲会。

下午 2 时半,出席在广州大石街萧公馆举行的孙族恳亲会。孙族到者二百余人。在答词中阐述了"合家族而成国家"的主张,指出:"今日得与我族叔伯兄弟相见,正属欢喜,惟念四万万同胞,皆黄帝之子孙,其始均无所谓民族者。自人民繁衍,而姓氏生而家族之见重。由是家族以起。然此家族亦正好,合无数之家族,而即成为国家。今者民国成立,政当共和,合汉满蒙回藏而成一家,亦犹是一族,将来推广其博爱,连亚洲而联络之,岂地我一族而已哉!"(《孙族恳亲会纪事》,《民生日报》1912 年 5 月 15 日,"新闻一")会上,将题照分送与会的东莞上纱乡孙氏乡亲,题联为:"萃子姓于家乡,木有本,水有源,五世箕裘傅莞岭;妥先灵于寝庙,宗念功,祖念德,三房俎豆贡香山。"(刘望龄辑注:《孙中山题词遗墨汇编》,第 171 页)

△　赴自由党在广州东园举行的欢迎会,并命园丁取花洒,亲手浇灌柏树。该园司理人决定将此树以栏杆圈护,建立碑亭,以留纪念。(《孙先生东园之纪念》,《民生日报》1912 年 5 月 14 日,"新闻一")

△　广西临时省议会议长林绎、副议长雷恺泽、杨煊等自南宁来电,报告本月 3 日有以桂林绅商学界名义借印通电各处,诬毁该会系少数人图个人便利,号召附近南宁议员数人,自行集合,任意诽谤,志在破坏。8 日桂林又有以省会名义通电中央各省,捏造该会未得议员半数等欺罔之词。特告该会到会议员确为七十八人,确系十四府议员集合,希望军政府查究桂林伪议会。(翠亨孙中山故居纪念馆藏档,B11—58;《申报》1912 年 5 月 16 日,"公电";《时报》1912 年 5 月 17 日,"公电")林绎、雷恺泽又来电表示,极力赞成修建粤、桂、滇三省铁路,请求孙中山担任此路主持,表示该会决迁于南宁,正与修筑三省铁路的主张相合,请求对于广西迁省问题与三省铁路事业共同维持。(翠亨孙中山故居纪念馆藏档,B11—59)

△　福建都督孙道仁来电,请示奖酬报效之华侨,报告:"闽省光复以来,财政异常困难。各华侨陆续捐助款项,藉资接济,均由财政

司经收,列册有案。该侨商不忘祖国,踊跃输将,好义急公,深堪嘉尚。应如何旌奖,以示酬报之处,乞即核示遵循。"(翠亨孙中山故居纪念馆藏档,B9—14)

　△　报载广东召集内债和组织国民公立兴业银行两事,得到在香港的番邑工商公所等多家机构赞成,并将议案通过,孙中山、胡汉民亦签名提倡,将分别致电华侨助力。(《民立报》1912年5月11日,"广东电报")

5月12日　与广州报界代表讨论平均地权问题。

邀请报界公会主任朱民表至行辕,谈平均地权问题。主张实行税契及平均地权之法,平均之法为:一、照价纳税,二、土地国有。关于地税如何定法,主张听其自定地价纳税,但以土地国有权限制之。若其自定之地价太贱,则国家可照价收归国有。"今我听其自定地价纳税,但以土地国有权以限制之。若其自定之地价太贱,则国家可照价收为国有,如此,则不必设立裁判衙门,而人民自不致与国家兴讼。"指出平均地权之法,正适合于今日。"因今日中国尚无有如欧美之大资本家富有土地者也,土地国有,无损于民。若至如欧美之时,其富人必出死力以抵括。不见今日欧美之托拉斯乎?一国之需要,皆取给于数托拉斯,一国之民生权,遂为数托拉斯所握。凡物供过于求则贱,求过于供则贵,自有托拉斯,则物有贵而无贱矣。盖供过于求,彼可藏而不沽也。此等世界,谓之经济界之无政府。夫煤铁等物质之托拉斯,其小焉者也,若土地之托拉斯,则最大者也。故我预防新造之民国,使将来不至生出土地之托拉斯,且因土地可以世袭,其子孙食税衣租,无所用心,适以窒其智慧,谚所谓'蛀米虫'者,国家亦何贵有此等人? 此等人多,为国家之大害,亦当思所以制之。"因而平均地权是以其利还之大众,而不使归于少数托拉斯。对于土地之税可否从轻,答曰:"太轻不得。地税太轻,则资本家可以多购,听其荒废,欲其兴盛甚难,岂不阻障进步?"对于平民无力年纳地税的担忧,答曰:"村落之地,每亩不过值银四五十元,百分税二,不过一元八毫。

田园卢舍之地税,计尚少于今日之赋粮。"(《孙先生复演民生问题》,《民生日报》1912 年 5 月 13 日,"新闻一")

△　收到罗仲霍烈士遗属罗杨氏呈文,呈称罗仲霍于去年"三二九"之役,偕黄兴攻入督署被害,遗属曾具禀广东都督府,已蒙核准每月恤饷十二元,现在生活艰难,请求逾格施恩。(翠亨孙中山故居纪念馆藏档,B1—23)

△　上海光复军粤人陈铁生、陈雁声、王若周、萧祖强、何家瑞、何莘、叶竞雄、陈鸿铨、陈伟图、林亮、陈膺戎、何光、邓文、刘第元、关民、张廷辅、张惠农、黄明、王英、陈复、徐斌、邓雄、刘濂、罗邦、林万里、萧组、谢琼翰、黄威、卢耿、何龙飞、黄应榆等来电,赞同黄兴发起国民捐,拟在沪联合旅沪各界组织团体,竭力筹捐,呼吁广东军、政、商、学、报各界一致进行。(翠亨孙中山故居纪念馆藏档,B5—24;《时报》1912 年 5 月 13 日,"公电")

△　肇庆、梧州、桂林各界来电邀请莅临各地。肇庆商会总理刘振升等来电,请莅临肇庆,电称:"先生为革命元祖、中国伟人,肇埠商众崇拜靡极。敬请惠然来埠,俾遂瞻仰,开化商民。"(翠亨孙中山故居纪念馆藏档,B10—29)梧州政、军、绅、商、学、报各界来电,请莅临梧州,电称:"闻取道梧、宁赴龙,同人久切瞻韩,乞示行期,俾遂孺慕。"(翠亨孙中山故居纪念馆藏档,B10—30)桂林商界来电,请莅临桂林,电称:"先生硕德令望,薄海同钦。顷闻返粤,商界同人,争相瞻仰。请早枉驾来桂,俾遂孺私。"(翠亨孙中山故居纪念馆藏档,B10—31)桂林广东会馆代表英怡隆、顺泰来、黄汇昌、梁远记、安泰源等亦来电请求莅临桂林,表示"大功告成,荣归梓里,桑麻话旧,万寿胪欢。晚等侨商栩海东望威仪,渴尘万斛,务乞先生枉驾到桂一游,为地方造福,并慰此邦人士瞻依之愿"。(翠亨孙中山故居纪念馆藏档,B10—32)

△　孙道仁来函,寄上密电码一本,请求嗣后有要事赐电,请照译发。(翠亨孙中山故居纪念馆藏档,B10—33)

△　收到西江水帮陈鸿等自佛山来电,请求以颜启汉督办西江,

以维商业。(翠亨孙中山故居纪念馆藏档,B11—34)

　　△　收到香山东海十六沙农民代表林沛祺、彭绰辉、王星如等来电,请勿调杰字营,声称"杰字营保护得力,全沙安靖,田尽开耕。今闻调省,惶悚万分。乞即收回成命,以安人心"。(翠亨孙中山故居纪念馆藏档,B11—36)

5月13日　乘宝璧舰至黄埔,观看水师学生演放水雷、鱼雷,到陆军学堂阅看操演,又乘轮视察长洲沿海各炮台,表示须将炮台大加改建。(《孙先生注意海防》,《民生日报》1912年5月13日,"新闻一")

　　△　致函《民生日报》,纠正记者对其言论的误解。函文指出,昨日与报馆记者谈话,谓某报所论之累进税,与照价抽税,无所差异。而各记者误记与平均地权无所差异。"夫平地权者,政策之总名也;照价抽税者,平均地权之办法也。总名与办法,固不容混而为一,然此中之误,自显而易见,不足作为辩论之根据也。"(《孙中山来函》,《民生日报》1912年5月14日)

　　△　报载孙中山赏恤黄花岗起义烈士家属。孙中山回广东后,记者陆文辉陪同在黄花岗起义中牺牲的北江烈士家属代表,将各家贫苦实情上达,遂解私囊,出资一千零八十元,每家可得六十元。(《孙中山赏恤烈士家属》,《民生日报》1912年5月13日,"新闻一")

　　△　报载孙中山在潮州旅省同乡会欢迎会演说地方自治。演说中云:"鄙人今日对于我潮州诸父老昆弟深有希望者,即能有责任心,而不可生倚赖性。人人对于国家社会,当视为我个人与他人组织而成。凡国家社会之事,即我分内事。有时凡有益于国家社会之事,即牺牲一己之利益为之而不惜,然后国家社会乃能日臻于进步。且国家之治,原因于地方,深望以后对于地方自治之组织,力为提倡赞助。地方自治之制既日发达,则一省之政治遂于此进步,推之国家亦然。如此做去,将来中国自能日臻强盛,与列强相抗衡于地球上,愿我父老昆弟勉之。"(《孙先生演说词汇志》,《民立报》1912年5月13日,"新闻一")

　　△　收到德庆商会、金林乡团来电,报告:"连日匪劫古垒,率团

往援,被匪围困,无枪抵御。已奉准购枪码万,乞准起运放行。"(翠亨孙中山故居纪念馆藏档,B11—37)

5月14日　香山县小榄镇潘炎华上呈,讨论兴农业征赋税办法,提议"欲拟农业振兴,亟宜设农务专司、农务分所,应集股本开办农团、兴业社"。(翠亨孙中山故居纪念馆藏档,B6—25)

△　新加坡华侨总商会来电,告以该商会已行正式选举,举定沈子琴为正总理,刘鸿石为副总理。(翠亨孙中山故居纪念馆藏档,B9—15)

△　虎门陈芝铭、邓汉翘等来电,控诉土豪邓显明、王廉泉,声言虎门陆军一标委派清乡帮办四处吓骗,借报私仇,请予查究。(翠亨孙中山故居纪念馆藏档,B11—38))

△　收到肇庆肇城仁爱善堂、广善堂、方便留医院、东门街、塔脚街、三褐街、迎祥街、新旧街、东西镇南街、北门街、城内商店等来电,挽留周之贞督办肇、罗军务,以安商旅。(翠亨孙中山故居纪念馆藏档,B11—39)

5月15日　主持公祭黄花岗烈士。

本日为黄花岗起义一周年纪念日,上午,率各界人士十余万人至黄花岗,行礼致祭,祭文为:"呜呼! 在昔建夷,窃夺中土,凶德腥闻,天神怨怒。嗟我辕孙,降侪台隶,含痛茹辛,孰阶之厉。种族义彰,俊杰奋发,讨贼义师,爰起百粤。觥觥诸子,气振风雷,三日血战,虏胆为摧。昊天不吊,忽焉殒踬,碧血一坏〔杯〕,歼我明懿。寂寂黄花,离离宿草,出师未捷,埋恨千古。不有先导,曷示来兹,春雷一声,万汇蕃滋。越有五月,武汉师举,荡荡白旆,大振我旅。天厌胡德,乃斩厥祚,廓清禹域,腥膻尽扫。成仁之日,距今一周,民国既建,用荐庶羞。虔告先灵,汉仪光复,九京有知,庶几瞑目,呜呼尚飨。"(《孙中山祭黄花岗文》,《民生日报》1912年5月17日,"新闻一")祭毕,将去年特辟义地掩埋烈士遗骨的两粤广仁善堂所备之松柏四株亲手锄种于墓前,依次浇灌。广仁善堂勒石记载:"客岁阴历辛亥三月廿九日,烈士舍身救国,敝堂哀感万状,特献出新辟黄花岗义地,妥埋烈骨……兹届一周之辰，敝堂复献松柏四株，请蒙孙中山先生亲自锄种，并施灌溉，以留纪念。"（《"七十二烈士千古"碑文》，卢洁峰：《黄花岗》，第 130—131 页）1 时半乘舆离开。

归途顺道至农林试验场，在场中休憩，畅谈农务，其主旨在改良道路、免肥料入口税，以利农民，改良种植、选取品种并奖励园艺果树业等，约一小时。在场中种橡胶树一株作纪念。后察看温室、田园、陈列室。接受关干甫呈上农学会章程，表示此为振兴农务之必要，并阅看会员名册，笑曰："余于二十年前，创办一农学会，为革命之秘密机关，今睹此，殊增今昔之感。"（《孙中山祭黄花岗文》，《民生日报》1912 年 5 月 17 日，"新闻一"）

△　上海同盟会员吴玉章、谈春谷、陈一夔等来电，要求将喻培伦补列入七十二烈士像。（翠亨孙中山故居纪念馆藏档，B1—8）

△　收到香港行船公馆公义堂余庆堂、同兴阁代表陶荷材等来电，告以船伴骆之海系洪门会友，被民军黄桐挟嫌误拿，务乞查讯省释；船伴蔡寿等七人请求迅速提讯，准许保释。（翠亨孙中山故居纪念馆藏档，B11—40）

△　黄大伟来函，报告湖北权利争执，党派纷歧，孙武组织民社，其党羽借此以图恢复势力。近来民社扩张，欲将六政团合并，组织共和党，举黎元洪为理事长，章太炎、张謇、伍廷芳、那彦图四人为理事，预备将来举黎元洪为大总统，孙武为湖北都督。民社中无识之徒辱骂孙文、黄兴，丑诋同盟会，影响所及，至为可虑。提议整顿同盟会湖北支部。（翠亨孙中山故居纪念馆藏档，B11—101）

5 月 16 日　复电袁世凯，表示："粤省大局，渐次平静，各处界限，尚未甚融洽，须往各属一行，目前实难北上。"并允于借款事极力调停。（《天铎报》1912 年 5 月 21 日，"本馆专电·北京"）袁世凯电邀入京磋商国事，并传拟派其公子袁克定来迎。（《江西民报》1912 年 5 月 17 日，"本馆专电"）

△　卢夫人及孙公子由汪精卫陪同，抵达广州，寓孙中山行馆。

（《民立报》1912 年 5 月 18 日，"广东电报"）

△　南京成立国民捐总会，受推为总理，黄兴为协理。（《国民捐总会成立》，《民立报》1912 年 5 月 18 日，"新闻一"）

△　自由党本部特派组织广西支部党员黄绍纶、雷电南自梧州来电，请政府将外债欠款及行政经费，宣布全国，提议拟定捐、债先后并举，以捐款偿外债，以国债为建立中央银行担保债票母金，使政府免求外债。（翠亨孙中山故居纪念馆藏档，B5－25）

△　收到陈锦涛来电，询问请电北京维持汇业银行成立事曾否照办。（翠亨孙中山故居纪念馆藏档，B6－9）

△　临时稽勋局局长冯自由自北京来电，请示稽勋局驻粤调查会可否附设于广东都督府，并请胡汉民、陈炯明、朱执信三人中之一人兼任会长，希推荐调查员。（翠亨孙中山故居纪念馆藏档，B7－7）

△　吕志伊自上海来电，表示云南人士欢迎孙中山来滇巡视，并祈电示行期。（翠亨孙中山故居纪念馆藏档，B10－34）

△　德庆悦城商会、民团局来电，坚乞留任周督办（周之贞——引者注），以资镇慑。（翠亨孙中山故居纪念馆藏档，B11－41）

△　西江商船分会来电，恳再委任颜启汉安抚肇属西江，以资保卫。（翠亨孙中山故居纪念馆藏档，B11－42）

△　收到广西十四府代表梧州府黄宝宪、浔州府程修鲁、郁林府冯汝权、平乐府郑柱、武鸣府黄宝铭、南宁府梁炎、上思府黄恒盛、百色府黄中孚、泗城府甘乃广、太平府谭上垂、归顺府黄大受、镇安府黄开芳、庆远府李友槐，柳州府刘驷等南宁来电，坚决要求迁省南宁，否则"十四府人民只有自谋扼治进行，以维持大局，断无迁就"。（翠亨孙中山故居纪念馆藏档，B11－60）

5 月 17 日　出席总商会等举行的欢迎会，演说发展广东交通等问题。

下午 2 时，偕汪精卫、龙济光出席总商会、九善堂、筹饷局举行的欢迎孙中山和汪精卫大会，演说发展广东交通及借外债发展实业问题。表示:"今日回广东,得与各同胞相见,极为欢慰。广东为通商最早,商务本甚发达,近年以来,反落香港之后,并落天津、汉口、上海之后,究其原因,系属交通上种种之失败。何谓失败,如河道浅窄、洋船不能入口,铁路阻隔、货物不能流通,其势使然。今日欲为广东建设一地球上最大之商场,必须注重全世界之交通,急起直追,万众一心,乃能不落人后。此不独商务为然,即如工业、农业,求致富之道,无过于交通者。现广东虽为中外之交通点,但生产之力最微,倘欲振兴实业,或须假外人资本,乃能有济。盖实业之借债,有偿还旧张本,与行政之借债不同。"(《商会善堂欢迎孙汪先生纪事》,《民生日报》1912 年 5 月 18 日,"新闻一")

　　△　出席粤路公司欢迎宴会。

　　下午 4 时,出席粤路公司欢迎宴会。总理詹天佑致颂词,并表示粤路公司能保全商办,实赖孙中山领导革命成功之力。孙中山表示:"粤汉铁路,关系极大。当催促湘鄂力图扩张,以挽利权。并以三期股本,应速行开收,鄙人当发电各埠,力为鼓吹。"随即拟电文交公司通发各埠,电文为:"粤汉干路,关系民国建设前途甚大,且大利所在,并为振兴实业之首务。弟顷到商办粤路公司,提倡速收三期股,联合湘鄂,推广进行。国利民福,望速图之。"(《粤路公司欢迎孙中山情形》,《民生日报》1912 年 5 月 18 日,"新闻一")

　　△　收到香山港商何云甫、唐务环、李达祺、杨伟卿等自香港来电,申诉香山县东海十六沙在咸丰时被顺德龙、罗两姓士绅攘夺,辛亥反正后该绅放弃,现去年晚造已收割,今春早造已开耕,而龙、罗借官办为名,由顺德人陆领及其军士接管。要求"方今民权发达,陆领一到,恶感丛生。乞改派,免暴动"。(翠亨孙中山故居纪念馆藏档,B11—43)

　　△　德庆晋康绅耆来电,报告德庆晋康属留村、洞寮、署洪等寨土匪猖獗,乞速派军队常驻保护。(翠亨孙中山故居纪念馆藏档,B11—44)

　　△　香山公会汪文炳等来电,报告连日谣传劫城,港口已被劫,乞速派大队镇慑,以保治安。(翠亨孙中山故居纪念馆藏档,B11—45)

　　△　收到广西龙州参事会叶宛莲、黄定康、商会廖顾访、蔡千集、南宁县长吉鸿粲等来电,申明"广西省议院在邕成立,实出十四府人民之决心。并十四州议员之集合,以速迁省,而系进步舆情所在,大势所趋,再一迟疑,大命以倾",要求追认迁省南宁。(翠亨孙中山故居纪念馆藏档,B11—61)

　　△　《民生日报》发表评论,指出:"迩者中山回粤,汪、胡诸子相继而返,又安在吾粤之不足治者。可喜哉,粤东之前途! 可慰哉,粤东前途之希望!"(《粤东前途之希望》,《民生日报》1912 年 5 月 17 日)

　　5 月 18 日　至香港,寓英皇大酒店。(《民立报》1912 年 5 月 21 日,"广东电报";《日本外务省藏档案》,章开沅、罗福惠、严昌洪主编:《辛亥革命史资料新编》第 6 册,第 314 页)

　　△　与日本驻香港总领事今井忍郎会谈。

　　孙中山抵达香港后,今井本欲通过一相识的中国人设宴招待。因孙停留时间短暂,且另有所约,未得如愿。后探知陆庆南为孙少年好友,遂约其同往住处拜访,名为单纯表示敬意,实借此观察其意向。访问中问答如下:

　　问:余友秋山定辅氏曾言,革命成功后之孙与革命前落魄江湖之孙,有差。果真如此?

　　答:然。秋山君深深了解余,惟其知余。

　　问:在南京时,秋山氏曾拜访先生,以日本政府之真意转告,先生认为可信抑不可信?

　　答:(孙莞尔云)余深信秋山君人格,其无虚言,且言必行。(孙加强语气云)中日两国关系,须自双方之了解始。此又须始自个人。

　　问:秋山氏欲至港过冬,余来港前已邀请其至港一游。

　　答:余将有北京之行。二三个月后回。冬必在粤,乐于在香港与之交换意见,请以此意转告秋山君。(孙又云)将在二十二日赴澳门,停留一二日后径赴粤,再停留二三星期,预定由粤赴北京。余澳门之行不欲新闻记者知悉。

谈话后,为秘密跟踪孙中山,今井忍郎特派陆庆南至澳门等候。(《日本外务省藏档案》,章开沅、罗福惠、严昌洪主编:《辛亥革命史资料新编》,第6册,第315页)

△　收到同盟会员邹肇汉、江振华等自汉口来电,请电福建都督释放第四军部长江自群,并优恤死义诸烈士。(翠亨孙中山故居纪念馆藏档,B11-85)

5月19日　接受《南清早报》记者威路臣访问。

记者问北方电请入京与袁世凯会商等事,孙告之:"此常谈也。约三数星期,余将北上。胡君汉民,乃余之旧参赞,现为都督,最是人地相称。余当初返粤省,大局未靖,今则事事和平,秩序井然,各党融和,可期逐渐振作。昨礼拜六日,南清报刊有美国人来论一则,谓共和势力,恐难持久,此诚为无意识之谈,世人岂无耳目闻见乎? 彼造此说者,不独定为中国之仇敌,且为慈善之对象。惟是人各有见,定能自视,故此等卑劣之言,无事鄙人之辩驳。彼言南北不能联合,终成南为共和、北为君国之说,乃属美人之意见,非华人之意见也。彼作者诚不知中国之情形,其所谓南北两方,未能同情一节,全不真确。因中国并无种族之恶感,边外地方,虽或有滋乱,然其关系何如,可以想见。共计华人有四百兆,尽属同种同心,若与蒙人百万,满人二三百万,并藏民五百万,及别族闻共不过一千五百万,互相比较,果何如也? 设使伊等果有种族之嫌疑,此亦不过甚小之数,未足以鼓励结实之势力。"记者问:北方有不欲共和者是否真确? 孙答:"试问美洲南省,黑人有欲共和者否? 吾以此相答,反问足下,可以明白。夫各族无知之人,虽有多少意见之不同,而非反对。然有识之人,断不若是。自共和成立以来,各可独立,更加自由,而无压制之苦。"又谈到宗教问题,说及孔教与其他古教,因见洋人到中国传教,因而竭力自倡己教。记者问,为何主张裁去通商口岸。孙答:"然此乃华人之志愿,谓吾人必要独立者。更不愿在中国而归洋人统辖也。然吾人将必开放中国各方,以为酬偿。目下洋人只可囿于通商口岸,若果裁去各口岸,则洋人可到通国各地。由太平洋以至西陲也。果尔,吾料欧洲必甚欢迎,而洋人所得利益亦尤大。虽然,此事非欲即行,吾人将必先行自立妥善,使欧洲诸国满意,然后请其裁去口岸,时机一到,料各国无生抗拒者。因各国对于日本、暹罗,既不相拒,岂有阻拒于中国乎?洋人欲拓上海租界,惟吾人不允。此乃当然之理也。譬如别国今居中国之地位,岂不亦如中国之所为乎?足下为英人抑美人乎?若为英人,则必不欲有德人租界于伦敦也明甚。"记者有提及世界各地限制华人入境问题,孙认为:"各国设法保护自己工人,甚合道理。惟此等保护,不久可以不须。中国地方甚广,而不知开垦,此是自误。将来一经开拓,则吾国工人无庸外出,其实余意中国若兴农、矿、制造,则十年之间,可以自养其民也。"又谈到鸦片问题,指出鸦片可期早绝。谈及女权与民生各事。记者又问关于"黄祸"之说,孙指出:"欧人多恐中国他日之侵犯,此诚所见不远。若中国被逼而为此,则将成水师强国与武力强国,惟若听其自然。惟吾意中国无侵略志,因吾人志尚和平。吾人之所以要水陆大军者,只为自保,而非攻人。若果欧人势迫吾人,则吾人将以武力强国。果尔,将来事势如何,则难预言。"(《孙中山与南清早报访员谈话记》,《民生日报》1912 年 5 月 22 日,"新闻二")

　　△　收到旅澳香山绅商麦作衡、张启泰、何昭繁、潘维标、许廷干等自澳门来电,申明广东香山十六沙区域,自宋置县以来即系香山管辖,反正时,胡汉民都督委香山邑人刘世杰率队保护,而顺德劣绅瞒准派陆领前往接管,群情愤激,极可能发生冲突。请求俯顺舆情,饬令农民自择,以符自捐、自卫宗旨。(翠亨孙中山故居纪念馆藏档,B11—46)

　　△　桂林广西临时省议会来电,表示该会庚电内称南宁议员三十八人,"系以电局送来南宁冬电为据。证以桂林商会、自治会、报馆

收到该电,亦属相同。原件具在,非可臆造。至议会集合应以何处为正当,自有历颁法令可查,毋庸置辩"。(翠亨孙中山故居纪念馆藏档,B11－62;《申报》1912年5月21日,"公电";《民立报》1912年5月21日,"广西电报")广西平乐府议、参两会来电,对于广西迁省问题,指出在地理、国防、商务、政教、各方面,桂林皆不如南宁,"议员为人民代表,七十八议员之意思即十四府大多数人民之舆论,拂舆论者不详其势,必将决裂"。请求早赐垂允,以定人心。(翠亨孙中山故居纪念馆藏档,B11－63)广西迁省筹办处总长梁之芬、次长覃瑞槐、黄道济等来电,表示"迁省南宁,为广西计,尤为国防计,尽人皆知,亦刻不容缓",国务院"反复无常,蹂躏共和,蔑视广西,实属帝制已极"。如国务院强制进行,广西十四府人民所有关于国债、纳税、当兵诸义务,概不负担。(翠亨孙中山故居纪念馆藏档,B11－64)

5月20日　接受《士蔑西报》记者访谈。

针对记者所提今日香港华商劝广东商人不可用洋人资本,表示:"此乃旧日之政见用于今日者也。吾侪将劝导商人,使彼等知借用外款乃为互相利益起见。"至于外款的用法,可以用于办各种实业,如建设新城邑、开通建设铁路、开垦农田等。对于记者所言"华人谣传英国欲扩张租界方肯承认民国",答曰:"予不理会此言语。予知其言之不确。以我意见而论,而信英人不至如此自利。予素知英国人,别等华人或不知之,有意识之人断不会理会其言。"否认关于将隐居澳门之传闻,告以人传孙氏在澳门建屋,是自己的兄长所居住,不是本人居住。表示自己对于中国,"已卸却政治上之事业,专办振兴工艺,及改良社会之大设施",并注重教育,"将从根本上入手,先使每乡皆有蒙学校,由蒙学校而至高等,由高等学校而至大学堂"。最后又谓:"中国政府将取消各口岸,"扩张沙面,与共和国全境无异,使英人在中国之权限与中国人之在英国者等同,日后将取法日本解决外人在华权限问题。孙表示:"中国人进步极快。"记者问:"其快捷如日人乎?"孙答:"然,此次革命,即为明证。"记者问:"五六十年后,则与日本相等乎?"孙答:"甚似。"(《孙先生与西报记者谈话》,《民立报》1912 年 5 月 28 日,"新闻一")

△ 晚 7 时,与二位女公子由林护、尹文楷等陪同,出席香港筹饷局于石塘嘴陶园举行的公宴,宴会过程中燃放烟火,宾主尽欢。席间畅论国民银行及国民捐事。9 时半结束①。(《孙中山之行旌》,《民生日报》1912 年 5 月 23 日,"新闻二";《民立报》1912 年 5 月 21 日,"广东电报")

△ 南京各团体来电,推孙中山为国民捐总会总理。国民捐总会由黄兴联合各界组织,于 4 月底发起,5 月 16 日下午在南京成立总会,一致公举孙中山为总理、黄兴为协理,并公议该会章程,由各团体拟交孙中山核定,布告全国,一致进行。(《国民捐总会成立》,《民立报》1912 年 5 月 18 日,"新闻一")是日各团体来电称:"外人借债权要求查账,希图监督财政。国民此〔决〕不承认,特开公会,创立国民捐总会,公举先生为总理,王人文、沈秉堃二君为干事长。"(翠亨孙中山故居纪念馆藏档,B5—27)

△ 韶州商会来电,表示:"黄留守提倡国民捐,实为救亡善策。敝商会全体赞成,请将章程速寄,以便开捐。并请各界实力鼓吹,务达目的。"同时建议将捐款全数储入银行,声明专还国债之用,以取信于民。(翠亨孙中山故居纪念馆藏档,B5—28)

△ 肇庆各党会、公团、学界来电,表示听闻孙中山将赴梧州,"同人愿瞻丰采,预备欢迎"。请示启程日期。(翠亨孙中山故居纪念馆藏档,B10—35)

△ 收到顺德港商邓维彬、胡明生、赖德仁、何若、曾广等自香港来电,申明香山东海十六沙,从区域分香六顺四,而业户则顺德居十之九,指责有人冒充香山名义,争收捕费,夺顺德业佃自治主权。电文称:"去秋反正,秩序大乱,土豪割踞,争收晚造,沙租损失大半。后

---

① 据《民生日报》记,所谈概是宴会之话,并未涉及公事。(《孙中山之行旌》,《民生日报》1912 年 5 月 23 日,"新闻二")

经都督委任龙、罗、黄、邓各绅等照旧办理,人心始定。今复有无赖数人,假冒香山各邑名义,借口地权,希图争收捕费,夺我业佃自治主权。事经都督批准,尚多方阻挠,扰乱治安,莫此为甚。世界大同,何有县界,乞主持公理,俯准维持。"(翠亨孙中山故居纪念馆藏档,B11—47)

△　海口绅商学界来电,报告宜安匪首黄云龙杀掳掠焚,该县长官"贪贿乐抢,纵兵殃民",恳迅核办。(翠亨孙中山故居纪念馆藏档,B11—48)

△　广西临时省议会议长林绎、副议长雷恺泽、杨煊等来电,控诉国务院专横,"摧残议会,破坏共和",电请参议院将国务院违法专横各节,提出弹劾。(翠亨孙中山故居纪念馆藏档,B11—65;《时报》1912年6月4日,"公电·南宁迁省问题电")

是月中旬　出席广东佛教总会于广州六榕寺举行的欢迎会,卢夫人、子女一同参加。(《真相画报》第3期照片说明)为广州六榕寺题词:"阐扬佛教";为六榕寺主持铁禅和尚题词"自由　平等　博爱"。(刘望龄辑注:《孙中山题词遗墨汇编》,第172页)

5月21日　晚7时,与二位女公子赴华商刘铸伯等于华商公所举行的宴会,9时至洞天酒楼赴香山华侨宴会。(《孙中山之行迹》,《民生日报》1912年5月23日,"新闻二")

5月22日　自香港抵澳门,调停王和顺、孙眉、关仁甫等人。(《民立报》1912年5月23日,"广东电报")时孙眉居澳门。报载孙中山在澳门居萧瀛洲府第。(《民立报》1912年5月25日,"广东电报")

5月23日　上海广肇公所、潮州会馆陈可良、谭干臣、郭竹蕉、陈星帆等来电,报告:"承示借款知照财政部届期归赵,经电询熊总长,未蒙答复。"请求迅电北京财政部,及时清还。(翠亨孙中山故居纪念馆藏档,B5—29)

5月24日　中午,澳门总督前来拜会。(《孙中山之澳门游》,《民立报》1912年6月5日,"新闻三·香港通信")

△　下午2时,赴镜湖医院。5时,赴澳门陆军茶会,在茶会上

致答词,表示:葡萄牙革命成功于军人,中国革命亦成功于军人。两年之内,葡萄牙与中华革命都已成功,先后辉映,惟望从此皆力求进步。晚,赴澳门总督之宴会,致答谢词表示:初到中国者为葡人,交往最旧,深望从此交情愈固。(《孙中山之澳门游》,《民立报》1912 年 6 月 5 日,"新闻三·香港通信")访问澳门镜湖医院,与该院总理及陪同者在医院正门合影留念。同行者有邹鲁、秘书宋蔼龄等。(全国政协文史资料研究委员会等编:《孙中山先生画册》,第 287 幅)

5 月 25 日 赴香山前山欢迎会,顺访香洲。(《孙中山之澳门游》,《民立报》1912 年 6 月 5 日,"新闻三·香港通信")在香洲期间,登山临海,遍阅香洲商埠埠场,对于该埠街道宽阔,布置井然,非常满意,表示在华人建筑事业中首屈一指,将来定提倡航海业、铁路、工艺等事,将其建设完全,夺回外溢利权,巩固民国领土。(《孙中山游观香洲埠》,《民生日报》1912 年 5 月 27 日,"新闻一")

△ 收到陈锦涛北京来电,询问请电京事曾办否,并请电复中国银行。(翠亨孙中山故居纪念馆藏档,B6—10)

△ 广西龙州参议事会叶屺苕、黄定康、吴瑞绅、梁耀霭、商会廖显铺等来电,强调南宁为省会,于广西军事、商务、内政外交上均占优胜,生命"邕省议会系受我十四府人民所委也,今国务院既否认我邕省议会议案,即违反我十四府人民公意,专制故翻,莫此为甚"。仍再次电请大总统、国务院、陆荣廷都督及各团体,速即迁邕,以顺舆情,否则省议会即在南宁另新组织军政府。(翠亨孙中山故居纪念馆藏档,B11—66;《时报》1912 年 6 月 14 日,"地方通信·龙州参议事会争执迁省南宁电")

△ 报载河南同盟会、自由党等三十六团体自开封来电,报告得北京确信,政府借款已成,外人以稽核代监督,如此"国必亡,种必灭。正办国民捐,何不少待"? 表示决不承认。(《民立报》1912 年 5 月 25 日,"河南电报")

5 月 26 日 与飞南弟往见孙眉。下午赴卢氏娱园茶会,澳门总督夫妇及文武各官、拱北关税司皆出席。7 时，与澳门总督作别，总督表示在澳任职年余，素知华、葡交情和洽，望益敦和睦，孙代表国人致谢。10 时，登炮船返翠亨。(《孙中山之澳门游》,《民立报》1912 年 6 月 5 日,"新闻三·香港通信")

　　△　为滇桂铁路事致电袁世凯及北京国务院。因 5 月 2 日、12 日，蔡锷分别致电北京政府，建议修筑滇桂铁路，本日复电蔡锷："蔡都督冬电，从地理、国势上说明滇桂铁路之必要，真知灼见，殊深荩佩。滇桂一线关系西南边陲，殊属重要，此路果成，滇黔桂粤衔接加戍，不惟有利于军事、实业、交通，尤资利益，事关国力伸缩，鄙人深为赞成。应请从速核议建筑。"(《孙中山为复蔡锷冬电致袁世凯、唐绍仪、蔡锷宥电》,《云南档案》增刊第 6 页,1997 年铅印)《民立报》载孙中山电云："滇桂铁路于军事、交通、实业均有大利，亟宜修筑。如中央政府力不暇及，请由滇、黔、桂三督自行筹办。"(《民立报》1912 年 5 月 30 日,"北京电报")

　　△　报载黄兴来电，商请在南洋各埠提倡国民捐。(《民立报》1912 年 5 月 26 日,"南京电报")

　　△　广东化州军务处李济民、黎启明、苏汝森、王振渚来电，表示拥护国民捐，指出："财权关系国家存亡，凡属国民皆义务所在，且我军界全体议决，本团及驻高独立营将士，闻风均表同情，竭力提倡照办。"(翠亨孙中山故居纪念馆藏档,B5-30)

　　△　谭延闿自长沙来电，赞成组织银行，提倡实业，表示湖南矿产"实甲东南，无力开采"，"农业改良，急需巨款"。请求借款六百万两，振兴农矿。(翠亨孙中山故居纪念馆藏档,B6-11)

5 月 27 日　自澳门抵香山县翠亨村，在家乡留居三天。(萧嘉:《孙中山回翠亨的经过》,《孙中山与香山——孙中山研究文集第三辑》,第 18 页)

　　△　孙道仁自福州来电，对孙中山出任国民捐总会总理表示钦感，并请示进行办法。(翠亨孙中山故居纪念馆藏档,B5-31)

5月28日　出席香山南蒗圩各界欢迎会,程廷昭等致颂词。颂词云:"维中华民国元年五月二十八提,为孙中山先生提倡革命告厥成功,由南京为大总统解组荣旋,鄙人程廷昭等恭逢其盛,拜手扬言而颂曰:奇谋大智,义侠情真。初心独奋,茹苦含辛。苦清苛政,革故鼎新。□风问俗,过化存神。同胞广结,复汉原因。文明大启,灿烂星辰。猗欤休哉,今世伟人。"(翠亨孙中山故居纪念馆藏档 B10—36)

△　慰问陆皓东烈士家属,称赞"亚东成仁取义,留名千古,虽死犹生,后人敬仰"。(孙中山:《慰问陆皓东烈士家属的谈话》,陈旭麓、郝盛潮主编,王耿雄等编:《孙中山集外集》,第 176 页)

△　袁世凯来电,告已将滇桂铁路交交通部核议。电云:"滇桂铁路关系军事、实业、交通,自是确论,极以为佩。前据云南蔡都督电,先后交交通部核议,现尚未经议定项。已将尊电催令速核议复矣。"(翠亨孙中山故居纪念馆藏档,B6—30)

5月29日　上午,到香山县左步乡,在孙氏宗祠和孙姓宗亲茶话。(李伯新:《孙中山在香山县的足迹》,《孙中山与香山——孙中山研究文集第三辑》,第 33 页)

△　电约黄兴同赴北京,以调和党派、提倡国民捐。(《江西民报》1912 年 5 月 30 日,第 1 版,"本馆专电";王咨臣:《孙中山 1912 年夏季行程纪事》,《辛亥革命史丛刊》第 4 辑,第 275 页)

5月30日　与随员及同盟会夏仲民等由香山乘广安兵舰回广州。启程时香山各界人士欢送。下午 6 时半,抵达广州天字码头,上岸入行辕。(《孙中山返省记》,《民立报》1912 年 6 月 7 日,"广州通信")

△　北京国务院来电,报告已交交通部迅速电商滇、黔、桂三省都督,妥议筹办滇、黔、桂铁路事。(翠亨孙中山故居纪念馆藏档,B6—31)

5月31日　致电熊希龄,内容应为关于汇业银行事。6月2日熊希龄回电。(翠亨孙中山故居纪念馆藏档,B6—15)

是月　为广东公立女子教育院题词:"民国元年　幼吾幼　广东公立女子教育院义举也书此为人道主义倡　孙文。"广东公立女子教育院1912年3月设于广州芳村黄大仙祠,由广东军政府警察厅长陈景华主办,真光书院教员梁女士为第一任院长,收容社会上被虐待之女子。(刘望龄辑注:《孙中山题词遗墨汇编》,第173页)

△　李广琳自法国波尔多来函,告以法国民国密密会党人皆欢迎我新政府,故有上书庆贺之举,望勿辞其热心,以成全中国新政府。(翠亨孙中山故居纪念馆藏档,B9—33)

△　与罗福星谈话,表示台湾为中国领土,决心收复,但为大局着想,必须讲求方法。基于种种原因,自己不便出面,亦不宜直接过问,告罗福星可以去见福建都督孙道仁,将来如需军火,可电告闽、粤两省都督,自会全力支持。(孙中山:《与罗福星的谈话》,陈旭麓、郝盛潮主编,王耿雄等编:《孙中山集外集》,第176页)

4月至5月　同盟会会员张永福、林海生、杨祺圃、陈质亭、蔡汉源、柯应理、黄良德、林国英等来函,指责林激真破坏同盟会宗旨,违抗都督命令,恳请秉公严办。(翠亨孙中山故居纪念馆藏档,B11—21)

6月

6月1日　复电国民捐总会,同意担任该会总理。

5月16日在南京成立国民捐总会,推孙中山为总理,黄兴为协理。5月20日各团体来电报告公举之事。本日复电表示:"民国危急,确以现刻为至甚。国民捐为救死之良剂,公等热心提倡,至为钦佩!举弟为总理,义不敢辞,望速以弟名分电各省,使四方闻风响应。粤中自接黄留守电,认捐者甚为踊跃。民国存亡,胥视此举,望公等勉之。"(《孙中山复国民捐总会承认总理电》,《民立报》1912年6月20日)

△　报载孙中山决定月初北上,主要政见为:一、婉商各公使早换国书;二、代华侨求参政权;三、调停借款;四、劝募华侨国民捐;五、提倡募集国内公债;六、调停党派;七、解散军队;八、发行国债票。

（《江西民报》1912年6月2日，第1版，"专电"；王咨臣：《孙中山1912年夏季行程纪事》，《辛亥革命史丛刊》第4辑，第276页）其他各报亦有不同报道。《申报》报道孙中山由粤来电，谓6月初即将北上，来京原因为：一、调停党派；二、拟来北方提倡民生主义；三、因满蒙一带对于共和恐不能确实承认，拟遍游一次，以侦察北方实情；四、因外债累起波折，拟竭力提倡国民捐，将粤东设箱街市之办法行之直、豫、鲁、晋一带，以期收效神速；五、华侨要求代议权，孙极为赞成，特来代为说明理由，以求参议员之同意；六、因南洋华侨对于国民捐极为热心，特来与总理商定鼓励办法。（《孙中山来京有日》，《申报》1912年6月4日，"要闻一"）

△　袁世凯来电，告知收到31日电，但"汇业银行呈尚未寄到，已先将尊电交财政部"。（翠亨孙中山故居纪念馆藏档，A1-30）孙中山批："看过。当电陈（指财政总长陈锦涛——引者注），着即交呈于总统。文批。"（翠亨孙中山故居纪念馆藏档，A1-30）

△　广西横县同盟会员刘月山自横县来电，请视察广西，推动广西地方事务。电称："丁未河内一别，即回里门，寸筹莫展，地方事今仍复有表面，顽固者多，同志者少。请先生定期西上，电示弟先赴迎，俾地方赖以进行。"（翠亨孙中山故居纪念馆藏档，B10-37）

△　居正来函，报告已收到所发手谕及捐单，告以现存款项无多，北京总部催款甚急，请设法接济；又告同盟会湖北支部情况较前似有进步。（《居正致孙中山函》，广州大元帅府纪念馆藏）

6月2日　出席粤汉铁路公司欢迎会。（《中华民国国父实录》第3册，第1925页）

△　熊希龄来电，告知收到孙上月31日来电，并告陈锦涛汇业银行一事尚未具呈到部。但表示因其正在辞职，公文由总理唐绍仪代签，将向其转达孙的意见。（翠亨孙中山故居纪念馆藏档，B6-15）

6月3日　专电挽留总理唐绍仪，劝唐顾全大局，毋遽辞职。（《江西民报》1912年6月4日，第1版，"专电"；王咨臣：《孙中山1912年夏季行程纪事》，《辛亥革命史丛刊》第4辑，第276页）

△　致电袁世凯、唐绍仪、参议院,请提倡国民捐,并由参议院议采取累进法,颁行章程,加以推动。电文为:"民国存亡,千钧一发,前经黄留守发起国民捐,实为救亡要策。南京已由六十团体组织国民捐总会,举文为总理,义不容辞。现在各省闻风响应,认捐踊跃。惟此举须由参议院议采累进法,颁行一定章程,方能有效。务祈诸公极力提倡,庶使共和基础得以巩固,民国幸甚。"(《孙中山先生电》,《申报》1912 年 6 月 5 日,"公电")此电当日由黄兴代达袁世凯。(翠亨孙中山故居纪念馆藏档,B5—32)

6 月 4 日　黄兴来电,告已将孙中山担任国民捐总理一事,于 3 日代为电达袁世凯总统,并转袁世凯复电:"江电敬悉。顷晤汪精卫,前稔我公南游,福履多豫,深为欣慰。伟论至佩。国民捐章程前已汇交院部速议矣。江多夏燠,诸惟珍重,不尽依依。袁世凯。支。印。"(翠亨孙中山故居纪念馆藏档,B5—32)

△　北京交通部来电,告知关于西南川、黔、桂三省铁路计划方案。关于滇桂铁路,孙中山曾电交通部,建议如中央政府无财力顾及,可以授权滇、黔、桂三省筹款自办。6 月 4 日,交通部复电表示:"查尊电称如中央未遑顾及,即请授权滇、黔、桂三省都督筹款自办,与本部前电用意颇同。此事关系西南大计画,先生人望攸归,允能就本国中筹款筑路,别有良法,尚乞随时赐教。"(翠亨孙中山故居纪念馆藏档,B6—32)

6 月 5 日　各地来电响应国民捐。南京国民捐总会来电,请求早日来主持总会工作。电文为:"东电敬悉,全体欢跃。遵即分电各省。万恳速临主持。"(翠亨孙中山故居纪念馆藏档,B5—34)黄兴转柏文蔚来电,表示:"国民捐公为总理,一呼百诺,云集响应,至为敬佩。敝省理应遵电办理,极力提倡,以副盛意。"(翠亨孙中山故居纪念馆藏档,B5—33)直隶都督张锡銮自天津来电,表示直隶各团体各机关分投劝募国民捐,建议制定统一章程,由参议院表决通行,协力会筹,期收实效。(翠亨孙中山故居纪念馆藏档,B5—35)成都法团联合会干事张知竞、

李樵生来电,报告四川省八十余团体成立联合会,全力筹办救国捐,请示办法。(翠亨孙中山故居纪念馆藏档,B5—36)

△　熊希龄来电,指出应还之广、肇、潮商款因借款未定,未能按期偿还,昨已直接与各商联系,请求展缓还期。(翠亨孙中山故居纪念馆藏档,B5—37)

△　收到旅港从化工商公所马振声、吴天保等自香港来电,告以从化沙溪洞民不愿被会匪强迫入会,会匪召集数千人焚劫洗掠,伤毙无数,恳饬迅速派遣军队解围。(翠亨孙中山故居纪念馆藏档,B11—49)

6月7日　李煜堂等自香港来电,告以广东都督胡汉民命急筹一百万元汇京,明晚能回广州商议。(翠亨孙中山故居纪念馆藏档,B5—38)

6月8日　发表《通告粤中父老昆弟书》,呼吁广东同志团结,维持粤局,明确表示反对"扶正同盟会"。

王和顺等在所部民军被解散后,组织"扶正同盟会",反对广东军政府,孙中山在澳门调停,未有结果,在《通告粤中父老昆弟书》明确表示,反对"扶正同盟会"的活动,指出:"就吾粤言,上年光复,兵不血刃,市不易尘,举动文明,中外称许。徒因民军云集,冲突频闻,复有王和顺辈者,包藏祸心,图谋不轨,以致行者戒途,居难安枕,此等状态,邦人诸友当能念之。幸而一举扑灭,于是得所藉手,以次第遣散民军,粤局于焉敉平,商民于焉复业,此亦见天不助逆,相我粤人,使吾人得以着手办事之良好机会也。鄙人当返粤时,目睹夫城市依然,人民无恙,吾粤气象有日新之机,方以为慰。乃风闻有不逞无赖之徒,妄借扶正同盟会为名,及推举某某人为首领,散布谣言,谓将起第二次革命。此种无稽之言本不足道,惟察其原因,此等风说,实由两种人而起:其一则无意识之人也,误会平权自由之说,以为革命功成,吾辈可以逾闲荡检,为所欲为,迨见政府偶加限制,不能任意胡行,于是互相诋毁,希冀一旦有事,得于扰攘之际,复行其鬼蜮之私,此一因也。其一则不得志之人也,当反正之初,淑慝未明,贤愚并进,如黄世颂者流，遂得恣肆于一时，迨军务渐平，是非大定，彼辈遂不得逞，乃从而多方煽惑，结党营私，冀人售其欺，而彼亦得于中取利，此又一因也。大约近日造谣之人，不出此两种。夫无意识而造谣者，愚也，不得志而造谣者，妄也。以非愚则妄之人，而作行险侥幸之事，欲望有成，殆无是理。"劝告粤中父老兄弟"毋轻信此等乱言"，指出："共和之国，只有改良政治之事，更无二次革命之可言。为此说者，其人之不学无术已可概见，稍有识者，必不受其愚。"希望能够将广东建设成为新国家之"模范省"，表示："鄙人抱三民主义，此次解职归来，实有无穷之希望于吾粤。思以我粤为一模范省。诚以我粤之地位、之财力，与夫商情之洽固、民智之开通，使移其嚣张躁妄之陋习，好勇斗狠之浇风，萃其心思才力之于一途，以振兴实业，谋国富强，不出数年，知必有效。若此而不思，日以谬妄觊觎之心，为犯上作乱之事，使商务凋残，民生疲弊而已，亦何赖焉！且多行不义，终必自毙，纵幸逃法网，亦不齿于乡评。彼即不为大局计，可不为一己计耶？是诚何心，乃忍为此？此鄙人所以复愿父戒其子，兄勉其弟，勿效此暴乱之行为也。方今之时，外人尚未承认民国，则窥伺堪虑，满人或私结宗社，则隐忧未已。凡我同志，务宜万众一心，维持粤局，即所以保安全国，使他日民国史上，使我粤得大光荣。"（《孙中山通告粤中父老昆弟书》，《民生日报》1912 年 6 月 8 日，"要件"）"扶正同盟会"为广东民军首领王和顺、关仁甫、杨万夫等，利用暂居澳门的孙眉的威望所组织的团体，是日有孙眉任该会首领消息。孙中山发布《通告粤中父老昆弟书》，孙眉亦于报上连载启事，宣称该会"冒用鄙人名字，煽惑愚民……鄙人并未与闻，亦断不敢承认"。（《孙寿屏启事》，《民生日报》1912 年 6 月 8 日［孙眉启事于该报 6 月连载］）6 月 10 日，陈炯明发布告示，宣布"扶正同盟会"罪状，将其镇压，其成员解散。（《劝勿为扶正同盟会所惑告示》，《民生日报》1912 年 6 月 10 日）

　　△　北京国务院来电，表示广东士绅不了解省议会性质，因而对于都督胡汉民的言论任意抗争，希望到时予以开导。（翠亨孙中山故居

纪念馆藏档,B11—50)

6月9日　举行谈话茶会,阐述"平均地权"及广东省地税换契案。

下午2时半,在广州行辕举行谈话茶会,向记者、议员等再说明"平均地权"的意义,解释广东都督拟交省议会议决的地税换契案。指出:"我中华民国成立,今正当建设之始,财政为急。外国有一种单税法,最为可采,视地价之贵贱,为抽税之多寡,办法亦最为简单。……若行地价抽税之法,乃为平均……若行此等地税,杂税可以不收,声明只收其地之天然税。至于建筑楼房等之人为税,一概免纳,实为平均地权之一法也。"希望议会及报界对广东都督拟交省会议决之换旧地契案"能通过而鼓吹之"。(《孙先生与各界谈话会》,《民立报》1912年6月15日,"新闻一")对于议会人士提出的"田地税、房屋税二者是否分清"及"于中央税法未知有无抵触"的问题,回答:"只收田屋之天然地税,房屋等人为税一概不收。至于虑及中央政府不允,无庸虑及。现时中央税法未定,吾粤首先行此地价抽税良法,收入必丰于前,可为各省模范。若中央税法既定,吾粤一年应解中央税若干,则如数解去。"对与会者关于立法权限之争论,回答:"权限是谁与之者? 从公理求之也。革命党之权谁与之者? 少数人牺牲性命于公理上求之也。不然,都督欲得权限优胜些,谁能与之? 又谁能均之也? 前日闻省会请将约法宣布,而都督以中央有取消各省约法之议,故未便宣布。省会电中央争之。复派代表入京争之,现中央竟有取消各省约法明文,此举似可不必,何若向公理上求之。此地税问题,众代议士果能毅然进行。不计舆论攻击,信用之足与不足,求达我目的,使粤造成一模范省,不独我粤三千万同胞崇拜我众代议士,吾国四万万同胞亦当崇拜我众议士,咸称我众代议士为圣人、为英雄,何信用足否、舆论洽否之足言乎! 所谓向公理求之者,此也。我众代议士其勉之。"又论述外国地权不平均之弊,与民国实行地价抽税之利。(《孙先生与各界谈话会》,《民立报》1912年6月16日,"新闻一")

6 月 10 日　香山四大都南蒗圩商民程鸣煊、欧干廷来电，报告香山东乡横门下贼匪猖獗，连日得线报，有数百盗匪在浮墟骚扰，声称不日到南蒗一带行劫，请求火速拨派兵轮，严密巡守，以保治安。（翠亨孙中山故居纪念馆藏档，B11—51）

△　黄兴转第五军军长朱瑞来电，祝贺孙中山当选国民捐总会总理，报告该军捐款情形。电云："黄留守提倡国民捐，瑞已招集本军所属各官佐议决：上等官佐每月捐俸十分之三，中等十分之二，初等及额外军官十分之一，从五月份起至九月份止凡五个月，合全军计算可得洋三万五千余元，借为杯水车薪之助，业于五月寒日电黄留守在案。敬悉我公任总理，曷胜欢跃。"（翠亨孙中山故居纪念馆藏档，B5—39）

6 月 11 日　与荷兰银行家士丕文在广州订立《中华振兴商工银行草约》。

该银行为"统粹之商工银行，其宗旨权求发展中国一切之营业，又对于中国之商业与工业在经营创始之际，当间接、直接予以助力，且助中国兴办矿务、铁道、航路以及一切经营之事业，能予中国之福利与贸易实有补益者"。《中华振兴商工银行草约》开列大纲十二项，作为日后该银行规程之底本。根据草约，拟集资本银币一千万元，分为十万股，金币一百万镑，分为十万股。银币股份由孙中山担任处办，第一次股银不超过二百五十万元，约于 1912 年 8 月交付；金币股份由欧洲资本家备集，由士丕文作为代表，照银币股份同例交付。总行拟设于上海，中国境内及亚、美、欧三洲设立分行。银行将处办银市上及财政上各种事业及间接、直接有关于商业、工业、农业、矿务、铁道、航路、水陆工程、行驶汽机、电机等，并押借及实购产业之类。董事部将以中国股东五至九人组织之，设立于上海，并在欧洲设一欧人顾问团。应推孙中山为该银行第一次总董。银行管理应用西法，中国董事部会同欧洲顾问团，任用外国总经理，银行管理之执行权，授予该总经理，总经理受董事部及顾问团之监督及劝告，应推士丕文为第一次总经理。孙负责将相关规程陈请北京政府承认。并规定该草约须经孙中山与士丕文于7月以前交换海电确定,否则不能视为有效。(《拟创办中华振兴商工银行说帖》《创办中华振兴商工银行草约》,《孙中山全集》第2卷,第376—380页)

△　南京各省联合总会来电,报告公举孙中山为该会正会长,王芝祥为副会长。电称:"党见纷歧,国亡旦夕。同人组织各省联合总会,化除省界,联络感情,业已成立。投票公举先生为正会长,王芝祥君为副会长。乞速莅任,以慰众望。"(翠亨孙中山故居纪念馆藏档,B8—7)

△　陈景华来函,报告《中国日报》近日迁至广州以来,卢信无暇打理,委人不当,近来成为反对政府的机关,在王和顺之乱中,肯定王而反对政府;两次省议会纠举都督,都表示同情;陈景华宣布代议土罪状,唯独该报不肯登载。来函谴责该报"甘为省会之机关,大失吾党扶植该报之本意。似此流毒广东,吾党办报之名誉遂扫地以尽。商界且因其反对政府而抵制之。如此则该报万无起色之日,可断言之也。请先生直接干涉之,即派妥人以任其事,以保全《中国日报》原始之名誉,免为政界所干涉,并保全各同志之资本"。(翠亨孙中山故居纪念馆藏档,B7—5)

6月12日　广东都督胡汉民根据孙中山倡议,咨请广东省临时议会讨论地税换契案,财政司长廖仲恺出席说明。廖仲恺指出:"日前孙先生发起土地国有问题,亦宜先从租税着手,而欲整顿租税,又必以换契为前提。现拟凡于前清政府税有三联印契者,将旧契呈验换发新照。卖契定为值百抽二,典契收百分之一五。"其方法为:"其价准由民间自由呈报,惟声明如将来政府或收用此土地时,即照所报数目给价,可以不虞有少报之弊。"(《粤中换契问题》,《民立报》1912年6月20日,"新闻一")议会反复讨论,表决时多数赞成。(《粤中换契问题》,《民立报》1912年6月20、23、24日,"新闻一")

△　香港中文报纸《新华报》报道,新上任港督一到香港,即打算去广州与孙中山会晤,以巩固中英友好关系并商讨制止瘟疫的卫生

措施。(《粤海关情报(1912 年 6 月 12 日)》,广东省档案馆编译:《孙中山与广东——广东省档案馆库藏海关档案选译》,第 36 页)

6 月 13 日　广州总商会邀请商、报界会议,宣布孙中山面述京电,拟令广东省协款一百万元,以应急需。提交公议,商人积极响应,并遵孙所嘱,讨论赞成筹办中华兴业银行一事。(《粤商会集议解款》,《民立报》1912 年 6 月 19 日,"续新闻一")

6 月 14 日　南京留守黄兴辞职。解职布告称:"民军起义,实首南方各省。南北统一后,议设留守,不过因时制宜。而北方物议沸腾,或疑与政府对峙;或谓机关不一,易兆分离。兹幸南方各军,整理已有端倪,若不及早取消,不独有碍行政统一,且使南北猜疑益深,实非民国前途之福。"(毛注青编:《黄兴年谱》,第 195 页)

6 月 15 日　乘快车从广州抵香港。(《广东电报》,《民立报》1912 年 6 月 16 日,"专电")此行主要目的,是要说服中国商人向广东银行投资。(《日本外务省藏档案》,章开沅、罗福惠、严昌洪主编:《辛亥革命史资料新编》,第 6 册,第 315 页)

△　晚,出席商国民捐董事在四邑商工总局举行的会议,并发表演说。演说称所主张之银行与以前办者均有不同,该银行系中外合办,专为介绍外资起见,不发行钞票,专门发行欧美债票,其性质属于商办。(《广东电报》,《民立报》1912 年 6 月 16 日,"专电")演说中说:"我国财政空虚,非借巨债不足维持。虽民捐民债,杯水不足以救车薪。而借债又被四国银行团监督财政,甚至牵及军政,将来受患无穷,亦非得计。然中国现局非有大帮财政以济用,则凡事不能举办。"(《大银行将出现》,《天铎报》1912 年 6 月 25 日,"中外大事")

6 月 17 日　上午 10 时,出席香港侨商会议,演说阐述中西合资银行利益,指出内债、民捐效力均短,只有合资银行持久而利大,应将自办银行之款尽拨赞助合资银行。香港侨商讨论时,先表决赞成自办银行,反对合资,表示待自办银行成立后,提出少量资本,作为合资资本,答复孙中山。孙遂赴会阐明,但会议未决定最后办法。(《广东电报》,《民立报》1912 年 6 月 19 日,“专电”)

6 月 18 日　登美国邮船高丽号离开香港前往上海。本拟 17 日夜展轮,后展期至本日午刻启行。卢伯琅、宋蔼龄偕行,留学北美之子、女亦随行。(《广东电报》,《民立报》1912 年 6 月 16 日,“专电”)

6 月 22 日　零时抵沪,沪军都督陈其美派钧和号军舰到吴淞口迎接。抵沪后寓沧洲旅馆。晨,黄兴、陈其美及地方各长官来旅馆面谒。(《孙先生莅沪记》,《民立报》1912 年 6 月 23 日,“新闻四”;《申报》1912 年 6 月 23 日)

　△　接受《民立报》记者来访,发表谈话。

对于粤中近事,答复“目前少有谣言,近已敉平无事”。对于近来政界情形,答复:“此时不欲发表,现拟专办铁路事业,欲以十年期其大成,目下正与黄君克强商议一切,俟过数日,当可发表计划。”又告“铁道计划定后,当赴京商诸政府,促其实行”。对于记者表示北京政界险恶,南方人心摇动,笑答:“时局虽少混沌,然亦无大变动。此时余以别有所图,故不欲干预时事。鄙意欲握政权者既大有人,似尽可使之肯负责任。设时局竟不可为,余固不能坐视。惟目前则小小争执耳,不足虑也。”(《孙中山先生一夕谈》,《民立报》1912 年 6 月 23 日,“新闻一”)

　△　下午 3 时,上海各界在张园开欢迎会欢迎孙中山、黄兴,孙中山因事未到,请黄兴代表。自由党主裁李怀霜致欢迎词后,黄兴即席答词:“今日虽已推倒满清政府,而障碍之物尚多……以今日之现象观之,非政见相争,实以党名相争,前途非常危险。”(《张园欢迎孙黄两先生补志》,《民立报》1912 年 6 月 25 日,“新闻四”)

　△　《民生日报》载孙中山在香港基督教会欢迎会上的演说,指出民国已成,信教有自由权利,教徒于本国当有共负之责任、共尽之义务。“盖政治所以约束人之身,圣教则围范人之心。”对于鄙陋习俗,有赖宗教之力改革,希望教徒留心研究教理。(《补录孙中山在香港教会演说略》,《民生日报》1912 年 6 月 22 日,“新闻二”)

6 月 24 日　在黄兴住处会见社会党本部干事沙淦,会见时表示,此次来沪事务甚多,常期演讲社会主义需待他人,对于临时演讲,表示有空暇时即可举行,约定日期再通告。又问《人权报》是否已经出版,指出:"言论鼓吹尤为要事,是不得不冀望于党中诸君。"(《社会党与孙先生》,《民立报》1912 年 6 月 25 日,"新闻四";《社会党与孙先生》,《天锋报》1912 年 6 月 25 日,"本埠要闻")

△　为《新民国》杂志作序,赞扬共和革命成功,"推原功首,咸以为数年来言论提倡之力,固矣"! 现在共和虽成,而共和能否成功,则视国民政治能力与公共道德是否充足,主持言论者不仅需要提倡于前,更需要督责于后,"政革以来,民气发舒,上海一隅,日刊报纸,蔚然云起,独杂志缺然未有闻。然求其移风易俗感人之深者,日报之过目易忘,不如杂志之足资玩索也"。希望通过《新国民》发行,"余喜国民之有良导也"。(孙中山:《〈新国民〉杂志序》,《孙中山全集》第 2 卷,第 381—382 页)

6 月 25 日　在黄兴住所与《民立报》记者会晤。

针对记者询为何对于近日北京政争不甚措意,解释中国政局之困难,系间接或直接由经济困难所引起,经济问题若不解决,实难取得一致进行的效果,必须本末俱举,现政府只能以末法聊以应急,"吾人悠然处于民间,若复从而议其后,即或言之成理,恐不免于隔靴搔痒"。指出振兴中国唯一的方法,在于实业,"交通为实业之母,铁道又为交通之母,国家之贫富,可以铁道之多寡定之,地方之苦乐,可以铁道之远近计之"。向记者介绍自己关于铁路之计划,即以三条干路沟通全国:"一、南路:起点于南海,由广东而广西、贵州,走云南、四川间,通入西藏,绕至天山之南。二、中路:起点于扬子江口,由江苏而安徽,而河南,而陕西、甘肃,趋新疆而迄于伊犁。三、北路:起点于秦皇岛,绕辽东,折入于蒙古,直穿外蒙古以趋于乌梁海。"记者问:"先生之筹此三干路者,其为过屠门而作大嚼之希望乎? 抑竟有所把握耶?"孙笑应:"此曾无袁大总统建设中华民国之难也。"并向记者强调：国民当知振兴实业，当先以交通为重要；计划交通，当先以铁道为重要；建筑铁道，应先以干路为重要；谋议干路，尤当先以沟通极不交通之干路为重要。（《孙中山先生之谈话》，《民立报》1912年6月26日，"新闻一"）

△　与《大陆报》记者谈话。

谈话中表示："粤中以及各省，均并无乱象。有之，只见于报纸上，或发于数西人之心意中而已。"对于记者问及能否信任袁世凯及现在的政府，表示："余深信不疑。我知袁世凯实能斡旋大局，必不至有变动。"记者问是否反对政府商借外债？答复：中华民国成立伊始，固不得不借外债，但各国资本家不应要求监督财政权。记者问是否曾应商定兴筹商国民捐办法？答复：广东已认捐三千万元，但是各省不若广东踊跃。又介绍自己的铁路计划。记者问是否听闻外间传孙中山在南京任临时大总统时收受贿赂一百万元才答应让位于袁世凯，孙表示："此款我实未见，大抵传播此种谣言之各报纸，应给余此数也！南京政府所有款项，悉归财政部收支，一切余不过问。"（《在上海与〈大陆报〉记者的谈话》，《孙中山全集》第2卷，第385—386页）

△　陆荣廷来电，建议将广西解款作为准备金，发行纸币。电称："近以国库如洗，势难终日，各省解款，用事维持，桂省勉从其后，筹汇二十万元，明知涓埃奚补，惟尽力所能及。窃以财政困难，各省大略从同，事不内外统筹，终至同归于尽。中央每月支出数达一千万元，此次各省所解即足敷支月余，过此以还，何从设法？借债尤非至计，劝捐奚以为常，后此半涂，惧益倾险。当此存亡呼吸，国事艰难，术虽补苴，主求适用，现廷愚见，窃以为不若将此次解款悉做为准备金，发行不换纸币，而以比例准备法施之，现金一千万即可发行二千万，藉以救目前危急，亦以立统一财政基础。"并陈述此议好处，"则内外足以相维，盈虚复操自我，而统一财政又得以有其根基，将来改良币制，亦得易于着手"。希望中央采纳。（《桂林陆都督致大总统暨参议院

等电》,《政府公报》第 76 号,1912 年 7 月 15 日"公电")

△　报载刘福标上书,说明未能迎驾之由,表示自己所牵连之案,为个人之耻,祝孙中山奋起精神,为四万万同胞之先步。(《刘福标之上书》,《天铎报》1912 年 6 月 25 日,"本埠要闻")

6 月 27 日　致函咸马里夫人,问候咸马里的病情。

函中说:"我非常高兴听到你和将军在回国的旅途中,至为愉快。我更高兴的是将军的身体日益复元,以及医生所说的他不久以后就可以走路了。在你收到我这封信的时候,你应该已在海滩上了,无疑的,空气和阳光的转变更会加快将军身体的复原。"并告以自己的儿子和两个女儿将乘轮赴美攻读。孙简要介绍了中国国内的政局,表示"我想尽可能避开政治方面的事情,我要尽我的力量来发展本国的自然资源,特别是铁路的建设。我希望我能够完成这些事情"。(黄季陆:《中国革命之友荷马李将军》,《传记文学》[台北]第 14 卷第 4 期)咸马里(荷马李)在南京临时政府时期为孙中山效力,因中风于 5 月间回到美国。

6 月 29 日　要求北京政府公布比款用途以辨污。

致函袁世凯、国务员、参议院、财政部、各省都督并唐绍仪、陈锦涛等,因报纸造谣,诬称私受比款百万,要求公布比款用途。电文称:"报纸喧传文私受比款百万。比款用途,财政部有底账可查,请详细宣布,以昭大信。此事为国家名誉、政府信用、国民道德所关,政府应有明白宣布之责。如文受贿之事果确,国法具在,甘受不辞。倘实为少数私人平空捏造,更岂能任其逍遥法外? 而南北报纸喧传殆遍,政府诸公坐视不理,文一人之信用不足惜,宁不为国家信用计乎? 文毁家奔走国事迄数十年,共和告成,虽不敢自居有功,亦自信未有大过。而以党见纷争之故,少数私人竟不惜以毁文一人之名誉者牺牲中华民国,该辈造谣毁谤之徒,清夜扪心,宁无汗背。要之,比款用途既为国家经费,政府应有宣示于国民之责。请财政部将前后用途,正式通告全国,以全国家信用,不胜翘盼之至。"(《孙前总统请宣布比款用途

电》,《民立报》1912 年 6 月 30 日,"公电")此事缘于 3 月临时大总统交接
之际,当时部分报纸诬陷孙中山在南京临时政府结束时得唐绍仪贿
银一百万元,孙中山曾电国务院,告以此事,国务院复电广东都督转
告孙,唐绍仪已不在院中,所载贿银之事,定系失实。(《天铎报》1912
年 6 月 24 日,"本馆专电·特约路透电")6 月 25 日孙与《大陆报》记者谈
话时,也说到:"余闻此谣言,即驰电向唐绍仪诘问,第电未抵京,而唐
已出走天津矣。"(《在上海与〈大陆报〉记者的谈话》,《孙中山全集》第 2 卷,第
385—386 页)本日特向袁世凯等郑重要求。

6 月 30 日　委托黄兴参加中国同盟会上海支部夏季常会。

中国同盟会上海支部夏季常会邀请莅会致训,因事不克出席,由
黄兴到会发表政见,云:"中山先生倡三大主义,其特注重者则平均地
权一语。民生主义,孙先生屡次演说,惟外间尚未明晰。以世界大势
观之,社会革命岌岌不可终日。吾人此次革命,即根据社会革命而
来。民生主义繁博广大,而要之则平均地权;反而言之,即是土地国
有。土地是不能增加的,而生齿日繁,土地私有则难于供给……吾党
从前纯带一种破坏性质,以后当纯带一种建设性质。欲言建设,当得
人才。欲得人才,当兴教育。故本党能从教育一方面着手,是绝好方
法。"(毛注青编:《黄兴年谱》,第 196 页)

△　与黄兴、陈其美等在黄兴寓所欢迎宫崎寅藏、宫崎民藏、山
田纯三郎等。(《宫崎滔天全集》第 2 卷照片,转引自段云章编著:《孙文与日
本史事编年(增订本)》,第 301 页)

△　复函美国纽约房池产、铁路、债券贸易金融家奥斯丁·帝
朗,指出中国需要外国政府尽早地承认,期望美国能带头承认。信
中说:"无疑,中国需要外国政府尽早地承认。在这件事上,我们期
望华盛顿方面能执其牛耳。早早地承认不仅有利于两个有关国
家,也将大有裨益于世界和平。"(郦玉明、一之:《浅议孙中山先生三封未
公开发表的英文信件》,《民国档案》1992 年第 4 期,第 72 页)奥斯丁·帝朗
此前曾致力于美国承认中华民国之事,并于 4 月 23 日致函孙

中山。

7 月

7月1日　致函陈其美,讨论加强新军备建设、改良武器。

函中指出:"中国之海军,合全国之大小战舰,不能过百只,设不幸有外侮,则中国危矣。何也? 我国之兵船,不如外国之坚利也,枪炮不如外国之精锐也,兵工厂不如外国设备齐完也。故今日中国欲富强,非厉行扩张新军备建设不可。"认为袁世凯借外债进行新军备建设,"如是则中国富强矣,可计日而待也。""现在强邻如虎,各欲吞食我国,若我国不有相当武械自卫,则我国必为虎所食也。故我国须改良武器,然后能自卫也,不为虎所食也。"(《复陈其美函》,《孙中山全集》第 2 卷,第 390 页)

△　袁世凯复电,告已命财政部将比款用途底账详细公布,对报纸谣言无需介意。电称:"执事以国民先觉,奔走国事垂二十年,力排万难,百折不回。际兹共和成立,凡我国人,饮水思源,谁不心折? 近日南北报纸,言论庞驳,凡所讥弹,恒逾常轨。执事毁家为国,中外人士,共见共闻。乃一二报馆,辄复信口雌黄,造谣误众,殊失言论之责。已交内务部分谕各报馆格外注意,并交财政部迅将比款用途底账详细宣布,以息浮议,而示大公。执事至德皎然,悠悠之口,曾何损于日月之明,望勿以此介怀,实所至盼。"(《袁总统致孙中山先生电》,《民立报》1912 年 7 月 3 日,"公电")

7月2日　下午 2 时,与黄兴、陈其美等出席社会党在十六铺新舞台召开会议,征求党员。会议约有三千人参加。(上海市档案馆编:《辛亥革命与上海——上海公共租界工部局档案选译》,第 232 页)

△　唐绍仪复电,请嘱将中国银行动支各款,从速报部,以解报纸谣言比款受贿之疑。电称:"报纸讹传一节,本不足究。惟关乎

款项事,亟宜明白宣布,以释群疑。前月因见各报所载,当时已电王子匡兄,迅速抄送比款清单,以便转呈总统、咨参议院,迄今尚未具报,殊属不解。乞就近嘱其将中国银行动支各款,从速报部,以期水落石出。"(《唐少川复孙中山先生电》,《民立报》1912年7月5日,"公电")

7月3日　财政部复电,表示将公布比款用途,证明无受贿之事。电称:"报纸谣传,殊非情理。查南京账,前由支款各署局营队尚未造册送部,一致结算迁延。现承电示,拟将财政部支款总数,日内先行宣布,以副台嘱。至于比款内,并无付先生百万之数。先生持身清洁,人所共知,幸勿介意。"(《财政部致孙中山先生电》,《民立报》1912年7月5日,"公电")陈锦涛亦复电孙中山申明:"涛收比款,绝无交百万于先生事。"(《陈锦涛致孙中山电》,《民立报》1912年7月9日,"公电")

7月4日　端纳致函莫理循,对孙中山及其铁路计划提出批评。

函中说:"我们这里的孙逸仙是最讨人厌的人,黄兴也好不了多少,只是聪明些也深沉些……孙向我保证,他要从此永远退出政界,但是我有怀疑。我注意到,凡是去见他的中国人仍然称呼他'总统'。他们简直要给他磕头了。我深信,他已经把自己想象成中国的摩西了。芸芸众生是命中注定要由他领着到达希望之乡的。我无法说他构想出来的希望之乡是否也受外国人的奴役,但是他肯定是朝着荒芜的沙漠那个方向在前进。"对于孙中山此时正广为宣传的铁路计划,端纳记述道:"有一天我同他交谈时,他对我说,他已经决心完全献身于发展铁路。他说,他在一两个月内还不能公开他的计划。但是我讲了很多话,使他终于走进内室,从什么地方拿出来一幅大地图。这幅地图大约有六英尺见方,当孙把它铺在地板上的时候,我看到了最能说明一个人的性格的证据,说明孙不仅是个疯子,而且比疯子还要疯。他丝毫不讲实际,缺乏普通常识,而且,他对于自己表示的现在倡议的事业缺乏最基本的概念。这是一张包括西藏、蒙古和中国最西部边界的地图。孙手持毛笔和一块墨,不时随心所欲地在各省和各属地的位置划满了许多线路。他用双线表示沿着海岸线从上海到广州的铁路干线,又从那里穿过丛山峻岭通往拉萨,再向西绕来绕去,伸到西部边界,进入新疆,再穿出去到达蒙古。他的另一条干线是从上海到四川再到拉萨。他还有一条铁路是沿着戈壁沙漠的边缘进入蒙古。其他几条线路是通向北方、西北和东北的。各省都有很多支线。孙所绘制的这幅地图只不过是一幅怪诞的中国之谜。孙坐在地板上向我解释这番大事业。看着他坐在那里,使我想到,他这副样子比什么都更能说明这位中华民国首任总统的不称职了。他发疯了! 为什么? 并不是因为他画了这幅地图,因为只要有钱和充分的时间,他划的每一条铁路和更多的铁路都可以建成,而是因为孙竟然冒失地认为,由于他划出了这些条铁路线,外国资本家就会给他足够的钱,把这些铁路在五年到十年的时间里全部建成! 他焦急地问:'你认为外国资本家会给这笔钱吗?'我反问:'条件是什么?''啊,'他说,'如果我们给他们以筑路权和由他们经营这些铁路四十年的权利,四十年期满后把铁路完整的和无偿地交还给中国!'我对他说,除非有一个稳定的政府,否则,哪怕是在人口最多的省份里修筑一条最实用和最有利可图的铁路,也没有任何希望得到一文钱的外国投资。但是在稀奇事中更有稀奇事。像孙这样地位的人,在表现他的才智、能力和聪慧时,竟然说出这样话来:他回答说:'政府稳定与否有什么关系,只要各省同意就成!!!'"端纳称这幅地图"堪称孙逸仙之梦"。(骆惠敏编:《清末民初政情内幕——乔·厄·莫里循书信集》上册,第970—971页)

7月10日　为《天铎报》题书"天铎报鉴　天下为公　孙文",刊于当日《天铎报》。(刘望龄辑注:《孙中山题词遗墨汇编》,第173—174页)

7月14日　上海工部局警务档案记录,孙中山向制造局订购使用一磅炮弹的美式大炮五十门,制造局工人正日夜开工赶造。（上海市档案馆编:《辛亥革命与上海——上海公共租界工部局档案选译》,第238页）

7月15日　报载与黄兴在陆军部次长蒋作宾到京时,有致袁世凯的意见书,嘱其面呈。（《北京电报》,《民立报》1912年7月15日,"专电"）

7月17日　中华民国铁道协会在上海举行大会,选举孙中山为会长、黄兴为副会长。中华民国铁道协会系原南京临时政府交通部于右任等所组织,一度解散。后因孙提倡铁路,乃重新集会。（翠亨孙中山故居纪念馆藏档,B6－33）

△　章太炎来函,对于报纸谣言,指出"报馆有闻必录,传言失实,本属常事,不必介怀。瑾瑜微瑕,岂足以累盛德"。建议孙中山做一二件公正事以悦众心,则不难立白于天下。（马勇编:《章太炎书信集》,第423页）

7月18日　中华民国铁道协会来函,告以选举孙中山为会长、黄兴为副会长,并邀请莅临22日举行的欢迎会。函云:"本会前举柳、魏二君晋谒台端,祗聆大教,感佩无已。嗣经本会开评议会,佥谓本会事大力薄,非借声望卓越者为之主持,难期发达。旋于十七日召集各会员开改选职员大会,经众票举先生为会长,黄克强先生为副会长,此外各职员另表附呈。正拟奉阅,又接贵处来函关洽一切,兹特公推柳大年、张通典二君前来代表欢迎。谨择于二十二日午后二时开欢迎会于靶子路戾〔戽〕虹园,务恳惠临,俾得商榷本会进行之方针,而图异日铁道之发展。同人等不胜盼祷之至。"（翠亨孙中山故居纪念馆藏档,B6－33）

△　熊希龄来电,报告南京政府收支各款业经造具清册,于交代前咨送国务院,日内即可公布。（《熊希龄先生遗稿》,第375页）

7月19日　报载孙中山致电法国资本家勾椎氏,请帮助解决财政困难。报道称孙未回国时,曾在巴黎晤勾椎氏,详言中国革命以后,财政势必奇窘。勾椎氏当即慨允,如日后资本团有故意为难之处,能独出巨款接济。现勾椎氏于日前到京,因六国资本团不接受其调停,拟请中国政府不认六国资本团,以后所有中国用款统归自己筹济。报道称孙因中央财政困难,昨曾电致勾椎氏,请求帮助。(《大借款决裂之后盾》,《申报》1912年7月19日,"要闻一")

7月22日　出席中华民国铁道协会欢迎会,演说借债筑路主张。

下午2时,出席在上海举行的中华民国铁道协会欢迎会,演说指出,民国成立,应特别重视铁道,研究铁道问题,"处今日之世界,无铁道无以立国。中国地大物博,如满洲、蒙古、西藏、新疆等处,皆是殷富之区,徒以无铁道,故全国不能受其利益。如美国新旧金山,昔及亦属荒凉,自筑铁道后,一变为繁盛之区。今日民国成立,极宜注重于此,则铁道问题自当研究。即如现在外人经营蒙、藏,即须派兵抵御,因无铁道遂不能迅速而至。夫人民之对本国莫不希望其富与强,欲富强非建筑铁道不可"。同时因中国无款建设铁道,因而需研究借款问题,主张以个人名义向外国借债筑路,"借款本为营业性质,私人交涉,无关国际问题,即生大害,必须离开国际问题,成为私人交涉,方可言借债"。希望"于十年内造成百万里之铁道,以图富强之策"。欢迎会由郁大年主持,王伯群致欢迎词。(《张园欢迎大会纪事》,《天铎报》1912年7月23日,"本埠要闻"又据《铁道》杂志所载演说词,对于借款的具体措施,孙中山指出今日中华民国为人民之国,一切债务须国民自行整理。过去美国借债筑路,主权不落于外人,即属有利无害。今惟有仿照美国,不使利权损失。若迁延推诿,则十年之后,中国大势,即无可救药。(《孙中山先生赴本会欢迎会之演说词》,《铁道》第1卷第1号,1912年10月10日)

7月25日　致函美洲各埠同志,表示将专力于民生问题。

函中指出,将来有妥善规划后,再与诸公商量。函曰:"文自去年归国以来,奔走国事,笺候欠疏,屡承关怀垂问,感荷无极。诸公远处他邦,眷怀祖国,历读华翰,真挚之忱,溢于言表,钦佩实深。文自南京解职后,随即旋粤。奔波劳碌,两月有余,名为卸责,而事务之忙,不减在任之日。是以无只字陈于诸公之前藉通契阔,良用歉然。所幸民国规模略已粗举,诚当事者从此和衷共济,大局不难日臻稳固。文近日携眷来沪,将有北京之行。容撤除他务,专力于民生实业根本问题,勉践素存宏愿。惟兹事体大,非集有力者群策群力,端能提倡,难为为功。应如何进行之处,一俟规划妥善,通告同人,以求广益集思之效,当与诸公一商榷也。实业根本既定,民生事实方能发生,利国福民无逾于此。热诚如诸公当亦乐观厥成也。”因子女赴美求学,此函由其带往美洲,信中请各位有所指导。(《孙中山先生书函四件》,《民国档案》1987年第4期,第6页)

7月26日 复函中华银行董事局,允任总董事。

上海中华银行董事会公议,推孙中山任该行总董,由郭竹樵、杜次珊、江少峰、林莲荪等面谒汇报。本日复函,略谓:“总董一席,当敬承雅命,勉从其役,即请宣布可也。至如何整顿业务,以求进行之处,容于日内偕一深明银行学者,同至尊处,从长商酌,详订善法,以期营业发展。”(《复中华银行董事局函》,《孙中山全集》第2卷,第392页)

7月29日 出席铁道协会会长就职大会,演讲铁道政策。

下午3时,与黄兴出席铁道协会正、副会长就职大会,演讲铁道政策,表示将发行杂志作为讨论机关,出示特别绘制的铁路地图,详论建设方针及其利弊;并指出中国欲发达铁道,在材料供给方面,需有二百所汉阳铁厂那样的工厂方可足用,还需要创办大银行作为辅助。(《孙黄二公之大政策》,《天铎报》1912年7月30日,“本埠要闻”)

△ 会后赴杜次珊寓所,邀集中华银行成员磋商银行进行办法。(《孙黄二公之大政策》,《天铎报》1912年7月30日,“本埠要闻”)

7月30日 视察中华银行。

下午,偕徐绍桢、薛仙舟等到中华银行视察,该行经理李云书报告行务情况。召开会议,议定中华银行完全商办,重订新章,扩大招股,在各埠设立分行。会后拟就《中华银行宣言书》和《招股简章》二十四款、《招股细则》十四条,以总董身份,与副总董黄兴、临时董事徐绍桢、王采丞、王铁珊、陈其美、王敬济、周金箴、朱葆三、王一亭、顾馨一、李云书、朱子谦、郭竹樵、杜次珊、傅筱庵、王奕友、杨梦初,总理林世杰,协理江上青等署名印发,并刊登各报。《招股简章》规定:"招股员并须预先与所指定之银行或殷实商号订明每次所收股银,随时函告上海本总行,并他日中华银行提取该款时,必须有中华银行图章并孙中山先生或先生之代表亲笔签字,总理副署,始可照付。"中华银行改为商办后,特派王奕友等携带新章,前往南洋各埠劝募股份。1913年2月,中华银行召开全体股东大会,决议改为"中华商业储蓄银行",完全商办。(沈云苏:《辛亥革命时期后的上海中华银行》,中国人民政治协商会议上海市委员会文史资料工作委员会编:《辛亥革命七十周年——文史资料专辑》,第229页)

7月31日 胡瑛来电,报告革命中所任工作,现取消督府,解职南旋,并向各政治领袖提出建议,提倡各党的合作。电文云:"夫以一国之存亡,较诸一党之胜负,孰轻孰重,愚夫所知。况一事之胜利,原不足为一党之荣;一时之失败,原不足为一党之辱。各党领袖诸公,或为缔造民国之英俊,或为富有学养之名贤,务祈各蠲小争,共扶大局,维持已党之统一,倡导各党之提携,挈领提纲,同舟共济,庶挽国命于将倾,且垂宏规于永久。"(《烟台胡瑛致大总统暨参议院等电》,《政府公报》第97号,1912年8月5日,"公电")

是月下旬 会见美国《独立杂志》特约代表、美国长老会在华代言人李佳白(R. G. Reid),表示政治革命的任务已经完成,正在考虑从社会、实业与商务等方面重建国家,希望在中国能预防西方国家劳资间的不协调状况及劳工大众的困境。指出:"我们今天所需要的是开发自己广大的资源,对数量上占优势的农民灌输新观念,建立有助于资本成长与流通的新实业,并准备对水灾及其它灾害的受难者,迅速提供救济。"对共和政体是否适合中国人民之问题,表示:"民主的观念在中国一向颇为流行,没有理由要以君主政体来妨害这种民主观念。中国人民不但爱好和平,遵守秩序,而且也浸染了选择自己的代表管理自己事务的观念。我们所需要做的,只是把这种民主观念付诸实行。"对中国的政党及党争问题,认为"中国的党、社已经太多,最好他们能联合成两三个有力的大党。每一政党的明确的政策将会随着时间的推移而确定下来。鉴于目前临时政府时期就有若干政党并存的危险,以及对于人们将热心于其所属的党,而忽视共和以致减弱共和政体的努力一事所生的忧虑。我个人的希望是:所有各方均应集中全力于组织新政府,并获得其它国家的承认"。李佳白对孙中山的看法持肯定态度,认为"孙前大总统意在缓和紧张气氛的论调,令人从纷乱的政局中看到了一线希望。他的谦抑值得人们赞扬"。(《中华民国》,《孙中山全集》第2卷,第392—395页)

是月　为上海新舞台题词:"警世钟。"(刘望龄辑注:《孙中山题词遗墨汇编》,第174页)上海新舞台是中国近代第一个具有新式设备的剧场,也是从事戏曲改良的演出团体,1908年7月由京剧演员潘月樵、夏月润、夏月珊与上海信成银行协理、曾任同盟会干事的沈缦云等集资创建于上海南市十六铺,主要编演京剧和文明戏。

6月至7月　致函日本某君,谈到近拟与西人合股设立一银行,"专以输入外资为目的,直接则振兴中国实业,间接则抵制四国团。现已联合欧洲银行数大家,其势力信用,十倍于四国团,其所发债票,可不靠彼政府之承诺,亦能畅销于市面,迥非四国团之比也……惟四国团借债之事,已成一国际问题,故此团不能直排四国团而与中国政府交涉,必藉一中国银行为机关方可,然纯为中国人之银行,彼又难见信,此中西合股之所由生也"。告知现拟各投资本一千万元成立银行,8月底先交股本二百五十万元,但短期内恐难筹集这二百五十万元现

金，希望有以助成。(《致日本某君函》，《孙中山全集》第 3 卷，第 79 页)①

8 月

8 月 2 日　与黄兴联名致电袁世凯，告以即将北上入京。电文称："国基新创，缔造艰难。我公雄略伟画，夙深景仰。久欲一亲謦欬，以慰私衷。拟缓数日，即同北上。承过爱派员及轮，愧不敢当，谨此布谢。"(《欢迎孙黄北上之前提》，《申报》1912 年 8 月 13 日，"要闻一")为迎接孙中山、黄兴北上入京，袁世凯特亲具手书两封，派专员分别南下迎接，又派赵秉钧、梁士诒等前往天津迎候，并在北京分别安排好住所，将孙安排于徐世昌住宅，黄安排于原荣禄住宅。(《欢迎孙黄北上之前提》，《申报》1912 年 8 月 13 日，"要闻一")

8 月 6 日　复函农业促进会，指出该会"于农业一事，造端宏大，筹备精详，一洗向来因陋就简之习。国利民福，实基于此"。表示自

---

①　该函在《孙中山全集》中所注日期为 1913 年，原载于《国父全集》第 3 册，第 273 页，标题为《为与西人设立银行事致某君函》，国民党党史委员会所藏此函之原件无日期。《孙中山年谱长编》亦将此函记于 1913 年 1 月 29 日条之末。(陈锡祺主编：《孙中山年谱长编》上册，第 763 页)据吴景平考证，把该函日期断为 1913 年恐有误。函中数次明确提到"四国团"即四国银行团，但迟至 1912 年 6 月，随着日、俄的加入，已正式成为六国银行团。该函还提到，距 8 月底缴款仅余"短期"，无法如数筹得，而前引孙中山与士丕文 1912 年 6 月 11 日签署的《创办中华振兴商工银行草约》明确写到："银币股份由孙逸仙先生担任督办，速为集合，一经海电商妥，即交第一次股银，其额不超于二百五十万元，约在西历一千九百十二年八月间交付，以后各次交付股银之日，先一月通告。"(《拟创办中华振兴商工银行说帖》，《孙中山全集》第 2 卷，第 378 页)另外，孙中山本人 1912 年 9 月 1 日在北京的演说中已提到"六国资本团借款事"；(孙中山：《在北京蒋翊武等欢迎宴会上的演说》，陈旭麓、郝盛潮主编，王耿雄等编：《孙中山集外集》，第 64 页)同年 12 月 4 日在上海对银行界的演说中，又明确提到"六国银行团"，(《在实业银行信成银行欢迎南洋华侨会上的演说》，《孙中山全集》第 2 卷，第 549 页)不至于第二年再提四国银行团。因而较为合理的日期当在 1912 年 6 月至 7 月之间，不可能是在 1913 年内。参阅吴景平：《孙中山建立近代银行的思想主张与实践》，《民国档案》2001 年第 2 期。

己一向主张民生主义,"农业又为民生切实之图,深望贵会早日成立,督促进行,挽救当前之凋敝"。深望能够督促进行。(《孙中山奖进农业促进会》,《民立报》1912年8月6日,"新闻四")[①]

8月7日　与黄兴在上海会见日本驻上海总领事馆书记官西田,表示将先上北京,有必要时,希望赴日本;实际上希望先赴日本,再到北京。其后数日,日本驻上海总领事有吉明向外相内田康哉、日本驻上海武官本庄繁向日本参谋总长分别电告孙中山访日意图。(段云章编著:《孙文与日本史事编年(增订本)》,第302—303页)

△ 在上海会晤唐绍仪,有意推荐唐绍仪担任粤汉铁路公司总裁。(《粤海关情报(1912年8月7日)》,《孙中山与广东——广东省档案馆库藏海关档案选译》,第38页)

8月9日　汪精卫来函,恳求同意其在欧洲留学一段时间。

函称:"弟平日自恨不通欧文,于世界科学真理,茫乎不知其畔岸。前当破坏时代,或不必须精深之学术始能胜任。今则非其伦矣,政体已定共和,而弟所受之学说则日本君主立宪国学者之言也。吾党方提倡民生主义,而弟于此学殊无所闻知,逆计将来出而任事,不为国家福也。现时弟所有者只社会上之虚名,此等虚名,自误误人,不可久尸。故弟求学之念至坚,而不可摇。"报告目前得李石曾相助,解决资斧问题,到巴黎后再希望得几年官费,以完成学业,恳求孙"念弟数共艰难,心术无他,欲仍使侍左右者,则请俟弟学成之后,届时或更有裨于先生也"。(翠亨孙中山故居纪念馆藏档,B12—6)

8月13日　与黄兴联名致电同盟会各支部,赞成将同盟会改组为国民党。

民国成立后,黎元洪等组织共和党,仰承于袁世凯。为与共和党相抗衡,宋教仁力主联合统一共和党、国民共进会、国民公党、共和实进会等为一大政党,定名国民党,以"巩固共和,实行平民政治"为宗

---

① 此为报载日期。

旨,拟定党纲五条。孙、黄表示同意,是日电文对同盟会北京本部提出的条件(一、定名国民党;二、宗旨巩固共和,实行平民政治;三、党纲五条,保持政治统一,发展地方自治,励行种族同化,采用民生政策,保持国际平和;四、用理事制,于其中推一人为理事长)表示深为赞成,指出同盟会成立之始,其命名本含有革命同盟会意义,此时易名为政党,可谓一举而两得,希望各支部予以赞成。同时告知定于本月 17 日起程北上,以后联系地址为北京同盟会本部。(《同盟会报告并党改组事件》,《民立报》1912 年 8 月 15 日,"公电")

8 月 14 日　致函宋教仁,表示今后将舍弃政治十年,修筑二十万里铁路。

函云:"民国大局,此时无论何人执政,皆不能大有设施。盖内力日竭,外患日逼,断非一时所能解决。若只从政治方面下药,必至日弄日纷,每况愈下而已。必先从根本下手,发展物力,使民生充裕,国势不摇,而政治乃能活动。弟刻欲舍政事,而专心致志于铁路之建筑,于十年之中,筑二十万里之线,纵横于五大部之间。"向宋教仁介绍,所拟的借资办法,较往日借资筑路条件有很多优势:一、事权不落外人之手,二、国家不负债务,三、到期收路,不出赎资。计划先来北京一行,试探人心趋向。(《时报》1912 年 8 月 15 日,"专电";电文见《孙中山时局观》,《天铎报》1912 年 8 月 20 日,"中外大事")

8 月 15 日　与黄兴、陈其美、徐绍桢等在《天铎报》联名发表启事,介绍西医梁重良。

梁在辛亥革命时服务于军中,时任《天铎报》协理。启事云:"梁君重良,南海名士,精研医学,确有心得。早岁毕业香港医校……民军起义,编卫生队出秣陵关,救护受伤兵士。雨花台之役,不避艰险,于硝烟弹雨之下,设幕救伤,始终不懈。受创者多赖以全活。金陵既克,任江浙联军军医部长,暨宁垣中西医院院长,热心毅力,万人同钦。现因事平,辞职来沪,任《天铎报》协理。同人以梁君学有渊源,经验甚丰富,竭力请其于馆政余暇,以仁术济世。"故为之介绍。该启事稍后亦发于《民权报》。(《天铎报》1912 年 8 月 15 日,"广告";《民权报》1912 年 8 月 18 日,"广告")

8 月 16 日 报载民生国计会总部来函,提议移民垦殖,并提出具体建议,请入京后代向农林部商榷实行。孙中山复函,赞同其主张,但表示不宜以个人名义向政府提议,复函云:"移民就垦,增益田赋,等旨甚伟。惟事关国政,应由议院与政府双方主持,仆未便以个人名义径向政府商议。贵会宗旨与此事性质甚合,祈努力鼓吹,以收倡导之功,于民国前途,大有利益也。"(《孙先生赞成移民就垦》,《民立报》1912 年 8 月 16 日,"新闻四")

△ 以中华银行总董名义,委任林莲荪为中华银行总理。(孙中山:《给林莲荪委任状》,陈旭麓、郝盛潮主编:《孙中山集外集》,第 681 页)

8 月 18 日 启程离沪赴北京。

原定于 17 日起程北上,因事改为本日午后起程。内务部得闻17 日为北上确切日期,派秘书洪述祖率警队赴天津欢迎并负责保护。(《北京电报》,《民立报》1912 年 8 月 16 日,"专电")8 月 16 日,袁世凯应黎元洪电请,杀害湖北革命党人张振武、方维。张振武于武昌起义后任湖北军政府军务部副部长,方维系湖北将校团团长,本月至北京,黎元洪密电袁世凯,要求将张振武与方维"立予正法"。15 日晚,袁世凯派陆建章逮捕张、方二人,并于 16 日凌晨杀害。(《孙中山年谱长编》上册,第 712 页)因此各省在沪人士对孙、黄北上颇为担忧,认为此时北方形势危险,劝勿北上,河南、安徽、福建、广东等省亦来电劝阻。孙乃劝黄兴暂留,自己则于本日午后登"安平"轮船如期北行。出发时,在船舱与西人某君谈话一小时。欢送登船时,仍有人士劝说孙不要前往,孙回答:"无论如何不失信于袁总统,且他人皆谓袁不可靠,我则以为可靠,必欲一试吾目光。"有某女士请入船舱,拟以自裁劝谏,孙急予制止。北京代表张芳登船跪谏,请求同意黄兴同往,孙笑答:"有何大事,某一人不能了之,必克强与偕?且我亦主张克强不往。"随同北行者有居正、魏宸组、卢夫人等十余人。4 时 20 分,"安平"轮启程,由海琛舰随同护送。(《孙中山北上报导》,朱宗震、杨光辉编:《民初政争与二次革命》上册,第 122—123 页)另据报道,孙中山行前编成《中华民国共和真理》一书,分类二十五部,对于安置满族、抚慰蒙藏有详细论述,此次北行,将此书携往与袁世凯商榷,如果意见相合,拟赴外蒙古一行。(《孙中山北行之伟愿》,《民权报》1912 年 8 月 23 日,"本埠纪事")

8 月 20 日　晚,所乘"安平"轮抵烟台,因风浪太大,暂在石岛避风,次晨始抵港。(《孙中山莅烟纪事》,《申报》1912 年 8 月 27 日,"要闻二")

△　复社会党崇明支部地税研究会函,论及单税制政策,称"单税一事为社会主义进行之一端,而仆所主张照价征税之法,粤省刻已议行。倘得诸君子遥为赓和,友声相应,庆幸奚如"。函中对江亢虎和该社会党支部人士高度评价,指出"江亢虎先生峻才雅藻,卓荦一时,发起社会主义,深具救世之婆心。诸君子以志同道合相与组织社会党支部于尊处,弘毅致远,我道为不孤矣"。但因"近为民生实业事,朝夕栗栗,绝少暇时",无法按照该支部请求前往举行讲座。(《崇明报》1912 年 8 月 20 日;《复社会党崇明支部地税研究会函》,《孙中山全集》第 2 卷,第 402 页)①

8 月 21 日　抵达烟台,受到隆重欢迎,发表多场演说。

晨 8 时抵烟台港,受到陆军部参议曲同丰、各营军士,以及关外军队、各区区官、各区巡警、商务会董事等各界人士在码头欢迎,由曲同丰等陪同至饭店宴饮。(《孙中山莅烟纪事》,《申报》1912 年 8 月 27 日,"要闻二")在烟台各界欢迎会上发表演说,表示"我中华民国之今日比去年今日,则大不同。去年今日,处专制政府之下,人人都受苦痛。今年则为中华民国之人民,都享有自由幸福。但中华民国缔造伊始,百步维艰,我中国人民皆有应尽之义务。兄弟此次至京,关于建设政见,当一一商之于政府,见诸实行"。(《在烟台各界欢迎会的演说·同题

_____

①　此为报载日期。

异文》,《孙中山全集》第 2 卷,第 403 页)

中午,出席同盟会分会及社会党分部在烟台群仙茶园之欢迎大会,并发表演说。大意云:现在革命成功,文明日见进步,北京同盟会本部改组为国民党,今日经烟台行程匆忙,不过略为布告大意。(《孙中山莅烟纪事》,《申报》1912 年 8 月 27 日,"要闻二")演讲中表达了对两党制的设想,指出:"此次光复由于人心趋向共和,同盟会不过任发难之责而已。但国中政党,只当有进步、保守二派。此次同盟会与各党合并,即欲使国中只存二党,以便政界竞争。"(《在烟台社会党、同盟会欢迎会的演说》,《孙中山全集》第 2 卷,第 403 页)

出席旅烟广帮绅商之欢迎会,并发表演说,强调制造业对于商业发展的重要性,指出"中国商业失败,不止烟台一埠,凡属通商口岸,利权外溢,到处皆然,为今之计,欲商业兴旺,必从制造业下手";盛赞张弼士所办企业对于中国实业发展的贡献,指出"张裕公司设一大造酒场,制造葡萄酒,其工业不亚于法国之大厂,将来必可获利,又如玻璃公司亦然。张君以一人之力,而能成此伟业,可谓中国制造业之进步";鼓励"中国今日农工商各种实业,宜互相提携,力求进步。不但烟台为北洋之一大繁盛商埠,即富强之基础,亦于是乎在"。(《在烟台商会的演说》,《孙中山全集》第 2 卷,第 403—404 页)

5 时,在张裕公司参观,茗谈一小时,对该公司的酿酒业给予赞扬,并大力鼓励,为公司题词:"题赠张裕公司　品重醴泉　孙文"。(刘望龄辑注:《孙中山题词遗墨汇编》,第 174 页)并索阅烟台筑挡浪坝及烟潍铁路招股章程。(《孙中山莅烟纪事》,《申报》1912 年 8 月 27 日,"要闻二")

8 月 23 日　经塘沽抵达天津。

中午抵塘沽,对记者谈北上之目的,表示:"予此次北来之意,不外调和南北感情,巩固民国基础。至于外交、财政、内政各事,若袁总统有问,余必尽我所知奉告袁总统,以期有所裨补。如袁不问及,余亦不便过问。"记者问及铁道政策,孙表示:"余意全国铁道当有全国大计划,但此计划须俟政府之政策决定及得参议院之同意,始能决定。余意如国民全体不尽赞同,得数省同意,亦可就数省开办。"记者又问资金的筹划,孙指出:"如国民有力担任,自应由国民兴办。如国民无力担任,只好大借外债兴办。但借债必须有最良之条件,不至如前清时之损失权利。总之,铁道政策为中国近日最要问题,无论政府、议院意见如何,余必尽力提倡此事。"(《在塘沽与某报记者的谈话》,《孙中山全集》第2卷,第405页)

下午5时抵天津,受到直隶都督张锡銮,同盟会张继、孙毓筠、王法勤、于邦澄,统一党纪文瀚、吴继曾、卢少艺、岳树棠,国民捐会赵君可,省会王葆真,女子参政会沈佩贞,议事会、董事会、自治会、公民会、山东民党、《民意报》《国风报》等各代表在码头欢迎,北京代表梁士诒、直隶都督张锡銮、同盟会张继等上船谒见。登岸至利顺德饭店,约8时在利顺德饭店出席宴会。(《孙中山抵津志盛》,《民立报》1912年8月30日,"新闻三")

△ 《民立报》北京特派员晋谒,得悉孙明早10时赴同盟会燕支部欢迎会,12时赴直隶省议会、学界、报界、政界联合欢迎会,午后3时乘专车赴京。(《天津电报》,《民立报》1912年8月24日,"专电")

△ 在津接待铁道协会代表章锡鬷,询问协会情况,指出:"中国铁道方在萌芽,辅助机关万不可少,务期各省支部早日成立。"(《天津电报》,《民立报》1912年8月25日,"专电")

8月24日 在天津出席欢迎活动及参观。

上午11时,出席同盟会燕支部、广东同乡会在广东会馆举行的欢迎会,发表演说称:"共和政体皆赖人民巩固之,宜放开大眼光,破除小意见,以谋有益国家。"(《天津电报》,《民立报》1912年8月25日,"专电")又指出:"吾国自改建共和,仅有其名,尚无其实。危险较专制时代尤盛",希望革命党人比破坏专制时更加千万倍之力,共谋建设。继赴在河北公园举行的官绅欢迎会,发表演说称:"近吾国颇有南北界之说,其实非南北之界线,实新旧之界线。南方人不知共和政体为何物者尚所在皆是,盖因其无新知识,故一家之中父新而子旧,子新而父旧,新旧之分,家庭尚不能免。惟望吾到会同胞随时随处用力开通,由一家及一乡、一县、一省、一国,于数年中务使人人皆知共和之良美。"特别指出:"吾国数千年之专制,一旦变为共和,其诸多障碍,固属意中事。此后仍须造成共和及赞成共和诸君子竭力维持。"(天津《大公报》1912年8月25日)

下午1时,参观天津商品陈列馆。3时,与刘揆一、范源濂及北京特派员乘专车赴京。(《民立报》1912年8月25日)

△ 在天津致电黄兴,告以据总统府秘书云,张振武被执时,在张处搜得寄给黄兴的信函,内有托杀黎元洪之事已布置周妥等语。(《黄克强先生致袁大总统电》,《民立报》1912年8月28日,"公电")随即黄兴致电袁世凯,要求"将张案明白宣布",并要求袁"勿徇勿隐,彻底查办。如兴果与张案有涉,甘受法庭裁判。如或由小人从中诬捏人罪,亦请按反坐律究办"。(《黄克强先生致袁大总统电》,《民立报》1912年8月28日,"公电")29日,袁世凯特以此事派人来询,孙中山出示原电稿表示:"确有此电,但此必谣言,不足深信。"又说忘记言者是总统府秘书还是陆军部秘书,但是是一位颇有地位之人,不肯说出此人姓名,只说"以后便知"。(《时报》1912年8月31日,"专电")。

△ 抵达北京,受到北京政府隆重接待。

下午5时30分抵京,受到袁世凯的代表梁士诒、内阁各总长段祺瑞、赵秉钧、许世英、刘冠群、陈振先、参议院议长吴景濂等在车站欢迎。接见各总长及各团代表后,从人丛中穿行,出车站,入客室稍歇。6时,乘原清摄政王所用的双马车(袁世凯特借来备孙中山在京时乘用),由正阳门正面入城,至迎宾馆下车。参加欢迎的各界代表有:同盟会代表及会员,共和党代表及会员,参议院议长吴景濂,议员王家骧、李国珍、金鼎勋、殷汝骊等,国民党、自由党、社会党、政社进行会,京师议董两会,北京商会,各国务员及各部人员,总统府代表及特别招待员,京师执法营务外代表,拱卫军代表,禁卫军代表,内外城总厅上级医官,步军统领及两翼总长,京师孤儿院,京师贫儿院,共和演说团,牖民社新剧团、济世团,工党,民权监督党,联合急进会,国民捐总会,正乐育化会,回教俱进会,共用实进会,民权协进会,女子参议同盟会,五大民族共和联合会,五大民族生计会,安徽旅京同盟会,中华民国铁路协会、邮政协会,蒙藏统一政治改良会,佛教会,共和国民英文义塾,花界爱国捐会,筹办八旗生计会。参加欢迎的外宾有:法国人铎尔孟,法国参赞斐格,英国路透社专派员、伦敦《每日电报》记者辛森,东京《日日新闻》专派员丰岛,《朝日新闻》社神田正雄,《巴黎简报》专员弥勒斯,《德文电报》经理格奇尔,各使馆随员,外国照像师或商人。因孙中山偕女眷同行,特派颜惠庆夫人和沈配贞女士为女招待员。现任各国务院除范源濂、刘揆一到津迎接外,其余国务员周学熙、赵秉钧、段祺瑞、许世英、陈振先都到车站欢迎,并随同入城。据报道,袁世凯前已与国务总理及各顾问官会议一次,预备孙中山到时面商要政,主要有五个方面:"一、对于蒙、藏军情紧急之办法;二、消纳军队之实行;三、磋商经济之政策;四、调和政党之意见;五、中美联盟入手联合法。"(《孙中山先生莅京记》,《民立报》1912 年 8 月 30 日,"新闻一")

　　△　与袁世凯会晤。

　　因袁世凯派梁士诒迎往总统府欢宴,乃赴总统府出席宴会,与袁世凯初次见面。(《孙中山京华游(三)》,《天铎报》1912 年 9 月 2 日,"中外大事")8 时邀请入席,袁亲为执盏,致词曰:"予盼望先生及克强之来久矣。今克强未与同行,未得共聆伟论,深引为憾。所幸先生惠然肯来,殊为欣慰。刻下时事日非,边警迭至,世凯识薄能鲜,望先生有以教我,以固邦基。世凯忝负国民付托,用敢代表四万万同胞,求赐宏论,以匡不逮。财政外交,甚为棘手,尤望先生不时匡助。我民国幸甚。"答词表示:"文久居海外,于国内情形或有未尽详悉之处。如有所知,自当贡献。惟自军兴以来,各处商务凋敝,民不聊生,金融滞塞,为患甚巨。挽救之术,惟有兴办实业,注意拓殖。然皆恃交通为发达之媒介,故当赶筑全国铁路,尚望大总统力为赞助,早日观成,则我民国前途受惠实多。"(《欢迎孙中山再记》,《申报》1912年8月29日,"要闻一")宴会至10时。(《时报》1912年8月27日,"专电")孙原拟次日始拜会袁,曾向北京政府特派招待员施愚表示:"此次北来,惟一宗旨在赞助袁大总统谋国利民福之政策,并疏通南北感情,融和党见。本拟即时进见大总统,面商一切,因路途困顿,须暂休养。折将此意转袁总统,并订明日相会,畅谈一切。"(《与招待员施愚等的谈话》,《孙中山全集》第2卷,第406页)因袁已经安排宴会,故提前与袁见面。会晤后,袁世凯对人表示"大有相见恨晚之慨"。(《记孙中山到京之状况》,《申报》1912年8月27日,"要闻一")孙亦对人表示:"袁总统可与为善,绝无不忠民国之意。国民对袁总统万不可存猜疑心,妄肆攻讦,使彼此诚意不孚,一事不可办,转至激迫袁总统为恶。"(《北京电报》,《民立报》1912年8月27日,"专电")

　　△　舆论高度评价孙中山此次北上之行,认为:"孙君抵京,可谓民国历史之一大纪念,即最守旧之人民,以孙君虽经多人力劝其勿作此行,并尚有人加以恫吓,而孙君竟能置之不顾,毅然来京,其度量自超人万万。故北人咸相钦忭,诚不负英雄之称也。"又云:"孙君抵此后人心已大为感动,公认其为中国资格最高之伟人,与袁世凯相伯仲。现信二雄能和衷共济,以为国家宣力,开始进行积极之政策,则党争自能即行销灭也。"(《申报》1912年8月25日,"特约路透电")报道称袁世凯为欢迎孙中山来京,作了大量的接待准备,"极欲与孙氏联络,故陈设极为周备,以表其欢迎之诚意"。(《民权报》1912年8月23日,"专电一")外电也称:"袁总统请入京之意,似欲结孙氏之好,借孙以联络同盟会全体,故袁氏此番欢迎孙氏,极其隆重。"(《民权报》1912年8月23日,"译电")

　　△　中国社会党来电,请电释江亢虎。电文为:"江亢虎抵汉,黎都督无故拘捕,侵夺人权,违背法律,请速电释。"(《民权报》1912年8月24日,"公电")

8 月 25 日　出席同盟会本部欢迎会,并发表演说。

上午 9 时,出席同盟会本部在湖广会馆的欢迎会,赴会时见途中并无行人,询问招待员傅良佐、王赓等,知是袁世凯特谕,凡孙中山出入,均派军警护卫,断绝交通。告以:"鄙人虽系退位总统,不过国民一分子,若如此尊严,既非所以开诚见心,且受之甚觉不安。应即将随从马队及沿途军警一律撤去,俾得出入自由。如大总统坚执不肯,则鄙人小住一二日即他去矣。"遂撤去军警。(《孙中山屏除护卫》,《民立报》1912 年 9 月 2 日,"新闻一")张继致欢迎词,称颂孙为中国革命先行者、同盟会创建人,建造民国最有功之伟人,为举国民众所敬仰。同盟会即将改组,在孙指导下,必将成为更趋完善之政党。(傅文郁:《孙中山先生民初演说二则纪要》,《文史资料选编》第 19 辑,第 113 页)孙登台演说,呼吁同心谋建设,指出:"中华民国成立以来,兄弟第一次到京,今日得与同会诸君子,共话一堂,乐何如之! 此次革命成功,如此神速,实梦想不及。去岁武昌起义,全国响应,未及四月,满清推倒,共和告成,虽同盟会之主动力,然亦实系我中华民国各界同胞之赞助,始得成功,今破坏已终,建设伊始,破坏固难,建设尤难。破坏尚需众同胞之助力,建设岂独不需同胞之助力乎? 望勿以满清时代对待会外诸同胞之手段,对待现时会外诸同胞,须同心以谋建设,不可存昔日之心理。"在演说中特别强调同盟会要多与各界联络,"今日之政体既变,同盟会诸君子昔日之心理,亦当随之而变。盖既无仇视共和之人,同盟会对会外人,尤当极力联络,毋违背昔日推倒黑暗政体、一视同仁、互相亲爱之宗旨,以巩固中华民国。此我所希望于同志诸君子者也"。(《孙中山先生入京后之第一大会》,《民立报》1912 年 8 月 31 日,"新闻一")演说词亦载于 31 日《申报》,文字有所不同。(《八月二十五日之湖广馆》,《申报》1912 年 8 月 31 日,"要闻一")

△　出席国民党成立大会。

下午 2 时,国民党在北京湖广会馆开成立大会,同盟会联合统一共和党、国民共进会、国民公党、共和实进会,改称国民党。3 时许,孙中山中途至会,发表演说。演说词分四节,大意为:(一)政党应以国家为前提,视他党应亲如兄弟。"革命成功,在四万万同胞一心,巩固民国亦必要一心。今六党合并为一大政党,乃民国大幸福,然视他党要亲如兄弟,盖政党以国家为前提,非谋一党权利……各党宗旨虽殊,俱是为国家互相翼辅进退,万勿争党见陷国家于危险地位。"(二)军人干预政治不足为虑,若同心共济维持全局,以国利民福为前提,军人自不干预。"军人本为卫国而设,今或添兵自重,或藉武力压制,甚有干预政治,是兵原防外患,反与人家事,其害不可胜言……当此人命财产危急之秋,武士能不干预乎? 若同心共济维持全局,以国利民福为前提,军人自不干预也。"(三)今日当首重民生主义。"民生主义多有不解者,以民生主义系用强硬手段,使富者分给贫人,然并非如此,实以和平之手腕,使资本家不得妨害贫者,并非以富者之财产分给于贫者。"(四)男女平权当缓提出。"因男女平权,视乎国家之进步不进步,国家进步则不求自至。否则,男子方求免为奴隶之不可得,又何暇问男女之平权不平权。"演说结束离场。(《民立报》1912 年 8月 27 日;《国民党大会》,《天铎报》1912 年 8 月 31 日,"中外大事";《八月二十五日之湖广馆》,《申报》1912 年 8 月 31 日,"要闻一")在理事选举中,孙中山以一千一百三十票、黄兴以一千零七十九票、宋教仁以九百一十九票、王宠惠九百一十五票、王人文九百零九票、王芝祥七百九十七票、吴景濂、张凤翙各五百七十八票,贡桑诺尔布三百八十四票当选,张继、柏文蔚、胡汉民等二十九人为参议。(《孙中山先生入京后之第一大会》,《民立报》1912 年 8 月 31 日,"新闻一")《民立报》发表评论:"此次到会者,或以此会为北京空前未有之盛举,既值中山先生第一次到京,而又为五大政党合并之国民党开成立大会之第一日,中山先生两次演说均深入人心,其结果必大有造于中华民国,而政党史亦必为之新面目矣。"(《国民党成立》,《民立报》1912 年 8 月 31 日)

　　△　下午 4 时,与多位来访者谈话,提到练兵、铁路及借款事,表示希望袁大总统练兵五百万,自己担任铁路建设二十万里,帮助政府

担任借款。(《孙中山京华游(三)》,《天铎报》1912 年 9 月 2 日,"中外大事")

△　晚与袁世凯会面,谈及张振武、方维案,袁以黎元洪电文答复,后又检送所有各种函电交予阅看。(《张振武案详志》,《天铎报》1912 年 9 月 5 日,"中外大事")

8 月 26 日　晨,袁世凯来外交部迎宾馆答谒,表示巩固民国始基,必须内外和洽,万不可因党见而自相冲突。(《申报》1912 年 8 月 27 日,"特约路透电";《申报》1912 年 8 月 27 日,"专电")询及"各国政治学术本源若何",孙乃历述所见。复向袁询及财政、外交情形,袁亦略述梗概。相约他日再详谈政见。(《北京电报》,《民立报》1912 年 8 月 28 日,"专电")

△　下午,国务总理陆征祥往来谒,请示巩固民国办法。向陆征祥指出:巩固民国,不外整顿内政、联络外交。整顿内政则应维持现状、实践约法;联络外交最重要的问题就是得到各国承认民国,先应得一二国单独承认。慨然允诺陆征祥所请,答应亲自往美一行,争取日、美承认。同时劝陆以国家为前提,顾全大局,不要再存退志。(《中山先生旅京记》,《民立报》1912 年 9 月 4 日,"新闻一";《孙中山京华游(三)》,《天铎报》1912 年 9 月 2 日,"中外大事")陆征祥时因张振武案被参议员弹劾,一再提请辞职,后孙中山在会见袁世凯时,也提请袁世凯劝慰挽留。(《申报》1912 年 9 月 1 日,"专电")

△　与党员汤漪谈话,对铁路借款、中美联盟、定都问题提出看法,指出:"袁总统才大于予,极盼其为总统十年,必可练兵数百万,其时予所办之铁路二十万里亦成,收入可决每年有八万万,庶可与各国相见。至铁路借款,须向欧美大银行直接议借,不必由在京银行团经手。袁总统意欲中美联盟,予不谓然。至首都地点,宁、鄂两处最好,无已,则宜在开封。容当与袁力商。"(《时报》1912 年 8 月 30 日,"专电")

△　对外报记者宣言,十年内专意于铁道、银行事业,无置身政界之意。(《时报》1912 年 8 月 29 日,"专电")

8 月 27 日　晨 10 时至中午,依次接见各界官员、绅商、平民及报馆记者等来访者。(《申报》1912 年 8 月 29 日,"特约路透电")驻京各国公使至迎宾馆来谒。(《孙中山先生旅京记(四)》,《民立报》1912 年 9 月 4 日,"新闻一")

　　△　接见女界领袖唐群英、沈佩贞,向其婉言男女平权事实上之困难,对两女士再三抚慰。(《唐、沈两女士之墨泪》,《申报》1912 年 9 月 3 日,"要闻一")

　　△　下后 5 时至 12 时,与袁世凯会谈,主要问题一为铁道问题、实业筹办、兵备扩张,二为外交问题,三为实业问题,四为党派问题,五为集权、分权问题。对袁的联美主张,认为是远谋;表示自己此后当从事于社会建设,不愿为第二次总统;表示有能力努力调和党派;主张有限的中央集权,司法、交通、外交、军事、财政归于中央,其他由地方自理。(《记者眼光中之孙中山(二)》,《时报》1912 年 9 月 6 日,"要闻")下午 6 时,出席袁世凯在总统府举行的公宴。(《记者眼光中之孙中山(二)》,《时报》1912 年 9 月 6 日,"要闻")

　　△　报载民党中有多人劝孙中山与袁世凯交接应极端审慎。(《天铎报》1912 年 8 月 27 日,"本报专电")

　　8 月 28 日　出席共和党欢迎会,表示民国要人,第一要坚守利国福民宗旨,第二须有坚忍心,请劝阻陆征祥辞总理职。(《申报》1912 年 8 月 30 日,"专电")

　　△　下午,赴参议院回拜,由议长吴景濂引入议场参观。(《北京电报》,《民立报》1912 年 8 月 30 日,"专电")

　　△　向北京记者介绍关于筑路、练兵等主张。

　　下午 3 时,在迎宾馆接见北京各报记者,表示自己近来主张铁路、练兵两策,以铁路为先;兴建二十万里铁路所需巨款,可借外债,自己已筹有绝好办法,将来借款筑路,有利无害;铁路初办应定为民有,四十年后国家可以不须款项,以法律收回;二十万里铁路可分十大公司办理,各以公司名义自行借债。

　　对于记者询问关于练兵之主张,回答:练兵五百万系二十年后事，五百万指常备兵而言，如依征兵制度，练兵一百万，两年退伍，有十年工夫，即可得五百万；只要铁路贯通中国，有常备兵五百万，不虞外人欺侮。

对于记者关心是否有意于第二次总统大选，表示此后将专门从事开导人民及借外债之事。记者表示若孙中山不参加第二次总统选举，第二任总统恐难得其人，孙表示，仍以现总统袁世凯为宜。

对于记者询问现在民国的国体、政体已确定稳固否？答道：民国招牌已经挂起，此后无足虑者。国民既欲共和，当局之人不能强其不欲。

对于记者询问国家统一的主张，回答：今日国家已经统一。军民分治问题、省官制问题、其他各种权限问题，不会困难，将来军民分治后，兵权收归中央，都督由中央任命，其他交通、财政、外交、司法，皆为中央独占大权，其余可交给地方，民政长则以民选为宜。

对于记者询问关于张振武、方维事件的看法，孙表示张、方不能说无罪，中央政府当日应将张、方拿获，解去武昌为上策，否则应当依法审判，此事鄂、京两方皆有不当之处。（《与〈亚细亚日报〉记者的谈话》，《孙中山全集》第 2 卷，第 415—418 页）袁、黎违法杀害张、方，引起全国舆论之抨击。黄兴曾电袁世凯诘责，（《黄兴致袁世凯诘问杀害张振武电》，朱宗震、杨光辉编：《民初政争与二次革命》上册，第 124 页）中国同盟会宣布革去黎元洪协理之职并除名，（《中国同盟会本部开除黎元洪启事》，朱宗震、杨光辉编：《民初政争与二次革命》上册，第 133 页）其他党派议员也联名对黎、袁提出质问及弹劾。孙中山抵京后，为顾全南北统一大局，主张平息风潮。

△　接见《大陆报》记者。

接见时回答各种问题。称此次北来，与袁世凯总统相见如故，交谊颇笃，将于正式选举时，帮助袁当选总统。记者问除袁世凯外，是否尚还有他人具备候补总统的资望？孙表示"未必无其人"。记者问如何看待外界有南北分裂谣传？答曰"不敢谓其必无，或未必竟有"，表示深信袁世凯及各党领袖必能力阻。对于银行团要求监督财政之说，表示极为反对。记者告以倘无监督银行团决不肯借款，孙表示，可于国内筹集巨款。对于满蒙局势，表示中国今日势孤无助，不得不暂待时机，数年之后，兵力充足，领土自可恢复。并指出，恢复已失领土而求助于邻邦，不甚可靠。还劝参议院中友人，勿因张振武案起骚动。（《民立报》1912 年 8 月 30 日，"西报译电"）

△ 对于上海《民国西报》（孙的机关报）攻击袁世凯，表示对于该报政见并不过问，并无力干涉其言论自由。（《民立报》1912 年 8 月 30 日，"西报译电"；《天铎报》1912 年 8 月 30 日，"译电"；《申报》1912 年 8 月 30 日）

△ 出席袁世凯在总统府的宴请。

晚 7 时，出席袁世凯在总统府的宴请，各部总长，各高级军官及参议院议长吴景濂，总统府秘书长梁士诒，及孙毓筠、沈秉堃、章炳麟、王赓、孙武、宋教仁、张绍曾，与诸满蒙王族为陪客，计六十余人。孙偕夫人并随员居正等十人到府。袁世凯总统主席，孙与之对坐，其余诸人以次就位，食用西餐。袁起立谓："孙先生游历海外念余年，此次来京与我所商者，大有造于民国前途，各项政见渐有端倪，一时间殊难叙及，先是，谣传南北有种种意见。今见孙先生来京，与我所谈者，极其诚恳，可见前此谣传，尽属误会，民国由此益加巩固，此最可欢迎之事，请在席诸君共进一杯。"全席举酒致敬，袁席间高呼"中山先生万岁"！孙中山起答，表示："今日承大总统特开大宴会，备极嘉许，实深感谢。我中华民国成立，粗有基础，建设事端，千头万绪，须我五大民族全体一心，共谋进步，方可成为完全民国……民国肇建，百废待举，况以数千年专制一变而为共和，诚非旦夕所能为力。故欲收真正共和效果，以私见所及，非十年不为功。今袁总统富于政治经验，担任国事，可为中国得人庆。"又表示"我辈注重人民，须极力振兴实业，讲求民生主义，使我五大族人民，共浚富源，家给人足，庶民生有赖，而租税有所自出，国家岁入，日见增加，则练兵之费，既有所取，教育之费，亦有所资。以我五大族人民既庶且富，又能使人人受教育,与列强各文明国,并驾齐驱,又有强兵以为之盾,十年后当可为世界第一强国"。孙中山亦举杯高呼"袁大总统万岁!中华民国万岁!五大民族万岁!"(《北京电报》,《民立报》1912 年 8 月 30 日,"专电")另据报道,孙中山在答词中说:"现在共和政体经已告成,而目前一切问题,悉待解决,端赖有政治经验之人,出任天下之事。袁大总统为吾国最有政治经验之人,对于军事上经验尤深,倘使袁大总统当国十年,讲求内政,整理外交,民国前途,庶几有豸。"演说后,孙毓筠致词欢迎,致词时忽然反对军民分治,言辞激烈,章炳麟予以驳斥,几起冲突。(《总统府公宴孙中山记》,《申报》1912 年 9 月 4 日,"要闻一";《总统公宴孙中山之详情》,《时报》1912 年 9 月 3 日,"要闻")宴会中相与谈及各国承认问题。袁拟恳孙中山漫游欧美,与彼邦人士接洽。(《北京电报》,《民立报》1912 年 8 月 31 日,"专电")

8 月 29 日　上午 9 时,接受日本新支那社安藤、朝日新闻社神田等人访问。《时报》记者黄远生来访,但因时间安排未能接见。(《记者眼光中之中山君》,《时报》1912 年 9 月 5 日,"要闻")神田问孙中山到北京后的感想,孙答:看见使署卫兵和城楼上的大炮,非从速迁都不可。神田问迁往何处为宜,孙答:只要离开北京,无论何处皆可。(《记者眼光中之孙中山(三)》,《时报》1912 年 9 月 8 日,"要闻")

△　中午,出席国务院全体国务员在那桐花园举行的欢迎宴会。(《北京电报》,《民立报》1912 年 8 月 30 日,"专电")席间议及张振武、方维案,允任解释。(《申报》1912 年 8 月 31 日,"专电")

△　出席广东同乡会、全国铁路协会、邮政协会欢迎会。

下午,与王宠惠一起出席广东同乡会、全国铁路协会、邮政协会先后在万牲园举行的欢迎会。(《北京电报》,《民立报》1912 年 8 月 30 日,"专电")均举梁士诒为主席,梁致颂词、欢迎词。孙中山分别致答词。对广东同乡会答词中说:"去岁以全国同胞之力,推翻专制,建设共和,兄弟奔走其间,得以达平生之目的。后南北统一,退居公民,得回本省,与父老闲话沧桑。然睹我广东之情形,实有可危之象……现我广东有三大问题：一、政治问题，二、经济问题，三、军队问题。对于政治应求良美，对于经济应求活动，对于军队应求拣遣。保全地方治安，维持中央政府，此兄弟所窃望于诸君者也。"（《在北京广东公会欢迎会的演说》，《孙中山全集》第2卷，第419—420页）对铁路协会答词中说："现在中华民国成立，得达共和目的，人人皆志愿已足。愚则以为未也，必使中华民国立于地球上为莫大之强国而后快。特今日中国既贫且弱，曷克臻此。故欲能自立于地球上，莫如富强。富强之道，莫如扩张实行交通政策。世人皆知农、工、商、矿为富国之要图，不知无交通机关以运输之，则着着皆失败……如果诸君不河汉斯言，各出其经验及专长以经营之，鄙人可决中华民国为最富最强之国，亦可决中华民国为地球上为最有名、最富强之国。"（《欢迎孙先生三大会记》，《民立报》1912年9月5日，"新闻一"）演说后，交通总长朱启钤拟改日请展阅地图详细研究，提议推举孙中山为全国铁路协会名誉会长，全体赞成，孙中山再次登台表示认可。在对邮政协会答词中说："鄙人于邮政素无学问，但现在欧美回来，颇有新知，愿贡诸君之前。一、邮政：各国邮政，向来用邮船或铁路输送，现在发明一种新法，用汽管运输，其快便比船路数倍。二、电报：中国用号码翻译，甚为不便，现在各国发明一种绘图电机，将来用写中文，亦可仿行。三、因邮便之便利，以运送各物，各国近今甚发明，以为收入之大宗。至于储金一事，德、美各国最为发达，为人民生计上甚有关系也……日谋邮政之发达，则中华民国幸甚。"（《欢迎孙先生三大会记》，《民立报》1912年9月5日，"新闻一"）

　　△　参加彭家珍、杨禹昌、张先培、黄之萌四烈士迁葬北京万牲园仪式。（全国政协文史资料研究委员会等编：《孙中山先生画册》，第299幅）

　　△　为铁路协会会刊《铁路协会杂志》题词："祝铁路杂志发行大道之行也　孙文。"（刘望龄辑注：《孙中山题词遗墨汇编》，第175页）

　　△　致电黄兴，指出外界怀疑袁世凯皆系误解，张振武、方维案系为融合地方感情被迫所为，请黄兴急来北京，以利统一。（《时报》

1912 年 8 月 31 日,"专电")电云:"到京以后,项城接谈两次。关于实业各节,彼亦向有计划,大致不甚相远。至国防、外交,所见亦略同。以弟所见,项城实陷于可悲之境遇,绝无可疑之余地。张振武一案,实迫于黎之急电,不能不照办,中央处于危疑之境,非将顺无以副黎之望,则南北更难统一,致一时不察,竟以至此。自弟到此以来,大消北方之意见。兄当速到,则南方风潮亦止息,统一当有圆满之结果。千万先来此一行,然后赴湘。"(《孙中山致黄克强电》,《民立报》1912 年 9 月 6 日,"公电")

　　△　会见袁世凯,谈及迁都问题。表示北京不可为永久国都,将来可以选择武昌、南京或开封。并表示,十年内袁为大总统,专练精兵五百万,始能与各国言平等;自己当于十年内筑铁路二十万里,年可获八亿元,作为练兵、中央、地方行政经费;筑路费拟用公司名义借外债六十亿,分四十年还清,并表示愿意前往外洋担任借债。(《北京电报》,《民立报》1912 年 8 月 31 日,"专电")报载袁对孙之铁路政策极为佩服,"拟恳中山主持"。(《北京电报》,《民立报》1912 年 8 月 31 日,"专电")

　　△　接见德文报记者。据报道称,孙将于三个月内取道满洲、日本,前往欧洲;主张迁都;希望各国借款早日实现;又云黎元洪在张振武事件上实属大误。(《申报》1912 年 8 月 30 日,"译电")

　　△　与张继等签名发起革命纪念会,凡南北各界有功于革命者,均列为会员,邀请袁世凯为发起人,并建一革命纪念馆,专收革命战品。(《北京电报》,《民立报》1912 年 8 月 31 日,"专电")另据《申报》报道:张继、陈家鼎、田桐、黎尚雯与孙中山商议组织一命纪念会,专门调查革命党人遗物及事迹,在各起事地方立纪念碑,已在同盟会中捐款万元,不日即可成立。(《革命纪念会之发起》,《申报》1912 年 9 月 7 日,"要闻一")

　　△　袁世凯派人来询问关于黄兴质问牵涉张振武、方维案一事,孙中山向其出示原电稿,同时表示此必为谣言。(《时报》1912 年 8 月 31

日,"专电")本月 27 日,黄兴致电袁世凯,告以孙中山自天津来电,提到一总统府秘书告知,在张振武处搜得给黄兴一信,有云托杀黎元洪事已布置周妥,今日报纸又谣传黄兴与张振武参与同谋第二次革命,请大总统彻底查办。(《申报》1912 年 8 月 28 日,"公电")

8 月 30 日　接见前财政总长熊希龄,谈及与银行团大借款决裂情况。(《北京电报》,《民立报》1912 年 9 月 2 日,"专电")

△　中午,总统府大宴会。(《中山先生旅京记(四)》,《民立报》1912 年 9 月 4 日,"新闻一")

△　出席各学校欢迎会。

下午 1 时许,出席北京大学、高等师范学校、高等工业学校、高等商业学校、交通传习所、医学校、女子师范学校、女子法政学校等十余所学校在湖广会馆举行的欢迎会,并发表演说。演说中希望学界今后应致力于建设,云:"此次革命成功,多赖学界之力。此后诸多建设,尤愿学界一力进行,方能成功。学界关于国家前途,既如是之重,自不得不定有方针。"认为今日应提倡社会道德,代替社会竞争学说,"大凡天之生人,聪明材力,终不相同。聪明材力之有余者,当辅助聪明材力之不足者,在政治为政治之工人,在社会为社会之公仆。今日中国革命成功,适值学说改革。此学界方针,亦宜改变方针,当注重道德者也"。又指出学生应以"民族同化、民权平等、民生筹画"为责任,"学界为国民造成知识发达之源,当知自己责任之重。今日在学校之学生,异日即政治之工人、社会之公仆,与从前异日可作主人翁之思想大不相同。至今日尤为注重者,有三大要件,即民族同化、民权平等、民生筹画,此三者为学生之任责。学生能尽责任,国家方能巩固"。演说后合影。(《学界欢迎孙中山记》,《申报》1912 年 9 月 6 日,"新闻一")

8 月 31 日　晨,袁世凯派傅良佐、梁如浩来谒,傅良佐谈及军政统一问题,梁如浩谈及承认民国及南北统一问题。(《北京电报》,《民立报》1912 年 9 月 2 日,"专电")

△　出席参议院欢迎会。

午后 1 时,出席参议院职员在北京万牲园举行的欢迎会,吴景濂议长致欢迎词,指出孙中山"久在文明各国,政治上之学识及经验素有根底,此次北来,必有伟大之政策,以福利我国"。孙中山致答词,强调迁都的必要性,指出:"庚子以后,国权丧失,形势一变,南北险要,荡若平夷。甚至以一国都城之内,外人居留,特划区域,炮台高耸,兵队环集,是无异陷于外人势力包围之中,被束缚其手足……而况都城地点,北邻两大强国。俄在蒙古,日占南满,韩、满交通日便,一旦有变,五日间日兵可运到十万,北京内外受困。"因而若能早日迁都,有莫大之益处。(《参议院欢迎孙中山记》,《申报》1912 年 9 月 6 日,"新闻一")关于建都地点,指出或武昌或南京或开封均可,各议员当场未表示意见,据闻赞同者很多。(《提议迁都》,《天铎报》1912 年 9 月 7 日,"中外大事")

△　外国资本团代表及外交团多人来行辕拜谒。(《北京电报》,《民立报》1912 年 9 月 2 日,"专电")

△　出席香山会馆公宴。(《中山先生旅京记(四)》,《民立报》1912 年 9 月 4 日,"新闻一")

是月　8 月至 9 月在北京多次与袁世凯会谈。

据参与会谈的梁士诒忆述,会谈达十三次之多。谈论的话题中有关于练兵问题,某晚向袁提到,请袁练成陆军一百万,自任经营铁路二十万里。袁微笑曰:"办路事君自有把握,若练精兵,百万恐非易易耳。"有关于平均地权的问题,某夜由梁士诒送返行馆,问梁:"中国以农立国,倘不能于农民自身求彻底解决,则革新匪易。欲求解决农民自身问题,非耕者有其田不可。我说及此项政见时,意以为项城必反对。孰知彼不特不反对,且肯定以为事所当然,此我所不解也。"梁答道:"公环游各国,目睹大地主之剥削,又生长南方,亲见佃田者之痛苦,故主张耕者有其田,项城生长北方,足迹未尝越大江以南,而北方多属自耕农,佃农少之又少,故项城以为耕者有其田系当然之事理也。"(凤冈及门弟子编:《三水梁燕孙先生年谱》,第 123 页)有关于借款问题,表示:"目下财政困难,势不能不出借款之一途。但用途宜加详审,数目不可太多耳。现大借款已决裂,其影响于国内,必有以下之数端:一、各省自由借款,恐引起外人无穷之干涉。二、地方自由借款,中央失其统一能力,财政愈觉紊乱。三、中央财政困难,则惟恃盐税等为补苴,对内外之信用,不易确立。四、中央恃地方协济,则必力搏节行政经费,人材必不愿入新政府任事。"关于军民分治问题,认为:"军民分治,法美意良。惟须规定一妥善之法,务使分治得宜,两方俱有完全之责。然军权亦不可尽归都督,须由军长与兵士分掌之,庶免仍蹈专制故智。故消纳军队,实为分治要着。"关于边疆问题,指出蒙、新地方离京不下万里,所接警电恐有外人假造,应饬内务部特派侦探专员前往探明,以便制定防筹之策。又主张用武力解决蒙、藏问题,杜绝外人企图,事后再派员前往宣慰。(《孙中山京华游(八)》,《天铎报》1912 年 9 月 9 日,"中外大事")又表示现在蒙、藏风云,转瞬万变,强邻逼视,若以误传刊登报章,会造成人心恐慌,外人乘机谋我,今后蒙藏消息应责成相关部门逐日报告,由政府分送各报登载。(《孙中山之蒙藏谈》,《申报》1912 年 9 月 2 日,"要闻一")对西藏独立,反对以兵力从事,主张速颁待遇西藏条例,由尹昌衡任宣慰使,宣布政府德意,令其取消独立。(《在北京与袁世凯的谈话》,《孙中山全集》第 2 卷,第 427—428 页)并说:蒙古不取消独立,是因为可以以西藏为之臂助,如欲使蒙古取消独立,必先平西藏。(《孙中山之蒙藏谈》,《申报》1912 年 9 月 2 日,"要闻一")袁还提出,对于保留发辫者均停止其选举和被选举权,孙表示同意。(《孙中山京华游(十)》,《天铎报》1912 年 9 月 11 日,"中外大事")据报载,袁世凯甚至向孙中山表示可加入国民党。(《民立报》1912 年 9 月 2、3 日)"袁总统加入国民党一事,经唐少川提议于前,赵智庵、梁士诒交赞于中,孙中山介绍于后,内而刘揆一等,外而黄克强等,电函商榷,极表同情"。(《袁总统加入国民党之关系如何》,《民立报》1912 年 9 月 9 日,"社论")但后袁并未加入。

9月

9月1日　出席北京军警、蒙藏统一政治改良会欢迎会。

下午1时,出席军警界于北京万牲园畅观楼举行的欢迎会,发表演说阐述军警对于国家的意义及责任,强调军警应尽对外之义务,不能干预国内政治。演说指出:"军警为立国之基本,世界各强国皆由军警购来。我国去岁起义武昌,各省响应,亦皆由军警界同胞热心向义,始得将专制政府推翻。今共和告成,外侮环伺,所赖于军警界同胞较革命时为尤甚。……当此国势频危,日人驻兵于南满,俄人驻兵于蒙古,英人驻兵于西藏,法人驻兵于滇、黔,思为瓜分,以印度、波兰我,而我之所赖以为对待者,则军警界同胞是。是军警界同胞之责任,较革命之责任为尤重。我军警同胞须知合力同心,以尽对外之义务,决不可干预政治,扰乱腹地,以促中国之亡也。"并强调:"专制时代之军警,专为保护皇室,残害同胞。共和时代之军警,则为捍御外侮,守卫同胞,共享利益。"(《九月一日孙先生欢迎会记》,《民立报》1912年9月8日,"新闻一";《孙中山京华游(八)》,《天铎报》1912年9月9日,"中外大事")

午后3时,出席蒙藏统一政治改良会在北京雍和宫举行的欢迎会,向该会执事及众喇嘛各赠纪念巾一幅,并发表演说,指出文明由宗教而进于政治,希望蒙藏同胞留心政治。(《孙中山京华游(七)》,《天铎报》1912年9月8日,"中外大事")阐明专制与共和的差异,指出"专制国家,其利益全属于君主,共和国家,其利益尽归于国民,此即共和与专制之特异点",呼吁向蒙、藏人民说明共和真理,共享共和幸福。演说指出:"今我共和成立,凡属蒙、藏、青海、回疆同胞,在昔之受压制于一部者,今皆得为国家主体,皆得为共和国之主人翁,即皆能取得国家参政权。……惟以蒙、藏同胞目前未知此理,日受外人挑弄,乃发生种种背谬之行为。吾辈丁此时艰,所当力为劝导,俾了解共和之真理，与吾内地同胞一致进行，以共享共和之幸福。"会后游览雍和宫各佛殿。(《九月一日孙先生欢迎会记》,《民立报》1912 年 9 月 8 日,"新闻一")

　　△　出席蒋翊武等宴会,演说铁路计划。

　　晚上,出席蒋翊武、邓玉麟、胡培德等在北京六国饭店举行的宴会,演说中具体解释借债筑路的方案,指出所借巨款分作几期,例如一年六亿元,以三亿元购材料,三亿元作建筑费,其余数年此款在社会流通;目前各国均欲投资于国外,英国每年借出之款约在六十万兆镑以上,法、美等国大略相同,均可输入中国。针对有人担心列强因此在政治上压迫中国,孙中山指出:"人或以六国资本团借款事相例,不知此项纯含政治之趣味,资本团欲借此压迫中国,若借款修路,纯为生产事业,与此大相反,所以借款不难。"希望"国民赞成,从速经营。凡世界所有者,我们还要求精;世界所无者,我们为其创,勿畏难苟安,中国自然是极富极强,民国根本就可以巩固"。(《九月一日孙先生欢迎会记》,《民立报》1912 年 9 月 8 日,"新闻一")

　　△　复电阎锡山,表示有意访问山西。电云:"此次来京,本拟游晋,以领诸同志大教。乃先辱蒙电招,感激无似。一俟事竣,即当奉命。"(《复阎锡山电》,《孙中山全集》第 2 卷,第 430—431 页)[1]

　　△　与陈其美等出任苏州文华有限公司赞成人,该公司出品"爱国丝呢",刊登招股广告。(《申报》1912 年 9 月 1 日,"广告")[2]

　　△　报载孙中山劝袁世凯入国民党,唐绍仪亦来函相劝。(《时报》1912 年 9 月 1 日,"专电")

　　△　《民立报》载社论《正时事新报中山满蒙弃置说之误解》,对《时事新报》记者将孙中山与《大陆报》记者谈满蒙问题当作"满蒙弃置论","尽属误会",指出孙中山对于蒙藏实以为切肤之痛,在与《大陆报》记者谈话时,"胸中却含有无限愤恨之气,未便形于言词,遂乃

---

　　① 此为报载日期。

　　② 此为报载广告日期。

见诸颜色,以为满蒙国竟为强暴者所并,中国亦必力图恢复,不能以其亡而听之……何尝有丝毫弃置满蒙之意乎"!(《正时事新报中山满蒙弃置说之误解》,《民立报》1912年9月8日,"社论")

△ 《申报》对黄兴辩诬一事发表评论,劝黄兴听从孙中山主张。评论云:"中山在京,本其救世之心,发为恳切之言,以警勉于其党员,非但该党之党员欢然无间,即他党之党员亦莫不翕然称颂。敢劝克强,时以中山之心为心,中山之言为言。"(《申报》1912年9月1日,"时评三")

9月2日　出席北京报界、铁道协会举行的欢迎会。

下午2时30分,出席北京报界在北京安庆会馆举行的欢迎会,发表演说表示"以现在政治之事,有袁大总统及一般国务员担任,鄙人从此即不厕身政界,专求在社会上作成一种事业",从事铁道建设;阐述铁路建设"惟有募集外资之一法",并强调"铁路借款,与他种政治上之借款不同。我用外国之款,转购外国之材料,所有各国公司工厂,皆有利益,各国必争先投资,绝无观望之可虑";同时指出,铁路计划并非不能办到的夸大其词,"民国之生死存亡,系于此举。惟民国之主权在人民,人民以为可则可,人民以为否则否。此事如人民以为然,鄙人可以担任,十年之内一律修成"。详细解释了借债筑路之必要及实现之可能,呼吁舆论一致鼓吹,使全国之人趋向一致,达此目的。(《九月二日之孙先生欢迎会记》,《民立报》1912年9月9日,"新闻一";《时报》1912年9月3日,"专电")

下午3时,出席由铁道协会举行的欢迎会孙中山发表演说,主张中华民国铁道协会与中华全国铁路协会合并,"以厚积势力,俟将来徐图之可也"。但指出今日铁路问题实为中国生死存亡的问题,希望铁道协会鼓吹提倡,"今日我国,如欲立足于世界,惟有速修铁路,以立富强之基。不然,外人之势力日益伸张,而铁路政策,实足以亡人家国"。铁道协会由南京临时政府交通部发起,由于右任联合诸会人组织而成,公举孙中山为会长,旋因临时政府移至北京,南京交通部解散,该会亦解散,因孙中山倡办铁路,遂又在上海成立本部,并致函北京组织支部。(《九月二日之孙先生欢迎会记》,《民立报》1912年9月9日,"新闻一")

　　△　复函女子参政同盟会,劝说女界先发展女子教育、普及知识,为将来争取男女平权打下基础。

　　上月25日国民党成立大会时,女子参政同盟会会员唐群英、沈佩贞等因党纲删去男女平权之条,在会场中揪打宋教仁。27日,唐、沈往见孙中山,力争男女平权,孙曾婉言劝慰。本日,有人代其起草再上参议院书,要求根据《临时约法》,承认女子参政之权。(《唐沈两女士之墨泪》,《申报》1912年9月3日,"要闻一")复函表示:"党纲删去男女平权之条,乃多数男人之公意,非少数可能挽回,君等专以一二理事人为难,无益也。文之意,今日女界宜专由女子发起女子之团体,提倡教育,使女界知识普及,力量乃宏,然后始可与男子争权,且必能得胜也。"(《孙中山致女子参政同盟会的复函》影印原函,江苏省纪念辛亥革命七十周年筹备委员会、中国人民政治协商会议江苏省委员会编:《辛亥革命在南京》,无页码)

　　△　中华民国铁路协会执行部来电,就京汉铁路脱轨事故,表示即谒袁世凯,要求严订罚则,以为后来者鉴。(《铁路协会致孙中山电》,《民立报》1912年9月3日,"公电")

　　△　报载孙中山拟往东三省游历,袁世凯以东北形势复杂,竭力阻止。(《申报》1912年9月2日,"专电")

　　△　报载孙中山为西藏局势,商请袁世凯派胡瑛为剿抚使,报道称袁表示同意。(《申报》1912年9月2日,"专电")

　　△　《申报》副刊"自由谈"刊登"游戏文章",拟清太后邀请孙中山赴宴会之请柬。请柬文为:旧历七月二十四日,新历九月五日,前清太后率小犬皇帝,恭备汉满全席,请民国前临时大总统孙中山先生驾临冷宫,赐教一切。先生不弃孤儿寡妇,惠然肯来,从此联结情感,消泯嫌疑,则不特敝后与小犬两人之幸,抑亦我满洲亿万众前途之福

也。先布区区,恭迓摩托。(累赘:《清太后邀孙中山赴宴柬》,《申报》1912
年 9 月 2 日,"自由谈·游戏文章")

9 月 3 日　回访答拜四国银行团,介绍铁道政策,表示"设此策
实行,中国不二十年将成一最富国",希望银行团扶助。(《民立报》1912
年 9 月 5 日,"专电·北京电报")

△　出席五族共和合进会、西北协进会举行的欢迎会。

午后 1 时 40 分,出席五族共和合进会、西北协进会在北京织云
公所举行的欢迎会,发表演说,提倡五族平等,共建国家。演说指出:
"我国去年之革命,是种族革命,亦是政治革命……种族不平等,自然
政治亦不能平等,是以有革命。要之,异族因政治不平等,其结果惟
革命,同族间政治不平等,其结果亦惟革命。革命之功用,在使不平
等归于平等……今者五族一家,立于平等地位,种族不平等之问题解
决,政治之不平等问题亦同时解决,永无更起纷争之事。所望者以后
五大民族,同心协力,共策国家之进行,使中国进于世界第一文明大
国。"演讲后合影,并获赠会长纪念章一枚。(《初三、四日之孙先生欢迎
会记》,《民立报》1912 年 9 月 10 日,"新闻一")

△　会见袁世凯,谈论迁都问题。

出席五族合进会欢迎后,于晚间会见袁世凯,提及迁都问题。袁
云:此时尚未完全统一,外交上较多掣肘,财政困难尤为一大阻碍,恐
数年内这一问题不易解决。孙中山表示:如政府果能抱定迁都决心,
将来即可达此目的。(《孙中山京游之鳞爪》,《申报》1912 年 9 月 11 日,"要
闻一")关于孙、袁讨论迁都事,当时报道颇为关注。《时报》报道,孙
中山向袁世凯力主迁都开封,袁表示:我本河南省人,岂能不愿,但事
实上万不能行。(《时报》1912 年 9 月 12 日,"专电")《天铎报》报道,孙中
山由迎宾馆赴总统府,言及北京规模,认为北京城市道路污秽,宫室
卑陋,尚可改造,但各国使馆逼近,东交民巷驻有外兵,将来外交上定
然发生危险,不如将各使馆迁建于南苑为宜。袁世凯表示,自己在清
廷掌管外务部时,曾经提过如此的建议。(《孙中山京华游(九)》,《天铎

报》1912年9月10日,"中外大事")

△　报载孙中山与人谈话,表示自己宜在十年后担任总统。谈话云:"维持现状,我不如袁,规划将来,袁不如我。为中国目前计,此十年内,似仍宜以袁氏为总统,我专尽力于社会事业。十年之后,国民欲我出来服役,尚不为迟。"(《民立报》1912年9月3日)

△　报载孙中山与袁世凯晤谈时,提及有人请办秋操,以联络南北军界之感情。袁表示计划很好,但现北方多事,尚非其时,孙中山亦表同意。(《申报》1912年9月3日,"专电")①

△　《申报》载外电报道,孙中山抵北京访问,影响极好,政府比以前更为巩固,自革命以后,未有如今日之情形。(《申报》1912年9月3日,"特约路透电")

△　《申报》报道,孙中山到京后极力调和弹劾政府案,如果成功,弹劾案或不会提出。报道批评,前后一星期间,孙中山急烈与和顺之态度全然相反,如此乍骄乍沮,轻喜轻怒,不免自贬价值。(《弹劾政府案溃灭之真相》,《申报》1912年9月3日,"要闻一")

9月4日　与袁世凯会见讨论国民捐问题。

会见时表示上海承认之国民捐已及百万,可电饬随收随汇,不必等到全部收齐,以济燃眉之急。至于各省所得国民捐,即为各该省解散兵队之用,亦令随收随遣。如此进行,可省往来兑汇,更有利益。袁世凯深然其说。(《孙先生旅京记》,《民立报》1911年9月11日,"新闻一")关于财政问题,连日来与袁讨论,表示中国今日非借债万难立国,公债、国民捐输入有限,而民力实已告竭。如果能去丧失利权与投资不生产事业两弊,又能借得低息外债,则较诸举办公债,利益不止加倍,故不应空言拒债。袁世凯以现在财政困难,借债非易,请示善策,孙中山表示,现今国体共和,人民均有负担之责,可将预算、决

---

①　但另有报道称,孙中山曾与袁谈及融和南北军队感情问题,主张举行秋操,开军界协会。按此条与前电互异,待考。(《孙中山之各种政见》,《申报》1912年9月7日,"要闻一")

算颁布国内,然后再将国民公债及国民捐进行办法议妥,并表示欲在北方提倡此事。向袁世凯建议:令外交部开通商埠,工商部广开矿产,农林部伐采森林,交通部推广路电,财政部开源节流,综挈大纲,次第发办,富强可期。报道称,袁世凯深为叹服,即令各部分别筹办。

(《孙中山京华游(八)》,《天铎报》1912年9月9日,"中外大事")

△ 出席共和党欢迎会。

下午3时,出席共和党于该党北京本部举行的欢迎会。丁世峄致欢迎词,略谓:"中华民国成立第一着,即建设问题,当南北未统一前,天下皆以收拾残局、维持现状,非袁公不可,先生即以临时总统让之袁公,共和得以告成,南北得以统一,先生推贤让能之美德,此本党所欲欢迎先生者一。民国成立南北统一之后,无界限之可言,惟无识者则以南北意见尚未十分融洽,各省对于中央亦少维持之心,南方人士群属于先生,今先生惠然肯来,与袁总统握手言欢,实统一南北最好之机会,此本党所欲欢迎先生者二。同盟原系秘密结社革命之团体,宜于破坏,不宜于建设,先生在南方时即主张改组,一时未能□到,今五党改组于合并之先,首得先生来电同意,今日国民党之成立,乃先生之原动力也,将来蔚成健全政党,与本党互相提携,尽力国事,乃最可希望之事,此本党所欲欢迎先生者三。民国成立以来,一般心理,超于政治问题,而社会问题遂无人过问,是非有伟大之人物提倡于上不可。先生此次北来,首先宣言投身社会,从事于铁道,十年内拟修铁道二十万里。使先生政策成,即民国富强之日,此本党所欲欢迎且欲赞助先生者也。此外尚有许多问题,如军民分治问题、中央与地方之权限问题、地方简任与民选问题,皆关系重要,望先生有以赐教。"(《共和党欢迎孙中山纪事》,《申报》1912年9月10日,"要闻一")孙中山发表演说,劝勉国民、共和两党应以英美之两党政治为榜样,各以是非为依归,勿以党见相倾铄。指出:"现在中华民国共和政体,与专制政体不同。专制政体之主权,为君主一人所私有,共和政体三权分立,各有范围,三者之中允以立法机关为要。立法机关乃人民之代表,欲求有完全国家,必先有完全议院,必先有完全政党。"表示拟辞国民党理事长职,以专心办理实业,"此次北来,拟从事社会事业,当脱离政界关系。前国民党举兄弟为理事长,今晚开职员会,兄弟即拟辞职,此后即专心致志,办理实业"。演说中解释民生主义"非均产主义,乃以国家之力,发达天然实利,防资本家专制"的国家社会主义。(《初三、四日之孙先生欢迎会记》,《民立报》)1912 年 9 月 10 日,"新闻一")《时报》概括孙中山演说主旨为,英美之两党皆以党纲为竞争;国家社会政策之必要;铁路国有及地价税;决意辞退国民党理事长之任。(《时报》1912 年 9 月 6 日,"专电")

△ 与黄远庸谈论各种时事问题。

下午 5 时,出席共和党欢迎会后,于行辕接受《时报》特派记者黄远庸访问,就黄所提之各种问题发表意见。黄远庸问:"闻先生竭力推举袁总统,以为可以救治中国,但袁总统与参议院之多数党及各省都督,尚未能诚信相孚。长此迁延,国家必无统一之望,先生有何法以维持之?"答曰:"只须袁总统略为迁就,便可互相了解矣。"对都督问题,主张民选,认为都督民选可免地方与中央恶感,反能增大中央权力,"即如各省都督,多半主张民选也,有主张中央派的。然欲由中央派去,即于中央不利。""照原理上,总是民选的好。"黄远庸问:"先生向来主张地价单税,这就是国家社会政策之一种,就是先生向来所提倡民生主义之最要政策,究竟现在要实行不要实行?"孙中山表示要从速实行。对军民分治问题,认为五六年内办不到,"因为不主张分治的人,中央未必能派兵去打他"。须待实行征兵制度后,地方无兵权时,方可实现分治。对于时局表示乐观,认为纵五六年内不统一亦不要紧,中国之人心一致,蒙、藏的变乱不至有亡国之忧。对铁路计划,表示已与政府商议,一俟参议院通过即按所定条件募债筑路。关于对袁世凯的评价,指出:"他是很有肩膀的,很喜欢办事的,民国现在很难得这么一个人。"认为袁世凯没有野心,"他不承认共和则已,既已承认共和,若是一朝反悔,就将失信于天下,外国人也有不能答应的。除非他的兵不特能够打胜全国,并且能抵抗外国,才能办到"。对于中国政党之弊病,认为"一时是没有什么法子的,让他们自己闹闹,闹过几年,自然明白"。对地价单税法亦作解释。国民党理事喀喇沁王贡桑诺尔布来访,孙中山问喀喇沁部落是否现已懂得共和的原理,喀王唯唯而应,表示"很懂得"。(《记者眼光中之孙中山(四)》,《时报》1912年9月10日,"要闻")

△ 下午6时,国民党理事及参议各员在迎宾馆开会,推定理事长及各部主任、干事,请孙中山担任理事长之职。孙表示决意从事实业,脱离政界之关系,且行止无定,实不能当,请另举他人。报道称:孙中山在国民党职员会内宣言不就理事长职务的原因,系国民党内部现在显分稳健、暴烈两派,暗中分属孙、黄。现在舆论向于稳健者居多,孙谓将从事社会事业,乃为托词。又云该党有排斥孙中山之意,一般新加入之党员皆为宋教仁派,拟举黄兴为理事长,挑动孙、黄之恶感。(《孙中山不就理事长之原因》,《申报》1912年9月12日,"要闻一")孙中山辞理事长时,经宋教仁、吴景濂坚留,始行就职。(《孙中山京华游(十)》,《天铎报》1912年9月11日,"中外大事")

△ 《天铎报》报道,闻孙中山昨已致函交通部,请将全国铁路已办、未办各干线、支线,其道路险夷,需款多少,从速分别详细绘图,即日送交,以便会商各界,分股兴筑。在与袁世凯晤面时,亦已议及此事,并向袁表示:铁路为生产的事业,只要能得到外国人信用,而不丧失权利,尽可输入外资,此外筹款方法甚多,断不能因噎废食。袁表示同意。(《孙中山京华游(五)》,《天铎报》1912年9月4日,"中外大事")

△ 《申报》发表社论,指出国民党成立,孙中山力劝袁世凯入国民党,宋教仁亦表示若袁不入国民党,则自己不愿入内阁。社论表示异议,指出:"环球各国行民主之制者,总统从某政党以选出之者,往往而然矣。以总统之资格而加入于某政党,吾未之前闻也。孙、宋两先生之意抑何为乎?"(《超然总统与党派总统》,《申报》1912年9月4日,"社论")

9月5日 出席基督教会等举行的欢迎会。

下午2时,出席基督教会、长老圣公会、公理会、伦敦会、青年会、美以美会于北京灯市口教堂举行的欢迎会。发表演说,自称"知革命之真理者,大半由教会所得来"。又表示:"宗教与政治,有连带之关系。国家政治之进行,全赖宗教以补助其所不及,盖宗教富于道德故也。兄弟希望大众以宗教上之道德,补政治之所不及。"(《孙先生旅京记》,《民立报》1912年9月13日)

△ 举行答谢茶话会。

下午4时,约请国务员、参议员、各界、各团体在迎宾馆举行茶话会,以示答谢。演说门户开放政策,主张利用外国资本,延聘外人为顾问及工程师。表示:"目前重大问题,莫如外交。将欲解决此困难问题,非改变从前之闭关主义不可……我若改变闭关主义而为开放主义……国中之矿山、铁路,皆准外人经营,不加以种种限制,因开放其小者,而获保全其大者……故今日欲救外交上之困难,惟有欢迎外资,一变向来闭关自守主义,而为门户开放主义。"(《孙先生迎宾馆答礼会记》,《民立报》1912年9月12日,"新闻一";《时报》1912年9月7日,"译电")又主张及早取消"临时政府"字样,求得外国早日承认,认为"临时"二字为外人不能承认之原因,主张取消此二字,改为"正式"。(《时报》1912年9月7日,"特约路透电")

△ 报载宋教仁谈及时事时表示,孙中山诚心称扬袁世凯,谓已拟定袁为将来正式大总统,多次向上海电告,第一次大总统决归袁世凯已无疑点。(《宋遁初之内阁谈》,《申报》1912年9月5日,"要闻一")

△ 报载袁世凯与梁士诒等商讨派遣赴日代表事,梁士诒及各外交顾问均称孙中山为建设民国之伟人,又善于辞令,且曾游日本,与日人关系极为融洽,应请其代表全国人民赴日访问,当能得日本之满意。(《孙中山赴日代表说》,《申报》1912年9月5日,"要闻一")

△ 《申报》刊登评论,提议共和党员欲增强共和党势力,可以劝孙中山加入共和党。评论称今见国民党欲拖袁世凯加入国民党,才

着急想出个"党首对调"政策。(《申报》1912年9月5日,"时评二")

9月6日　出席八旗生计会举行的欢迎会。

行前出席在京满人假北京八旗生计会所举行的欢迎会,发表演说,倡议妥筹旗民生计困难。大旨为:"政治改革,五族一家,不分种族。现旗民生计困难,尚须妥筹,务使人人能自立,成为伟大国民。"报道称,参会旗民鼓掌如雷,"大有先生来迟之恨"。(《民立报》1912年9月8日,"专电·北京电报")

△　启程赴张家口视察。

9时,乘袁世凯专为预备之列车,从北京前门开出往张家口视察。出发时,对送行的段祺瑞表示,还有对军事上之见解未尽发表,回京后当与熟商。(《申报》1912年9月7日,"专电")政、军、警界及各团体、各党会诸重要人物在台候送,其随员除魏宸组留京外,皆随同前往。张继、朱启钤同行。11时车抵南口,下午1时,往游明陵,在明成祖陵拍照数次,因时间仓促,未及遍观其他各陵,即回南口。晚间,京张铁路同人开欢迎会,夜宿车上。(《孙先生游历张家口记》,《民立报》1912年9月13日,"新闻一")

△　《天铎报》载孙、袁连日会谈,均认为边患日急、政党互争,协议约同黎元洪发起一"救国社",专求以国利民福为前提,无论何党党员,皆可入社为社员,借以化除党争,共扶危局。(《孙中山京华游(六)》,《天铎报》1912年9月6日,"中外大事")《申报》亦载袁世凯与孙商议,于国民党之外再组织救国社,孙极表赞同,表示待黄兴到京后,得其同意,即电邀黎元洪,由袁、孙、黄、黎四人发起。(《袁总统发起救国社》,《申报》1912年9月8日,"要闻一")

△　报载袁世凯声明,孙中山并未劝其入国民党,惟人皆不信。(《申报》1912年9月6日,"专电")

△　报载孙中山曾往谒见万国银行团代表,但并未与他们会议具体事务。(《申报》1912年9月6日,"特约路透电")

△　《申报》发表评论,指出孙中山抵京与袁世凯握手,非常亲

密。今黄兴亦消释前隙,决然赴京与袁握手,必更加一层亲密。由是而欲藉张、方案以挑拨两方之恶感者,固己无从施其离间之伎俩,而于融和南北意见、消弭两党猜疑,以及将来谋固共和基础种种问题,亦均有一线之希望。(《申报》1912 年 9 月 6 日,"时评一")

9 月 7 日　抵达张家口,受到各界热烈欢迎。

清晨 4 时,换坐花车至康庄,10 时抵张家口,受到张绥铁道局、察哈尔陆军学校、小学校、议事会、董事会、商务总会、五族国民合进会分会、共和统一分会、燕京关外统一会、民权党分会、同盟会张家口支部等共七百余人迎接,察哈尔都统何宗莲及各团体代表迎至张绥铁道工程局,茶毕请至欢迎会。(《孙中山北游记》,《天铎报》1912 年 9 月15 日,"中外大事")孙中山发表演说,阐明共和国民之责任,谓:"共和国家,既以人民为主体,则国家为人人共有之国家;既为人人共有之国家,则国家之权利,人人当共享,而国家之义务,人人亦当共担。界无分乎军、学、农、工、商,族无分乎汉、满、蒙、回、藏,皆得享共和之权利,亦当尽共和之义务。"(《在张家口各界欢迎会的演说》,《孙中山全集》第2 卷,第 451 页)

下午 1 时半,起程回南口,途经宣化,受到军、警、学、商、工各界及各团体欢迎。宣化府以人众嘈嚷,下令驱逐旁观者稍避,孙中山力劝不可。(《孙中山北游记》,《天铎报》1912 年 9 月 15 日,"中外大事")

下午 4 时,抵八达岭,观玩长城形势及山景,与陪同者登岭游览。由当地人引导,蜿蜒而上,约六七里始达绝顶。感叹说:秦民之力尽此矣。在城楼上摄影,7 时下山。(《孙中山北游记》,《天铎报》1912 年 9 月15 日,"中外大事")夜宿南口车上。交通总长朱启钤及叶恭绰陪同巡访。沿途谈话关于铁路政策颇多,又注意铁路管理,时向朱、叶二人询问,对该路为中国工程师所造,极为赞赏。(《孙中山先生游历张家口记》,《民立报》1912 年 9 月 15 日,"新闻一")

9 月 8 日　返回北京,途中在清河视察。

上午 10 时由南口开车,12 时至清河织呢厂参观,与从者冒雨行道,经陆军第一预备学堂,至织呢厂。该厂为官商合办,股本一百万元,开办已经四年,厂内分织呢房、梳毛房、纺纱房、染色房四大部,有工人四百余人。呢绒畅销时工人可达六七百不等。参观后至会合厅午餐,旋登车回京。(《孙中山北游记》,《天铎报》1912 年 9 月 15 日,"中外大事")

下午 3 时,回到北京。(《时报》1912 年 9 月 9 日,"专电")回京后本拟迁住六国饭店,因袁世凯坚留,仍寓迎宾馆。(《民立报》1912 年 9 月 12 日,"专电·北京电报")

9 月 9 日　《申报》发表评论,指孙中山、黄兴为手造共和之大伟人,今孙中山北京之行刚刚结束,而黄兴又驾言北上,于民国前途将有绝大希望。但孙中山此次北游,只饱听谀词,备受欢迎,其夙昔怀抱之政策果真可以见诸实行与否,亦为一大疑问。(《申报》1912 年 9 月 9 日,"时评二")

9 月 10 日　往访载沣。

往访逊清摄政王载沣。(《载沣日记》[稿本]第十五卷,转引自黄宗汉、王灿炽编:《孙中山与北京》,第 128 页)事先袁世凯派北京步兵统领江朝宗来后海北河沿醇亲王府中等候。孙到达后,由载沣迎至宝翰堂会晤,江朝宗陪同就座。会见中,孙对载沣给予高度评价,以载沣在辛亥革命时期,代表清政府逊位,和平交出政权,致以慰勉之意,并希望今后在五族共和的基础上,共跻富强。又谈到自己将以在野之身,致力于社会建设,拟于十年内实现修筑二十万里铁路。面赠亲笔签名像片一帧。(金友之:《孙中山先生会见逊清摄政王载沣小记》,《团结报》1982 年 10 月 16 日)

△　袁世凯派员送至"筹划全国铁路全权"委任状。

晚 10 时,袁世凯特派员送"筹划全国铁路全权"委任状至行馆。(《民立报》1912 年 9 月 12 日,"专电")袁世凯颁布临时大总统令,特授孙中山"以筹划全国铁路全权",组织铁路总公司。令文为:"富强之策,全藉铁路交通,亟宜从速兴筑。兹特授孙文以筹划全国铁路全权,将拟筑之路,先与各国商人商议借款招股事宜,按照将来参议院议决条例订定合同,报明政府批准。一面组织铁路总公司,以利进行。"(《时报》1912 年 9 月 11 日,"命令";《民立报》1912 年 9 月 12 日,"总统命令")上项命令总统府于 9 日拟出,10 日始派秘书长送交。(《孙先生旅京记》,《民立报》1912 年 9 月 18 日,"新闻一")据报称,政府与孙中山商定:一、借款纯然输入商家资本,不涉政治意味;二、权限未动工之路概归孙中山经营,已修未成之路线管理权限,须与交通部详细商定;三、公司择地修建,尚未觅妥;四、经费暂由交通部每月拨款三万元以资开办,日后再行续筹;五、用人公司内一切用人之权,归孙中山,政府概不干预。(《孙先生旅京记》,《民立报》1912 年 9 月 18 日,"新闻一")铁路总公司先由交通部拨三万金为开办经费,以便孙中山展布其铁路政策。(《民立报》1912 年 9 月 12 日,"专电·北京电报")报载北京有评论:"各界以事体重大,甚为先生危之。"友人则指"先生非略有把握,必不贸然担任"。(《申报》1912 年 9 月 12 日,"专电")《申报》评论,孙中山之借债筑路策,以国民个人名义向外人借款,将来由国家向国民赎回,对资本家是否肯投资,国民能否举此巨债,将来国家欲收归时之铁路托辣斯能否甘心奉还,表示怀疑。(《申报》1912 年 9 月 10 日,"时评一")

　　△　复电赵尔巽,告以因有张家口、太原之行,不能赴东北。电文云:"文此行本欲赴东,与诸先生握手欢谈。惟刻有张家口及太原之行,归尚无日,容订期再复。"(《孙中山京华游(九)》,《天铎报》1912 年 9 月 10 日,"中外大事")①

　　9 月 11 日　与来访的路透社记者谈话。

　　向记者介绍:政府每月付银三万两,由交通部筹拨,以供进行中国铁路计划,政府并准组织铁路总公司,归其督办,政府已予筹划全国铁路全权。将来一切事务,当由参议院议决及政府批准。又说:今将请参议院正式赞成其开拓实业计划,第一为筹借外债与兴造铁路

---

　　①　此为报载日期。

数线;第二为准许外国公司兴造路数线,订定年限,期内所获之利归建造者,期满即以该路交还中国政府;第三为组织公司,或全系华资,或中外合资,兴造铁路,订定租期若干年。第一计划拟施于边界一带;第三计划拟施于户口稠密处。又主张开放中国本部全土供外人营业,但须规定寓于通商口岸以外之外国人应服从中国治权;设立特别法庭以审理关涉西人案件。对"外人投资中国之后,华人商业大兴,必将祸及全世界之商业"的说法,表示此说谬误可笑,指出"中国果能日臻发达,则全世界之境况均可借以进步"。(《民立报》1912 年 9 月 12 日,"特约路透电";《申报》1912 年 9 月 12 日,"特约路透电")

△　下午,载沣来迎宾馆谒见,晤谈一小时余,陪同者有步军统领江朝宗。(《民立报》1912 年 9 月 13 日,"专电""特约路透电";《申报》1912 年 9 月 13 日,"特约路透电";《神州日报》1912 年 9 月 13 日,"北京专电""特约路透电")

△　出席广东旅京同乡欢迎会。

午后 3 时,出席广东旅京同乡在北京南横街粤东新馆举行的欢迎会,表示今日皆同乡至亲,不拘客套,故不演说,改为谈话会。在回答问题时,对于海南岛建省问题,表示:"琼州则孤悬海外,当民国之最南……今为边防起见,宜将琼州另立一省。"同时,说明借外债筑路须政府授以特权,筹划铁路全权虽由大总统任命,但并非含有官场性质。(《孙中山旅京记》,《民立报》1912 年 9 月 18 日,"新闻一")本年,孙中山与梁士诒等三十六人具名写成《琼州改设行省理由书》,指出琼州应改设行省,有五大理由:其一为巩固海防,其二为启发天然富源,其三为发达该岛文化,其四为有利于国内移民、殖民,其五为行政区划上之便利,指出"民国百度维新,行政区划宜亟改良,以固边防而启利权,兴文化而奖殖民"。(《琼州改设行省理由书》,《孙中山全集》第 2 卷,第 563—567 页)

△　出席皇族亲贵公宴。

晚,出席皇族亲贵在金鱼胡同那桐宅举行的公宴。下午 2 时黄兴、陈其美抵北京,与袁世凯会晤后往见孙中山,7时一同参加皇族团体之欢宴。(《民立报》1912年9月12日,"专电";《欢迎黄克强到京记》,《申报》1912年9月17日,"要闻一"。)载沣因病未能到会,由贝子溥伦代表主持,绍英等约一百人出席。溥伦代表载沣演说,以表皇族开会欢迎之意,演说云:"语有之,非常之人,始能建非常之业,斯言也,乃于中山先生见之。先生洞观四千余年之历史,二十世纪之时难,非以共和定国体,不能为人民谋幸福,不能与列强谈竞争,于是遍游欧美,鼓吹提〔倡〕,数十年苦口热心,始达共和目的,方诸华盛顿,何多让焉。此固见先生有志竟成,亦由我皇太后及皇上大公无私之心,遂以天下之神器,举而还之天下。不图唐虞揖让休风,复见于今日也。独是建设以来,内忧外患,险象环生,大陆风云,更亟于先生未创共和伟论以前。然则时势造英雄,抑英雄造时势耶? 今先生翩然北上,北方人士争以望见颜色为荣,且与大总统握手言欢,论道经邦,一堂抵掌。本爵现因小恙,未能亲接鸿言,心殊抱歉。深愿海内升平之治,将于先生倚之赖之,正不仅我皇室享优待之荣也。非常之人,非常之业,惟于先生是望。"(《清皇室欢迎孙中山之颂辞(由溥伦代表)》,《神州日报》1912年9月17日)①参加宴会的皇族绍英在日记中记载,溥伦说毕表示:今日得见诸位先生,至为光荣,举酒愿祝诸位身体康健。同座均鼓掌。随后,孙中山请黄兴致答词,略谓"现在世界竞争,中国非共和政体不能自立,是以孙中山先生热心改革,今民五族共和,实由皇太后皇上圣明,德同尧舜,我辈均甚感激。惟此时外交甚为警戒,切望五族一心,勉力进行,以济时艰"。(《绍英日记》,第2册,第345—348页)《申报》记载:"清皇室于前日下午八钟在金鱼胡同那宅设宴招待孙中山诸人,由贝子溥伦主席,俟黄陈二君赶到后,即相偕入座。先由溥伦致欢迎词,略谓孙黄二君皆今日非常之人,故能建非常之业。此次国体

---

①　《民立报》报道此次宴会举行于9月12日,误。(《黄克强入京记(二)》,《民立报》1912年9月19日,"新闻一"。)

更新,共和成立,皆孙黄诸君数十年鼓吹之功,我皇太后皇上鉴于孙先生之仁德,且深信共和政体为二十世纪大势之所趋,毅然退位,赞助共和,实为民国之福。今日我皇族诸人得与诸君欢聚一堂,曷胜欣幸。更望以后实行五族平等,巩固国基,即我皇族诸人,亦永受其赐矣。溥伦演说后,即由黄克强君起立答词,谓此次中国改建共和政体,实为顺大势之潮流,又得孙先生数十年鼓吹诱导之力,故能人心一致赞成。然若无隆裕皇太后之明哲,及诸公之辅佐,成功绝不能如此之神速。故此次改变国体,破坏不多,成功最易,实诸皇族之力也。"(《黄克强在京之酬酢观(二):清皇室之招待》,《申报》1912年9月18日)此后数日内,曾偕黄兴由世续引导,游览北京紫禁城及颐和园。(《时报》1912年9月15日)

△　《申报》刊载《中华全国铁路协会与孙中山先生商榷全国路线书》,对孙所提三条铁路计划路线提出商榷。(《中华全国铁路协会与孙中山先生商榷全国路线书》,《申报》1912年9月11日,"来稿")

△　报载北京风传孙中山遇险消息不确。(《天铎报》1912年9月11日,"本报专电")

9月13日　与《中国报》记者谈话,解释借债筑路政策。

谈话中解释,借债筑路决不致如报界所云"以中国权利送予外人",表示将游历各省,将中国无力自行筹款实行其铁路计划之情形详为国民解释。向记者表示,拟先将各省所筑之铁路全部为政府购入,以为着手之第一步,并解释如何筹借外债,可无碍中国利权。其后拟赴外洋调查路政,向外国资本家商订借款。关于是否以外国资本造路、筑路权许与外人多少年、是否由中外组织公司合造等问题,政府均不干预。(《时报》1912年9月16日,"特约路透电";《民立报》1912年9月16日,"特约路透电";《申报》1912年9月16日,"特约路透电")

△　李亚(乔治·布朗生·雷)来函,告以W. H. 端纳已以《远东评论》记者的身份加盟,表示愿意与端纳一起帮助促进孙中山的铁路计划,将其介绍给世界银行家。信中提议:"您需要有若干强有力、

独立、勇敢、权威的金融和半技术性杂志作为您的组织的一部分以吸引资金到中国铁路方面,您还需要一份友好的同情中国的、文章有威望的报纸来增强实力。您不要这种宣传也行,但您在国外的经历告诉您;如果您背后有一个正式机构代表您的观点,回答您着手工作后随之而来的众多的批评与政治游说,那么,成功的机会会增加,您的工作会很顺利。"计划发行《远东评论》铁路问题专号,建议将《远东评论》作为在铁路计划方面的正式机构。(邓丽兰:《临时大总统和他的支持者》,第76—77页)

9 月 14 日 正式拜会驻北京各国公使。各使定于明日答拜。(《申报》1912 年 9 月 17 日,"译电")

△ 招待报界记者,讨论铁路问题。

下午 2 时,在迎宾馆招待报界记者,讨论铁路问题。因德昌饭店同时举行报界欢迎黄兴大会,迎宾馆开会推迟至 4 时后,近四十家报馆六七十人参加。演说中指出:"要知此次鄙人主张修筑全国铁路,实为中华民国之存亡大问题,推翻此事,不啻推翻民国立国根本,此则鄙人期期以为不可。"并表示:"今鄙人以私人资格,与外国资本家议借款,是鄙人对于我政府负责任,对于外国资本家负责任,不对于外国政府负责任。我政府亦不对外国政府负责任。若不如此,必不能免国际交涉,故自信此种办法,最为稳当。且鄙人拟于十年之内,修筑全国二十万里铁路,若能得国民全体赞成,鄙人深信不待十年,可以全路告成。"对几种反对意见逐一分析,明确表示:"鄙人主张借款办铁路,更主张批给外人包办,且欲实行民生主义,以救种种方面之弊害,此即鄙人修办铁路之大意也。"演说结束后,答复记者之提问。在答复《新中国报》记者何云关于借款与包工办法之提问时,说明借款及中西合股公司,终不如批给外人包办妥善。理由为:"一、我无资本,利用外资。二、我无人才,利用外国人才。三、我无良好方法,利用外人方法。"答复黄为基关于与外人签订合同所用之名义、边省筑路与外交、及拟修路线计划等问题时,谓:"将来批定包修合同,自应由公司出名与外国资本家交涉,不用政府名义,以免引起国际交涉。至于边地铁路,恐引起外交问题,可以先从内地修起。若取开放主义,即准日、俄投资,亦未尝不可。不过关系主权之事,不能丧失,即如保路兵应由我自派。但求主权不丧失,无论何国包修,皆未尝不可。"介绍其全国路线计划,大致分数条干线:从广州到成都,从广州到云南大理,从兰州到重庆,从长江到伊犁,从大沽到广东、香港,从天津到满洲。(《孙黄两君旅京记》,《民立报》1912 年 9 月 20 日,"新闻一";《十四日迎宾馆之报界招待会》,《时报》1912 年 9 月 20 日,"要闻")还向报界谈到,奉总统委任,系承办之工头,并非职官;修筑铁路主张分为借款办、华洋合办、批归外国公司专办三种,而以全权批办法为主;批办后四十年国家无需偿款收归国有,若二十年后,随时得以时价赎回;暂由私人办理,可免借款上之国际交涉;每月所领三万元,将来仍归返国家,并非俸给。(《时报》1912 年 9 月 16 日,"专电";《孙中山与报界之谈话》,《申报》1912 年 9 月 20 日,"要闻一")

△ 《国民日报》批评袁世凯委任孙中山组织全国铁路总公司及每月三万两充办事经费之事,谓未经参议院认可,总统无权专主,反对孙中山以私人名义接受。(《申报》1912 年 9 月 17 日,"译电")

9 月 15 日 出席国民党本部欢迎会。

下午 1 时,与黄兴、陈其美、贡桑诺尔布等出席国民党本部在北京湖广会馆举行的欢迎会,并发表演说。指出:"民国初建,应办之事甚多,如欲其积极进行,不能不有赖政党。政党者,所以巩固国家,即所以代表人民心理,能使国家巩固,社会安宁,始能达政党之用意。国民因之而希望于政党者亦大。故为政党者,对于一般国民有许多义务,均应担当而尽心为之……国民党成立后,承诸君不弃,又推鄙人为理事长,鄙人且感且惭。因一经任理事长,则对于党中有多少义务,不能不尽。但路事甚为紧要,若双方并进,诚恐照料不周。推辞至再,后经党中在职诸君,再三强劝,鄙人即不敢再辞。但党中事务纷繁,非一人力量所能办,尚望党中诸君,合力担任。"黄兴、陈其美、贡桑诺尔布亦先后演说。(《孙黄两公旅京记》,《民立报》1912 年 9 月 21 日,"新闻一";《京师人士之欢迎孙黄热》,《申报》1912 年 9 月 22 日,"要闻一")

△　下午,女界假蜀学堂开欢迎会,孙中山因事未到,黄兴发表演讲。(《孙黄两公旅京记》,《民立报》1912 年 9 月 21 日,"新闻一";《京师人士之欢迎孙黄热》,《申报》1912 年 9 月 22 日,"要闻一")

△　出席回教俱进会欢迎会。

下午 3 时,出席北京回教俱进会在织云公所举办的欢迎孙中山、黄兴的集会,发表演说。演说指出"宗教为国家不可少之物,贵教在当初地球上为最有力量之宗教,崇拜贵教、信仰贵教之国家,亦颇不少……今我国既改为民国,采共和立宪政体,此为世界最良最上之政体,贵教宜以宗教之感情,联络全国教徒,格外发出一种爱国思想,辅助国家,促政治之进行,并扩充贵教势力,振顿贵教精神,恢复从前贵教势力之状态"。希望回教以宗教感情联络全国教徒,以爱国思想辅助国家。演说结束后,即告辞回迎宾馆。(《京师人士之欢迎孙黄热》,《申报》1912 年 9 月 22 日,"要闻一")

△　举行招待参议员茶话会。

下午 4 时,在迎宾馆开茶话会招待参议员,兼设晚餐,议员到者五十余人,黄兴、沈秉堃、陈其美、王宠惠、宋教仁作陪。发表演说,阐明修筑铁路计划、提倡地价税等问题。演说对于袁世凯委任办理铁路并每月拨款事指出:总统命令发布后,一般舆论指为不合法律,这是误会。国家以为铁路不可不造,而造路不能无规划,即不可无专员为经理。总统国家代表下此命令,自己当然可受此命令,无所谓不合法律。政府月拨经费三万元,预定六年,共计二百一十六万,国家补助民办公司,在各国为常有之事,暂向国家挪用,公司成立后照数归还,仅得不出利息之便,无涉预算,无庸先得参议院之许可。继而强调,造路二十万里,需款六十万万元,势非吸取外资不可,吸取外资之道有三种:一为借款自办;一为华洋合股;一为外人包办。第三种有利无弊。关于地价税,演说指出,地价税亟宜实行,民国新兴,地契应

一律易新契，易新契时即可注明地价，照价征税。之后分别答复会场
上若干议员提出的疑问。记者评论，会场上国民党人尤多点头微笑，
共和党、民主党议员皆态度沉默，会场情形冷淡。(《孙中山招待参议员
详记》，《申报》1912 年 9 月 21 日，"要闻一"；《孙黄两公旅京记》，《民立报》1912
年 9 月 22 日，"新闻一")

　　7 时半举行晚餐会。黄兴起立演说谓：民国成立半载，内政外
交，无一不陷于可悲之境，政府与议会异常隔膜，此后非"二次革命"
不可。所谓"二次革命"，指的是国民要"革心"。黄兴指出，财政困难
不可专恃外债，现在仍须尽快推行"不换纸币"，济以国民捐，方可图
存。孙中山、陈其美相继演说，赞同其办法。(《孙中山大宴参议员》，《时
报》1912 年 9 月 21 日，"要闻")

　　晚餐后出席国民党议员、理事、参议的联合会议，讨论外交总长
人选问题。夜 12 时，复开国民党议员、理事、参议联合会议，讨论政
府于明日提出之梁如浩为外交总长应否通过。表示梁如浩虽非优美
人才，但介乎新旧之间，善于外交，应予通过。指出："现时国际间之
有资格者，首推唐绍仪，梁敦彦次之，陆征祥又次之，唐绍仪曾为过去
总理，自无再任外交总长之理。梁敦彦尚未回国，一时电召不及。而
陆又适以病废。今思其次，尚未有能及梁如浩者。且梁如浩在前清
时代所办理之外交，亦有足多者，宜以同意为是。"(《外交总长通过之原
因》，《申报》1912 年 9 月 23 日，"要闻一")众赞成，决议通过，次日凌晨 1
时散会。(《孙黄两公旅京记》，《民立报》1912 年 9 月 22 日，"新闻一")

　　△　《民立报》发表徐血儿短评，指出"孙先生曰袁能为善，勿逼
他为恶。又曰项城实处于可怜之境……盖有所为而发矣"。又指出
"孙、黄为开创民国之人，岂亦受袁笼络而为阿谀总统之言哉？彼阳
尊孙、黄而与孙、黄背道而驰者，亦为伟人增过而已矣"。(《曷念孙黄
之言》，《民立报》1912 年 9 月 15 日，"天声人语")

　　9 月 16 日　上午，十三国驻京公使来谒。向其说明所主张之铁
路政策，各公使表示钦敬。(《民立报》1912 年 9 月 18 日，"专电·北京电报")

△　举行国民党干部和议员参加的茶话会，讨论相关政策。

晚7时，与黄兴、宋教仁、吴景濂、贡桑诺尔布及各部主任干事、在院议员于北京迎宾馆举行茶话会，讨论国民党财政及陆征祥辞职后内阁组织问题。对后一问题，均谓宜取稳健态度，与袁世凯相互合作，以消除南北猜疑、改变外人观瞻，便利各国承认及借债问题。又对袁世凯拟以赵秉钧、沈秉堃中选一人继任总理问题进行讨论，均谓沈无毅力，政治经验远不如赵，万一再为短命内阁，将影响国民党名誉及选举，并且沈又为前次六国务员中未通过者，决议以赵秉钧继陆征祥后任，并推黄兴向袁世凯转达国民党之主张。（《民立报》1912年9月19日，"专电·北京电报"）当晚，出席袁世凯在总统府举行的饯别宴会，黄兴、杨度作陪。（《民立报》1912年9月19日，"专电·北京电报"）因陪客众多，与黄兴邀袁世凯至密室，黄兴即将国民党理事、干事会之主张告知袁世凯，并力赞赵秉钧堪膺总理重任，又推荐朱启钤、梁士诒分长内务、交通两部。（《民立报》1912年9月19日，"专电·北京电报"）

△　下午4时，孙中山夫人乘专车赴天津。（《民立报》1912年9月18日，"专电·北京电报"）住利顺德饭店。（《访查员苗杏林为孙文黄兴北上等事致津商会函》，天津市档案馆编：《北洋军阀天津档案史料选编》，第160页）

△　致电江西都督李烈钧，请勿收回萍乡煤矿自办。李烈钧坚持萍矿归赣自办，袁世凯去电，令其不可违反商律。在京闻知，去电谓："以中国实业生机，仅此一线，不可任意摧残，违悖民生主义。"黄兴在上海亦有电致李，用意相同。（《萍乡煤矿之大纠葛》，《时报》1912年9月16日，"要闻"）[①]

△　《时报》发表《孙中山之铁路政策评》，对孙中山铁路主张提出各种诘难。其一指责孙中山侵交通部之权，其二指责孙中山所规划之三线为今日所不需。（《孙中山之铁路政策评》，《时报》1912年9月16

---

① 此为报载日期。

日,"社论")

△　报载黄兴在演说中称:"国家大事,非有大毅力、大才略、大信用三者具备,不能担当。中山与袁总统足以当此。"(《申报》1912 年 9 月 16 日,"专电")

9 月 17 日　在北京广济庙与旗人谈旗人生计问题,表示:"共和事业,虽势力拓展于南方,但旗人于北方,协力同心,故收效甚速。若所展施者能一如南方国民之筹设共和事业,则两方可受同等之荣誉。"对于民国有无方法救济旗人生计,回答:"现在五族一家,各于政治上有发言之权。吾意对于各种工业,应即依次改良,使各旗人均有生计,免致失业。苟起冲突,国必倾危。凡我国民,均应互相团结,以致共和政治于完善之域。人人之志愿,均应为人民求幸福,为国家求独立,而国家乃进于强盛,共和之目的乃可达到。"(《在北京广济庙与旗人的谈话》,《孙中山全集》第 2 卷,第 469 页)

△　离北京赴山西,途中受到热烈欢迎。

中午 12 时 30 分,乘专车离北京,应山西都督阎锡山之邀请赴山西,同时考察正太铁路及山西省矿产,视察娘子关等地战后状况,联络各界发展铁路政策。(《民立报》1912 年 9 月 18 日,"专电·北京电报"、1912 年 9 月 20 日,"专电·山西电报")出发时,赵秉钧代总理及各国务员等赴站送行,随员为魏宸组、胡秉柯、居正、朱卓文、张继、刘信等。(《民立报》1912 年 9 月 18 日"专电·北京电报")

下午 4 时,抵保定,受到军、学、商各界欢迎,应王占元代表三十团体邀请赴欢迎会,致辞答谢。(《民立报》1912 年 9 月 22 日,"公电";《申报》1912 年 9 月 19 日,"公电")

晚 7 时抵石家庄,出席京奉、京汉、正太铁路人员欢迎会。(《石家庄欢迎孙中山纪事》,《申报》1912 年 9 月 25 日,"要闻二")

在赴晋途中,与随行的梁上栋谈及铁路建设和山西政情。孙问:你是学工程的,你对于正太路用窄轨有何意见。梁答,除非万不得已,仍是用标准轨为宜。孙又问:你对于我的建筑铁路计划有何意见？梁答:我还不很清楚先生的计划。孙乃略述其十年建筑二十万里的铁路计划,称:"我国版图广阔,物产丰富,非求开发,不足以言富强。开发之道,舍兴筑铁路而莫属。若以十人筑路一年,可成一里,则二十万人,一年可成两万里,二百万人,一年可成二十万里,以我国人口论,用二百万人筑路,当无问题,若期以十年,更无论矣。唯需款约六十万万元。当兹革命初期,民穷财困,何堪肩负如此巨任,倘能利用外资外力,实乃唯一成功之捷径。次就国防军事而言,兴筑铁路,尤感迫不及待。替如我国有二百万兵,分布二十余省,平均每省不过十万,敌人以三十万兵,即可制我而有余,盖敌人三十万兵敌我十万,非敌我二百万也,其制胜可断言。故名为二百万,因交通运输不便,实与无兵何异! 反之,若助以铁路之输运,有兵百万即足矣。"(《梁上栋的谈话》,陈旭麓、郝盛潮主编:《孙中山集外集》,第194页)又询问山西军政情形,对梁及在旁之张继说:"我们应想法子劝他们,内部先统一,同心努力革命。现在既已公认阎锡山为都督,就应该支持他,倘若内部再发生事故,岂不给袁世凯以可乘之机。"(《梁上栋的谈话》[同题异文],陈旭麓、郝盛潮主编:《孙中山集外集》,第195页)

9月18日　抵达山西。上午8时,离石家庄,12时,抵山西岩会站,阎锡山在站迓候,即同车前行,下午6时抵太原,与阎锡山同乘马车抵达山西省议会。(《孙先生抵晋日记》,《民立报》1912年9月20日,"公电";《申报》1912年9月20日,"公电")

△　帕勒塔自阿尔泰来电,告已呈明大总统及陆军、财政两总长,请求如数拨给经费三十二万余两及所需枪弹。(翠亨孙中山故居纪念馆藏档,B11—120)

9月19日　出席山西各界欢迎会。

上午10时,出席山西各界于山西大学堂举行之欢迎大会和宴请会。阎锡山登台介绍,马甲鼎代都督读欢迎词。发表演说,赞扬山西响应起义、牵制清军南下的功绩,号召大家团结一致,力谋统一,建设国家。演说强调:"中国现在时世,尚在危险时代,如各自为谋,不以国家为前提,无论外人虎视眈眈,瓜分之祸,危在眉睫,即使人不我谋,而离心离德,亦难有成。是中国欲建巩固之国家,非大众一心,群策群力,不足以杜外人之觊觎。"(《民立报》1912 年 9 月 28 日)强调各省统一,说:"今日最要之事,乃各省当统一是也。晋省于民军起义之际,既立此好榜样,则今于令中国重行建立之事业,亦当为各省模范。数月以来,外患迭生,险象阴伏,各省急当消灭意见,联合为一……留学海外之学生,对于中国早具一种理想,如能以各民族合而为一,则可称雄地球。故归国后咸宣扬此说之真理。凡在旧政府所蕴之心理,处今时代,悉当屏除。革命非即能使中国富强也,不过借此过渡,以达彼岸。吾人必牺牲目前之私利,而求将来之幸福。"(《天铎报》1912 年 9 月 21 日,"特约路透电";《申报》1912 年 9 月 21 日,"特约路透电")

下午,出席山西同盟会之欢迎会,于会上演说民生主义和平均地权。演说中云:"昔吾党宣言有平均地权一层,即为民生主义第一件事。此事做不到,民生主义即不能实行。吾人非地不生活,而地又为人人所共有,故必地权平均,而吾人始能平等……今平均地权有一最善、最简之法,即按价收税而已。"又指出:"现在中国之困,只在一穷字。数年后民生主义大行,地价、铁路、矿产及各种实业俱能发达,彼时将忧财无处用,又何患穷哉! 所谓教育费、养老费皆可由政府代为人民谋之,夫然后吾党革命主义始为圆满达到。"(《在山西同盟会欢迎会的演说》,《孙中山全集》第 2 卷,第 472—474 页)会后,由阎锡山陪同游览了太原城。(朱宗震:《孙中山先生太原之行》,《山西文史资料》第 19 辑)

△　《民立报》发表社论,指出孙中山、袁世凯、黄兴三人为民国中心人物,孙、袁、黄合,则全国国民之心理因之而合。今孙、袁、黄以至诚相见,希望国民体察孙、袁、黄之旨,而为共同救亡之谋。(《孙袁黄交欢之将来》,《民立报》1912 年 9 月 19 日,"社论")

9 月 20 日　晨,与省议会议员合影留念。8 时,至同盟会事务所茗谈。(《孙先生游记》,《民立报》1912 年 9 月 30 日,"新闻一")

△　出席山西军界欢迎会。

上午 9 时,至参谋司出席山西军界欢迎会,并发表演说,强调军人责任。演说中云:"去岁革命成功,全赖军人之力,方今维持民国,亦须赖我军人。军人责任即在国防一方面,因二十世纪立国于地球上者,群雄争逐,未能至于大同时代,非兵力强盛不能立国。是立国之根本,即在军人。"对于俄、日侵华之危险,呼吁:"诸君人人皆能以国家存亡为一己存亡,何忧外患?"倡议利用山西丰富的煤铁资源,增强军力,"在山西设一大炼钢厂,造制最新武器,以供全国扩张武备之用"。全场报以热烈欢呼。(《在山西军界欢迎会的演说》,《孙中山全集》第 2 卷,第 474—475 页)

下午 2 时,出席各省旅晋公会及师范女校、尚志女校、公立女学校、第一女工厂全体在参谋司举行的欢迎会。(《孙先生游记》,《民立报》1912 年 9 月 30 日,"新闻一")

下午 4 时,出席山西警界、实业界、学界、自由党、共和党、统一党、基督教、自立会、大学校、高等实业、工业、法政学校、蚕桑讲习所、模范中学、商团、学务公所、公立工艺厂、农务总会等在劝工陈列所举行的欢迎会,并发表演说。(《孙先生游记》,《民立报》1912 年 9 月 30 日,"新闻一")演说中强调人民的义务,指出:"兄弟宗旨首先推倒专制,建设共和,实行民族、民权、民生三主义。今专制推倒,共和成立,是吾同胞由奴界一跃而登之主人地位,民族、民权主义已达到目的。惟民生主义尚在萌芽,吾同胞各享国家权利,要各负国家责任,各尽国民义务。吾国土地如此之大,人民如此之多,物产如此之富,何至于如此之贫。推原其由,实因前清专制政体,人民无权利,遂无义务的思想。无自由平等之幸福,自甘暴弃责任,毫无竞争之心,进取之性,此实吾国民至于贫弱之一大原因也。"(《在山西实业界学界及各党派欢迎会的演说》,《孙中山全集》第 2 卷,第 476 页)

下午 6 时,出席山西省议会、报界欢迎会,并参加在参谋司举行的宴会。9 时,出席都督府的宴请。(《孙先生游记》,《民立报》1912 年 9 月 30 日,"新闻一")

是月中旬　接汪精卫来电,告已抵达巴黎。复电告以铁路计划已有端倪、蜀、滇、粤、桂、黔五省已得到认可,可着手先办。乘此时机,希望汪先与法国资本家商议借款,如有头绪,再往纽约、旧金山等处与美国资本家摩根等筹议办法。(《民立报》1912 年 9 月 15 日,"专电·北京电报")后汪回电,报告该国舆论异常欢忻,并云如果实行,中国不出二十年,将成一最富强的国家。法国大资本家摩西表示愿意附股。(《民立报》1912 年 9 月 18 日,"专电·北京电报")

9 月 21 日　上午 9 时,离太原,赴阳泉参观煤、铁矿。(《民立报》1912 年 9 月 24 日,"专电·山西电报")

△　致电袁世凯,指出我国煤炭资源具有优势,请派精晓矿学者随同考察。电云:"文此次游历中外,纯从铁道政策上着眼,惟筹备之先,应将煤炭预为计划。我国产煤区域,几遍全国,往年产额都在一万万吨以上,近更增加,设再整顿,定能生色。请饬农林部酌派精晓矿学者数人,随同文沿途考察一切。"(《致袁世凯电》,《孙中山全集》第 2 卷,第 480 页)

△　出席国民党驻石家庄交通部举行的欢迎会。

6 时,在石家庄出席国民党驻石家庄交通部举行的欢迎会,到会者二千人。(《民立报》1912 年 9 月 22 日,"公电")登台演说,对"共和"二字之意义和"共和政体"作了解释,演说云:"共和之所以异于专制者,专制乃少数人专理一国之政体,共和则国民均有维持国政之义务。现在数千年之野蛮专制政体业已改革为共和政体,人民均得享自由幸福。"进而指出,国民要努力尽义务,"现在共和,人民即是主人,官府即是公仆。官府既是公仆,大家须出资以养其廉耻,所谓国民有纳税之义务也。国家对内、对外有时为保护晋行起见,必须兵力。国家既为大家所有,则兵力亦必全恃乎国民,所以国民又必有充兵之义务。国政百端,绝非少数人所能办理,必合全国。全国协力筹商,始克希望诸政妥善,晋于富强。倘互任少数人独断独行,则势必流于专制,何得云共和。故为防止少数人之专制,凡属国民均有参政之权。

所以义务、权利两相对待,欲享权利必先尽义务。务望诸君切实转告我民国父老兄弟,甚勿放弃个人义务,陷国家于危亡"。(《在石家庄国民党交通部欢迎会的演说》,《孙中山全集》第2卷,第478—479页)在石家庄期间,开追悼会致祭吴禄贞。阎锡山为吴禄贞撰文立碑于车站。(王葆真:《滦州起义及北方革命运动简述》,《辛亥革命回忆录》第5集,第415页)

△ 报载袁世凯与孙中山、黄兴协商提出"八大政纲"。

大纲为:"一、取统一制度。二、主持公是公非。三、开放门户,输入外资。四、缩缓武备之规画。五、军事、外交、财政、司法、交通皆主中央集权,余酌各省情形定之。(缺第六条,不知是否电码脱漏——原文如此,引者注)七、迅速整理财政。八、调和党见,维持秩序。"拟征求黎元洪同意后,作为四人协定的政策。(《时报》1912年9月21日,"专电")①后总统府秘书厅以《大总统与孙中山黄克强两先生暨黎副总统协商订定内政大纲八条》名义公布。(《大总统府秘书厅记录大总统与孙中山黄克强两先生暨黎副总统协商订定内政大纲八条》,《政府公报》民国元年9月26日,"通告")《时报》评论:"袁、孙、黎、黄之八大政纲,质言之,两派协议之交让条件耳。八政见之最要者为外资输入与集权限制之两条。一则可以使借外债时无人反对,又可使铁路之策可以得行。一则可以使集权分权之争不至剧烈。是诚两派交利之事也。于是黄遂废弃不借外债之说,而袁亦略让中央集权策。纷纷之争,或可以从此稍息乎。"(《评八大政见》,《时报》1912年9月21日,"时评一")

△ 报载孙中山自被特授为全国铁道筹备全权后,拟在京组织总公司,其余各干路之中心处设分公司,进行招股和借债工作。总公

---

① 《民立报》报道称为"内政大纲"八条,"一、立国取统一制度。二、主持是非善恶之真公道,以正民俗。三、暂时收束武备,先储备海陆军人才。四、开放门户,输入外资,兴办铁路、矿山,建置钢铁工厂,以厚民生。五、提倡资助国民实业,先着手于农、林、工、商。六、军事、外交、财政、司法、交通皆取中央集权主义,其余斟酌各省情形,兼采地方分权主义。七、迅速整理财政。八、竭力调和党见。维持秩序,为承认之根本"。(《民立报》1912年9月22日,"专电")

司所用之人,拟取众望素孚者,如汤寿潜、谭人凤、王人文、詹天佑、王清穆等,请大总统任命为总公司职员。(《京师纪事》,《申报》1912 年 9 月 21 日,"要闻一")

9 月 22 日 抵达天津。是日下午 6 时抵天津,在广东会馆受同乡欢迎。由冯国璋预派淮军马队沿途保卫。(《孙先生游记》,《民立报》1912 年 9 月 30 日,"新闻一")

9 月 23 日 出席广帮商人欢迎会。

上午 11 时,出席广帮商人于天津会馆举行的欢迎会,与各董事晤谈,勉励其努力爱国,并向全体同乡致谢辞。(杨仲绰:《天津"广帮"略记》,《天津文史资料》第 27 辑,第 66 页)

△ 接受路透社记者访问,表示自游历北部各省后,确信其铁路政策可受国民赞成,各处官员也渴望发达便利交通。又云:不日即将赴沪,停留一个月,组织铁路总公司。(《时报》1912 年 9 月 24 日,"专电·特约路透电")

9 月 24 日 在天津附近视察。

上午 8 时,乘车离天津,前往唐山、开平、滦州、榆关等地视察。(《访查员苗杏林为孙文黄兴北上等事致津商会函》,天津市档案馆编:《北洋军阀天津档案史料选编》,第 160 页)视察开平、滦州煤矿时,询问将来实行铁路计划时,能否与该矿管理部商订输煤计划。(《时报》1912 年 9 月 24 日,"专电·特约路透电")

9 月 25 日 由山海关返回天津。晚 7 时抵达,夜于火车上住宿,有地方侦探保护。(《访查员苗杏林为孙文黄兴北上等事致津商会函》,天津市档案馆编:《北洋军阀天津档案史料选编》,第 161 页)在津期间,自由党要求主持整理党务,因专注于实业,予以谢绝。(《民立报》1912 年 9 月 25 日,"专电·天津电报")

△ 据报道袁世凯致电驻外国各代表,授孙中山筹办全国铁路全权,拟即出洋募款,嘱令妥为招待襄助,随时电知政府。(《民立报》1912 年 9 月 27 日,"专电·北京电报")

9月26日 赴济南视察。

晨5时,从天津启程,南行赴济南。在德州受到军、警、商、学各界欢迎,在车站停留约三十分钟。至黄河北岸时,下车行至河岸,登小火轮至南岸,上黄河桥,测量桥工。(《孙先生东行记》,《民立报》1912年10月2日,"新闻一")于南岸换乘山东都督周自齐所派专车,于午后2时半抵达济南,在车站受到都督周自齐、济南各行政机关、各政党、各团体、女界欢迎团、各学校、各报馆及外宾等欢迎。卢夫人、宋蔼龄、温秉忠、温夫人、朱卓文等同行。(《鲁人欢迎孙中山纪事》,《申报》1912年10月1日,"要闻二")

下午5时,至珍珠泉"珠泉精舍"出席都督周自齐举行的茶话会,与参加茶话会的各行政长官、各机关服务人员、各政团、报馆、外国领事、郝馥兰牧师见面。(《鲁人欢迎孙中山纪事》,《申报》1912年10月1日,"要闻二")与周自齐会晤时,磋商兴修烟潍、兖毫铁路事。(《民立报》1912年9月28日,"专电·山东电报")

9月27日 出席济南各界欢迎会。

上午8时,与靳云鹏统制、周自齐都督出席济南驻军第五镇及第九十四标于济南辛庄军营举行的欢迎会,在营门外操场检阅第五镇全军与九十四标合操,后至营内接待室茶话,再同至讲武堂,演说军人与国家的关系、军人对于保卫人民的义务,希望军人尽其义务,以保军人价值。(《孙先生东行记》,《民立报》1912年10月3日,"新闻一")

下午2时20分,出席山东学界于省议会举行的欢迎会。欢迎会举行时,会场发生意外,有人坠楼跌伤。孙中山听到声响,欲出招待室察看,都督周自齐告知并无他变,只听说楼塌,孙表示"楼塌必伤人,诸君为我受伤,我必往视",为周自齐及议员力阻。秩序恢复后,登台演说,略谓:"人民为民国主人,既为主人,应有为主人之资格。为主人之度量。政府为人民之公仆,既为公仆,必须主人之信任,然后可以有为,否则进退失据。要之,政府既为人民所建设,即不可不信任政府。"又阐述门户开放,建筑铁路为建设之要端。(《孙先生东行记》,《民立报》1912 年 10 月 3 日,"新闻一"）

下午 4 时,出席山东省议会、教育会、国民党、自由党、共和党等五十二团体于省议会举行的欢迎会,发表演说,号召各政党、各团体应以国家为前提,不能为一党之谋。演说云:"今日破坏告终,建设伊始,各政党、各团体务宜联络一气,以国家为前提,而不能以本党为前提。直言之,即各自牺牲其本党,以为国家也。若各自为谋,则甚非国家之福。"又强调铁路建设的重要性与急迫性,指出:"所谓建设者,有精神之建设,有物质之建设。兄弟所主张之铁路政策,乃物质上之建设。惟关乎统一政治,及矿产商工各业,均属重要。但二十万里之铁路,须款六十万万,以中国独力为之,非百年不可。列强进步之速,一日千里,岂能待我百年? 兄弟欲以十年之时期告竣,已属缓无可缓。"（《孙先生东行记》,《民立报》1912 年 10 月 3 日,"新闻一"）

△ 5 时,与周自齐、靳云鹏等游览千佛山、大明湖等地风景。（《孙先生东行记》,《民立报》1912 年 10 月 4 日,"新闻一";《孙中山游鲁拾遗记》,《申报》1912 年 10 月 3 日"要闻二"）

△ 举行记者谈话会。

晚 9 时,在行馆召集报界记者开谈话会,有《齐鲁民报》《齐民报》《群化日报》《民话日报》《济南日报》《简报》各报记者参加。首先提出,今日演说,恐速记记录有失真,可将演说稿提供阅览,以免误会。又表示:白天演说所提推行铁路的三项政策,借资开办、中外合资,都不如批归外人承办,对国家较为有利。《齐鲁报》记者王乐平、蔡春潭提出四项问题,请宣布政见,四项问题为:一、集权分权之得失;二、铁路政策利用外资,能否不用国家名义;三、现在之外交;四、省长民选简任问题。孙答:第一问题,无所谓分权集权,中央有中央当然之权,军政、外交、交通、币制、关税为中央之权;地方有地方当然之权,自治范围内各权是地方之权。属于中央之权的,地方当然不能取之;属于地方之权的,中央也不能代之。因而有国家政治、地方政治,而无所谓分权、集权。第二问题,若用批归外人承办的政策（即孙中山所言第三项政策），当然可以办到。回答第四问题时，孙转询记者各自所在省主张如何，然后指出自己主张民选，但现在的都督，带军事性质，当然应由任命；至省长选举问题，现在人民数目调查还未能确实，选举还有困难。又有记者问：现在领事裁判权尚未收回，铁路骤归外人承办，外国法人不受我国制裁，是否会产生流弊？孙回答：开放门户，正是为了收回法权。并极力阐述开放的好处，指出开放正是为了保全领土，将来收回领事裁判权，自应先从内地法庭着手，次第推及商埠。结束时，与各记者一一握手。（《孙先生东行记》，《民立报》1912 年 10 月 4 日，"新闻一"）

　　△　《申报》连续发表社论，指出铁路问题所须研究的不一而足，而以经费与人材问题为主。（《为铁路计划敬告中山先生》，《申报》1912 年 9 月 27 日，"社论"）

　　△　参议院开秘密会议，讨论袁世凯委任孙中山办理全国铁路问题，交通总长宣称，此任与政府无关，政府并未予以行政权。（《申报》1912 年 9 月 29 日，"译电"）

　　9 月 28 日　赴青岛视察。上午 7 时，乘胶济铁路列车离济南赴青岛，抵青岛后，在各界欢迎会上重申修建铁路的政策。（《孙先生东行记》，《民立报》1912 年 10 月 4 日，"新闻一"）在欢迎会上演说表示，将不避困难，借助外资，以期铁路政策告成。（《天铎报》1912 年 9 月 30 日，"特约路透电"）

　　9 月 29 日　与德国胶州总督梅逸华特克（Alfred Meyer－Waldeck）以私人资格互相拜访。（《民立报》1912 年 10 月 2 日，"西报译电"）

　　△　函请北方报界刊登"铁路有利于中国"之论说，以鼓动人民兴发输款。（《时报》1912 年 9 月 29 日，"专电"）[1]

　　9 月 30 日　在青岛各处参观及演说。

────────────

　　[1]　此为报载日期。

下午 1 时,应旅青华商邀请,到江皖苏浙会馆演说,接着到广东会馆出席茶会,又到特别高等学堂参观,到青岛北京街的青年会演说,晚 7 时,赴广东同乡宴会,演说政见。(《孙中山旅青纪事》,《申报》1912 年 10 月 4 日,"要闻二")

△　偕夫人、温秉忠夫人及宋蔼龄等参观青岛青年会,并摄影纪念。(《民立报》1912 年 10 月 2 日)

△　致电北京政府,请速将办路条件拟定,交参议院通过,以便进行。(《孙黄实业进行史》,《天铎报》1912 年 9 月 30 日,"中外大事")①

△　致函袁世凯,指出大借款当保守主权,预计偿还,慎重用途。(《天铎报》1912 年 9 月 30 日,"本报专电")②

是月　为阎锡山题词:"博爱　百兄属　孙文。"原件未标时间,应为 1912 年 9 月 18 日—20 日访问太原市时所题。(刘望龄辑注:《孙中山题词遗墨汇编》,第 175 页)

△　宋教仁致函北京各报馆声明:"此次国民党之合并、成立,全出于孙、黄二公之发意。鄙人等不过执行之。故党员无论新旧,对于孙、黄二公皆非常爱戴。"(宋教仁:《致北京各报馆书》,陈旭麓主编:《宋教仁集》下册,第 420 页)

△　京津同盟会会员马云骧、屈启龙、梁作祯、罗廷钦、南京支部、民族大同会会员周震勋、吴鉴等上书,倡议实业建设,指出:"今民国虽成,基础虽固,而环顾吾民生齿日繁,生计日蹙,困穷扼抑,救死不赡,此无他,实业不兴故也。顾实业不能振兴,即真正幸福无由自至,而吾造成民国之功仍未竟也。"报告曾于十多年前即经营实业,但因处于专制政体之下,所有条陈管见皆被抑扼,今民国告成,受孙中山提倡实业所鼓舞,有意致力于实业建设。现联合绅、商、学各界数百人,发起金沙江航业、实业两公司,创设海岸、河堤两种森林事业,共计条陈四件,正式具呈国务院,并将原呈照缮四份邮呈,希望鼎力

---

①　此为报载日期。

②　此为报载日期。

赞成。(翠亨孙中山故居纪念馆藏档,B6-2)

10 月

10 月 1 日　游青岛崂山。

晨,偕夫人及秘书宋蔼龄等往游崂山,对于青岛海港工程、森林事业及大学表示嘉许,并指出青岛足为德国文化和制度的模范。(《民立报》1912 年 10 月 2 日,"西报译电";《孙中山旅青纪事》,《申报》1912 年10 月 4 日,"要闻二")在青岛期间,与德国新闻记者扎尔茨曼谈话,誉青岛为"未来中国城市楷模",称赞青岛的行政管理、街道、码头、造船厂、高等学校、防御工事、市政设施,值得中国人学习。同时明确指出,收回胶州湾对中国来说是不会放弃的,中国此时此刻"虽然把德国作为中国最无私的朋友之一",但德国在中国建设全新国家制度之际,能够将这块得到良好管理的地方许诺将来归还,并没有表现出有更多的友谊和欢迎的姿态。孙承认,现在并不立即要求归还,而是等十年,十五年或二十年后,同意以现金或借款形式赔偿德国。如果德国表示接受,那么它的贸易和工业将结出"累累硕果"。又说:"从我在世界上所见所闻来看,德国几乎在每一个方面都是我们的现成的老师。德国与英国、美国及其他国家不同,它的一切都是极其认真地、系统地在科学基础之上的剖析……使一切都纳入科学体系中去。这恰恰就是我同一切传统决裂所需要的东西。"表示乐意使中国整个国家毫无保留地对外开放,但外国人的治外法权和领事裁判权确为障碍。希望德国会利用作战物资和教官帮助中国建设一支强大的军队,一个军事上强大的中国对德国是有益的。(罗·费路:《孙中山与德国》,中国孙中山研究会编:《孙中山和他的时代——孙中山研究国际学术研讨会文集》上册,第 487—488 页)

△　回青岛后即乘龙门轮返沪。(《孙中山旅青纪事》,《申报》1912

年 10 月 4 日,"要闻二")自青岛启行途中,江苏都督程德全致电欢迎,复电请勿安排迎迓。(《民立报》1912 年 10 月 3 日,"专电·南京电报")孙中山此次来京,袁世凯政府原预备二万两作为一切用费,经核算,由沪来京、由京赴晋、由晋至鲁,共计用去一万零数百两,已呈袁世凯总统核阅。据说袁阅后曾对梁士诒表示:"前清办贝子、贝勒差一天,其耗费较此尚多数倍,且无关于国。中山此来利国福民甚大,又旅居多日游历,而用费仅如此,其相去何止霄壤耶。"(《孙先生俭德可风》,《民立报》1912 年 10 月 13 日,"新闻一")

10 月 3 日　上午 8 时,乘龙门轮抵沪,与夫人、秘书温秉忠登岸,会见欢迎友人。对于有人问询北京情形,回答:"北京安谧异常。黄克强、陈英士与北人感情甚佳,鲁、晋两省现状亦好。"即乘汽车至法租界宝昌路行馆。(《孙先生抵沪记》,《民立报》1912 年 10 月 4 日,"新闻四")

△　向日本驻上海总领事馆提出访日要求,并谈北上感想及铁路建设计划,对日本寄予特别期望。

向日本驻上海总领事有吉明表示:"尽管日本想扩张本国利益,但从东北大局出发,有相当能力的中国存在是必要的,因彼此有一种为他国所没有的密切关系。总之,要实行此计划,需要日本援助。再者,日本维新后四十年苦心经营,已成实际的模范,故应该学习。"还说,在俄国压迫日益增加的情况下,有人提出在蒙古优先修筑铁路,而这条铁路如无日本之充分援助,则断难以实行。表示希望于 11 月上旬或中旬访日,停留两三周;若对其访日不表欢迎,则预定明春往欧美视察。日本驻上海总领事有吉明将其访日要求报告外相内田康哉,谓孙之建筑铁路计划"尽出于空想",但的确准备认真实行,对这项计划,"应在情况允许范围内以适当方法给予方便,以保持将来之联系,还是有益的"。有吉还认为孙在政治舞台上仍是一种势力,对其来日,应给予国家元首一级的待遇。如限于当时形势,无法予以满足,也应在其来日时给予适当待遇,至少"以不使其发生恶感为上

策"。(段云章编著:《孙文与日本史事编年(增订本)》,第308—309页)

10月4日　在上海宝昌路寓所分别接见铁道协会来谒人员,表示因刻下政府经济困难,拟返粤后,再来上海布置全国路政问题,拟将粤汉路告竣、京汉路增加支线,并将各省应造之路,绘成路线,交由袁世凯总统核准,依次筹办。(《中山先生返申记》,《民权报》1912年10月5日,"本埠纪事")次日报载孙中山拟调用精于测绘人员,测绘全国铁路路线。(《民权报》1912年10月5日,"专电一")

　　△　致函国民党诸人,对改党后的工作提出希望。

　　函中表示:"北省风气开通,从此发轫矣,将来进步,未可限量。"希望改党之后,"捐弃私人之小嫌,努力国家之要政,不尊一时之大权,而筹百年之安策。甚望诸公以立国大计划、立法大规模,与政务研究会切实讨论,发为政策,为议员之后盾,各省之模范,使天下人民知吾党谋国之深远,民心向顺,共和巩固"。同时要求对于海外华侨,"由本部时与通讯,报告一切情形,勿使海外同志与内地相扞隔,致生觖望之心,将来于党中经济不无补益"。特别提到日来连接槟榔屿等处各函,望速与通信、接洽。函中有"已于昨早安抵上海"。(《致国民党诸先生函》,陈旭麓、郝盛潮主编:《孙中山集外集》,第353页)

　　△　致电北京交通部,详述调查路政办法,请派员来取所绘全国干路图表,以资参考;并要求交通部提供京汉、京奉、津浦、沪宁四大路线档案。(《天铎报》1912年10月4日)[①]

10月5日　与《大陆报》记者谈铁路与借款问题。

　　谈话中表示,日前所传政府允许法比银公司建筑自兰州达开封并自河南府至西安府铁路,不但与其铁路政策不相抵触,并足为其计划之臂助。政府与外国银公司磋商,亦经政府告悉。又表示:尚有二处路线,各长九十英里,正在与外人商订承造。但政府允准与否,目下尚未能知。又表示:从今日中国工业现状看,兴造铁路事业,除资

————————————

　　①　此为报载日期。

本外,建筑、管理等事,亦需外人助力。对于有记者提及六国借款停顿一事,表示希望政府与银团尽快重开借款谈判,双方互为让步,借款即可告成。(《对〈大陆报〉记者的谈话》,《孙中山全集》第2卷,第483—484页)

10月6日　出席国民党选举大会。

下午,出席国民党在上海张园举行的选举大会,发表演说。表示通过此次"探访北方同志,觉南北意见并无有不同之处"。谈及袁世凯时,指出:"余在京与袁总统时相晤谈,讨论国家大政策,亦颇入于精微。故余信袁之为人,很有肩膀,其头脑亦甚清楚。见天下事均能明彻,而思想亦很新。不过,作事手腕稍涉于旧,盖办事本不能全采新法。革命起于南方,而北方影响尚细,故一切旧思想,未能扫除净尽。是以北方如一本旧历,南方如一本新历,必新旧并用;全新全旧,皆不合宜。故欲治民国,非具新思想、旧经练、旧手段者不可,而袁总统适足当之。"对阁员加入国民党一事,表示:"今日内阁,已为国民党内阁,民党与政府之调和,可谓跻于成功。嗣后国民党同志,当以全力赞助政府及袁总统。袁总统既赞成吾党党纲及主义,则吾党愈当出全力赞助之也,建设前途,于此望之矣。今日合六党成一国民党,其功与南北统一同。"特别提醒"宜以谋国家之公见为前提,不可一党之私见相争,应一心一德,以图进行,选举方法,应以大团体为前提,不可专顾小团体"。希望上海此次选举,能以完全手续进行,先定好选举方法,然后可以成功。(《孙先生演说词》,《民立报》1912年10月7日,"要件")《中华民报》报道大体相同,演说中表示:"袁前在北洋练兵,颇有成效,亦一重要人物也。南北竞争之际,固不能望其意向之一致,后南北统一,袁赞成共和,南方人多滋疑惑,然余甚信其为真心赞成。故依余之意,公举袁为总统,于民国当可取良好结果。然南北意见,未曾消融,不但国人心目中如是,即以外人眼光视之,亦恐将来有南北分离之日。余终欲调和之,以为久远计,特以北方人心尚不知其真相,南则知之最熟,一心想望共和。自余到北方后,遂得见北方人心亦如南人希望共和,不过意见之表示不同,而其用心则一。"对于袁世凯,"余知其人有定力,有定见,并非拘于旧思想,不过办事方法依旧,此亦难怪;因中国习惯,似不能离旧方法。而袁之方法虽旧,思想却新,其眼光颇大也。此次中国革命,非完全用兵力,故不能完全用新方法。若完全以兵力而得,则可完全用新方法。惟因北方未用兵力,故共和由是从新旧合组而成。此后惟有于新者,力求进步,旧者渐改革,以新思想旧手段行之方可,故余主张举袁为总统,似非谬误"。又主张,鉴于政府全体阁员均入国民党,黄兴所主张之以政党调和民党,已经成功,此后民党同志,应同心齐力,赞助政府。(《在上海国民党选举会上的演说》,郝盛潮主编、王耿雄等编:《孙中山集外集补编》,第100页)

10月7日 《申报》发表社论,评论孙中山铁路政策,指出:"中山先生果有能力借此巨额者,与其同时并举筑造三大路线,毋宁分其半数,先为振兴工商业之用。如是则铁路既成,我之工商业亦可乘时发达。""惟愿当世伟人一方面注意铁路之交通,一方面注意利赖交通之工商业。"(《论铁路与工商业之关系》,《申报》1912年10月7日,"社论")

10月9日 会见宗方小太郎。宗方小太郎到上海徐家汇路造访,畅谈约二小时,下午又访日本驻上海总领事有吉明。(宗方小太郎:《辛壬日记》,第93页)

△ 致函南洋同志,报告此次北方之行及同盟会改组为国民党事宜。

函中通知南洋同盟会组织改称国民党南洋支部,并要求资助上海同盟会俱乐部。指出:"北方人士之倾向共和,实有真意。不过于行事上,新旧之见一时难除,彼此遂有误会"。"同盟会改组政党后,党势日见发达,而共和党势力差堪相埒,时因党见之不同,国事颇受影响。近有数政团与同盟会政纲相和,协同并合,定名为国民党,业于八月间开成立大会,设本部总机关于京都。"告知今后凡分立于各都邑者,称为支部或分部,因而南洋同盟会组织宜即日改称国民党南洋支部。嗣后同盟会名义虽存,但作为历史的及社会的团体,居于政党之外,间接以求三民主义之发达。函中报告近承政府委任,筹备全国铁道事务,异常繁忙。一旦部署稍清,即将游历欧美,筹资开办。(《致南洋同志书》,《孙中山全集》第 2 卷,第 486—487 页)同日亦有致美洲同志函,大意略同。(《致美洲同志函》,郝盛潮主编、王耿雄等编:《孙中山集外集补编》,第 101—102 页)

10 月 10 日　出席寰球中国学生会国庆纪念会。

下午 3 时,出席上海寰球中国学生会举行的国庆纪念会,发表演说。演说阐述武昌起义成功的原因,号召国民发扬冒险心、坚忍心,赞助政府。演说称:"去年今日,为武昌举义之日,即中华民国开始之第一日……一举而成此大事。所以然者,国民有坚忍心,武昌军界有冒险心,无畏难心之效力。但民国虽成立,而今尚在危险时代,内乱未靖,外患频闻……愿吾同胞,自今以后,亦须有冒险心、坚忍心,协力赞助政府,以造成地球上头等大国。"又鼓励学生"处于今日,不当有悲观之念,务须坚忍冒险,发愤求进。即士、农、工、商,见吾侪能忍苦如此,亦必愤志图强,如是则中国前途大有冀望"。王正廷答辞道谢,合座三呼:"中华民国万岁! 孙中山先生万岁!"伍廷芳、李登辉、唐露园、王正廷等参加会议。5 时始回。(《中华民国第一国庆纪》,《民立报》1912 年 10 月 12 日,"新闻四")

△　为《大陆报》撰写《中国之铁路计划与民生主义》,纪念武昌起义一周年。

文中指出:"余自此次游历北部,遍访各大都会,并与各界人士接触,益信中国当成为统一、独立与兴盛之国家,确系将来必然之事实。中国亦与各大国发展之情形相同,所急切需要者,乃交通之便。故目前关系吾国前途之最大者,莫如铁路之建筑。"将来中国实业,建设于合作的基础之上,每一阶级,皆依赖其他阶级,共同生活于互爱的情形之下。因而要改良社会,使臻于完善,"以最少限度之穷困与奴役现象,以达到最高限度之生产。对于待开发之产业,人人皆得按其应得之比例,以分沾其利益,享受其劳力结果之全部,获得较优良之工作状态,并有余暇之机会,可以思及其他工作以外之事件。如此,劳工必能知识日进,获得充分之娱乐与幸福。此种娱乐与幸福,本为一切人类所应享。新中国之人民,今得生存于开明政治之下,解除数百年之专制压迫,而目睹将来愉快之黄金时代矣。当今之所急需者,惟在国人之同心合作而已"。(《中国之铁路计划与民生主义》,陆达节编:《孙中山先生外集》,第64—76页)

　　△　为中华民国铁道协会会刊《铁道杂志》创刊号题签刊名:"铁道　孙文。"(《铁道杂志》第1卷第1号)

　　10月12日　出席报界公会欢迎会。

　　下午2时,出席报界公会假戾虹园举行的茶话欢迎会,并发表演说。演说的主要内容有:第一,悲观心理为民国最危险之事,对于民国建设最为有害。"仆观察社会之心理,多不免抱一种悲观,于报界尤甚。此悲观之由来,则因恐怖而起,以为民国今日外患之日逼,财政之艰困,各省秩序之不恢复,在在陷民国于极危险地位,觉大祸之将至,瓜分之不免。此悲观心理,遂酿成全国悲惨之气象"。悲观心理当先除去,然后才可有为。事事存一'怕'字,建设之业将永无进步。希望报界将悲观心理打除,造成进取乐观,唤起国民勇猛真诚之志气,使全国焕发一种新气象。第二,建设大业以交通最为重要,交通事业以铁路最为重要。"无交通,则国家无灵活运动之机械,则建设之事,千端万绪,皆不克举。"再次强调"主张筑二十万里铁路,为民国立国永久之计划,而筑铁路以利用外资为宜"。第三,门户开放政策有利于保障主权,昔日之闭关主义于时势不合。"现世界各国通商,吾人正宜迎此潮流,行开放门户政策,以振兴工商业……开放门户,是以保障主权。前清以闭关为事,而上海租界及青岛,我无主权,是皆外人强我开放,故有此结果。若济南商场,由我自行开放,即有独立主权。"第四,借款筑路与批给外人筑路,以批给外人包办更为有利。"今欲筑路,必用外资,用外资非全无害也。两害相权,当取其轻,故吾人欲用外资,当择一利多害少之方法实行。以愚见则批给外人包办,较之抵押借款为有利"。第五,圜法不善,应予改良。"中国之币制,实无可言,金融界之屡屡恐慌,亦多本此原因而起……则改良圜法,厘订金本位,实为今日不可缓之要图。"第六,应立即厘定地价。"中国地价,尚未有划一之厘定,而今日最便实行,过此即难"。演说长达三小时之久。(《孙先生政见之表示》,《民立报》1912年10月13—20日,"要件")

△　晚,参加三菱会社中岛在六伞亭的邀宴,与黄兴同为主宾,宗方小太郎参加。(宗方小太郎:《辛壬日记》,第93页)

△　报载就任英商永年人寿公司总董之职,并有评论:"想中山先生不就华商浙办之华安,而就英商所办之永年,必系别有一番深意。伟人所见,固非浅见者所能揣测。"(《孙中山为永年总董》,《申报》1912年10月12日,"本埠新闻")

△　《天铎报》发表"孙中山讲演社会主义"的消息。消息称:"中山先生历年游历外洋,对于社会主义含蓄甚富。上次与社会党江亢虎订有预约,作长期之讲演,以造就鼓吹人。后以他事去沪,不克履行。此次来申重提前议,昨经社会党干事徐安镇面订,准于本月十四日至十六日,每日下午三时至五时在中华大戏园继续讲演三天,分送入场券,额定于六百份,社会党党员须凭证书领券,其自各界除分送外须有介绍方可领取云。"(《讲演社会主义先声》,《天铎报》1912年10月12日,"本埠要闻")

10月13日　复电袁世凯,辞大勋位。

本月上旬,袁世凯颁布临时大总统令,谓:"现在举行国庆纪念典礼,深维民国创业之劳,先宜赠受勋位,旌显元功。孙文、黎元洪特授以大勋位。"(《政府公报》,1912年10月,"命令")黄兴、唐绍仪、伍廷芳、程德全、段祺瑞、冯国璋勋一位,并于11日来电告知。本日复电辞谢,表示:"文十余年来,持平民主义,不欲于社会上独占特别阶级,若滥膺勋位,殊与素心相违。"黄兴亦辞勋一位。(《革命伟人之平民主义一》,

《民立报》1912年10月14日,"公电")

　　△　致函咸马里,告知接到其9月15日来信及其夫人两周前所写一信,表示不胜欣慰感谢。祝愿咸马里健康状况继续好转,并告约可于两个月之内在巴黎会面。函中表示已注意到咸马里在备忘录中所提之条件,指出有些条款需要在会见时商讨,并称自己"此次北上是一次巨大的胜利","使南北双方取得了好得多的谅解"。又告:"山西有几位银行家在和我接触,探听是否有可能开办一实业银行,他们可望为此簿款五百万元。现在我正为此事与山西阎将军书信来往,交换意见。"(《复咸马里函》,《孙中山全集》第2卷,第503—504页)

　　△　致函自由党参议部,告以筹备选举事由该党副主裁李怀霜代表。此前,孙中山被自由党举为正主裁,故告该党参议部:"筹备选举事与副主裁李怀霜君商酌发表,并筹路事繁,一切党务当委托李君代表。"(《自由党消息》,《天铎报》1912年10月15日,"中外要闻")

　　△　发布致前同盟会等党员通告,筹组上海国民党交通部。通告云:"三党合并,已开会成立,而职员选举,颇多困难。窃意交通部规则尚未定妥,而目前办事,又不可无人。鄙人特依三党代表之请,指定办事人三十员,以谋党事之进行,望即宣布承认。"三党即前同盟会、统一共和党、国民公党。所指定办事人员三十人为:居正、温宗尧、姚勇忱、拓鲁生、王一亭、张昭汉、虞汝钧、封德三、戴季陶、邓家彦、于右任、邵元冲、汪洋、章佩乙、陈楚楠、汪幼庵、王汉章、陈鸿璧、潘训初、徐血儿、戴绥章、郑权、武仲英、李怀霜、戴仁、马素、庞青城、周浩、梁重良、王傅谦。(《国民党筹备处通告》,《民立报》1912年10月13日,"广告")①

　　△　上海《民立报》《天铎报》发表"社会党讲演大会广告",广告云:"孙中山先生前与本党江亢虎先生面约讲演社会主义,后亢虎因公北上,中山缘事未克履行,此次归来,重申前约,确订阳历十月十四

---

　　①　此为报载日期。

日至十六日,每日午后三时至五时,英租界三马路中华大戏园开会请中山主讲席。入场券额定二千份,各团团体由本党择要分送,本党党员概凭证书,非党员则凭党员之介绍书,先期来事务所领取,愿有志研究者,幸勿交臂,失此良师也。"(《社会党讲演大会广告》,《民立报》1912年 10 月 13 日,"广告";《天铎报》1912 年 10 月 13 日,"广告")

10 月 14 日　筹备全国铁路总事务所成立。由京来沪后,发表全国铁路之大计划和集资办法,在上海英租界广东路设立筹备全国铁路总事务所,任用专员驻沪办事。(《孙中山行踪又动》,《天铎报》1912年 10 月 17 日,"本埠要闻")此前报载,该修路借债计划大概总额六十亿元,分三大股,每股二十亿元。每大股又分十小股,每股二亿元。其分配以国内、华侨、借债为三大股。国内分十小股:计晋一、粤一、豫、苏一、直、鲁一、闽、浙一、鄂、湘一、皖、桂、赣一、奉、吉、黑一、滇、黔、秦一、陇、蜀、新一。华侨及各国借债亦均分十小股,各国借债准自由投资,至少须满二亿元,足额即停。(《民立报》1912 年 10 月 9 日,"专电·北京电报";《孙中山借债法》,《天铎报》1912 年 10 月 14 日,"中外要闻")同日,致函黎元洪论铁路计划,表示修筑铁路当以武汉为中心。函谓:"铁道之有无,系乎国家之强弱。丁兹民国成立,万端待理,究以铁路为首要。文承命握筑路全权,干主三条,期限十年,壮二十万里之声势,活四百兆人民之命脉。为时甚迫,一息千金。其奔驰于齐、晋间者,以文之于北方甚疏,盖所以联感情而觇形胜也。筑路诸务,自当以武汉为中心点,不日即便由沪赴鄂筹办一切。"(《孙中山铁路谈》,《时报》1912 年 10 月 18 日,"要闻")

△　致电袁世凯,请解决福建政局冲突。

电中要求袁世凯令福建都督孙道仁维持闽局、岑春煊早日离闽。电云:"近闻都省人心惶惶,秩序甚乱。加以军界与岑使大生恶感,并闻有更动都督一说,军民惊惶尤甚。素闻闽省自光复后,秩序优于他省,兹忽有此现象,心殊恻然,兼之闽省近接强邻,深恐一有风潮,乘机干涉。望公迅速电令孙都督竭力维持,并令岑使早日离闽,以安人心而维大局。"(《致袁世凯电二件》,《孙中山全集》第 2 卷,第 505 页)其时,福建各界反对警务总监彭寿松,袁世凯任岑春煊为福建镇抚使。

　　△　在上海社会党本部演说社会主义。

　　自本日起,连续三日应上海社会党本部所请,发表关于社会主义的演说。事前由《民立报》《天铎报》刊发广告,听讲入场券定二千份。演讲内容主要有社会主义之源流、社会主义之派别、马克思集产社会主义之学说、社会党应有政治上之活动。(《孙中山之大演讲》,《天铎报》1912 年 10 月 15 日,"本埠要闻")对于演说宗旨,指出研究社会主义的重要性,表示:"鄙人久为怀抱社会主义之一人,今应社会党之约,得与诸君相见,又见我国社会党已如此发达,实深庆幸……鄙人读社会党党纲,似于社会主义之精髓有所未尽,此由社会主义精奥复杂,非但我国人未窥底蕴,即欧美人亦多不了了。然社会党成立,而社会主义之精髓未得,则此主义且有流弊随之,此不得不与诸君研究者也。"在演说中,略述社会主义源流,希望中国社会党应积极开展政治上的活动,"组成强有力之政党,握政治上之势力,而实行其社会主义之政策者"。又提出:"我国社会主义流行伊始,尤望党人持和平之态度,与政府连络,共图进行。"对于社会主义的流派,认为可分为"集产社会主义"和"共产社会主义","两相比较,共产主义本为社会主义之上乘",但眼前不可能实行,"今日一般国民道德之程度未能达于极端,尽其所能以求所需者尚居少数,任取所需而未尝稍尽所能者,随在皆是。于是尽所能者,其所尽未必充分之能,而取所需者,其所取恐又为过量之需矣"。只能实行集产社会主义,使"凡属生利之土地、铁路收归国有,不为一二资本家所垄断渔利,而失业小民,务使各得其所,自食其力","斯则社会主义之精神,而和平解决贫富之激战矣"。又指出,"社会主义者,人道主义也。人道主义,主张博爱、平等、自由,社会主义之真髓,亦不外此三者,实为人类之福音……社会主义者,一人类经济主义也。经济学者专从经济一方面着想,其学说已成为完全之科学,社会主义系从社会经济方面着想,欲从经济学之根本解决,以补救社会上之疾苦"。演说中阐述了土地、人工、资本三者之关系及社会主义关于分配问题之主张,认为美国人亨利·乔治主张土地公有,"实为精确不磨之论","深合于社会主义之主张",马克思的学说与其"表面上似稍有不同之点,实则互相发明,当并存者也"。希望社会主义在中国实行,表示"鄙人对于社会主义,实欢迎其利国福民之神圣,本社会之真理,集种种生产之物产,归为公有,而收其利。实行社会主义之日,即我民幼有所教,老有所养,分业操作,各得其所。我中华民国之国家,一变而为社会主义之国家矣"。描述了实施社会主义之后国家发达之前景,指出:"处今日中国而言社会主义,即预防大资本家之发生可矣。此非无病之呻吟,正未病之防卫也。社会主义之国家,人民既不存尊卑贵贱之见,则尊卑贵贱之阶级,自无形而归于消灭……各尽其事,各执其业,幸福不平而自平,权利不等而自等,自此演进,不难致大同之世。"特别提出目前正是解决土地问题的最好时机,"趁此资本未发达,地价未加增之时,先行解决,较之欧美,其难易有未可同日以语",主张实行规定地价及征收地价税,以实现"土地公有",作为社会主义的政策。(《孙中山社会主义之演讲》,《天铎报》1912 年 10 月 15—26 日,"专论")14 日演说地点在湖北路 63 号众舞台剧场,参加者有租界居民八百人。(上海市档案馆编:《辛亥革命与上海——上海公共租界工部局档案选译》,第 246 页)

△ 致函江苏都督程德全,告以即日来宁参观沿江各炮台。(《申报》1912 年 10 月 15 日,"专电")

10 月 15 日 下午 3 时半至 5 时半,继续应社会党邀请,演讲社会主义。本日演讲地点在中华大戏院,参加者约一千人。(上海市档案馆编:《辛亥革命与上海——上海公共租界工部局档案选译》,第 246 页)

△ 《申报》刊载评论,指孙中山建筑铁路的主张"与世界谋交通,为国民筹生计,其立论虽高,而其所以为国谋者则忠",由"政治革命之大伟人,又一变而为实业革命之大伟人"。呼吁破除成见,乐观其成。(《申报》1912 年 10 月 15 日,"时评二")又评论孙中山辞大总统授

勋位,指出其"十余年来持平民主义,不欲于社会上独占特别阶级",与黄兴所说"民国肇造,烈士堪悲。国庆纪念,弥增痛感。然则庆典之颁,尤不宜荣生者而忘死者",为"至理名言"。(《申报》1912 年 10 月 15 日,"时评三")

10 月 16 日　下午 2 时半至 5 时半,继续应社会党邀请,演讲社会主义。本日演讲地点仍在中华大戏院,参加者约一千一百人。(上海市档案馆编:《辛亥革命与上海——上海公共租界工部局档案选译》,第 246 页)

10 月 18 日　乘沪南海军司令部联鲸舰,赴吴淞考察要塞、炮台,查阅长江形势。(《孙中山溯江而上》,《申报》1912 年 10 月 21 日,"本埠新闻")中午 12 时,乘联鲸舰溯江上驶,往江西考查,计划沿途将视察吴淞、福山、江阴、镇江、南京、芜湖、大通、安庆、马当、湖口、九江各要塞炮台。(《本报二周纪念之祝典》,《民立报》1912 年 10 月 19 日,"新闻四")

△　复电袁世凯,同意前请提前酌办张家口至库伦、吉林两处铁路,表示待筹妥办法,即派员前往测勘,定期修筑。(《民立报》1912 年 10 月 21 日,"专电·北京电报")

△　广州各界应孙中山之请,追悼陆皓东等烈士。本月致电胡汉民及广东各界,指出"九月初九为乙未岁第一次倡共和革命失事之辰",希望广东同胞于是日开追悼会,纪念乙未、庚子起义烈士陆皓东、朱贵全、丘四、程曜臣、程奎光、郑士良、杨衢云、史坚如、山田良政等人,电称:"今逢武昌起义之辰,全国庆祝,以贺成功,追思木本水源,皆胚胎于乙未、庚子二役。而上述之人皆已亡殁,自民国成立以来,曾未一为之表彰,文实悼之。敢请我粤同胞于九月九日大开追悼会,以表彰幽烈,并捐款分别追恤各烈士之后人。"并表示"先捐千元"。(《纪念日之余谈》,《民立报》1912 年 10 月 19 日,"大陆春秋")本日系农历九月初九,广州各界举行隆重之追悼会,"追祭十八年前孙中山等第一次革命殉身诸烈士。礼节颇盛,盖应中山君之请也"。(《时报》1912 年 10 月 20 日,"专电·特约路透电")

10 月 19 日　在江阴视察及出席各项活动。

下午 2 时,道经江阴,视察江阴炮台,由台官、民政长等导引,先至西山,参观格林炮及江阴炮台最大之炮,观看炮兵试演,一一详细询问。再往东山参观,以望远镜窥测形胜。历三小时之久,整装下山。休息时,民政长呈上当地国民党、社会党、自由党及江阴县议事会、参事会、市议事会所上条陈,请修筑至横山铁路,以为军备,请襄助此事。(《中山之长江游(一)》,《民权报》1912 年 10 月 24 日,"要闻二")

下午,出席国民、自由、社会三党及江阴各界欢迎会,并发表演说。7 时奏乐开会,登台演说,阐述国民权利、义务及发展交通问题。演说中首先提出专制与共和的分别,指出:"今年是民国成立的第一年。我们推翻了专制政府,改建了共和民国,大家就应知道,专制与共和,到底有什么分别? 从前的专制国是皇帝的国家,现在的共和国是人民公有的国家。诸君要晓得今日到这个地位,自开国以来所没有的。从前是皇帝在上,人民在下,现在我中华民国人民,已从奴隶的地位变做主人的地位。我们既然到了主人的地位,就应该以主人自居。但是我们做主人翁的,要晓得侬主人有主人的资格,有主人的学问,有主人的度量。一国的人民都有一定要尽的义务,大家尽了义务,方能算是主人。"其主要的义务,就是当兵和纳税。"自从革命以后,有些不开通地方,以为民国同从前没有什么不同的地方,甚且以为革命以后可以坐享权利。这就误会了要晓得现在的国民要尽义务,从前的国民也要尽义务。不过从前尽了义务,是没有权利的,现在是有相当的权利的。"因而要求大家"常到乡间没有开通的地方,把这种道理宣洪得明明白白,使四万万的同胞都懂得这个道理"。对于地方上的建设,指出在广修铁路之外,亦应重视公路的修筑。"今天兄弟刚到的时候,接到贵邑的一封信,说是从江阴到横山,要想法造条铁路……但据兄弟看起来,铁路以外,尚有要紧的事情,并且办法也稍些容易一点。这是什么呢? 就是要想法造道路,道路的办法既容易,而且最有利于国家,最有利于社会……总之,铁路为国家的交通,为几千里路的交通。若在小的地方,为便利人民交通起见,单就道路,已觉可以……倘使要造铁路,即使造成,亦须加造马路,有了马路,火车方能发达。所以要中国交通上便利,须从造马路做起。"演说强调:"现在我中华民国人民,已从奴隶的地位变做主人的地位","但是我们做主人翁的,要晓得做主人有主人的资格,有主人的学问,有主人的度量。一国的人民都有一定要尽的义务,大家尽了义务,方能算是主人。什么是应尽的义务呢? 很明白的就是全国人民多应当兵,多应纳税。"希望与会者常到乡间宣讲国民权利与义务的道理。(《孙中山先生演说词》,《民立报》1912 年 10 月 25 日、26 日,"要件")

晚上由江阴民政长设宴招待,与参加晚宴的《通问报》董事长王完白长谈,回应了对基督徒身份的认许,强调其信仰"在心灵而不在口舌"。王完白问:"先生对于参议院停止宗教师选举及被选举权一事意见如何,各国有此成例否?"回答:"此事颇费研究,参议院谅亦具有苦心。惟外国无此先例,可断言也。"王问:"书报间遍载先生之行述,皆有伦敦受困,终夜祈祷之语,所记确否"回答:"确有其事。"王问:"然则先生现时仍行祈祷之礼耶?"回答:"行踪无定,与教会殊少亲近,宗教之仪注,荒疏久矣。"王完白进言:"仆敢进一忠告,愿先生遇事必先申祷告,成功必更大焉。"急忙回答:"予固常常祷于上帝者,然予之祷在心灵,而不在口舌,故有荒疏仪注之言也。"(王完白:《孙中山之宗教谈》,《通问报》第 524 回,1912 年 11 月)《通问报》周刊 1902 年创于上海,由基督教长老会主办。

9 时,返联鲸舰西上。(《孙中山先生演说词》,《民立报》1912 年 10 月 25 日、26 日,"要件")

△ 致电袁世凯,指出民军起义,达到完全目的,列强从未干预,实驻京英国公使朱尔典调停之力,请给勋章酬劳。袁世凯拟赠一等嘉禾章,以示荣耀。(《民立报》1912 年 10 月 21 日,"专电·北京电报")

△ 报载黎元洪特委郭森甲领款一万元,备迎孙中山,并在高等学堂设行辕。(《申报》1912 年 10 月 19 日,"专电")

10月20日 在镇江视察。

早6时,乘轮驶抵京口,接见前来欢迎的有驻镇江十六师顾忠琛师长、张伟斋、赵念伯旅长、张翼云县长,以及各营官员、炮台员弁、各界代表,登岸由长江要塞司令长洪承点陪同至象山炮台查阅,又往焦山、雩山、图山、都天庙各处炮台检阅。(《孙中山校阅江阴、镇江炮台》,《申报》1912年10月22日,"要闻二")

下午2时,出席粤商梁仲畏召集各团体在广肇公所举行的欢迎会,并发表演说,历三小时。(《中山赴宁》,《申报》1912年10月23日,"地方通信·镇江")下午6时,与各团体代表晤谈,(《民权报》1912年10月24日,"要闻二")镇江商会总理李敬之请求向江苏都督程德全说项,免除镇江特别捐,以减轻地方负担,答以此系行政官之权限,未便越俎代谋,共和时代,每事须由省议会议决方能实行,将来议会必能主持公道。李敬之又报告镇江自津浦路开通后,商业大受影响,需要赶筑瓜清铁路,请为提倡。答应愿竭力帮助。(《孙中山西行记》,《民立报》1912年10月24日,"新闻一")回舰后,即命启轮上驶。(《中山赴宁》,《申报》1912年10月23日,"地方通信·镇江")

夜3时,抵达下关。江苏都督程德全赴车站欢迎。(《申报》1912年10月23日,"专电")

是月中旬 致电北京政府,聘定王宠惠为中国铁路总公司顾问,徐谦为秘书,胡朝栋为工程师,聘期10年,下月一同出洋考察筑路。(《民立报》1912年10月21日,"专电·北京电报")又电请修改前拟的西北边省路线,以免牵掣外交。(《时报》1912年10月19日,"专电")又致电汉口谭人凤,告以在汉口设铁路分局,派孙尧卿为督办。(《天铎报》1912年10月20日,"电报一·汉口")致电总统府,以玛利逊极力赞成全国铁道政策,拟聘为铁道顾问。(《天铎报》1912年10月20日,"电报一·北京")

△ 以中华银行总董名义致电新加坡商务总会及各埠商会,告以派王奕友南下筹备招股。电云:"新加坡商务总会转各港商会各团

体公鉴:顷派王奕友乘英公司船南下,筹备招股事,到时务乞鼎力提倡,以救祖国经济之危困,大局幸甚。中华银行孙文。"(《中华银行招募侨生股份》,《申报》1912 年 10 月 23 日,"本埠新闻")又致函邓泽如,介绍王奕友南下筹备招股,并请担任中华银行招股员席。函中提到:"招股员王君奕友,日前顺道赴闽,即蒙福州商会,电认股洋二十万元,海内外各埠,亦均极端赞成,则基本雄固,信用愈昭,中华银行不难成民国中最强大之银行也。执事僭居异地,思念国事,夙抱热肠,用敢以义务相挽,为特附奉章程,至祈察阅,务乞执事担认本行招股员席,以资策励,尚希鼎力提倡,设法鼓吹,并请谆告侨寓诸同胞,须知中华银行,为民国开藉之第一银行,与国同休戚,亟应群策群力,共促进行,想我公之热忱,定荷许为玉成也。兹特派王君奕友来前,并嘱伊会同执事与陈武烈君,就南洋各埠,广为劝募,共襄盛举。"(邓泽如编:《孙中山先生廿年来手札》卷2)新加坡商务总会收到孙中山来电和介绍书后,即将该银行改组新章刊登新加坡各报,通知侨胞。(沈云荪:《辛亥革命时期后的上海中华银行》,中国人民政治协商会议上海市委员会文史资料工作委员会编:《辛亥革命七十周年——文史资料专辑》,第 231 页)孙曾委任沈缦云为劝业特派员,于本年 3 月间前往南洋,劝导侨民兴办实业,并招募中华实业银行股份。(《微斯人何来巨款》,《天铎报》1912 年 10 月 27 日,"本埠要闻")

　　△　因《时事新报》有斐青连日撰文,反对孙中山铁路政策,《天铎报》发表署名松笠的《为铁道政策答斐青》,对其反对的三个论点(反对二十万里之铁路、十年内无二十万里铁路中国不至于亡、反对批办)逐一驳斥。(《为铁道政策答斐青》,《天铎报》1912 年 10 月 20 日,"铎声一")

　　10 月 21 日　在南京视察。下午 1 时,抵达南京,先至南京幕府山、狮子山炮台视察,检阅炮台台兵操演,要塞司令长洪承点陪同。下午 5 时,下至都督府休息,与都督程德全会晤,出席程于府内设筵宴,散筵后仍回联鲸舰住宿。(《中山之长江游(二)》,《民权报》1912 年 10

月 25 日,"要闻")

△　宗方小太郎致函日本东亚同文会副会长清浦奎吾及岛居赫雄、根津一,告以孙中山将访问日本。(宗方小太郎:《辛壬日记》,第 94 页)

10 月 22 日　出席南京国民党支部等欢迎会。

上午,出席南京国民党支部、两广同乡会、铁道协会联合在南京三牌楼第一舞台举行的欢迎会,发表演说。10 时半偕随员王正廷等到会,演说强调,愿以十年为期,在全国建造二十万里铁道,以促进实业发达;需要借用外国资本、聘请外国人材,采取开放门户主义。"现今世界日趋于大同,断非闭关自守所能自立,但开故门户,仍须保持主权……甚愿全国一心,不倡反对,庶外人信用投资,则铁道易底于成,而各项政策,皆得因此而进行,中华民国富强,庶几可期。"又表示现在总统、总理、国务员、各省都督均已趋于共和政治目的,消除意见,足以巩固民国基础。参会的程德全也发表演说,表示同意,希望大家一致赞同,士、农、工、商共同努力,辅助铁道事业的发达。欢迎会结束后,乘马车赴都督府出席午餐会。下午 3 时乘轮上行。(《国民党宁支部欢迎孙中山纪事》,《申报》1912 年 10 月 24 日,"要闻二";《民权报》1912 年 10 月 24 日,"专电一""公电")

△　接见中华实业同志筹进会发起人。

下午,在都督府花园接见中华实业同志筹进会发起人张觉一、倪贻荪、沈铁铮等三人,谈话云:"办一种事业,须拿一定宗旨,不苟且,不畏难,务达目的而后已,如是庶不负社会之企望,而不失国民之义务。"又云:"凡事非一人所能做成,天下之事甚多,岂能尽料到。诸君既能发起此会,为社会造福,鄙人自当维持,还望诸君克尽义务,冀收完善之效果。"(《中山之长江游(三)》,《民权报》1912 年 10 月 26 日,"要闻")

△　交通部向国务总理赵秉钧报告,铁路向分官办、商办、官商合办三种,现孙中山有筹办全权,宜将权限及筹备处内容议定,交法制局起草。(《民立报》1912 年 10 月 24 日,"专电·北京电报")

10 月 23 日　抵达安庆,发表演说。

下午,乘联鲸舰抵安庆,安徽都督柏文蔚派旅长胡万泰、参谋长郭廷康、副官毕煊乘轮迎接,柏率军队出城迎迓,登岸入南城,沿途民众数千人欢迎。旋入都督府稍事休息,即登台演说两小时。演说中希望同胞同心协力从事建设,对安徽省禁烟给予高度评价。演说指出:"现在中华民国已成立,皆我四万万同胞,应世界革命潮流,同心协力,将数千年专制政体,不数月而推翻,改造共和政体。自武汉起义以至今日,亦不过将近一载,而中华民国俨然完全成立,此世界革命史所未有,可为中华民国革命史上一大特色。但破坏之事虽已告终,而建设之事方始,仍请诸同胞同心协力去做。建设之事可分为两大端,一兴利,一除害。除害之事很多,最要紧的就是禁烟。禁烟事办理最认真者,要算贵省。如贵都督日前焚毁鸦片烟土,办理亦颇得法。英领事受奸商唆使,带军舰两艘至贵省无理干涉,卒能和平结果。虽是贵都督外交手段,然亦是我中国政体改革,人民皆有国家观念,不比前清专制,上下隔阂,始能如此。""贵省禁烟办法,实可为各省模范也。"又强调要以开放主义从事实业建设,"兴利之事亦很多,最要紧的就是修铁路,开矿产,讲求农业,改良工艺数大端。但要想实业发达,非用门户开放主义不可"。将中国与日本进行对比,指出"全球上能称为列强者,不过六七国,而日本俨然是六七国中之一国。他是用何种方法,始能如此,亦只是用开放主义。我中华民国土地比日本大二十倍,人民比日本亦多二十倍,要照日本办法,亦采用开放主义,不到三五年后,兄第可决定,比日本富强十倍"。总之,"凡是我们中国应兴事业,我们无资本,即借外国资本;我们无人才,即用外国人才;我们方法不好,即用外国方法。物质上文明,外国费二、三百年功夫,始有今日结果。我们采来就用,诸君看看,便宜不便宜? 由此看来,我们物质上文明,只须三五年即可与外国并驾齐驱……但此种伟大事业,决不是少数人责任,定要我四万万同胞同心协力负担,方可达圆满之目的也"。演讲后摄影、休息,即在都督府内晚餐。8 时许出城,仍乘联鲸舰上驶,胡万泰、郑赞臣送出皖境。(《孙先生长江游》,《民立报》1912 年 10 月 29 日,"新闻一")本日未能按原计划乘联鲸舰于 23 日上午到芜湖。国民党当地组织本定于午后开欢迎大会,至下午 5 时,因孙中山未到而解散。据翌日芜湖国民党代表由省回芜报告,孙未能来芜湖之原因,系因起程时忽接萍乡煤矿急电,催促速往,故于 22 日夜过芜未停。(《孙中山过芜不入之详情》,《申报》1912 年 10 月 28 日,"要闻二")

△　报载实业共济会在北京安徽会馆开大会,推孙中山、黄兴为名誉会长,贡桑诺尔布为正会长,王赓、杨度为副会长。(《申报》1912 年 10 月 23 日,"专电")

10 月 24 日　抵九江。出席九江各界在新安会馆举行的欢迎会,发表演说。(《神州日报》1912 年 10 月 26 日,"本馆特电")午后 2 时,乘轮赴南昌,顺道至湖口查阅炮台。(《民权报》1912 年 10 月 25 日,"专电一";《民立报》1912 年 10 月 25 日,"专电·江西电报")

△　为西北路线规划事宜致电北京政府。指出:"接甘肃赵都督来电,于西北路线规划详晰。据称拟自张绥接轨,取道宁夏凉州而达嘉峪关,无高山大河为之阻隔,较之由豫经关中达兰州者线直而地平,工程较易。所陈五利亦具有见地。"(《铁路谈》,《天铎报》1912 年 10 月 24 日,"中外要闻")①

△　日本《大阪朝日新闻》刊载宫崎寅藏谈《孙逸仙来日游览》,谓:"孙逸仙已决定于下月上旬首途来日游览,一行共五人,由长崎登岸,陆路至福冈,会见往年流亡东京时之至交——玄洋社诸同人,经京都、奈良而至东京,预定滞留一月左右,然后回国。"文中指出孙中山来日目的,全在游览,与借款或争取承认运动毫无关系。又表示:"日本为孙、黄久居之地,彼等甚为重视日本对孙、黄之感情。日本目前有流传种种传闻,南北妥协后或指孙为亲美派,或责其妄自尊大,

---

①　此为报载日期。

待日本人之态度有可诟病之处等等,彼此等得知后,甚表痛心……南方人士因向日本借款不成,遂以此决定停止北伐,达成妥协,因而或有可以视之与日本稍稍疏远之处,然而决无孙、黄故意疏远日本一事。"现在已组成国民党,成为最强大之政党,内阁成员几乎全属此党,"孙则热衷于宣传修筑二十万里铁路之计划……孙今后当活跃于此领域"。(段云章编著:《孙文与日本史事编年(增订本)》,第310—311页)《大阪每日新闻》报道,孙中山一行拟于11月13日乘近江丸号由上海启程,经神户上东京,东亚同文会、中国问题研究会、神户商工会议所等已作出欢迎决定,并做好准备,宫崎寅藏也参与接待的准备工作。(段云章编著:《孙文与日本史事编年(增订本)》,第311页)

10月25日 在南昌阐述铁路政策。

晚,抵南昌。至南昌百花洲行辕与江西都督李烈钧及军、政界人士见面,谈铁路政见,解释铁路由外人承修之方法,并谈拟开办中西商办银行负责借债。关于铁道问题,指出由外人承修,一切利权均归外人,但四十年后还归中国,四十年之内,可以依股票时价随时收归国有。关于借债问题,指出六国银行团要挟过甚,现已与数位外国资本家联络,拟开办中西商办银行,中外各出资本一千万镑,将来中国借债即由该行出面,这一做法纯为经济问题,可避免因国家借债引起政治交涉,且可利用该行发行公债票,销售于外国市场。谈话结束后,出席晚餐,李烈钧演说,表示:"中山先生二十余年,艰苦备常,坚持种族革命,锲而不舍,始有今日。英风伟度,倾慕素深,今幸驾临一堂,聚首亲聆丰教,快何如之,谨献杯酒为先生祝健康,为国人祝幸福。"孙中山随行人员马君武起立演说,表示:"地方集权为我党所主张,而李都督为实行本党主张之第一贤豪,深愿猛进不怠,造成新江西,以为中国模范。请杯酒为协和先生祝健康。"李烈钧复致答词:"江西不过粗具共和形式,至精神上所差尚远,惟鄙见对于地方集权为民权根基,当竭心力,以期扩张民权,以答盛意。"孙中山阐述中央集权、地方分权问题,指出这一问题"本来不成问题,不过反对者藉此以肆其簧鼓，实则集权、分权，皆由人之成见而生。如外交、海陆军，不容有地方分权。其它利民之事，不容有中央集权"。对江西城围大小、筹扩建之法的问题，建议"现有街市，亦不必再改，惟须择一最大之地段，另辟新埠，将衙署、公所及学校、营房，迁至其所，则旧有者不期废而自废，改建甚易矣"。认为若乘换契之时，实行地皮照价抽税、照价收买之法，"则另建一伟大之新江西，不须多日，而江西能从此扩大，则南昌、九江、吉安、饶州、赣州等地，皆可能为今日之上海"。建议从交通入手，交通中以铁路为急务，但马路尤不可少，因为修筑马路费用较省，马路上行驶自动车，费用亦较少。(《孙中山抵赣纪详》，《申报》1912 年 11 月 1 日，"要闻二"）

△　报载袁世凯以张家口至库伦、吉林两处铁路为当务之急，致电孙中山，请提前赶办，以抵制南满、东清铁路，杜外人觊觎。孙复电到京，甚表同意，表示一切待守备妥当后，即派工程师前往勘测。(《民权报》1912 年 10 月 25 日，"要闻"）

△　俄国作家高尔基来函，表示知道孙中山在《社会主义运动》上刊出的文章，读过孙的笔记，特表敬仰，并请为其主编的《现代人》杂志撰文。高尔基在意大利养病期间，读到孙中山在法文杂志《社会主义运动》(Le Mouvement Socialiste) 第 243 期上的文章，标题为《中国革命与中国的社会问题》。来函表示："我，一个俄国人，也和您一样，为同一个思想而奋斗。不管这些思想在哪里获得胜利，我都和您一样，为其胜利而感到欢欣鼓舞。祝您的事业成绩辉煌。"又表示："我们，俄国人，追求的正是您已经做到的事业。我们与您心心相印，志同道合。可是俄国政府及其奴仆却使俄国人民与中国人民为敌。我们，社会主义者，笃信全世界现在和将来都能够和睦相处。我们岂能容许那些贪婪愚蠢的人去助长种族仇恨，从而在社会主义的道路上造出一堵愚昧而坚硬的大墙？"并提出，"请您撰文一篇，题目是中国人民对全欧资本的侵略行径，特别是对俄国资本家和政府的侵略行径持何态度？他们干了哪些勾当？贵国人民又是如何回敬他们

的？倘使您无暇亲自秉笔，请委托友人代写，由您过目。希望您使用某一种欧洲语言，按照我的地址寄来即可。万望您玉成此事。因为必须让俄国人根据正直的中国人的介绍去了解中国的复兴，而不能听信为资本利益效劳的欧洲记者"。(李玉贞：《辛亥革命前后孙中山与俄国革命者》，《近代中国》第 16 辑，第 94—95 页)

10 月 26 日　在南昌出席各种活动。

上午，9 时半，与江西都督李烈钧莅临江西各学校、各公团、各行政机关、各军队在南昌顺化门外大校场举行的集会，向江西军界发表训词。演说后，由李烈钧陪同至都督府，随赴商务总会公宴。(《孙中山抵赣续纪》，《申报》1912 年 11 月 2 日，"要闻二")训辞指出："我国前在专制政府，政体腐败，国势积弱，列强虎视眈眈，竞逞野心，群思染指，彼时国家与种族，危险万状。欲救国保种，故提倡革命。共和国家，既赖军人建设，尤愿南北军人一气保障而巩固之。今而后深望诸君发愤为雄，研究军学，使四万万同胞均有尚武之精神……现在世界各国，均从事扩张军备，进步一日千里。处今之世，有武力之国家则隆隆烈烈，进于一等之地位，无武力之国家，必至于灭亡。今世界文明进化，尚在竞争时代，而非大同时代。处此竞争剧烈之时，人人须以爱国保种为前提。"(《在南昌军政学联合欢迎会的演说》，《孙中山全集》第 2 卷，第 536 页)

下午 2 时，出席江西都督李烈钧在商务总会举行的宴会，并发表演说，力主门户开放政策，主张输入外资、聘用外国教师。(《民权报》1912 年 10 月 28 日，"译电")阐明"我国未开采之五金，煤铁最多，农林亦富，欲谋发展，非先发达交通机关不可。交通机关为第一在铁路，故兄弟有借债六十万万，十年间造路二十万里之政策"。李烈钧任主席，张继、马君武、王正廷、朱超、戈克安出席。李烈钧致颂词，并举杯为孙中山祝寿。(《孙中山抵赣续纪》，《申报》1912 年 11 月 2 日，"要闻二")商会进言：一、厘卡困商，宜改税则；二、出入口税，参差相悬；三、币制无定，宜求统一；四、度量权衡须全国一律；五、银行纸币须全国通行；

六、抵制外货,精求工艺;七、保护华侨,须设领事;八、商律不修,无所依据。请代陈政府。(《申报》1912 年 10 月 27 日,"专电")

5 时,于行辕接见报界记者,谈借债筑路利益。(《孙中山抵赣续纪》,《申报》1912 年 11 月 2 日,"要闻二")

晚 8 时,与张继至国民党江西支部,参加国民党江西支部夜间召开的全体职员谈话会。到会约有一百余人,讨论迁都等问题。孙中山说明,以形势、军备、经济论,宜以南京为都城,"鄙人以国家为前提,从前中央政府都城南北问题,大都主张北京,不主张南京。鄙人当时在宁提议迁都一事,极力主张迁都南京,不赞成北京,其中理由全国形势,南京握全国之中,长江流域界于十八省之间,南京为长江之要地,交通便利。上海虽好,犹嫌太偏,如遇战事,必难保全。武昌地点虽亦适中,要以南京为最,南京据长江之险,江阴、镇江等处炮台极有力量,为南京最要门户,收海军上之利益极为完全。武昌交通以铁路较宁为胜,以地位而言,南京以马龙山设炮台,防御更为严密,紫金人再设外城,尤为巩固。南京、武昌似无甚分别,以经济上而论,南京乃鱼米之乡,武昌米须外购,若与北京比较,北京向不产米,须由南运北,运费极大。若北方人民加多,运米之费更大,若在南京,即可省此运费。且南京为海军之根本,若创设制造厂,材料益称便宜。有此三种理由,鄙人所以主张南京"。特别是北京在外人势力之下,不宜为首都,"以我们中华民国,有无上主权之中国,件件均要打听外国人之口气,得外国人之许可方敢做事,亦复成何中国。北京人总以外国人不许我迁都就不敢迁,又成何民国"!"眼前的危险,就是要迁都的好。若再执迷,因循过去,日复一日,将怕外国人,事事探听外国人口气方敢做事。诚恐外国人干涉种种思想,三四年后成为习惯,那就难以挽回了。总而言之,目前迁都可免危险,总要脱离外国人势力范围,中国存亡关系全在于此。"(《孙中山在赣演说迁都》,《时报》1912 年 11 月 1 日,"要闻")针对欧阳魁提出关于"铁路批与外人,战事运输,平时赁金,恐有妨碍"的问题,回答:"此不成问题,法国前曾以铁路批与英国,西班牙现曾以铁路批与法国,我仿行之,何害开放门户。须先收回治外法权。法权收回,战时有军令,平时有法律为范围,可毋虑也。"(《孙中山抵赣续纪》,《申报》1912年11月2日,"要闻二")

△ 致函陈赓虞,表示愿意列名登报,发起抚恤飞行家冯如遗属,并函捐一百元。函文为:"赓虞先生惠鉴:惠函具悉。飞行机专家冯君,因试验堕毙,深为惋恤。先生为之发起捐恤,赡其家属,尤属钦佩。至欲仆列名登报一节,敢不遵命。即请照办,并为仆签名代付捐恤银一百元,以尽微意。肃此布复。孙文谨启。"(《申报》1912年10月26日,"地方通信·广东")[1]

10月27日 继续在南昌出席各种活动。

上午9时,与李烈钧及江西省都督府顾问官、各旅长、各司长在百花洲行辕谈话。李烈钧呈江西全省铁路图一幅,详为指陈铁路通车与动工情况,继由李烈钧陪同乘马至讲武堂,出席各界、各公团、各政党欢迎大会,李烈钧命顾问陈泽需读颂词。王正廷演说,阐述孙中山"保种之道":一、讲求卫生;二、振兴工商实业;三、尊崇道德。孙中山发表演说,详论人民平等、自由、幸福及民生主义、社会主义。后李烈钧演说。复入讲武堂用茶点。欢迎会结束后,乘马赴乐群公学。(《孙中山抵赣续纪》,《申报》1912年11月2日,"要闻二")

至南昌乐群公学,由校长陈邦燮陪同至会场,因演说太多,喉舌干燥,由张继代表演说。午后1时,至全浙会馆,参加国民党欢迎会,表示因演说太多,声音受到影响,请张继代表演说。(《孙中山离赣记》,《申报》1912年11月3日,"要闻二")

午后赴加恩医院基督徒联合欢迎会,赞扬加恩医士及其同伴造福赣人,指出江西较其他省份尤为进步。(《民权报》1912年10月30日,"译电")结束后赴宴会,再赴教育会及广东会馆之欢迎会,因感冒未演说。回辕后与吴木兰女士谈话约一小时,吴陈说现在女子大学经费

---

[1] 此为报载日期。

困难，非速筹巨款，万难维持，孙面允函致江苏都督程德全，代为设法。（《孙中山离赣记》，《申报》1912 年 11 月 3 日，"要闻二"）

晚，与李烈钧密商要政多时。（《孙中山离赣记》，《申报》1912 年 11 月 3 日，"要闻二"）

△　应女子公学之请，手书"江西女子公学校"匾额。（刘望龄辑注：《孙中山题词遗墨汇编》，第 176 页）

10 月 28 日　早上，与李烈钧及各顾问官、各旅长、各司长在百花洲行辕谈话。9 时，应李烈钧邀请，在陈列所集体拍照纪念。随后李烈钧令沿途戒严，欢送登轮赴芜湖。（《孙中山离赣记》，《申报》1912 年 11 月 3 日，"要闻二"）

△　登滕王阁游览，与游者由滕王阁拾级而下，出阁上船，与各欢送代表一一答礼。在舱内与李烈钧及各司长、军官握手话别。李烈钧拨长安、振鹭、敦庆三小轮护送，混成团机关枪连与护卫军四团三营，均自码头到城门荷枪排列，水师各炮艇挂五色旗欢送。（《孙中山离赣记》，《申报》1912 年 11 月 3 日，"要闻二"）

10 月 29 日　再至九江，对各界演说铁路政策。晚，启轮东下。（《民立报》1912 年 10 月 31 日，"专电·江西电报"）

10 月 30 日　在芜湖出席欢迎活动，并发表演说。

上午 8 时，乘联鲸舰到芜湖弋矶山，再至芜湖大舞台，出席国民党、自由党及各界欢迎会，并发表演说。参会者约万人。演说呼吁以主人翁意识建设国家，指出："我国自有历史以来，人民屈服于专制政府之下，我祖我宗，以至于我之一身，皆为专制之奴隶，受君主之压制，一切不能自由。所谓国家者，亦不过君主一人一姓之私产，非我国民所有也，故人民无国家思想，且无国民资格。现在君主专制既已推翻，凡我同胞，均从奴隶跃处主人翁之地位"，"然既处于主人翁地位，则当把从前之奴隶性质，尽数抛却，各具一种爱国心，将国家一切事件，群策群力，尽心办理，万不能再视国家事为分外事。能如是，中国前途，自有莫大之希望"。后乘马车至江苏

米厘局小息，至广东会馆宴饮。(《中山过芜追志》,《民立报》1912 年 11
月 3 日,"新闻一";《民权报》1912 年 10 月 31 日,"要闻")在芜期间,芜湖六
公会(圣公会、基督会、美以美会、内地会、宣道会、来福会)致颂词,
颂扬孙中山"破四千年之专制,造廿世纪之共和……迪民智、伸民
权"。"况复功成身退,尤为千载难能。"(《芜湖公会欢迎孙中山》,《通问
报》1912 年 11 月,日期不详)①

10 月 31 日　抵达上海,王正廷、马君武、张继同回。仍寓宝昌
路 491 号。据《天铎报》报道,孙中山此次赴赣,意欲扩充该省路
政,在南昌、景德镇、萍乡间先着手,拟由袁州至萍乡先造路,将来
预备直达九江。此行携有照相设备,并携带测绘生两人、工程人员
三人,对大庾岭、庐山、鄱阳湖中之大孤山、小孤山等,均绘图摄影。
回上海后,继续大力宣传铁路事务,现拟在沪组织事务所,地点择
定广东路,一旦组织完全,即往各国游历。(《此行路政最关心》,《天铎
报》1912 年 11 月 2 日,"本埠新闻")《民立报》亦报道,计划日内组织铁
路公司,布置略定后,即行放洋。(《中山先生回沪》,《民立报》1912 年 11
月 2 日,"新闻四")

是月　会见德国退休上尉、旅游作家沙兹曼(Von Salzmann),
请求沙兹曼提供一些愿意或能够帮助改革中国军队的德国知名人
士。沙兹曼形容孙中山是一位值得争取和使人产生好感的人物,对
德国租借地胶州湾有良好印象,并誉德国为"我们的导师",对他表示
"从各方面来看,德国都是我们的楷模"。沙兹曼认为"我们有理由从
各方面来支援他的奋斗"。([德]罗梅君:《1945 年以前的德国和联邦德国
关于孙中山的述评和研究》,孙中山研究学会编:《回顾与展望——国内外孙中
山研究述评》,第 702—703 页)

---

① 《通问报》载到芜湖日期为 10 月 31 日,待考。

11 月

11 月 2 日　《申报》刊文介绍《铁道》杂志。指出孙中山、黄兴以革命伟人振兴实业,注意国民之交通建设,民国铁道协会汲汲研究进行,普及铁道观念为第一步。并介绍《铁道》杂志第一期业已杀青,包罗富有,蕴蓄万千。(《申报》1912 年 11 月 2 日,"介绍杂志·铁道")

11 月 3 日　致函袁世凯,主张各省行政长官应由人民公选。

函云:"对于省行政长官,则有大多数人民主张公选,谓矢志力争,期于必达。文前旅京时,曾与燕苏谈及,谓若由民选,则无论其人良否,人民不怨中央,且遇有地方冲突,必待中央解决。若由简任,则其人胜任,人民以为固当如是,无所用其感激中央之心。若不胜任,则中央实为怨府。故文意各省行政长官,不若定为民选,使各省人民泯其猜疑,且以示中央政府拥护民权之真意,于统一实大有效力。又据法理言之,谋全国之统一,在法制之确定,而不关于官吏之任命。前清督抚何一非中央任命,而卒至分崩者,法制不统一也。"(《致袁世凯函》,《孙中山全集》第 2 卷,第 539—540 页)

△　致电袁世凯,请电令各省委派人员测量各省路政。

电云:"建设铁道,首重测量。现在各省路线庞杂,文一人精力有限,恐难亲至各省调查,刻拟每省派一路线测量员,期可同时测勘,并能一致进行。大总统如予俯准此项人员,即请电令各省都督酌保委用等情。"又致电袁世凯,提出设立铁路专门学校,校中拟分管理、器械、制造各科。(《铁路进行》,《天铎报》1912 年 11 月 3 日,"中外要闻")①

△　宗方小太郎来访。宗方小太郎先访问山座圆次郎,再专门

---

①　此为报载日期。

来访，并收到三菱会社送来之日前与孙中山、黄兴之合影。（宗方小太郎：《辛壬日记》，第95页）

△　中华民国工党在南京举行第一次联合大会，由徐企文主持，公举孙中山为名誉领袖，徐企文为正领袖，龙砚仙为副领袖。（《工党纪事》，《申报》1912年11月6日，"本埠新闻"）

11月4日　致电袁世凯及财政总长周学熙，反对将扩充中国公学经费提作别用。电中说："文在宁时已批准拨充中国公学经费，财政部亦续行批准在案。兹闻此款忽提作别用，果尔，则前案已虚。伏望公等电饬交涉使陈贻范，仍依前案办理，俾公学得以维持。"（上海市档案馆：《中国公学档案辑存》，《近代史资料》总69号，第54页）11月6日财政部复电，表示无款可还。（上海市档案馆：《中国公学档案辑存》，《近代史资料》总69号，第54—55页）

△　日本驻华使馆参事官山座圆次郎来访，转达日本政府不欢迎孙中山访日之意。对于邀请孙访日之议，日本西园寺公望内阁决定不欢迎，是月中旬，日本外相内田康哉拟定《对华外交政策纲领》称：关于铁路借款问题，日本资本不足，应与英、法等国资本共同合作；对华政策上，应与英、俄协调；关于孙中山访日，不宜让其与首相、外相、陆相会面，进行正式会谈，实际上拒绝孙访日。因当时中、日报纸已纷纷报道访日计划，为阻止或延缓孙访日，日本政府电令山座圆次郎赴上海劝阻。本日，山座转达日本政府意图，孙再次表示了访日愿望，望以视察铁路名义非正式与首相会面。（段云章编著：《孙文与日本史事编年（增订本）》，第312页）

11月5日　中华民国工党总部英界分办处刊登广告，指出本月4日《民立报》"南京专电"有本党副主任徐企文在南京开联合大会，举孙中山、朱卓文、龙砚仙及徐企文共为四正领袖一电，经该处主任沈培关亲问孙中山，据云与徐企文素未谋面，也未预先通知此电，未便承认。广告称徐企文招摇假造。（《申报》1912年11月5日，"广告"）该广告在其后数日连续刊载。

11 月 6 日 在《大陆报》发表对咸马里将军之赞词。赞词中表彰咸马里"具有非凡的才智,他虽不是军人,却是一位伟大的军事哲学家,对革命问题有卓越的见解。在与革命有关的军事策略问题上,他给了我全面的帮助。他对军事有深远透彻的见解,是两部有关军事战术与战略著作的作者,有好几位杰出的军事学家对他的专著都十分赞赏,罗伯兹将军就是其中最钦佩他的一位。他为人真挚诚恳,为中国革命贡献了全部心力。他的忠厚的举止,富于同情心的谈吐,坦率与果决,赢得了许多中国友人"。咸马里于 1912 年 4 月 15 日因病离华,返回美国休养,11 月 1 日去世。(《对咸马里将军的赞词》,《孙中山全集》第 2 卷,第 540—541 页)

△ 致电袁世凯,告以造船筑路应先开办钢铁工厂,其利益有:一、容纳贫民;二、以图漏卮;三、吸收外利,四、便利实业。(《筑路造船大计划》,《天铎报》1912 年 11 月 6 日,"本埠新闻")①袁复电表示:前议集股造路四大纲,刻已交议,尚祈规划进行,以达国利民福之目的。(《孙中山之东渡期》,《民立报》1912 年 11 月 8 日,"新闻四")

△ 日本驻华使馆参事官山座圆次郎再来会晤,继续劝阻孙访日。山座圆次郎于 4 日来访后,对孙访日的愿望表示同情,电请内田康哉外相允其所请,给予民间适当待遇。山座提出理由如下:一、孙为华南最大势力;二、孙一向依赖日本;三、孙明春将访问欧美,日本冷淡,非为上策。5 日,内田复电,仍不同意。本日,山座再来会晤,继续劝阻访日。(段云章编著:《孙文与日本史事编年(增订本)》,第 312 页)

△ 汉冶萍公司董事会赵凤昌等上呈节略,答复孙所交阅萍乡绅民黎景淑等手折,指责其于萍矿事实多凭臆说,报告萍矿依据开平、湖南成例,设置禁例,界限以外,各土井挖卖供炊之柴煤桶炭及炼铁之粗焦枯块等,至今仍由萍乡人自由营业,公司从未干涉,亦不以与萍人争利,不存在"垄断独登"的问题。"敝公司投巨资于萍地,为

---

① 此为报载日期。

萍人兴利，复为萍人弭患……方今民国肇基，无不以注重实业为言，如已成之局而破坏之，其又谁敢继起者，我先生当代伟人，主持公益，用敢掬忱披露。伏祈俯赐维持，俾艰难缔造之实业不致中毁，是全体股东所祷祀以求者也。"（陈忠民主编：《汉冶萍公司档案资料选编（1889—1915）》，第 293 页）

11 月 8 日　下午 3 时，宗方小太郎至宝昌路来访，稍谈后归。（宗方小太郎：《辛壬日记》，第 95 页）

△　致电黎元洪，告以计划在沪、汉之间设钢铁厂，在湖北、上海两铁厂中挑选技匠各四十名。（《民立报》1912 年 11 月 8 日）①

△　《民立报》载孙中山拟订于本月望日，前赴日本考察，马君武、王正廷、何天炯届时亦拟同往，日本南满洲铁道株式会社社员山田纯三郎亦约同行回国。（《孙中山之东渡期》，《民立报》1912 年 11 月 8 日，"新闻四"）

11 月 9 日　致电袁世凯，阐述迁都、联日、设立中西合股银行及铁路筹划等事宜。电云："一、今日弭患要图，非速行迁都，则急宜联日，二者必行其一，方能转危为安。迁都既属困难，则联日不容或缓。文深维此事速欲亲行一试，如有意外好果，其联交之度当至若何，请先示程式，以便文于月底一往东洋游说彼邦执政，想不致虚行也。二、前议设立中西合股银行，近已蒙法国政府允许将来可在巴黎市面，发行种种债票。顷巴黎业东已决议实行，不日派代表来华商订合约。惟此方股本尚无着落，倘到期不能交头批二百五十万元，或尚须政府设法也。幸为注意。三、铁路筹划，刻须开始，所许由政府垫拨之费，请从速汇来应需为荷。"袁世凯复电："一、迁都尚多窒碍，联日在所急，电借重大名，彼邦动色，应备程序，容饬国务院议决邮寄。二、中西合股银行亦交院筹议设法。三、铁路开始经费，已饬交通部从速措汇。"（萱野长知：《中华民国革命秘笈》影印原件，转引自陈锡祺主编：

---

①　此为报载日期。

《孙中山年谱长编》上册,第 746 页)①

△　晚,参加日本驻上海领事馆为日本访华议员观光团举行的招待会。日方参加者有众议员守屋此助、三土忠照等十余人,中国方面有孙中山、张謇、熊希龄、陈其美、虞洽卿、李云书、周廷弼等,共约五十人。10 时半散。(宗方小太郎:《辛壬日记》,第 96 页)

11 月 10 日　《申报》载工党总部函,宣布工党于本月 3 日在南京举行联合会,曾议上海除设总部外,另设上海部。总部为全国工党之中央机关,上海部专为上海工人而设。总部名誉领袖孙中山,正领袖徐企文,副领袖龙砚仙。该党一切进行手续,已由朱卓文、魏逖先报告孙中山。(《工党总部函》,《申报》1912 年 11 月 10 日,"来函")

是月上旬　秋山定辅来访,劝阻勿于此时访日。秋山定辅主张联孙,对当时日本内阁的对孙态度不满,桂太郎向秋山建议,让孙中山日后来,再相机会面。秋山定辅偕夫人遂赶赴上海,前来会晤。孙问其来意,秋山答:"我是来劝您暂时不要到日本的。"孙说,"那是不行的,这事早已决定,并且已经订好了船位。"秋山说:"但日本的大臣都决定不跟您见面。"孙听了觉得很意外,并表示:"我不是因为有事找大臣而才要到日本去的。我的目的是想去谢谢我知心的朋友。"孙以此为开场白,就其对日本的看法和对朋友的感情谈了三个小时,结论说就是所有的日本人不跟自己见面,也有向日本和日本人道谢的义务。(《与秋山定辅的谈话》,郝盛潮主编、王耿雄等编:《孙中山集外集补编》,第 113—114 页)秋山第二天再来访,劝孙一年后待日本准备好再访日,孙不得已,表示等待,遂电告宫崎寅藏:因病暂停访日,请宫崎向有关方面致意。秋山回国后,为孙中山访日继续活动。(段云章编著:《孙文与日本史事编年(增订本)》,第 312—314 页)

11 月 11 日　中午,在上海戾虹园宴请日本众议院议员代表观

---

①　孙中山致袁世凯电在《孙中山全集》第 3 卷中误为 1913 年 1 月(该卷第 10 页)。两电时间据王耿雄考证,为 1912 年 11 月 9 日,参阅王耿雄:《孙中山史事详录 1911—1913》,第 475—476 页。

光团。(《欢迎日本观光团之盛况》,《民立报》1912 年 11 月 12 日,"新闻四")

△ 晚 7 时,出席上海国民党、共和党、民主党联合在汇中饭店欢迎日本议员观光团,担任主席(另张謇、孙洪伊亦担任主席),国民党温宗尧、陈其美、平刚、虞汝钧、庞青城,共和党解树强、汪彭年、汪东、张一鹏、徐隽,民主党梁善济、梅光远、张嘉璈、陈焕章、林琼,以及张謇、汤化龙、陈贻范及日本驻上海总领事有吉明、翻译留耕一等出席。日本议员观光团到会十四人,有伊东知也、伊藤英一、斋藤珪次、田中善立、野添宗三、岛田俊雄等。宣布欢迎会宗旨,请平刚以日语宣读欢迎词。欢迎词指出:"夫日本与我国于历史上为同种同文之国,于地理上为辅车唇齿之邦,其感情相投,其利害相同,固世界所共认也……今者,日本议员诸君之来观光我国也,岂偶然云尔哉?夫议员者,国民之代表也,观光者,修旧好也。今日本之议员团来观光我国,我知其为日本之国民欲与我国修旧好也,我国民敢不热诚致意以欢迎之乎。"日议员斋藤致答词:"中国自去秋改革,进行甚速,日本上下以不知真相,特由众议院推举敝团来华观察……见中国秩序早复,与寻常破坏以后须扰乱三数年者不同,足见中国人建设能力……敝团于中山先生久深企慕,刻承欢迎,愿此后两国邦交益形亲密。"孙中山与斋藤互相祝酒。10 时摄影散席。(《民国三政党公宴日本观光团》,《天铎报》1911 年 11 月 12 日,"本埠要闻";《欢迎日本观光团之盛况》,《民立报》1912 年 11 月 12 日,"新闻四")

△ 向《民立报》等电话说明,前日报载孙中山在日本东京、南洋、美洲,中国境内汉口、天津、北京、东三省之哈尔滨、广州等处拟分设招股处,并无其事,恐有人在外借名招摇,嘱为更正。《民立报》《民权报》均为此专载。《民立报》特为声明将前一日报中相关内容取消。(《中山并无在各省设招股处之说》,《民立报》1912 年 11 月 12 日,"新闻四";《民权报》1912 年 11 月 12 日)

△ 报载孙中山呈请袁世凯大总统准予办理全国铁路事务局有独立性质,据闻袁世凯有应允之意。(《时报》1912 年 11 月 12 日,"专电")

△　孙中山展缓赴日,日本政商界人士大为抱憾。报载"彼等皆信孙君抵此后,明白宣陈大局情形,则与中日两国皆有神益"。(《时报》1912 年 11 月 12 日,"专电·特约路透电";《天铎报》1912 年 11 月 12 日,"电报二")宫崎寅藏致函友人:孙中山访日,"已得元老大臣同意见面,政治家、实业家、新闻记者等已经着手筹备欢迎会。现在如果中止,不但孙先生的信用,连鼓吹欢迎的犬养(毅)、头山(满)、杉田(定一)、根津(一)、小川(平吉)、古岛(一雄)等对国民的信誉将为扫地,明春来也没有用,此机已失,将不能再得。为中日之合作与亚洲之复兴,请转告孙先生排除俗论猛进"。(段云章编著:《孙文与日本史事编年》,第 316 页)

11 月 12 日　报载闻孙中山请铁路局长到上海面商要事。(《天铎报》1912 年 11 月 12 日,"电报二";《申报》1912 年 11 月 12 日,"特约路透电")

11 月 13 日　《民立报》载:日本德川赖伦公爵、锅岛直大侯爵、清浦奎吾子爵、犬养毅、白岩龙平及东亚同文会诸人闻孙中山访日,特发公电推代表往孙中山处欢迎。(《日本政客之欢迎孙中山》,《民立报》1912 年 11 月 13 日,"新闻四")德川赖伦作为纪州侯世子时,1897 年在英国经南方雄楠介绍,与孙中山相识。锅岛直大曾任日本元老院议官、宫中顾问官、贵族院议员,1911 年出任日本神道研究和教育机构皇典讲究所所长。清浦奎吾曾任日本法务相,1906 年任枢密顾问官。白岩龙平是日本著名大陆浪人,同文会会员。

11 月 14 日　致电咸马里夫人,对咸马里将军逝世表示哀悼。

电文云:"从报纸上得悉咸马里将军去世的消息,我极为哀伤。我本想致电给你,以表达我深深的同情与吊唁,但是事实上,直到今天,我都不相信报纸上的报导是真实的。失去李将军,我觉得我失去了一位伟大的和真正的朋友。"(《致咸马里夫人函》,《孙中山全集》第 2 卷,第 541 页)

△　为中国铁路总公司于上海开办致电袁世凯:"筹划全国铁路机关,急待成立。兹遵照前令,暂于上海设立全国铁路总公司,即日

开办,谨此电闻。公司章程及其他规定条件,容续呈。"(《致袁世凯电》,《孙中山全集》第 2 卷,第 505 页)。本年 9 月 24 日,《时报》已载孙中山自授铁路全权,拟罗致全国铁路人才,共同筹划,并设立铁路筹备学校,招考学生。总公司内部组织如下:一、总务处,二、文书处,三、庶务处。四、交际处,五、测量处,六、购地处,七、材料处,八、囤积处,九、投标处,十、稽查处。(《全国铁路公司内部之组织》,《时报》1912 年 9 月 24 日,"要闻")本日,中国铁路总公司于上海五马路 A 字第 36 号设立事务所,开始办公。(《中国铁路总公司成立通告》,《铁道》第 1 卷第 2 号,1912 年 11 月)铁路公司成立后,以中国铁路总公司总理名义通告各省都督、议会,报告上海组织铁路总公司业经成立开办,要求"所有各省支路已办者若何? 待办者若何? 均希详细见示,以便统筹全局"。并介绍现在本公司规划程序,首宜立法,次乃筹款,终为筑路。(《通告各省都督议会电》,《孙中山全集》第 2 卷,第 538—539 页)①

　　△ 袁世凯来电,针对日本人对中国采取共和制有顾忌,害怕本国受到影响,请孙中山前往申明,中国的改革是民族问题,与日本万世一系者迥别。除国体外,所有行政计划向日本取法,盼其赞助,应可免其猜忌。至联日一节,请以私人名义试探日本政府意向。(《中华民国国父实录》第 3 册,第 2055—2056 页)

　　11 月 15 日　致电袁世凯,请补定黄大伟、陈宽沅、喻毓西、唐豸四人职衔,指出四人"皆法、比防军学校毕业生,长于学术胆略,前在南京充总统府参谋,甚资得力。今其同辈多获陆军中将、少将名位,而此四君因名不在陆军部,遂致遗漏。此皆国家有用之材,不宜弃置,乞加钧察,定其职衔"。(《致袁世凯电》,《孙中山全集》第 2 卷,第 542 页)

　　11 月 16 日　致电袁世凯,建议否认俄蒙密约,重视中日联盟。电云:"华日联盟,大有可望,假以半年至一年之时,当可办到。故俄蒙之约万不可承认,当出以最强硬之抗议,使此问题延长时日,则必

---

　　① 两份文件的时间,据《孙中山年谱长编》编者考证修订。参阅陈锡祺主编:《孙中山年谱长编》上册,第 747 页。

有良善之结果。目下尽可以不理理之，以观俄政府之行动。再，俄、蒙之举。不过一二好大喜功之徒，欲乘我之不备，以博功勋，实非俄政府之本意。故对此事，以牵延为第一办法。"（《致袁世凯电》,《孙中山全集》第 2 卷，第 542 页）本月 3 日，俄国与哲布尊丹巴在库伦签订《俄蒙协约》及《商务专条》。《俄蒙协约》规定：一、俄政府扶助蒙古自立，并编练国民军，中国不得派兵入蒙，及以华人移殖蒙地。二、蒙古政府准俄商特享专条所载权利，他国不得享有。三、蒙古与中国或他国定约，非经俄国许可，不能违背或变更本协约及其附件。四、此约签押日实行。本月 7 日，中国政府就《俄蒙协约》向俄国提出抗议，声明中国政府不承认俄国与外蒙古签订之一切条约。此后，全国各界纷纷抗议俄国侵略，要求保卫外蒙古主权。此电即要求袁世凯否认俄蒙密约，重视华日联盟。同日，致电参议院，指出"俄蒙事件，据文所得确信，乃俄国一二野心家主动，非俄政府多数主张。若我坚持，定生死力争，必可转圜。倘稍退让，新疆、藏、满必继去，本部亦难保全，望诸公协助政府否认俄蒙协约，坚持到底。此事关系民国存亡，务望留意"。《孙中山救蒙策》,《民立报》1912 年 11 月 24 日）

11 月 18 日　报载沈缦云等发起中华实业银行，总董孙中山已发电各埠侨商，请速派代表到上海开第一次股东大会，定阴历十月二十五日取齐，再择期开会。（《实业银行股东将开大会》,《申报》1912 年 11 月 18 日，"本埠新闻"）

11 月 19 日　致电梁士诒，为河南尉氏县刘马氏青霞认缴股本银二十万元运出事，请转恳袁世凯知照河南都督，饬地方官护送。电云："兹有河南尉氏县刘马氏青霞认缴本处股银二十万元。据称：家藏金一千三百两，银九万两，欲设法运出，但路途危险，族人眈视，愿得汴督饬地方官护送。可否由公转恳总统知照豫督，准予保护？此人现在上海，专候复示。又，如北京有河南银两，则此款可就由汴督接而按数由京汇寄敝处，尤为方便。"（《致梁士诒电》,《孙中山全集》第 2 卷，第 543 页）

△　报载孙中山拟在浦口设立铁道学校。(《申报》1912 年 11 月 19 日,"专电")

11 月 20 日　会见日本南满铁道副总裁国泽新兵卫,接受邀请赴日本考察铁道。(段云章编著:《孙文与日本史事编年(增订本)》,第 316 页)

11 月 22 日　报载日本南满铁道会社副总裁国泽新兵卫于前日来上海,据闻国泽此次来沪,系注意孙中山的全国铁道政策,欲向其条陈意见,并欲邀请偕行赴日本。(《日本铁道家与孙中山之关系》,《申报》1912 年 11 月 22 日,"本埠新闻")

11 月 25 日　主持中国铁路总公司宴会,发表演说。

下午 6 时,主持中国铁路总公司在上海三马路醉和春西菜馆宴请商、学、报及实业各界。席中发言阐述引进外资的设想,指出:"中国无款办路,必须输进外资。美国铁路布满全国,其期仅十年,经营之始亦大借外款,始能成就。故借债办路问题,无所用其疑畏,至十年而造二十万里铁路之说,但须心计精密即可成功,非仅理想之事。"又指出材料生产的重要性,"办路之要,首在预备材料,今汉阳厂每日所出铁数百吨,以全国铁路论,非有此汉阳铁厂不可。造基宏远,诚有望诸国民之群策群力"。并向中央政府所派来沪会商铁路事务的叶恭绰敬酒致谢,叶恭绰答谢,周金箴、江亢虎、李怀霜、沈缦云、王云芳等亦演说,赞助孙中山路政主张。宴会 9 时半结束。(《铁路总公司大宴会》,《天铎报》1912 年 11 月 26 日,"本埠要闻")

11 月 26 日　报载袁世凯昨日来电,详述对蒙方针及进行手续,并咨询某项外交事宜。(《天铎报》1912 年 11 月 26 日。"电报一")

11 月 27 日　复电孙道仁,阐述军民分治,建议予以延缓。电云:"分治之事,若万难施行,延缓之法,惟在公毅然持之耳。若将窒碍理由详达中央,想中央必不以为难也。"(《复孙道仁电》,《孙中山全集》第 2 卷,第 543 页)本日孙道仁来电,报告福建已实行军民分治,但眼下省官制未定,分治之法律未行,无从分办,将来或观望徘徊,或遇事冲突,前途实为可危,请求设法延缓。([日]久保田文次编:《萱野长知·孙

文関係史料集》,第 537 页)

　　△　为《铁道》杂志手书"铁道"二字。《铁道》杂志系上海铁道协会所编印。(《铁道》杂志第 1 卷第 2 号,1912 年 11 月)

　　△　报载孙中山发电辞谢袁世凯总统奖给大勋位证书一道,该证书由叶恭绰送到。并为蒙古局势,急切推荐其党人入京,协办一切。(《孙中山近况纪》,《申报》1912 年 11 月 27 日,"本埠新闻")

11 月 28 日　致函冯自由,请求广东稽勋局抚恤广东革命中牺牲的谢春生之遗属。函云:"兹有广东人谢梁氏述称,伊夫谢春生当广东革命之际,制造炸弹失慎毙命,子女孤苦无依等情前来。查尚属实,应请兄函请广东稽勋局查照情形,与以抚恤。"并将谢梁氏交来呈广东稍勋局文稿附寄。(《致冯自由函》,《孙中山全集》第 2 卷,第 543—544 页)

　　△　孙道仁再来一长电,就军民分治问题,提出意见,表示"如任其实行,则军事既已集权中央,民政又成绝对分离。遇事掣肘,何以终日。非冲突激成糜烂,即束手几等冗官,窃为民国前途危也"。建议联合各省,上书国务院,明定都督权限,以清代的总督而不以提督规定都督的权力。请广东胡汉民都督根据中国习惯,兼采朝鲜、台湾都督府制度,联衔力争。([日]久保田文次编:《萱野長知·孫文関係史料集》,第 536—537 页)

　　是月　为《神州女报》题词:"发达女权""同进文明"。(《神州女报》第 1 期,1912 年 11 月)《神州女报》为上海神州女界协济社主办,唐群英主编。

　　△　致函贵州省议会,告以遵照大总统令,于上海组织中国铁路总公司,现已开始办事,要求将贵州所有支路已办、待办情况先行调查,详细报告,以便统筹全局。并解释公司规划程序,指出民国实行开放主义,不难吸收外资;公司宗旨,务期权操自我,而不妨利溥于人;公司自能与外国资本家直接商议,无须辗转间接;需用工程专门之人甚多,各省人才均应广为储备。(冯祖贻:《孙中山给贵州省议会的一封信》,《贵州社会科学》1981 年第 4 期,第 28—29 页)

12 月

12 月 2 日　宗方小太郎来访,稍谈后归。(宗方小太郎:《辛壬日记》,第 97 页)

△　中国铁路总公司刊登启事,公布接待来宾时间。启事云:"启者,本公司成立伊始,百端待举,本公司总理逐日在公司处理要务,惠顾诸君,不克随时接洽,殊觉歉然。兹定于每星期二、五两日午后,自三时至五时在五马路三十六号本公司接见来宾。余日或逾时怒不奉候,如诸君有特别要事,尚祈先期见示,以便订定晤谈时间可也。"(《民立报》1912 年 12 月 2 日,"广告")

△　方声涛自福州来电,指出福建局势,须更换都督,方能巩固。([日]久保田文次编:《萱野長知·孫文関係史料集》,第 532 页)

12 月 3 日　致电袁世凯、国务院、参议院、各省都督、省议会、全国国民暨各报馆,肯定和赞扬全国抗俄热潮。

电中认为"遇非常之变,当出非常之方以应之。今者俄人乘我建设未定,金融恐慌,而攫我蒙古。以常情论之,我万无能抵抗之理……我国人皆知蒙亡国亡,与其不抗俄屈辱而亡,孰若抗俄而为壮烈之亡。故举国一致,矢死非他也。以文观之,民气如此,实足救亡",提出两条"非常之策":"第一,行钱币革命,以解决财政之困难",即以国家法令制定纸票为钱币,国家收支、市廛交易,悉用纸币,严禁金银,以解决国家财政困难和推动社会工商事业。"第二,谋不败之战略,以抗强邻,而保领土。"立即出动五十万兵于外蒙古、北满,六个月之后又可加新练之兵五十万,第二年出兵二百万,第三年出兵四百万,第四年出兵六百万,第五年出兵至八百万至一千万,必将取胜。希望采取其两策,"不独不亡,而更可扬国光,卫人道,伸公理于世界也。望我政府、我国民,当仁不让,毅然以非常之方,应非常之变,先行钱币革命,而后定作战之计划"。(《孙中山之救亡策》,《民立报》1912 年 12 月 6、7 日,"公电")①后袁世凯复电略谓:"纸币之本位是否可行,暂置勿论,惟纸币大抵印自外洋,前因中国银行发行钞票,订购已达一年,已运到者仅百万张,何论三万万? 至练兵五百万之说,世凯练兵十年,于军事稍有知识,现俄兵在西比利亚者共三十二万,战时可出五十万,照战例,非倍于敌人兵数不能主战,就令以同等之数相抗,五十万兵之将校,亦非更有十年不办。"(《时报》1912 年 12 月 10 日,"专电";《孙中山两政策》,《民生日报》1912 年 12 月 14 日,"新闻二")国务院于 10 日开会讨论孙中山通电之纸币革命、累进联兵两大策,总理赵秉钧、外交总长陆征祥、司法总长许世英及海军总长刘冠群等赞成,陆军总长段祺瑞、财政总长周学熙等反对,交通总长朱启钤及农林总长陈振先等无定见,工商总长刘揆一、代理教育总长董鸿祎等未发言。(《中山救亡策之研究》,《民立报》1912 年 12 月 13 日,"蒙警汇报")《泰晤士报》作长评,极力反对,并云:"似此不切事实之奇论,足引起中国新式之义和团。"(《申报》1912 年 12 月 20 日,"专电")英文《北京日报》对于孙中山最近所称遣兵五十万抗御俄蒙,表示恐难实行。并指出此后欲人重视其言论,则当于署名发电之际,谨慎从事。(《民立报》1912 年 12 月 14 日,"特约路透电")

12 月 4 日　致电梁士诒,询问前电托设法保护河南人运金出境事能否办到,又希望竭力提倡昨电关于救亡一策。(《致梁士诒电》,《孙中山全集》第 2 卷,第 550 页)

△　参加周舜卿、沈缦云等在上海愚园为南洋华侨陆秋杰、沈怿舸、王少文三人举行的欢迎会,在席上演说,力主联合国中数十家银行,与法国资本家合资创办一大银行,发行债票,输入外资。指出:"吾国政府与六国银行团磋商借款,受种种之挟制,要求非分之权利,其原

---

①　时间据《孙中山全集》第 2 卷第 544 页编者考订,又参阅刘路生:《〈孙中山全集〉〈国父全集〉1912 年佚文异文考略》,《中山大学学报论丛》2000 年第 3 期。

因亦因国中无极大银行,担任借款之能力耳。鄙人调查六国银行团中出资惟法国为最巨,几乎占十之七八,鄙意更拟联合多数银行,与法国资本家合资,创一极大银行。盖分则魄力小,于全国无甚影响,倘合中外为一家,将国中数银行联合而成一巨大之银行,发行债票,任外资之输入,则全国金融枢纽,操之于己,即政府借款,亦可担任,不致受非法之要挟,而利益亦不致人外人之手矣。"并例举沈缦云等筹创实业银行所取得"美满之结果",指出"将来矿产、铁路、机厂诸大政,自可次第举行,而吾国富强,可与美国相抗衡矣"。5时半散会,同至雅叙园筵燕。(《实业银行进行之规划》,《申报》1912年12月6日,"本埠新闻")

12月5日　致电袁世凯,提议设计谢绝六国银行团,向法国另议借款。

电云:"兹得确实消息,法国银行家决意,若六国团借款月内尚无成,则明年正月初一当离开该团,自由行动云。现巴黎联合银行全权代表在上海与文议订中西合股银行章程,彼意民国政府对于六国团,宜假以下台之法。此法莫〔甚〕妙,暂与之借一小款,订以随时可还。此款借后,便可谢绝而解散之,然后向巴黎另议借大款以还之。如此似于外交上面面周到云。是否有当,即希鉴察。昨上救亡策一道,务乞主张进行。再,现派王正庭〔廷〕、徐谦即日北上,面陈铁路公司条例事宜。"(《致袁世凯电》,《孙中山全集》第2卷,第550—551页)

12月7日　复电胡汉民,告以王宠惠现在铁路公司,不能当参议员,可以伍朝枢代之。(《致胡汉民电》,《孙中山全集》,第2卷,第551页)

△　梁士诒来电,就前电所询保护河南人运金出境事,表示此款尚多,已派员查办,当再催之。又表示孙中山所拟救亡策,正与国务员研究。(〔日〕久保田文次编:《萱野長知・孫文関係史料集》,第534页)

12月8日　赴杭州视察,沿途宣传三民主义和铁道政策。

上午10时,应浙江都督朱瑞邀请,偕陈其美、姚勇忱、陈惠生、吴飞如、钱振椿、刘民畏、王文典等由沪启程赴杭州。途经松江、嘉兴、硖石、斜桥各站,受到民众欢迎。沿途发表演讲,宣传三民主义及铁道政策。(《孙中山莅杭纪事》,《申报》1912 年 12 月 10 日,"要闻二")在嘉兴发表演讲,并游南湖烟雨楼,与欢迎者在狮子峰前合影留念,并在同益照相馆摄一半身玉影。由褚辅成随同赴杭。(庄一拂:《褚辅成先生年谱初稿》,中国人民政治协商会议浙江省委员会文史资料研究委员会编:《浙江辛亥革命回忆录》,第 134 页)下午 2 时 40 分抵杭州艮山门,受到浙江都督朱瑞等迎接,至梅花碑行台小息。(《孙中山莅杭纪事》,《申报》1912 年 12 月 10 日,"要闻二")

下午 4 时,至杭州马波巷政法学堂出席国民党举行的欢迎会,发表演说,表示:"久慕浙江名胜,今初到杭,复蒙诸同志开此盛会,实属非常荣幸,也感非常惭愧。杭州旧同志很多,均能协力同心,达此革命目的。去年攻克南京,尤以浙军之力居多。可痛者,最好的革命同志秋瑾女侠一瞑不视,兄弟此来,不仅是游览西湖风景,而且为前来一临女侠埋骨之所,一伸凭吊之情。"又演讲三民主义及铁路国有政策,至 6 时散会。(《孙中山莅杭纪事》,《申报》1912 年 12 月 10 日,"要闻二")对于三民主义,指出"三民主义,民族、民权俱已达到,今者提倡民生主义。民生主义为世界之公理,与本党惟一之政见,民生主义为预防资本家之垄断,即经济革命是也"。(《孙中山莅杭记》,《民立报》1912 年 12 月 10 日,"杭州通信")

12 月 9 日　上午 9 时,出城致祭光复先烈,在秋社参加追悼会,应允担任秋社名誉社长,又撰挽秋瑾联:"江户矢丹忱,重君首赞同盟会;轩亭洒碧血,愧我今招侠女魂。"(郭延礼:《秋瑾年谱》,第 164 页)①

△　游览西湖三潭印月等名胜。10 时半在公园由朱瑞作陪接

① 联文各种记载略有不同。有云:"江户矢丹忱,感君首赞同盟会;轩亭洒碧血,愧我今招侠女魂。"(绍兴市政协文史资料组:《辛亥革命绍兴史料——纪念辛亥革命七十周年》,绍兴市政协文史资料印,1981 年,第 20 页)又有云:"江左识丹忱,多君首赞同盟会;轩亭流碧血,恨我今朝侠女魂。"(史嘉秀:《在秋瑾的故乡》,《文汇报》1979 年 11 月 21 日)再有云:"江户矢丹忱,多君首赞同盟会;轩亭留碧血,恨我今招女侠魂。"(《中山先生所撰的对联》,司徒华:《化作春泥》,香港次文化有限公司,2004 年,第 81 页)

见军政各界领袖,发表演说,强调注重整理财政、发达工商,而以钱币革命为入手方法。陈其美对演说加以引申,朱瑞表示赞同。宴毕由朱瑞陪同合影,并参观藏书楼等。(《西湖公宴孙中山纪事》,《申报》1912年12月11日,"要闻二")

△　下午4时30分,参加浙江五十一团体在杭州国民公所召开的特别欢迎大会,演说民生主义四大纲,即资本、土地、实业铁路、教育。对于资本问题,指出"今民国底定,穷困如故。所幸我国无特别之资本家,若家财数千万万者。故政府以至人民,同一穷困,向无他虑,否则即要演成不平等之风潮"。对于土地问题,指出"土地为人生最要之事,无土地都无立足之所","故去岁南京临时政府成立时,兄弟首先解决土地问题。国家收税,不能按亩抽捐。譬如上海英租界之大马路,每地一亩值价三五十万,而乡间之地一亩值价十元、五元不等,相去是否天渊之别? 故估本抽税,最为平等"。对于实业和铁路问题,指出"今我国铁道,次第推广,营业浩大,此事理当主张国有。不知者以为商办,其权何必操之于国。但不知国为民有之后,国有即民有也"。对于教育问题,指出:"吾国虽自号文物之邦,男子教育,不及十分之六。女子教育,不及十分之三,其中有志无力者,颇不乏人。其故在何? 国家教育不能普及也。推原根本,国体未全。但当时种种缺点,责在君主,今日责在人民,吾同胞须于此中三思焉。"(《孙中山游浙记》,《民立报》1912年12月11日,"新闻一")

△　孙道仁来电,报告福建军队裁撤不力,系因为军饷问题,现有土匪蠢动,也非因军队不裁汰所激成。如中央派员前来监督,则必辞职,请设法维持。([日]久保田文次编:《萱野长知・孙文関係史料集》,第537—538页)

12月10日　视察之江学校。上午,乘肩舆到之江学校,陈其美、浙江民政司长屈文六陪同,至总讲堂发表简短讲话,表示:"今日蒙校长暨各教员学生欢迎,余心甚为喜悦。现观此校规模宏丽,足以造就群才,益钦各教士之热心教育。但今日我中华民国,破坏既终,建设方亟,所属望于民国效力者,惟我青年之学生。故学生求学,须先立志,以期为后日左右民国之人。"演说后与来宾、师生于总讲堂前团坐合影。出席该校校长宴请午餐。(周懋功:《孙中山莅之江学校记》,《通问报》第530回,1912年12月)

△　出席共和、民主两党浙支部举行的欢迎会,并发表演说。演说提倡政党政治,指出:"诸君固知鄙人为国民党理事,与诸君立于对待之地位也。然此衷希望贵党之发达,自始至终,未敢或渝。当南京临时政府成立之时,中国无所谓政党,同盟会席革命成功之势,若及时扩充规模,改组政党,则风靡全国,亦意中事。同人等屡以是劝,而鄙人不为稍动者,知政府之进步,在两党之切磋,一党之专制,与君主之专制,其弊正复相等。两月以来,自北而南,见共和之发达,一日千里,已为国民党之畏友,始以竞争,继以进步,国事艰难,庶有豸乎!鄙衷欢慰,实始意所不及。本党党员,有讥鄙人之漠视者,他党党员,有愤鄙人为劲敌者,皆非也。"强调提倡政党之竞争应秉乎道德,"惟政党竞争,以道德为前提,所有政策,一秉公理,然后以之谋国,其国以强,以之谋党,其党以昌"。"今之政党,往往争夺政权,逸乎范围之外,不知有在朝党,必有在野党。在朝党以施行为急务,而不遑研求,在野党以研求为急务,而不必施行。夫法久必弊,施行者终有不适之时,学勤益精,研求者自有特优之点。一旦舆论民心易其向背,则在野党进,而在朝党退,叠为消长,政治日进于文明。""又政党所争,在大端不在细节",批评:"今吾国政争,淆公私为一涂,不顾舆论,不论是非。其事之出于他党也,虽至良之策,而反对维力。其事而出于本党也,虽极恶之政,而拥护维谨。甚至政见不合,波及私交,攻讦谗害,无所不为,党德至是,扫地以尽,前之以党救国者,今乃以党亡国矣。"(《在杭州共和、民主两党浙支部欢迎会上的演说》,陈旭麓、郝盛潮主编:《孙中山集外集》,第74—75页)

△　报载孙中山已与欧洲某银行团商定实业借款一千五百万英镑,克莱狄特里容莱斯银行所占份额最大,该借款以筑造铁路及补助

各项实业为主要用途。(《申报》1912年12月10日,"特约路透电")

12月11日　为杭州白云庵题词:"明禅达意"。(刘望龄辑注:《孙中山题词遗墨汇编》,第178页)

12月12日　离杭州返上海。上午10时,中途经松江,受到国民党、共和党联合在车站欢迎。(《申报》1912年12月13日,"地方通信·松江")

△　徐谦、王正廷来电,报告昨日国务会议,对于铁路总公司章程,只有交通总长有反对之意,总理赵秉钧已向其调解。现从各方面极力进行,政府及本党议员均在意,他党亦无反对,目的不难达到。([日]久保田文次编:《萱野长知·孙文関係史料集》,第540页)

12月13日　复函江西南浔铁路公司,对其向中国铁路总公司呈请兴办江西南萍铁路表示赞成,并指出从前向外人借款筑路办法之弊害。函云:"查南萍为赣省东西交通要道,萍煤及其它商货通运繁多,建筑此路必饶利益,本公司甚为赞成。此路如果自有股款,不难克期兴办。惟查阅来呈,仍待磋商借款,沪、汉等处外国人招揽借款者不乏其人,类多先揽承办之权,一经订立合同,即遵受其限制,而交款则遥遥无期。甚且生出种种条件,恣其要挟,政府借款无成,即坐此弊,可为明证。按照交通部定章,各省办路借款,必须经政府批准,而此等条件,部议必多挑剔,往复磋磨,结果往往无效,合同既属难废,兴办又有所不能,于是明明有利益之路,反致束手无策。本公司体察情形,各省借款之失败,率由于此。"告以铁路总公司有借款之权及向外人借款之新法,对于各省办路之借款,均可竭力赞助。"惟本公司乃纯然营业性质,并无政治关系,各省拟办路,如不在本公司规划干线中,尽可自行筹办。除路线应由本公司核定,以免抵触外,其借款如愿委托本公司者,亦可代为筹划。至批准立案等事,属交通部之职掌,仍应行知交通部核办。所有贵公司拟办南萍一路,查与本公司筹办干线尚无抵触,贵公司自可按照交通部定章办理。至委派工程师先事履勘,自是切要办法,此路线经过城镇地方、山川形势、农林矿产、人口商业，均宜得真确之调查，仍望于调查完竣之后，绘具图说，详细报告本公司，以凭查核。"（《孙中山致赣路公司函》，《申报》1912 年 12 月 13 日，"要闻二"）①

△　通电旅外华侨，请赞助全国铁路计划，慨输巨款。（《申报》1912 年 12 月 13 日，"专电"）②

12 月 15 日　报载民国光复、共和二种纪念邮票，已由交通部邮政司司长王文蔚向北京财政部印刷局定制印刷完工，陆续运到交通部，准于本月 15 日发行出售。邮票总印数八百万枚，统计售价一百二十一万元，分为：一分、二分、三分、五分、八分、一角、一角六分、二角、五角、一元、二元、五元。（《民国纪念邮票发行》，《时报》1912 年 12 月 15 日，"要闻"）光复纪念邮票以前临时大总统孙中山肖像为图案，共和纪念邮票以临时大总统袁世凯肖像为图案，发售截至 1913 年 4 月 30 日，未售尽之票缴至该管邮局再售至 1913 年 7 月 31 日。（《发行纪念邮票预告》，《申报》1912 年 12 月 12 日，"本埠新闻"）

12 月 17 日　致电袁世凯及国务总理赵秉钧、陆军总长段祺瑞、司法总长许世英，请求彻查国民党特派员于德坤在贵州被害一事。于德坤于 9 月 29 日返黔组织国民党，为贵州军务司长刘显世派人暗杀。电文指出："国民党特派员于德坤，返黔组织国民党，行至玉屏县大鱼塘地方，被人暗杀，分尸数段。凡自黔来者。皆云系黔军务司长刘显世主使。似此野蛮举动，为全世界对于异党人之所无。法纪荡然，舆论骇怪。应请饬电黔督，彻底根究，公平处决，以示民国官吏维持法律之大公。鄙人忝为国民党理事长，不能含默。"又致电唐继尧，内容大略相同。（《于君德坤横遭惨杀事件汇电》，《民立报》1912 年 12 月 20 日，"公电"）此事后终不了了之。

△　致书袁世凯，再固辞大勋位。表示："当今国家基本未固，尚非国人言功邀赏之时。国家所认以为功者，个人方将认为一己对于

---

①　此为报载日期。
②　此为报载日期。

祖国斯当尽之义务,而无丝毫邀赏希荣之心。文不敏,窃愿以此主义为海内倡。"声明一俟有便,将托人送京奉还。仅要求给予孙科夫妇及孙娅、孙婉姐妹官费在美读书之待遇。(《孙中山固辞大勋位书》,《民立报》1912 年 12 月 17 日,"新闻四")①

12 月 18 日　宗方小太郎将致孙中山之介绍函交给来访的中久喜。(宗方小太郎:《辛壬日记》,第 99 页)

12 月 19 日　《民立报》发表孙中山所拟《铁路总公司条例草案》:

第一条　铁路总公司按照中华民国元年九月初八〔九〕日大总统令,组织为筹办全国铁路总机关。除政府所办已成、未成及经签押应筑各路,属交通部之职掌外,所有贯穿各省及边地各干路铁路,总公司有全权办理。

第二条　铁路总公司除依法律享普通公司权利外,兼有下列各款之权:

(一)规定第一条所指各路线之权。

(二)关于兴办第一条所指各铁路,及附属于各该路所必要之事业筹借或招集华洋股。

(三)行使管理及扩充第一条所指各路之权。

(四)创办附属于第一条所指各铁路所必要之事业之权。

(五)关于兴办第一条所指各铁路,及附属于各该路所必要之事业,收用官地及收买民地之权。

(六)行使以上五款各权所必要之附属权。

第三条　各地方铁路,于铁路总公司所办之路无关碍者,或由中央与地方政府自行筹办,或商请铁路总公司筹办。但路线之规划,必须经铁路总公司协议。如各省已成或现筑之路,适在铁路总公司第一条所指各路之中者,铁路总公司得议价收买之,或协议契约合并

---

①　此为报载日期。

办理。

第四条 铁路总公司所办之路,中央及地方政府应尽保护辅助之责。

第五条 关于承办铁路年限,及政府收回办法等项。铁路总公司应遵照政府对于普通商办铁路公司之规定办理,至现在及将来关于铁路之一切法令,除与本条例抵触者外,铁路总公司亦应一律遵守。

第六条 铁路总公司借款招股,不论华洋股款,均应遵照中国现行法律办理,即同享中国法律保护之利益。其关于借款招股等事,须由中国政府担保者,并应将所拟合同报明中国政府批准施行。

第七条 铁路总公司所办之路,政府遇有军事、赈灾及交通、行政暨保卫治安各必要情形,得行使优先权,并藉该路为运载兵警、灾民、通邮及转运粮饷、军需之用。除邮政特别免收费外,其余事只给付半价。

第八条 铁路总公司得自行规定本公司各项章程,但应报明政府立案,并不得与本条例抵触。

第九条 本条例自公布之日施行。(《铁路总公司条例》,《民立报》1912 年 12 月 19 日,"新闻一")

派王正廷、徐谦赍送至京,请袁世凯交参议院审议。交通部以该草案包括广泛,权限过大,就原案大加修改,提交国务会议,经多数赞成,咨交参议院,列入议事日程。议员中一部分亦已权限太宽,不甚赞成。(《铁路总公司条例之交议》,《申报》1912 年 12 月 27 日,"要闻一")此《条例》后经参议院修订通过,由袁世凯于 1913 年 3 月 31 日命令公布。通过的条例名为《中国铁路总公司条例》,对铁路总公司的职权有所削弱,如第一条规定,"除政府所办已成、未成及经签押或载在草约成案上应筑之路属交通部直接办理,暨政府已批准他公司承办之路仍归他公司办理外,所有全国各干线,总公司得全权筹办,但指定各干线时须先协商政府,经其认可"。第十三条修正为第十二条,规定:"本条例如有重大窒碍时,得由政府协商总公司或由总公司陈请政府提议,经国会议决修正之。"(《中国铁路总公司条例》,《政府公报》1913年4月1日,"法律")

　　△　徐谦、王正廷来电,报告为铁路总公司章程事,会晤梁士诒,据云已讨论至第八条,而尚未告终,大约后日可以通过国务院。条例字句稍有更改,无关紧要,但第二条第六项因其范围过广被删。请示办法。([日]久保田文次编:《萱野长知·孙文関係史料集》,第540页)

　　△　广肇公所潮州会馆董事陈维翰、谭国忠、陈开日、郭辉等来函,告以去年冬孙中山经手所借广潮帮款项四十余万两,原议订限四个月内如数归还,今已逾期一年,财政部通知希俟稍迟再行设法偿还;恳请体恤商艰,函请财政部从速清还。即致函周学熙:"今春南京政府因急需向上海广肇公所、潮州会馆商人所借之款,前经贵部担任偿还。现值年终,商人需款甚急,尚望尊处速行了结此款。"23日,财政部复函,以"部库如洗,收入全无,近更各种债款,相逼而至,不能不略分先后",表示无法即行归还。至1913年财政部只给还十万两。(《孙文等关于偿还南京临时政府所借广潮帮借款文电》,中国第二历史档案馆编:《中华民国史档案资料汇编》第2辑,第334—335页)

　　△　报载交通部来急电,请速筹巨款修筑张库铁路,以免外人觊觎。(《申报》1912年12月19日,"专电")

12月20日　下午1时,国民捐总会在事务所开会,讨论取消办法,干事长方潜报告孙中山前月来函,中称:"前黄克强先生任南京留守时,以民国经济奇绌,六国资本团欲监督我国财政,爰是发起国民捐,为抵制外债之后盾,本属一时权宜,鄙人曾参末议。现在国民捐事,似可取消,所有已捐集之三万余元,不必归入中央政府。如何用途,应由出捐之各团体集议取决,鄙人无不赞同也。"庶务符定一报告曾与孙中山商决,本拟以此款办理地方冬赈、维持地方公益、补助私立学校经费,经代表决议,全数拨入救蒙联合会保存,征蒙队出发时方能动用。致电请示总、协理:"国民捐总会今日开会取消,所有捐集三万余元,公决全数拨归救蒙联合会保存,以为筹饷之基础。钧意然否,乞电复。"(《南京国民捐总会取消》,《申报》1912 年 12 月 23 日,"要闻二")

△　为同盟会员、四川人赵铁桥创办的《民意报》撰周年纪念祝词。祝词云:"《民意报》开始迄今一周天也。种种效果,播诸舆论,淑之史乘,无俟鄙人琐琐。文闻古人之赠言也,不以誉而以规;君子之勉人也,不冀其退而促其进。民生日蹙,何以苏之? 边患日棘,何以纾之? 外侮日逼,何以鉏之? 我有财政,纷如乱丝;我有路政,芜秽不治;我有军政,窳败不支。由前而观,所主张者,鏖共和之一事;由后而论,所揭橥者,当综全国而陈词。《民意报》勖乎哉! 毋激而过,毋党而偏,以国利民福为前题〔提〕,自历千秋万岁而不崩不骞。"(《民意报周年纪念祝词》,《孙中山全集》第 2 卷,第 558 页)后赵参加反袁,该报亦被袁查封。

△　复函王正廷、徐谦,告可与云南都督派驻北京代表罗佩金、顾视高接洽滇粤铁路计划。(《致王正廷、徐谦电》,《孙中山全集》第 2 卷,第 558 页)

△　徐谦、王正廷来电,报告铁路总公司条例已通过国务院,即送参议院,今晚将宴请国务院、参议院、报界重要人物。(〔日〕久保田文次编:《萱野长知・孙文関係史料集》,第 540 页)

12 月 21 日　为陈国权译《英国政府刊布中国革命蓝皮书》作序。序云:"古之言兵事者,曰知己知彼。不惟兵事,谋国者亦然,未有不知己知彼而能谋国也。陈君搜集言华事之书极富,方将择其要者,译述以告国人,兹书其一种也。陈君译此,以版权赠诸发行人,无所取偿,尤征其急公好义之高风焉。"(《中国革命蓝皮书》,《民立报》1912 年 12 月 25 日,"新刊评林")

△　徐谦、王正廷来电,报告昨晚宴后,再与议长吴景濂等讨论,认为修增条例均无意义。惟第一条后项改为"所有全国各干线铁路总公司得全权办理,惟指定各干线时须得政府认可"。又第十三条删去或废止。三次草案已送参议院,下星期三可望初读。目前值得忧

虑的是议员纷纷请假,不足法定人数,不得开会。本星期中已因此两次不能开会。后晚拟宴请共和、民主两党议员及报界中人,以联络感情。([日]久保田文次编:《萱野长知·孙文関係史料集》,第540页)

12月22日　参加上海机器公会成立大会。

下午2时,参加上海机器公会假上海味莼园举行的成立大会,于会上演说机器对于富国、强国之作用,指出:"我中国在地球上数千年来文明最早,本是富强的国,何以现在退步至不堪言状?现在中国在地球上为一最贫弱之固,皆因教育、实业两不发达,以致于此。""机器可以富国,用机器开矿,矿可发达,以之耕田,禾谷可以多出,无论何种工厂,造何种货物,不用机器必不能发达。我中国开矿屡屡失败,亦因往昔不用机器之故,所以机器可以灌输文明,可以强国,我中国如不速起研究机器,我四万万同胞俱不能生存。"希望该会研究学理,"机器系从思想发生,系一种深湛学理,如无学识,即不能发明新机器,亦不能管理新机器"。因而要努力"自用聪明才力,发明种种机器,庶几驾乎各国之上"。伍廷芳、孙铁舟、梅竹庐及工界丁文龙相继演说,至4时30分散会。会后又在茶话室演说民生状态及纸币政策。(《机器公会成立记》,《民立报》1912年12月23日,"新闻四")

12月23日　致电王正廷、徐谦,指示反对过多修改《铁路总公司条例草案》。《铁路总公司条例草案》制定后,交通部就原案大加修改,本月20日国务院将修改条例通过,咨送参议院。本日致电王正廷、徐谦:"条例修改太多,若无特权,即不须有条例。若照修改之条例通过,则总公司无权办事,宁可取消。请商吴连伯(吴景濂——引者注)争之。"(《致王正廷徐谦电》,《孙中山全集》第2卷,第561页)

△　致电黄兴,为其受任督办粤汉川铁路职表示欣慰,并请接济北京国民党本部。电云:"闻兄接办粤汉,喜慰无已。弟所筹路策,现已订立条例,派人往京呈总统交参议院,俟通过后,再定行止。近得北京本部消息,存款将尽。弟处尚无从为力,望兄设法接济。"(《致黄兴电》,《孙中山全集》第2卷,第560页)

△　王正廷来电,报告《铁路总公司条例草案》第十三条或废止,预定后日在参议院初读,第一条修改处尚在商酌。并告有要事面陈,拟坐星期三火车来沪。([日]久保田文次编:《萱野長知·孫文関係史料集》,第 539 页)

△　王正廷、徐谦来电,报告今日参议院已够法定人数,照常开会,议决本星期内每日开会一次。明日铁路总公司条例案即可初读。第一条已照所改通过国务院,追交参议院。并报告王正廷有要事需回沪面陈。([日]久保田文次编:《萱野長知·孫文関係史料集》,第 541 页)

12 月 24 日　致电王正廷,告可回沪。(《致王正廷电》,《孙中山全集》第 2 卷,第 561 页)

12 月 25 日　黄兴复电,报告暂时受任粤汉川铁路督办,但无力接济北京国民党本部,请再密商梁士诒拨款接济。电云:"汉粤川铁路拟暂承乏。俟银行借款成,窥各省意见调和,开工有期,即行退职。先生所订铁路条例,谅参议院必可通过。现沪筹办情形如何,尚望随时赐示。北京本部款尽,弟处亦无法筹措,仍请密电梁燕荪再拨前款数万两接济。"(湖南省社会科学院编:《黄兴集》,第 306 页)

△　王正廷、徐谦来电,报告铁路总公司条例案今日初读,已付审查,没有遇到他党问难。第一条追改,其余各条于公司特权无碍。如有不满意处,请速电示。([日]久保田文次编:《萱野長知·孫文関係史料集》,第 541 页)

12 月 26 日　考察闵行、松江。本日偕陈其美、戴季陶乘钧和兵轮至闵行、松江等处考察。午后 2 时抵达闵行码头,驻闵步兵第一营管带师蓝亭率队欢迎,师蓝亭登轮谒见。旋至松江,出席松江国民党分部恳亲大会,演说铁道政策。(《中山先生游松记》,《天铎报》1912 年 12 月 29 日,"各省要闻";《松人欢迎孙中山》,《民立报》1912 年 12 月 28 日,"松江通信")

△　王正廷、徐谦来电,报告本星期逐日开会,专为年内通过铁路总公司条例,如何改正,务即详细要示。审查会专候此电,年内开

会只有三日,明年恐难开会。([日]久保田文次编:《萱野长知·孙文关系史料集》,第541页)

12月27日　视察松江清华女子学校。

上午10时偕陈其美、戴季陶等到松江清华女校,出席松江清华女校及松江各界举行欢迎会。演说赞扬松江清华女校对于革命的贡献,并号召发展女子教育。演说云:"民国未成立以前,贵校于革命事业,狠有关系,松部藉贵校为交通机关。兄弟今日到此,躬逢盛会,很喜欢。贵校有功于民国,此次革命,男女均与有功。现在破坏方终,建设伊始,诸同志既推倒满清政府,无论男女,均应协力以全副精神,组成一伟大中华民国。此革命之初心,亦贵校诸同志所同情也。以世界大势论,地球上只有五六强国,试以人口比较,我中华民国最占多数,且狠有知识,所缺者教育耳。今在建设之初,我辈又当牺牲于社会。贵校既于女界教育有此基础,务望实力办去,从事推广,以成一松江极大极有名之女校,并望将来成一中华民国之模范女校,则兄弟有厚望焉。"(《申报》1912年12月31日,"地方通信·松江")

△　出席松江县教育会、城市公所、县议事会、松江商会四团体在西门外醉白池举办的午宴,并发表演说,阐述平均地权问题。陈其美复加申论,戴季陶演说省制问题及自治问题。至6时乘车返沪。(《孙中山莅松记》,《申报》1912年12月28日,"要闻二";《中山先生游松记》,《天铎报》1912年12月29日,"各省要闻")

△　致电梁士诒,请向财政部设法转拨五万两,交国民党本部收用。(《致梁士诒电》,《孙中山全集》第2卷,第562页)复电黄兴,告已致电梁士诒,请另电催促。(《复黄兴电》,《孙中山全集》第2卷,第562页)

12月28日　下午2时,与伍廷芳、陈其美、李准等出席于上海湖南会馆举行的前海军司令黄钟瑛追悼大会,各人相继演说,勉励海军将士继承黄钟瑛之志,以尽忠民国。江西、浙江皆派代表参加。(《追悼海军伟人之大会》,《民立报》1912年12月29日,"新闻四")挽黄钟瑛:"尽力民国最多,缔造艰难,回首思南都旧侣;屈指将才有几,老咸凋

谢,伤心问东亚海权"。(刘望龄辑注:《孙中山题词遗墨汇编》,第 179 页)

△　胡汉民来电,报告由花旗银行汇来三千元接济同志报馆,请裁酌分发。([日]久保田文次编:《萱野長知·孫文関係史料集》,第 533 页)

12 月 30 日　胡汉民来电,报告江苏倡设宪法研究会,各省多赞成,建议请王宠惠、王正廷、徐谦、马君武等拟究宪法草案,贡献国民,以一方针。([日]久保田文次编:《萱野長知·孫文関係史料集》,第 533 页)

△　梁士诒来电,告以港商借款共还九万两,已经交付。([日]久保田文次编:《萱野長知·孫文関係史料集》,第 534 页)

12 月 31 日　晚,偕伍廷芳、陈其美、马君武乘火车赴南京,前往参加次日南京临时政府成立周年纪念典礼。(《纪念声中三人杰》,《天铎报》1913 年 1 月 4 日,"本埠要闻";《孙中山感慨系之》,《大共和日报》1913 年 1 月 4 日,"上海纪闻")

是年　致函奉天都督张锡銮,介绍马素创办英文报纸《民国西报》(*The China Republican*),指出"沪上华文报纸近颇发达,而西文报纸类,皆外人机关,遇事不得其助益",而马素之《民国西报》主持正论,刚直不阿,"该报发行以来,已将五月,一切经费皆马君一人筹措,此间同志竭其微力扶助,近颇不支",请允与辅助。《民国西报》1912 年 7 月在上海创刊,为英文晚报,每天下午出版;总编辑马素,广东人,曾任南京临时政府总统府秘书处外交组组长。临时政府北迁后,受孙中山委托创办《民国西报》,该报 1913 年冬停刊。(王世儒:《新发现的孙中山先生关于办报的一封信》,《北京大学学报》1983 年第 5 期,第 28—30 页)

△　图泽(Tozer)来函,表示愿意来中国协助组建和训练中华民国陆军,并已写了正式的求职申请,特别说明自己曾在英军服役十七年,参加过两次战役。同时随寄一封推荐信,表示如果受聘,将会尽职。(《图泽(Tozer,新加坡)函》,《海外友人致孙中山信札选(二)》,《民国档案》2003 年第 2 期,第 6 页)

△　毕业于康乃尔和帕都大学的土木工程师杨豹灵来函,祝贺

当选中华民国总统，表示非常愿意为人民、国家效力。杨豹灵约一周前与孙中山家人同坐一艘船从南洋回来。(《杨豹灵（上海）致函》，《海外友人致孙中山信札选（四）》，《民国档案》2003年第4期，第4页)

△　唐月池来函，介绍自己的经历，请求举荐，表示："在矿业和工业方面，我无疑能提供重要而有价值的服务与建议。为了国家的进步，我们必须为人民谋永远的富足。我住在这个国家，故当我听到阁下到来时我匆匆赶到广州，只发现您已坐船北往。"表示愿尽快前来效力。(邓丽兰：《临时大总统和他的支持者》，第183—184页)

△　台湾劲旅队代表李国樑上呈，请准台湾劲旅队回国效力。报告台湾割与日本之时，仇联青在台倡练义师，后罢兵归田，现想带领旧部兵弁三千名回国报效，特为请示。(翠亨孙中山故居纪念馆藏档，B12—7)

△　革命战争纪念馆征集员袁希洛来函，指出"我民国自武昌起义迄于今日，统一共和政府成立，其间之种种事实，皆我民国建国之精神，亦即国民教育之好材料"，报告江苏教育总会创议在上海建立革命战争纪念馆，受派为征集员，请予提倡，并在资金上鼎力相助。奉呈征集书一份。(翠亨孙中山故居纪念馆藏档，B7—8)

△　王会中来函，告以编纂《广东革命初集》，已在开敏公司印五千本，现在《二集》告成，无力续印，恳请赐助。并附呈小说十本。(翠亨孙中山故居纪念馆藏档)

△　熊希龄来密电，告以国务院、财政部于前月秘密与某西商订立合同，创办中西合股银行，由政府出资，与商办性质稍异，但可与孙主张的商立中西合办银行并行不悖。关于将上海公产及前清上海道台所交代管财产拨押一事，告以曾由国务院、财政部电令沪军都督、通商交涉使，与比利时领事交涉，久而未决，现将密交外交部、财政部共同议定办法，再行电复。(《熊希龄先生遗稿》，第376页)

△　为居正题词："美语曰，民国者，民之国也，为民而设，由民而治者也　觉生先生正　孙文。"为秦毓鎏题词："效鲁兄正　乐天　孙

文。"为萱野长知题词:"萱野先生　博爱　孙文。"为曹亚伯题词:"博爱　亚伯兄属　孙文。"为张耀轩题词:"博爱。"为施从滨题词:"天下为公　汉亭先生属　孙文。"为邓慕韩题词:"慕韩兄鉴　提倡人道　孙文。"为吴樾墓题词:"浩气长存。"为何天瀚墓题碑:"何公天瀚之墓。"为《华侨参政权全案》题签:"华侨参政权全案　孙文。"(刘望龄辑注:《孙中山题词遗墨汇编》,第 180—184 页)

1913 年(民国二年 癸丑)四十七岁

1月

1 月 1 日 到南京,但未出席南京临时政府成立周年纪念活动。

清晨,偕伍廷芳、陈其美、马君武由沪抵宁,江苏都督程德全特备马车迎接至都督府。(《纪念声中三人杰》,《天铎报》1913 年 1 月 4 日,"本埠要闻";《孙中山感慨系之》,《大共和日报》1913 年 1 月 4 日,"上海纪闻")出席程在都督府举行的宴请,除陈其美等外,作陪者还有冷御秋、陈之骥、章梓、洪承点等。饭后,获赠开国纪念币两枚。(吴季惠、徐荫祥:《荆斋八十年》,第 25—26 页;《时事新报》1913 年 1 月 3 日,"专电")①

1 月 2 日　在南京停留一晚后,由南京返回上海。(《纪念声中三人杰》,《天铎报》1913 年 1 月 4 日,"本埠要闻";《孙中山感慨系之》,《大共和日报》1913 年 1 月 4 日,"上海纪闻")

△　再电徐谦,请速设法维护《中国铁路总公司条例草案》。

根据王正廷返沪报告参议院对《中国铁路总公司条例草案》提出修改意见,本日致电徐谦,"王君(王正廷——引者注)返申,始知第一、第十三条已修正,请速审查。并请连伯(吴景濂——引者注)电促本党议员返京,以防他党消极反对。"(《致徐谦电》,《孙中山全集》第 3 卷,第 1 页)后袁世凯迫使法制委员会通过上述条例修正,参议院也再次讨论通过,修正条例于 3 月 31 日公布,中国铁路总公司实际成为政府交通部之陪隶。

1 月 4 日　当选中美国民同盟会会长。

下午 2 时,中美国民同盟会在北京灯市口公理会开成立大会,参议院议员到会者五十余人(包括议长吴景濂),美国人及女界约四十

---

①　关于孙中山等人本日在南京的活动,报纸有各种矛盾的报道。《天铎报》《大共和日报》《民权报》《时事新报》《神州日报》均有报道孙中山到达南京,出席南京临时政府成立周年纪念会,各人均发表演说,然各报报道行文几乎一致,疑为新闻通稿。(《纪念声中三人杰》,《天铎报》1913 年 1 月 4 日,"本埠要闻";《孙中山感慨系之》,《大共和日报》1913 年 1 月 4 日,"上海纪闻";《各地之新年》,《大共和日报》1913 年 1 月 3 日,"紧要新闻";《时事新报》1913 年 1 月 3 日,"专电";《南京专电》,《神州日报》1913 年 1 月 3 日,"本馆特电";《元旦日之大纪念》,《民权报》1913 年 1 月 4 日,"本埠纪事")但另据《民立报》报道"传言中山先生来宁,继知孙先生因病,特派马君武来宁贺元旦"。(《拉拉杂杂之新年观》,《民立报》1913 年 1 月 4 日,"新闻三")甚至同在《大共和日报》1 月 3 日的报道中,也有"孙中山因小恙未至"的报道。(《南京电报》,《大共和日报》1913 年 1 月 3 日,"专电")袁希洛后来的回忆录中提到,孙中山、黄兴、伍廷芳未赴南京,其他人皆应邀请而至。(袁希洛:《我在辛亥革命时代的一些经历和见解》,《辛亥革命回忆录》第 6 集,第 291 页)王耿雄认为孙中山是否去了南京,还需进一步考证。(王耿雄:《孙中山史事详录 1911—1913》,第 506—507 页)《孙中山年谱长编》编者取《民权报》报道,而在注释中列出《民立报》的否认报道。(陈锡祺主编:《孙中山年谱长编》上册,第 758 页注 1)据吴季惠、徐荫祥《荆斋八十年》记述,本日程德全宴请孙中山一行,正在江苏视察财政的单束圣受邀出席作陪,同席还有陈其美及冷御秋、陈之骥、章梓、洪承点等人,当为可靠记载。(吴季惠、徐荫祥:《荆斋八十年》,台北文星书店,1965 年,第 25—26 页)是否在庆祝典礼上演说,待考,但各主要报纸均没有关于出席典礼和演说的具体报道。

余人,总计与会者共有二百人。会议投票选举中、美正会长各一人,孙中山、罗斯福均得四十九票当选,吴景濂、金鼎勋、丁义华、丁韪良当选为副会长,选举干事十人。中美国民同盟会由金鼎勋等发起,以增进中美两国国民睦谊互换智识利益维持世界和平为宗旨。(《中美国民同盟会成立》,《申报》1913 年 1 月 6 日,"要闻一")

1 月 5 日　各业商团新班会友在沪杭车站前举行联合毕业礼,因健康原因未能与会,由陈其美代表演说,表示"上海光复,均赖商团诸君之臂助,现各商团操练精良,益形进步,他日防匪御寇,绰绰有余,实为中国商团之特色。今日举行毕业大典,敬为诸君道贺"。(《商团联合毕业志盛》,《申报》1913 年 1 月 6 日,"本埠新闻")

1 月 6 日　与黄兴联名致电宋教仁等,赞同筹建民国国史馆,撰修中华民国史。(毛注青编:《黄兴年谱》,第 216 页)

1 月 10 日　在国民党上海交通部恳亲大会上发表演说。

下午 1 时,出席国民党上海交通部恳亲大会,并发表演讲。大会在上海南市新舞台举行,由国民党上海执行部长居正主持,上海国民总会、工业建设会派代表参加,有吴稚晖、沈缦云、陈国权、张昭汉(默君)等一千余人与会。演讲阐明维护党纲、党德。因当时国民党在国会议员选举中已占优势,举党欢欣,在演说中特别强调:"斯时为民国成立之第二年,国基初定,百端待理。今后之兴衰强弱,其枢纽全在代表国民之政党。各政党集一般优秀人物组织而成,各持一定之政见,活动国内,其影响及于国家政治,至远至大。惟是政党欲保持其尊严之地位,达利国福民之目的,则所持之党纲,当应时势之需要,以合乎世界之公理。而政党自身之道德,尤当首先注重,以坚社会之信仰心。"现在政治上取得一定优势后,责任更为重大,"一言一行,均足以为轻重于现在之民国。须知此等境遇,悉由诸先烈之热血换来,吾党诚不可不珍重视之,稳健进行,有以慰诸先烈于地下。况吾党方破坏专制政府,正值建设之始,不得谓革命成功,责任已尽。盖破坏乃暂时的作用,建设乃永久的事业"。告诫党员:"政党之发展,不在乎一时势力之强弱,以为进退,全视乎党人智能道德之高下,以定结果之胜负。使政党之声势虽大,而党员之智能道德低下,内容腐败,安知不由盛而衰? 若能养蓄政党应有之智能道德,即使势力薄弱,亦有发达之一日。"同时要求"正式国会、正式政府成立之期不远,尤不能不细心研究,冀产出一最良之宪法,以为立国之根本"。(《国民党恳亲会孙先生演说词》,《民立报》1913 年 1 月 12 日,"新闻四")大会宣布上海国民总会、工业建设会并入国民党,吴稚晖、居正、张昭汉等均发表演说。(《中国要纪》,《民谊》第 4 号)

　　△　袁世凯以临时大总统名义发布正式国会召集令,限于 1913 年 2 月内,所有当选之参、众议员齐集北京,各有议员过半数后,即行开会。(《中华民国国父实录》第 3 册,第 2085－2086 页)根据孙中山 1912 年 3 月以临时大总统名义颁布的《中华民国临时约法》,"本约实行后限十个月内,由临时大总统召集国会,其国会组织及选举法,由参议院定之"。1912 年 8 月,国会组织法及参议院、众议院选举法制定,12 月进行选举。在众议员总数五百九十六人中,国民党二百六十九人,共和党一百二十人,统一党十八人,民主党十六人,跨党者一百四十七人,无党派二十六人。在参议员总数二百七十四人中,国民党一百二十三人,共和党五十五人,统一党六人,民主党八人,跨党者三十八人,无党派四十四人。国民党占优势,除跨党不计外,还可以压倒其他三党(李剑农:《戊戌以后三十年中国政治史》,第 169－170 页)

　　是月上中旬　在上海接见广澳铁路发起人梁云逮等,赞助其自办广澳铁路。

　　广澳铁路早经清政府批准梁云逮、唐绍荣承办,民国成立后,由交通部批准继续办理。该路发起人梁云逮、王宠惠、梁启超等特在上海来谒,商议开办事宜,乃欣然允为赞助。(《广澳路进行之消息》,《民立报》1913 年 1 月 16 日,"广州通信";《广澳铁路进行记》,《申报》1913 年 1 月 16 日,"要闻二")

　　1 月 11 日　致电广东都督转陆文辉,告以欲派其往南洋,会同邓泽如商办银行招股事宜,询问能否即来沪一行,并问邓泽如现在何处。(《致陆文辉电》,《孙中山全集》第 3 卷,第 3 页)

△ 蔡锷来电,对于云南铁路,建议先建筑滇邕一路,请主持筹措巨款,派员到滇调查,建立铁、煤厂。(《神州日报》1913 年 2 月 11 日)

1 月 12 日 由上海致电北京政府,建议修筑直达蒙藏的铁路,以解决蒙藏问题。(《天铎报》1913 年 1 月 13 日,"电报二";《民权报》1913 年 1 月 13 日,"特约路透电")电称:"蒙藏风云,日亟一日。若不赶筑铁路,后患不堪设想。现拟作一铁路,贯通蒙藏,其路线自西藏拉萨首城起,经过木鲁,直达蒙古车臣汗,名为萨臣铁路。更由拉萨筑一支线,至四川成都府,而与滇蜀铁路相接。若此路一成,不惟蒙、藏交通上大有裨益,即军事上亦种种便利。"预算筑路所需一百万元,已由个人名义向某国公司商借。(《一路贯蒙藏》,《天铎报》1913 年 1 月 14 日,"中外要闻")

1 月 15 日 复电袁世凯,表示"交通银行所垫学费,已接洽汇妥,无任感谢。"(《复袁世凯电》,《孙中山全集》第 3 卷,第 3 页)

△ 驻美公使张荫棠电告北京外交部,美第一国家银行总理巴克对孙中山招股建路一事表示赞成,愿将该行公债八千万之一半投于中国,请即将此意转达孙中山。(中国科学院近代史研究所中华民国史组:《中华民国史资料丛稿·大事记》第 2 辑,第 3—4 页)后此事并无结果。

△ 中华实业银行开第三次筹办会,沈缦云宣读孙中山来函,指出同意中华银行与实业银行暂缓合并,待有机会再行提议。(《中华实业银行第三次筹办会记》,《申报》1913 年 1 月 18 日,"本埠新闻")

1 月 16 日 再致电广东都督转陆文辉,告以银行事已妥,郭应章不必来。(《复陆文辉电》,《孙中山全集》第 3 卷,第 3 页)本日陆文辉来电,表示自己月内将往广西探矿,推荐郭应章自代。([日]久保田文次编:《萱野长知·孙文关系史料集》,第 535 页)

1 月 19 日 在国民党上海交通部茶话会上演讲政党政治。

下午 3 时,邀集国民党要人在上海交通部举行茶话会,演说阐发政党政治。演说中对国民党在国会议员选举中取得过半数席位表示欣慰，指出"然此次国会议员之选举，本党竟得占有过半数，吾等以为失败者，乃竟不然。足见国民尚有辨别之能力，亦可见公道自在乎人心。本党未尝以财力为选举之运动，而其结果，犹能得如此占胜利，足见本党党纲，能合民国心理。以后本党宜更并力进行，以求进步。今本党自以为处于势力较弱之地位，而其成绩已如此，则将来之进步，诚未可以限量"。并进一步阐发了对于政党政治的见解，谓："本党所负之责任，亦必加重也。中华民国以人民为本位，而人民之凭藉则在政党。国家必有政党，一切政治始能发达。政党之性质，非常高尚，宜重党纲，宜重党德。""党争必有正当之方法，尤必具高尚之理由，而后始得谓之党争。一般人以党争为非，实误以私争为党争也。一国之政治，必赖有党争，始有进步。无世界之民主立宪国、君主立宪国，固无不赖政党以成立者。本党今既得占优胜地位，第一应研究者，即为政党内阁问题。"表示，对待政党政治的正确态度，应本于正当之党争。"政党出与人争，有必具之要素，一党纲，一党员之行为正当。国家之进步与否，即系于党争之正当与否。凡我党员，必注意于争，尤必注意于正当之争。"又提出，目前最重要一事，是研究宪法。"劈头第一事，须研究一部好宪法。中华民国必有好宪法，始能使国家前途发展，否则将陷国家于危险之域。研究宪法之责任，在于政党，吾人宜非常注意。无论参议院、众议院、省议会、县议会之议员，皆须共同一致，以本党之党纲为标准，研究宪法，以求佳果。"（《孙中山先生演说词》，《民立报》1913 年 1 月 20 日、21 日，"要件"）

1 月 20 日　阎锡山来电，告河东观察使张士秀、旅长李鸣凤把持财政，抗拒编裁，宣布将严拿查办。（《声讨河东叛贼罪状之通电》，《神州日报》1913 年 1 月 28 日）

1 月 21 日　致函袁世凯，介绍张蔼蕴，推荐派遣留学。

张蔼蕴是广东人，曾任临时总统府秘书，在南京临时政府移交时，本被批准派遣留学，当时因有事赴粤，未报名填册，因而遗漏。函件希望能查核注册,作为第二期派遣留学。函云:"粤人张蔼蕴,前曾留学美国,中西学术,俱有根蒂。当民国未定之前,奔走呼号,颇著劳绩。光复之际,辍学回国,从事实行。文前在南京曾委任临时总统府秘书,出纳疏附,深资臂助。洎南京政府移交时,择有功民国而学业资格相当者,批准派遣留学在案。其时张生适因事赴粤,未经报名填册,以至遗漏。今其同辈多于第一期得派出洋留学,该生以一时疏忽,独抱向隅,似欠平允。吾公素以树人为望,敬请饬交临时稽勋局援照前案,将该生查核注册,得与于第二期派遣留学,使继续肄〔肄〕业,以竟其志,不胜欣幸,特此上达,藉颂伟祺。"(张蔼蕴:《辛亥前美洲华侨革命运动纪事》,中国人民政治协商会议广东省委员会文史资料研究委员会:《孙中山与辛亥革命史料专辑》,第62—63页)

1月23日　致电新加坡陈武烈,告以中华银行和中国实业银行现方协商合并,指示正在南洋同时进行招股活动的中华银行和中国实业银行招股人可分别进行,在各处多招股金,将来合并与否,仍由股东公决,并请中华银行派有力股东来上海商议。(《致陈武烈电》,黄季陆编:《总理全集》下册,"文电"第62页。)①但中华、实业两银行合并未成,随后孙中山又谋另组一新行,旋亦作罢。(《复中华实业银行代表函》,《孙中山全集》第3卷,第77—78页)

△　致函邓泽如,提到前在广东时,曾提议办一中西合资银行,以抵制六国银行团,同时解中国财政困难。两个月前法国银行曾派代表到上海商订章程,孙遂一面派人磋商,一面向各方筹措股本。因中华银行发起人愿以该行作为中西银行之基础,再委江少峰来南洋

---

① 《国父全集》收入时,署时为"一月二十三日"。《孙中山全集》第3卷据此照录,见《孙中山全集》第3卷,第8页。《孙中山年谱长编》改收件人为陈楚楠,参阅陈锡祺主编:《孙中山年谱长编》上册,第761页。据陆丹林记载同一电文,指出该电文为"民元十一月中旬,总理为此事曾致电陈武烈",又云这个电报的原稿,是由孙中山亲自拟发,并由薛仁瀛将此电原稿转送林世杰、丁少峰,附函说明,"中山先生意主合并,详电稿。此电已由铁路公司发去,余面详"。孙中山的电稿和薛函均用印有"中国铁路总公司用笺"的毛边纸六行笺写的。见陆丹林:《中华银行与革命党》,《革命史话》,上海大东书局,1947年,第85页。

招股。孙中山表示,自己所议办之中西银行,乃联合世界上之大资本家而成,将来能为中国银行之母,其势力可通贯全球,必能避免六国对华之掣肘。有五百万现金,就能成立。既然中华银行愿以该行为基础,则宜先招足中华之股本,然后与西人议订合同,希望邓泽如在南洋竭力鼓吹,达此目的,并望转达各埠同志助力。(陆丹林:《中华银行与革命党》,《革命史话》,第 86—87 页;另见孙中山:《致邓泽如函》,《孙中山全集》第 3 卷,第 6—7 页)①

　　△　复函自由党本部文牍科长梁悦魂,指示"本党(自由党——引者注)诸事早已宣布暨由李怀霜先生担任,现李君离沪,尽可由李君认定之主任,代为主持一切。"自由党从上年 2 月 3 日成立后,即由李怀霜主持,6 月,该党决定总部迁往北京,在沪组织一驻沪机关部,与同盟会进行联合。梁悦魂等向孙中山请示上海部事如何办法,遂复此函。(《天铎报》1913 年 1 月 23 日,"自由党消息")②

　　△　报载美国新任总统威尔逊来函,表示:"中国年来所建事业,凡百举动,无不极表同意。中国民志向慕自由,一旦达完全之共和,偿国民之素愿,实莫大之幸福。"(《美国新总统威尔逊致孙中山书》,《盛京时报》1913 年 1 月 23 日)

　　1 月 24 日　致电袁世凯,告以现接伦敦来电,有大银行家愿借款,可将条件保证数目详报。(《致袁世凯电》,《孙中山全集》第 3 卷,第 8 页)

　　1 月 25 日　与黄兴、王宠惠、马君武赴江苏都督程德全邀宴。

　　其时程德全在上海西藏路旅泰西旅馆养疴,是日在该旅馆设筵,邀请孙中山、黄兴、陈其美、王宠惠、马君武等赴宴。陈因事辞谢,孙、黄等于午间入席,畅叙至 2 时席散。(《苏都督旅泰行辕纪事》,《民立报》1913 年 1 月 27 日,"新闻四";《程都督行馆纪事》,《申报》1913 年 1 月 27 日,"本

_____

　　①　此信的信封写"请转江少峰先生,孙缄",可能由江少峰带往南洋面交邓泽如。参阅陆丹林:《中华银行与革命党》,《革命史话》,上海大东书局,1947 年,第 86—87 页。

　　②　此为报载日期。

埠新闻")

　　△　蔡锷来函,说明云南铁路之缓急轻重,请求先建滇邕一路。
(《致蔡锷函》,《孙中山全集》第3卷,第29页)

　　1月26日　同意列名中英美睦谊会名誉会员。

　　中英美睦谊会由陈国权等在上海发起,公推孙中山、黄兴、美国前驻中国公使罗吉尔、美国驻华水师提督温思乐、英国博士哲尔斯、傅兰雅、美国博士丁韪良、美国哥伦比亚大学汉文总教习赫斯、英国驻威海卫大臣骆夫人以及丁义华为名誉会员,孙中山予以认可。
(《民立报》1913年1月28日、2月12日;《时报》1913年4月1日)

　　△　国民党上海交通部举行欢迎黄兴大会。午后1时,国民党上海交通部举行欢迎黄兴大会(黄兴于1月23日自汉口抵上海),王宠惠、马君武、居正及国民党上海交通部各职员等出席。黄兴发表演说,呼应孙近期主张,强调研究宪法问题,指出:"现今最重大者,乃民国宪法问题。盖此后吾民国于事实上将演出何种政体?将来政治上之影响良恶如何?全视乎民国宪法如何始能断定。故民国宪法一问题,吾党万不能不出全力以研究之,务期以良好宪法树立民国之根本。"(《国民党欢迎黄克强先生》,《民立报》1913年1月28日,"新闻四")

　　1月29日　接见宗方小太郎。

　　午后,接见日本驻沪人员宗方小太郎,谈及时局。宗方小太郎到中国铁路总公司来访,询问关于选举意向。宗方问:"在此次众议员选举上,属足下领导之国民党占有优势,约得议员之过半数,然则在今春将要召开之议会上,大总统之选举当然可能如贵党之意。由于足下之精力、功绩、威望种种关系,定为众望所归,当选无疑。君能勇承此重任否?"孙答:"议员之选举虽然胜利归于我党,议员数目占有过半数之优势,而于总统之选举,是否选余,尚未可知。惟余断不肯担任总统,拟暂在民间为培养势力之事,要真实的担任民国总统,非易事也。"宗方问:"足下若不欲为总统,则势必推黄兴君,不知黄君有意于此否?"孙微笑答:"黄君亦可,然当总统实难事也。"宗方问:"足下与黄君均不愿当总统,则国民党中别无适当人才,不得已,则至于再举袁世凯乎?"孙答:"余个人相信袁乃最稳妥之人物,故第一期总统以举彼为得策。设袁若落选,则军队难于统驭,恐将成为大乱之阶。目前排斥袁世凯者,乃不懂我国事态者之所为也。"宗方问:"有人活动拟将国会之设置地点迁至南京者,足下对此高见如何?"孙答:"目前形势不容许,仍以设于北京为妥。"(日本外务省档案,1913 年 1 月 30 日驻在员宗方小太郎提出议书,机密第 10 号;陈明译:《孙中山就选举大总统问题答日本宗方小太郎》,《广东文史资料》第 58 辑,第 39—40 页)

　　△　致电袁世凯,反对袁与法国合办银行。

　　电中建议联合国中各银行,与法国银行合成一巨大银行,在合办条件方面,坚持权操自我的原则。电文中申明:"按合办银行一事,文起〔为〕极端赞成之一人,月来在沪,亦正与法国巴黎联合银行代表磋商条件,办一合资银行,本拟一俟商妥之后,即遵前电办理,合并为一,以免冲突。乃细绎财政总长新〔与〕法人所订十一条章程,与文在此与法所议者,权利得失,相磋〔差〕甚远。"并将所议条件列举如下:"一、银行在中国注册,悉遵中国法律。二、董事局全为华人,西人居顾问局。三、总谀(疑为"办"——引者注)十年内用西人,十年后可用华人。四、督理法、华各举二人。总办执行,悉惟督理之命是听。现尚相持不下者,则督理人决事不(疑为"可"——引者注)否各半,总办有表决权。"电文指出,中国现在国势不如人,财力不如人,智识不如人,故合资银行,我方当得条件的保护方面略占优势,将来才可望得平等权利,否则不堪设想。如果不力为争取,"恐他日以例,用某国之资本,则必遵某国之法律,如此主权丧失,永无收回治外法权之望"。(《孙中山反对中法实业银行》,《天铎报》1913 年 2 月 27 日,"中外要闻")

　　1 月 30 日　派马素出席国民党上海交通部欢迎荷兰国会议员、社会党人高而大会。

　　午后 1 时,国民党上海交通部开会欢迎荷兰国会议员、社会党人高而,马素代表孙中山致欢迎词,谓:"吾中华革命功成,由专制变为共和,本人群演进之公例。各友邦如英、法、德、意、此、荷、西、葡各国议员中一部分均组织有中国团,赞成吾中华之共和,足见公理人道之不可淹没。"并称"高而君为荷兰议员中之尊重社会主义者",中国"社会问题渐见发萌,吾党亦甚注意此事。望高而先生以平日研究欧洲问题之卓见名言,指导吾党人以世界的知识。则本党幸甚"。高而发表演说,对中国革命表示同情,并谴责六国银行团对中国之无理要挟。(《中荷亲睦之花》,《民立报》1913 年 2 月 1 日,"新闻四";《国民党关押荷兰议员》,《天铎报》1913 年 2 月 1 日,"本埠要闻")

1 月 31 日　致电北京政府,阐述解决蒙、藏问题的办法。

提出对蒙办法为:"库伦逆佛自宣告独立后,迭受俄国怂恿,其反抗民国之心甚坚,须一面选派声望素着人员多名,携兵分赴外蒙四盟四十六旗,极力开导;一面致电绥远城将军等,极力联络内蒙六盟二十四部四十九旗,使逆佛失所依据,自易收效。"对藏办法为:"达赖喇嘛背叛,纯系被英人运动。收拾西藏,亦须由运动着手,施行种种政策,如诱以高爵、饵以重币等,未有不动其心。若只以声讨为前提,微特劳民伤财,恐益坚其向外之心。"(《孙中山划策》,《天铎报》1913 年 1 月 31 日,"中外要闻")①

△　报载国民党本部有人表示,孙中山、黄兴屡次与党人交涉,都不愿为总统,故正式政府总统一席,仍拟举袁世凯,但政党内阁之总理,将来必须以宋教仁或唐绍仪担任。(《申报》1913 年 1 月 31 日,"专电")

是月　五族联合会关东分会交际员李闻荣来函,指出东北不能仅有铁路支线,而有三大干线之必要,提出三条线路规划和六项注意之点,并将《东三省铁路规划书》呈览。孙中山交示中国铁路总公司秘书处,称其关怀路事,当将《规划书》交路事调查处详细查考,秘书处遵示复函。(《李闻荣呈孙中山函》《东三省铁路规划书》《中国铁路总公司

---

①　此为报载日期。

秘书处复函》,李家璘等编辑:《北洋军阀史料·吴景濂卷》,第147—166页)

△　广州总商会《新报》连日转载诋毁孙中山的代论,广东省警察厅勒令该报永远停版,令云:"该报专以毁谤中山之名誉,而其意别有所推崇。似此颠倒黑白,变乱是非,实足以煽惑人心,酿成党祸。且该报假借总商会名义毁谤他人名誉,倾陷商界,立心尤为奸险,应即停版,不准发行。"(《粤警厅勒令总商会新报停版》,《申报》1913年1月13日,"要闻二")

是月底　森恪提议赴日后由日中实业界共同创建中国兴业公司。(李廷江:《日本财界与辛亥革命》,第273—274页)

1月底至2月　致函蔡锷,称与云南所派驻北京代表罗佩金、李根源商榷,以滇邕线不如滇粤线重要,遂定滇、桂、粤铁路,"将来此路告成,较之滇、邕尤有莫大之利益。广州为南部之中点,商埠已兴,不难与世界竞胜。即于军事上,亦属重要之地。滇省货物运送外洋,由此出口,未为迂折,而输入腹地各省,则必至广州而后便于分布"。在其拟具的滇桂粤铁路说明书中,将路线、筹款及筑成后办法详为说明:该路起于广州,终于云南大理;预计约需款七千二百万元,若分六年筑之,每年需款一千二百万元,决计发行债票,债票由公司直接发行,本国人及外国人有同等之权利,在外国发行筑路债票时,请外国银行为之承揽经理,由中央政府担保利息。(《致蔡锷函》,《孙中山全集》第3卷,第29页)

2月

2月2日　应夔丞寄程经世转国务总理赵秉钧密电,中有"孙、黄、黎、宋运动极烈,黎外均获华侨资助,民党均主举宋任总理……已向日本购孙、黄、宋劣史。黄兴与下女合像,警厅供抄宋犯骗案刑事提票用照片,辑印十万册,拟从横滨发行。孙得信后,要黄遣马信赴

日,重资买毁。"(《宋案证据之披露》,《民立报》1913 年 4 月 27 日,临时增刊)

2月3日 晚,派人到森恪处,转达对此次访问日本,一部分日本人早有计划企图利用自己的担心。森恪答:"一部分人有特殊计划,不足奇怪。问题是只要能识别其人,就不会有任何过失。"(李廷江:《日本财界与辛亥革命》,第 274 页)

2月4日 致电袁世凯、胡汉民、朱启钤等,商讨访日事宜。

因日本财阀涩泽荣一等有筹组中日兴业公司之拟议,(李毓澍:《中日二十一条交涉》上册,第 254—255 页)决意赴日一行,分别致电袁世凯、国务总理、各部总长,告以定期本月 11 日由沪起程赴日本,"此行欲以个人名义,联络两国感情。按以彼国现状,此事不难办到,或更有良好结果,亦在意中。务望诸公一致赞成,并望将我政府最近之对日、对俄方针,详为指示"。(《致袁世凯等电》,《孙中山全集》第 3 卷,第 10页)同时致电朱启钤:"钧部二月份垫款,请于行期前电汇来沪,三月份垫款,若能同汇尤盼。"(《致朱启钤电》,《孙中山全集》第 3 卷,第 11 页)致电胡汉民,告以定于本月 11 日往日本,往还四个星期,如有要事,请电东京。(《致胡汉民电》,《孙中山全集》第 3 卷,第 11 页)

△ 日本《福冈日日新闻》报道:"孙逸仙将于本月中旬来日访问。有关方面已接到通知,日本政府将以非正式欢迎接待,尽可能予以方便,使其满意。尚闻孙在逗留期间,将访问元老、大臣及朝野各方面的政治家,决心谋求中日友好云。"(《福冈日日新闻》大正 2 年 2 月 4日,陈仲言译:《孙中山在福冈》,《近代史资料》总 55 号,第 1 页)

△ 日本《时事新报》报道,孙中山此次来朝目的,日中共同出资二千万,组织成立经营汉冶萍、招商局、江西铁道的投资公司。5 日,上海的报纸刊登了这条消息,孙即派马君武抗议,要求予以更正,东京《时事新报》对该报道进行了更正。(李廷江:《日本财界与辛亥革命》,第 274 页)

2月7日 复电袁世凯,答应开导上海筹组欢迎国会团人士。

因国会议员选举,国民党成为国会中第一大党,《民权报》记者尹仲材、何海鸣等主张将正式国会自行集会于北京以外,在上海发起欢迎国会团,于 1 月发表《欢迎国会团宣言书》,主张"将来正式国会之议员选齐后,当然自行集会于其它地点"。(《欢迎国会团宣言书》,朱宗震、杨光辉编《民初政争与二次革命》上册,第 220 页)袁颁布命令,令各省议员于三月以内,齐集北京,并电令程德全取消欢迎国会团,还秘密与法使交涉,封闭欢迎国会团。(《民立报》1913 年 2 月 16 日)国民党内稳健派认为欢迎国会团一举影响南北人心,会导致全国分裂,反对国会自行召集。(《民立报》1913 年 1 月 4 日)袁世凯来电请孙中山在沪就近劝解,解散该团,孙复电表示:"此间人士组织欢迎国会团,只为欢迎国会议员,激发人心起见,缘无别故。文更未加入其间,非所闻间。惟当兹国势危急,强邻进窥之际,既承嘱命,自当相机向与文相识者妥为开导,以副雅命。"(《孙先生之坦白》,《民立报》1913 年 2 月 13 日,"新闻一")

2 月 8 日 王正廷来电,报告昨晚开主任干事会,决定王正廷在孙中山未赴日之前,前来面陈党事,将坐今日车来沪。([日]久保田文次编:《萱野长知·孙文关系史料集》,第 539 页)

△ 日本《东京日日新闻》发表文章称:孙中山访日目的,为建"经济的同盟",试图将日本各种企业资本、人材用于中国的产业勃兴。因此此次来东京,以和日本资本家、实业家交欢为第一要望。(段云章编著:《孙文与日本史事编年(增订本)》,第 320 页)

2 月 9 日 致函中华银行董事会,告以因有日本之行,不能参加董事会。

当时,中华银行准备召开股东大会,会前先开董事会,邀请孙中山出席主持。本日遂嘱马君武致函银行,告知"二月十一日有日本之行,董事会不能赴,请诸公决议一切,归时报告可也"。(沈云苏:《辛亥革命时期后的上海中华银行》,中国人民政治协商会议上海市委员会文史资料工作委员会编:《辛亥革命七十周年——文史资料专辑》,第 232 页)

△ 报载孙中山另办中法银行,请政府将所办者取消,所定条件

为：一、银行在华注册，遵我法律；二、以华人居董事局，以西人居顾问、总办；三、十年内用西人，四、华法各举二人为督理，有全权。(《申报》1913 年 2 月 9 日，"专电")

2 月 10 日　致电袁世凯，要求对山西内部冲突采取和平方式解决。

山西都督阎锡山撤河东观察使张士秀、旅长李鸣凤职，并拟交付法庭审理。因致电袁世凯："山西阎都督与河东张观察使及李旅长冲突事件，报纸宣传，敝处亦屡接各处电报，皆称张、李并无反对阎督违抗中央之事。且张、李已经免职，自请归京听候审判，一切真像，当不难水落石出。闻晋中一部分不明之人肆行挑拨，若不从速和平了结，对于山西内部，是非唯不能调和，且恐转生前途风波，其事虽小，而影响甚大。我公明允，尚望力予维持，和平解决，地方幸甚，国家幸甚。"(《致袁世凯电》,《孙中山全集》第 3 卷，第 12 页)后袁世凯仍于 3 月将张、李批交陆军部审讯治罪。(《大总统对于查办张李案之批词》,《时报》1913 年 3 月 20 日，"要闻")

是月上旬　为政务讨论会杂志出版题祝词。祝词云："泱泱神州，蓝筚伊始。国之揭橥，宪纲是恃。范围五族，昭示亿祀。民智犹豪，孰良敦否？欧陆前模，孟德精理。发扬光大，视此鸿制。祝政务讨论会杂志出版。孙文。"(《政务讨论会杂志出版祝词》,《孙中山全集》第 3 卷，第 34 页)

2 月 11 日　以筹办全国铁路全权名义，自上海启程赴日本考察。

随同访日者有马君武、戴季陶、袁华选、宋耀如、何天炯。(《天铎报》1913 年 2 月 11 日)日人山田纯三郎伴行，黄兴、居正、张继、张静江、日本驻上海总领事有吉明等百余人到码头送行。(《孙中山先生日本游记》,《民谊》第 6 号，1913 年 4 月 15 日)据日本报纸报道，"船自上海开出后，孙在船中，始终以平民身分与乘客谈笑，尤其当与涩川、玄耳谈笑中，似在热心倾听我中央政界之动静。当玄耳氏谈到我国政界虽有动乱,但在迎接阁下一行上并无任何妨碍时,则放声大笑。由于彼着重视察铁路经营,从南满铁路公司特派山田准〔纯〕三郎伴行的情况来看,其归途或将经下关,去朝鲜、满洲巡游,然后经大连返上海。"(《福冈日日新闻》1913 年 2 月 14 日,陈仲言译:《孙中山在福冈》,《近代史资料》总 55 号,第 2—3 页)当时,以桂太郎为总理大臣的日本内阁宣布总辞职,日本政局动荡。据当时大阪每日新闻社东亚部顾问泽村幸夫忆称:"先生所将要去访问的东京,在他抵达长崎的大前天,国会经过三次的停会后,政情竟恶化到不堪设想的地步。在东京日比谷公园,民众与警察发生冲突……桂(太郎)首相甚至有生命的危险。不特此,这种险恶的空气,且有蔓延到各地方的趋势。"孙中山"在船里就很担心东京政变的扩大,并常问起其情况,而登陆长崎以后,更一再问这件事"。(陈鹏仁:《孙中山先生与日本友人》,第 102 页)

　　△　梁士诒来电,告以孙中山访日"当有造于国",袁世凯大总统已面告日本公使。关于铁路计划,建议与日人谈及时,如路线在中原,可与接谈;如路线在东三省及内蒙古,不宜与谈。([日]久保田文次编:《萱野长知・孙文关系史料集》,第 534 页)

　　2 月 13 日　访问日本长崎、门司、下关。

　　上午 8 时至长崎,受到中国驻长崎领事徐善庆、新疆青海垦屯使胡瑛、留日学生会会长黄申芗、东京国民党支部代表黄伯群、共和党支部代表韩开一、长崎市长特派员菊池良一、长崎商业会所主席桥本,以及宫崎寅藏和各处新闻记者凡三十余人欢迎。船停泊之后,与欢迎人群一一握手,或以目光酬答。至车站贵宾室小憩,长崎市长、市会议长、商业会议长等前来问候,市长坚请于归国时在长崎稍住游览,孙欣然答应。在谈话中表示,此来除视察商业及铁路事业外,将兼访旧友。(《福冈日日新闻》1913 年 2 月 14 日,陈仲言译:《孙中山在福冈》,《近代史资料》总 55 号,第 2—3 页)宫崎寅藏在迎接后,将随同一行活动。(近藤秀树编、禹昌夏译:《宫崎滔天年谱稿》,《辛亥革命史丛刊》第 1 辑,第 161 页)

10时10分,乘铁道院所备特别列车前往东京。途中对记者说,想把全力放在铁路的建设,而"中华民国所必须首先着手的应该是币制的改革",并说对这件工作很有自信,表示中华民国现在的岁入大约为三亿元,如果加以整顿,一定可以达到它的二十倍。(陈鹏仁:《孙中山先生与日本友人》,第103页)

晚5时至门司,乘门司市所备船渡下关,至山阳楼小憩,受到门司、下关两市市长、新闻记者等二十余人欢迎。回答记者问及此行目的,答曰:"中日两国亲交,并访旧友。"(《孙中山先生日本游记》,《民谊》第6号,1913年4月15日)

△　日本《大阪每日新闻》发表《孙逸仙来临》一文,对孙奋斗业绩进行了赞扬,同时对其时所提"救亡二大政策",即币制改革和军制改革作了评述。认为币制改革确为最切时弊,借此振肃军旅,增加兵力,以遏抑俄国野心、杜绝边患,亦属必要。但孙提出每六个月练兵五十万则稍涉夸张,宜采取精兵劲卒方针。(《东亚同文会史》,霞山会昭和63年,资料篇,第221—222页,转引自段云章编著:《孙文与日本史事编年(增订本)》,第321页)

△　《福冈日日新闻》2月13日报道:"据闻孙氏此来无政治意义,盖因该国最近正酝酿大总统选举运动,为避免与袁氏抗争,所以暂时寄身国外。"(《福冈日日新闻》1913年2月13日,陈仲言译:《孙中山在福冈》,《近代史资料》总55号,第2页。)

2月14日　经神户抵东京,受到热烈欢迎。

在火车驶近神户时,用手指示二十年前居住过的山麓,对陪同人员感慨:"其时我被迫逃出故乡,以漂泊之身东渡日本,真所谓沦落天涯之孤客,加以所到之处必有日本警察尾随跟踪,令人颇为厌恶。遇到过于讨厌的家伙,即不禁怒喝其即速离去。"(《在日本与陪同人员的谈话》,《孙中山全集》第3卷,第13页)

上午7时半,至神户,受到中、日两国商界人士数百人在车站欢迎,中国驻日公使汪大燮、黎元洪的代表李作栋等自东京来迎。(《孙

中山先生日本游记》,《民谊》第 6 号,1913 年 4 月 15 日)

下午 7 时,至国府津,受到寺尾、副岛、代议士伊东知也、柏原文太郎等自东京前来欢迎。在车中,记者问孙中山:"平生崇拜者何人?"孙答:"予之所崇拜者平民。"(《孙中山先生日本游记》,《民谊》第 6 号,1913 年 4 月 15 日)

来日途中,到处受到新闻记者包围提问,孙即问即答,主要内容有:关于财政改革意见:去年 12 月中北京政府提出币制改革案,在国内建立大银行,预定发行三亿元国库岁入额之纸币。为发展国内交通机构,首先要开通粤汉铁路,然后顺及其他线路。关于借款问题:六国借款含有政治意义,条件苛刻而无理,不能让步,希作为六国银行团中的日本,能从中发挥作用。关于民国宪法:今后六个月内颁布成文宪法,其特色是以民国之现状为基础,并参与法、美两共和国之宪法。大总统依普选法选举任期六年。议会分上、下两院,下院由各省选出议员六百人,有立法权,任期四年。各省设议会,制定地方之特殊法律,各地方官吏亦选举,陆海军由政府统辖。关于全国统一政策:宪法制定后,先改革币制,促生产发展;同时完成铁路贯通全国、普及教育、统一国语;还须筹划统一全国,不承认依俄蒙协定划定之边界,满、蒙、回、藏皆为民国之地。(《东亚同文会史》,霞山会昭和 63 年,资料篇,第 222—223 页,转引自段云章编著:《孙文与日本史事编年》,第 322—323 页)

晚 8 时至横滨,8 时半,至新桥,受到涩泽荣一、头山满、犬养毅、尾崎行雄、大仓喜八郎、山座圆次郎、近藤廉平以及印度、欧美各国人士,以及全体中国留学生共约五六千人欢迎。(《孙中山先生日本游记》,《民谊》第 6 号,1913 年 4 月 15 日)中国在帝国大学、高等师范、高等商业各校官费留学生一百余人也到站欢迎。(《福冈日日新闻》1913 年 2 月 16 日,陈仲言译:《孙中山在福冈》,《近代史资料》总 55 号,第 3 页。)下车后与旧知握手叙谈,接受学生团赠呈花环,赴帝国饭店驻驾。(《孙文先生东游纪念写真帖》,第 2 页)

2月15日　今日款接来宾。(《民立报》1913年2月16日,"专电·特约路透电")

△　与何天炯、戴季陶分别访问中国驻日公使汪大燮、日本旧友及重要人士。(《孫文先生東游紀念寫真帖》,第2页)

△　出席东亚同文会欢迎会。

下午5时,出席东亚同文会在华族会馆举行之欢迎会。莅会者有清浦奎吾、曾我佑准、涩泽荣一、后藤新平、大仓喜八郎、津轻英麿、根津一、山座圆次郎、寺尾亨等二百余人。6时开宴,由副会长清浦奎吾致欢迎词,谓:"孙中山先生器识宏远,学问渊博,夙倡共和革命之大义,三十年来如一日,千艰万难,百折不挠,致能造成中华民国,其勋绩巍然,可谓伟矣。先生居住我邦最久,来往数次,因缘极深。此次担民国创立者之光荣,来游敝国,吾人深切钦仰之诚。兹本会特以最诚之意,表欢迎之忱。"(《孙中山先生日本游记》,《民谊》第6号,1913年4月15日)孙中山答谢,谢辞云:"予此次来游贵国,受沿途官民上下欢迎,既至东京,又承诸君厚意赐以嘉宴,感谢之诚,不可言宣。窃思文以菲才,奔走国事,流离欧美,赴贵国者且十余次,贵国人士多进而教之,是贵国者,予之第二故乡。贵国人士更予之良师友也。今者敝国政治改革之功虽竣,而国力未充,民智未进,所望于贵国人士之援助者实伙。昔当敝国危急之秋,首倡保全中国者,自东亚同文会始。前会长故近卫公,现会长锅岛公爵及会员诸君,皆以热诚图东亚之幸福,名之所至,实亦副之。谨代表中华民国之国民表最诚之敬意,兼祝贵会之发达于永久。"(《孫文先生東游紀念寫真帖》,第2页)答毕,会众一同举杯祝孙中山之寿。宴毕,在另厅集会,再演说中日两国之关系,历一小时余,论述中日提携联盟之必要。(《孫文先生東游紀念寫真帖》,第2页)《孙中山先生日本游记》亦记录,在东亚同文会的宴会后,孙中山复于别室为一小时二十分之演说。(《孙中山先生日本游记》,《民谊》第6号,1913年4月15日。)演说中先提到与日本的特别关系,"昔年予游檀香山、美国,曾有日本人来以日本语相问,又有中国人以中国语问日本人者。中日两国之关系,既如是其密切。余之过去二十年内,常住于日本,是日本不啻即予之第二故乡。今予赴贵会之欢迎,与诸君一堂相语,愿诸君视为家庭之叙谈可也。"继而指出,目前亚洲之独立国只有日本及中国,而维持现今之东亚和平,犹不能不多寄望于日本。日本及中国实兄弟之国,日本自四十年以来,输入欧美之新制度,改革国政,成一大强国;中国建国极古,惟因墨守旧习,国政腐败,去年革命乃成,今年建设方始。"日本及中国既如兄弟,但其一为进步向上的,其一为荡废不进步的,且不听其兄弟之忠告,遂至意思疏隔。日本对中国殆以为无复属望,中国对日本亦以为不可信赖,数年以来,所生误解,不外此结果也。"因此维持东亚之大势,当与中国扶助,携手进步,"为东亚之大局计,维持平和,实中日两国国民之义务。兄弟之间,宜知己知彼,互相体察,互相扶助。予来游之日虽尚浅,但深知日本对中国之好意,归国之后,必进说明之责,鼓吹两国民之提携"。(《孙中山先生日本游记》,《民谊》第6号,1913年4月15日)日本方面记载的演说内容大致相同,孙中山表示"把日本当成第二故乡",这次访日,"打算像小别回家一样,同家人亲友欢聚一堂,共话家常"。在欧美列强的压力下,认为中日两国更应亲密合作,"纵观东亚形势,在文明或接近文明的国家中,被世界公认其地位的,只有中国和日本,且两国都地处东亚,但维持东亚和平最有力者其为日本。所幸日本在四十年前进行了维新大改革,鉴于世界大势。无论在欧美宪法与法律方面。抑或在政治、经济、实业、科学等所有领域,皆取其所长、补我所短,大力输入其文明,吸取其进步因素。结果,日本发达成为今日之强国。以日本之国力,谅必可以维持今日东洋和平"。表示"深信定能将革命进行到底……这是因为我心中确信,中国革命一旦成功,便能给亚洲以大力援助,所以我同样从心底确信,我进行的革命必将获得亚洲的大力支援"。对同文会设立之旨趣表示赞赏,认为中日两国存在误解,其原因是犹如兄弟俩,"一个充满进取气象,具有进步思想……而另一个则是保守主义,思想也陈腐",

"这样，一方不求进步，另一方则无法使之进步"，必然出现隔阂，引起误解，加上有人玩弄中伤离间诡计，双方缺乏判断力。孙中山提出："亚洲毕竟是亚洲人的亚洲，中日两国人民交往上不应互相猜疑，不但不应轻信他国人之妄说，且应断然避免对他国报以类似的歪曲。保卫亚洲和平是亚洲人应尽的义务，尤其是中日两国必须相互合作。"(《日本新近发现和发表有关孙中山与日本的资料》，《孙中山研究论丛》第5辑，第205—207页)。

△　是日出版之《大阪每日新闻》刊登孙中山题词："唇齿相依。"(刘望龄辑注：《孙中山题词遗墨汇编》，第184页)

△　日本各报发表评论，对孙中山访日给予高度评价。

日本《时事新报》发表《孙文氏之渡来》一文，赞扬孙百折不挠地"建立了历史上无可比拟之功业，创建了中国共和政府"，现虽担任铁路总办这一不太重要的职务，但作为袁氏之对手，依然占有最高地位，事实上仍是中国的领导者，对他此次来访，不能等闲视之。尤其自共和政府建立后，孙首先鼓吹亲日论，故应怀满腔好意，予以接待。(段云章编著：《孙文与日本史事编年（增订本）》，第326页)

日本《东京日日新闻》发表《孙文氏之入京》一文，称："孙文借此次来游，试图开展承认民国之运动。孙氏来游之目的，在重温旧交之时，并欲视察我国之产业。对此，我国已给予尽可能之方便。他乃民国之首勋与创建者，故我国亦应表示相当之敬意。然而，近来屡闻各地排日之声，此固然由忧国人士所倡导，但如此则不能导致日中两国关系之友好。吾辈应设法在孙文与朝野人士会见时，充分疏通思想，力求一扫此种无益有害之误解，俾对两国之将来有所补益。"(段云章编著：《孙文与日本史事编年（增订本）》，第326页)

日本《中外商业新报》发表《孙逸仙来访——日中两国之连结》一文，称赞孙文为"西邻新共和国之先觉者""中国革命之急先锋"和"新共和国之大贤达"。"孙文在今日中国人中有最进步的知识和思想"，而"他身虽避任大总统，但在今日中国之地位，也可视为一种保护人，或某种意义上的大总统以上的大总统,而他尤其在中国改善发达和维持东亚和平上,深知要日中两国提携;同时亦知开发实业乃当前第一急务,因而前来视察我国铁路和一般工商业。在这方面,我国虽不能为他国之模范,但对百事草创之邻国说来,或可用作参考。我们希望孙氏能以慧眼充分视察。通过此次来游,能对中国之开发提供几分材料。这不仅有裨于中国实业之开发,亦有益于我国实业之发展。大凡国民与国民间提携之关键,乃实业上利害之一致,在此基础上建立的提携,始能显出真正提携之效果,故日中两目结成如此关系,即依靠日中两国提携,才能维持东亚之和平"。(段云章编著:《孙文与日本史事编年(增订本)》,第 326—327 页)

日本《东洋新报》发表《欢迎孙氏来访》一文,略云:"当孙文来访消息传来,我国部分舆论界人士说孙文言行不一致或说他系亲美主义,因而无举国欢迎之必要。其实此系不足取之误解。望各地国民给孙文以国士待遇,诚意欢迎。对孙文此次来访,举国上下应同此意向。以东亚同文会为首,包括日华协会、东邦协会、外务省吏员团以及以东京商业会议所为中心的实业团体、日本银行、三井银行已备盛宴款待。大仓组等方面也作欢迎准备。这不仅将清除部分日人对孙文的误解,亦必解除孙文心中的任何不满。"(段云章编著:《孙文与日本史事编年(增订本)》,第 327 页)

2 月 16 日　凭吊近卫笃麿等日本要人墓。

上午 11 时,偕戴季陶、袁华选等先到日暮里凭吊前东亚同文会长近卫笃麿墓。近卫笃麿(1863—1904),明治时期的宫廷政治家,曾任日本贵族院议长,提出过"东亚保全论",主张建立日清同盟,创建东亚同文书院,曾庇护孙中山免清朝捕拿。近卫公子及亲族、同文会员等特来迎接,寒暄后进墓前礼拜,敬行捧玉串之礼,并供白蔷薇大花环于墓前,以表追慕,鞠躬而退,与众人在墓前摄影,以为纪念。返客栈之后,更莅近卫家所设午宴招待会。(《孙文先生東游紀念写真帖》,第 2 页)稍后又诣青山墓地儿玉源太郎、神鞭知常、陆实墓地凭吊,受

到山座圆次郎及神鞭常泰迎接。(《孙中山先生日本游记》,《民谊》第 6 号)

儿玉源太郎(1852—1906),日本近代陆军名将,曾任桂太郎内阁的陆军大臣、内务大臣,台湾总督等职。

△　出席日本政友会总裁犬养毅等宴请。

下午 5 时,出席日本政友会总裁犬养毅及寺尾亨、头山满等在芝区红叶馆举行的宴会,出席者除孙氏一行十四人外,日本方面有犬养毅、头山满、副岛、寺尾博士、柏原文太郎、伊东知也、根津一等三十五人。"双方摒除客套,互相开诚布公,以叙阔别之情",话旧至 9 时左右。(《福冈日日新闻》1913 年 2 月 18 日,陈仲言译:《孙中山在福冈》,《近代史资料》总 55 号,第 4 页)向日本友人提出:"革命虽已成功,然尚不能相安。前途究发生如何事态,实难预断,故以后仍请予以援助。"(《顺天时报》1929 年 3 月 15 日,转引自俞辛焞:《孙中山宋庆龄与梅屋庄吉》,第 60 页)

△　李烈钧来电,呼吁"编练军队,原为对外问题,政治竞争,不越和平之量",不要因武力招国内之分裂,方今国会即将成立,举凡制定宪法、组织正式政府等问题,均不应在和平之外竞争。(《时报》1913 年 2 月 21 日)

2 月 17 日　与涩泽荣一等商谈兴办合办"中国兴业公司"。

晨,会见日本第一银行总裁涩泽荣一、贵族院议员秋元兴朝、兴业银行总裁添田寿一及留学生多人。(《民立报》1913 年 2 月 19 日,"西报译电")与涩泽荣一等商谈兴办中日合办企业"中国兴业公司"问题。涩泽荣一为日本财界领袖,时任三井物产公司董事长、日本第一银行总裁,被称为日本"实业之父",主张与中国实业界合作开发中国富源,对孙中山募外债发展实业饶有兴趣。与另一财界巨头三本条太郎商量邀孙中山访日,经森恪从中斡旋,商办中日合资企业。涩泽荣一本日晨来访,初步交换意见后,即返事务所与山本条太郎(时兼三井物产会社理事、该社上海分社经理)磋商中国兴业公司的筹备计划。19 日上午涩泽荣一至大藏省访胜田主计,征询其对上述计划的意见。胜田指示:"一、日本政府虽在表面上与该公司无关系,但实际上予以充分的支持；二、该公司一切由涩泽荣一一人主其事，并会同国内之适当银行家、实业家共同筹划，务期促其实现；三、东亚兴业公司之江西铁路借款，有获得中国权益之现象，此次会谈时尽量避免此一问题之提出。"（彭泽周：《中山先生与中国兴业公司》，《中华民国建国史讨论集》第 1 集，第 161—162 页。）《孙中山在福冈》所记日期为 16 日。（《福冈日日新闻》1913 年 2 月 17 日，陈仲言译：《孙中山在福冈》，《近代史资料》总第 55 号，第 4 页）

　　△　出席东邦协会欢迎会。

　　午后 12 时 30 分，出席由松浦伯爵、寺尾亨博士等东邦协会在向岛枕桥的松浦公馆举行的欢迎会。日本方面出席的有东邦协会会长松浦伯爵、目贺田男爵、关男爵、寺尾博士等一百余人，来宾有孙中山一行及汪大燮。宴会从午后 1 时开始，松浦致欢迎辞，孙致答词，其他数人致辞，午后 4 时散会。（《福冈日日新闻》1913 年 2 月 18 日，陈仲言译：《孙中山在福冈》，《近代史资料》总 55 号，第 4 页。原文所记日期为 16 日）

　　△　出席中国驻日公使汪大燮欢迎宴会。

　　晚，出席中国驻日公使汪大燮举办的欢迎宴会，参加者有日本著名人士三井岩崎、涩泽高桥、松尾之岛等人。席间演说世界种族之关系，及中日两国提携之必要。（《孙中山先生日本游记》，《民谊》第 6 号）

　　2 月 18 日　在日本进行访问、参观，出席欢迎活动。

　　上午，与马君武、袁华选一同分别访问日本参谋总长长谷川好道和陆军大臣木越安纲，随后参观小石川炮兵工厂、板桥火药厂。（《孙中山先生日本游记》，《民谊》第 6 号；陈鹏仁：《国父在日本》，第 12 页）

　　出席日本外务大臣加藤高明的午宴。加藤高明即将卸任。（《孙文先生東游紀念写真帖》，第 2 页）

　　下午 4 时，出席日本邮船会社欢迎宴会，大隈重信、阪谷市长、松井外务省次官、山座圆次郎等作陪，该社副会长加藤致欢迎词，孙中山致答词，表示"中国之招商局与贵日本邮船会社，殆同时产生，而贵会社逐年发达,已可与世界之大航运公司抗衡;中国之招商局其事业仅限于国内,且不能与外国公司竞争。盖因政治不良,故一切皆难图进行。日本为海国,必先求水运便利;中国为大陆国,必先务陆运,即铁道之发达,然后经济、政治、教育、军事等乃有可言。但航路与铁道有直接密切的关系,即余所任事业与贵社之事业关系最多,窃望此后东亚最强之日本与东亚最大之中国,于经济界互相提携,互相扶助。日本维新岁月较中国久,一切有所经验,吾国人希指导之日尚长也"。松芳子爵亦演说。宴后观赏日本舞蹈表演。(《孙中山先生日本游记》,《民谊》第6号)大隈重信在宴会上赞扬孙"为政治革命之大成功者,而愿献身于铁道事业,此虽世人所怪,而余之敬服惊叹孙君,谓其有英雄非凡之眼光,即在于此"。(《孙中山先生日本游记》,《民谊》第6号)

△　致电上海同志,告知"到东后,备受各界欢迎,现由桂太郎发起中日同盟会,约两星期内开成立大会"。(《民立报》1913年2月20日,"东京电报")

2月19日　继续在日本访问、参观,出席欢迎活动。

上午,偕袁协庆中将,视察日本帝国守卫营第四联队,由该联长传见各军官,并参观该联队演习,后复赴炮、马队参观,受到热诚款待。(《民立报》1913年2月22日,"国民党消息")

出席众议院议长大冈育造举办的午餐会,并发表演讲。参加午餐会的有众议院副议长关自彦、书记官长林田,以及山座圆次郎等知名议员多人,政友会、国民党、同志会、新政党代表。大冈议长致欢迎词:"我众议院各派代表得以共同欢迎前中华民国大总统孙文阁下和汪阁下以及中华民国各位著名之士,殊为光荣,深为感谢。两国国民,相亲相携,不仅为东亚和平,且进而为世界和平努力,实为可喜可贺。在此机会,谨祝孙文阁下与各位健康!"孙中山发表演说,强调中日两国应"和睦友好","在东亚建国者,实际上只有日本与中国,日本为先进国家,而中国则为后进国家。而这两个国家向来常有误解,但是从中疏通意思并非无人。如大冈议长适间所垂示者,两国和睦相亲,互相提携,不仅在东亚和平上,且在世界和平上实有必要。将来拟在两国和睦友好,相互了解上,与相知者共尽全力。此次访日,受到各方面热诚欢迎,深以为感。余定将此行所见所闻,报告祖国,以利于两国之友好。今日得与出席日本议会各派之贤达欢聚,实为无上光荣。最后谨祝议长阁下并各位健康!”(《福冈日日新闻》1913 年 2 月 20日,陈仲言译:《孙中山在福冈》,《近代史资料》总 55 号,第 4—5 页)并指出“中国日本两国有数千年亲密关系,种族、文字相同。两国之外交,不宜依随世界列国之共同行动,当恢复古来亲密之关系。中日两国宜取一致行动,以保障东亚之利益”。(《孙中山先生日本游记》,《民谊》第 6 号)

晚,出席递信大臣后藤新平举行的欢迎会,参加者有铁道院副总裁平井、南满铁路铁道总理中村、铁道协会会长古市公威等。与后藤新平密谈。(《孙中山先生日本游记》,《民谊》第 6 号)后藤新平(1857—1929)是日本明治、大正、昭和时期的重臣,曾任台湾总督府民政长官。1906 年 6 月 7 日,明治天皇以 142 号敕令,公布了设立“南满洲铁道株式会社”的文件,7 月 13 日成立以儿玉源太郎为委员长的“南满洲铁道株式会社设立委员会”,后藤新平出任满铁首任总裁一职,1908 年 7 月卸任,出任日本内阁要职,任递信大臣、内务大臣、外务大臣和东京市长。

△　报载国民党本部公布上海交通部规约,共八章十七条,于组织、职权等皆有规定。(《国民党上海交通部规约》,《民立报》1913 年 2 月 19日,“要件”)

2 月 20 日　继续在日本访问、参观,出席欢迎活动和中国兴业公司发起人大会。

晨,携随员参观东京陆军中学。(《民立报》1913 年 2 月 22 日,“西报译电”;《孙中山先生日本游记》,《民谊》第 6 号)

中午,出席日本铁道会于精养轩举行的欢迎宴会。会长古市公威询问办铁道筹款方法,答以用公司名义,由政府担保借外资。(《孙中山先生日本游记》,《民谊》第 6 号)随后,出席中国兴业公司发起人大会,山本条太郎主持,日方出席者还有大仓喜八郎、安田善三郎、益田孝、仓知铁吉、三村君平,中方代表为孙中山。在这前后,与涩泽荣一、益田孝作为日本实业家代表进行多次谈判。晚 6 时,接受三井物产会社出面招待,随后访晤三井男爵,并致答词称:"南京共和政府之得成立,三井男爵与有力焉,故中华民国深感之。"(《民立报》1913 年 2 月 22 日,"西报译电")《孙文先生东游纪念写真帖》所记本日在保险协会会馆举行日本实业家联合欢迎会,列席有三井、三菱、日本银行、正金银行及其他著名大公司人员一百余人,涩泽荣一致欢迎词,孙中山致答词,似应指此日之晚宴。(《孫文先生東游紀念寫真帖》,第 3 页)①

　　△　因四川共和党报纸捏造国民党密议拥戴孙中山、黄兴发难,以苏、浙、皖、赣土地抵借日款,购备枪械,割据东南,国民党本部谴责其行为超出政争范围,通电各省,谴责共和党行为。(《国民党通电表明别党诬捏情形》,《民立报》1913 年 2 月 23 日,"公电")

　　2 月 21 日　晨,参观日本陆军大学。(《民立报》1913 年 2 月 24 日,"国民党消息")

　　△　出席日华协会午餐会。午后,出席日华协会(又称中日同盟会)午餐会,会长秋元子爵致欢迎词,孙中山答词,愿中日两国交谊日亲。(《民立报》1913 年 2 月 24 日,"国民党消息")并提笔亲书"邦交雅会"。(《真相画报》第 14 期照片影印原件)

　　△　会见涩泽荣一,磋商中国兴业公司计划书草案。

　　下午,偕戴季陶赴三井物产会社董事长涩泽荣一之约,与涩泽荣

---

　　①　另有记载,是日与刚卸职的日内阁首相桂太郎餐叙。日本政潮平息,萨摩藩海军军阀巨头山本权兵卫组成新内阁,以牧野伸显为外相,日本政友会、国民党主流派、立宪同志会成为新内阁与党。应刚卸职之日内阁首相桂太郎邀请,共进晚餐,交谈甚洽。(陈鹏仁:《孙中山先生与日本友人》,台北大林书店,1974 年,第 105－106 页)指出日本击败帝俄之后,如其南向海洋,协助中国国民革命,解除不平等条约的束缚,共同阻截英国的霸权于亚洲之外,亚洲民族由此获得自由平等;唯有中日两国互相信赖,共同努力,方才能够达到这远大的目的。密谈时,戴季陶为随员兼翻译。(孙中山:《与桂太郎的谈话》,陈旭麓、郝盛潮主编,王耿雄等编:《孙中山集外集》,第 200 页)时间待考。

一、益田、山本等就中日合办事业交换意见,历时约三四小时,商定中国兴业公司计划书草案。草案规定了创立宗旨为:"为进一步巩固东亚同种同文两大国民之团结,加深唇齿辅车之情谊,两国有力之实业家结为一体,各示诚意,以强化其经济关系,振兴东亚,此为创设本公司目的之所在。今当中华民国草创之日,充实国力,迫不容缓。中国兴业公司同人当尽两国实业人之任务,探求中国之富源,调查中国之有利事业,以期达到实际之解决。"草案规定该公司为中日合办之股份公司,根据中华民国之法律而设立。其营业范围为:一、各种企业之调查、设计、仲介及其承办;二、对各种企业直接或间接进行资金之提供及通融;三、其他一般金融及信托之业务。公司以五百万日元为资本,由中日两国实业家各承其半,但第一次缴纳其四分之一。总公司置于上海,分公司置于东京。公司设董事十名,监查四名,由中日两国股东中,各按半数于股东大会时选出之。由董事互选总裁一名,副总裁一名及其常务董事二名。定期股东大会每年在上海召开一次,临时股东大会如必要时在上海或东京召开之。公司经董事会之决议,可以发行中国兴业公司债券,中国政府准许债券之发行,并竭尽其力以保护其利益,日本资本家当尽其最大努力应募债券。公司对日本或外国之资本团,可以仲介其资金之提供。对日本或外国资本团,根据内外市场之状况,当尽力对债务者予以有利之条件,以便筹募其资金。在日本资本团中,当网罗东京及大阪第一流有力之银行。对于公司的创立,中华民国方面由孙中山担当,日本方面由涩泽荣一担当之。(彭泽周:《中山先生与中国兴业公司》,《中华民国建国史讨论集》第 1 集,第 162－165 页)后涩泽荣一于 2 月 25 日至大藏省将该计划书草案交政府批阅。3 月 1 日,涩泽荣一在三井物产集会所召集各有关代表,再将政府批阅后之草案提出讨论,征得各方面同意后,作成该计划书。(彭泽周:《中山先生与中国兴业公司》,《中华民国建国史讨论集》第 1 集,第 163 页)

　　△　出席日本实业家联合招待会。晚,出席日本实业家联合招

待会,出席者有东京的第一流银行及大公司计四十四个单位的重要
人士一百余人。涩泽荣一主持并致欢迎词,表示:"此次孙文先生来
我国访问,不胜荣幸之至。孙氏不但致力于民国政治改革,且期待中
国之实业有所发展。我国千数百年来受中国文物之熏染,视中国无
疑为兄长。但今日在实业方面,我国则较中国向前迈进一步,愿将维
新以来所积之发展实业之经验传授给中国,以开发中国之富源。"孙
中山致答谢词,表示:"余为政治奔走数十年,今已完成其素志。此次
来访,与日本著名之实业家欢聚一堂,至为光荣。如涩泽男爵所示,
实业之发展,不仅需要政治之进步,且不可欠人道之根元。促进实业
之发展原无国境,但白种人总是不期待中日两国实业有所成,深恐两
国一有进步,将会排除彼等在亚洲之经济势力。中国天然资源丰富,
且拥有数亿人口,不患劳动力之不足。中华民国将来定能成为富强
之国。然所可惜者,不知开发富源之方法也。如能知之,即可立即着
手行之。但中华民国之政治及法律尚不完备,且受不平等条约之束
缚,即使得开发实业之法,亦难排除条约之障碍也。愿友邦之日本,
能助我一臂之力。"(陈鹏仁:《中国国民党在日本》,第137—138页;彭泽周:
《中山先生与中国兴业公司》,《中华民国建国史讨论集》第1集,第162—163
页)《孙中山先生日本游记》亦载,孙中山表示"中国物产丰富,人民众
多,其实业不发达之原因,实由于政治之障害。中国向来所受之政治
障害有二:其一为国内的,其一为国际的。国内的政治弊害,为法律
不良,保护不周。今者革命既毕,第一障害可望逐渐除去矣。至于国
际的政治障害,为中国向来与外人所订条约不良,丧失主权"。"苟能
除去前所云二层障害,然后欧美、日本人乃能自由输入其新方法于中
国,合力图大陆上实业之发达,中国乃能实行开放门户主义。"而"中
日两国同种同文,关系极古,深望此后两国民之结合",尤望日本实业
界"出其数十年之经验智识,以助中国也"。(《孙中山先生日本游记》,
《民谊》第6号)

　　△　晚,由孙中山提倡,开晚餐会招待中国革命时代日本志士赴

中国援助革命者及旧知二百余人。(《孫文先生東游紀念写真帖》，第 3
页)

2月22日 上午，赴横滨，出席横滨正金银行欢迎会。(《民立报》
1913 年 2 月 25 日)并午餐会。(《孫文先生東游紀念写真帖》，第 3 页)

△ 午后，归东京。4 时，出席日华学生团在筑地精养轩举行的
欢迎会。参加者有新渡户博士、副岛博士、头山满等及两国学生共五
百余人。发表演说，追溯留日学生与革命的历史，指出："中国之初
醒，实在中日战役之后。是时鄙人始倡政治改革之议，渐有和者。以
乙未年始起革命军于广州，其时和者极寡，殆无成就之希望。及后，
庚子年团匪事后，国人大惧，乃于是留学于日本，感于日本政治改革
之效，群以为中国革命之不可缓。……东京学生实为中华民国建国
最有功之人。"希望中日学生"各勤所学，以尽其天职。诸君之天职，
为保障东亚之名誉，维持东亚之势力，不受异种人之侵害。愿诸君以
此义相结合，而互担此任于双肩也"。(《孙中山先生日本游记》，《民谊》第
6 号)

△ 《申报》载东京电云，日本欢迎孙中山，关系渐重，相信孙中
山此行，乃为袁世凯总统个人之代表，运动日本承认中华民国，并拟
与日本缔结商业与政治之条约。(《申报》1913 年 2 月 22 日，"译电")

2月23日 出席中国留学生欢迎会。

上午 9 时，出席中国留东全体学生于神田青年会馆举行的欢迎
会，并发表演说。(《孫文先生東游紀念写真帖》，第 3 页)演说勖勉学生孜
孜谋求建设之学问，并期望中日联合，共谋中国之建设。演说中论述
破坏与建设之关系，指出"破坏之后必须建设，恢复秩序，巩固邦基。
学生诸君必要为中华民国妥筹健全之方法，担负建设的责任，以措国
家于磐石之安，方不负从前革命的一种伟大志愿。盖破坏固宜急进
的，建设亦宜急进的。破坏之事业并不甚难，只要持极端的牺牲主
义，坚忍做去，即能收效。欲筹建设，虽无破坏时代的危险，仍必与破
坏时具同一之精神"。同时，建设更需要求学问，"建设事业，不仅要

与破坏时代持同一之牺牲主义,并且要一绝大学问"。"处此时代,急要精进学问,以图根本上之改良。诸君在东京留学,应该立定一绝大志愿,研究学问。"对于民国成立后的现状,既有批评,也有乐观,指出:"中国今日之现象,如拆屋改造,旧者已经破坏,新者尚未建全,庶政繁多,动需时日。试观吾国历史,每一朝代之更替,必经三四代之设备,始得稍稍完全。破坏事业与建设事业,成就于一人之手者,实所罕见。今日民国成立已历二年,种种设施虽不甚完备,然求之历史上,已经是收效最速的了。我辈不可谓中国不可为。"鼓励学生努力求学问,并促进与日本的感情,"今日谋巩固中华民国,须注重外交。亲日政策,外交上之最妙着,其责任当以学生诸君负之"。孙中山最后指出:"我们中日两国,最宜联合一致进行。将来能联合、能亲交与否,这种责任,都在学生诸君身上。"(《在东京中国留学生欢迎会的演说》,《孙中山全集》第 3 卷,第 21—27 页)

△　午后 2 时,赴基督青年会及铁道青年会之联合欢迎会,发表演说勉励青年。(《孙中山先生日本游记》,《民谊》第 6 号)

△　下午 6 时,出席东京各新闻杂志、通讯社等联合组织的春秋会在帝国旅馆举行的欢迎会,会长箕浦胜人致欢迎词。孙中山致谢辞。(《孫文先生東游紀念写真帖》,第 4 页)

2 月 24 日　晨,至桂太郎邸,访问桂太郎,一说会谈约三十分钟,一说孙文访桂太郎未遇,仅留下名片,待考。(段云章编著:《孙文与日本史事编年》,第 333 页)

△　午后赴丸善购买书籍。大仓伯爵邀请参观美术陈列所。晚,出席大仓洋行晚餐会。(《孙中山先生日本游记》,《民谊》第 6 号;《孫文先生東游紀念写真帖》,第 4 页;《天锋报》1913 年 2 月 27 日,"电报四")

2 月 25 日　上午,访犬养毅。午后 2 时,赴大隈重信茶话会,早稻田大学校长高田以及各大学教授、官绅一百余人作陪。(《孙中山先生日本游记》,《民谊》第 6 号;《孫文先生東游紀念写真帖》,第 4 页)

△　下午 5 时,出席在东京市芝红叶馆举行的招待会,汪大燮参

加。日本外相牧野、外务次官松井、涩泽荣一、大仓平八郎、浅野总一郎、三井八郎、右卫门等重要实业家等十余人列席,阪谷市长、各市长助理、市参事会会员等出席。(《福冈日日新闻》1913 年 2 月 27 日,陈仲言译:《孙中山在福冈》,《近代史资料》总 55 号,第 5—6 页)致答谢词,表示"今日蒙市长代表东京市欢迎,与东京人士相会一堂,不胜欣幸。文当革命出亡之际,居东京颇久,与此间人士往还甚多,情意亲密,有异国弟兄之感……至于中日两国之交谊,文更有所欲言者。按今日世界之大势,凡种族、文字、教化相同之国,莫不有特别亲密之关系……贵市为日本首都,江户舆论每足以风动全国,窃望莅会诸君此后益主倡中日提携之论,以谋东亚之幸福及世界之和平"。进行交谈,至晚 9 时散会。(《孙中山先生日本游记》,《民谊》第 6 号)

△ 参观中央铁路车站。该站工程尚未竣工。(《天铎报》1913 年 2 月 27 日,"电报四")

△ 山西都督阎锡山来电,报告已将省垣及各路军队遣汰十分之八,只有河东观察使张士秀、旅长李鸣凤把持财政,抗拒编裁,呈请中央派员剿办。(《河东抗命始末记》,《申报》1913 年 2 月 28 日,"社说")

2 月 26 日 在日联络二十余团体在东京召开联合大会,推桂太郎为临时主席,表决三问题:一、确保中国领土及东亚和平;二、承认民国由日本主唱,期速实行;三、联络两国国民感情。已提请议院认可。(《民立报》1913 年 3 月 1 日,"北京电报")

△ 赴三菱公司午餐会、日华实业协会茶话会、日本贸易协会晚餐会。(《孙文先生東游紀念写真帖》,第 4 页)

△ 《民立报》发表评论,指孙中山访日,中日携手互利。文曰:"日人欢迎孙中山先生之热忱,不免激动世界之注意……当中山先生之抵日本也,日人以专车载之,及其到东京,则迎逅之礼,几等于君主。自是而后,遂有开会欢迎者,晤谒,银行主也,工商界代表也,政界伟人也,莫不争相结纳。"孙中山曾对人言,此游不关涉政事,个人希望中日修好而已,但评论指出不可忽视其或有"藉此运动承认及试

探日人之意向，以便订结政治上商务上之同盟"。文称，中俄两国之交谊日坏，而中国则更欲结好东邻日本，中日两国前此之不能修好，是因为缺乏互相了解，革命初起之际，日本拟强保清廷，今清廷已去，日本欲结好中国，原因有二："一、中国因财政不整，四分八裂，日本果与中国修好也，则可乘机大获。二、中国或能脱离党争，建设适合其人所需之政府，因是而发达，则日本亦可有所获。"因此，"日本之贵族对于中山先生，虽以社会党视之，受反抗贵胄之人之崇拜，而亦不能不善遇之也"。(《中日之修好》,《民立报》1913 年 2 月 26 日)

2 月 27 日　出席山田良政纪念会。上午 10 时，出席山田良政纪念会，于墓上献花圈，并偕山田氏父母于上野公园中小饮。山田原从孙中山离开日本参加中国革命，惠州之役牺牲。(《民立报》1913 年 3 月 1 日,"日本电报")手撰碑文志哀，称赞山田良政为"其人道之牺牲，兴亚之先觉也，身虽殒灭，而志不朽矣"。(中国社会科学院近代史研究所藏原件照片,《孙中山年谱长编》上册,第 776 页)为山田良政之父亲山田浩藏题写："山田老先生若吾父　孙文。"(刘望龄辑注:《孙中山题词遗墨汇编》,第 186 页)

△　下午 6 时，出席日本银行界于总理宅中所设欢迎宴会。(《民立报》1913 年 3 月 1 日,"日本电报";《孙文先生東游纪念写真帖》,第 4 页)

△　致电胡汉民，告以探悉日本新内阁在我国正式政府成立后，当首先承认。又谓："国会将开，选举总统，宜先预备。现任袁总统，雄才伟略，薄海同钦。就任以来，所有措施，中外慑服，请联南方各督共表同情。一面怂恿国会赞成，务使人心一致，藉支危局。"(《民立报》1913 年 2 月 27 日,"广东电报")

△　《申报》载东京电云，孙中山已展缓数日离此，连日各处欢迎者络绎不绝，每临一会，必滔滔演说，据称此行目的，乃求敦睦中日邦交及运动协约事宜。孙曾言中日联合，实两国求幸福之要图。(《申报》1913 年 2 月 27 日,"译电")

2 月 28 日　晨，离东京赴箱根，第二日即回。(《民立报》1913 年 3

月 1 日,"日本电报")

是月　为《震旦》月刊创刊号写祝词。《震旦》杂志为统一党政务讨论会发行,祝词为:"泱泱神州,蓝荜伊始。国之揭橥,政纲是恃。范围五族,昭示亿〔祀〕。民智犹豪,孰良孰否。欧陆前模,孟德精理。发扬光大,视此鸿制。"(《震旦》杂志第 1 期)

△　为日本众议院议员铃木久五郎题赠:"铃木先生博爱孙文。"题写于铃木外褂,后捐东京上野博物馆。(刘望龄辑注:《孙中山题词遗墨汇编》,第 187 页)

△　为日本实业家白岩龙平题赠:"白岩先生正　博爱　孙文。"白岩龙平曾参与组织同文会,任同文会干事,孙中山在日时,与商谈组织中国兴业公司。(刘望龄辑注:《孙中山题词遗墨汇编》,第 187－188 页)

△　北京政府向英美德法日俄六国银行团借款二千五百万镑合同大致议定。后美国宣布退出,遂变为"五国银行团"。(《中华民国国父实录》第 3 册,第 2107 页)

3 月

3 月 1 日　在东京国民党支部、共和党支部、广东同乡会欢迎会上演说。

下午 3 时,由箱根返回东京,出席在东京的国民党支部、共和党支部、广东同乡会联合举行的欢迎会。(《民立报》1913 年 3 月 4 日,"日本电报")演说中希望留日人士担任起巩固民国的责任,指出:"民国虽成立,犹在幼稚时代,大家须发大愿力,将已造成之中华民国,巩固其根基,方尽我们的天职。创造民国者,既发源于东京,则巩固民国者,亦要留东诸君担负其责任。"强调政党须注意党德,党争必以正当手段,"从前之党与党,所持宗旨背道而驰,故相视若仇雠。今日之党与党,均以国家为目的,虽分而为数党,究竟同此四万万人,同〔此〕立此共和政体之下,均以国家为本位。所谓百虑而一致,殊途而同归"。提出要形成两党政治,"盖一党之精神才力,必有缺乏之时,而世界状态,变迁无常,不能以一种政策永久不变,必须两党在位、在野互相替代,国家之政治方能日有进步"。并解释"党"在现代政治中的意义,指出"中国普通人之心理,对于党字之意义,不甚明了,以为古书上于党字之解释不甚良美,有所谓'君子群而不党'之说。不知今日之政党的党字,在英语名词为 Party,在中国文字别无与 Party 相当之字,只有此党字较为近似,并无别字较党字确当者。故用此党字,究竟与古时所用之党字大有区别"。"至于党争亦非不美之事,既有党不能无争。但党争须在政见上争,不可在意见上争。争而出于正当,可以福民利国;争而出于不正当,则遗祸不穷……他党之宗旨与自己之宗旨不相符合,因而不赞成他党,一心护持本党,求本党之胜利。其求胜利之方法,须依一定之法则,不用奸谋诡计,是之谓党德。如但求本党之胜利,不惜用卑劣行为,不正当手段,谗害异党,以弱本党之敌,此种政党,绝无党德。无党德之政党,声誉必堕地以尽,国民必不能信任其政策,何能望其长久存在呢?"希望在日本的国民党、共和党成员切实研究,"以为内地政党之模范。令全国人民人人具有此种道德,具有此种思想,则中华民国之政治可以立见发达,中华民国之基础可以日益巩固,中华民国之国势亦可以蒸蒸日上,凌欧驾美而上之。此即诸君异日在民国之勋劳,亦今日两党诸君应尽之责任也"。(《在东京留日三团体欢迎会的演说》,《孙中山全集》第 3 卷,第 34—38 页)

△ 下午 5 时,出席日本去年访华商团在皇家戏院内酒馆举行的宴会。(《民立报》1913 年 3 月 4 日,"日本电报")

△ 在东京松本楼与日本日华同志恳亲会成员合影。(俞辛焞:《孙中山宋庆龄与梅屋庄吉》,扉页照片)

3 月 2 日 上午,应日本山县有朋公爵邀请,相与畅谈。(《民立报》1913 年 3 月 4 日,"日本电报")中午,出席中国青年会欢迎会。(《民立报》1913 年 3 月 4 日，"日本电报"）下午 1 时 30 分，参观三井株式会社办公处。（《民立报》1913 年 3 月 4 日，"日本电报"）2 时，应东京市长阪谷邀请，观看柔术表演。（《民立报》1913 年 3 月 4 日，"日本电报"）3 时，出席日本贵族公会邀请茗叙。（《民立报》1913 年 3 月 4 日，"日本电报"）

△　与桂太郎讨论中日关系。

晚 6 时，出席桂太郎于邸中举行的宴叙。（《民立报》1913 年 3 月 4 日，"日本电报"）双方谈到发展中日友好关系的重要建议。1 月 20 日已与桂太郎进行过会谈，本日为第二次会谈。两次会谈中，桂太郎提出，英、俄是亚洲各国的最大敌人，俄国以最强的武力从北方压下来，英国以最强的经济力从南方压迫上来，日本为了"努力图自存"，缔结日英同盟，打败俄国。现日俄战争结果已经分明，英日同盟已经失去效用，"此后日本唯一之生路，东方民族唯一之生路，惟有极力遮断英俄的联结，而且尽力联德，以日德同盟继日英同盟之后，以对英作战。继对俄作战之后，必须打倒英国的霸权，而后东方乃得安枕，而后日本乃有生命"。桂太郎还称，日俄战争是因中国衰弱不足以抗俄，才"以此牺牲，归之日本"，在中日甲午战争和日俄战争中，日本不过以人民死生拼国家存亡，岂足以言侵略，若中国不强而甘受欧洲之侵略，且将陷日本于危亡。桂太郎还表示，今后惟望与孙中山互相信托，以达造成中、日、土、德、澳的同盟，解决印度问题。印度问题一解决，则全世界有色人种皆得苏生。日本得此功绩，决不愁此后无移民贸易地，决不作侵略中国的拙策；大陆的发展，是中国的责任；中日两国联好，可保东半球的和平。中、日、土、德、澳联好，可保世界的和平。针对目前中国政治由袁世凯掌握，桂太郎指出，袁终非民国忠实的政治家，终为民国之敌，但今日与之争，无益而有损。桂太郎支持孙中山的铁路计划，认为目前以全力造成中国铁道干线，铁道干线成，孙中山便可再起执政权，自己必定以全力以助。时担任孙中山秘书和翻译的戴季陶记述：孙中山很佩服桂太郎的见解，并对桂太郎期望甚殷，但桂太郎于是年 10 月死去，孙中山曾表示："日本现在更没有一个足与共天下事的政治家,东方大局的转移,更无可望于现在的日本了。"而桂太郎临死的时候,也向其最亲近的人表示,"我不能倒袁扶孙,成就东方民族的独立的大计,是我平生的遗恨"。(戴季陶:《日本论》,第91—98页)

△　《福冈日日新闻》发表评论:"孙逸仙之访日目的何在,姑且不论。但其莅日以来,已在发言中与我国结成了难以估计的深厚联系,特别是对我国实业界之信任感颇为坚定,而我国之实业家们对孙氏亦产生尊敬之念。今后中日两国实业界的关系殊堪刮目以待。"(《福冈日日新闻》1913年3月2日,陈仲言译:《孙中山在福冈》,《近代史资料》总55号,第6页)

3月3日　拜访日本元老松方正义侯爵,请其协助订立两国商业条约。(《民立报》1913年3月5日,"日本电报")时松方正筹组中日会社,以两国代表主持其事,拟推孙中山及大隈重信、松方正义为顾问。(《民立报》1913年3月6日,"西报译电"、3月10日,"北京电报")

△　在三井物产会社与涩泽荣一、山本条太郎、益田孝、大仓喜八郎等逐条讨论并拟定《中国兴业公司计划书》条文。

关于第一条"名称",孙中山表示:"兴业公司"汉字之名称甚好,不过英文名称中的 Exploitation 不如改为 Development 为妥。关于第二条,益田孝提出该公司要"根据日本法律创设之",孙则坚持"依中国的法律设立本公司,颇为妥当。因为:一、现在中国有公司设立法律;二、根据中国法律,可以在中国内地营业。但现行公司法律是清政府所制定的。不久国会召开时,将要加以修正。现任国会议员中,国民党员居半数以上,国民党议员之意见,将来之公司法律,当由我等决定之"。针对益田主张根据日本法律创设之亦未不可,又表示,"今如以日本法律创设,我恐归国后难以向国民交代责任,甚至会弄出误解来。最好将此条暂为保留,将来再谈"。关于第三条"营业"无意见。第四条在公司"资本及股份"问题上,孙表示"资本以一千万日元为宜,因为资本大,则信用厚"。涩泽解释说公司本身不集资本直接投入各种企业,而只是从事于设计或调查各种企业的开拓,待计划拟定后,再另创新公司向日本或外国募集资本,因此不需要过多资本,本来以三百万日元即足够,后来增至五百万日元。关于第五条"营业所"无意见。在谈到第六条"干事"时,孙与益田、大仓意见略有不同,益田和大仓认为:按照中国公司组织之惯例,应设总办(即总裁)二人负责指挥公司一切业务。孙表示:"依我所见,设总办二人管其事,在职权上难免会发生冲突,不如设一人为妥善。"关于第七条"股东大会",表示完全同意。第八条关于"债券"发行,孙中山说:"中国政府当准许债券之发行,并尽量保持其利益。今日之中国铁路总公司,即是得到政府之承认后才创设的。目下全中国之主要干线均由总公司负责督办,所需资金极巨大,向外国发行债券,如无政府之保护,甚难募集。因此,债券之发行,事实上是得到了政府的承认,并受其保护。"第九条"资本之仲介",经过涩泽荣一解释,表示大体上无大问题。涩泽荣一说:孙先生如在中国方面能尽力成其事,日本方面则不止我一人,今天在坐的有益田、大仓及山本三人,三人不出其名,由我一人为代表如何？孙中山表示肯定。(彭泽周:《中山先生与中国兴业公司》,《中华民国建国史讨论集》第 1 集,第 163—166 页)

　　△　下午,与日本首相山本权兵卫晤谈辞别。会见中表示深谢日本欢迎盛意,并表明中日联好的愿望。桂太郎内阁辞职,山本权兵卫内阁于 2 月 20 日成立,牧野伸显任外相。(《民立报》1913 年 3 月 4 日,"特约路透电")晤谈后,致电袁世凯,告以会谈情形,电云:"山本内阁燕谈数次,已将尊意微露端倪,山本慷慨允诺,谓余在内阁一日,必能达到中日同盟目的。且云:中国正式政府成立,余必请朝廷首先承认云云。"(《民立报》1913 年 3 月 8 日)

　　△　晚 6 时,宴请日本旧友,到者一百多人,互致祝词,宾主尽欢而散。(《民立报》1913 年 3 月 5 日,"日本电报")

　　△　报载醇亲王复孙中山吊清隆裕太后电,内容为"清室不造,圣后升遐,远荷电唁,惟有体先后遗意,辅翊太平"。(《申报》1913 年 3

月 3 日,"专电")

△ 《申报》载东京电,云孙中山与日本资本家多次会晤,多所许让,预料将来当有大结果。日本报界均视孙中山此行为两国政治、商务大变迁之先声。(《申报》1913 年 3 月 3 日,"特约路透电")

△ 《申报》载东京电,云因民国尚未得各国承认,孙中山此行访日并非正式访问,似专为申谢日本扶助中国革命而来,有识者多谓孙中山实系代表袁世凯总统,实际目的是提倡中日两国在商业上的联络和政治上的提携。孙中山演说甚多,力言中国欲维持远东和平、保持领土完全、建设健全政府、振兴工商事业,均当唯日本是赖。(《申报》1913 年 3 月 3 日,"特约路透电")

3 月 4 日 出席日本外务大臣牧野伸显在霞关官邸举行的宴叙。日方阪谷芳郎男爵、铁道院总裁床次、副总裁平井、递信大臣元田肇、农业大臣山本、大藏大臣高桥是清、关直彦、安达谦藏、菅原传、德川公爵、参事官山座、外务次官松井等作陪,宾主相互致词。(《孙文先生東游紀念写真帖》,第 4 页;《福冈日日新闻》1913 年 3 月 5 日,陈仲言译:《孙中山在福冈》,《近代史资料》总 55 号,第 6 页)

△ 设私宴答谢日本外交大臣牧野伸显男爵,内阁阁员在座。继往访松方正义侯爵,请其协助订成两国商业条约。(《民立报》1913 年 3 月 5 日,"特约路透电")

△ 自东京致电北京政府,称在日本银行界借款,已得七家允借。电称:"连日与此间银行界筹商小借款事宜,已有七家允借:一、第一银行,二、第百银行,三、横滨上金银行,四、安田银行,五、大仓银行,六、三菱银行,七、三井公司。至借额、利息、抵押以及订立合同诸事,容当电闻。"(《借款近史》,《天铎报》1913 年 3 月 12 日,"中外要闻")

△ 电请北京政府设置铁道院。电云:"中国铁路公司设于上海,系为召资及筹备全国铁路临时之设立,刻晤欧亚资本家,对于中国二十万里铁路,多表同情,自应正式设立机关,以便进行。查欧美各国,在交通专署外,设有铁道院,属于国务总理,此项机关,应迅速

筹备,以为发展全国经济之先导。"据交通部人云,孙中山欲设铁道院,当先撤废交通部之路政司,将来铁道院成立,以路政司旧人改组,可资熟手。(《京尘非絮录》,《民立报》1913 年 3 月 10 日,"新闻一";《铁道院设立之动机》,《申报》1913 年 3 月 12 日,"要闻二")

3 月 5 日 离东京抵横滨。

大隈重信、涩泽荣一、副岛博士、犬养毅及官绅二百余人至新桥车站欢送,成城学校、同文书院、志诚学校、各大学、各高等学校留学生及日华学友会员数千人列队欢送。横滨国民党支部部长黄焯民派周庆慈至东京迎迓。(《孫文先生東游紀念写真帖》,第 5 页)离开东京时,寄退京之辞于各报,对日本朝野人士热诚招待,深表感谢,并再次表示共谋中日亲善之愿望。函云:"文等观光贵国,沿途受官民上下,热诚招待。留京之日,更蒙诸贤士大夫暨各界诸君,不弃菲德,宠以嘉荣,感激之诚,不可言宣。足征贵国人士爱同种同文之真诚,非特文等个人之私荣而已。返国之际,敬当举贵国人士以爱同文同种者爱敝国兼及于文等之至意,播之全国,俾两国人士共相提携,以继日华两国历史上之亲处,且所以谋东亚之幸福,此文等所敬谢贵国人士,亦所切望于贵国人士者也。谨致数语,聊表谢忱。"(《孫文先生東游紀念写真帖》,第 5 页)

上午 10 时 15 分,抵横滨。乘车至市厅,受到热烈欢迎。(上海《民立报》1913 年 3 月 8 日)下午 5 时,出席神奈川县市部县会、横滨市会、经济协会、商业会议所四团体联合欢迎会。6 时半出席宴会,市政厅长大谷嘉兵卫述欢迎词,孙中山答词。宴会后,又赴中华会馆欢迎晚餐会。(《孫文先生東游紀念写真帖》,第 5 页)

离东京赴横滨前,由富士城发函往东京,约见韩汝甲。函云:"便条收悉,我很乐意在下午四至五时间见你。"(《历史档案》1985 年第 1 期封二影印件)

△ 北京各报称,袁世凯总统有电致孙中山,称有要事相商,请即日回国。(《民立报》1913 年 3 月 6 日,"西报译电")

3月6日　在横滨出席各种活动及演说。

晨,参观三处中国学校,均发表演说。中午,出席中国领事馆午宴。午后,出席国会议员欢迎会,发表演说。(《民立报》1913年3月9日,"日本电报")为横滨华侨学校题赠:"为国育才。"该校为广东华侨创办的一所完全小学,同时是革命党联络机关。(刘望龄辑注:《孙中山题词遗墨汇编》,第188页)又为卢联业题赠:"逸堂仁兄雅属　进步　孙文。"卢联业为祖籍广东南海的横滨华侨,字逸堂,同盟会员,辛亥革命后任同盟会横滨支部长,横滨华侨学校董事长。因一度吸食鸦片,参加革命后改除,孙中山故题词赞誉。(刘望龄辑注:《孙中山题词遗墨汇编》,第188—189页)

下午,出席国民党横滨支部欢迎会,并发表演说,论述政党政治与党务问题,指出:"夫国家之成立,必赖乎政治,而民国之政治,若普问于国民之可否,岂不是行极繁之手续?故欲简而捷,必赖政党。今与二三政党商量妥协,而国之政治即举。""今回之选举,国民党未尝出何样之手段,又无些毛之运动,然此次之选举,本党似得胜利。可知办事不在乎手段与运动之多寡,而贵乎光明正大之主义公理。此亦可知国民趋向正义、公理、共和之一途也。"只要赞同共和,都应引为益友良朋。对于优待清室政策,指出"不外照外国待君主之礼以待之。即如日本天皇驾崩时,民国曾服廿七日之丧,今隆裕太后之死,民国亦不过服廿七日之丧服而已。今北京仍然有皇室与皇帝之名称在者,我民国待之,当他系外国君主游历至此,我民国不过尽地主之责,以待遇之而已。故民国合五族而成,凡五族之人,皆如兄弟,合心合力,以为民国之前途着想尽力"。(《孙中山先生在横滨演说词》,《民谊》第6号)

下午6时,出席横滨华商在总会举行的宴会。(《民立报》1913年3月9日,"日本电报")

△　报载孙中山电告广东都督胡汉民,谓袁世凯当选为正式总统后,日本必首先承认中华民国,请胡疏通南方舆情,举袁为正式总

统。(《申报》1913 年 3 月 6 日,"译电")

　△　报载东京有人发起组织中日会社,以两国代表主持其事,举松方正义、大隈重信、孙中山等为名誉顾问。(《申报》1913 年 3 月 6 日,"译电")

3 月 7 日　9 时 54 分,于横滨乘火车往横须贺,至镇守府与司令长官会面,参观镇守府,再巡览横滨海军炮术学校。至镇守府午餐,午后,参观巡洋舰"比睿"舣装工事和大型驱逐舰"海风"、军舰"香取"等舰。4 时 55 分从横须贺出发,抵国府津。(《孫文先生東游紀念写真帖》,第 5 页)

3 月 8 日　往访名古屋,受到各界欢迎。

　与随员戴季陶、马君武、宋耀如、袁华选及山田纯三郎等抵名古屋,受到坂本市长、商业会议所会长奥田、三井洋行支店长儿玉、商业会议所议员、各银行董事、在名古屋的中国留学生到站欢迎。下车之后,与坂本市长及迎接诸绅握手,发表谢词,到名古屋客栈少息,于客厅会见新闻记者。午后,参观名古屋离宫、商品陈列馆。下午 3 时半,出席中华留学生欢迎会。6 时,赴坂本市长在银行集会所主持的欢迎会,坂本市长致欢迎词,并举杯为孙中山祝寿。欢迎词为:"中华民国之将来,待孙先生之手腕者颇多,吾人为东亚和平,切祈孙大人自重自爱,特于与敝国之经济关系,就中我名古屋市之经济关系,期待先生者孔大。今夕辱蒙孙先生驾临,本市之光荣曷加之。兹表感谢之意。敬祝先生之寿。"孙中山发表谢词。宴毕,同抵荣町伊藤吴服店巡览,并观览歌妓表演舞俑。(《孫文先生東游紀念写真帖》,第 5、6 页)

　△　在到达名古屋前,致电金泽警察所所长一之濑胜三郎,望能与其见面。本日,一之濑胜三郎来名古屋晤叙。一之濑曾在台北万华警察所服务,孙中山 1900 年策划惠州起义时,在台北得到其帮助,故借此机会向其道谢。(陈鹏仁:《孫中山先生与日本友人》,第 106-107 页)

△　致电小吕宋中华商会转救国社,劝勿排斥日货。电称:"据日本外务省来电云,贵埠有排斥日货之举,切以中日两国谊属邻邦,急应互相融洽,以谋亚东幸福,殊不宜自相冲突。现在日本朝野上下,皆极欲与吾国联络,全国人心皆属一致,务望详察此意,罢除排斥日货之举,东亚幸甚!"该社复电,表示遵即开会,从公议决。同日,又致电小吕宋救国社:"抵制事出于爱国热诚,不宜误用。日本全国现皆欲与我和亲,无抵制之理由。尊电赞成取消,望即实行。"该两电分别登载于小吕宋3月8日和11日之《公理报》。(小野川秀美、岛田虔次:《辛亥革命之研究》,第383页,转引自段云章编著:《孙文与日本史事编年(增订本)》,第343—344页)

3月9日　抵达京都,出席各欢迎活动。

上午9时40分,与坂本市长同至名古屋车站,与欢送官绅相互道别。10时发车。午后2时37分到京都,受到官绅一百多人、京都帝国大学及高等学校中国留学生六十多人在火车站欢迎。下车发表谢词,直驱马车抵京都客栈。午后3时,到西本愿寺与大谷光瑞会谈。4时,至京都府立图书馆,出席中国留学生欢迎会,并作训示,一同摄影纪念。餐后回京都客栈。晚7时,出席京都商业会议所欢迎会,在谈话室与来会者握手交谈,商业会议所会长滨冈、大学教授、实业新闻记者等六十余人列席。滨冈会长致欢迎词,会众举杯祝孙中山健康。孙中山发表感谢致辞,11时半散会。(《孫文先生東游紀念寫真帖》,第6页)

△　国民党干部、议员在上海讨论政治,有人提出欲争总统席位,推黄兴为副总统,组织国民党内阁,以宋教仁为国务总理。至于总统,如袁世凯能尊重民意,推之亦无不可,但需宪法制定以后,根据宪法实行。(《中华民国国父实录》第3册,第2111页)

3月10日　往访奈良,受到各界欢迎。

10时25分,自京都车站启程前往奈良,日本官绅及中国留学生数百人到车站欢送。11时半,抵奈良郡山,出席柳泽保惠伯爵的招待会。下午 3 时 40 分,由郡山车站出发,4 时半,抵大阪凑町车站,何天炯、马君武、宋耀如、袁华选、戴季陶、宫崎寅藏、岛田经一、山田纯三郎、菊池良一等随同到达,受到住友男爵、肝付市长、商业会议所主席土居通及该所议员、府、市议会议员及士绅数百人欢迎。下车之后,与肝付市长一同乘车至中岛大阪客栈休息。晚 6 时,出席大阪官绅在大阪客栈举行的欢迎会,大阪市长肝付男爵致欢迎词,一同干杯祝孙中山一行健康。孙中山发表谢词,表示"我两国人本出同种同根,决无相异之理也。况鄙人久住贵国,前后来往者二十余年,实以日本为第二之故园也。故今与诸公在一堂之下,如是交膝款谈,诚有一家同胞团栾之思"。再次强调中日一家,相互提携,特别推重日本的地位,指出"方今立国东洋者,惟有日本与中国而已,然而维持东亚和平之实力者,惟日本为然。盖日本于四十年前早已著维新之曙光,文明风物,逐日改进。四十余年间之进步发展,遂致升世界强国之地位。东亚和平之局,实为日本帝国所支持"。"惟冀自今而后,益提携共同防御欧西列强之侵略,令我东洋为东洋人之东洋,则岂不愉快哉!鄙人流寓东西各国者多年,而来往日本则实至十数次之多,最蒙贵国人士之垂青,领教匪浅。则贵国鄙人第二之乡国,而贵国人士则为我师兄也。敝国改革伊始,一切须待贵国之援助莫论也。本日来会之诸公,皆为维持亚东之幸福,热心尽瘁,众目俱观,不必多赘。兹代表中华民国国民,谨致诚表谢悃之意。"(《孙文先生东游纪念写真帖》,第 7 页)

　　△ 卢夫人于 3 月 8 日到达神户,10 日抵大阪,住与孙中山所住大阪饭店邻近之银水楼。本晚,孙中山前往看望,谈约半小时即告别。(陈鹏仁:《孙中山先生与日本友人》,第 108 页)

　　△ 报载北京政府接孙中山电,谓日本新内阁极愿设法调停俄库事件,以保全中华主权为目的。(《申报》1913 年 3 月 10 日,"专电")

3 月 11 日 在大阪参观,出席欢迎活动。

　　上午 10 时,在大阪参观中村紧身布工场。中午,出席纺织联合会欢迎会,并致谢词。下午 2 时抵三轩家町大阪纺织会社及《大阪朝日新闻》社视察。下午 4 时,至土佐堀青年会馆,发表演说。(《孫文先生東游紀念寫真帖》,第 7—8 页)演说提倡和平主义、中日携手,云:"回想过去,惟吾中华民国原是自古以来最重视和平之民族,即中国人民共同尊奉之孔教四海皆兄弟之博爱主义,治国平天下之和平主义。"指出日本的文明系统与中国本属于同一基础,但近几十年来却借鉴欧美的帝国主义,"现今,为保全其国家于东亚,事实上不得不受帝国主义之压迫。然而东亚各国之国内若能达到全面增进之地步,则无需恐惧欧美之帝国主义。中日两国能携手保证东亚之和平,那么,无论是欧美之野蛮文明,还是所谓的帝国主义,均无法施加压力,则可维持其和平"。(《大阪朝日新闻》大正 2 年 3 月 12 日,转引自段云章编著:《孙文与日本史事编年(增订本)》,第 345 页)5 时回旅馆。

6 时,出席大阪经济会在大阪客栈举行的招待会,致答辞。(《孫文先生東游紀念寫真帖》,第 7—8 页)

出席大阪国民党分部欢迎会,发表演说,解释民生政策的意义,以及政党对于政治的关系。(《驻日各支部纪事》,《国民杂志》第 1 年第 1 号)

3 月 12 日　继续在大阪参观和出席欢迎活动。上午 11 时,乘车赴炮兵工厂视察,访问提理村冈少将。中午 12 时,出席大阪市长肝付的欢迎午餐会。下午 2 时,至筑港,考察筑港未来规划。下午 4 时,出席大阪高等医学校欢迎会,对学生发表演说。6 时,出席中华民国商务总会晚餐会。9 时,出席实业家联合欢迎会,11 时回旅馆。(《孫文先生東游紀念寫真帖》,第 8 页)

△　《日华新报》社同人致欢迎辞,辞云:"我之与贵国,谊则邻友,情则兄弟,文物典章,嗜好习俗,概皆近似。懋迁之事日繁,应酬之交月重,中日两国,固当联络一轨,提携辑协,况于唇齿之形、辅车之势乎? 此次阁下星槎降临,我朝野人士重其事而美其意,期待阁下者不啻云霓也。东西一辙,由是益开,彼此辑协,由是益固。自今而

后,推诚协力,肝胆相照,联镳比辙,则异日我二邦之势巍然高出环舆之上,可翘足而待也。今恭迎台旆,不胜雀跃之至。兹敬表欢迎之意云尔。"(《孫文先生東游紀念寫真帖》,第1页)

3月13日　抵达神户,出席各界欢迎活动。

上午11时,离大阪去神户,大阪官绅一千余人到车站欢送。抵神户时,受到日本官绅及华商学界人士约一千人欢迎。下榻欧里因多客栈。(《孫文先生東游紀念寫真帖》,第8页)

午后2时,在中华会馆出席华侨欢迎会,华侨代表马聘三、国民党神户支部长吴作镇致欢迎词,孙中山演说,勖勉大家在成为中华民国主人之后,必须谋求"子子孙孙永享主人幸福",表示"我同胞从前与现在之地位不同。从前之天下,系满洲一家之天下,汉人受满人专制压制,我同胞为奴隶,为亡国民二百六十余年。〔今〕日之国家,为我四万万五族公共之国家,我四万万人成了中华民国之主人。在主人之地位,与奴隶之地位不同"。指出中国"改革虽已成功,惟建设尚在幼稚,我四万万同胞应同心同德,力图建设,以谋富强"。而"今日与从前之地位不同,我国之能否富强,实系乎我同胞之能否负国民之责任耳! 当此艰难困苦之时,愿诸同胞努力为国,以图将来幸福"。又指出今日之中华民国成立,一般无知无识之人,以为经过动乱,农夫不能耕种,工人不能作工,不及从前之优游快乐,此为不知人格可贵之缘故。三五年后,自然如道今日之价值。希望同胞同心协力,共谋民国巩固,以图他日之幸福。(《孫文先生東游紀念寫真帖》,第8—10页)

会后,赴基督教青年会馆欢迎会,青年会董事森田致欢迎词,孙中山致谢词。又赴神户国民党交通部欢迎会,杨寿彭致开会词,吴作镇致欢迎词,孙中山发表演说,阐述政党的必要和建设问题。指出:"今日之能维持中华民国,惟政党。政党之用意为政策。一党之中,有一党之政纲。政纲,此全党人之心事所定之方针,或人民心理一方面能行之。此行之一国之中,非立宪政体不能成立政党。立宪有民主君主之分别。民主之国有政党,则能保持民权自由,治一致而无乱。君主之国有政党,亦能保持国家秩序,监察政府之举动。若无政党,则民权不能发达,不能维持国家,亦不能谋人民之幸福,民受其毒,国受其害。是故无政党之国,国家有腐败、民权有失败之患。""至到今日,始成共和,采美利坚、法兰西之美政,以定政治之方针。盖在民权政体,一致而无乱。其可以至到一致而无乱者,因政府有听民意、从公理、力谋人民自由幸福,所以不乱也。"对于总统制和内阁制,"就中国情形论之,以内阁制度为佳……政党内阁,可以代表民意。国家则为民意所成……总统制度,因总统有神经〔圣〕不可侵犯之性质,总统又限于年数(六年或五年),期限之中,若有不善之行为,亦不能中途变更。以上两项,孰善孰恶,现下正待民意所推,两者必采其一以行之"。还论述了政党政治和民生主义的有关问题,并应杨寿彭之请,书赠"天下为公"四字。(《驻日各部纪事》1913 年 3 月 13 日条,《国民杂志》第 1 年第 1 号)

晚 6 时半,再赴中华会馆华侨欢迎宴会。会馆门前悬二花圈,一为"尊重人道",一为"拓展民权"。7 时开宴,会众四百余人,日本官绅出席者数十人,王敬详致欢迎文,戴季陶代孙中山致谢词。至 9 时散席。(《孙文先生东游纪念写真帖》,第 10 页)

△ 报载俄外交部与日本驻俄公使议阻日本政府与孙中山订立中日协约。(《申报》1913 年 3 月 13 日,"专电")

3 月 14 日 在神户等地参观及出席各种活动。

上午 10 时,赴同文学校参观,对学生作训示演说并摄影纪念。上午 11 时,到川崎造船所考察造船事业,由该所副社长崎芳太郎、营业部长四本等导览,获赠该厂建造船舰及兵库分工厂制造品写真帖二册,视察造船制图室及厂内工作部。特别对于建造中的兵舰"榛名"(二万八千吨)、邮船"鹿岛"(一万一千吨)及水雷艇等给予关注。巡视后由该所宴请,川崎副社长致欢迎词:"孙文先生阁下本日特辱蒙驾临敝社,洵为敝社光荣,而从业者一万二千余人所欣佩不措也。

敝社与贵国有关系为日匪浅,屡荷蒙眷顾,制造贵国舰艇者不鲜,且最近既了炮舰'永翔号'之受授,又江西铁路客车亦实系敝社所制造。将来敝国与贵国益加亲善,敝社与贵国之关系因此更加一段之亲密,不胜切祷之至也。兹敬祝贵国之万岁。并颂祷阁下之健康。"孙中山致答谢词,表示:"本日始视察贵厂,惊叹其规模之宏大,与进步之显著。今日于我东洋得目睹斯业之发展,诚为余辈所欣喜不能措也。庶几将来社运益隆昌,为东洋平和又有事之际,均寄与多大之贡献。是为至祷。"(《孫文先生東游紀念写真帖》,第 10 页)

中午 1 时 40 分,与随员王守善、王敬祥、何天炯、马君武、戴季陶、马子衡、郑祝三、马聘三、宋耀如、李文权等十七人抵舞子,出席吴作镆举行的欢迎午餐会,吴作镆致欢迎词:"中华民国第一任大总统孙中山先生偕同志诸公,綮戟遥望,作谟〔镆〕代表神户全体华侨特开欢迎大会于中华会馆,复蒙枉驾惠顾,谨就舞子敝庐拥笔洗盏,敬晋一觞,并贡数言为寿。伏承先生与诸志士千辛万苦,以铁血造成民国,去四千余年专制之锢蔽,一且〔旦〕创肇共和,以天下为大公,功成退位,赠勋不居,其高风不翅古之尧、舜。吾祖国四万万之同胞敢不钦感!先生云天之盛德,流芳万世,今逡硕郢治,达共和之真际,进世界于大同,懿欤休哉!请以是言为左券,虔摅景臆,仰祈伟鉴。"宴毕摄影。(《孫文先生東游紀念写真帖》,第 11 页)

4 时许,从舞子出发,回神户旅馆少憩。6 时,出席神户市主催在常盘花坛举行的欢迎会,何天炯、马君武、袁华选、宋耀如、戴季陶及中、日两国官绅、新闻记者等十余人出席,神户市长鹿岛房次郎主席、武藤山治、泷川辨三、川崎芳太郎等列席,鹿岛市长致欢迎词,赠银制大花瓶,孙中山致谢词,至 8 时半散席。归途访三上丰夷,10 时 20 分乘车抵神户车站,10 时 57 分向广岛出发,中、日两国官绅数百人欢送。(《孫文先生東游紀念写真帖》,第 11 页)

△　袁世凯政治顾问英国人乔·厄·莫理循是日致函达·狄·布拉姆,注意到孙中山访日的情形,函称:"目前孙中山在日本。对这

位首要政党领袖的荣誉,从远东事务的特点来说,没有比他更引人注意的了……他受到桂太郎、松方正义、银行界首要人物以及宫内省高级人员和内阁大臣的接待,并受到除王公之外从未给予任何国家代表的隆重礼遇。"(骆惠敏编:《清末民初政情内幕——乔·厄·莫里循书信集》下册,第103页。)

3月15日　在吴市、宫岛等地参观。

上午8时27分,抵吴市,受到大泽参谋长、泽原市长、天野议长、山下副议长等人士及新闻记者到车站迎接。下车后在站前特设休息厅,泽原市长致欢迎词,然后一行驱车至镇守府会晤加藤长官。稍憩后由大泽参谋长陪同参观工厂,11时回镇守府与加藤及其幕僚午餐。1时半继续参观工厂,3时许重返镇守府与加藤告别,下午3时半乘港务部汽艇前往宫岛。在加藤举行的午餐招待会上致答词时表示:"东亚有如此宏伟之工厂,实为我东亚之骄傲。仅仅在二十年之短暂时间能做出如此伟大进步成就,颇感振奋。"(《福冈日日新闻》1913年3月16、17日,陈仲言译:《孙中山在福冈》,《近代史资料》总55号,第7—8页)据是日宫崎寅藏给宫崎槌子函称:"一路上受到大欢迎,孙公以下大家都非常满足。"(《论中国革命与先烈》第124页)

下午,到宫岛参观,受到浅野男爵、岸本町长等人欢迎。晚由宫岛乘车前往下关。日人杉原铁城赋诗相送:"祝君努力建新邦,满腹经纶气象龙。今日东游寻旧识,东洋风色共无双。"(《福冈日日新闻》1913年3月16日,陈仲言译:《孙中山在福冈》,《近代史资料》总55号,第7页;(段云章编著:《孙文与日本史事编年》,第347页)孙中山亦题"博爱　为杉原先生　孙文"回赠。(刘望龄辑注:《孙中山题词遗墨汇编》,第189页;)

3月16日　在下关等地参观。

早晨5时许,到达下关车站,受到下关市长小林、下关市议会议长宾边、下关商业会议所会长内田等数十人欢迎。出站后径至山阳饭店接见欢迎者。早餐后稍憩,与新闻记者及其他人等谈话,戴季陶翻译。(《福冈日日新闻》1913年3月17日,陈仲言译:《孙中山在福冈》,《近代史资料》总 55 号,第 8 页)新闻记者询问视察日本铁道感想,笑答:"连日来到处受到盛大欢迎,除宴会外,几无余暇。视察铁道,本来是我此次来日视察目的之一。然而除在东京中央车站视察外,其它仅在往返火车途中走马观花而已,无可谈者。"(《福冈日日新闻》1913 年 3 月 17 日,陈仲言译:《孙中山在福冈》,《近代史资料》总 55 号,第 9 页)宫崎寅藏在下关门司海峡渡航船中,就前天孙氏在宫岛看到神户《编年史》上转载数日前英文《华北新闻日报》刊登的一则东京电讯,言及北京电示驻东京代表,不许孙中山逗留日本,交涉结果,孙氏不得不离开日本。日本报纸称这真是荒唐透顶的报导。(《福冈日日新闻》1913 年 3 月 17 日,陈仲言译:《孙中山在福冈》,《近代史资料》总 55 号,第 9 页)

8 时 20 分,乘汽艇到达门司铁道码头,受到安川清二郎、九州铁道营业科长加纳、门司水上警察署长岩崎迎接,8 时 25 分,乘包租的九州有轨电车去户畑。8 时 50 分于 36 号车站下车,与安川等数人乘汽车于上午 9 时到达明治专门学校,由校长陪同参观各教室、工厂,有关教授作了说明与实验。11 时,在体育场观看了二百余名学员的射击演习和分列式。演习毕,向师生发表演讲,然后到安川公馆午餐,沐浴休息。(《福冈日日新闻》1913 年 3 月 17 日,陈仲言译:《孙中山在福冈》,《近代史资料》总 55 号,第 8—9 页)

午餐沐浴后,因多日旅途劳顿,在该公馆休息半日。晚餐后应安川之请挥毫题词留念。稍谈后入寝。(《福冈日日新闻》1913 年 3 月 18 日,陈仲言译:《孙中山在福冈》,《近代史资料》总 55 号,第 9 页)

△ 卢夫人与宋耀如夫人、宋蔼龄等循东上路线,转往东京。本日晚,卢夫人等所乘汽车误撞电线杆,车上人多受伤。17 日,宋耀如收到大阪来英文电报,告知其夫人、女儿目前在东京住院,宋抵福冈后,立即同山田纯三郎一起搭当晚夜 7 时半之快车径往东京。宫崎寅藏抵福冈时,亦收到来自东京的电报,告知 16 日有三位中国妇女因汽车颠覆受伤。(《福冈日日新闻》1913 年 3 月 18 日,陈仲言译:《孙中山在福冈》,《近代史资料》总 55 号,第 11 页)17 日 2 时,孙中山在赴福冈途

中得此车祸消息,即由宋耀如赶往东京处理一切。宋耀如征询孙中山是否转往东京探视时,孙中山表示:"不是医生的人到东京有什么用,就是去医,现在也来不及了。并且我们在福冈有约会,我们必须守约。"(陈鹏仁:《孙中山先生与日本友人》,第108页)卢夫人因汽车颠覆受伤后,进入东京筑地圣路加病院接受治疗,卢夫人、宋耀如夫人、宋蔼龄治疗经过良好。(《福冈日日新闻》1913年3月19日,陈仲言译:《孙中山在福冈》,《近代史资料》总55号,第11页)

3月17日　上午8时半,由安川公馆启程,9时后到达八幡制铁所,乘该所厂区贵宾列车依次参观第二熔矿炉、炼焦工厂、洗煤厂、炼钢厂、平炉、转炉、压延厂、厚板厂等,午餐后在室外与该所干部一同拍照留念。(《福冈日日新闻》1913年3月18日,陈仲言译:《孙中山在福冈》,《近代史资料》总55号,第10页。)

△　搭乘九州铁路管理局特别贵宾列车前往博多,寺尾博士、松本健次郎、进藤嘉平太、中野德次郎及其他数名新闻记者随行,沿途各站均有当地人士欢迎。下午3时半抵达博多车站,受到当地官民欢迎,于车站贵宾室会晤几位欢迎人士。4时下榻常盘旅馆。原定在此接见福冈日日新闻社与《九州日报》记者,因时间关系未能进行,但派戴季陶于本日下午2时造访福冈日日新闻报社,与社长等干部交谈,并参观了编辑部与印刷所,后又往访九州日报社。又派戴季陶作为代表,出席当晚6时由筑丰矿业家安川氏及其他七位人士联合举行的欢迎宴会。(《福冈日日新闻》1913年3月18日,陈仲言译:《孙中山在福冈》,《近代史资料》总55号,第10页。)

3月18日　谒平冈浩太郎、安永东之助墓。

中午1时,偕同寺尾博士、安川敬一郎、松本健次郎、进藤嘉平太等,由平冈常次郎为向导,前往博多圣福寺,谒平冈浩太郎墓,并奉献花圈。后赴天神町平冈良助邸,往访中野德次郎邸,再驱车西职人町访问玄洋社。归常盘旅馆,出席安川、进藤、平冈、中野四人举办的旧友会。下午3时后,偕同随员等到福冈市东公园松原内崇福寺,为同情中国革命的安永东之助扫墓,在墓前献花圈,并对其遗属表示慰问,与安永东之助的遗孤亮介(年仅十岁)携手摄影留念。(《福冈日日新闻》1913 年 3 月 19 日,陈仲言译:《孙中山在福冈》,《近代史资料》总 55 号,第 11—12 页)

△ 由九州大学学友会干事诸冈存氏等陪同,参观该大学的医科大学,在该校图书馆休息,摄影留念,到基础医学各教室、标本室、器械室、实验室、暗室等参观,并视察医院各科,参观精神病学室。下午 5 时,在教室做讲演,听讲者除该大学教职员工学生外,还有社会上广大人士。(《福冈日日新闻》1913 年 3 月 19 日,陈仲言译:《孙中山在福冈》,《近代史资料》总 55 号,第 12 页;《民立报》1913 年 3 月 20 日)

△ 下午 6 时,在福冈市东中州公会堂举行讲演会,日该市官民各界二百余人参加,福冈县知事川路致欢迎辞,戴季陶翻译。(《福冈日日新闻》1913 年 3 月 20 日,陈仲言译:《孙中山在福冈》,《近代史资料》总 55 号,第 15 页)

△ 《申报》接东京电,称孙中山在门司致函各报,表示此次到日本备受欢迎,良足铭感。表示相信日本足以担保中国领土之完整。到日之后,因欢迎者络绎不绝,以致无暇考查日本路政,颇引以为憾。又表示已决意发售国内公债,筹款兴筑铁路,并主张恢复各条约所许外人筑造管理铁路权利。(《申报》1913 年 3 月 20 日,"特约路透电")《时报》亦发相同报道。(《时报》1913 年 3 月 20 日,"专电·特约路透电")但 26 日上海《民立报》特发表孙中山对在日言论更正,电云:"本月 18 日本社东京电所传孙中山君对门司各报之言,谓:彼决意仅募内国公债以作建造中国铁路经费,并主张恢复各条约所许外人建筑及管理各铁路之权利一节。兹接孙君来函声明,并无此说,用特更正。"(《民立报》1913 年 3 月 26 日)27 日《申报》也声明,本月 18 日本社东京电所传孙中山对门司各报之言,接孙来函声明,并无此说。(《申报》1913 年 3 月 27 日,"特约路透电")

3 月 19 日 在福冈一带参观。

晨 8 时,由博多站出发,抵二日市站,10 时 58 分,到达大牟田车站,受到三池煤矿事务长牧田、次长植田及三池代理郡长、大牟田町长等地方官员及实业界人士五十余人欢迎。即乘车前往三池筑港。11 时 10 分到达四山发电厂,参观厂内发电机组,登运输码头,听取牧田事务长详细介绍码头情况,参观其他设备及运输情形。11 时 40 分,赴三井俱乐部,出席该地官民联合举办的午餐会。(《福冈日日新闻》1913 年 3 月 20 日,陈仲言译:《孙中山在福冈》,《近代史资料》总 55 号,第 13 页)

△ 访问宫崎家族。

下午,由宫崎寅藏陪同,前往肥后玉名郡荒尾村宫崎家访问,由宫崎寅藏介绍,会见其胞姐与胞兄宫崎民藏的夫人等。出席该村举行的欢迎酒宴,村长平冈致辞,希望日中两国亲睦友善,赞扬宫崎所做的贡献,并感谢孙中山光临给宫崎家和荒尾村增添了光辉。孙中山致答词:"距今十七年前,曾与同志们到贵地游览过,今天旧地重游,得与各位相见,实在感到高兴。宫崎弟兄是我之契友。对他们弟兄为我国革命事业奔走,尽心竭力,极为铭感。希望日中两国间亲密关系,犹如我与宫崎弟兄间之关系,日益加深。宫崎弟兄为中国不辞辛劳,不但为中国人所感激,亦为全世界所赞扬。以人道而论,更使我感到欣快。最后对一贯志同道合,同心戮力的两兄弟表示谢意。最后祝愿宫崎家和荒尾村人民幸福。"宴会后在庭前老梅树前摄影留念。(《福冈日日新闻》1913 年 3 月 20 日,陈仲言译:《孙中山在福冈》,《近代史资料》总 55 号,第 14 页)随后又到宫崎寅藏二哥宫崎弥藏墓凭吊。

为宫崎民藏题词:"博爱行仁 民藏先生 孙文";为宫崎寅藏题词:"宫崎先生 推心置腹 孙文。"(刘望龄辑注:《孙中山题词遗墨汇编》,第 190 页)

△ 下午,参观万田煤矿,依次参观气孔、坑口、卷扬机、选煤机等矿山设施。4 时半乘煤矿客车参观焦炭工厂、制造工厂。(《福冈日日新闻》1913 年 3 月 20 日,陈仲言译:《孙中山在福冈》,《近代史资料》总 55 号,

第 14 页)

△　下午 5 时到达工业学校,受到该校全体师生员工欢迎,听取神作校长关于该校情况的介绍,巡视各室。在通过学生谈话室时,见到揭示板上贴有《福冈日日新闻》昨日刊载在九州大学讲台的照片,面露笑容。在标本室当看到日本地图大模型上的敦贺时,以手指从海参崴——敦贺——琵琶湖——大阪——太平洋画一条线说:若能在此间开凿运河,可以沟通日本海与太平洋通路,则交通更将便利。参观后,在该校庭院栽植五叶松留念。6 时离开该校,回到住处煤矿俱乐部。(《福冈日日新闻》1913 年 3 月 21 日,陈仲言译:《孙中山在福冈》,《近代史资料》总 55 号,第 15 页)

3 月 20 日　往访熊本,受到各界欢迎。

由肥后农工银行经理内藤正义、熊本商业会议会长林千八、骑兵大佐长江虎臣、熊本县医师会会长行德健男、东亚同文会员宗方小太郎、绪万二三、松仓善家、胜本恒喜及村上一郎等陪同,于上午 8 时 40 分前往熊本,10 时 16 分到达,受到熊本县知事等一百余人的欢迎。下车后在候车室接见欢迎者,然后乘车去该地驻军第六师团司令部。(《福冈日日新闻》1913 年 3 月 21 日,陈仲言译:《孙中山在福冈》,《近代史资料》总 55 号,第 16 页)

由长江大佐陪同登临天守台展望风光,并听取有关西南战争的介绍。观览后,赴静养轩出席中国留学生欢迎会,对留学生发表演说。下午 1 时半赴熊本县立中学济济黉,参观该校图书馆。又在校庭观看集体击剑和队列教练,在讲堂观看击剑表演和比赛。(《福冈日日新闻》1913 年 3 月 21 日,陈仲言译:《孙中山在福冈》,《近代史资料》总 55 号,第 16 页)在校庭对全校师生发表演说,阐述种族竞争,东亚各国应联合友好,略谓:"贵国乃最进步之国,而其国民也富爱国心,不仅爱本国,而且扩大爱同种同文之国,并有公大之思想,予常有所闻,今次得亲自确信其无欺也。且念当今之世界,以竞争而立,又依次而发达。无论在贵国、在我国,往昔皆为国内分裂、小藩相互竞争之时代。其果,现今贵国已实现大统一,并获得异常之进步。而我国,南北统一之事也已渐成。但按今日之大势,除国与国之竞争外,人种与人种也不得不处于竞争之中,如白种人就已对黄种人挑起竞争。我东亚各国应大力联合友好,对抗白色人种,显示黄色人种之气势。"希望青年"于此世界大竞争场里具有优胜者之觉悟与决心","为持续唇齿相依之关系"而向前迈进。(马宁:《孙文参观日本济济黉时的演说》,《团结报》1990年9月22日)演说后照像留念。3时回旅馆沐浴。5时出席欢迎会,并致答辞。会后出席研屋总店举行的特别欢迎会,亦致答辞。深夜回下榻旅馆。(《福冈日日新闻》1913年3月21日,陈仲言译:《孙中山在福冈》,《近代史资料》总55号,第16页)

　　△　宋教仁在上海遇刺。数月以来,宋教仁在湘、鄂、皖、宁、沪沿途发表言论,抨击袁世凯政府,主张责任内阁制。正式国会选举后,议员陆续北上,外间盛传宋将出组内阁,1912年9月起,内务部机要秘书洪述祖收买上海中华民国共进会会长应夔丞谋刺孙、黄、宋等,本日,夜10时45分,宋教仁拟由上海乘车北上,与黄兴、陈勤、廖仲恺等向车站出口处行进,在剪票处中枪伏地,于右任等急送入沪宁铁路医院抢救。入院后,宋授意黄兴拟致袁世凯电,内有"伏冀大总统开诚心,布公道,竭力保障民权,俾国会得确定不拔之宪法,则虽死之日,犹生之年"。(《宋教仁先生遇刺记》,《民立报》1913年3月22日)

　　是月中旬　为日人丹羽翰山题赠:"诗人雅兴　翰山先生正　孙文"。(刘望龄辑注:《孙中山题词遗墨汇编》,第191页)丹羽翰山是一位汉学家,孙中山访问长崎时,为感谢《长崎东洋日出新闻》多次对其革命活动的报道,特地来到新闻社创办人铃木天眼的宅第拜访,当时在场的丹羽任《长崎东洋日出新闻》主笔。为大石正己题赠:"大石先生自由平等　孙文。"大石1912年领导日本国民党,力主承认南京临时政府。(刘望龄辑注:《孙中山题词遗墨汇编》,第191页)

　　3月21日　赴长崎。

　　上午8时,前往熊本车站,熊本县知事上山、县内务部长高桥等官员以及长江虎臣、村上一郎、内藤正义、林千八、宗方小太郎、行德健男等及其他东亚同文会成员，以及在熊本学习的中国留学生到车站送行。在候车室宫崎介绍前田下学来拜见，告知孙中山当年曾挥笔赠送纪念题词，并当面脱下羽织军衣，将羽织衣里的题词出示。孙中山表示感慨。旋登车赴长崎。(《福冈日日新闻》1913 年 3 月 23 日，陈仲言译:《孙中山在福冈》,《近代史资料》总 55 号，第 17 页)

晚，出席中国驻长崎领事在领事馆内举行的宴会，并向华侨发表演说，指出对中国影响最大的国家正是日本。演说云:"中国人在历史上即对日本怀有误解和轻蔑心理。然而革命一起，充任革命党之干部者为日本留学生;支援中国革命者亦为日本的有志之士。关于中国的未来，有人主张美国的援助云云。然而门罗主义的美利坚合众国能够成为中国的依恃吗？以美国之实力能够左右中国的命运吗？关于中国的将来，能够制中国于死命者必为日本，对此余确信无疑。"(《在长崎中国领事馆华侨晚餐会的演说》,《孙中山全集》第 3 卷，第 50 页)①

△　《东洋日之出新闻》刊载孙中山赠送中山太一照片，并说明二人之间的关系。(《东洋日之出新闻》大正 2 年 3 月 21 日，转引自段云章编著:《孙文与日本史事编年（增订本)》，第 352 页)

3 月 22 日　宋教仁逝世。从黄兴等来电得知噩耗，致电国民党本部及上海交通部，要求认真查究宋案真相，电称:"闻钝初死，极悼。望党人合力查此事原因，以谋昭雪。"(《宋教仁先生哀电汇录》,《民立报》1913 年 3 月 24 日，"公电")国民党东京支部得宋教仁死讯后，急电北京参议院，谓:"勿论凶手何人，恳严彻办，以杜危机。"(中国社会科学院近代史研究所中华民国史组编:《中华民国史资料丛稿·大事记》第 2 辑，第 17 页)

△　与日本朝野人士和中国留日学生、华侨告别。上午，出席基

① 时间据陈锡祺主编:《孙中山年谱长编》上册，第 789 页。

督教青年会举行的欢迎会,作"世界和平与基督教"演讲。旋抵福建
会馆,出席长崎华商全体欢迎午餐会。(《孙文先生東游纪念写真帖》,第
11 页)下午 4 时,出席长崎市重要官绅等在小的凤鸣馆设宴,演说中
日亲睦。晚,参加长崎官民欢迎大会,长崎市长致欢迎辞,称:"日中
两国从三百六十年前已开始通商贸易,长崎商人捷足先登,在这方面
做出贡献。长崎上海间相距本不过四百六十海里,每小时十八海里
航速的轮船,二十七个小时即可到达。因而两国间的亲密关系随着
历史发展,趋于亲密是势不可挡的。"孙中山答词,回顾中日关系历
史,倡导中日密切合作,指出:"我国国民对三百六十年来的中日故交
从未忘怀。近来时而发生扞格,盖因在两国间存在了阻碍因素所致。
即满洲朝廷力图抑制我等意志,使不与外国间交往。今迫于世界大
势,不得已采取对外部分开放的政策。但我国国民意志是压制不住
的。以前汉人学者亡命日本,在文学方面对日本做出不少贡献。如
郑成功等人,他不过是生长在南方汉人中之一。回顾及此,中日两国
关系之形成决非一朝一夕之功,而今日是我们汉人的时代,大有回到
三百年前之感。如今这两个同文同种的国家,不但通商贸易,在政治
上,相互合作,关系日趋密切。如中日两国保持一致,可雄踞东亚,在
世界上亦成一重大势力。"(《福冈日日新闻》1913 年 3 月 23 日,陈仲言译:
《孙中山在福冈》,《近代史资料》总 55 号,第 18—19 页)

　　3 月 23 日　参观三菱长崎造船所。上午 10 时,由福岛屋旅馆
出发,到码头搭乘汽艇,到三菱长崎造船所,会见该所首脑人物和总
工程师,参观该所各厂。在第三船坞,看到建造中的二万七千吨军
舰,及为日本邮船公司制造的"香取丸"轮船。11 时 40 分,到造船所
特为孙中山一行准备的贵宾馆占胜阁出席午宴,该所经理、总工程
师、该市市长出席。(《福冈日日新闻》1913 年 3 月 24 日,陈仲言译:《孙中山
在福冈》,《近代史资料》总 55 号,第 18 页)午餐之前摄影留念,午餐后,造
船所主人又示以一只完整的小型炮舰模型,并建议为中国制造。前
来拜访的早年同学钟工宇受邀参加参观活动。(钟工宇:《我的老友孙逸

仙先生》,丘权政、杜春和选编:《辛亥革命史料选辑》上册,第 7 页)

　　△　启程回上海。下午 1 时半,回福岛屋旅馆。下午 4 时,由旅馆动身前往海关码头,搭乘"天津丸"回国。与到"天津丸"欢送长崎市长和代理县知事以及其他主要官绅握手致谢。该船公司经理、前递信省管理局长塚原氏专程护送孙到上海,下午 5 时开船。(《福冈日日新闻》1913 年 3 月 24 日,陈仲言译:《孙中山在福冈》,《近代史资料》总 55 号,第 18 页)因闻宋教仁死讯,宫崎寅藏、岛田经一、菊池良一同随去上海。(近藤秀树编、禹昌夏译:《宫崎滔天年谱稿》,《辛亥革命史丛刊》第 1 辑)

　　3 月 25 日　返回上海。上午 9 时半在上海三马路新关码头登岸,驻沪各军队长官、闸北巡警局长率兵警列队护卫,陈其美至码头迎迓。(《孙中山由日回沪》,《申报》1913 年 3 月 26 日,"本埠新闻")随至黄兴家,为宋教仁遇刺,与黄兴相见泪下,并言此事务须彻底根究,但对于此案,尤当慎重,一以法律为准绳。(《中山先生之痛言》,《民立报》1912 年 3 月 26 日,"新闻四")孙中山上海寓所法租界宝昌路 491 号,由法总巡特派越捕、华捕各一名,在寓所前后日夜轮班巡逻,并于夜间加派包探两名换班查察,妥为保护。(《孙中山先生莅临续志》,《申报》1913 年 3 月 28 日,"本埠新闻")

　　△　在黄兴寓所会商对付宋案办法,与会者尚有陈其美、居正、戴季陶。据孙中山 1915 年 3 月《致黄兴函》:"癸丑之役,文主之最力,所以失败者,非袁氏兵力之强,实同党人心之涣。犹忆钝初死后之五日,英士、觉生等在公寓所讨论国事及钝初刺死之由。公(指黄兴)谓民国已经成立,法律非无效力,对此问题宜持以冷静态度,而待正当之解决。时天仇在侧,力持不可。公非难之至再,以为南方武力不足恃,苟或发难,必致大局糜烂。文当时颇以公言为不然,公不之听。"(《致黄兴函》,《孙中山全集》第 3 卷,第 165 页)

　　△　与江苏都督程德全等在黄兴公馆会谈,黄兴、黄复生、洪承点、陈贻范、陈锦涛、赵凤昌、陈其美、于右任在座。陈其美问程:应桂

馨(荄丞)的江苏巡查长职务,是否有都督的委任状? 程当即答称:
"有的。"某君问:"何以委他?"程答:"唉……这是内务部洪荫之,就是
洪述祖所保荐的。"后又向某君重述此语。(《罗良鉴荒谬之谈》,《民立
报》1913 年 3 月 27 日,"新闻四")孙与程德全、陈其美等商议,以此案关
系重要,与寻常杀人案件有别,应桂馨倘系普通人犯,应解由高等审
判厅审理,武士英不过供认行刺之人,主犯洪述祖、应桂馨两人中,应
系驻沪巡查长,受中央俸给,与军官相等,亟应组织特别法庭办理。
由程德全致电袁世凯及内务、司法两部,商议组织特别法庭,确定后
由程德全将各种证据解送特别法庭,并令黄郛为组织特别法庭之主
裁,其审讯公堂设江苏海运局内。(《宋遁初先生遇害始末记》,《国民杂
志》第 2 号,"特别纪事")

　　△　返回上海后,即致电袁世凯,报告访日成果,请决定方针,促
进中日联合。电云:"此次游日,向其朝野官民陈说中日联合之理,双
方意见极为浃洽。其现政府已确示图两国亲交之真意,此事于东亚
和平,极有关系,望公决定方针,筹划进行。"同时告知今日平安抵沪。
(《致袁世凯电》,《孙中山全集》第 3 卷,第 51 页)

　　△　报载胡汉民致电在日本的孙中山,请其从速归来维持国事。
电文略云:"东海之游,于今倦否。自公去国,时事日非,目前选举承
认征库三种问题,皆民国存亡所系,有非公莫解决。国福民利之主
旨,举国皆以之仰公。公之责任,洵巨且重。切盼克日返国,积极进
行,扶国步之艰危,翊大同之盛轨。归途杆道来粤,承教尤多。"(《粤
督函招中山回国》,《申报》1913 年 3 月 25 日,"地方通信·广东")

　　3 月 26 日　会见日本驻上海总领事有吉明,告"宋案"由袁世凯
主谋,证据确实,表示:"暗杀宋教仁事件,事关重大。昨晨返沪以来,
根据所收到之报道,其数虽少,而出自袁世凯主使之证据,历然在
目。"并告已与党内主要成员商量,决意无论如何按正当之手段诉诸
世界公议,使议会按照预期集会,首先弹劾袁世凯丧失立场;而且为
国家计,自己将出任总统,恳切希望日本政府给予十分注意,加强警

戒。(大正2年2月1日,日驻上海有吉领事致日本外务大臣牧野伸显[附属书],《日本外交文书》大正2年第2册,第10号文书;陈明选译:《有关孙中山、黄兴反对袁世凯斗争的日本外交文书选译》,《民国档案》1988年第3期,第66—67页)

△　与钟工宇谈话。钟工宇与孙中山同船自日本返沪,抵沪之25日当天钟在上海遇广东商人,向钟埋怨孙中山失信,说1912年革命成功,孙中山派胡汉民在上海向广东富商友人借款,允付给高利偿还,以应南京临时政府急需,但不但没付利息,也没有还本金,如此将使孙中山很难得到在上海的朋友的援助。本日谈话时,钟转告孙中山,孙很惊奇此事尚未处理,告以袁世凯曾答应归还所有革命债款,而上海的这笔借款是指定在偿还之内的。(钟工宇:《我的老友孙逸仙先生》,丘权政、杜春和选编:《辛亥革命史料选辑》上册,第8页)

△　报载孙中山到沪后,本拟践袁世凯总统之约,到北京面商要事,因宋教仁被暗杀一案,拟缓一星期再定行止。孙抵沪后,已将赴日考察情形,电达袁世凯。(《孙中山先生归沪记》,《民立报》1913年3月26日,"新闻四")

△　美国演说家阿第博士在北京法政治专门学校演说,表示:"余今敬举一人于诸君之前,望诸君崇拜学步。此人非华盛顿,亦非格林斯顿、俾斯马克,即贵国伟人孙中山先生也。诸君能人人尽力于社会如孙先生,中国将为世界第一强国。"(《本党要纪》,《民谊》第6号)

3月27日　下午7时,出席国民党上海交通部欢迎国会议员及理事长孙中山公宴,并发表演说。居正主持并致欢迎词,略述国会议员北上之责任,及国民对于议员之希望,并报告孙中山此次东游联络日人,今后中日外交必日渐亲洽,于民国前途有重大关系。孙中山演说,指出日本对中国革命,持同情态度,希望中国政府和人民,勿伤日人感情。演说中说:"此次调查实业游日本,曾详细观察日人心理,始知日人对于民国并无恶意。盖日本变法已数十年,国民程度突飞猛进,不可思议。故现在日本在朝在野之政客,均有世界的眼光与智识,且抱一大亚洲之主义。明知东亚大国惟我中华,日本凭三岛立国,地域相接,与中华有唇齿相依之利害关系,若中华灭亡,日本亦终不适于生存。日人为自卫计,在形式谓之为赞成中华民国,在事实上即是维持日本帝国。故日人对于中华政治之革新,政府与人民均表同情。"提议"今后我政府人民,对于日本及各友邦在民国之正当利益,均不必限制太过,以伤感情。盖吾国民革命之决心,与成功之迅速,已为外人所敬重。只要内治完善,共和告成,外人对于民国亦决不敢存侵略野心,以扰乱东方之和平。至于日本与民国原为兄弟之邦,利害与共,苟有缓急,必不漠视"。(《国民党交通部公宴记》,《民立报》1913 年 3 月 29 日,"新闻四")

3 月 28 日　日本驻上海总领事有吉明来访,转达日本外交大臣牧野伸显意见。27 日,牧野外务大臣电示有吉,以现时中国亟需避免动乱、保持平静,速劝孙中山令党员切勿轻举妄动。据有吉报告,孙表示坚决采取光明正大手段,在国会弹劾袁世凯,如袁用武力对待议员,我方也用武力与之对抗,南方已有这一决心。(大正 2 年 3 月 27 日,牧野外务大臣致上海总领事有吉明电,第 21 号;大正 2 年 3 月 29 日,上海总领事有吉致牧野外务大臣电,第 33 号,转引自段云章编著:《孙文与日本史事编年(增订本)》,第 354 页)

3 月 29 日　致电北京参议院、国务院、各省议会、都督,提倡联日政策。电云:"此次以个人资格游历日本,备受欢迎,其朝野上下,莫不表示真诚与我国联好之意,若能双方以妥善之方法切实行之,非啻为东亚之最大幸福,即世界平和,亦自兹可保。深望我全国国民,共明斯义,力图见诸实事,于国家大局,实为厚幸。"(《东亚和平之福星》,《民立报》1913 年 3 月 29 日,"公电";《申报》1913 年 3 月 29 日,"公电")①

△　报载总统府通电各省都督及孙中山、黄兴,布告宋教仁功绩,已另电湖南都督慰抚宋教仁家属,照例加倍赐恤。(《通电叙宋功

———————————

①　此为报载日期。

绩》,《申报》1913年3月29日,"要闻一")

△ 冯自由来电,指出浙人姚振声是总统府及内务部侦探,去年由袁世凯派赴南方侦查南京临时政府,两月前与应夔丞秘密联系,日前与应一起南下。若拿获此人,可破宋案。([日]久保田文次编:《萱野长知·孙文关系史料集》,第532页)

3月30日 有吉明再次来访。孙中山对有吉明说:如有可能,自己则站在南北双方的中间,用和平的方法收拾局势;但当地情况倾向于与北京对抗,如被卷进这一旋涡,从大局来说甚为不妙,因此希望暂时离开此地,旁观南北双方的局势,尽可能谋求用和平手段解决的方案。(《与日本驻沪总领事有吉明的谈话》,陈旭麓、郝盛潮主编:《孙中山集外集》,第204页)其时卢夫人因车祸负伤在东京的医院治疗,孙拟借看望或接回夫人为名,于4月4日再赴日本,前往箱根或轻井泽,在那里将来自南北的情报及自己的看法转告日本当局。赴日时准备隐姓埋名,秘密旅行。还说:如不能赴日,便改赴其他地方。据有吉称:孙中山29日从正金银行取出三万元,汇往香港、日本等地。有吉对孙的要求表示理解,并于当日电告牧野外相,提出孙赴日目的,是暂时摆脱政治漩涡,以求公正解决,对我方亦不抱什么期待,故不必阻止他赴日。(段云章编著:《孙文与日本史事编年(增订本)》,第355页)

△ 报载孙中山介绍名医章来峰。启事云:"章君来峰,浙之东瓯人,精岐黄术,已易二十寒暑,济人无算。文在海外,久闻其名,中医学识如章君,诚不易得。兹遇来沪,文因挽留悬壶,以便同胞之顾问,患疾者幸勿交臂失之也。"(《孙文介绍名医》,《申报》1913年3月30日,第二张"广告")

△ 国民党本部在北京开追悼宋教仁大会,吴景濂、张继、林述庆、张耀曾、谷钟秀、李肇甫、孙毓筠等与会。国民党横滨、神户两支部亦分别举行追悼宋教仁大会。4月3日和6日,东京、大阪两支部亦举行追悼宋教仁大会。(陈锡祺主编:《孙中山年谱长编》上册,第795页)

3月31日 有吉明来访。

　　牧野外务大臣训令日本驻华公使有吉明,对华采取中立政策,不同意孙中山访日。因孙在访日期间及回国后,鼓吹亲日,若再次来日,"不可避免引起内外的误解和猜疑";但又认为:如孙遇险,要到日本避难的话,则可予以协助。(大正2年3月31日,牧野外务大臣致上海总领事有吉明电,第23号,转引自段云章编著:《孙文与日本史事编年(增订本)》,第355—356页)有吉明来访时,转达日本政府这一态度,孙对此表示理解,并称:他的同志也劝他暂留此地,"即使赴他地,也暂时推迟,如不能赴日,将赴广东或香港"。(大正2年4月1日,上海总领事有吉明电致牧野外务大臣电,第42号,转引自段云章编著:《孙文与日本史事编年(增订本)》,第356页)孙中山等人希望各国对袁世凯施加"Pressure(压力)",有吉问,如希望各国对袁施加"Pressure",则是否与希望各国干涉内政具有同一意义?孙答谓"Pressure"虽迄未施加,面由列强"hand(插手干预)"则十分可能,怯懦的袁世凯或可能直接透露退让之意,然则允诺予以十分之荣誉,使之退却,而获圆满之解决,此在具有半独立国外观之中国,殆不属于干涉内政。并指出袁世凯"奸谲不足恃",近来"愈益讲求收揽权力之策,若现时不能敌彼,则他日彼之势力愈益巩固,势将难以抗衡",因此如果不能在议会上获得满意结果,南方一带的都督将起而对抗,只要袁不退让,则不论如何亦与袁对立。有吉称孙中山意志十分坚定,与往昔会见时截然不同。(《日本外交文书》,1913年4月1日,有吉驻上海总领事致牧野外务大臣电,第43号;陈明选译:《有关孙中山、黄兴反对袁世凯斗争的日本外交文书选译》,《民国档案》1988年第3期,第67—68页)

　　△　柏文蔚自安庆来电,建议"宋案真相尽能发表。宋在租界裁判,佥望公允而克流弊。"又建议设法招孙毓筠来上海,正式政府未成立以前勿使其北上。([日]久保田文次编:《萱野长知·孙文関係史料集》,第532页)[①]

_____

　　①　本电《萱野长知·孙文関係史料集》列为1913年4月2日,但电末原署时有"卅一"字样。根据孙中山回信时间(4月2日),应为3月31日所发。

是月 在逐条讨论的基础上,与涩泽荣一作为发起人总代表,合拟《中国兴业股份公司发起书》称:"为进一步巩固东亚同种之二大国民之密切关系,增进唇齿辅车之友谊,收提携之实,莫若密切国民相互间之经济连锁。此所以现今中日两国有实力之实业家相聚,为谋东亚百年之大计而披沥诚意,提倡设立中日合办中国兴业股份公司之举也。""今中华民国新成立,国力之充实,更为急切。即中国兴业股份公司乃以在中国查探富源,调查有利之事业,作为中日两国人民之责任,而求其实际之解决者也。试一览另纸之本公司计划书,则相信对其设立之宗旨及必要,自当明了。"(孙中山、涩泽荣一拟、陈明译:《中国兴业股份公司发起书》,《岭南文史》1994 年第 3 期)

△ 致电美国新任总统威尔逊,祝贺就职。伍德罗·威尔逊于 1912 年 11 月当选为美国总统,1913 年 3 月就职,孙中山认为威尔逊当选总统对中国有利,特致电祝贺。威尔逊复电表示,他以强烈的兴趣注视着中国的最近发展,对给予中国人民以自由——这是中国人民渴望已久并长期为之奋斗者——的每一项运动,表示同情。(米泰洛著、沈云鸥译:《美国传教士、孙逸仙和中国革命》,《辛亥革命史丛刊》第 3 辑,第 104 页)

△ 为刀安仁写挽联:"中华精英,癸丑同恸悲屈子;边塞伟男,辛亥举义冠遇春。"(刘望龄辑注《孙中山题词遗墨汇编》,第 192 页)刀安仁(1872—1913 年),又名郗安仁,字沛生,傣族,云南干崖(今盈江县新城、旧城、弄璋一带)宣抚司第二十四代土司。1906 在日本与孙中山、宋教仁等革命党人建立联系,成为同盟会早期会员。回云南后与革命党人张文光、刘弼臣等在腾冲建立自治同志会。1911 年 9 月发动腾越起义,成立滇西国民军都督府。革命后被袁世凯政府逮捕,出狱后被任命为陆军部谘议。1913 年春在北京病逝。

△ 与黄兴、戴季陶、陈锦涛、日本驻上海总领事有吉明、日本正金银行支店长儿玉谦次、三井支店长藤濑政次郎、正金大株主町田往之助、正金副支配人水律放吉、正金支配人代理津山英吉合影于上海

之横滨正金银行。孙中山回沪后，与日本银行接洽，筹集资金。(《中华民国国父实录》第 3 册，第 2126 页)

4 月

4 月 1 日　与森恪谈重开中国兴业公司谈判事。(李廷江:《日本财界与辛亥革命》,第 296 页)

△　胡汉民来电，指出福建都督孙道仁长于军事，热心共和，已派人来粤联络，为人可靠，建议去电探其意旨，作为臂助。([日]久保田文次编:《萱野长知·孙文关系史料集》,第 533 页)

4 月 2 日　复电柏文蔚，告知"已专电招少侯(孙毓筠)来沪"。柏文蔚建议邀孙毓筠来沪商量反袁事。(《复柏文蔚电》,《孙中山全集》第 3 卷,第 53 页)随即电北京国民党本部转孙毓筠"有事待商，切望赴沪"。(《致孙毓筠电》,《孙中山全集》第 3 卷,第 52 页)但其时孙毓筠已倾向袁世凯，于 5 日"电复辞以事冗，遽难离京"。(《时报》1913 年 4 月 6 日)未应召来沪。

4 月 3 日　举行筹建中国兴业公司第一次会议。

在中国铁路总公司办事处召集前外交总长王宠惠、实业家王一亭、张静江、印锡章，以及日方代表森恪等人，举行筹建中国兴业公司第一次会议，说明中国兴业公司计划由来及其必要性，指出中国以革命事业刚刚完了，现在各省实业家难以立即聚集在一处，被召集而出席者，仅上海地区实业家，因此前在东京所谈到的第一次付款问题，只能由上海地区实业家承担，剩余之数则由孙中山自己筹集，希望森传达给东京。(彭泽周:《中山先生与中国兴业公司》,《中华民国建国史讨论集》第 1 集,第 169 页)

△　日本驻上海总领事有吉明致电日本外务大臣牧野，报告孙中山等近日动向，内称孙自日本返沪后，主张甚为强硬，对袁的反感

气势甚为激烈者。"排斥袁世凯,殆国民党一派所确定之方针。其手段,第一着策划在议会上弹劾,根据袁对弹劾之措置如何,进而纠合各都督,实行与袁之武力相对抗之策,更计划见机组织南方政府,形成对立,此由孙逸仙、黄兴等之密谈所明确者也。可以认为,当初置议会于最重要之地位,作为排斥袁之手段。但最近传闻在北京愈益严整武备,大有采取强压态度之倾向……弹劾案或不可能在议会上提出,或虽能提出而终被否决等,无论如何,亦有不能产生满意结果之虞。"报告指出,孙、黄等所依赖之南方各都督的态度,未有明显确实之把握,但孙、黄等仍认为已有过建立政府的经历,为一部分国民所信赖,各省都督中亦有不少系其部下,安徽之柏文蔚、江西之李烈钧等已有准备。并将黎元洪计入南方同志之内,若黎成为袁之反对派,则南方势力当愈益加强。孙、黄"相信其颇具优势",因而排袁之决心愈坚。对于蒙古等问题,亦抱极为乐观的态度。有吉明报告,当以对外关系重大进行开导时,一概充耳不闻,而一心专向倒袁。"对于此次讨袁运动,各国之同情,乃孙、黄一派之所顾虑者,希望各国对袁进行干预,特别希望依赖日本。"希望日本不要相信袁世凯,表示自己及国民党一方"愿以诚意与日本提携。若南方设想付诸实施,得睹巩固政府之出现,当仍然采用日本之货币制度,谋贸易之进展,讲求两国亲善之政策,以维持东方之和平局面。当南北分裂之际,日本政府宜速承认南方政府"。(《日本外交文书》,1913 年 4 月 3 日,有吉驻上海总领事致牧野外务大臣电;陈明译:《有关孙中山、黄兴反对袁世凯斗争的日本外交文书选译》,《民国档案》1988 年第 3 期,第 68—69 页)

△ 报载总统府特发来专电至上海,请速驾北上。据称袁世凯因宋案谣言四起,非常希望孙中山出面维持,故特电促来京,至今尚未复电。(《袁总统之电》,《申报》,1913 年 4 月 3 日,"要闻一")

4 月 4 日 与有吉明讨论反袁问题。

傍晚,出席日本驻沪总领事有吉明为孙中山访日归来在蓬莱路日本三三馆酒楼举行的宴会,美捕房特派中西探捕前往防护。(《日领欢宴孙中山》,《申报》1913年4月6日,"本埠新闻")与有吉明就美国拟率先承认中国政府和现行国会选举进行谈话(美国当时多次向其他国家表示,拟单独承认北京政府)。孙表示:"纵令美国政府从前有意宣布承认,此时亦必稍缓执行。如在此时宣告承认,只能为美国政府日后贻一笑柄,对于我党方针绝不会产生任何影响。我党今后之方针,将使十二日开幕之国会尽量延长会期,直至宋案之审理结果判明,以便掌握充分材料对袁进行诘责,至少赵秉钧为宋案之元凶一事,已成为不可动摇。"孙表示,如果万不得已,在选举时或将排除袁世凯,而另以他人充任总统;袁世凯秘密整军备旅南下剿讨,但已停止进行,当不敢贸然采取露骨行动;而南方亦不准备首先发难,因此事件之解决,恐将延宕时日,还提到:"袁如怯懦,自当退让;否则兴动干戈,反可乘机锄除元凶,对国家前途,堪称幸事。"(《有吉驻上海总领事致牧野外务大臣电》,邹念之编译:《日本外交文书选译・关于辛亥革命》,第437—438页)①

4月5日 召集筹建中国兴业公司第二次会议。

中方出席者还有王宠惠、陈锦涛、王一亭、庞青城、宋耀如、周金箴、李平书、张静江、邱锡章、顾馨一等,日方为森恪,共十二人。会议决定将第一次会议所定的第一次交纳六十二点五万日元内之二十万日元,先由上海的实业家筹出,剩余的四十二点五万日元,由孙中山一人承担,将来再分配给各省实业家。因孙无力拿出这笔现金,希望日方能代为垫出。森恪将此意报告高木陆郎(三井公司派遣的留华学生,后担任盛宣怀的顾问),高木以自己不能决定,请示山本条太郎作最后裁决。(彭泽周:《中山先生与中国兴业公司》,《中华民国建国史讨论集》第1集,第169页)这笔垫款后经山本裁定,暂由横滨正金银行上海支店长儿玉谦次垫出。(《山本条太郎》传记篇,第283—284页,转引自段云章编著:《孙文与日本史事编年(增订本)》,第359页)

---

① 谈话时间据《孙中山年谱长编》编者考订,参阅该书上册,第803—804页。

△　与同行日本之马君武、何天炯、戴季陶、袁华选、宋耀如等联名致电日本各报馆、友人梅屋庄吉等，对在日期间各界所受之厚意表示感谢。电称："文等此次观光贵国，备受各界热诚欢迎，足证月〔明〕贵国人士确系以爱同种同文之国为心，以保全亚洲为务。凡我亚洲人士，无不应馨香崇拜，并期极力实行，以副贵国人士之望。文等当尽全力以贵国人士好意，布诸国民，俾两国日增亲密。匪特两国之幸，实世界平和之幸也。专此肃函。敬谢招待之厚意。并祝前途幸福。"（《孫文先生東游紀念寫真帖》，第 11—12 页）大约同时，又致函山县有朋，内容与上函大致相同。（《日本新近发现和发表有关孙中山与日本的资料》，《孙中山研究论丛》第 5 辑）

4月6日　日驻上海总领事有吉明致电牧野外务大臣，谈孙中山去袁决心。

电称基于"宋案"之审理、证据文件之提出，虽未获公开，而赵秉钧之电报等文件存在，使孙决心愈为坚定，曾向有吉表示："今事已至此，余当以坚强之决心，作去袁之先驱。"其方针，拟"第一着可在议会上弹劾，由于袁向来之镇压，若无成效，南方当誓告结束，先以副总统黎元洪管理大总统事务。余亦当以电报等劝袁退让，若袁不肯，余决心亲率北伐军讨袁也。各地都督之意志亦明确，不仅南方反袁，北方亦有大致相同之意见。如陕西、山西，已经表示同意"。希望列强或其他几个国家根据南方形势，从人道问题与时局大势，认为袁之退让为得策而"hand（插手干预）"，请日本政府考虑。报告指出，孙之所强调者如此，遂由首重议会之弹劾，变为决一死战之决心。而黄兴则认为袁虽不可能辞职，而若各国"hand（插手干预）"，因彼对外国顾虑甚大，将有退让之可能，与孙意见完全相同。（《日本外交文书》，1913 年 4 月 6 日有吉驻上海总领事致牧野外务大臣电，第 47 号；陈明译：《有关孙中山、黄兴反对袁世凯斗争的日本外交文书选译》，《民国档案》1988 年第 3 期，第 70 页）

△　复电袁世凯，表示尚需在上海停留数日，不能立刻进京。

孙中山返沪后,袁一日数电,"一则为其本人之立场开脱,二则乞求予以推举,"孙最初未复其一电。(《有吉驻上海总领事致牧野外务大臣电》,邹念之编译:《日本外交文书选译·关于辛亥革命》,第438页)本日复电云:"此次之滞沪,全不为办理宋案之故。因宋案之发生,一部之人士,激昂已达极点。刻正设法解释,并商同各界力图维持,断不使因此事以危大局。在沪尚须勾留数日,无论如何本月中旬,即当来京。"(《袁总统敦促中山》,《申报》1913年4月7日,"要闻一")时孙中山已在加紧策划讨袁,后又复电表示:"选举总统办法,事属立法机关,文不敢妄参私见。至组织政府,一俟总统选出,衮衮诸公,定有完善政策,谋强有力之政府。文此次于联名手续,略有端倪,正拟北上面商进行,不意钝初事发,刻与同志筹商善后,行期难定。万〔美〕国对我,情同手足,投资一法,未始非救吾国雅意,尚望诸公有以教之。川路借款,云阶(岑春煊——引者注)精明,不致有失。"(《复袁世凯电》,《孙中山全集》第3卷,第57页)

△ 梁士诒来电,报告有华官向上海邮局索取应夔丞的信函,邮局已交华官。同时有人持寄给应夔丞的快信收据要求向邮局收回,符合邮政章程,但也托邮政总办帛黎密查寄信人姓名。(〔日〕久保田文次编:《萱野长知·孙文関係史料集》,第535页)

4月7日 会见横滨正金银行上海支店长,提出以中日合办日华银行为条件,希望提供贷款。(大正2年4月7日驻上海有吉总领事致牧野外务大臣电,第48号,转引自段云章编著:《孙文与日本史事编年(增订本)》,第360页)

4月8日 民国第一届正式国会开会。袁世凯6日调其驻彰德嫡系部队入京。本日上午11时,在北京象坊桥众议院会场开会,到会议员六百八十二人,其中参议员一百七十九名,众议员五百○三名,国民党议员在参、众两院均居过半数。袁世凯派梁士诒代表致颂词。依《临时约法》第二十八条规定,本日为正式国会成立之日,下午3时,临时参议院宣告解散。(《中华民国国父实录》第3册,第2128—2129页)

4 月 9 日　下午,在中国铁路总公司办事处举行第三次会议。

中国方面有孙中山、王宠惠、邱锡章、顾馨一、庞青城、张静江、周金箴、朱葆三、王一亭、宋耀如、李平书、陈锦涛、谭兆鳌、谭维麟等,日本方面是森恪,计十五人。主要讨论中国兴业公司计划书全部条文。中国方面对计划书各条都表示赞成,唯对第二条,即中国兴业公司应该根据何国法律创设的问题,有不同意见。对此一问题,双方各持己见,未有结论。各实业家认可出资数目为:李平书(原南京政府民政部长、上海商务总会协理)一万日元,印锡璋(上海纺织公司董事)二万日元,顾馨一(上海城内商务总会会长)一万日元,庞青城(浙江省财主)五千日元,张静江(通运公司社长)一万日元,朱葆三(汉冶萍公司董事)一万日元,王一亭(上海商务总会副会长,日清轮船公司买办)五千日元,宋耀如一万日元,沈缦云(信成银行总理,中华实业银行总理)一万日元,其余数名十万日元(这是由孙中山作出确实保证而承担的。将来再提出分担实业家的人名和出资数额)。(彭泽周:《中山先生与中国兴业公司》,《中华民国建国史讨论集》第 1 集,第 169 页;陈明编译:《孙中山和中日合办的中国兴业公司》,《岭南文史》1990 年第 2 期)

△　报载广东都督胡汉民来电,请在上海就近敦勉滞留在沪的各省参议员代表,促其克日北上,以救国为前提,勿为谣言而顾虑。电末更规劝孙中山迅速北上,以维大局。(《电劝议员勿留滞沪上》,《申报》1913 年 4 月 9 日,"地方通信·广东")

4 月 10 日　王正廷来电,报告昨日国会开幕,到者六百七十二人,国民党议员人数虽占过半,而国会中活动者颇多,本部经济困难,望极力设法筹助。([日]久保田文次编:《萱野长知·孙文关系史料集》,第 539 页)

4 月 13 日　派马君武为代表,出席追悼宋教仁大会。

本日国民党上海交通部在张园举行追悼宋教仁大会,国民党各支部均派代表到会,民主党亦派代表与会,上海各团体及各界出席者约二万余人。上午 10 时、12 时为祭奠时间,下午 2 时开追悼会,由陈其美代理主席（黄兴因病未出席）。徐血儿详述宋教仁生平，吴玉章代表孙中山演说，于右任、沈缦云、马君武、王玉声（民主党代表）、陈国权、伍廷芳、李佳白、孙铁舟、倪天我、黄膺白、舒蕙桢等相继演说。孙中山代表马君武说："宋先生之死，实死于官僚派之手。官僚派无整顿中国之能力，见有能整顿中国者，辄以残忍卑劣之手段暗杀之。若国民一任其所为，民国将万无可望。故今后之竞争，乃官僚与民党之竞争。宋先生死后，中华民国是否与之俱死，当视能否战胜官僚派为断。今当竭尽心力与官僚派竞争，坚执平民政治，以竟宋先生未竟之志。"（《哀哀渔父先生》，《民立报》1913 年 4 月 14 日，"新闻四"；《国民党追悼宋钝初君大会纪事》，《申报》1913 年 4 月 14 日，"本埠新闻"）会前，孙中山致送挽联。联云："作民权保障，谁非后死者；为宪法流血，公真第一人。"（《民立报》1913 年 4 月 14 日）

△　涩泽荣一致电上海三井物产会社支店长藤濑政次郎，提出在中国兴业公司成立时应根据日本法律，要求详细商量。藤濑即日将电报翻译送至孙中山住所。（陈明编译：《孙中山和中日合办的中国兴业公司》，《岭南文史》1990 年第 2 期）

△　复电某君："各电已收。质斋尚未到。国事望毅力进行。"（《复某君电》，《孙中山全集》第 3 卷，第 55 页）质斋疑为胡秉柯，湖北潜江人，早年留欧时参与同盟会活动，曾任南京临时政府总统府秘书，第一届国会议员，"宋案"后离京返汉被捕，得各方营救获释，旋转宁沪。

4 月 14 日　下午，藤濑和森恪到中国铁路总公司来访，对涩泽荣一的电报说明如下：（一）事实上，资金系由日本一方出资；（二）中国在革命后尚未制定法律；（三）应该根据日本的法律。（陈明编译：《孙中山和中日合办的中国兴业公司》，《岭南文史》1990 年第 2 期）

△　报载近日外间纷传孙中山已决意为候选总统。（《民立报》1913 年 4 月 14 日，"特约路透电"；《申报》1913 年 4 月 14 日，"特约路透电"）

4 月 15 日　国民党东京支部主办《国民杂志》第 1 号在日本东京发行。《国民杂志》为国民党驻日各部共同之机关报，以发扬党纲、

阐明平民政治原理为宗旨,夏之时为正社长,吴作镆为副社长。(《中华民国国父实录》第 3 册,第 2130 页)

4 月 16 日 与程德全、黄郛等商议引渡刺宋案要犯应夔丞。

因应夔丞、武士英二犯已由英、法两公堂预审终结,武士英业已移交,应夔丞已由领事团应允,不日解归华官讯办,此案牵涉重大,谣疑蜂起,故商议应将各项证据先行发表,一旦宣布后,即当引渡研鞫。(《发表各项证据》,《申报》1913 年 4 月 17 日,"本埠新闻")后程德全于 25 日公布宋案主要证据四十四件,分电袁世凯、参众两院、各省都督、民政长及各报馆,表明嗾武士英行刺宋者为应夔丞、洪述祖,嗾洪者为赵秉钧,而嗾赵者为袁世凯。自 26 日起,各报先后将上述证据全部公布。

△ 国务院及袁世凯总统顾问举行会议,讨论新内阁问题,决议请孙中山、黄兴来京,并决议令梁士诒代表政府,由国民党领袖请黄兴组织新内阁,旋即发电邀请,尚未接复。(《申报》,1913 年 4 月 18 日,"译电")

4 月 17 日 电请袁世凯宣布林述庆暴死真实原因。林述庆原为镇江都督,被袁世凯聘为高等顾问,因病在北京疗养,闻宋教仁案发,决定离京南下。8 日应梁士诒邀宴,归家毒发,于 15 日暴死,时人有袁嗾梁置毒之议。《申报》载,闻林述庆之友谓,林之暴卒,系为反对者毒毙。《国权报》载称:孙中山已电请袁,宣布林死真因,以息流言。(《申报》1913 年 4 月 20 日,"译电")

△ 章太炎在国民党上海交通部欢迎会上对孙中山有所指责。演说称:宋案后,"国家前途实危险已极,至于人民之大动公愤,亦发于良知,不能自禁。中山、克强均主张稳健,以法律解决。我恐怕做不到"。"试问中山、克强能劝止全国民党及国民不追宋案正犯乎?不反对政府乎? 所以,据兄弟看来。宋案当以政治解决为妥善,法律解决相提并进。"(《国民党欢迎会纪》,《民立报》1913 年 4 月 26 日,"新闻四")

4 月 18 日 藤濑和上海正金银行支店长儿玉谦次以及高木、森恪来访,相与商谈中国兴业公司问题。

　　鉴于反袁联日之紧迫,孙中山提出解决意见:(一)中国方面由实业家出资二十万元,各人分提数额按 4 月 9 日会议上认可数不变,余额四十二万五千日元,由日本方面代孙中山垫出。(二)出资的资金用日元。(三)中国方面为使本公司迅速成立,以"将来中国制定法律时立即根据中国法律"作为条件,同意先按日本法律创立公司。另,中国方面提出一份书面的《创办中国兴业公司应适用中国法律之理由》交给日方,列举了将来中国民法、商法和诉讼法等公布后,公司即应同时适用中国法律而不宜再适用日本法律的理由。(四)中国方面到公司设立时止,由孙中山全权负责,必要时可由王宠惠作为代表。(五)日本方面由藤濑代表涩泽荣一男爵。关于公司创立的通信、交涉等,都由藤濑和森恪办理。(陈明编译:《孙中山和中日合办的中国兴业公司》,《岭南文史》1990 年第 2 期)

　　△　报载袁世凯来电,表示临时政府告终,本应辞职,因正式总统尚未选出,恐酿成无政府状态,近日纷传自己有留恋之意,是不谅苦心。(《袁总统致电孙黄之内容》,《盛京时报》1913 年 4 月 18 日)

　　4 月 21 日　要求袁政府拨充中国公学经费。

　　以中国公学董事名义,与中国公学总理黄兴联名致电袁世凯及财政总长周学熙,告以源丰润等户押产,在南京临时政府时期由孙中山和财政部批准,提还后即拨充中国公学经费,去年 11 月比利时领事交出时,学校曾电请拨交,财政部将沪关存件暂作提押,待六个月限满,即将存件取出。现六个月期限已满,请即时取出,拨交中国公学,以昭信实。(上海市档案馆:《中国公学档案辑存》,《近代史资料》总 69 号,第 56—57 页)4 月 23 日,财政部复电,仍以部库支绌,要求展期六个月。(上海市档案馆:《中国公学档案辑存》,《近代史资料》总 69 号,第 57 页)

　　4 月 24 日　共和党、民主党、统一党合组进步党,推黎元洪为理事长,梁启超实际主持,与国民党抗衡。(《中华民国国父实录》第 3 册,第

2132 页)

4 月 25 日 会见日本驻上海总领事有吉明,再次提出以中日合办日华银行为条件,希望提供贷款。日未应允。(大正 2 年 4 月 25 日,有吉总领事致牧野外务大臣电,第 61 号,转引自段云章编著:《孙文与日本史事编年(增订本)》,第 360 页)

△ 参议院选举张继为议长,王正廷为副议长。

4 月 26 日 与黄兴联名通电各省议会政团报馆,呼吁各方对宋案"严究主名"。电文为:"宋案移交内地以后,经苏程都督、应民政长会同检查证据完毕。凡关于应夔丞、洪述祖、赵总理往来函电,已于有日摘要报告中央,并通电各省都督在案。此案关系重大,为中外人士所注目,一月以来探询究竟者,无时不有。今幸发表大略,望即就近向都督府取阅原电。诸公有巩固民国、维持人道之责,想必能严究主名,同伸公愤也。特此奉闻。"(《孙黄两先生通电》,《民立报》1913 年 4 月 27 日,"新闻四";《本埠新闻宋案正凶自尽后种种》,《申报》1913 年 4 月 28 日,"本埠新闻")

△ 袁世凯不顾各方反对,未经国会讨论通过,完全接受银行团所提苛酷条件,与五国银行团订立二千五百万英镑的"善后大借款"。

本日夜半,由国务总理赵秉钧、财政总长周学熙、外交总长陆征祥与汇丰、德华、东方汇理、道胜、横滨正金五银行代表在北京签字,以中国善后借款名义,共借二千五百万英镑。(《中国大事记》,《东方杂志》第 9 卷第 12 号)以全部盐税及关税余额为担保。签字前,参议院议长张继、副议长王正廷竭力向袁世凯、银行团劝阻,无效;当夜,议员代表在汇丰银行门前拦阻,亦无效;张、王以议长资格发布通电,不承认借款合同。孙中山坚持反对大借款,在大借款未签押前,在上海遍电五国财团,谓中国人已决定不举袁世凯为总统,请待正式国会定后,再行商办。(《申报》1913 年 4 月 28 日,"专电")又与胡汉民分别要求上海、香港汇丰银行电阻北京总行签字,均告无效。孙中山对汇丰银行上海代表声明,如果借款不经国会批准而签订,则扬子江以南各省及陕西与山西将起而对抗北京,并以武力抗议袁世凯这样的专断行为,英国公使由上海接到这个消息后,即授权英银行代向伦敦拍发一个安慰的电报。法国公使、德国公使也采取了同样措施。(孙瑞芹译:《德国外交文件有关中国交涉史料选译》第 3 卷,第 378 页)汇丰银行表示,如在一个月之内,各地有反袁声讨者,当停止借款,孙乃召集各处握有实力党员来上海会议。(柏烈武口述、陈紫枫笔记:《安徽二次革命始末记》,朱宗震、杨光辉编:《民初政争与二次革命》下册,第 667 页)

△　报载广东都督胡汉民来电,建议以民史馆总编辑之职授刚回国之汪精卫。电谓:"华侨对于民史,多举汉民担任。但粤事方殷,实难兼顾。此举倘精卫允为实为中华民族光幸。务望尽力挽劝,勿使重离祖国。"(《编辑民史席虚左以待》,《申报》1913 年 4 月 26日,"要闻二")

△　北京政府陆军部秘书长访问日本陆军少将、北京政府所聘军事顾问青木宣纯,转达段祺瑞希望从日本购买一百门最新山炮,青木问及原因时,答曰以备南北冲突。同时向青木提出,闻孙中山已向三井申请四百万元借款,三井正积极筹措,对于日本援助南方一事,表示深为不悦。(李廷江:《日本财界与辛亥革命》,第 289 页)

4 月 27 日　以中国公学董事名义,联合董事陈作霖、夏敬观等,再次致电袁世凯、财政总长周学熙,指出中国公学原为对外而设,若接济乏术,势必停办,不但有碍教育前途,亦贻笑外人,再次要求立即提还源丰润等户押件,或另拨巨款予中国公学。(上海市档案馆:《中国公学档案辑存》,《近代史资料》总 69 号,第 57 页)

4 月 28 日　对森恪表示,中国政情的恶化将不会影响中国兴业公司的创设,希望日本不必为此而担忧。此时袁世凯已在北京秘密与日本驻华公使伊集院彦吉谈妥,决定派孙宝琦及李盛铎前往日本协商,拆散孙中山与日本的关系。(陈明编译:《孙中山和中日合办的中国兴业公司》,《岭南文史》1990 年第 2 期)

△　托日人高木陆郎转电日本外务省政务局阿部守太郎,告以宋教仁谋杀案证据已由江苏都督程德全通电宣布,确证政府系主谋,袁世凯即为最主要之主名,劝告日本当局不可以借款援袁。并表示:"现全国皆愤,国会亦大反对。袁若不退,必酿战祸。若借款一成,袁得经济上之援助,必不肯邃退,而国民大起反抗,则非至全国流血不止。于是中国秩序紊乱至极,非一朝一夕所能治矣。故为东洋和平计,此项借款必不可使之成立,此日本当局所当审慎者也。"(《日本外交文书》,大正 2 年,第 2 册,第 994-995 页,转引自李廷江:《日本财界与辛亥革命》,第 299 页)

△　致电袁世凯,要求:一、令赵秉钧于宋案审判时到案。二、将李纯兵撤回信阳。(《申报》1913 年 4 月 28 日,"专电")①

4 月 29 日　参议院开会,正式否决大借款咨文。

经于本日开会讨论,"金以此案未经大总统提交临时参议院议决咨复,此次遽行签字,殊与临时约法第十九条第四次之规定显相违反。经多数议决,对于政府所定中国政府善后借款合同,认为未经临时参议院议决,违法签字,当然无效"。(《违法丧权之大借款》,《民立报》1913 年 5 月 5 日,"新闻一")参、众两院议员吴景濂、吕复、李肇甫、谷钟秀、褚辅成、马君武、林蔚等致电《民立报》:"五月五日众议院特开会议,对于五国银行团善后借款,多数否决,谓政府违法签约,咨交本院查照各案,本院决不承认。计是日出席人数三百七十六人,赞成二百二十九人,系大多数,特此奉闻。"(《众议院否决大借款》,《民立报》1913 年 5 月 7 日,"公电")国民党国会议员团发布《对于大借款问题之通告》,声明国民党之主张有三:一、违法签约,决不承认;二、维持反对违法签约之表决案,以拥护立法高权;三、维持借款,必限制政府用途。指出政府违法,事已昭然。(《对于大借款问题之通告》,《国民月刊》第 1 卷第 2 号"专载",1913 年 6 月 20 日)

————

①　此为报载日期。

△ 五国银行团不顾孙中山反对，开始向袁世凯政府付款。善后大借款签订后，在孙警告下，银行团允于两星期内暂停付款。至本日，银行团已付款二百万镑，袁世凯遂进行政治、军事布置。（《中华民国国父实录》第 3 册，第 2141 页）

△ 报载孙中山游日时组织之华日会社已举定干事员，在神户、大阪、长崎、横滨设立支部，每半年开会一次，第一次常会将于 5 月举行。（《申报》1913 年 4 月 29 日，"特约路透电"）

△ 报载国民党对于借款问题，深为不满，态度激昂，据上海来电，孙中山曾在外界中公然宣称，借款问题如不商诸国会，则南方行将独立。（《申报》1913 年 4 月 29 日，"译电"）

4 月 30 日 与美国柏锡福主教谈话，表明坚决去袁。

谈话中表示拒绝通过选举方法来反袁。针对中国被拖进内战的说法，回答："如果发生内战，那将是短暂的，并将以袁的下台而告终。"柏锡福建议通过选举的方法来反袁，但孙中山认定，"袁是决不肯自行退位而让别人当选为总统的"。（米泰洛著、沈云鸥译：《美国传教士、孙逸仙和中国革命》，《辛亥革命史丛刊》第 3 辑，第 105 页）

△ 致电藤濑，表示不会受政局的影响，孙方将于 15 日内将预定出资金额存入正金银行，希望按高木承诺的条件，从速设立中国兴业公司。（陈明编译：《孙中山和中日合办的中国兴业公司》，《岭南文史》1990 年第 2 期）

△ 袁世凯来电，表示中国公学需款已饬财政部筹款接济。（上海市档案馆：《中国公学档案辑存》，《近代史资料》总 69 号，第 57 页）

4 月至 5 月 致电胡汉民、陈炯明，嘱认真筹备军实。电称："日本之行甚有效。日向嫌袁，国事果致决裂，日必倾心民党。粤现宜认真筹备军实，整顿经理，计划运输，免临时失措。共和一线生机，在此而已。"（翠亨孙中山故居纪念馆藏档，A1—27）①

———————————

① 电末署时"灰"字，似为 4 月 10 日，待考。

5月

5月1日　与来访者会晤,强调袁世凯必须对宋案负责。

据来访者感觉,孙似乎在考虑反袁战争,并说可以立刻投入三十万人到战场上去,而且这场战争在六个星期之内就可以结束。来访者说:万一发生内战,日本可能突然袭击满洲。孙答:满洲并非整个中国。有人提出警告,俄国届时将完成对于蒙古的接管。孙答留下来的地方才是真正的中国。当被告知,法国将搜取云南、德国将吞噬山东时,孙答,届时中国人民会起来抗争的。([美]韦慕庭著、杨慎之译:《孙中山——壮志未酬的爱国者》,第88—89页)

△　以中国兴业公司中国方面发起人身份致电涩泽荣一,告知"中国兴业公司不会受政变影响,中方预定于15日前向正金(横滨正金银行),支付预定资金,请按高木应诺的条件,尽速成立公司"。(李廷江:《日本财界与辛亥革命》,第298页)同一内容之电文已于前日发给藤濑。

5月2日　致电康德黎,希望帮助发表《致各国政府和人民电》。

在袁世凯违法借款签约后,拟《致各国政府和人民电》,本日致电康德黎:"请代表我将下列文告提交英国政府、议会及欧洲各国政府,并广泛发表于一切报刊。"所请发表文告即为《致各国政府和人民电》,其内容主要是告知世界各国宋教仁被刺案后,"北京政府之种种牵涉已成事实,无可掩饰。人民因此大为愤懑。现在大局岌岌,最可恐慌之危机即在目前。"而北京政府"以迅雷不及掩耳之手段,与五国银行团缔结二千五百万磅〔镑〕之大借款,以破坏约法。全国代议士提出严重抗议,政府竟悍然不顾。"现在国人忿火中烧,恐不免有激烈之举动,大局之危,已属间不容发。告诫"今银行团若以巨款借给北京政府,若北京政府竟以此款充与人民宣战之军费,则余一番苦心尽付东流矣！……然国人前此既以极大代价换得共和，则今此必当誓死拥护此共和。若国人为誓死拥护共和之故，竟与政府决战，非特国人受无限之损失，凡外人在华之权利亦将受间接之影响矣。"恳请各国政府人民设法禁阻银行团不得以巨款供给北京政府，"尚希当世人道为怀之诸君子，出而扶持，俾敝国诸同胞不致无辜而罹惨劫"。

(《致各国政府和人民电》，《孙中山全集》第3卷，第56—57页)

5月3日　伦敦《每日邮报》刊载孙中山致欧洲各报之函。(《孙中山反对借款之计画》，《时报》1913年5月23日，"要闻")后法国巴黎于5月9日发表，后在美国亦发表。([美]韦慕庭著、杨慎之译：《孙中山——壮志未酬的爱国者》，第337页)

△　万国改良会会长、美国长老会教士丁义华来电，指出宋案及借款，均无可猜疑之点，鼓吹法律解决，并为美国承认袁世凯政府辩护，暗指孙中山和黄兴借此造成南北分裂，争权夺利，要求对袁忍让。(《民立报》1913年5月12日)6日，孙、黄复电。

5月4日　黎元洪发表致袁世凯、孙中山、黄兴等通电，主张借款案应由议院决定，刺宋案应由法庭决定，望统筹全局，竭力维持。(《武昌黎副总统致大总统暨参议院等电》，《政府公报》1913年5月10日，"公电")

5月5日　蔡锷来电，赞成对宋案设立特别法庭审讯，请迅速组织，静候法庭裁判。(毛注青等编：《蔡锷集》，第843—844页)

△　湘、赣、皖、粤四省都督谭延闿、李烈钧、柏文蔚、胡汉民发表致袁世凯、黎元洪、孙中山、黄兴等通电，指责政府未经议院，违法私借巨款，请大总统立罢前议，副总统、国会、各政党、各省都督、各省议会协力抗争。(《湘赣皖粤四督》，《民立报》1913年5月8日，"公电")

5月6日　与黄兴联名复电丁义华，力斥其"宋案由法律解决"的主张。

本月3日，丁义华来电，鼓吹宋案由法律解决。本日复电指出："宋案发现，为人道之所不容，证据宣布，涉及国务总理，为中央计，为

大局计,皆不能不使总理辞职受质。乃当局强自辩护,不谋正当解决
之法,以平公愤,而反造为南北分治之言,而图反制。不知国民纵有
攻击政府之心,而此案并非关系南北之事,二次革命之说,实为不经。
文弃总统于前,而兴辞留守于后,当时果欲有为,何求不得,而必至于
今日?"并指出"金钱流毒,人心丧尽。当事者存倒白颠黑之心,旁观
者以幸灾乐祸为事,公是公非,毫无存在"。希望丁义华"为共和先进
国之国民,而维持友邦者,独具热忱,倘能研究真像,发为正论,使世
界知有主持公理者在,则顶礼而膜拜之矣"。(《孙黄两君复丁义华电》,
《民立报》1913 年 5 月 12 日,"新闻一")

　　△　要求财政部接济中国公学。

　　以中国公学董事名义,与另两位董事陈作霖、夏敬观等致电财政
总长周学熙,告已接大总统令接济中国公学,因公学积欠不下十万,
现日用已罄,乞电饬上海中国银行就近拨款,以济急需。另提出源丰
润押件一案,务请照前案办理。(上海市档案馆:《中国公学档案辑存》,《近
代史资料》总 69 号,第 57 页)

　　5 月 7 日　晚,与黄兴等出席日本驻上海总领事有吉明对日本
贵族院议员德川公爵欢迎会。伍廷芳、王宠惠、陈其美、陈锦涛、温宗
尧、戴季陶、王一亭等出席。黄兴于宴会中致欢迎词。(《中日交欢之盛
宴》,《民立报》1913 年 5 月 9 日,"新闻四")

　　5 月 8 日　与黄兴设宴招待日本德川公爵一行。(《中日交欢之盛
宴》,《民立报》1913 年 5 月 9 日,"新闻四")

　　5 月 15 日　日本驻上海总领事有吉明来访,劝南北融洽、收拾
时局,孙表示南北融洽的必要条件是袁世凯下台,但袁不肯,故不能
束手待毙,除决一雌雄外,别无他法。又说动干戈只是时间问题,是
立即举事,还是暂时忍耐,正在考虑之中。(段云章编著:《孙文与日本史
事编年(增订本)》,第 364 页)

　　5 月 16 日　报载陈炯明来电,指出自宋案发生后,南北即起猜
嫌,中央秘密借债事成,全国更为哗然,请孙中山星夜晋京,先将南北

意见解释,然后调和党争。(《陈炯明之悲观》,《申报》1913 年 5 月 16 日,
"要闻二")

5 月 17 日　致函日本政界元老井上馨,争取日本对讨袁的
支持。

信中揭露袁世凯之行径:"不意民国甫建,而专制之毒焰愈张,宋
教仁以发表政见,促进议院政治,惨被暗杀。及经地方长官会同检察
官搜查证据,始发见此案之真实,袁、赵诸人确为主名。违背公理,灭
绝人道,莫此为甚。是以证据一经披露,全国人心异常愤激,政府作
贼,异口同声,千夫所指,势将力倒。"指出宋案和大借款发生后,袁世
凯"知不能见容于国人,个人禄位将不可保,遂思以武力为压服国民
之举……诬国民将有二次革命之举,一面掩盖杀宋之罪恶,一面为准
备军事之借口,其居心之叵测,实不堪问"。"所惧者,旧派之人,惟利
是视,虽卖国有所不恤,且将凭借欧洲之势力,以排斥我利害与共之
友邦。"希望井上馨能够阻止交发善后借款,"即如交款一端,于人道
关系甚大,现虽业经开始交付,苟能限制不许充为战费,则袁氏或不
敢残民以逞"。(彭泽周:《介绍中山先生一封未公开的信》,《大陆杂志史学丛
书》第 3 辑,第 75—78 页)

△　再次召集中国兴业公司筹备委员会议。

到会者有印锡章、张静江、沈缦云、庞青城、宋耀如、王一亭、朱葆
三。议决如下:一,孙、印、张三人报告实收股款银九万元,已划交正
金银行;二,事务所暂借中国铁路总公司;三,上列筹办人均为筹办
员,推定孙中山为委员长,如孙他往,委王一亭代理;四,所有本公司
簿据等件,公推宋耀如执管;五,本公司定名,英文名拟改,俟再商量
后公决;六,法律暂用日本法律,在日本政府注册,俟中国法律完备,
即注销日本注册,在中国政府注册;七,资本每元暂作三钱三分,成立
之时改用日本金,汇水价值,按时照算;八,以上所报告收股数目,已
由森恪报告日本发起人;九,日本消息来往由藤濑政次郎、森恪担任
之;十,本公司章程起草,请王宠惠担任。(沈云荪:《孙中山创办的中国

兴业公司会议记录》,《团结报》1983 年 11 月 12 日)

　　△　与黄兴同到上海的唐绍仪秘密讨论借款、宋案与总统等事。
(《中华民国国父实录》第 3 册,第 2154 页)

　　5 月 18 日　报载程德全来电,声明受江苏人民重托,保卫地方,
维持秩序,凡有煽惑兵队、扰乱治安之举,概以军法从事。(《申报》
1913 年 5 月 18 日,"公电")

　　5 月 19 日　晚,在黄兴宅,与唐绍仪叙谈,黄兴、陈其美参加。
(《唐绍仪先生旅沪记》,《民立报》1913 年 5 月 20 日,"新闻四")关于此次谈
话,在 20 日接会见日本驻上海总领事有吉明时有所透露:唐此次来
沪,是在北上途中顺道来访,"与袁无任何关系,且为使袁终归退让之
必要,表示与我完全相同之意见。但果出自其真意否,甚为可疑。今
晚当继续会见。唐尚将停留两周左右"。(日本外务省档案,1913 年 5 月
20 日驻上海总领事有吉明致牧野外务大臣电,第 93 号;陈明译:《有关孙中山、
黄兴反对袁世凯斗争的日本外交文书选译》,《民国档案》1988 年第 3 期,第 71
页)

　　△　本日,宫崎寅藏到上海,住山田纯三郎家,待孙中山与黄兴
命,准备参加反袁。(近藤秀树编、禹昌夏译:《宫崎滔天年谱稿》,《辛亥革命
史丛刊》第 1 辑,第 162 页)

　　5 月 20 日　会见日本驻上海总领事有吉明,告以昨日与唐绍仪
晤谈情况,并告其广东之行暂告延期。向有吉介绍袁世凯有将兵力
集中于武汉之架势,"何时揭开南北冲突之炮衣,亦难预料",就此形
势,当有直赴南京之必要。但仍认为"无论如何,我方继续在议会上
力争,等待由袁发动之方针,但到底除诉之于干戈外,别无有效之
策"。又指出黄兴作为军人,是专事战争之人,尚以其深刻注意,宁为
慎重论调;自己从大局打算,持更为 desperate(决死的)之态度,其间
虽在计略上有多少意见差异,但在主义上则素无何种扞格。(大正 2
年 5 月 20 日,日驻上海有吉总领事致牧野外务大臣电,《日本外交文书》大正 2
年,第 2 册,第 93 号;陈明译:《有关孙中山、黄兴反对袁世凯斗争的日本外交文
书选译》,《民国档案》1988 年第 3 期,第 71 页)

　　△　致函山县有朋，争取日本支持。此函内容与 17 日致井上函内容几乎相同，并出自一人手笔，但本函签名系孙文亲笔。(孙中山著，王魁喜翻译整理：《致山县有朋的联名信》,《孙中山研究论丛》第 5 辑；段云章编著：《孙文与日本史事编年（增订本）》，第 366 页)

　　△　上海国民党机关刊物《国民月刊》出版。为之题签："国民孙文题签。"并为该刊创刊号作《出世辞》，指出：中华民国成立一年来，最可喜的进步，"则政党之根基成立是"。"今吾人组织大政党，以从事于建设之业，而国民亦赞同之。国民之所以赞成者，信仰吾党之人乎？非也，以吾党所持之政纲能合乎公理耳。"又指出，建设难而破坏易。"今中华民国新出现于世界，即欲进至各文明国之程度，已非数十年不为功"。国民党的责任，是谋求民生幸福。"民生幸福者，吾国民前途之第一大快乐也。既然矣，则吾人应以乐观之精神，积极进行之，夫然后民生幸福之目的可达，而吾人之希望乃有成也。"论述两党轮替的制度和正确的党争观念，"轮流互易，国家之进步无穷，国民之幸福亦无穷焉。故政党之目的，无论何党，皆必以实行政策与研究政策二者为其目的。由是观之，能使国家进步、国民安乐者，乃为良政治；能有使国家进步、国民安乐之政策者，乃为良政党；谋以国家进步、国民幸福而生之主张，是谓党见；因此而生之竞争，是谓党争……党争可有，而私争不可有；党见可坚持，而私见不可坚持。吾党既以巩固中华民国图谋民生幸福为目的，则又当力矫今日私见私争之弊"。当时国会将开，国民党之政策将有在正式国会发表之机会，因此希望"以进步思想，乐观精神，准公理，据政纲，以达巩固中华民国图谋民生幸福之目的，当然为吾党之责，愿与吾党人士共勉之"。(《国民月刊》第 1 卷第 1 号［该刊仅出两期，1 卷 2 号于 7 月份出版，旋即停刊。］)

　　△　《孙文先生东游纪念写真帖》一册由日本《日华新报》社长品川仁三郎、编纂部主任西岛函南编，日华新报社大正二年(1913)五月出版。本日《日华新报》编纂部在其《发行主旨》中称，孙中山不独为

中华民国四万万国民所钦仰,实为世界之伟人。该馆发行《孙文先生东游纪念写真帖》,以欲"永远纪念巨人来朝,且致仰慕之忱"。(《孫文先生東游紀念寫真帖》,扉頁)

5月21日 袁世凯令传语国民党人,宣称将举兵征伐国民党。谓:"现在看透,孙黄除捣乱外,无本领。左又是捣乱,右又是捣乱。我受四万万人民付托之重,不能以四万万人之财产生命,听人捣乱。自信政治、军事、经济、外交,信用不下于人,若彼等能力能代我,亦未尝不愿,但今日诚未敢多让。彼等若敢另行组织政府,我即敢举兵征伐之。"其时梁士诒、段芝贵、曾彝进在座,梁嘱曾以个人资格往告国民党人,袁即表示传话时可以公开说,"即说是袁慰亭说的,我当负责任"。(《时报》1913年5月24日,"专电")

△ 报载北京地方自治团总议事会、总董事会、各区议、董两会来电,对当前危局,希望孙、黄两先生苦口劝导,务使早遏乱萌,巩固国基。(《申报》1913年5月21日,"公电")

5月22日 《申报》报道孙中山曾电唐绍仪赴京,请其表示南省并无抵抗中央,藉以消除南北意见。(《唐绍仪赴京原因》,《申报》1913年5月22日,"要闻二")

5月23日 与黄兴联名致电日本政府,希望日本支持讨袁。电称:"委宫崎传言,不胜感谢。恨无妥协之余地。即使我不举事,彼(指袁世凯——引者注)必施加压力,危机迫在眉睫。若得日本援助,将采取积极行动,倘无援助,只能背水一战。恳请援助。"(大正2年5月24日,牧野外务大臣致驻上海有吉总领事电,第39号,日外交史料馆藏,转引自俞辛焞:《孙中山与日本关系研究》,第175页)

△ 报载孙中山因通电各国及《泰晤士报》,颇受揶揄,现在反对中央激烈者以孙为最,袁世凯总统本意欲保全孙、黄,故国民党现力主协商,改造内阁。但袁世凯不欲临时期内再行更动。(《时报》1912年5月23日,"专电")

5月24日 日本驻上海总领事有吉明来访,再以万不能动干戈相劝,孙重申除使用武力外,别无他法。(大正 2 年 5 月 25 日,驻上海有吉总领事致牧野外务大臣电,第 83 号,转引自段云章编著:《孙文与日本史事编年(增订本)》,第 366 页)

△　致电袁世凯,请勿准周学熙辞职,以免接办多费手续。(《民生日报》1912 年 5 月 24 日,"本报专电")①

△　《纽约时报》报道,孙中山的全权代表李亚正在伦敦寻求五亿美元贷款,计划未来十五年内在中国修建一万英里铁路。孙曾向李亚提出在中国建设六万英里铁路的计划,李将规划里程数从六万英里缩减到一万英里,承担资金筹集工作。23 日,李亚接受《纽约时报》专访,表示:"我将孙中山先生对我的任命视为一个在华外国人可以享有的最高荣誉。"(《中国寻求五亿美元铁路贷款》,《共和十年——〈纽约时报〉民初观察记·社会篇》,第 376—377 页)

5 月 25 日　日驻华山座公使到上海,劝勿以武力抗袁。孙答,反袁不是私怨,而是破坏与保卫共和制的问题。如有不排袁而能保持共和政权的妥协方法,请赐教。又谓,不求日本援助,只要日本尽力不让他国援袁即满足,希望日本牵制列强。(大正 2 年 5 月 27 日,驻上海有吉总领事致牧野外务大臣电,第 99 号,转引自俞辛焞:《孙中山与日本关系研究》,第 175 页〔时间根据李廷江:《日本财界与辛亥革命》,第 299 页〕)

5 月 27 日　黄远庸发表《最近之大势》通讯,分析国民党内部之分歧,指出国民党反对袁世凯最激烈者,惟孙中山一人。文称:"以余所闻:(一)现在最激烈者,仅一孙中山。孙以反对借款通电各国,而收效相反,且颇为伦敦《泰晤士报》所揶揄,故颇有骑虎难下之势。(二)颇闻孙电致胡汉民,嘱宣布独立,闻胡颇以时机未至拒之……(五)都督中之态度,最明了者莫过于李烈钧。其派兵计划,以余所闻,已非子虚……综计孙、黄二人,黄已少变而孙未变。都督中柏反复,胡狡狯,谭宛转被胁,李最强硬,其军队亦比较最可恃。故现在内

_____

①　此为报载日期。

外,咸指目于李。"(《最近之大势》,《时报》1913 年 5 月 27 日,"要闻")

5 月 30 日　日本东京《朝日新闻》刊载阪谷芳郎男爵谈话,题为《支那中央银行问题》,辩明孙中山早已取消中日合筹中央银行契约书。袁世凯伪言南京临时政府时期,孙以支那银行全权送与阪谷男爵,已订立契约书;又言以此等人握政治上之实权,定为国家取祸。阪谷在谈话中说明,孙任临时大总统职时,因财政特别拮据,曾通电井上、松方正义、大隈重信、涩泽荣一及阪谷等,研究设立中央银行之方法。当时阪谷曾建议以一亿元为该银行资本,但南北尚未统一,外国亦未有承认民国者,恐中国不能独办得到,乃定日中两国为股东,选用有经历的日、中人士为理事,另定规约二十七条,内有条云:该银行经营五年后,中国人可将日本人所有该银行之股尽数买回,又可将该银行之日本理事员一概脱除,以成一完全中国之银行。此规约阪谷曾于 1912 年 1 月 20 日函寄。是时,南京临时政府已取得借款,孙乃致函阪谷,表示前委托办之中央银行之件一概取消。(《阪谷男爵之谈话》,《民立报》1913 年 6 月 8 日,"新闻一")

是月下旬　与黄兴求见来华经过上海的前日本外务大臣加藤高明,曾作短时会见。加藤告知在北京与袁及其他人谈话的情况,劝告孙等此时应十分忍耐,以讲求永远和平解决时局之策。孙、黄表示最近袁世凯之态度,无论如何,有压迫、扫除我方之意图,若袁得如愿统一,即使不问本人等立场如何,人心实不服袁。加藤坚持认为,如果孙、黄等先起事端,"则在各国中至少可能失去日英之同情。因此,请十分自重,千万不可轻举妄动"。对此,黄谓无论如何将忍耐,以期不误大局。(《日本外交文书》,1913 年 6 月 1 日有吉驻上海总领事致牧野外务大臣电,第 105 号;陈明译:《有关孙中山、黄兴反对袁世凯斗争的日本外交文书选译》,《民国档案》1988 年第 3 期,第 71 页)《时报》报道,在与加藤高明谈袁世凯违法借款问题时,告以"此次大借款成立,实不啻为袁项城添虎翼,盖项城得各国援助,必以武力凌虐南方。项城若第二次被选为总统,与本党宗旨大相反对。贵国政府何不出而牵制,破坏借款,示天下以大义"。后加藤高明在北京谒袁世凯时,说"贵国某伟人劝敝国反对借款,殊难索解"。(《孙中山反对大借款之阴阳面》,《时报》1913年5月31日,"要闻")

△　与幕僚等议定,以铁路总公司名义行文政府,谴责违法借款。文称:"去岁本公司奉命筹办全国铁路,其章程内本有自由借款之权。迄与外国商行磋商借款,数巨者须由中央担保,数小者径可直接订借,均粗有成议。不意中央大借款忽然成立,其影响于铁路借款者甚大。"因中央违法大借款,"致铁路借款已有成议者,忽然中止,未经提议者,更难提出。嗣后对于铁路借款有何维持之方法,俾全国路政不至因此失败,请并国会会议决定办法,从速见复"。(《孙中山反对大借款之阴阳面》,《时报》1913年5月31日,"要闻")

6 月

6月1日　全国商会联合会来函,请求通电公开表示不反对政府。电称清帝退位后,"方冀次第建设,福利可期……不意三四月间,谣言四起,险象环生。迄接各省商会函电报告,商货停顿,市面凋零……拟请诸公通电各省,表示素志,其有谋为不轨者,一体严拿,尽法惩治,并恳电致北京贵党本部,以国家为前提,一致进行"。(《商界请伟人表明素志》,《新闻报》1913年6月5日;《全国商会联合会请孙中山、黄兴、陈其美通电表明素志函》,朱宗震、杨光辉编:《民初政争与二次革命》上册,第379—380页)孙中山等8日复函。

6月2日　蔡元培来访。蔡元培、汪精卫因国内政潮迭起,时局危迫,迄接各方面函电促返,于月前同自欧洲启程,于2日抵沪。(《汪蔡二先生归国记》,《民立报》1913年6月3日,"新闻四")即到爱文义路100号访孙中山、黄兴。(高平书:《蔡元培年谱》,第31页)

6月3日　《少年中国晨报》转载自上海致胡汉民电,希望宋案及早了结。电谓："文本拟日间重赴东洋，倡联中日。刻因宋案吃紧，尚难定行程。昨拟组织特别法庭，未得多数同意，经电中央政府，往复磋商，已举定王、伍两君与审……倘究出主名，以谢天下，使案及早了结，固吾党所愿甚。否则南北互启猜疑，大局何堪设想？迩来南省议员多因此事影响，裹足不前，经文再三劝勉，先后首途。"（中国第二历史档案馆：《孙中山关于法律解决"宋案"之资料二件》，《民国档案》1988年第1期，第3页）

△　蔡元培又到上海五马路铁路公司来访，午后再访黄兴。（高平书：《蔡元培年谱》，第31页）蔡、汪回国后，6月至7月间，企图进行南北调停，袁世凯派人预备接待，又饬张勋、冯国璋及内务部、陆军部派军警自沪保护北上。（《民立报》1913年6月10日，"北京电报"；《时报》1913年6月16日，"专电"）6月5日，赵凤昌致电陈陶怡，称汪精卫与孙、黄研究大局，已达成一致和平，对于指袁世凯亦力趋稳定，请商诸程德全、张謇，速密电中央。免生阻碍。（《赵凤昌致陈陶怡电》，章开沅辑：《赣宁之役资料辑录》，《近代史资料》，总31号，第37页）

△　报载张绍曾来电，呼吁袁世凯、黎元洪、孙中山、黄兴诸人"共念人民之苦楚、国运之颠危，勿矜己长，勿指人短，勿患个人之得失，勿以大局为牺牲。易倾轧为救援，易疑忌为信爱，易严责为曲原，易感情之偏激为圣贤之忠恕，易豪侠之肝胆为菩萨之慈悲，消浩劫于未形，系国本于大定"。（《申报》1913年6月3日，"公电"）

6月7日　国民党国会议员团发表宣言，反对袁世凯违法借款。宣言指出："自善后借款合同出现，政府违法签约之问题，于以发生……前参议院确未通过此案，此次政府不交国会议决，擅行签字，咨院查照备案，其为违背约法第十九条之规定，毫无疑义。迨两院提出质问，由代理总理段祺瑞出席众议院答复，承认手续未完备，请各议员原谅等语，则政府之自认违法，又毫无疑义。所以两院皆多数否决，绝不承认者，即为此也……为今之计，惟有政府迅将合同提交议院，本党亦无不力予维持，俾底于成。否则本党惟有终始一致，不承认此违法之签约。但使共和制度一日尚存,则一日违法签约之合同,即为无效。"(《国民党国会议院会对于大借款问题宣言》,《民立报》1913年6月7日、8日,"要件")

6月8日　与黄兴、陈其美联名复上海全国商会联合会1日来函,表示国民党以国家为前提,当无疑义,所要求通电表明态度一事,并无必要。复函云:"迩来全国风潮冲击,讹言繁兴,人心惊扰,影响所及,首在商界……当光复之始,鄙人等与诸君共膺患难,今幸民国成立,建设方新,休养生息,期以十年,国家前途,庶其有孚。孰意大局甫定,事变忽萌,谁无身家,岂堪以锋镝余生,重膺惨祸。此诚鄙人等与诸君所同深痛心疾首者也。惟是共和时代与专制不同,人人当以国家为前提。即人人有拥护共和之责任。苟有立心不轨,破坏共和者,众当弃之,断不宜姑息养奸,自贻伊戚。此固全国人心之所同,然抑亦鄙人等之素志也。至来函嘱通电各省及北京国民党本部一节,用意固佳,惟严诘奸宄,保卫治安,地方政府责无旁贷,谅无待鄙人等之谆嘱。国民党乃系政党,其政纲早经宣布,固已一致进行。此时大局稍定,若再以鄙人等一二人之意,通电全国,恐转滋歧惑耳。"(《我商民明白否》,《民立报》1913年6月13日,"新闻四";《孙中山、黄兴、陈其美复上海全国商会联合会函》,朱宗震、杨光辉编:《民初政争与二次革命》上册,第380—381页)

6月9日　袁世凯颁布罢免李烈钧江西都督令,同时任命黎元洪兼署江西都督、贺国昌护理江西民政长。(中国社会科学院近代史研究所中华民国史组编:《中华民国史资料丛稿·大事记》第2辑,第50页)次日,李烈钧发布下野通电。(《李烈钧下野通电》,朱宗震、杨光辉编:《民初政争与二次革命》上册,第439页)后离赣赴沪,约为7月初在沪谒孙中山。

是月上旬　给广东发一电报,拟与汪精卫调和党见。电谓:"国人自宋遯初先生死后,均持退步思想,因而北京党争愈烈。文以国是为前提,诚恐内讧日甚,授口实于外人,致贻民国分裂之忧,刻决意入京与汪精卫尽力调和四党见,精卫素见重于此,此行或不虚负,务请电恭恳旅京议员,助文一臂之力云。"(中国第二历史档案馆:《孙中山关于

法律解决"宋案"之资料二件》,《民国档案》1988年第1期,第3页)

6月11日　与黄兴同日本驻上海总领事有吉明面谈,就江西都督李烈钧被革职事明确立场。黄兴指出,江西方面未有确实消息,电信往来亦不自由,形势亦不详细了解,作为本人意见,无论如何以和平主义相待,昨日已派特使,劝说圆满处理,亦考虑不使发生格外事件。李烈钧虽去职,于国民党势力无严重影响,当以和平手段,继续从来之方针。孙中山表示,无论如何,将以冒进主义一举去袁;借款成立以来,袁的财力及于各省(如江西),亦有少数军队首领被收买,李烈钧此时或已不得已而退让,数日间当见分晓。李烈钧被革职,虽多少影响国民党的力量,但同情反渐归国民党。(《日本外交文书》,1913年6月11日有吉驻上海总领事致牧野外务大臣电,第114号;陈明译:《有关孙中山、黄兴反对袁世凯斗争的日本外交文书选译》,《民国档案》1988年第3期,第72页)

△　陈陶怡、刘厚生来南通与张謇商议调和南北,并告张謇,汪精卫提出:(一)国民党为顾全大局计,决举袁世凯为正式总统;(二)请袁世凯告诫各督,不得轻于发言,军人不得干政,临时期内不撤换;(三)宋案根本以法律解决,罪至洪、应而止。并云汪精卫、蔡元培、孙中山、黄兴当面通过,已经同意。(《张謇致袁世凯函》,章开沅辑:《赣宁之役资料辑录》,《近代史资料》,总31号,第42—43页)

6月12日　交款五万元与黄兴,部署讨袁军事。黄兴写亲笔收据:"收到孙中山先生银五万元。此据。黄兴经手。"黄收到此款后,除沪、宁两地有所布置外,并派宁调元、熊樾山赴湖北组织机关,谭人凤回湖南运动军队。(毛注青编:《黄兴年谱长编》,第386页)

△　张謇致电袁世凯,提出调和建议,请发通令为孙中山、黄兴辩诬,剔清孙、黄,使不逞之徒无从假托,并请汪精卫、蔡元培入都,指导国民党暴乱分子,使选举时稳静一致。密电称:"南中各方面,自汪(精卫)、蔡(元培)回国,竭力解说,人心益趋稳定。""根本解决,拟请总统发诚恳剀切之命令,禁止谣传,并为孙、黄声明,决不为此破坏民国大局之事。如有假托,即是匪类。某亦当忠告孙、黄,自行声明,并

属其对于正式选举及其它要政为正当之宣告。"建议袁世凯电约汪、蔡两人进京面询。(《张謇致袁世凯电》,章开沅辑:《赣宁之役资料辑录》,《近代史资料》,总31号,第44页)但16日袁复电仍指责孙中山等,表示:"自共和成立以来,待遇伟人(指孙、黄),倾诚结纳……倘伟人果肯真心息兵,我又何求不得。如佯谋下台,实则猛进,人非至愚,谁肯受此?"(《袁世凯致张謇电》,章开沅辑:《赣宁之役资料辑录》,《近代史资料》,总31号,第44—45页)

　　△　致《少年中国晨报》总理黄伯耀函被转刊。该函应作于辛亥革命前,函文为:"伯耀兄鉴:密启者:弟闻新军同志言在各报见有金山追悼会中,有崔通约一挽联,大不洽新军同志之意。多有问弟,此人是否同志? 若为门外汉,则不足怪,若为同志,则大可鄙矣。以其明知而故作媚满之语,而若为新军讼冤者。当日有以绅商各界之作此言,乃为生人说法,不得已也。兹为死人追悼,而通约有此言,其心不可问云。弟闻此言,亦无辞以对也,弟昔金山时,尝有与兄等言及此人,想各位亦在洞鉴中也。凡会中紧要职事,不可交托此人,盖其人无定见,而有破坏吾党之心,须谨慎之。"[①](《孙中山先生书函四件》,《民国档案》1987年第4期,第6—7页)

　　6月13日　在上海的铁道总局接见宗方小太郎。宗方询问北方情况,并告孙,"北方势力较之南方远占优势,兵端一开,胜负之间不问可知。此际为国民党计,不如隐忍以待袁氏败亡之机"。孙回答:"若以余之所见,北方的势力是假装的,不见得太可怕。我党当初助袁,期待圆满处理时局,彼忽使出鬼蜮伎俩,以暗杀宋教仁,首先破坏和平,今又以武力压迫以临我,彼已挑起事端,甘为戎首,我党岂可默然罢手!"(《宗方小太郎文书》,第327—329页,日本国会图书馆宪政资料室藏,转引自李吉奎:《孙中山与日本》,第367页)

---

　　① 此抄件藏台北国史馆,系1941年2月27日由旅美同盟会员、《少年中国晨报》发起人之一龚显裔自美洲寄往重庆。该件后有"二年六月十二日转刊"字样,或系《少年中国晨报》录出。参阅《孙中山先生书函四件》,《民国档案》1987年第4期,第6—7页。

6 月 15 日　下午，与黄兴、陈其美等赴上海爱俪园（哈同花园），参加章太炎与汤国梨的婚礼。（《名园微雨燕双飞》，《民立报》1913 年 6 月 16 日，"新闻四"）

△　复电万国改良会丁义华，表示将"专办铁路"，不事政治。电云："余现在不愿闻政事，政治良否，系政府责成。余嗣后专办铁路，其他非余所愿闻也。"此前 3 日丁义华电致孙中山，希望孙能与袁世凯合作，"不必以宋君一人举国以殉"。故有此复电。（《丁义华劝告孙中山》，《申报》1913 年 6 月 15 日，"要闻二"）《时报》次日亦发表此电。（《丁义华致孙中山电》《孙逸仙致丁义华英文电》，《时报》1912 年 6 月 16 日，"要闻"）①

△　报载中国近来政局甚为外人、特别是日人注意，自孙中山东渡，以经济同盟说诱惑日人，从而日人十分同情孙之反对大借款，东京报纸言论多偏向国民党。（《日本之新对华策》，《申报》1913 年 6 月 15 日，"要闻一"）

6 月 16 日　与黄兴赴黄浦路德国领事馆，参加补祝德皇即位二十五周年纪念。（《庆贺德皇登极纪念三志》，《申报》1913 年 6 月 17 日，"本埠新闻"）

△　报载袁世凯电请孙中山、黄兴派人到京报销南京临时政府财政账目。（《民立报》1913 年 6 月 16 日，"特约电"）

是月中下旬　在南下期间，与进行南北调停活动的汪精卫等接触。

其间多件来往函电，显示北方通过汪精卫与孙中山等进行联络协商。6 月 17 日，张謇函告赵凤昌，请再与汪精卫、蔡元培商量，希望孙、黄"必有正当之宣布告之不可"，探知日内孙、黄想法如何。（《张謇致赵凤昌书》，章开沅辑：《赣宁之役资料辑录》，《近代史资料》，总 31 号，第 45 页）20 日前后，赵凤昌函告张謇，汪精卫已赴广东，"劝导同志归于稳定一致……孙、黄必当表示，以安定人心，惟待汪回沪商定表示

---

①　此为《申报》报载日期。

之法耳。"(《赵凤昌致张謇书》,《赣宁之役资料辑录》,《近代史资料》总 31 号, 第 46 页)22 日,张謇又电告袁世凯,已电告汪精卫回沪,妥议孙、黄表 示于党人的办法。(《张謇致赵凤昌书》附件,《赣宁之役资料辑录》,《近代史 资料》总 31 号,第 46 页)26 日,袁电复张謇,询问汪回沪日期,并希望知 道孙、黄表示的方式。(《张謇致赵凤昌书》附件,《赣宁之役资料辑录》,《近 代史资料》总 31 号,第 47 页)

6 月 18 日　因长女孙娫病危,乘"蒙古"轮自上海赴澳门。(《申 报》1913 年 6 月 22 日,"特约路透电")

6 月 19 日　日本驻华公使伊集院会见受袁世凯派遣即将赴日访 问的孙宝琦、李盛铎。孙、李谈了赴日计划和袁对日意见,提出关于中 国兴业公司,如果孙中山方面没有出资保障,袁愿意动员中国实业家 出资办下去,若孙中山已尽力在办,则希望进一步加强扩大这个公司, 并再三申明,两人赴日及同日本实业家建立联系,不具有任何政治意 义,也不想排斥孙中山。(李廷江:《日本财界与辛亥革命》,第 290 页)

6 月 20 日　抵达澳门。(《孙先生与西报访员谈话》,《民生日报》1913 年 6 月 26 日,"要件二")

6 月 21 日　与陈炯明、胡汉民在澳门商议。(《陈炯明尚未接任粤 督》,《申报》1913 年 7 月 4 日,"要闻二")在澳门,约陈借巡视为名,在军舰 上见面,征得陈炯明对四省独立、广东同时宣布的同意。(张醁村:《辛 亥革命前后同盟会领导人物的政治分歧及其分裂》,《广东辛亥革命史料》,第 365 页)胡汉民"大约先至香港,继赴澳门与孙中山会晤"。(《申报》1913 年 6 月 22 日,"特约路透电")孙中山探望孙娫病情后,即离澳门。25 日 孙娫病逝。

6 月 22 日　报载,《国权报》称,伍廷芳应袁世凯之请,电邀孙中 山、黄兴赴京,已得允可。(《申报》1913 年 6 月 22 日,"译电")

6 月 23 日　晚,由澳门来香港。(《孙先生与西报访员谈话》,《民生日 报》1913 年 6 月 26 日,"要件二")

6 月 24 日　在香港对《士蔑西报》记者发表对时局的谈话。

记者提及北方及广东政治情形，孙答以不知情形，因已不与闻时事。当记者问及北京之时局，孙答："吾敢谓从前已竭力为袁总统经营，吾常言袁氏最合为总统，吾不独在中国为伊经营，即在世界各方亦然。"对于宋教仁被杀一案，孙表示"甚恶之"，但又表示"北京政府与该案干连，殊属不公。然吾非谓袁总统自有干连也，不过系其总理与有干连也，故袁总统定必略有所知。"记者问及广东情形，孙表示知之甚少。记者问胡汉民现在何处？孙说现在香港，并无秘密，前夕乘"宝璧"兵轮到港。记者提及本港华人报纸刊登激愤新闻，指责胡汉民拨款偿还华侨一事，孙表示"最属无理不公"。还表示，现将再度北上，致力于铁路大计划，必尽力而为之，并重申欲将铁路交予外人建筑，由其管理，以若干年为限；如果真能如此办理，则铁路将遍布中国。孙认为"惟政府必不阻吾之前途"。（《孙先生与西报访员谈话》，《民生日报》1913 年 6 月 26 日，"要件二"）

6 月 25 日　会见日本驻香港总领事今井忍郎，发表谈话："现在这时候，国民党应该做的手段是争取议会，但选举大总统的时候，比平时比较容易变节的议员多，结果我党之胜算极少，但袁世凯如果没有金钱的话，什么也做不到的。而我党虽然贫乏，但志在千里，最后之胜利归于我党。"（日本外务省档案 51312、135"支那南北冲突关系"卷，转引自邵雍：《孙中山对今井的谈话》，氏著：《辛亥革命与中国社会》，第 300 页）

6 月 26 日　据报道孙中山与友人创设中日新闻社，以期将国民党事务传至日本。（《申报》1913 年 6 月 26 日，"特约路透电"）

△　复电广东省官厅，表示此次广东之行系为了却儿女索缠，绝不与闻政事，回到故乡后会尽快返沪。（《孙中山不欲与闻政事》，《民生日报》1913 年 6 月 26 日，"本省新闻"）①

6 月 29 日　由香港返沪，即到李烈钧处，与同志商谈时局。（《日本外交文书》，1913 年 6 月 30 日有吉驻上海转领事致牧野外务大臣电，第 128

---

①　此为报载日期。

号;陈明译:《有关孙中山、黄兴反对袁世凯斗争的日本外交文书选译》,《民国档案》1988年第3期,第72页)

6月30日 与日本驻上海总领事有吉明面谈。

据有吉报告,孙中山谈到广东陈炯明虽鼓吹强硬论,但部下主要有力干部已为袁世凯收买,且孙自去年以来所鼓吹之袁中心主义深入人心,今日使其反袁更为困难,大事难图。目前除暂时在议会相对峙外,别无他策,只能仍按照现状观望时势,以待他日机会。孙表示:"本人等势力之衰落,统归之于五国借款,袁之巧妙笼络手段,已伴随来自该借款之资金,及于地方,实属可惊。与南下前不同,对于我派势力,完全悲观。惟党人在议会上仍比地方多几分希望,因而对于议员中之有力者如张继等南下之事实,正计划使彼等逐渐返回北京。又事实上,李烈钧等在江西将不可能作何等筹划。陈其美虽亦透露此种口吻,但最坚持强硬说。"有吉观察到,孙至少主动承认,在地方上已不足以左右形势。(《日本外交文书》,1913年6月30日有吉驻上海转领事致牧野外务大臣电,第128号;陈明译:《有关孙中山、黄兴反对袁世凯斗争的日本外交文书选译》,《民国档案》1988年第3期,第72—73页)

7月

是月初 在上海与英国宝林公司签订广州至重庆铁路借款合同。

据王宠惠忆述:"民国二年,总理将实行建设事业,因有铁路政策之主张。遂组织铁路总公司于上海,聘宠惠为顾问,旋奉命与英国波令有限公司代表佛兰殊侯爵草订关于广州至重庆与兰州支线之铁路合同,仅一周而成立,外人诧为罕见。又无秘密回扣,种种要求。征之订立合同往事,未有如此次之简捷者也。事后外国当事人尝乐道之,然北京政府始终未予批准。"(王宠惠:《追怀总理述略》,《逸经》第25期,1937年3月5日,第24—25页。《中华民国国父实录》定为7月4日,参阅

罗刚编著:《中华民国国父实录》,第2106页)

· **7月8日** 奉孙中山命,李烈钧潜返江西湖口,准备举兵讨袁①。

袁世凯令北洋军队分两路迅速南下,进攻苏、皖、赣。"及李烈钧卸任来,孙、黄等招饮,席间意气自豪,谓各省如能响应,赣事尚可为。中山极力怂恿。并以南京情形告之,李遂告奋勇,潜返湖口。"(谭人凤:《石叟牌词》,第167页)日本驻上海总领事有吉明致电外务大臣牧野伸显,报告李烈钧6日由上海潜入江西。有吉曾试图忠告黄兴、陈其美:徒然轻举妄动将更加失信于内外,使袁得到加紧压迫之口实。陈其美答:本人自始即持稳妥意见,但若仍旧不作改变,徒自招灭亡而已……最近亦至于不得已而与以过激之说,孙、黄多年流亡国外,实际上见机不敏,去年的革命亦系按我等计划,孙、黄不过中途返国而已。孙此次广东之行,与其预期相反,因二三旅团长被收买而丧胆,透露完全失望之口吻;黄则徒然多疑,坐失良机。此无非不通晓国内之情况而已。黄兴则答:对于武昌之变(按指6月24日武昌南湖暴动)与余等无任何关系。事实上,李、胡两都督被免职尚且无反抗,可作为民党持和平手段之佐证。而在江西及其他地方,袁之压迫日益加紧,今不免发生反抗,各地之小动乱遂至酿成大事。报告指出,可认为孙、黄缺少成功之信心,陈其美、李烈钧及其他少壮过激派则尚处于捕捉机会以图起事之际,至其成大事与否,乃另一问题。(大正2年7月8日,驻上海有吉总领事牧野外务大臣电,《日本外交文书》大正2年第2

---

① 据《黎元洪详述赣事之通电》称:"探明李前督,率同外人四名,乘轮于八号至湖口,驻水巡总监署。"(《黎元洪详述赣事之通电》,《中华民国史事纪要(初稿)——一九一三年七月至十二月》,第42页)据《李烈钧将军自传》称:他在面受孙中山方略后,"于民国2年7月12日到赣之湖口"。(《李烈钧自传》,徐辉琪编:《李烈钧文集》,江西人民出版社,1988年,第802页)黎元洪通电为当时文献,李的回忆疑有误,《孙中山年谱长编》已采信黎的资料,参阅陈锡祺主编:《孙中山年谱长编》上册,第825—826页。日本驻上海总领事有吉明致电外务大臣牧野伸显,报告李烈钧6日由上海潜入江西,(大正2年7月8日,驻上海有吉总领事牧野外务大臣电,《日本外交文书》大正2年第2册;陈明译:《有关孙中山、黄兴反对袁世凯斗争的日本外交文书选译》,《民国档案》1988年第3期,第73页)疑为离开上海日期。

册；陈明译：《有关孙中山、黄兴反对袁世凯斗争的日本外交文书选译》，《民国档案》1988年第3期，第73页）

7月9日　致电美洲华侨伍平一，告以长女孙娫已于6月25日病殁。伍平一，字挺宇，广东台山人，清末留日学生，后转学美国，1910年在旧金山加入同盟会，1911年在洪门筹饷局任职及担任《少年中国晨报》编辑工作，鼓吹革命，并撰文筹饷。辛亥革命后，同盟会美洲支部长黄芸苏归国，由伍担任支部工作。1912年，孙中山致函伍平一，介绍其子女等四人来美留学，望予以照顾。1913年春，长女孙娫病重，由伍平一请医生与护士伴送回国。（《孙中山致伍平一函电一组》，《档案与历史》1986年第3期，第21页）

△　涩泽荣一与袁政府所派孙宝琦和李盛铎就中国兴业公司问题取得协议。协议内容为：（一）孙、李两人说明了如下意旨：对于中国兴业公司，北京政府也赞成，而且当事业的性质上有需要中央政府的承认、许可等情况时，当积极予以方便。（二）我方则说明了如下意旨：当华北的实业家有加入的希望时，不辞与孙文进行交涉，以为他们取得加入的手续，但未进一步作具体的商谈。（陈明编译：《孙中山和中日合办的中国兴业公司》，《岭南文史》1990年第2期）孙宝琦、李盛铎系6月23日奉袁世凯密遣赴日，7月2日抵东京。此行明为考察日本经济，实为诋毁国民党，为袁世凯即将发动内战开脱；并设法阻挠日本急进派协助南方反袁。（《日人论孙、李东行事》，《申报》1913年6月25日）7月11日报载孙宝琦抵日，外间盛传中国北方之人拟加入华日商业公司，该公司系由孙中山与日本某男爵创设，中国一万八千股迄未开幕，孙宝琦议由北方华人全数购下。日人同意这一办法，但须先由孙中山许可，如果失败，则议组织华日银行。（《申报》1913年7月11日，"特约路透电"）

7月11日　报载镇宁铁路发起者与铁路总公司商准，由镇江等六邑人民投资自建，不借洋款，并由六邑代表与孙中山磋商，必以三十五年为限方可收为国有，由孙代为咨部立案。（《改组镇宁铁路预闻》,《申报》1913年7月11日,"地方通信·镇江")

7月12日　李烈钧于湖口召集会议,通电讨袁。二次革命爆发。

次日江西省议会推李烈钧为江西讨袁军总司令,欧阳武为都督,贺国昌为省长。(中国社会科学院近代史研究所中华民国史组编:《中华民国史资料丛稿·大事记》第2辑,第60—61页)李等旋颁布讨袁檄文,指出:"民国肇建以来,凡我国民,莫不欲达真正共和目的。袁乘时窃柄,帝制自为,灭绝人道,而暗杀元勋,弁髦约法,而擅借巨款。金钱有灵,即舆论公道可收买;禄位无限,任心腹爪牙把持。近复盛暑兴师,蹂躏赣省,以兵威劫天下,视吾民若寇仇,实属有负国民之委托,我国民宜亟起自卫,与天下共击之。"(周元高等编:《李烈钧集》上册,第165页)袁世凯准黎元洪所请,任命李纯、刘世钧任署九江镇守使、署九江镇守副使,进行镇压。(中国社会科学院近代史研究所中华民国史组编:《中华民国史资料丛稿·大事记》第2辑,第61页)二次革命又称"癸丑之役""赣宁之役"。

7月13日　与黄兴等急商在南京举兵讨袁。

江西举兵后,南京第八师的两个旅长王孝缜、黄恺元于7月13日午后来沪,向黄兴密告,朱卓文从上海携款二万元到南京运动第八师的几个营、连长,叫他们杀了师长、旅长后宣告独立,并请孙中山莅临南京主持讨袁军事,但未受运动的营长、连长向王、黄两人报告了这个消息,并主张先发制人,除掉这几个营长、连长。他们对黄兴说,现在事已至此,虽准备未充分,也得树起讨袁的旗帜,请黄兴赴南京作讨袁军总司令,他们一致服从,但千万请孙不要在此混乱时期赴南京,须等南京独立稳固后,再请孙去组织政府。黄兴应允其要求,决定次晨赴宁,随往见孙,表示愿赴南京举兵讨袁,请暂勿赴南京,待创立局面后,再请前往主持;同时南京独立后,须有上海方面的兵力、财力支持,请孙在沪督促陈其美赶快占领上海。孙表示同意,黄兴乃嘱王孝缜、黄恺元两人当夜赶回南京,布置起义。(李书城:《辛亥前后黄克

强先生的革命活动》,《辛亥革命回忆录》第 1 集,第 207—208 页)黄兴赴宁起
兵,实际抱孤注一掷心理,并认为符合孙的意志。据柏文蔚忆称:他
在南京往见黄兴,说:"先生前次力主和平,今则又力主战,何前后两
人耶? 克强曰:先生(指孙中山——引者注)之命,无可如何耳。文蔚
曰:此刻大势已去,兵力已不在手,势在必败。克强曰:革命原非易
事,失败不管也。"(《安徽二次革命始末记》,《革命文献》第 44 辑,第 267 页)

7 月 14 日　黄兴由上海抵南京,召集第一师、第八师军官会议,
决议响应江西,发动讨袁。是晚即在李相府陈之骥住宅开军事会议,
第一师师长章梓、第七师师长洪承点、第九师师长冷遹、第八师师长
陈之骥等参加,会上决定出兵计划,分配各部任务。(李书城:《辛亥前
后黄克强先生的革命活动》,《辛亥革命回忆录》第 1 集,第 209 页)

7 月 15 日　与日本驻上海总领事有吉明面谈反袁之事。

据有吉明事后报告:孙中山"不似平日,甚有忧色。彼为江西之
变辩护,谓此系由于袁之极端强压而自然发生者。而事至如今,江西
乃其试金石也。无论如何,惟有奋斗。黄兴在南京,可策划诸事。该
地形势完全按预期发展,大约可于本日宣告独立……广东、福建亦预
定不日独立。在进行上,临时政府暂设于南京,若长江沿岸一带形势
不佳,则将不得不设于广东,责任余自担当之"。孙对于将来之打算
似乎有十分自信,他认为"将江西、江苏、浙江、福建、广东、湖南、山
西、陕西等算入。在军队数目上,预计可能南北相当。至于军费及武
器方面,甚为悲观"。关于此次事变,孙中山似顾虑日本方面之意见
及各外国人之感情,频频询问及此。当有吉明说"可能引起外国人之
反感"时,孙表示"彼等将注意力置于可达成和平之措施方面"。报告
指出,"要之,彼之意见,将希望暂时系于江西之状况,而未见有十分
之确信。"(《日本外交文书》,1913 年 7 月 15 日有吉驻上海总领事致牧野外务
大臣电,第 135 号;陈明译:《有关孙中山、黄兴反对袁世凯斗争的日本外交文书
选译》,《民国档案》1988 年第 3 期,第 73—74 页)

△　黄兴在南京通电誓师讨袁。

黄兴于本日清晨赴江苏都督府会晤程德全,请程通电宣布独立,程德全被迫应允,并推黄为讨袁军总司令。(李书城:《辛亥前后黄克强先生的革命活动》,《辛亥革命回忆录》第 1 集,第 209 页)随即通电,称"深悔待时留决之非,幸有急起直追之会,当即誓师北伐,殄此神奸"。(《民立报》1913 年 7 月 18 日,"专电·南京电报")但程德全和江苏民政长应德闳实际上不赞成讨袁,于 16 日夜间潜离南京,前往上海。(中国社会科学院近代史研究所中华民国史组编:《中华民国史资料丛稿·大事记》第 2 辑,第 64 页)

7 月 18 日　上海独立。陈其美奉孙中山命,以驻沪讨袁军总司令名义通电讨袁。电曰:"袁世凯违法殃民,逞兵南下,种种罪恶,无非破坏共和。现在各省继赣而起者,如响斯应,江苏已于前日由程都督宣布独立,并委黄兴君为江苏讨袁军总司令,并咨委其美为驻沪讨袁军总司令。上海为东南重镇,关系匪轻,业于十八日完全宣布独立,驻沪各军队皆深明大义,地方秩序亦照常安谧,足慰廑怀。深望各省爱国同胞克日兴师,诛锄国贼。俾得大局早定,真缔共和,无任盼祷。"(《陈其美宣布上海独立通电》,朱宗震·杨光辉编:《民初政争与二次革命》下册,第 708 页)上海独立经历进攻制造局之役、吴淞举兵讨袁,坚持到 8 月 13 日,吴淞炮台失守,陈其美逃亡,上海独立失败。(中国社会科学院近代史研究所中华民国史组编:《中华民国史资料丛稿·大事记》第 2 辑,第 81 页)

△　广东独立。本日中午,广东都督陈炯明召集各师旅军官商议独立,之后至省议会宣布政见,力斥袁世凯违背共和,主张独立,并坚定表示志在必行。(《陈炯明迫胁议会独立之详情》,《申报》1913 年 7 月 30 日,"要闻二")晚上 8 时,宣告独立之文告由都督署发出,张贴于城厢内外。(《陈炯明迫胁议会独立别报》,《申报》1913 年 8 月 4 日,"要闻一")后于 8 月 4 日失败,陈炯明潜往香港。(中国社会科学院近代史研究所中华民国史组编:《中华民国史资料丛稿·大事记》第 2 辑,第 76 页)

7 月 19 日　福建独立。第十四师长许崇智,要求都督孙道仁响应。孙道仁以兵力单薄,恐生扰乱,召集各界及行政官会议,从许崇智所请,宣布独立。但声明"俟大局粗定,仍归统一"。(《闽省取消独立纪》,《申报》1913 年 8 月 18 日,"要闻二")7 月 31 日,福建讨袁军总司令许崇智乘轮离省,福建独立失败。(中国社会科学院近代史研究所中华民国史组编:《中华民国史资料丛稿·大事记》第 2 辑,第 72 页)

7 月 20 日　为《中华民报》创刊周年题赠"祝中华民报作我民气孙文"。同盟会机关报《中华民报》1912 年 7 月 20 日在上海创刊,邓家彦主办,与《民国新闻》《民权报》并称"横三民",二次革命后停刊。(刘望龄辑注:《孙中山题词遗墨汇编》,第 194 页)

△　报载上海南商会来函,表示宋案发生以来,商困已达极点,上海为通商要埠,毗连租界,如再用兵,不独全市遭殃,且恐引起外人干涉,恳请设法保全。(《上海方面之维持(四)》,《申报》1913 年 7 月 20 日,"本埠新闻")

7 月 21 日　与日本驻上海总领事有吉明晤谈,请求日本对袁政府施压。

据有吉事后报告:孙"意气昂扬,非常得意",断言如袁不辞职,则不能期望和平,"希望日本劝诱一两个国家率先给袁的辞职以友好劝告;如其他国家犹疑,可由日本单独劝诱,因袁依赖于外国,如外国进行此劝告,袁将能格外迅速服从"。当有吉再次说明日本外交政策,劝孙不要依靠外援,而从内部解决问题时,孙坚持说:"袁始终以外援为生命,终于以蒙古为诱饵,依靠俄国。鉴于现状,外国的插手和干涉,事实上难免,在我们期待中,不如由日本掌握主动是有利的。"(大正 2 年 7 月 21 日,驻上海有吉总领事致牧野外务大臣电,第 152 号,转引自段云章编著:《孙文与日本史事编年(增订本)》,第 376—377 页)有吉未明确拒绝孙的要求,即电告日本政府。牧野外交大臣 22 日电训有吉,予以断然拒绝,并批评有吉对孙谈话尚有余地。(大正 2 年 7 月 22 日,牧野外务大臣致驻上海有吉总领事电,第 59 号,日外交史料馆藏,转引自段云章编著:《孙文与日本史事编年(增订本)》,第 377 页)

7月22日　发表《告全体国民促令袁氏辞职宣言》《致参议院等通电》《致袁世凯电》。

《告全体国民促令袁氏辞职宣言》指出:"当南北统一之际,仆推荐袁世凯于参议院,原望其开诚布公,尽忠民国,以慰四万万人之望。自是以来,仆于权利所在,则为引避,危疑之交,则为襄助。虽激昂之士,对于袁氏时有责言,仆之初衷未尝少易。不意宋案发生,袁氏阴谋,一旦尽揭。仆于当时,已将反对袁氏之心,宣布天下。使袁氏果知公义自在,舆论难诬,尔时即应辞职,以谢国民。何图袁氏专为私谋,倒行不已,以致东南人民,荷戈而逐;旬日之内,相连并发。大势如此,国家安危,人民生死,胥系于袁氏一人之去留。为公仆者,不以国利民福为怀,反欲牺牲国家与人民,以争一己之位置。中华民国岂容开此先例。愿全体国民一致主张,令袁氏辞职,以息战祸。"(《孙中山先生宣言》,《民立报》1913年7月22日,"言论之部")

《致参议院等通电》发给参议院、众议院、国务院、各省都督、民政长、各军师旅长,严正声明:"江西事起,南京各处以次响应,一致以讨袁为标识,非对于国家而脱离关系,亦非对于北方而睽异感情,仅欲袁氏一人辞大总统之职,遂不惜牺牲其身命以求达之。大势至此,全国流血之祸系于袁氏一人之身。闻袁氏决以兵力对待,是无论胜败,而生民涂炭必不可免。夫使袁氏而未违法,则东南此举无能左袒。今袁氏种种违法,天下所知,东南人民迫不得已以武力济法律之穷,非惟其情可哀,其义亦至正。"指出:"诸公维持民国,为人民所攸赖,当此存亡绝续之际,望以民命为重,以国危为急,同向袁氏说以早日辞职,以息战祸。"(《孙中山先生通电》,《民立报》1913年7月22日,"公电")

《致袁世凯电》指明称:"文于去年北上,与公握手言欢,闻公谆谆以国家与人民为念,以一日在职为苦。文谓国民属望于公,不仅在临时政府而已,十年以内大总统非公莫属。此语非弟对公言之,且对国民言之。自是以来,虽激昂之士于公时有责言,文之初衷未尝少易。何图宋案发生,证据宣布,愕然出诸意外,不料公言与行违至于如此,既愤且懑。而公更违法借款，以作战费；无故调兵，以速战祸。异己既去，兵衅仍挑，以致东南军民荷戈而起，众口一辞，集于公之一身。意公此时必以平乱为言，姑无论东南军民未叛国家，未扰秩序，不得云乱，即使云乱，而酿乱者谁？公于天下后世亦无以自解。公之左右陷公于不义，致有今日，此时必且劝公乘此一逞，树威雪忿。此但自为计，固未为民国计，亦未为公计也。""为公仆者受国民反对，犹当引退，况于国民以死相拼；杀一不辜以得天下，犹不可为，况流天下之血以从一己之欲。公今日舍辞职外决无他策。昔日为任天下之重而来，今日为息天下之祸而去，出处光明，于公何憾。公能行此，文必力劝东南军民，易恶感为善意，不使公怀骑虎之虑。若公必欲残民以逞，善言不入，文不忍东南人民久困兵革，必以前此反对君主专制之决心反对公之一人，义无反顾。"（《孙中山先生致袁世凯电》，《民立报》1913年7月22日，"公电"）

7月23日　上海租界工部局议决，驱逐孙中山等出租界。应袁世凯政府要求，工部局"议决将黄兴、孙文、陈其美、岑春煊、李平书、沈缦云、王一亭、杨信之八人逐出租界"。（《时报》1913年7月24日，"本埠紧要新闻"）

△　袁世凯下令销去孙中山筹办全国铁路全权。令称："孙文应即销去筹备全国铁路全权，此令。"（《临时大总统令》，《政府公报》，1913年7月24日，"命令"）

7月25日　湖南都督谭延闿宣布独立。谭人凤奉孙中山与黄兴命返湘活动，公推都督谭延闿为讨袁军总司令，本日清晨在都督府悬挂讨袁军大旗，正式宣告独立。（《湘省附和独立之内幕》，《申报》1913年8月3日，"要闻二"）8月13日，谭延闿宣布取消独立。（中国社会科学院近代史研究所中华民国史组编：《中华民国史资料丛稿·大事记》第2辑，第81页）

7月26日　下午，与陈其美、汪精卫等在爱文义路100号黄兴寓内开重要会议。报载袁世凯之子袁克定与伍廷芳近日由青岛到上海,因孙中山等不肯赴北讨论调停问题,故两方面将在上海开会,闻孙等现极愿托伍廷芳为南北调人,袁世凯遣子南下,有与国民党息争之意。(《申报》1913 年 7 月 27 日,"要闻一")

7 月 27 日　《大陆报》报道:陈其美、孙中山等与此次"乱事"有关之人,均由西人命离上海公共租界及法租界,并命不得匿迹闸北。该照会于本日晚送出,如有置之不顾者,则将即加拘逮,由各国代表商议处置之法。(《申报》1913 年 7 月 28 日,"要闻一")

7 月 28 日　致函涩泽荣一,仍希望从速成立中国兴业公司。

函中表示"从速成立该公司以图谋发达事业,固系万难延宕"。为早日成立该公司,特将所有文书托森恪带回日本,代为筹议办法,请会同商酌,并代为开创立总会。表示当初与涩泽荣一商议设立该公司,全系巩固中日两国实业上之联络,此次南北启衅,与该公司毫不相涉,"一俟该公司成立后,应由鄙人将该公司设立宗旨等,通告各省都督、商会暨股富实业家,劝招分认股份,以便在各地方发达该公司事业"。告知现因要事,今日起程赴粤。(彭泽周:《中山先生与中国兴业公司》,《中华民国建国史讨论集》,第 171—172 页)

△　报载香港锡业行商李伯南通电,声称"赣乱发生,粤复独立,非诛孙、黄无以安天下"。(《粤人反对独立之呼吁》,《申报》1913 年 7 月 28 日,"要闻二")

7 月 29 日　南京战事失败,黄兴潜乘日本军舰嵯峨号离宁,30 日抵沪,31 日改搭静冈丸赴香港,后赴日。(日本外务省档案,有吉上海总领事致牧野外务大臣电,1913 年 7 月 31 日,俞辛焞、王振锁编译:《黄兴在日活动秘录》,《民国档案》1987 年第 1 期,第 119—120 页)

是月　领衔签署史坚如墓碑文,文为:"君番禺人,生前清己卯年五月五日,以庚子秋起义于广州,不克,九月十八死之。越十有二载,辛亥革命告成,同人等追维先烈,造像刻石,以垂不朽。孙文等公建。中华民国二年七月。"(史劝济:《怀念我的嗣父史坚如》,广东省政协:《纪念辛亥革命七十周年史料专辑》上,第 237 页)

8月

8月1日　在上海接见《民立报》记者,驳斥《字林西报》造谣。

《字林西报》载文,言有一吴姓人士,向赵秉钧密告,称曾任孙中山及陈其美两人秘书,了解其平日来往函件,多言及军械,又称应夔丞入狱后,常与孙中山通消息,应之逃跑是因为孙中山得贿,并指孙在讨袁军起义之前预购军火。该告密人自称为哈佛毕业生,讨袁事起后为孙幽囚,不能早日通告政府。《民立报》记者特谒询问此事。遂为驳斥:"此种令人齿冷之谣言,殊为可笑。查哈佛毕业生,并无具名 Wan－Jes－Ting 者,余秘书中亦未尝有此名。既系大学校毕业生,何以事前不知军械之作用,及事后始告密。至幽禁一说,更令人可笑;租界何地,非北京可比,而能行此不法之举乎？虽然,俟吾人讨贼事毕,宋案终有水落石出之一日也。"(《西报造谣言》,《民立报》1913年8月2日,"新闻四")

8月2日　晨,偕胡汉民乘德国轮船约克号离沪赴粤。因沪、宁讨袁军相继失败,应胡汉民与朱执信之请,返粤主持,以为革命之根据。(陈锡祺主编:《孙中山年谱长编》上册,第832页)①

8月3日　抵福建马尾,得情报后转赴台湾基隆。

下午3时,抵达福建马尾,晤日本少佐多贺宗之。其时福建、广东反袁形势已急遽逆转,先期赴粤的张继、马君武于本日中午托日本驻香港领事今井忍郎电告日本驻福州领事,务必于孙中山上岸前,亲

---

①　离沪时间,据日本外务省档案第129号《上海斋藤少佐致参谋总长电》称:孙逸仙于1日夜乘德国船赴香港。(俞辛焞、王振锁等译:《孙中山在日活动密录》,南开大学出版社,1990年)但据台湾国民党党史会藏二次革命《总理与诸先进由沪至日行次表》记载:"总理、胡汉民:8月2日由上海出发。"(蒋永敬:《民国胡展堂先生汉民年谱》,台北商务印书馆,1981年,第146页)《孙中山年谱长编》编者采后说。(陈锡祺主编:《孙中山年谱长编》上册,第832页)现从此。

口转告闽、粤变局,"许崇智已离开福州,诸位上岸有危险。广东形势不妙,且香港禁止登陆,请乘 8 月 4 日启航的抚顺丸赴台湾。在那里等候静冈丸。黄兴潜乘在该船,准备让他逃往新加坡或美国"。(日本外务省档案,1913 年 8 月 3 日今井[香港]总领事致牧野外务大臣电,秘 3897 号;俞辛焞、王振锁等译:《孙中山在日活动密录》,第 1 页)抵达马尾后,与日本驻福州领事馆武官少佐多贺宗之、馆员饭田登船秘密会见。驻福州的多贺宗之(萱野长知姻亲)称,他收到孙中山乘德船从上海出发,前往广州,并将要途经马尾的消息,于午后抵达马尾,此时德船尚未入港,但有一艘插着日本国旗、前往台湾的邮船抚顺丸,便速与船长会面,询问能否庇护孙上此船,送其往台湾。船长应允了多贺的请求,并表示,孙乘此船之后可保证其不受任何人伤害,但抵台以后仍需担心。下午 3 时左右,一艘白色德国船为装载福建茶而入港,多贺寻求与孙见面,最终在船上餐厅旁的休息室会面,告知孙广州有急变,劝其中止原定行程。孙中山沉默后表示:"感谢厚意,但无法相信广州的急变,前日已收到两次黄兴的电报,黄表示'广东已作好一切准备,请速前来'。吾深信黄兴电报,不会改变行程。"经多贺详细分析广东情况和劝告,应允多贺的计划,晚 9 时前,在多贺的护送下,与胡汉民等乘快艇从德国船移往抚顺丸。此后与胡、驻福州的饭田书记生、抚顺丸船长及多贺在抚顺丸甲板上洽谈,应船长提议,题字留念,为多贺题字"博爱""同舟"。胡汉民亦书下"露重飞难定,风高响易沉"的词句。12 时过后始休息。(刘庆霖译、孙宏云校译,久保田文次编:《萱野长知·孙文关系史料集》,第 342—346 页,转引自段云章编著:《孙文与日本史事编年(增订本)》,第 381 页)但仍对多贺表示,仍欲由基隆转赴日本神户,与寓居该处东方饭店的宋耀如协商后,再赴美国或法国。(日本外务省档案,1913 年 8 月 4 日福州多贺少佐致参谋总长电,福第 22 号;俞辛焞、王振锁等译:《孙中山在日活动密录》,第 2 页)

转赴基隆时,召集胡汉民、李朗如、梅光培等人,嘱李、梅等赴港,独与胡渡台。告梅光培:"君由美洲万里归来,志切革命,今不幸失

败,去国已久,回来人地生疏,钱财不可不多带。"将所存六百余金给
予梅,梅不允受,孙表示自己革命数十年,未曾为金钱所绝,后胡汉民
劝说:"先生所予,不可不受,至先生方面,余处尚有款,可以无虑。"梅
乃接受。(邓慕韩:《孙中山先生轶闻》,《建国月刊》第 2 卷第 1 期,1929 年 11
月)

　　离福州前,致电在神户的国民党员、原实业司司长李恢。(日本外
务省档案 1913 年 8 月 5 日,日本驻福州代理领事士谷久未藏致日本外务大臣
男爵牧野伸显电,机密第 18 号;俞辛焞、王振锁等译:《孙中山在日活动密录》,
第 585—586 页)

　　△　向基隆行进时,日本外务大臣牧野电告台湾总督佐久间:
"鉴于国内外形势,帝国政府认为,以防止与中国骚乱有关之领袖来
本国为上策,并执行此项方针,望照此精神依适当方法,劝告孙改赴
日本以外之其它地方。"(日本外务省档案,1913 年 8 月 5 日牧野外务大臣
致佐久间台湾总督电,无档案编号;俞辛焞、王振锁等译:《孙中山在日活动密
录》,第 586 页)

　　△　出发后,黄兴于 4 日夜突然从香港乘船,直去门司,等候孙
中山,并托香港总领事转达,希望孙来神户。(日本外务省档案 1913 年 8
月 5 日,日本驻福州代理领事士谷久未藏致日本外务大臣男爵牧野伸显电,机
密第 18 号;俞辛焞、王振锁等译:《孙中山在日活动密录》,第 585—586 页)

　　△　袁世凯授意其亲信密电香港,命人诱杀孙中山。电云:"据
探报,匪首孙文,前日乘弦公司船赴港,望速密商宝璧等舰,佯往欢
迎,接赴粤省,诱上船后,出口处死沉海,执行人员除补官赏勋外,并
奖洋十万元。"(林锋源辑:《赣宁之役资料散辑》,《近代史资料》总 26 号,第
124 页)

　　8 月 4 日　转乘"抚顺丸"赴基隆。(陈鹏仁:《孙中山先生与日本友
人》,第 148 页)航次途中,为日人山根重武题赠:"博爱　山根先生
孙文"。山根时为孙中山所乘大阪商船会社"抚顺丸"号舰长。随行
之胡汉民亦同时为山根题赠"卷土重来未可知　山根舰长　汉民"。
(刘望龄辑注:《孙中山题词遗墨汇编》,第 195 页)

8 月 5 日　抵基隆。

晨,化名为汪国权,与胡汉民和随员二人自福州抵基隆港。台湾总督府民政长官转告福州领事:黄兴已于昨晚离香港去门司,在神户等候孙中山,孙乃于下午 4 时换乘信浓丸赴神户,胡汉民则转去香港。台湾民政长官即将孙赴日事通报福冈、兵库两县。(日本外务省档案 1913 年 8 月 5 日,《台湾总督府民政长官致警保局长电》,无档案编号;俞辛焞、王振锁等译:《孙中山在日活动密录》,第 586 页)①短暂停留间,孙中山在台北日人旅舍梅屋敷用餐,总督府特派便衣宪兵三人,自始至终在梅屋敷门口戒严,确保孙的安全。(《纪总理二次到台湾事》,万仁元、方庆秋主编:《中华民国史史料长编民国三十五年(二)》,第 286 页)

△　为梅屋敷别庄馆主大和宗吉题赠"博爱　大和君　孙文",为藤井悟一郎题赠"同仁　藤井君　孙文"。(刘望龄辑注:《孙中山题词遗墨汇编》,第 195—196 页)题字后立于所书之二幅墨宝间摄影,又于院中小假山摄影。摄影完后即动身到基隆。来台的极短时间中,还与当时在台湾的同乡、原兴中会会员杨心如痛述袁世凯罪状及党人之空涉理想,亦谈及讨袁计划和此行赴日任务。(《纪总理二次到台湾事》,万仁元、方庆秋主编:《中华民国史史料长编民国三十五年(二)》,第 286—287 页)

8 月 8 日　抵日本门司。

上午 8 时,乘信浓丸抵日本门司港,未登陆。有新闻记者怀疑孙在船上,要求会见船长并追问孙是否在船上,船长回答孙未乘该船,但因此时孙偶然进入船长室,故只好会见记者并做简短谈话,但对记者的提问避而未答。(日本外务省档案,1913 年 8 月 8 日山口县知事致牧野外务大臣电,第 4041 号[密];福冈县知事致牧野外务大臣电,第 4047 号[密];俞辛焞、王振锁等译:《孙中山在日活动密录》,第 2 页)因袁世凯已通牒日

---

①　俞辛焞、王振锁将孙中山化名译为"汪国权",胡汉民化名未译出。罗福惠、袁咏红认为,将孙、胡二人化名分别译为"王国权""涂黎民"可能更符合二人当时心情和用意。参阅罗福惠、袁咏红:《日文档案中的清末革命者和流亡者》,《近代史研究》2004 年第 4 期。

本,请拒绝孙中山上岸,日本内阁总理大臣山本权兵卫通过外务大臣牧野伸显指令兵库县知事服部一三:"政府认为,与此次中国骚乱有关之领袖,此际潜来日本居住,鉴于国内外种种关系,于帝国不利,且正遵此方针处理。故孙逸仙抵达贵地后,在与他人接触产生种种麻烦之前,望贵官采取适当方法,将如下意旨作为政府意向恳切对孙面示,让其充分谅解我立场,尽快决定照原计划赴美,并注意设法不使其动摇该决心。"训令申明:"日本政府为国内安宁及东洋和平,不得不加以干涉,乃至采取高压手段。因此,无论就帝国的情况而言,还是从孙逸仙的利害来看,此时居住日本决非上策。"并嘱以同样理由,促黄兴转赴美国。(日本外务省档案,1913 年 8 月 8 日牧野外务大臣致服部兵库县知事电,第 355 号;俞辛焞、王振锁等译:《孙中山在日活动密录》,第 587—588 页)

在由台转航日本神户途中,致电犬养毅、头山满、萱野长知,称:"文如远去欧美,对我党前途实多影响,故无论如何,希在日暂住,俾便指挥。9 日船抵神户,并望与同志叙晤密商。"(萱野长知:《中华民国革命秘笈》,第 198 页,转引自段云章编著:《孙文与日本史事编年(增订本)》,384 页)犬养毅等认为,不应因其今日革命失败而冷待孙中山,要古岛一雄到神户去迎接。后表示要去与山本权兵卫首相和牧野伸显外相交涉,说服他们。古岛一雄、岛田经一、菊池良一遂动身去神户。(陈鹏仁:《孙中山先生与日本友人》,第 38 页)

△ 本日以何海鸣为首,南京革命党人再次宣布独立,但仅历数小时即告取消。8 月 11 日,何海鸣再据江苏都督府,任讨袁军总司令,是为南京第三次独立。(中国社会科学院近代史研究所中华民国史组编:《中华民国史资料丛稿·大事记》,第 2 辑,第 78—79、79—80 页)

8月9日 抵神户。

前此萱野已于 8 日夜抵神户等候。本日萱野登上信浓丸轮船会晤并长谈,后寺尾博士与古岛议员也来见面。东京、大阪及当地各报记者亦闻讯登船求见,不得已出见,仅简单寒暄,并希望对自己的住

处等尽量予以保密。(日本外务省档案,1913 年 8 月 10 日兵库县知事服部
一三致外务大臣牧野伸显电阁下,兵发秘第 289 号;俞辛焞、王振锁等译:《孙中
山在日活动密录》,第 588—589 页)萱野长知告以头山满派他来,孙十分
高兴。萱野与三上丰夷商量,又与川崎造船所所长松方幸次郎商议
孙在神户上岸之事,松方表示一定要让孙在日本上岸。(《头山满翁正
传》未定稿,第 253 页,转引自段云章编著:《孙文与日本史事编年(增订本)》,第
386 页)对于让孙中山在日本上岸,日本政府仅勉强同意秘密进行,当
晚,松方和萱野乘黑夜用小艇运载孙中山到造船公司上岸,并藏于已
准备好的诹访山别墅。(陈鹏仁:《孙中山先生与日本友人》,第 39—40 页)

　　晚 9 时,由松方幸次郎、三上丰夷等陪同,秘密登陆,到市内诹访
山温泉境内常盘花坛别墅。松方、三上劝及早赴美,未即表态。入住
后请宋耀如来谈,晚 11 时许,宋来密谈约两小时。萱野长知因日本
政府不希望孙长期逗留于日本,想挽留孙匿住在日本某秘密地点。
(日本外务省档案,1913 年 8 月 10 日兵库县知事服部一三致外务大臣牧野伸显
电阁下,兵发秘第 289 号;俞辛焞、王振锁等译:《孙中山在日活动密录》,第
588—589 页)

　　兵库县知事服部一三请三上合资会社社长三上丰夷"先期到达
和田岬洋面,进一步弄清孙的意向"。三上丰夷是孙中山的友人,与
孙有电报联系,因此,服部一三在接到牧野外务大臣电令后,向三上
询问孙的打算。三上认为,当此之际,孙以渡美为上策。遂请三上先
弄清孙的意向。(日本外务省档案,1913 年 8 月 10 日兵库县知事服部一三致
外务大臣子爵牧野伸显阁下,兵发秘第 289 号;俞辛焞、王振锁等译:《孙中山在
日活动密录》,第 588 页)

　　△　是日晨,黄兴与自称其亲属的陈应明乘第四海运丸抵门司
港,得到三井物产公司门司分公司资助,原拟去神户同孙中山会见,
后再往东京,但经三井物产公司和黄兴本人慎重考虑,决定在下关等
待一起赴美,暂时租寓下关市外滨町天野布庄之别墅。(日本外务省
档案,福冈县知事南弘致牧野外务大臣函,1913 年 8 月 9 日;俞辛焞、王振锁编

译:《黄兴在日活动秘录》,《民国档案》1987年第1期,第112—113页)

△　福建都督孙道仁宣布福建取消独立。(中国社会科学院近代史研究所中华民国史组编:《中华民国史资料丛稿·大事记》第2辑,第79页)

是月上旬　于赴日航次途中为日人村田省藏题赠:"博爱。"村田省藏是日本大阪商船株式会社社长,在此次孙中山由福州乘"抚顺丸"轮船去台湾、又从台湾去日本途中,受命随行护送。(刘望龄辑注:《孙中山题词遗墨汇编》,第196页)

8月11日　上午,中国兴业公司在东京商业会所举行成立大会。孙中山未出席。

日本方面出席的主要股东为涩泽荣一、大仓喜八郎、山本条太郎、中野武营等。中国方面由森恪代表,提出中国全部股东委任状。大会主席由日方创立委员长涩泽荣一担任。涩泽荣一以孙中山暂不愿出任总裁,乃将公司总裁职位空出不选,此次董事会只选出董事六名,监察二名,以负公司之责。此外推举日本方面顾问十名,协助处理一切业务。(《日本外交文书》大正2年第2册,第1015页,转引自段云章编著:《孙文与日本史事编年(增订本)》,第387—388页)中国兴业公司东京正式成立后,涩泽荣一来函,告知开会情况,表示:"公司成立后之今后经营,当遵照当初之方针,以加强两国经济界之关系,增进共同之繁荣而努力。"对孙未能列为新总裁而抱憾:"鄙人特向阁下陈谢者,则为来函中所示以下诸点:即阁下对于公司设立,以其宗旨在求巩固两国实业上之关系,并促其发展,故不问南北战况如何,则全与公司无关;并拟将公司设立之宗旨通告贵国各省都督、商会以及其他实业家。而股票之购买,亦不受政争之任何影响,以期全国经济之统一。此种大公无私之胸怀,实出自阁下忧国之衷心真情,不胜感佩之至。"(《致孙文氏书》大正2年8月,涩泽子爵家收藏,转引自彭泽周:《中山先生与中国兴业公司》,《中华民国建国史讨论集》第1集,第174页))实际上孙中山已无暇顾及中国兴业公司事,该公司后为袁世凯控制,1914年4月改名为"中日实业公司"。

8月12日　袁世凯政府与日本政府密商驱逐孙中山、黄兴出日本。

本日外务大臣牧野伸显致电日本新任驻华公使山座圆次郎,通报日本方面已命地方官宪明确告知孙、黄:"此时他们久居日本,于我于彼均有害无益,非我所愿,故勿听人言,以决心赴美为上策。已命地方官宪将此旨意通过适当方法劝告其本人,以求其谅察我方立场,尽快从日本离去。地方官刻下正照此训令尽力办理,其结果尚不得而知。若他们不听劝告,强行驱逐亦非上策,故或许万一会留在日本,亦尚难意料。在此情况下,一则对其严加监督。以免使日本成为邻国动乱之策源地,同时亦不得不对其人身安全予以适当保护。这样一来,尚需对北京政府做些对话。因为对黄兴曾有悬赏十万元之原委。"并要求将这些情况经由上海电告汉口、南京、广东、香港。(日本外务省档案,1913 年 8 月 12 日牧野外务大臣致驻中国公使山座电,361 号;俞辛焞、王振锁等译:《孙中山在日活动密录》,第 591 页)前任日本驻华公使伊集院在 8 月 15 日离任回国以前,曾向袁世凯传递口信:孙、黄等来日,非帝国政府所愿,事前已电训各地领事阻止,但他们仍秘密乘船渡日。作为立宪国之通义,不便强其离去,但目下地方官宪正力劝其尽速离日。即令暂时逗留在日,亦不致使日本成为其再举之策源地。袁世凯亦向日本政府当局转达:对日本政府严加监督之举充分谅察,但孙、黄只要留在日本,日中民间误解的种子便不会全然除去,所以要设法令其离开日本。(日本外务省档案,1913 年 8 月 14 日驻中国公使山座致牧野外务大臣电,第 363 号;俞辛焞、王振锁等译:《孙中山在日活动密录》,第 589—590 页)

8 月 13 日　胡汉民、廖仲恺等抵神户,萱野长知等到车站迎接,传达孙中山旨意,并一同至西村旅馆住宿。(萱野长知:《中华民国革命秘笈》,转引自段云章编著:《孙文与日本史事编年(增订本)》,第 388—389 页)①

8 月 14 日　清晨,萱野长知陪同胡汉民、廖仲恺两人秘密前往

---

①　据《神户又新日报》报道,上岸者为胡汉民、金佐治,同版刊有二照片,可以判明是胡汉民、廖仲恺。(《神户又新日报》大正 2 年 8 月 14 日,陈锡祺主编:《孙中山年谱长编》上册,第 838 页)

诹访山谒见。(萱野长知:《中华民国革命秘笈》,转引自段云章编著:《孙文与日本史事编年(增订本)》,第 389 页)

　　△　匿居诹访山别墅。

　　晚,在居处会见日兵库县知事服部一三,但拒绝其催促离日的建议。服部一三以"久居日本并非上策之意"促使孙中山离日,孙答:"中国南方形势尚有恢复之希望,故想暂居日本观察中国时局,然后决定自己之进退。"服部告诫:"如你将日本作为敌视邻邦之策源地,自然会招致困难,请充分注意。"(日本外务省档案,1913 年 8 月 15 日兵库县知事致牧野外务大臣电,第 4234 号[密];俞辛焞、王振锁等译:《孙中山在日活动密录》,第 4 页)

　　9 日至 15 日在诹访山别墅逗留期间,基本不会见客人。除宋耀如及其女儿和胡汉民访问外,未与其他中国人会见。除与三上丰夷和萱野长知曾因事会面外,也未会见其他任何日本人。(日本外务省档案,1913 年 8 月 18 日兵库县知事服务部一三致牧野外务大臣电,兵发秘第 302 号;俞辛焞、王振锁等译:《孙中山在日活动密录》,第 4 页)但孙逃亡抵日的消息,不久泄露,神户各报都有登载。(车田让治著、李择邻译:《孙中山与梅屋庄吉》,中国人民政治协商会议广东省委员会文史资料研究委员会:《孙中山与辛亥革命史料专辑》,第 274 页)

　　△　香港英国总督宣布,奉英政府训令,孙中山与黄兴、陈炯明、胡汉民、岑春煊等永远不准到港。(中国社会科学院近代史研究所中华民国史组编:《中华民国史资料丛稿·大事记》第 2 辑,第 81 页)

　　8 月 16 日　凌晨 4 时,在菊池良一陪同下,与两名随从一起离开诹访山常盘花坛别墅,乘三上丰夷准的汽艇出发,先去和田海角洋面,再换乘前来迎接的襟裳丸轮船,于当日晨 7 时驶往横滨。(日本外务省档案,1913 年 8 月 18 日兵库县知事服务部一三致牧野外务大臣电,兵发秘第 302 号,俞辛焞、王振锁等译:《孙中山在日活动密录》,第 4 页)

　　8 月 17 日　下午 7 时许抵横滨。(日本外务省档案,8 月 16 日兵库县知事致牧野外务大臣电,第 4276 号[密];俞辛焞、王振锁等译:《孙中山在日活动密录》,第 4 页)晚 11 时又东上。(日本外务省档案,8 月 18 日神奈川县

知事致外务大臣电,第 4316 号[密],俞辛焞、王振锁等译:《孙中山在日活动密录》,第 5 页)

8 月 18 日　凌晨 1 时许,到达赤坂区灵南坂町 27 号海妻猪勇彦家。

古岛一雄、前川寅藏已于 16 日与外务大臣会面洽商,就登陆地点及其它事宜议妥,故日本政府对孙中山转移作了严密警戒部署,头山满亦派遣门下壮士保卫。(日本外务省档案,8 月 18 日神奈川县知事致警保局长电,神奈川县知事大岛久满次致外务大臣男爵牧野伸显阁下关于流亡者孙逸仙到东京之事,秘号外;俞辛焞、王振锁等译:《孙中山在日活动密录》,第 593—594 页)到达后,由头山满安排住邻居海妻猪勇彦家。晨 8 时 10 分,头山满来访并共进早餐。8 时 50 分,前川寅藏来访,与孙中山、头山满会谈。11 时 30 分,菊池良一与随同孙中山来东京但在横滨改乘火车的两名随从来访。议员古岛一雄不时来访。孙终日阅读书籍。(日本外务省档案,《孙文动静》,乙秘第 1180 号,1913 年 8 月 18 日;俞辛焞、王振锁等译:《孙中山在日活动密录》,第 5—6 页。)

△　晚 9 时,岛田经一陪同廖仲恺来访。(日本外务省档案,《孙文动静》,乙秘第 1190 号,1913 年 8 月 19 日;俞辛焞、王振锁等译:《孙中山在日活动密录》,第 6 页)赤坂区灵南坂町二十七番地(今港区赤坂一丁目十四番地)头山满的邻居海妻猪勇彦家与当年成立同盟会的地点赤坂区葵町三番地邻近。关于孙中山在灵南坂居住时期的生活状况,海妻猪勇彦的儿子海妻玄彦曾在《亚细亚研究所所报》(亚细亚大学)第 18 号上用插图和文字作过详细的介绍。日本警察为了监视和保护的需要,在海妻邸设立了刑事室。孙中山有时将隔壁二十六番地的头山满家作为自己的通信地址,以避免警察的监视。(参阅久保田文次:《日本辛亥革命遗迹巡礼(五)》,《国外辛亥革命史研究动态》第 2 辑,第 86 页)孙在东京的费用,由安川敬一郎每月提供一万日元。(《头山满翁正传》未定稿,第 254 页,转引自段云章编著:《孙文与日本史事编年(增订本)》,第 392 页)安川敬一郎,福冈县人,实业家,庆应义塾毕业,从 1889 年始

经营赤地煤矿,1893 年任若松筑港公司经理,1908 年任明治碛业社社长、明治纺织公司代表,奠定安川财阀基础,后任贵族院议员。

　　△　南昌为袁军攻陷,李烈钧江西讨袁军失败。（中国社会科学院近代史研究所中华民国史组编:《中华民国史资料丛稿·大事记》第 2 辑,第 83 页）后于 9 月中旬潜往日本。

　　8 月 19 日　致函日本某教育社,表达反袁决心,请求不要以资金援助袁世凯。函云:"此次中国战事,全由袁世凯玷辱其总统之职而起,只须袁氏退位,立即消弭。我辛苦半生经营之事业,决不忍见其破坏,今袁氏继满清而行专制,我必为国民之正义而战。现虽大受创挫,然最后之胜利决为吾人获之无疑。凡力卫和平,不愿见生灵涂炭之人,务乞勿再以金钱赞助袁世凯。"（《民权报》1913 年 8 月 20 日,"专电")①

　　△　上午头山满、萱野长知及一位六十余岁老人、一位四十来岁的男人来访,与头山密谈。头山满的长子交来西文电报一份。（日本外务省档案,《孙文动静》,乙秘第 1190 号,1913 年 8 月 19 日;俞辛焞、王振锁等译:《孙中山在日活动密录》,第 6 页）晚,萱野长知、岛田经一来密谈约一小时。（日本外务省档案,《孙文动静》,乙秘第 1198 号,1913 年 8 月 20 日;俞辛焞、王振锁等译:《孙中山在日活动密录》,第 7 页）

　　8 月 20 日　上午,赴头山满宅谈话;美和作次郎来访。下午萱野长知来访;随后去头山宅。晚,宋耀如及其女儿抵东京新桥车站,当晚来投宿。先后与来访之宋耀如及其女儿宋蔼龄、美和作次郎、萱野长知、菊池良一商谈。（日本外务省档案,1913 年 8 月 20 日《孙文动静》,乙秘第 1198 号;日本外务省档案,1913 年 8 月 21 日《孙文动静》,乙秘第 1123 号;俞辛焞、王振锁等译:《孙中山在日活动密录》,第 7 页）

　　是月中旬　为中家仲助题词:"博爱"。孙中山 9 日抵达神户,16 日由中家仲助秘密护送至东京。（刘望龄辑注:《孙中山题词遗墨汇编》,第

---

　　①　据《中华民国史资料丛稿·大事记》所记,此函致日本《教会科学杂志》,参阅中国社会科学院近代史研究所中华民国史组编:《中华民国史资料丛稿·大事记》,第 2 辑,中华书局,1975 年,第 83—84 页。

197 页）

8 月 21 日　数度与头山满、萱野长知、岛田经一密谈议事。是日萱野和岛田终日在头山宅，数次来访。（日本外务省档案，1913 年 8 月 21 日，《孙文动静》，乙秘第 1123 号；俞辛焞、王振锁等译：《孙中山在日活动密录》，第 7 页）

△　北京外交部向日本驻中国公使山座递交关于驱逐孙中山之备忘录，称"本国此次内乱，实由孙文、黄兴、胡汉民等煽惑主使，以致本国民商损失产业甚巨，即各国商务在长江流域者，亦颇受影响。本国人民莫不痛心切齿于该乱党等。现闻孙文、黄兴、胡汉民等已赴贵国境内留寓，距本国一苇可航，难保不藉为根据，再图倡乱。在贵国笃念邦交，自当有防范之法，但本国人民必多忧虑猜疑，恐生误会，应请贵大臣转达。贵政府以东亚和平为念，务筹正当切实办法以弭祸乱而息猜疑"。（日本外务省档案，1913 年 8 月 25 日《驻中国特别全权公使山座圆次郎致外务大臣牧野伸显阁下（函）》，机密第 309 号；俞辛焞、王振锁等译：《孙中山在日活动密录》，第 595 页）

8 月 22 日　终日读书。下午与来访的萱野长知、岛田经一和森恪及宋耀如议事。（日本外务省档案，1913 年 8 月 22 日，《孙文动静》，乙秘第 1129 号；俞辛焞、王振锁等译：《孙中山在日活动密录》，第 7—8 页）

8 月 23 日　终日读书。中午与来访的萱野长知、平山周及宋耀如议事。下午 6 时美和作次郎来访。（日本外务省档案，1913 年 8 月 23 日，《孙文动静》，乙秘第 1136 号；俞辛焞、王振锁等译：《孙中山在日活动密录》，第 8 页）

8 月 24 日　萱野长知数次来访。下午与来访的犬养毅、萱野长知、头山满、古岛一雄密谈，后四人一起离去。与来访的美和作次郎密谈。（日本外务省档案，1913 年 8 月 24 日，《孙文动静》，乙秘第 1143 号；俞辛焞、王振锁等译：《孙中山在日活动密录》，第 9 页）晚，陆惠生来访。（日本外务省档案，1913 年 8 月 25 日，《孙文动静》，乙秘第 1146 号；俞辛焞、王振锁等译：《孙中山在日活动密录》，第 9 页）

△　上海《民立报》译载日《大阪每日新闻》之《南风终不竞乎》一

文,对二次革命失败作出如下评论:(一)误举兵之时机。(二)南方诸
有力者之间,举兵之决心未定,计划未熟,各方面之联络未周知,意思
缺疏通,且突如其事,策略难免相龃龉。(三)商民鉴于辛亥之损失,
其心理皆厌兵,故不肯援助南方之义举,且列国亦深望长江一带之平
和,取遏止扰乱之方针。(四)有某某国者,以为舍袁世凯外,无一堪
任维持平和之人,故凡财力上、军事上、外交上皆与袁氏以种种利益,
而陷南方于破灭之境。(五)南方派既受袁政府及某某国以叛徒之恶
名,故不能得军资武器之供给,及行军上其他一切之便宜。(六)南方
诸领袖之行动不能共同一致。(七)忽视了集中主力、组织政府诸事。
该文最后总结说:"况南方诸领袖,其心则坚忍贞刚,其人素卧薪尝
胆,则卷土重来,以收最后之功绩,实可左券以操,盖此中尚大有人在
也。则不幸第二回革命,至于火灭烟消,然以此毅力及决心,则养精
蓄锐后,再起第三回,以及四五六七回之革命,至于倒袁而止,则又吾
侪所信其为事实而非夸言者。"(《南风终不竞乎》,《民立报》1913 年 8 月 24
日,"译论")

　　8 月 25 日　下午,与来访的萱野长知及其陪同的三十多岁中国
人一起密谈。收到贴有京桥区木挽町冈本旅馆标签的箱子四个。
(日本外务省档案,1913 年 8 月 25 日,《孙文动静》,乙秘第 1146 号;俞辛焞、王
振锁等译:《孙中山在日活动密录》,第 9 页)

　　8 月 26 日　上午与来访问的萱野长知、美和作次郎、森恪议事,
后岛田经一参与。下午萱野长知再次来访。(日本外务省档案,1913 年
8 月 26 日,《孙文动静》,乙秘第 1153 号;俞辛焞、王振锁等译:《孙中山在日活动
密录》,第 9 页)

　　8 月 27 日　日本外务大臣牧野伸显指示驻华公使山座将日本
政府暂允孙中山等留日之意答复中国政府。答复如下:"帝国政府并
不希望与此次中国内乱有关之流亡者来往日本,但对既来之而又不
能离去者,正严加监视,不准其以我领土为据点策谋邻国动乱。帝国
政府最不希望中国再次出现动乱。故此,在我国权保护下之地区,已

命官宪充分切实地取缔流亡者,对此,中国官民均可放心"。(日本外务省档案 1913 年 8 月 27 日《牧野外务大臣致驻中国公使山座电》,电送第 2473号;俞辛焞、王振锁等译:《孙中山在日活动密录》,第 596 页)

△　下午,美和作次郎、陆惠生来访,相与密谈。(日本外务省档案,1913 年 8 月 27 日,《孙文动静》,乙秘第 1157 号;俞辛焞、王振锁等译:《孙中山在日活动密录》,第 10 页)

8 月 28 日　本日发出密电两通,收电地不明。上午头山满来访,下午宫崎寅藏夫人及长子宫崎龙介、森某来访。(日本外务省档案,1913 年 8 月 28 日,《孙文动静》,乙秘第 1162 号;俞辛焞、王振锁等译:《孙中山在日活动密录》,第 10 页)

8 月 29 日　上午,萱野长知陪同中国国民党东京支部干事杨庶堪来访。中午菊池良一来访。(日本外务省档案,1913 年 8 月 29 日,《孙文动静》,乙秘第 1168 号;俞辛焞、王振锁等译:《孙中山在日活动密录》,第 10 页)晚森恪来访,与森恪乘车至御殿山访益田孝,进内室会谈。三井物产公司董事山本条太郎也来访参加会谈。密谈历四小时,后与森恪返寓,(日本外务省档案,1913 年 8 月 30 日《孙文动静》,乙秘第 1173 号;俞辛焞、王振锁等译:《孙中山在日活动密录》,第 11 页)与在寓等候的胡汉民、菊池良一密谈至午夜。(日本外务省档案,1913 年 8 月 30 日《孙文动静》,乙秘第 1177 号;俞辛焞、王振锁等译:《孙中山在日活动密录》,第 11 页)

△　宋庆龄自美抵日本横滨,其父宋耀如往迎。宋庆龄于是年春毕业于威斯理安学院,取得文学士学位。她在离美回国时,致其师函中写道:"我真的觉得自己很重要。我带着给孙逸仙博士的一封信,还有给我父亲的六箱加利福尼亚的水果。"(《致哈泽德夫人》,《宋庆龄选集》上卷,第 9 页)自 9 月开始,宋庆龄跟随父亲和姐姐帮助孙中山工作,后来正式成为孙中山的秘书。

8月30日　与宋庆龄会晤于海妻猪勇彦家①。

△　下午,萱野长知和王子明来访。与王子明密谈。王子明于晚间离去。(日本外务省档案,1913 年 8 月 30 日《孙文动静》,乙秘第 1177 号;俞辛焞、王振锁等译:《孙中山在日活动密录》,第 11—12 页。日本外务省档案,1913 年 8 月 31 日《孙文动静》,乙秘第 1180 号,俞辛焞、王振锁等译:《孙中山在日活动密录》,第 12 页)

8月31日　终日未外出,下午 6 时前无来访者。(日本外务省档案,1913 年 8 月 31 日《孙文动静》,乙秘第 1180 号;俞辛焞、王振锁等译:《孙中山在日活动密录》,第 12 页)

△　晚,陆惠生、姚勇忱、菊池良一、萱野长知、黄兴来访。(日本外务省档案,1913 年 9 月 1 日《孙文动静》,乙秘第 1185 号;俞辛焞、王振锁等译:《孙中山在日活动密录》,第 12 页)黄兴在古岛一雄、石田秀二安排下,于本月 20 日秘密乘坐邮船公司轮船静冈丸,从门司出发,经神户、四日市、清水港,于 26 日到达横滨港;27 日晨乘舢板秘密登陆,改乘汽车到东京,隐蔽居住于东京市芝区琴平町 13 号信浓屋。(日本外务省档案,《神奈川县知事大岛允满次致牧野外务大臣函》,1913 年 8 月 28 日,《民国档案》1987 年第 1 期,第 117—118 页)

是月下旬　池亨吉向日本当局报告情况,认为"政府和浪人串通一气,将孙等人委托于彼等,并在谨防刺客的借口下,以保护为名,一直受着形同监禁之待遇。我担心,政府以保护为名来束缚孙等,以此

①　据日本外务省档案《孙文动静》载,8 月 20 日,"宋耀如及其女儿(指宋蔼龄)抵东京新桥车站。当晚宿在赤坂区灵南坂町孙文处"。此后,宋耀如"外出""返寓"或"返回孙寓",记载颇多,有记载宋父女时任孙秘书,故其时宋父女二人极可能住孙中山处。8 月 31 日《孙文动静》又载:"30 日晚 9 时 50 分,宋耀如及其两位女儿返寓。"应系指宋耀如在横滨迎庆龄后,即挈蔼龄、庆龄抵孙寓,与庆龄重逢应系此时。又据 9 月 1 日《孙文动静》载:"9 月 1 日,上午 10 时。宋耀如外出,下午 1 时返寓。下午 2 时 30 分。一个十二三岁的中国男孩(姓名不详)来访宋耀如。下午 2 时 35 分,耀如外出,4 时返寓。下午 6 时 20 分,宋耀如的两位女儿和上述十二三岁男孩离开孙住所到新桥车站,乘晚 7 时的火车经神户赴上海。"但据随后记载,此行因故未能成行,又从神户返回东京。(久保田博子编、李吉奎译:《宋庆龄关系年谱略稿》,转引自陈锡祺主编:《孙中山年谱长编》上册,第 842—843 页)

让其失去图谋再举之机,同时亦给袁以更加肆虐之机会。不拘名目为何,倘若事实如此,我将为孙等流亡客确感痛惜。希望稍给他们以自由活动之余地,对于来访者等人当然要严加戒备,予以保护,以防世人及中国刺客的不测之举。但纵使刺客万一达到目的而提不出确凿凭证,也不会得到偿金,反而刺客本人被政府杀害,此类事例亦不在少数;即使为偿金所动的刺客,今天也不会轻举妄动。更何况在日本国内,孙等现在已被萱野等浪人所包围,不能轻易接近,想来孙等也不会不感到为难"。(日本外务省档案,1913年8月30日《池吉亨谈》,乙秘第1194号;俞辛焞、王振锁等译:《孙中山在日活动密录》,第596—597页)

是月 在头山满宅书联一幅。联云:"西彦曰血重于水,东古训唇齿相依。"款为:"头山先生正",落款为"孙文"。(刘望龄辑注:《孙中山题词遗墨汇编》,第195—196页)

9月

9月1日 下午,古岛一雄、陆惠生、姚勇忱、菊池良一来访。(日本外务省档案1913年9月1日,《孙文动静》,乙秘第1185号;俞辛焞、王振锁等译:《孙中山在日活动密录》,第12页)晚上,一位二十岁左右姓名不详的中国人来访,和前此来访的陆、姚、菊池等进另室打开地图密谈。(日本外务省档案1913年9月3日,《孙文动静》,乙秘第1193号;俞辛焞、王振锁等译:《孙中山在日活动密录》,第12—13页)

9月2日 下午6时40分,偕随员乘车至小石川区杂司谷町98号访日本检察院检察官铃木宗言,并留宿其家,在铃木家摊开地图密商。据孙中山房东海妻猪勇彦说,孙似乎已决定一项重大计划,一二周内将具体实施。夜宿铃木家。(日本外务省档案1913年9月3日,《孙文动静》,乙秘第1193号、1202号;俞辛焞、王振锁等译:《孙中山在日活动密录》,第13页)此计划系指与南京讨袁军总司令何海鸣谋在宁再举事。

孙中山希望通过铃木宗言介绍,与日本精神团总裁饭野吉三郎相识,饭野是精神团的主宰者,且在陆军内之要害部门亦有知己,故孙想利用此种关系更易于得到武器。(日本外务省档案《孙的秘书某人之谈》,《中国革命党问题》第 9 卷;俞辛焞、王振锁等译:《孙中山在日活动密录》,第 608 页)

9 月 3 日　在铃木宗言家摆开地图和铃木宗言议事。上午,寺尾亨来铃木宗言家访孙中山,未与会见。(日本外务省档案 1913 年 9 月 3 日,《孙文动静》,乙秘第 1202 号;俞辛焞、王振锁等译:《孙中山在日活动密录》,第 13 页)

9 月 4 日　晨,池亨吉(代名绫部正)来访。池亨吉原曾担任过孙的秘书。(日本外务省档案 1913 年 9 月 4 日,《孙文动静》,乙秘第 1214 号;俞辛焞、王振锁等译:《孙中山在日活动密录》,第 13 页)

△　下午,乘汽车自小石川区杂司谷町 98 号铃木宗言处返回,途中因汽车发生故障,换乘人力车,于 5 时 30 分回寓。归来前萱野长知来访,因孙不在即离去。据孙的房东海妻猪勇彦说,孙最初计划与南京总司令何海鸣共谋,指挥陆海军攻打北军,但计划进展不顺利,为此孙颇为烦闷。(日本外务省档案 1913 年 9 月 4 日,《孙文动静》,乙秘第 1214 号,俞辛焞、王振锁等译:《孙中山在日活动密录》,第 13 页)

△　晚,胡汉民、陆惠生、菊池良一、萱野长知来访。(日本外务省档案 1913 年 9 月 5 日,《孙文动静》,乙秘第 1221 号;俞辛焞、王振锁等译:《孙中山在日活动密录》,第 14 页)

9 月 5 日　上午发出两封西文密码电报,一封致神户东方饭店店主,询问家眷是否在那里;另一封致住在该饭店的一位中国人(可能是宋耀如)。下午收到电报一份。上午有梁某经萱野长知介绍来访,下午菊池良一来访。(日本外务省档案 1913 年 9 月 5 日,《孙文动静》,乙秘第 1221 号,俞辛焞、王振锁等译:《孙中山在日活动密录》,第 14 页)

9 月 6 日　派池亨吉持函请日本神户国民党支部长王敬祥与铃木宗言来东京商量要事。函云:"兹有要事,特着日本同志池亨吉君来神户,面请足下并铃木君同来东京一叙。幸为勿却,余由池君面

详。"(《致王敬祥函》,《孙中山全集》第 3 卷,第 70 页)

　　△　上午乘车去小石川区杂司谷町 98 号访铃木宗言,和先来的池亨吉及一中国人(姓名不详)议事,中午 12 时返回,归途至麴町区麴町八丁目访秋山定辅,4 时多返寓。(日本外务省档案,1913 年 9 月 6 日《孙文动静》,乙秘第 1235 号;俞辛焞、王振锁等译:《孙中山在日活动密录》,第 14 页)

　　△　晚,姚勇忱、萱野长知来议事。(日本外务省档案,1913 年 9 月 7 日《孙文动静》,乙秘第 1243 号;俞辛焞、王振锁等译:《孙中山在日活动密录》,第 14 页)

　　9 月 7 日　上、下午向神户的宋耀如各发电报一封。吴嘉模两次来访。下午菊池良一来访。(日本外务省档案,1913 年 9 月 7 日《孙文动静》,乙秘第 1243 号,俞辛焞、王振锁等译:《孙中山在日活动密录》,第 14—15 页)晚萱野长知来访。(日本外务省档案,1913 年 9 月 8 日《孙文动静》,乙秘第 1250 号;俞辛焞、王振锁等译:《孙中山在日活动密录》,第 15 页)

　　9 月 8 日　下午给神户东方饭店的宋耀如的女儿打长途电话,但未挂通,改为写信邮送。中午、下午菊池良一、杨时杰和二名姓名不详的中国人来访。(日本外务省档案,1913 年 9 月 8 日《孙文动静》,乙秘第 1250 号;俞辛焞、王振锁等译:《孙中山在日活动密录》,第 15 页)

　　△　晚 8 时许给神户东方饭店的宋耀如发电报。晚,陆惠生、沈子华、菊池良一。(日本外务省档案,1913 年 9 月 9 日《孙文动静》,乙秘第 1260 号;俞辛焞、王振锁等译:《孙中山在日活动密录》,第 15 页)

　　9 月 9 日　中午乘车至铃木宗言宅,下午返寓。中午、下午给宋耀如发电报两封。菊池良一来访。(日本外务省档案,1913 年 9 月 9 日《孙文动静》,乙秘第 1260 号;俞辛焞、王振锁等译:《孙中山在日活动密录》,第 15 页)

　　△　晚,萱野长知、陆惠生、陈泳仙来访。晚 11 时,神户东方饭店宋蔼龄来电。(日本外务省档案,1913 年 9 月 10 日《孙文动静》,乙秘第 1265 号;俞辛焞、王振锁等译:《孙中山在日活动密录》,第 15 页)

　　9 月 10 日　下午至铃木宗言宅,和池亨吉及二位中国人议事,4

时 30 分返寓。上午宋耀如来访。中午菊池良一来访。孙外出时,张继曾来访,即刻离去。(日本外务省档案,1913 年 9 月 10 日《孙文动静》,乙秘第 1265 号;俞辛焞、王振锁等译:《孙中山在日活动密录》,第 15 页)

△　晚 7 时 45 分,神户东方饭店发来一电报。晚 10 时,给神户东方饭店宋耀如的女儿发一电报。张继、王子明、萱野长知来访。(日本外务省档案,1913 年 9 月 11 日《孙文动静》,乙秘第 1275 号;俞辛焞、王振锁等译:《孙中山在日活动密录》,第 16 页)

9 月 11 日　上午给神户东方饭店的宋耀如发一函。宋早晨来访后即乘火车去神户。下午,陆惠生及另一中国人来访。(日本外务省档案,1913 年 9 月 11 日《孙文动静》,乙秘第 1275 号;俞辛焞、王振锁等译:《孙中山在日活动密录》,第 16 页)

△　晚 7 时 30 分,乘车至铃木宗言宅会见池亨吉,随后与池亨吉同乘一车,拒绝日方保护者随行,前往神田区北神保町 10 号中华基督教青年会访宋耀如,而后去千驮谷稳田 25 号访饭野吉三郎。萱野长知来访,即刻离去。(日本外务省档案,1913 年 9 月 12 日《孙文动静》,乙秘第 1181 号;1913 年 9 月 13 日《孙文动静》,乙秘第 1189 号;俞辛焞、王振锁等译:《孙中山在日活动密录》,第 16—17 页)

9 月 12 日　下午 3 时发出一电报,发往地不明。上午宋耀如来访,下午 5 时,一姓名不详的中国人来访。(日本外务省档案,1913 年 9 月 12 日《孙文动静》,乙秘第 1181 号;俞辛焞、王振锁等译:《孙中山在日活动密录》,第 16 页)

△　黔军进据重庆,重庆讨袁军失败,二次革命结束。(中国社会科学院近代史研究所中华民国史组编:《中华民国史资料丛稿·大事记》第 2 辑,第 93 页)

9 月 13 日　下午收到神户东方饭店的中国人来函三件,给神户东方饭店某人发一密电。下午 5 时乘车至铃木宅,与池亨吉及另一人议事。中午菊池良一来访。(日本外务省档案,1913 年 9 月 13 日《孙文动静》,乙秘第 1189 号;俞辛焞、王振锁等译:《孙中山在日活动密录》,第 16—17 页)

△ 拟就《致精神团总裁饭野吉三郎誓约书》,其内容如下:"鄙人此番欲谋使中国成为真正安全之中国,并为实行,特仰仗贵团尽力,就此,尔后与贵团一致协力,以图其发展,更尊重贵团精神之所在,特作出如下保证:在上述行动过程中,或在其后,都完全依赖贵团,以永远图求日中两国之深交与和平,决不许外国擅自损伤中日两国之国交。若政治上或经济上不得不同其它外国合作时,则事先通告贵团之指定代表人,应在征其同意后方实行之。"(日本外务省档案,"誓约书",《中国革命党问题》第 11 卷,转引自李吉奎:《欧战期间的孙中山》,《孙中山的生平及其事业》,第 99 页)誓约书订立后,孙未能得到购置军械之资金,饭野也未积极活动,饭野吉三郎本年 12 月 23 日对访客谈话时提到:"自己同孙文见面数次,由铃木宗言介绍。孙希望与我见面,是想听听所谓共有天命说。我若对此作出轻率答复,于国家不利,因此征求有关方面意见后,充当了留声机的角色。总之我阐述了进行第三次革命的不利之处。他被我说服了,暂不想搞第三次革命。"(日本外务省档案,1913 年 12 月 23 日《受观察人的谈话片断》;俞辛焞、王振锁等译:《孙中山在日活动密录》,第 606-607 页)故 1914 年 1 月 4 日,又赴饭野吉三郎宅向其表示取消此誓约。(李吉奎:《欧战期间的孙中山》,《孙中山的生平及其事业》,第 99 页)

△ 晚,与池亨吉离开铃木宅,往访芝区高轮町某人,11 时又返回铃木宅,旋离铃木宅,在赤坂见附与池亨吉分手,11 时 30 分回寓。(日本外务省档案,1913 年 9 月 14 日《孙文动静》,乙秘第 1283 号;俞辛焞、王振锁等译:《孙中山在日活动密录》,第 17 页)

9 月 14 日 下午发出一西文电报,共四十三个字。乘车至铃木宗言家,和池亨吉密谈。下午萱野长知、陆惠生、陈泳仙来事。(日本外务省档案,1913 年 9 月 14 日《孙文动静》,乙秘第 1283 号;俞辛焞、王振锁等译:《孙中山在日活动密录》,第 17 页)

△ 晚 8 时 30 分,给宿在神户东方饭店的宋耀如女儿发一西文电报。(日本外务省档案,1913 年 9 月 15 日《孙文动静》,乙秘第 1287 号;俞辛

焊、王振锁等译:《孙中山在日活动密录》,第 17 页)

9 月 15 日　上午收到宋耀如女儿从神户发来一西文电报。11 时 45 分,给神户的宋耀如女儿又发一西文电报。上午梅屋庄吉、宋耀如来访。下午胡瑛来访。(日本外务省档案,1913 年 9 月 15 日《孙文动静》,乙秘第 1287 号;俞辛焞、王振锁等译:《孙中山在日活动密录》,第 17－18 页)晚上萱野长知来访。(日本外务省档案,1913 年 9 月 16 日《孙文动静》,乙秘第 1294 号;俞辛焞、王振锁等译:《孙中山在日活动密录》,第 18 页)

9 月 16 日　上午萱野长知三度来访,陆惠生、陈泳仙来访,宋蔼龄、宋庆龄、宋耀如分别来访,中午离开。下午国民党东京支部干事长杨庶堪及一位四十来岁的中国人、宫崎寅藏、何天炯来访。下午还有吉田医师(似是山科多久马)和两名中国人、菊池良一来访。(日本外务省档案,1913 年 9 月 16 日《孙文动静》,乙秘第 1294 号;俞辛焞、王振锁等译:《孙中山在日活动密录》,第 18 页)宫崎寅藏于 5 月 19 日到上海,住山田纯三郎家,待命参加讨袁。宫崎曾与山田纯三郎向孙中山转达森恪建议:日本向革命军提供两个师的武器和现款二千万日元,以割让"满洲"为报酬。后宫崎因吐血在上海佐佐木病院疗养,8 月 26 日出院,9 月 15 日与何天炯乘八幡丸到神户,本日到东京。(近藤秀树编、禹昌夏译:《宫崎滔天年谱稿》,《辛亥革命史丛刊》第 1 辑,第 162 页)

9 月 17 日　下午 5 时,与宋蔼龄同车外出(宋蔼龄在神田区北神保町中华基督教青年会馆前下车),5 时 40 分至铃木宗言宅。(日本外务省档案,1913 年 9 月 17 日《孙文动静》,乙秘第 1303 号;俞辛焞、王振锁等译:《孙中山在日活动密录》,第 19 页)再秘密至西原的涩泽荣一宅,和涩泽荣一、中野武营等四五名日本人会谈,会谈从下午 6 时至 11 时。(日本外务省档案,1913 年 9 月 18 日《孙文动静》,乙秘第 1307 号;俞辛焞、王振锁等译:《孙中山在日活动密录》,第 19 页)当时袁世凯正蓄意控制上月成立的中国兴业公司。9 月 11 日,熊希龄内阁成立后,袁即授意熊向日本驻北京山座公使表示:中国政府甚不愿孙文继续主持兴业公司的事,希望加以根本改革,刷新人事。北京政府已提出以现任工商总长张謇出面主其事,并望涩泽荣一赴北京直接交换意见。(大正 2 年 9 月 18 日,驻中国山座公使致牧野外务大臣电,《日本外交文书》大正 2 年第二册,第 1014 页,转引自段云章编著:《孙文与日本史事编年(增订本)》,第 405 页)孙与涩泽荣一等的会谈应商议公司之事。

△　本日有马素、和田瑞、萱野长知、胡汉民、宋耀如、宋蔼龄等来访。(日本外务省档案,1913 年 9 月 17 日《孙文动静》,乙秘第 1303 号;俞辛焞、王振锁等译:《孙中山在日活动密录》,第 19 页)

9 月 18 日　上午宋蔼龄、宋庆龄来。下午 3 时 50 分,与宋蔼龄、宋庆龄外出。下午 4 时 10 分,至大久保百人町梅屋庄吉宅,与殷汝骊密谈,晚 8 时许回寓。上午何天炯来访,下午杨庶堪来访,晚宋耀如来访。(日本外务省档案,1913 年 9 月 18 日《孙文动静》,乙秘第 1307 号;1913 年 9 月 19 日《孙文动静》,乙秘第 1315 号;俞辛焞、王振锁等译:《孙中山在日活动密录》,第 19—20 页)

9 月 19 日　下午发一西文电报。乘车至小石川区铃木宗言宅,与池亨吉、一位六十来岁的日本人及一位携带中国各省地图的中国人密谈,后与铃木、池亨吉继续密谈,5 时 30 分告辞回宅。本日来访者先后有宋耀如、宋蔼龄、宋庆龄、萱野长知、马素、和田瑞及中国人王某。(日本外务省档案,1913 年 9 月 19 日《孙文动静》,乙秘第 1315 号;俞辛焞、王振锁等译:《孙中山在日活动密录》,第 20 页)

9 月 20 日　本日来访者先后有宋蔼龄、宋庆龄、陆惠生、宋耀如、杨庶堪、王统(即王统一),以及一位二十七八岁的中国人、一位三十来岁的中国人。(日本外务省档案,1913 年 9 月 20 日《孙文动静》,乙秘第 1319 号;1913 年 9 月 21 日《孙文动静》,乙秘第 1324 号;俞辛焞、王振锁等译:《孙中山在日活动密录》,第 20—21 页)

9 月 21 日　中午宋蔼龄、宋庆龄来。下午 6 时 40 分,与宋蔼龄、宋庆龄同乘汽车外出(宋蔼龄、宋庆龄在神田区北神保町中国基督教青年会馆前下车),至小石川区杂司谷的铃木宗言宅,会见池亨吉,与池亨吉同乘车去千驮谷町稳田访饭野吉三郎,会谈两个小时后离开饭野宅,11 时返寓。(日本外务省档案,1913 年 9 月 21 日《孙文动静》,乙秘第 1324 号;1913 年 9 月 22 日《孙文动静》,乙秘第 1328 号;俞辛焞、王振锁等译:《孙中山在日活动密录》,第 21 页)会谈中,孙对该局长说:"日本对中国南北的舆论,民间和政府虽然相反,但据闻,政府也不全然无视民间舆论,只认为不合时宜。"并问:"日本陆军和民间舆论相一致的时机在不久的将来是否会到来?"对此,该局长只是听而未答。(日本外务省档案,1913 年 9 月 26 日《关于孙文动静之事》,乙秘第 1348 号俞辛焞译;俞辛焞、王振锁等译:《孙中山在日活动密录》,第 606 页)

△　本日来访者先后有何天炯、廖仲恺、宫崎寅藏、马素、王统。(日本外务省档案,1913 年 9 月 21 日《孙文动静》,乙秘第 1324 号;1913 年 9 月 22 日《孙文动静》,乙秘第 1328 号;俞辛焞、王振锁等译:《孙中山在日活动密录》,第 21 页)

9 月 22 日　上午 10 时 30 分,宋耀如、宋蔼龄、王统、宫崎寅藏、何天炯、杨庶堪、议员的野半介、萱野长知、陆惠生等先后来访。与宫崎寅藏密谈。(日本外务省档案,1913 年 9 月 22 日《孙文动静》,乙秘第 1328 号;俞辛焞、王振锁等译:《孙中山在日活动密录》,第 21—22 页)

△　晚张继来访。晚 7 时许,与张继、宋蔼龄乘车外出(宋蔼龄在神田今川小路二丁目 102 号下车),至芝公园,访日本重要政治元老板垣退助,9 时 30 分告辞返寓。谈约两小时。(日本外务省档案,1913 年 9 月 23 日《孙文动静》,乙秘第 1335 号;俞辛焞、王振锁等译:《孙中山在日活动密录》,第 22 页)

9 月 23 日　宋蔼龄、宋庆龄、张继、林义甫、黄坚、黄祖怀、菊池良一、马素先后来访。上午 10 时,居兵库县武库郡宝塚门通旅馆的吴某来函。下午 4 时 30 分,与马素、宋蔼龄、宋庆龄乘车外出,经神田今小路二丁目 10 号宋宅停留片刻,至赤坂青山北町六丁目 53 号访下田歌子,6 时离开。归途将马素和宋氏姐妹送至神田宋宅,6 时 30 分返寓。(日本外务省档案,1913 年 9 月 23 日《孙文动静》,乙秘第 1335 号;俞辛焞、王振锁等译:《孙中山在日活动密录》,第 22—23 页)

△　晚陆惠生、季雨霖、杨时杰来访。(日本外务省档案,1913 年 9

月 24 日《孙文动静》，乙秘第 1339 号；俞辛焞、王振锁等译：《孙中山在日活动密录》，第 23 页）

9 月 24 日　上午宋蔼龄、宋庆龄、杨庶堪、一位三十岁左右的中国人、陆惠生、王文叔来访。（日本外务省档案，1913 年 9 月 24 日《孙文动静》，乙秘第 1339 号；俞辛焞、王振锁等译：《孙中山在日活动密录》，第 23 页）

9 月 25 日　中午发出一西文电报。王统、宋蔼龄、宋庆龄、萱野长知、张继、李烈钧及三位姓名不详的中国人、菊池良一来访。（日本外务省档案，1913 年 9 月 25 日《孙文动静》，乙秘第 1345 号；俞辛焞、王振锁等译：《孙中山在日活动密录》，第 23 页）晚陈策、方潜、吴铁城、马素来访。（日本外务省档案，1913 年 9 月 26 日《孙文动静》，乙秘第 1353 号；俞辛焞、王振锁等译：《孙中山在日活动密录》，第 23 页）

9 月 26 日　上午宫崎寅藏、朱超、萱野长知、陆惠生、王文叔来访。下午菊池良一、宫崎寅藏、何天炯、王统来访。（日本外务省档案，1913 年 9 月 26 日《孙文动静》，乙秘第 1353 号，俞辛焞、王振锁等译：《孙中山在日活动密录》，第 23—24 页）晚马素、和田瑞来访。（日本外务省档案，1913 年 9 月 27 日《孙文动静》，乙秘第 1357 号；俞辛焞、王振锁等译：《孙中山在日活动密录》，第 24 页）

9 月 27 日　上午朱超、宋蔼龄来访，下午马素来访。（日本外务省档案，1913 年 9 月 27 日《孙文动静》，乙秘第 1357 号；俞辛焞、王振锁等译：《孙中山在日活动密录》，第 24 页）晚陆惠生、朱超来访。（日本外务省档案，1913 年 9 月 28 日《孙文动静》，乙秘第 1361 号；俞辛焞、王振锁等译：《孙中山在日活动密录》，第 24 页）

△　主持王统、黄元秀、朱卓文、陆惠生、马素在东京立誓约加入中华革命党，成为所吸收的中华革命党第一批党员。王统誓词为："立誓人王统为救中国危亡，拯民生困苦，愿牺牲一己之身命自由权利，附从孙先生，再举革命，务达民权、民生两目的，并创制五权宪法，使政治修明，民生乐利，措国基于巩固，维世界之和平，特诚谨矢誓如左：一、实行宗旨，二、服从命令，三尽忠职务，四、严守秘密，五、誓共死生。从兹永守此约，至死不渝，如有二心，甘受极刑。中华民国浙

江省永嘉县王统亲笔(指印)。民国二年九月二十七日(中华革命党党部印)。"其余誓词除姓名籍贯外,均同。其入党号数依次为一、二、三、四、五号。(陈锡祺主编:《孙中山年谱长编》上册,第851—852页)据《国父年谱》增订本载,上述五人是在东京入盟,由孙中山为介绍,并为主盟人。《孙中山年谱长编》上册编者考证,根据日本警察监视报告,27日上午来访者仅朱超,中午来访者仅宋蔼龄,下午来访者仅马素,晚上来访者仅陆惠生、朱超,来访者均不同时,而孙终日未出寓。若此报告无疏漏,则上述五人并未都来孙寓。同时聚会由孙中山介绍、主盟更不可能。或系分别宣誓入党,共填日期。(陈锡祺主编:《孙中山年谱长编》上册,第852页)中华革命党入党誓约中提出"附从孙先生"及每人加按指模的作法,受到一些原同盟会人的反对。二次革命失败后,流亡在日的孙中山、黄兴之间,在总结二次革命失败原因和是否另组新党等问题上,分歧日益严重。孙认为宋案发生后即应兴师讨袁,但党人多不听从他的指挥,坐失良机,致使袁世凯得到了"大借款",可以从容布置,因此对黄兴颇多责难,党员不听号令是失败的重要原因,国民党分子太复杂,已不能起作用,主张解散国民党,另行组党,党员必须绝对服从党魁的命令。黄兴不赞成另行组党,主张国民党认真总结经验教训,加以整顿、扩充,在原有基础上发展反袁的其他革命分子,以团结更多的力量。因中华革命党入党誓约中提出"附从孙先生"及每人加按指模的作法,黄兴等人不愿加入,同一些人随后成立了欧事研究会。对于孙中山与黄兴的对立,宫崎寅藏认为,这是主义(原则)之争。根本来说,其间可能也有感情因素。宫崎觉得孙中山不对,故而提出过忠告,但认为孙有可爱和可谅之处,因为革命一再失败,是因为党内不统一、不团结,所以这一次孙"要大家都听他的"。孙中山提出第三次革命要完全听他命令的要求,但黄兴却以为不能命令,命令无异是专制君主,这样作就是取消了孙所主张民权自由的主义了,这是专制君主主义,必须反对。惟孙一说出口就不肯收回的个性,要坚持到底,并说黄兴等不参加也无所谓。黄兴因来日本

亡命却得与孙吵架,觉得没意思,因而要到美国去。因此张继、何天
炯便劝告孙中山不要党中立党,但孙绝不接受。张继、何天炯来找宫
崎寅藏,要宫崎忠告孙中山。三个人便去找孙,提出忠告,但孙还是
不肯接受。后来宫崎又去劝告过两次。(陈鹏仁:《中国国民党在日本》,
第 154—157 页)

9 月 28 日　上午王统、何天炯、宫崎寅藏、菊池良一先后来访。
下午萱野长知、宋耀如女儿、安川敬一郎、柏文蔚、白逾桓、李良轩及
日本人儿玉藤治笃、马素、菊池良一、宫崎寅藏来访、朱超来访。(日
本外务省档案,1913 年 9 月 28 日《孙文动静》,乙秘第 1361 号;俞辛焞、王振锁
等译:《孙中山在日活动密录》,第 24—25 页)

△　下午 7 时 10 分,与马素、朱超外出(马、朱二人在日比谷饭
店前下车),至小石川区杂司谷 98 号访铃木宗言,并和池亨吉会谈。
9 时 20 分离铃木宅回寓。晚与陆惠生、戴季陶、山田纯三郎、工藤十
三雄、菊池良一议事。(日本外务省档案,1913 年 9 月 29 日《孙文动静》,乙
秘第 1366 号;俞辛焞、王振锁等译:《孙中山在日活动密录》,第 25 页)

△　报载江亢虎致函《申报》,针对各报纷传中国社会党人与日
本、俄国、印度、暹罗、菲律宾等处党人合组远东大秘密会,扰乱国家,
排逐外人,孙中山、黄兴亦为会中领袖,驳斥指中国社会党两年以来,
从事普遍鼓吹,并无秘密运动,且宗旨方法与孙所主张之民生政策不
同,更与黄兴毫不相涉。(《江亢虎君函》,《申报》1913 年 9 月 28 日,"来函")

9 月 29 日　上午宋耀如女儿、朱超、陈自觉来访。下午马素两
次来访。(日本外务省档案,1913 年 9 月 29 日《孙文动静》,乙秘第 1366 号;俞
辛焞、王振锁等译:《孙中山在日活动密录》,第 25—26 页)晚菊池良一、何天
炯、戴季陶、山田纯三郎、朱超来访。(日本外务省档案,1913 年 9 月 30 日
《孙文动静》,乙秘第 1372 号;俞辛焞、王振锁等译:《孙中山在日活动密录》,第
26 页)

9 月 30 日　上午宋蔼龄、季雨霖、刘铁、刘英、朱超来访。下午
何天炯、戴季陶、山田纯三郎来访。下午 2 时许,与宋蔼龄乘车外出

（宋蔼龄在神田区北神保町中华青年会馆附近下车），至麹町区麹町儿丁目访秋山定辅，6时返寓。下午宫崎寅藏、杨庶堪、左岛一雄、马素来访。（日本外务省档案，1913年9月30日《孙文动静》，乙秘第1372号；俞辛焞、王振锁等译：《孙中山在日活动密录》，第26页）晚马素、菊池良一来访。（日本外务省档案，1913年10月1日《孙文动静》，乙秘第1382号；俞辛焞、王振锁等译：《孙中山在日活动密录》，第26—27页）

10 月

10月1日　上午给神户东方饭店的岛村发出一西文函。上午宋蔼龄、张继、陆惠生来访。下午朱超、马素、宫崎寅藏、戴季陶来访。（日本外务省档案，1913年10月1日《孙文动静》，乙秘第1382号；俞辛焞、王振锁等译：《孙中山在日活动密录》，第27页）

　　△　北京政府交通部与日本通信省签订《中日铁路联络条约》，共六条。（陈锡祺主编：《孙中山年谱长编》上册，第854页）

10月2日　上午戴季陶来。8时50分，与戴季陶乘车访问犬养毅，会谈约两小时，后到日本桥区数寄屋町2号的鸣屋旅馆访安川敬一郎，未遇。12时返寓。上午外出时，宋蔼龄、马素、杨时杰来访。下午1时收到自日比谷宾馆（马素和朱超住宿在该宾馆）发来一西文函。下午陆惠生、戴季陶、头山满、寺尾亨来聚会议事，杨时杰、山田纯三郎、菊池良一、朱超、宋蔼龄、马素等分别来访。（日本外务省档案，1913年10月2日《孙文动静》，乙秘第1386号；俞辛焞、王振锁等译：《孙中山在日活动密录》，第27—28页）

10月3日　本日仅有宋蔼龄、马素来访。（日本外务省档案，1913年10月3日《孙文动静》，乙秘第1394号；俞辛焞、王振锁等译：《孙中山在日活动密录》，第28页）

10月4日　上午宋蔼龄来。中午12时25分，向上海发出一西文函。下午 1 时许,张继应电话邀约来访。下午 6 时 35 分,接铃木宗言电话,乘车前至小石川区杂司谷铃木宗言宅,与池亨吉同乘车前往千驮谷町稳田饭野吉三郎宅,与饭野及陆军经理局局长辻村密谈,11 时 5 分离开饭野宅返寓。本日来访者还有宋耀如、戴季陶、杨时杰、陆惠生、徐忍茹。(日本外务省档案,1913 年 10 月 4 日《孙文动静》,乙秘第 1400 号;1913 年 10 月 5 日《孙文动静》,乙秘第 1404 号;俞辛焞、王振锁等译:《孙中山在日活动密录》,第 28 页)

10 月 5 日　上午三井物产公司董事山本条太郎来访,相与密谈三小时许。宋耀如来访。(日本外务省档案,1913 年 10 月 5 日《孙文动静》,乙秘第 1404 号;俞辛焞、王振锁等译:《孙中山在日活动密录》,第 28—29 页)

10 月 6 日　上午宋蔼龄、戴季陶、山田纯三郎来访,下午菊池良一来电话。下午戴季陶、张汇滔、张永正、田桐、凌昭、凌毅、王统来访。柳时杰来求见,因不认识,由戴季陶代为会见。(日本外务省档案,1913 年 10 月 6 日《孙文动静》,乙秘第 1412 号;俞辛焞、王振锁等译:《孙中山在日活动密录》,第 29 页)

△　下午 6 时 40 分,至府下王子涩泽荣一别邸,会谈约两小时。(日本外务省档案。1913 年 10 月 7 日《孙文动静》,乙秘第 1415 号;俞辛焞、王振锁等译:《孙中山在日活动密录》,第 29 页)据日本警察侦视报告:孙对涩泽荣一说,我们同志准备卧薪尝胆,如军费能筹集到手,将计划重新组织讨袁军,故想借助阁下之力,说服政府尤其是陆海军省,予以支援。涩泽荣一表示反对这样做,恳切劝阻其举兵,不同意日本的实业家目前给孙以重新举兵之资金,并否认日本实业家同黄兴等南方派要人有来往之事。(日本外务省档案,1913 年 10 月 25 日《关于中国流亡者之事》,秘收 5114 号;俞辛焞、王振锁等译:《孙中山在日活动密录》,第 603 页)具体情形日本外务省档案记载:孙说,冯将军进攻南京时,渡过了扬子江,但德英两国态度极为暧昧。接着又从现今的国际关系,谈到袁世凯总统五国借款的利害。随后反复强调,现今清国的盛衰,直接关

系到贵国的沉浮，即东洋问题，贵国也不能隔岸观火。又说，我们这些同志，准备卧薪尝胆，如果军费的筹集能获解决，则图再组讨袁军队。今晚来访，是希望借助阁下之力，说服贵国政府，尤其是陆海军省，对此次行动给以援助等等。涩泽荣一说，自己本是实业家，对外交上或政治上之事甚为疏远，对刚才阁下所提之希望，我不想只从朋友之情谊迎合阁下，对此，也许会招致阁下的反感。我的谏言，不图你一时高兴，而是诚心诚意。请垂察我的这一微衷，这是前提。关于贵国的情况，自己虽不是政治家，但以实业家的立场，亦颇有兴趣研究，这一点毫不甘人后，我想近日去中国漫游，打算先去北京。关于阁下目前计划的再举讨袁军，本人不赞成，诚然，袁之执政方针，自己也颇为忧虑。本来，袁是一个善于玩弄权术的人物，所以，如阁下所言，他一时把英、德、俄作为利用之物，但非有诚意之外交随时都会破产。贵国目前虽然并不完备，但形式上已是立宪国。如议会机关完备，则不战自胜之日不久就会到来。这就是再举兵不合时宜，我不表赞成之所在。在此之前，要先隐忍持重为上策，他恳切劝阻再举后又说，但若设身处地仔细考虑，对阁下今日之处境不胜同情。如若一定举兵，我亦决不再劝阻，那时将大加鼓励阁下目前之意气，务望自爱。我也再充分考虑一下，后会有期。我明日外出旅行，预定十七日前后归邸。涩泽荣一又问道："这期间需要写信时发往何处？"孙苦笑道：我眼下身为"浪人"，无一定住所，请寄给赤阪的头山满处。然后告别。（日本外务省档案．1913 年 10 月 7 日《孙文之行动》，乙秘第 1415 号；俞辛焞、王振锁等译：《孙中山在日活动密录》，第 605—606 页）

　　△　访问涩泽荣一男爵后，于晚 9 时 5 分乘汽车至麴町区麴町八丁目访秋山定辅，谈话后于 11 时 30 分返寓。（日本外务省档案，1913 年 10 月 7 日《孙文动静》，乙秘第 1420 号；俞辛焞、王振锁等译：《孙中山在日活动密录》，第 29 页）

　　10 月 7 日　本日来访者有宋蔼龄、刘英、刘铁、菊池良一、戴季陶、陆惠生、陈其美、山田纯三郎、田桐。（日本外务省档案，1913 年 10 月

7 日《孙文动静》，乙秘第 1420 号；俞辛焞、王振锁等译：《孙中山在日活动密录》，第 29—30 页）陈其美在上海二次革命失败后匿居上海，奉孙中山电召，于本月 1 日来日本，（徐咏平：《民国陈英士先生其美年谱》，第 353 页）4 日抵长崎，7 日抵东京，寓曲町区纪尾井町 3 号陆惠生处，旋与戴季陶、陆惠生、山田纯三郎来谒。

10 月 8 日 下午 1 时 40 分，收西文函两封。本日来访者先后有宋蔼龄、杨时杰、萱野长知、王统、菊池良一、山田纯三郎、戴季陶、头山满和寺尾亨。通过戴季陶翻译，在另室与头山满和寺尾亨密谈。（日本外务省档案，1913 年 10 月 8 日《孙文动静》，乙秘第 1430 号；俞辛焞、王振锁等译：《孙中山在日活动密录》，第 30 页）

10 月 9 日 下午，与何天炯、戴季陶、陈其美、宫崎寅藏、山田纯三郎、萱野长知等研究地图。晚，收到小石川区杂司谷铃木宗言的使者送来一西文信函，阅后在信封上用西文写了"谢谢"二字作为回执。是日来访者，还有宋蔼龄、王统及其夫人、菊池良一、张继等，其中菊池良一似携带地图。（日本外务省档案，1913 年 10 月 9 日《孙文动静》，乙秘第 1436 号；1913 年 10 月 10 日《孙文动静》，乙秘第 1440 号；俞辛焞、王振锁等译：《孙中山在日活动密录》第 30—31 页）

10 月 10 日 上午 10 时 30 分，向夏威夷和上海各发一西文电报。上午宋蔼龄来。中午 2 时 50 分，和宋蔼龄乘车，送宋蔼龄回神田的住处，后到杂司谷铃木宅，与池亨吉会谈，5 时 40 分返寓。本日来访者有宋耀如、戴季陶、何天炯和另一中国人、陆惠生、和田瑞。（日本外务省档案，1913 年 10 月 10 日《孙文动静》，乙秘第 1440 号；俞辛焞、王振锁等译：《孙中山在日活动密录》，第 31 页）发给上海的西文电报，收报人为"倪氏"（译音），电文是：将我的钱交给"王尚飞"（译音）。（日本外务省档案，1913 年 10 月 14 日《孙文动静》，乙秘第 154 号；俞辛焞、王振锁等译：《孙中山在日活动密录》，第 33 页）

△ 袁世凯在北京紫禁城太和殿宣布就任正式总统。（《申报》，1913 年 10 月 11 日，"要电"）

10 月 11 日 上午 9 时，宋蔼龄来。11 时，偕宋蔼龄乘车到芝区白金今里町 89 号,访李烈钧的留守处,后至高输南町访黄兴,在内室谈 1 小时,下午 1 时 30 分返寓。本日来访者有王统、何天炯、宫崎寅藏、戴季陶、山田纯三郎、陆惠生、谢玉章、赵谦。何天炯、戴季陶、陆惠生、谢玉章、赵谦、宫崎寅藏、山田纯三郎等摆开中国地图一起密谈。(日本外务省档案,1913 年 10 月 11 日《孙文动静》,乙秘第 1447 号;俞辛焯、王振锁等译:《孙中山在日活动密录》,第 31—32 页)

△ 胡汉民在东京就各国承认袁世凯政府发表谈话。袁世凯当选为正式总统后,日、荷、葡三国于当天宣布承认,次日英、俄、法、德、意、比、瑞典、丹麦、西班牙宣布承认,8 日、9 日,瑞士、挪威宣布承认。胡汉民谈话指出:"袁世凯这次正式就任大总统,各国对民国也予以承认。对此,我们同志中有的人感到不快,但我觉得这在国际关系上是不得已的。得到各国承认,袁或许很乐观。然而以我所见,在不久的将来,民国难免蒙受财政上的打击,彻底覆灭。"又说:"我们的同志,事已至此,不管大势如何,应按照渐进主义,在他日适当时期以图东山再起。除此别无他法。"(日本外务省档案,1913 年 10 月 11 日《胡汉民的言行》,乙秘第 1449 号;俞辛焯、王振锁等译:《孙中山在日活动密录》,第 598 页)

10 月 12 日 本日来访者有宋蔼龄、宫崎寅藏、何天炯、陆惠生、陈其美,殷汝骊、张干寻、田桐、和田瑞等。(日本外务省档案,1913 年 10 月 12 日《孙文动静》,乙秘第 1454 号,俞辛焯、王振锁等译:《孙中山在日活动密录》,第 32 页)

10 月 13 日 本日来访者有宋蔼龄、钮永建、何嘉禄、山田纯三郎、王统、马素、萱野长知、杨庶堪。(日本外务省档案,1913 年 10 月 13 日《孙文动静》,乙秘第 147 号;1913 年 10 月 14 日《孙文动静》,乙秘第 154 号;俞辛焯、王振锁等译:《孙中山在日活动密录》,第 32—33 页)

△ 派马素为密使,从神户乘船赴上海。(日本外务省档案,1913 年 10 月 13 日《孙文动静》,乙秘第 147 号;俞辛焯、王振锁等译:《孙中山在日活动密录》,第 32 页)

△ 晚 10 时 20 分,收到神田区美士代町三丁目 4 号"日本邮件

社"来函一件。（日本外务省档案，1913 年 10 月 14 日《孙文动静》，乙秘第
154 号；俞辛焞、王振锁等译：《孙中山在日活动密录》，第 32—33 页）

10 月 14 日 上午宋蔼龄来，中午 12 时多，和宋蔼龄乘车至本
乡区真砂町二丁目小柴木医院，访问住在该院的李烈钧，2 时许返
寓。本日来访者有许刚、程琳、端木逢春、何天炯、戴季陶、山田纯三
郎、宫崎寅藏、陈其美、殷汝骊、田桐。（日本外务省档案，1913 年 10 月 14
日《孙文动静》，乙秘第 154 号；俞辛焞、王振锁等译：《孙中山在日活动密录》，第
33 页）

10 月 15 日 上午宋蔼龄来，11 时 15 分，和宋蔼龄乘车外出（宋
蔼龄在神田区北神保町中华基督教青年会馆下车），前往铃木宗言
宅，会见池亨吉和太田（可能是海军预备役大佐太田三次郎）。与池
亨吉一起往访饭野吉三郎，下午 4 时返寓。本日来访者有戴季陶、陆
惠生。（日本外务省档案，1913 年 10 月 15 日《孙文动静》，乙秘第 1474 号；俞
辛焞、王振锁等译：《孙中山在日活动密录》，第 33—34 页）

△ 复函伍平一，告凭吊孙娗事。复函云："平一世兄鉴：来信收
悉，所请介绍至澳凭吊娗儿丘塚一事，实难为情。盖不欲再伤其母之
心也。世兄如必欲竟此志，只有到澳时与舍侄阿昌密商，请他带往便
可，切勿使家中知之也。此复，前程远大，幸维为国珍重。孙文。十
月十五日。"（《孙中山致伍平一函电一组》，《档案与历史》1986 年第 3 期，第 21
页）

△ 报载汪精卫在日本东京演说，指出二次革命中，李烈钧首先
发难，孙中山尚主张渐进，黄、陈、胡、柏诸人极力怂恿，不得不全体一
致。此次失败之原因，一则因政党兼秘密结社之行为，一则因党员缺
乏责任心。（《汪精卫演说国党之举动》，《申报》1913 年 10 月 15 日，"要闻
一"）10 月 22 日晚何海鸣及柏、李之代表在下谷佐久间方贷家中报告
此次失败原因及再举之目的时，又有同样论述。（《何海鸣在东之言
论》，《申报》1913 年 11 月 11 日，"要闻二"）

10 月 16 日 中午收两封英文信。上午宋蔼龄、戴季陶、头山

满、山田纯三郎、孙建谋来访,下午陆惠生、孙景康、陈其美、许刚、程琳、端木逢春来访。(日本外务省档案,1913 年 10 月 16 日《孙文动静》,乙秘第 1480 号;俞辛焞、王振锁等译:《孙中山在日活动密录》,第 34 页)

　　△　晚 8 时 30 分,给住在日比谷饭店的孙建谋打电话,请其来一起密谈至 11 时。(日本外务省档案,1913 年 10 月 17 日《孙文动静》,乙秘第 1482 号;俞辛焞、王振锁等译:《孙中山在日活动密录》,第 34 页)

　　10 月 17 日　本日来访者有梅屋庄吉、戴季陶、张汇滔、田桐、宋耀如、菊池良一。(日本外务省档案,1913 年 10 月 17 日《孙文动静》,乙秘第 1482 号;俞辛焞、王振锁等译:《孙中山在日活动密录》,第 34 页)

　　10 月 18 日　梅屋庄吉来访,与谈在马来西亚、英国、日本、中国等四国发行刊物之事。本日来访者还有宋蔼龄、杨某、刘铁、刘英、何天炯、戴季陶、王统。孙中山和头山满曾商谈给日本前首相桂太郎送花圈之事,鉴于考虑舆论,最后未送。(日本外务省档案,1913 年 10 月 18 日《孙文动静》,乙秘第 1488 号;俞辛焞、王振锁等译:《孙中山在日活动密录》,第 35 页)桂太郎于本月 10 日逝世。桂太郎于孙中山流亡东京时,曾给孙中山传言:"我现在虽病,病愈后再拿日本天下。如不能拿天下,就不能实行真正的誓约,请暂候我病愈后拿天下之时。"(《秋山定辅传》第 2 卷,第 250 页,转引自段云章编著:《孙文与日本史事编年(增订本)》,第 409 页)临终时还表示:"我不能倒袁扶孙,成就东方民族之大计,是我生平之遗恨。"桂太郎死后,孙中山亦感叹:"日本现在更没有一个足以共天下事的政治家,东方大局的转移,更无望于现在的日本了。"(戴季陶:《日本论》,第 62 页、98 页)

　　10 月 19 日　本日来访者有宋蔼龄、夏述痕(疑为"唐",下不再注——引者注)、詹三成、端木逢春、何天炯、宫崎寅藏、田桐、凌毅。(日本外务省档案,1913 年 10 月 19 日《孙文动静》,乙秘第 1491 号;俞辛焞、王振锁等译:《孙中山在日活动密录》,第 35 页)

　　△　晚 9 时 10 分和 9 时 20 分,先后收到西文电报,发电地不详。(日本外务省档案,1913 年 10 月 20 日《孙文动静》,乙秘第 1497 号;俞辛

焊、王振锁等译:《孙中山在日活动密录》,第 35 页)

△　袁政府外交部电示驻日代理公使马廷亮,"探闻孙文、黄兴、李烈钧、胡瑛等逃窜东洋,秘密聚会,且现在运动日商合办中国实业情事。诚恐外人受其所愚,致生枝节,应由该代办向日政府声明,凡中国乱党运动日本实业家合办中国内地实业,政府概不承认"。21日,马廷亮备函照会日外相牧野伸显,声明此事。("中央研究院"近代史研究所编:《中日关系史料·路矿交涉》,第 36 页)

10 月 20 日　上午 10 时,宫崎寅藏、何天炯来访。宫崎告知,秋山定辅所说山本权兵卫首相和犬养毅关系密切的谈话是虚伪的,并频频批评了这种观点。本日来访者还有杨庶堪、菊池良一、戴季陶。(日本外务省档案,1913 年 10 月 20 日《孙文动静》,乙秘第 1497 号;1913 年 10 月 21 日《孙文动静》,乙秘第 1502 号;俞辛焞、王振锁等译:《孙中山在日活动密录》,第 35—36 页)

10 月 21 日　中午 12 时 30 分,收到神户东方饭店某中国人发来电报一件。下午 1 时 50 分,收到池亨吉发来一函,并立即发回函。本日来访者有麻布区新网町二丁目 12 号酒井正雄、刘佐成、章士钊、章勤士、钮永建、何嘉禄、和田瑞。(日本外务省档案,1913 年 10 月 21 日《孙文动静》,乙秘第 1502 号;1913 年 10 月 22 日《孙文动静》,乙秘第 1507 号;俞辛焞、王振锁等译:《孙中山在日活动密录》,第 36 页)

10 月 22 日　本日来访者先后有杨庶堪、熊克武、余际唐、刘铁、刘英、宋镇华、何天炯、宫崎寅藏、戴季陶、宋蔼龄。(日本外务省档案,1913 年 10 月 22 日《孙文动静》,乙秘第 1507 号;俞辛焞、王振锁等译:《孙中山在日活动密录》,第 36 页)

10 月 23 日　下午 2 时,向香港发西文信三封;向加利福尼亚发函二封。本日来访者有牛道区喜久井町 22 号的副岛八十六、宫崎寅藏、何天炯、张继、山田纯三郎、菊池良一、戴季陶、萱野长知。(日本外务省档案,1913 年 10 月 23 日《孙文动静》,乙秘第 1518 号,俞辛焞、王振锁等译:《孙中山在日活动密录》,第 36—37 页)

△　复函黄芸苏,指出今后将组成纯粹的革命党,实现民权主

义、民生主义。认为此次失败原因，"乃吾党分子太杂，权利心太重，互相利用，互相倾轧。推其究竟，若能倒袁，亦不免互有战争。有此一败，为吾党一大淘汰，亦不幸中之幸也。此后混杂分子及卑劣分子已尽去矣，所存仅小数之纯净分子，一可胜万也。弟今从新再做，合集此纯净之分子组织纯粹之革命党，以为再举之图。务期达到吾党之纯粹革命目的，即民权、民生主义是也"。希望黄在美洲物色同志以告。并表示"此后择人不求其多，只求矢志实行之人，能牺牲身命自由权利，而为国家生民造幸福者，乃能入选"。附言：前年之革命，"吾党之三民主义，只达其一，其余两主义，未能施行。初以人民程度未及，只得听其渐进，从天然之进化而达之。乃不期袁氏自私自利，将有恢复帝制之行，以兵力南压，各省迫而抗之，故有此次之战争。吾党虽全然失败，然有此抵抗之事实，能使袁氏不敢公开称帝，虽败犹胜也。盖战争之目的（抗袁氏之帝制）已达也。故弟对于此次之败，甚存乐观也"①。（《复黄芸苏函》，《孙中山全集》第3卷，第128—129页）

10月24日　本日仅有萱野长知、宋蔼龄、戴季陶来访。（日本外务省档案，1913年10月25日《孙文动静》，乙秘第1528号；俞辛焞、王振锁等译：《孙中山在日活动密录》，第37页）

10月25日　本日下午和晚上宫崎寅藏、詹三成、陈其美、戴季陶、菊池良一、山田纯三郎、吴忠信、范光启、龚振鹏、凌胎、田桐来访。（日本外务省档案，1913年10月24日《孙文动静》，乙秘第1523号；俞辛焞、王振锁等译：《孙中山在日活动密录》，第37页）

10月26日　上午11时许，收到头山满遣特使转来写有"鉴请即时回函"的信，发信人不明，并立即用西文写回信，交给特使带回。下午何天炯来访。（日本外务省档案，1913年10月26日《孙文动静》，乙秘

---

① 据严昌洪考订，该函系1913年10月23日所发。参阅严昌洪：《孙中山〈复函黄芸苏〉的年份——与〈孙中山全集〉编者商榷》，《辛亥革命史研究会通讯》第25期。《孙中山年谱长编》已采此说，见该书上册，第857页。

第 1532 号;俞辛焞、王振锁等译:《孙中山在日活动密录》,第 37 页)

10 月 27 日　本日来访者有宋蔼龄、何天炯、龚炼百、季雨霖、刘英、刘铁、彭养克(疑为"光"字——引者注)、向岩、戴季陶、陈其美、田桐。(日本外务省档案,1913 年 10 月 27 日《孙文动静》,乙秘第 1536 号;俞辛焞、王振锁等译:《孙中山在日活动密录》,第 38 页)

10 月 28 日　下午山田纯三郎、菊池良一、田桐、范光启、龚炼百、龚振鹏、季雨霖、刘铁、刘英、戴季陶、詹大悲、夏述唐等来访,就昨天及今天的《东京每日新闻》上刊载的有关报导进行商议。本日来访者还有宋耀如、和田瑞。(日本外务省档案,1913 年 10 月 28 日《孙文动静》,乙秘第 1543 号;俞辛焞、王振锁等译:《孙中山在日活动密录》,第 38 页)

△　晚 10 时,收到和田瑞遣人送来西文信一件。(日本外务省档案,1913 年 10 月 29 日《孙文动静》,乙秘第 1547 号;俞辛焞、王振锁等译:《孙中山在日活动密录》,第 38 页)

△　池亨吉就中国问题再次作了谈话,批评日本外务省对华政策错误,指出日本当局对目前在东京的中国流亡客"表面很优待,其实不然。仰袁世凯之鼻息,不断进行压制"。"世上有识之士早已看出,袁世凯之天下是暂时的,显然在没落。而外务省当局只根据公使和领事之报告,认为中国国内是安定的。"提及正在东京的黄兴因受同志反感,处境颇为窘迫,目前正在准备渡美。(日本外务省档案.1913 年 10 月 28 日《池亨吉的谈话》,乙秘第 1538 号;俞辛焞、王振锁等译:《孙中山在日活动密录》,第 597 页)

10 月 29 日　上午 9 时 40 分,收到居住在小石川区林町丁 70 号章宅的吴弱男寄来挂号邮件两件。本日来访者有宋蔼龄、张继、中岛缝二、詹大悲、宫崎寅藏、何天炯、戴季陶、刘英、徐少峰、林一、李贵之、何海鸣、李及等。(日本外务省档案,1913 年 10 月 29 日《孙文动静》,乙秘第 1547 号;俞辛焞、王振锁等译:《孙中山在日活动密录》,第 38—39 页)何海鸣于南京独立失败后隐居上海,是月 21 日潜离上海赴日,由门司转东京。是日,经头山满介绍来访。何在隐居上海期间,曾致书《申报》,攻击孙中山和黄兴,谓孙中山等"包办革命",办事"侥幸","视中华民国二十二省为诸大伟人之采邑","为国民党之贵族也",而不能"代表国民党",因"国民党三字为诸大伟人玷辱殆尽"。(《何海鸣斥伟人书》,《申报》1913 年 9 月 21 日,"要闻二")

10 月 30 日　下午 4 时 20 分,收到铃木宗言发来西文函一件。宋蔼龄、宋耀如、萱野长知、戴季陶、陈其美、何天炯、田桐、詹大悲先后来访。下午 6 时 10 分,应涩泽荣一邀请,乘汽车前往日本桥区兜町涩泽荣一事务所,陈其美、戴季陶、何天炯随行。(日本外务省档案,1913 年 10 月 30 日《孙文动静》,乙秘第 1554 号;俞辛焞、王振锁等译:《孙中山在日活动密录》,第 39 页)在涩泽荣一事务所接待室与中野武营、山本条太郎及其他三人密谈,晚 9 时 15 分告辞返寓,继续与陈其美、戴季陶议事。(日本外务省档案,1913 年 10 月 31 日《孙文动静》,乙秘第 1559 号;俞辛焞、王振锁等译:《孙中山在日活动密录》,第 39 页)

10 月 31 日　下午 2 时,给奥门的"桑米"(日文译音)发电报。本日来访者先后有美和作次郎、宋蔼龄、戴季陶、菊池良一、詹大悲、徐子俊、王宪章。(日本外务省档案,1913 年 10 月 31 日《孙文动静》,乙秘第 1559 号;俞辛焞、王振锁等译:《孙中山在日活动密录》,第 39—40 页)

是月　在东京主盟吸收一批中华革命党党员,有戴季陶、陈其美、田桐、詹大悲、王宪章、张汇滔、刘英、夏述唐、凌毅、钮永建、范光启、彭养光、龚振鹏、季雨霖等二十三人。在上海入党者为张人杰、蒋中正,为在国内最早入党者。("中华民国"各界纪念国父百年诞辰筹备委员会学术论著编纂委员会主编:《国父年谱》上册,第 495 页)

11 月

11 月 1 日　本日先后有何天炯、陈毓善、宫崎寅藏、李烈钧的使者俞应麓、宋耀如、陈扬镳、詹大悲、杨庶堪、徐子俊、菊池良一来访。

(日本外务省档案,1913 年 11 月 1 日《孙文动静》,乙秘第 1563 号;俞辛焞、王振锁等译:《孙中山在日活动密录》,第 40 页)

11 月 2 日　下午 2 时、5 时,各向上海发西文电报一件。2 时 45 分,收到西文信函一封。本日下午先后有宋耀如、森恪、陈扬镳、林震、仰坚、田桐、戴季陶、朱超来访。(日本外务省档案,1913 年 11 月 2 日《孙文动静》,乙秘第 1566 号;1913 年 11 月 3 日《孙文动静》,乙秘第 1570 号;俞辛焞、王振锁等译:《孙中山在日活动密录》,第 40—41 页)

11 月 3 日　下午 1 时 10 分,向上海发出西文电报一件。2 时 50 分,又发西文电报一件,发往地不详。本日来访者先后有宋蔼龄、萱野长知、朱超、詹大悲、王宪章、宫崎寅藏、陈鹏斋(疑为"齐",下不再注——引者注)、胡九皋、刘英、邓铿、邓文辉、陈毓善、刘佐成、戴季陶、陈其美来访。(日本外务省档案,1913 年 11 月 3 日《孙文动静》,乙秘第 1570 号;俞辛焞、王振锁等译:《孙中山在日活动密录》,第 41 页)

11 月 4 日　本日来访者先后有宋耀如、宫崎寅藏、戴季陶、朱超、陆惠生、何海鸣、李及、田桐、张汇滔、凌贻。(日本外务省档案,1913 年 11 月 4 日《孙文动静》,乙秘第 1578 号;俞辛焞、王振锁等译:《孙中山在日活动密录》,第 41—42 页)

△　袁世凯以"此次内乱,该国民党本部与该国民党国会议员潜相构煽,李烈钧、黄兴等乃敢于据地称兵"的罪名,勒令国民党各级组织于三日内解散,"凡国民党所设机关,不拘为支部、分部、交通部及其他名称,凡现未解散者,限令到三日内,一律勒令解散。嗣后再有以国民党名义发布印刷物品、公开演说或秘密集会者,均属乱党,应即一体拿办,毋稍宽纵"。(《大总统令》,《政府公报》,1913 年 11 月 5 日,"命令")

11 月 5 日　本日来访者先后有宋蔼龄、刘英、陈鹏斋、胡九皋、凌毅、凌贻、刘佐成、宋耀如、戴季陶、陈其美来访。下午 5 时 25 分,戴季陶至筑地有明馆探问三井物产社的森恪是否在宿,6 时返回并报告森恪宿在该馆。(日本外务省档案,1913 年 11 月 5 日《孙文动静》,乙

秘第 1586 号；俞辛焞、王振锁等译：《孙中山在日活动密录》，第 42 页）

11 月 6 日　上午 11 时 40 分，向香港发一密码电报。本日来访者先后有宋耀如、章士钊、章勤士、詹大悲、和田瑞、戴季陶、钮永建、田桐、刘铁、萧萱、凌钺、丁仁杰、张永正、刘佐成、刘英、李国柱、葛庞、胡冠南、邓铿、谢崧雄、李杰讨（疑为"夫"字——引者注）、陈毓善等。（日本外务省档案，1913 年 11 月 6 日《孙文动静》，乙秘第 1590 号；1913 年 11 月 7 日《孙文动静》，乙秘第 1593 号；俞辛焞、王振锁等译：《孙中山在日活动密录》，第 42—43 页）

11 月 7 日　本日来访者先后有宋蔼龄、朱超、陈扬镰、邓铿、詹大悲、夏述痕、刘丙一、李根源、朱超。（日本外务省档案，1913 年 11 月 7 日《孙文动静》，乙秘第 1593 号；俞辛焞、王振锁等译：《孙中山在日活动密录》，第 43 页）

11 月 8 日　上午 9 时 40 分，朱超陪同日本矿业公司董事浅野士太郎和丰田利三郎来访。下午，王统、戴季陶来访。（日本外务省档案，1913 年 11 月 8 日《孙文动静》，乙秘第 1599 号；俞辛焞、王振锁等译：《孙中山在日活动密录》，第 43 页）晚上田桐来访。（日本外务省档案，1913 年 11 月 9 日《孙文动静》，乙秘第 1601 号；俞辛焞、王振锁等译：《孙中山在日活动密录》，第 43 页）

△　与孙中山有亲密关系之某氏发表谈话，介绍孙中山在中国国内秘密社会中的影响，指出孙在国内有众多的支持者。谈话云："在中国，三至六个月内肯定会起大动乱。原来，中国十八省中有哥老会、三点会（也叫"三合会"）。该会为免遭满洲朝廷的压制，在各省起事，成立后，已历经二百六十余年，作为秘密结社延至今日。另外还有中国同盟会，这是后来发起的，孙文掌握其实权。孙文以极大的努力，把该同盟会和分散在各省的哥老会及三点会联系起来。在中国最近的革命中，由于其他省的动乱，各省都有起义的倾向，其原因就在于此。哥老会会员预想，满洲朝廷倒台以后，肯定是孙文当大总统，将给人民以更多的自由。但事实完全相反，袁这类压迫者篡了位，孙反而成了他国的流亡客。大家大为失望。近日来，袁对中国国

民党作了辛辣而苛酷的处置,这更加表明袁是一个残暴之人。因此,敬重孙文的心情更加强烈,如果孙一旦回国举起大旗,哥老会会员会欣然响应之。在上海,有一个由哥老会会员和三点会会员自愿组成的共进会。孙目前与它有联系,并且和在香港的一个团体也有联系。另外,孙还通过秘密手段和隐蔽在中国的豪杰保持着联系。孙的支持者最多的地方是湖南省、浙江省、江西省和广东省等地。像湖南的谭人凤,是最热心的支持者之一。"同时也指出:"在日本,某团体(如以饭野吉三郎为中心的精神团)似乎也有声援孙文之意。"(日本外务省档案,1913 年 11 月 8 日《与孙逸仙有亲密关系之某氏谈话摘要》,乙秘第 1594 号;俞辛焞、王振锁等译:《孙中山在日活动密录》,第 599 页)

11 月 9 日　本日来访者先后有吴嘉模、邓文辉、赵铸鼎、李剑尘、朱超、刘英、朱文楷、李慎、胡九皋、胡冠南、李国柱、曾尚武、刘铁、徐军雁、邓铿、陈可钰。(日本外务省档案,1913 年 11 月 9 日《孙文动静》,乙秘第 1601 号;1913 年 11 月 10 日《孙文动静》,乙秘第 1607 号;俞辛焞、王振锁等译:《孙中山在日活动密录》,第 43—44 页)

11 月 10 日　本日来访者先后有宋蔼龄、宋耀如、吴嘉模、李烈钧及其随员、朱超,与李烈钧及其随员议事来访,朱超后参加。(日本外务省档案,1913 年 11 月 10 日《孙文动静》,乙秘第 1607 号;俞辛焞、王振锁等译:《孙中山在日活动密录》,第 44 页)

△　下午 5 时 15 分,前往小石川区杂司谷铃木宗言宅,与池亨吉会谈,晚 9 时 50 分返寓。(日本外务省档案,1913 年 11 月 11 日《孙文动静》,乙秘第 1611 号;俞辛焞、王振锁等译:《孙中山在日活动密录》,第 44 页)

11 月 11 日　本日来访者先后有朱超、詹大悲、王宪章、宋蔼龄、吴嘉模、杨庶堪、戴季陶、凌钺、洪涛、菊池良一、宫崎寅藏、邓文辉、欧阳某、吴楚藩。与朱超、凌钺、洪涛密谈。(日本外务省档案,1913 年 11 月 11 日《孙文动静》,乙秘第 1611 号;1913 年 11 月 12 日《孙文动静》,乙秘第 1617 号;俞辛焞、王振锁等译:《孙中山在日活动密录》,第 44—45 页)

11 月 12 日　9 时 50 分,收到小石川区杂司谷铃木宗言遣人送来西文函一件。10 时 40 分,乘车至芝区白金今里町李烈钧处,与李密谈,中午12时50分返寓,与来访等候的黄复生、熊克武、朱子康、宫崎寅藏密谈。下午2时,至寺尾亨家午餐,3时回宅。本日来访者还有张继和上海一西洋记者、陈扬镳、黄伯群(日本外务省档案,1913年11月12日《孙文动静》,乙秘第1617号;俞辛焞、王振锁等译:《孙中山在日活动密录》,第45页)

11月13日　本日来访者有丁仁杰、吴嘉模、朱超、刘英、陈其美、宫崎寅藏、詹大悲、王宪章、菊池良一、山田纯三郎、戴季陶。(日本外务省档案,1913年11月13日《孙文动静》,乙秘第1619号;俞辛焞、王振锁等译:《孙中山在日活动密录》,第45—46页)

△　晚9时40分,和田瑞遣使者送来13日的《中外商业新报》请阅。该报报道了和田的谈话。(日本外务省档案,1913年11月14日《孙文动静》,乙秘第1624号;俞辛焞、王振锁等译:《孙中山在日活动密录》,第46页)

11月14日　上午张继、宋蔼龄来访。与张继会谈,下午与张继、宋蔼龄一起谈话。下午2时40分,给居小石川区林町70号章士钊宅的吴弱男发出一函,同时发一西文函,发往地不详。下午邓铿来访。(日本外务省档案,1913年11月14日《孙文动静》,乙秘第1624号;俞辛焞、王振锁等译:《孙中山在日活动密录》,第46页)

△　致函康德黎夫人,提醒谨防有人假冒为自己的朋友,以刺探消息。函称:"在和所谓我的'友人们'谈话时请务必谨慎。至于现已被英王封为爵士的艾迪斯先生(Mr. Addis),并非我的友人。他曾经资助袁世凯反对南方。我耽心不少人假冒为我的朋友,是为了取得您的信任,以便探听消息和意见。"(《致康德黎夫人函》,《孙中山全集》第3卷,第71页)

11月15日　曾尚武、吴继物、朱模山、张继、刘英、刘铁、陈其美、萱野长知、戴季陶和杨庶堪来访。与陈其美、萱野长知一起密谈。(日本外务省档案,1913年11月15日《孙文动静》,乙秘第1628号;1913年11月16日《孙文动静》,乙秘第1631号,俞辛焞、王振锁等译:《孙中山在日活动密录》,第46—47页)

11 月 16 日 上午夏述痕、詹大悲、徐奇、凌钺来访。下午钮永建、宋蔼龄、刘铁、陈扬镳、毕清波和一安徽人、邓文辉、徐苏中、任寿祺、蔡铣处、吴金钟、李烈钧、杨庶堪和张继来访。与宋蔼龄、钮永建密谈,与李烈钧、杨庶堪和张继在另室秘密议事约四十分钟,后又与上述各来访者共同议事。下午 5 时后詹大悲、陈其美来访。与钮永建、杨庶堪、李烈钧、詹大悲、陈其美等在另室密谈。(日本外务省档案,1913 年 11 月 16 日《孙文动静》,乙秘第 1631 号;俞辛焞、王振锁等译:《孙中山在日活动密录》,第 47 页)

11 月 17 日 上午宋蔼龄、宋耀如、西人阿达桑(译音)先后来访。下午 3 时,向横滨发西文信函一封。下午,与来访的陈其美、戴季陶、任寿祺、亚洲研究会秘书腓特烈·马考米克(美国人)入另室谈话。3 时 40 分,收到长崎南岸某人来函一封。下午来访者还有丁仁杰、江炳灵、刘英、赵鹏飞、刘大同、向岩、黄伯群、春洋丸海员林来(国民党分部长)、郑铎麟(国民党党员)、中国社会党首领江亢虎、赵铸鼎、史江、吴秉三、李益、邓文辉。(日本外务省档案,1913 年 11 月 17 日《孙文动静》,乙秘第 1638 号;1913 年 11 月 18 日《孙文动静》,乙秘第 1640 号;俞辛焞、王振锁等译:《孙中山在日活动密录》,第 47—48 页)

11 月 18 日 本日来访者先后有钮永建、邓铿、李杰夫、彭允彝、殷汝骊、邓文辉、萱野长知、詹大悲、戴季陶。(日本外务省档案,1913 年 11 月 18 日《孙文动静》,乙秘第 1640 号;俞辛焞、王振锁等译:《孙中山在日活动密录》,第 48 页)

△ 为江亢虎赴美求学事,致函黄芸苏,特为介绍。函云:"兹有江君亢虎来美求学,欲专从事研究社会主义。弟在上海因提倡社会主义,与江君相识。知江君热心斯道,今又远学于美,他日心得当未可限量也。江君往美,初到恐人地生疏,请弟介绍,见面时望为指导一切,幸甚。江君向主和平,并未从事于激烈之举,然今亦为袁氏政府所不容,则其野蛮恶毒可想而知。"(《致黄芸苏函》,《孙中山全集》第 3 卷,第 71—72 页)

11 月 19 日　下午 1 时，收到赵某从神户寄来一函。本日来访者先后有徐苏中、萱野长知、陈其美、黄仲德、戴季陶、詹大悲、邓铿、徐军雁、陈可钰。（日本外务省档案，1913 年 11 月 19 日《孙文动静》，乙秘第 1644 号；1913 年 11 月 20 日《孙文动静》，乙秘第 1647 号；俞辛焞、王振锁等译：《孙中山在日活动密录》，第 49 页）

11 月 20 日　本日来访者先后有陈扬镳、宋蔼龄、何海鸣和山路某、钮永建。（日本外务省档案，1913 年 11 月 20 日《孙文动静》，乙秘第 1647 号；俞辛焞、王振锁等译：《孙中山在日活动密录》，第 49 页）

11 月 21 日　下午宋耀如陪同黄直汉来访。（日本外务省档案，1913 年 11 月 21 日《孙文动静》，乙秘第 1649 号；俞辛焞、王振锁等译：《孙中山在日活动密录》，第 49 页）

11 月 22 日　本日先后有丁仁杰、萧萱、何海鸣、郑人康、季雨霖、刘大同、戴季陶、钮永建、洪涛、陈其美来访。（日本外务省档案，1913 年 11 月 22 日《孙文动静》，乙秘第 1653 号；俞辛焞、王振锁等译：《孙中山在日活动密录》，第 49—50 页）

11 月 23 日　本日先后有陆惠生、孙棣、钮永建、戴季陶、陈其美、杨庶堪、刘大同、黄伯群、董凌欧、阮茂熊、卢逸堂、黄悼民、陈扬镳来访。（日本外务省档案，1913 年 11 月 23 日《孙文动静》，乙秘第 1657 号；俞辛焞、王振锁等译：《孙中山在日活动密录》，第 50 页）

△　晚 7 时 30 分，收到香港寄来一挂号邮件，发件人不明。傍晚邱丕振来访，晚邓铿、洪湘臣（洪兆麟）来访。（日本外务省档案，1913 年 11 月 24 日《孙文动静》，乙秘第 1662 号；俞辛焞、王振锁等译：《孙中山在日活动密录》，第 50 页）

11 月 24 日　下午，陆惠生、孙纵横、嘉禾徐、刘大同、邱丕振、周淡游、邓铿、李杰夫、林道勉、汪寿祺、张肇基、戴季陶、钮永建、邓文辉、蔡锐廷、彭素民、林虎、张希方、陈毓善、李栖云、洪兆麟、陈其美、黄仲德、余际唐先后来访。（日本外务省档案，1913 年 11 月 24 日《孙文动静》，乙秘第 1662 号；俞辛焞、王振锁等译：《孙中山在日活动密录》，第 50—51 页）晚 7 时，田桐、黄申芗来访。（日本外务省档案，1913 年 11 月 25 日《孙

文动静》,乙秘第 1666 号;俞辛焞、王振锁等译:《孙中山在日活动密录》,第 51 页)

11 月 25 日　上午 10 时 15 分,向京都若王子町 48 号的山下武阳发函一封。本日先后有张乐成、周产、戴季陶、山田纯三郎、菊池良一、刘铁、彭养光、邱鸣钧、端木逢春、凌铁、何海鸣、李及、刘大同、邱应振、孙相夫、刘亚新、王君山、陈其美、和田瑞来访。(日本外务省档案,1913 年 11 月 25 日《孙文动静》,乙秘第 1666 号;1913 年 11 月 26 日《孙文动静》,乙秘第 1673 号;俞辛焞、王振锁等译:《孙中山在日活动密录》,第 51—52 页)

11 月 26 日　本日先后有马素、宋蔼龄、徐苏中、江维华、陈其美、林虎、邓铿、戴季陶、钮永建来访。(日本外务省档案,1913 年 11 月 26 日《孙文动静》,乙秘第 1673 号;俞辛焞、王振锁等译:《孙中山在日活动密录》,第 52 页)

11 月 27 日　中午 12 时 20 分,发西文函一封。本日先后有夏述痕、何海鸣、马素、邓铿、戴季陶领四人、张希方、林虎、田桐来访。(日本外务省档案,1913 年 11 月 27 日《孙文动静》,乙秘第 1677 号;俞辛焞、王振锁等译:《孙中山在日活动密录》,第 52 页)

△　致函宿务华侨同志刘谦祥,褒扬其爱国热诚。函云:"得宿雾同志来书,藉悉足下以个人捐出全年工金壹千元,以济军饷,热心爱国,见义勇为,曷胜感佩。从前普法之战,法有退役水兵持其十余年所得之月俸,捐作军饷,当时传为佳话。弟所见则有西贡埠一同志(黄君景南)以卖芽菜为业,六年前镇南关、河口两役,此同志共捐银三千余元,盖罄其半生之积蓄。今足下慨然牺牲所有以为助,洵可不让前贤专美矣。人心如此,弟敢决民贼必亡,而再造共和之甚易也。"(《致刘谦祥函》,《孙中山全集》第 3 卷,第 72—73 页)

11 月 28 日　下午彭素民、邹怀渊、江维华、马素、陈其美、刘英、田桐先后来访。(日本外务省档案,1913 年 11 月 28 日《孙文动静》,乙秘第 1680 号;俞辛焞、王振锁等译:《孙中山在日活动密录》,第 52—53 页)晚 7 时许,陈养初、李栖云、洪兆麟来访。(日本外务省档案,1913 年 11 月 29 日

《孙文动静》，乙秘第 1681 号；俞辛焞、王振锁等译：《孙中山在日活动密录》，第
53 页）

11 月 29 日　本日先后有宋蔼龄、夏重民、田桐、张汇滔、丁仁
杰、萧萱、黄申芗、阮复、萱野长知来访。（日本外务省档案，1913 年 11 月
29 日《孙文动静》，乙秘第 1681 号；俞辛焞、王振锁等译：《孙中山在日活动密
录》，第 53 页）

11 月 30 日　上午 10 时 45 分，收到宫崎寅藏和夏威夷某人各
来一函。下午 1 时，收到澳门风顺堂医院孙寿展来一函。本日先后
有胡英、范光启、吴忠信、陈扬镳、马素、夏重民、施锡周、陈其美、田
桐、刘铁、阮复来访。（日本外务省档案，1913 年 11 月 30 日《孙文动静》，乙
秘第 1685 号；俞辛焞、王振锁等译：《孙中山在日活动密录》，第 53—54 页）晚，
黄申芗、向海潜、郑林双、丁士杰、何仲良一起来访议事。（日本外务省
档案，1913 年 12 月 1 日《孙文动静》，乙秘第 1689 号；俞辛焞、王振锁等译：《孙
中山在日活动密录》，第 54 页）

是月　是月，何天炯、邓铿、邓文辉、彭素民、张永正、凌钺、萧萱、
丁仁杰、李国柱、曾尚武、欧阳豪、黄复生、熊克武、谢英伯、刘大同、孙
纵横、林虎等五十七人在东京宣誓加入中华革命党。在上海入党者
有廖磊、韦玉等。（"中华民国"各界纪念国父百年诞辰筹备委员会学术论著
编纂委员会主编：《国父年谱》上册，第 495 页）

12 月

12 月 1 日　下午，夏述痕、凌钺来议事；陈其美、戴季陶来一起
议事。给梅屋庄吉发一写有"出席"二字的明信片。（日本外务省档案，
1913 年 12 月 1 日《孙文动静》，乙秘第 1689 号；俞辛焞、王振锁等译：《孙中山在
日活动密录》，第 54 页）邓文辉、廖国仁来访。（日本外务省档案，1913 年 12
月 2 日《孙文动静》，乙秘第 1696 号；俞辛焞、王振锁等译：《孙中山在日活动密
录》，第 54 页）

△ 参与谋划建立的浩然学舍于本日开始授课。浩然学舍又名浩然庐,为西本愿寺中国传教僧水野梅晓在府下荏原郡新井村新井宿 1266 号所设立。其教育方针,以灌输日本军事教育为主,学生分甲、乙、丙班,兼授日本语、法律、政治、经济学及武术等,主持人为殷汝骊及日本预备役骑兵大尉青柳胜敏。学生都是中国人,三分之一参加过中国革命,其他为一般中国留学生。(日本外务省档案,《关于调查为中国留学生教育而成立的私立学校之事的答复》,警递第 234 号,1914 年 4 月 17 日;俞辛焞、王振锁等译:《孙中山在日活动密录》,第 612—613 页;《关于收容中国流亡者子弟一事》,乙秘第 1761 号,1913 年 12 月 15 日;俞辛焞、王振锁等译:《孙中山在日活动密录》,第 627—628 页)该校有学生七十九名,学生每月交费十元,集中住宿,各教员及职员们保留将来条件,约定在革命胜利之际提升为相当官职,无报酬工作。学生中往往有背叛行为,有人暗中将本校情况通知袁世凯政府。袁遂视该校为暗杀学校。(日本外务省档案,《中国流亡者经营学校之事》,中第 505 号;俞辛焞、王振锁等译:《孙中山在日活动密录》,第 628—629 页)后于 1914 年 6 月 30 日宣布解散,结业学生已有二十七名,未结业者尚有二十六名,共五十三名,均授予初级军事学校结业证书。其中学习比较认真的四十三名,作为青柳胜敏私塾学生,继续学习军事、武术。(日本外务省档案,1914 年 7 月 2 日《关于浩然庐》,乙秘第 1291 号;俞辛焞、王振锁等译:《孙中山在日活动密录》,第 630—631 页)

12 月 2 日 下午曾外出。下午马素、王统、夏重民、施西周、钮永建、宋耀如来访。(日本外务省档案,1913 年 12 月 2 日《孙文动静》,乙秘第 1696 号,俞辛焞、王振锁等译:《孙中山在日活动密录》,第 54 页)晚陈其美来访。(日本外务省档案,1913 年 12 月 3 日《孙文动静》,乙秘第 1699 号;俞辛焞、王振锁等译:《孙中山在日活动密录》,第 54—55 页)

△ 下午 4 时 20 分,应梅屋庄吉的邀请,和寺尾亨一起乘车去京桥区筑地三丁目 15 号同气俱乐部,出席欢送岩本千纲宴会。梅屋庄吉计划在新加坡出版日、英、汉三种文字的《新闻周刊》,聘岩本千

纲为总编辑,本日为岩本举行欢送会,莅席作陪的还有寺尾亨、古岛一雄、萱野长知、中岛金吾、山科多久马等。(日本外务省档案,1913年12月2日《孙文动静》,乙秘第1696号;1913年12月5日《孙文动静》,乙秘第1710号;俞辛焞、王振锁等译:《孙中山在日活动密录》,第54、56—57页)

12月3日　上午10时许,给上海东百老汇路37号黎笑生发一函。下午郑林双、马素、戴季陶、陈其美、钮永建、林虎、萱野长知、田桐、凌毅、凌铁、邓铿先后来访。晚朱子康、杨照离、丁士志(疑为"杰"——引者注)、黄申芗、刘英来访。晚10时,小石川区林町70号的章士钊来函一件。(日本外务省档案,1913年12月3日《孙文动静》,乙秘第1699号;1913年12月4日《孙文动静》,乙秘第1705号;俞辛焞、王振锁等译:《孙中山在日活动密录》,第55页)

12月4日　上午8时,收到犬养毅经头山满交递信函一件。张肇基、宋蔼龄、宋耀如、刘铁、陈其美、田桐、岑梅、熊秉坤、刘大同等先后来访。(日本外务省档案,1913年12月4日《孙文动静》,乙秘第1705号;俞辛焞、王振锁等译:《孙中山在日活动密录》,第56页)

12月5日　上午10时多,戴季陶来访,随后到头山满宅与头山满密谈三十分钟,回到孙处议事。下午宋蔼龄、田桐、陈其美、刘英、张永正、陈鹏齐、李梦彪、吴希真、吴志德、樊毓秀、殷涞之、高树桢、王之翰、黄统、曹隽天、张肇基、熊秉坤、夏述痕、岑梅、何子奇、钮永建、凌铁来访、议事。(日本外务省档案,1913年12月5日《孙文动静》,乙秘第1710号;俞辛焞、王振锁等译:《孙中山在日活动密录》,第56页)

12月6日　上午宋蔼龄来。下午林虎、施锡周、郑天楚、戴季陶、马素、钮永建、孙棣三来访,一同议事。本日还有陈复元、张维翰、曾尚武、吴继璘、欧阳樊、赵鹏飞、阳瀚、凌钺、蒔静满、祁国均、祝秉珪、邓宗禹、陈雨苍等来访。(日本外务省档案,1913年12月6日《孙文动静》,乙秘第1718号;俞辛焞、王振锁等译:《孙中山在日活动密录》,第57页)

△　下午4时30分至5时20分,召集部分来访者训示,其余钮永建、戴季陶、马素、孙棣三、林虎等五人在一屋等候继续交谈。吉田

忠真、王志祥、张永正来与戴季陶面谈，吉田忠真系出国前向戴季陶辞行。（日本外务省档案，1913 年 12 月 6 日《孙文动静》，乙秘第 1718 号；俞辛焞、王振锁等译：《孙中山在日活动密录》，第 57 页）

△　晚邓铿、黄申芗来访。（日本外务省档案，1913 年 12 月 7 日《孙文动静》，乙秘第 1721 号；俞辛焞、王振锁等译：《孙中山在日活动密录》，第 57—58 页）

12 月 7 日　下午 3 时，给美国纽约的李铁天发一函。下午陈养初、田桐、凌毅、萧萱、葛庞，胡九皋（疑为"皋"字——引者注）、元泽兴、首昂、郑天楚、马素、丁仁杰、范光启（鸿仙）、吴忠信、张尧卿、方潜先后来访。（日本外务省档案，1913 年 12 月 7 日《孙文动静》，乙秘第 1721 号；俞辛焞、王振锁等译：《孙中山在日活动密录》，第 58 页）晚，曾省三、江增瑞、丁士杰、向克、何忠良、黄申芗来访，相与谈话。（日本外务省档案，1913 年 12 月 8 日《孙文动静》，乙秘第 1729 号；俞辛焞、王振锁等译：《孙中山在日活动密录》，第 58 页）

12 月 8 日　日本自由民权主义者大井宪太郎来访，与作笔谈，后戴季陶来任翻译。谈话要点是：大井要建立日中实业协会，兴办实业，希望孙中山赞助。孙中山表示可以考虑，并给上海一带的实业家写介绍信，请为其提供方便。上午收到小石川区茗荷谷町 26 号的唐某来函。本日郑林双、施锡周、宋耀如、朱华经、张民立、林虎、马素、陈忍芎、夏重民、田桐、凌钺先后来访。与朱华经、张民立另室密谈，后戴季陶参加密谈，陈其美、苓鲁、曾尚武等先后来参与密谈。（日本外务省档案，1913 年 12 月 8 日《孙文动静》，乙秘第 1729 号；俞辛焞、王振锁等译：《孙中山在日活动密录》，第 58—59 页）下午 6 时多，宋蔼龄来访。（日本外务省档案，1913 年 12 月 9 日《孙文动静》，乙秘第 1731 号；俞辛焞、王振锁等译：《孙中山在日活动密录》，第 59 页）

△　国民党人李根源、张文光和哥老会首领杨春魁在云南大理举事，并以"接孙文、黄兴电"名义致电其他各县及张贴布告，遭到署云南都督唐继尧镇压，25 日起义失败。（《申报》1913 年 12 月 31 日，"命

令"）

12月9日　上午宋耀如、宋蔼龄、萱野长知来访。中午陆惠生、孙棣三来访，相与在另室密谈。谈话间，孙想给戴季陶打电话，让其速去中国兴业公司，但由于戴处未装电话，未能打成。下午陈忍芔、夏重民、陈耿夫、马素、刘英、江定国（文学院学生）来访，在另室打开中国地图议事。（日本外务省档案，1913 年 12 月 9 日《孙文动静》，乙秘第 1731 号；俞辛焞、王振锁等译：《孙中山在日活动密录》，第 59 页）晚田桐、张智希来访，相与密谈。（日本外务省档案，1913 年 12 月 10 日《孙文动静》，乙秘第 1735 号；俞辛焞、王振锁等译：《孙中山在日活动密录》，第 60 页）

12月10日　11 时 30 分，和田瑞接孙电话后来密谈。宋蔼龄、戴季陶、宋耀如、陈其美、叶夏声、陈贻、马素、钮永建、陆惠生、孙棣三、田桐、萧萱、凌钺、吴大洲、陈振声、黄振中、赵鹏飞、祝秉珪、林虎先后来访。与宋耀如以后的来访者一起谈话。（日本外务省档案，1913 年 12 月 10 日《孙文动静》，乙秘第 1735 号；俞辛焞、王振锁等译：《孙中山在日活动密录》，第 60 页）傍晚丁仁杰、祁国钧、蒋静波、江柄灵来访。（日本外务省档案，1913 年 12 月 11 日《孙文动静》，乙秘第 1741 号；俞辛焞、王振锁等译：《孙中山在日活动密录》，第 60—61 页）

12月11日　上午朱华经、宋蔼龄、和田瑞、戴季陶来访，下午真勉、张孟介、夏述痕、邓文辉、任寿祺、田桐、马素、陆惠生、孙棣三、陈其美、刘英来访。（日本外务省档案，1913 年 12 月 11 日《孙文动静》，乙秘第 1741 号；俞辛焞、王振锁等译：《孙中山在日活动密录》，第 61 页）傍晚郑林双来访。（日本外务省档案，1913 年 12 月 12 日《孙文动静》，乙秘第 1747 号；俞辛焞、王振锁等译：《孙中山在日活动密录》，第 61 页）

12月12日　上午宋蔼龄来。下午陈其美、戴季陶、马素、邓铿、陈德良、徐屹、方洞田、杨烈、庄维屏、庄维藩、吴大洲、赵鹏飞等来访。4 时 20 分，收到自神田区发来一西文函，发函人不明；另收到明信片一张，发函人不明，记有西京字样。（日本外务省档案，1913 年 12 月 12 日《孙文动静》，乙秘第 1747 号；俞辛焞、王振锁等译：《孙中山在日活动密录》，第

61—62 页)与陈德良、徐屹、方洞田、杨烈、庄维屏、庄维藩、吴大洲、赵鹏飞等八人会谈,后戴季陶来参加。晚邱丕振来访。(日本外务省档案,1913 年 12 月 13 日《孙文动静》,乙秘第 1752 号;俞辛焞、王振锁等译:《孙中山在日活动密录》,第 62 页)

12 月 13 日　上午与来访的陈扬镳、余祥辉、余祥炘、冯裕芳、刘寿明、黄毓材在内室密谈,后戴季陶来参加。与宋耀如在另室议事。下午陈其美来参加密谈,陆惠生、孙棣三、钮永建、田桐、郑一峰、马素、刘大同、孙纵横、邱丕振、陈耿夫、夏重民、熊秉坤、丁仁杰、萧萱、菊池良一、山田纯三郎来访。(日本外务省档案,1913 年 12 月 13 日《孙文动静》,乙秘第 1752 号;俞辛焞、王振锁等译:《孙中山在日活动密录》,第 62—63 页)下午 6 时 40 分,与来访的刘英和两名中国人谈话。晚,与来访的郑铎麟、黄时初、黄伯群谈话。(日本外务省档案,1913 年 12 月 14 日《孙文动静》,乙秘第 1755 号;俞辛焞、王振锁等译:《孙中山在日活动密录》,第 63 页)

12 月 14 日　上午分别与来访的朱华经、陈耿夫、夏重民议事。下午与来访的邓铿、林震议事,何海鸣、李及来参与和陈耿夫、夏重民等的谈话。下午陈其美来访,与孙、何、李议事。下午来访者还有温折、夏述痕、殷绍乘、范光启、吴忠信、许应午、马素、林虎。晚,邓文辉、吴鸿钧、廖国仁、黄伯忠、邓性贤、陈承志、徐苏中、黄觉、钟士林、杨庆里等。(日本外务省档案,1913 年 12 月 14 日《孙文动静》,乙秘第 1755 号;1913 年 12 月 15 日《孙文动静》,乙秘第 1762 号;俞辛焞、王振锁等译:《孙中山在日活动密录》,第 63—64 页)

12 月 15 日　本日先后有宋蔼龄、李及、戴季陶、何海鸣、田桐、杜干甫、李贞伯、邓铿、林震、李杰夫、唐支厦、葛庞、陈其美、陆惠生、钮永建、马素、孙棣生、刘英、宰道康、程慎安、谭蒙、黄雪崑、孙昌复等来访。(日本外务省档案,1913 年 12 月 15 日《孙文动静》,乙秘第 1762 号;俞辛焞、王振锁等译:《孙中山在日活动密录》,第 64 页)

12 月 16 日　本日夏重民、马素、菊池良一、陈其美、陈惠生、田桐、张孟介、丁仁杰、马素先后来访议事。(日本外务省档案,1913 年 12

月 16 日《孙文动静》,乙秘第 1764 号;1913 年 12 月 17 日《孙文动静》,乙秘第 1769 号;俞辛焞、王振锁等译:《孙中山在日活动密录》,第 64—65 页)

12 月 17 日　本日戴季陶、吴忠信、殷绍乘、许应午、陈其美、温折、夏述痕、叶夏声、马素、田桐、段大信、刘世蕃等先后来访谈话。下午 4 时 15 分,宋蔼龄来访,没有交谈。(日本外务省档案,1913 年 12 月 18 日《孙文动静》,乙秘第 1772 号;俞辛焞、王振锁等译:《孙中山在日活动密录》,第 65 页)

12 月 18 日　上午 10 时收到宫崎寅藏来函。宋蔼龄来。中午陈其美来访议事,林虎来参加。下午马素来访,未与会见。刘英、刘铁、殷汝耕来访议事。孙棣三来访,未与会见。田桐、吴希信、高树桢、冯毓东来访议事,邓文辉、马素来参与。晚,阮复领三人来访议事。(日本外务省档案,1913 年 12 月 19 日《孙文动静》,乙秘第 1777 号;俞辛焞、王振锁等译:《孙中山在日活动密录》,第 65—66 页)

12 月 19 日　上午 11 时 20 分,收到大连敷岛町 47 号刘某来函。下午山田纯三郎、陈其美、菊池良一先后来访议事。后停止议事,偕陈其美与来访的刘德泽、殷文海在另室密谈。宋耀如来参加山田、菊池、陈其美等议事。下午来访及参与议事的还有岑梅、戴季陶、钮永建、马素、田桐。(日本外务省档案,1913 年 12 月 20 日《孙文动静》,乙秘第 1781 号;俞辛焞、王振锁等译:《孙中山在日活动密录》,第 66 页)

12 月 20 日　上午与化名展尝的胡琰、化名仲恺的胡汉民谈话,语调慷慨悲愤。来访的还有陈扬镳、范光启、龚振鹏、吴忠信、孙万乘、许世维、田桐,均参与孙和胡的谈话。下午刘铁、钮永建、刘德泽、陈其美、柏文蔚、吴希真先后来访,均参与孙、胡会谈。(日本外务省档案,1913 年 12 月 21 日《孙文动静》,乙秘第 1788 号;俞辛焞、王振锁等译:《孙中山在日活动密录》,第 66—67 页)

12 月 21 日　3 时 40 分,给香港某人发西文函一封。5 时,收到一西文信函,发来地不详。上午陆任宇、梁卫平、林颂鲁、夏重民来议事,余邦宪、任寿祺来在另室议事,中午吴忠信、刘平子、孙万乘来在另室议事,下午黄申芗、向克来议事。下午田桐、岑梅、黄申芗、向克、马素、李铖、丁仁杰来访。(日本外务省档案,1913 年 12 月 22 日《孙文动静》,乙秘第 1796 号;俞辛焞、王振锁等译:《孙中山在日活动密录》,第 67-68 页)

12 月 22 日　上午宋耀如来访。钟日新、张权来议事,后陈扬镳、张肇基、王锡三来访,均参加议事。下午夏重民、邓老子、刘德泽、陈扬镳、叶夏声、戴季陶、陈其美、马素、张孟介、岳桐如、陆惠生、岑梅先后来访。(日本外务省档案,1913 年 12 月 23 日《孙文动静》,乙秘第 1804 号;俞辛焞、王振锁等译:《孙中山在日活动密录》,第 68 页)

12 月 23 日　上午 9 时 30 分,给上海东百老汇路 37 号黎笑生发一函。11 时许,与来访的山科多久马、殷汝耕面谈,与来访的宋耀如在另室议事。下午,邓文辉、蔡锐霆、万庞、胡昂、郑林双(未予会见)、钟日新、张权、胡九皋、张肇基、王锡三、陈其美、黄伯忠、余邦宪、任寿祺、林虎、马素、殷文海、周知礼、邓铿、李梦彪、龙善楚、吴希真、和田瑞、钮永建、山科多久马、殷汝耕来访。晚 7 时 20 分,给英国伦敦的一位中国人和赤坂口町的池亨吉各发一函。晚 7 时 30 分,给萱野长知事务所打电话请萱野,萱野未在。本日主要与林虎密谈,对其余来访者,只寒暄一下便让陈其美接待。(日本外务省档案,1913 年 12 月 24 日《孙文动静》,乙秘第 1815 号;俞辛焞、王振锁等译:《孙中山在日活动密录》,第 68-69 页)

△　致函咸马里夫人,痛斥袁世凯专制政治,表示自己的事业必胜。时咸马里夫人在伦敦,函托康德黎转交,函称:"我仍在日本。目睹我可爱的国家复归旧状,实令人痛心。所幸不乏迹象表明,不久情况将有好转。独夫政治现又得逞,其压迫较之当初的满清,更加令人无法忍受。反动如钟摆之已达极限,回复必将来临。或许现在就是黎明前最黑暗的时刻。"表示"斗争可能是持久而烦冗的,但必胜无疑,因为正义最终一定胜利"。(《致咸马里夫人函》,《孙中山全集》第 3 卷,第 73 页)

12月24日　本日先后有朱华经、熊克武、宋蔼龄、宋庆龄、陈其美、陆惠生、陈扬镳、戴季陶、黄明堂、刘震寰、马素、杨益谦、殷文海、殷楢、朱龙榴、李及、李梦彪、郑天楚来访。(日本外务省档案,1913年12月25日《孙文动静》,乙秘第1822号;俞辛焞、王振锁等译:《孙中山在日活动密录》,第70页)

12月25日　本日先后有宋蔼龄、冯裕芳、金祥辉、熊克武、邓铿、林震、吴忠信、张亮卿、范鸿仙、熊仁、李容恢、田桐、张勤臣、林虎来访。晚9时55分,给香港高陞街陆隆栈的陆仲明发一函。(日本外务省档案,1913年12月26日《孙文动静》,乙秘第1828号;俞辛焞、王振锁等译:《孙中山在日活动密录》,第70—71页)

△　致函邓泽如及南洋国民党人,告以困难情形,勉励同志坚持斗争,函谓:"惟我辈既以担当中国改革发展为己任,虽石烂海枯,而此身尚存,此心不死。既不可以失败而灰心。亦不能以困难而缩步。精神贯注,猛力向前,应乎世界进步之潮流,合乎善长恶消之天理,则终有最后成功之一日。即使及身而不能成,四亿万苍生当亦有闻风而兴起者,毋怯也!"并鼓励同志:"此次失败以后,自表面观之,已觉势力全归乌有,而实则内地各处,其革命分子较之湖北革命以前,不啻万倍。而袁氏之种种政策,尚能力为民国制造革命党",加之"北有蒙古,兵逼长城,西有回民,揭旗图外,而宗社党亦蠢焉思动,徒党辈复各争权,时局若此,焉能久哉?"要求中华革命党"既以改革中国、图民生之幸福为目的,当此四方不靖之时,内外交迫之际,不特应聚精会神,以去乱根之袁氏,更应计及袁氏倒后,如何对内、如何对外之方策"。又希望同志给予经济上的帮助,"至于经济一层,不特目前无进行之款。即同志中之衣食亦多不能顾者。前日大雪,在东之亡命客中,竟有不能向火而致疾者。弟虽尽力设法救济,而力微不足以遍,过此以往,苟不图一长策,则殊无以对此血战中之苦寒同志矣。此层务望同志诸先生深虑而力助之"。(《致邓泽如及南洋国民党人函》,《孙中山全集》第3卷,第74—75页)

12 月 26 日　本日先后有陈养初、龙侠夫、萱野长知、张孟介、张劼臣、管昆南、郑赞燊、阮复、汪道、刘文钧、余嗣靖、刘宫国、岑梅、邓文辉、陈其美、陆惠生、田桐来访,均参加交谈。作为此日活动记载的附录中提到,某浪人说,二三日前,在横滨散发过有关第三次革命计划的宣言书一类东西。孙不同意如此做法,而是主张更大规模地搞。近来,第三次革命时机似在迫近,一些被认为是袁派的人对袁之专横跋扈益感厌恶,频频向孙通款,有的抢先打出孙的旗帜,北京政府已四分五裂,总之,达到目的之日当不日可期。(日本外务省档案,1913 年12 月 27 日《孙文动静》,乙秘第 1838 号;俞辛焞、王振锁等译:《孙中山在日活动密录》,第 71—72 页)

12 月 27 日　下午 3 时 30 分,给上海闵行路胜田馆的成田武司发一西文电(似对成田来函的回电)。晚 7 时 30 分收到一西文函。下午,有陈其美、陆惠生、张继、戴季陶、田桐、张孟介、夏述痕、王纵周、刘蒙青、潜镜贤来访,一起参加议事。(日本外务省档案,1913 年 12月 28 日《孙文动静》,乙秘第 1842 号;俞辛焞、王振锁等译:《孙中山在日活动密录》,第 72 页)

12 月 28 日　晨 6 时许,收到上海发来一西文密电,因电文中有不明之处,故下午 3 时 20 分向某处发一电报询问,晚 10 时 30 分收到回电。3 时 5 分,给上海东百汇路 37 号黎笑生发一挂号邮件。下午有邓铿、龙侠夫、邵元冲、叶夏声、郭荣、李茵柱、陆爱群、胡浩然、吴九皋、蒋先觉、邓铮、李林荣、余伯杰、吴让伦、唐健、刘通衡、胡仰、葛庞、廖龙章、蔡锦劼、田桐、凌致和、丁仁杰、萧萱、熊秉坤、黄申芗、陈其美、林虎来访。(日本外务省档案,1913 年 12 月 29 日《孙文动静》,乙秘第1847 号;俞辛焞、王振锁等译:《孙中山在日活动密录》,第 72—73 页)

12 月 29 日　上午有陈其美、戴季陶来访。中午陈耿夫来访。下午陈其美、戴季陶来访。晚上田桐、张继、白逾桓、居正、李根源等七人来访。(日本外务省档案,1913 年 12 月 30 日《孙文动静》,乙秘第 1849号;俞辛焞、王振锁等译:《孙中山在日活动密录》,第 73 页)

12 月 30 日　凌晨 1 时，收到自上海发来一密电。凌晨 1 时 15 分，收到大连发来一电报。（日本外务省档案，1913 年 12 月 30 日《孙文动静》，乙秘第 1849 号；俞辛焞、王振锁等译：《孙中山在日活动密录》，第 73 页）上午 10 时 30 分，孙打电话请陈其美即刻来，但因陈正要去横滨，故于下午 2 时 30 分来访。晚 7 时，自上海来一西文电。晚 9 时发一西文电，不知发往何地。本日还有黄真民、沈正、杨庶堪、黄申芗、夏重民、邓文辉、张伴民、林森、郭燊、夏述痕、洪涛、林虎、龙侠夫来访。与此日活动记载连在一起的"参考事项"提到："和本国的联络事宜，由孙亲自负责，但具体由可靠的部下陈其美以孙的名义进行联络。他们会见时，每个人必须从口袋拿出给孙的书信后再议事。"（日本外务省档案，1913 年 12 月 31 日《孙文动静》，乙秘第 1852 号；俞辛焞、王振锁等译：《孙中山在日活动密录》，第 74 页）

△　在孙的桌上发现《彗星》刊物的出版计划。（日本外务省档案，1913 年 12 月 31 日《孙文动静》，乙秘第 1852 号；俞辛焞、王振锁等译：《孙中山在日活动密录》，第 74 页）该刊"书首"指出："十九世纪以降，共和民主潮流遍播欧美，激荡于东亚，举四千余年之帝制而剪除之，我中华国民最后希望之目的正复无量。乃观现在之结果，方之往昔专制，有加无已。是岂我革命先烈之初志乎？不然也。又岂我亿兆同胞所厌满乎？不然也。惟神奸巨蠹，阳托共和之名，阴行专制之实，犹复压抑贿买内外言论以蒙混是非，颠倒皂极，其暴民愚民之策以临国内，纵为活动之写真，不足以描其真相，同人等特随时刊录，杂报一种以布天下，摘伏惩奸，固有之责，用志先声于国人曰：今日之中国，伪共和伪民主之中国也，苟非荡涤其尘垢，将无以保国民永久之生活而洗雪世界共和国史上之污点矣。"该刊宗旨："本刊以主持公道，讲求人类之真自由、真平等为宗旨。"此刊设于上海法租界内，并暂设代理所于日本东京小石川区春日町五十番地。（日本外务省档案，《中国革命党问题》第 9 卷，俞辛焞、王振锁等译：《孙中山在日活动密录》，第 739 页）

12 月 31 日　本日先后有宋蔼龄、钮永建、陈扬镳、黄伯群、陆惠生、陈其美、宋元恺、宋耀如来访。下午 6 时，池亨吉来一西文函，约明日会见，即回电告之不能应约。晚 10 时 10 分，收到大连能登町 57 号刘某寄来一函。（日本外务省档案，1914 年 1 月 1 日《孙文动静》，乙秘第 2 号；俞辛焞、王振锁等译：《孙中山在日活动密录》，第 75 页）

是月 为日人柴田旭堂题词："博爱 柴田君 孙文"。（刘望龄辑注：《孙中山题词遗墨汇编》，第 198 页）

△ 题词："一心一德抵艰难"。（刘望龄辑注：《孙中山题词遗墨汇编》，第 199 页）

△ 中华革命党吸收一批新党员。夏重民、熊秉坤、吴忠信、邵元冲等一百一十三人在东京入党，陈复元等十人在上海入党，陈德良等六人在大连入党。林森自上海来日本，填写加入中华革命党誓约，"总理深为嘉许，闻其将赴美洲。乃特予中华革命党第六号秘密电码一纸。使有事时互通消息"。（冯自由：《革命逸史》3 集，第 368 页）

是年 长孙治平生。

△ 是年派凌钺等到上海联系白朗起义军。白朗于上年夏发动起义后，一直坚持反袁斗争。在准备与发动二次革命时期，孙中山和江苏、湖北革命党人多次派人联络白朗，望与讨袁军一致行动，白朗对此有所响应，并"假伟人（孙中山）名义号召党羽"。本年冬派凌钺等到上海负责与白朗起义军联络。据北京政府当时所颁训令称："查有海外逋匪，分遣党徒凌钺、刘永烈、熊灌香等勾结煽动，授白朗等以司令、都督各名目，并由孙文作书与该匪代表窦宪民等介绍，私购军械，分投接济，以致匪焰骤张，残毒愈甚。"（《内务部致各省民政长训令》，杜春和编：《中华民国史资料丛稿·白朗起义》，第 233 页）凌钺到日本可能是来领受孙中山意旨，后仍返上海主持联络白朗军事宜。但孙中山派人运军火接济白朗，没有成功。（陈锡祺主编：《孙中山年谱长编》上册，第 867—868 页）

△ 为江少峰题词："少峰先生属 天下为公 孙文。"江少峰为广东潮州人，金融家，1912 年受孙中山委任筹办中国国家银行，孙中

山辞职后江筹改私营,在上海创办中国商业银行。(刘望龄辑注:《孙中山题词遗墨汇编》,第199页)

△　詹姆斯·康德黎(James Cantline)著《孙逸仙和中国的觉醒》(*Sun Yat Sen: and the Awakening of China*)出版。康德黎是孙中山的英文老师,1896年孙中山在伦敦遭清使馆绑架时,康德黎全力营救,使孙中山安全脱险,从此两人关系益加密切。中华民国成立后,孙中山就任临时大总统,康德黎特著《孙逸仙和中国的觉醒》一书,称誉孙中山的伟大人格,介绍领导中国革命的目的、建设新中国的步骤。书中第二章:"孙中山——伟人和事业"(Sun Yat Sen: The Man and his Work)详细描述了营救"伦敦被难"的史事。书中摘录了1912年3月3日时任临时大总统的孙中山致康德黎夫妇的信等历史文献,回顾了与孙中山二十五载相遇、相识的历程,对孙中山作出很高的评价:"在对孙中山作描述时,我知道我在刻画这个非凡人物这点上是完全失败的。我对他的推崇可能歪曲我的判断,使我的笔限于大过狭窄的方面。但愿在这方面没有出错。我已抑制而不是夸大自己对他的感情。我从未见过孙逸仙那样的人。如果要我举出我所知的最完美的人,我会毫不犹豫地说:孙逸仙。他总是我们家里最受欢迎的来宾,孩子们和仆人对他都很尊敬。他态度和蔼,谦谦有礼,常为他人着想,谈吐风趣,风度怡人,以一种无法形容的方式将人吸引到他这一边。这令我想到他是奉献给他所从事的事业的一个独特的存在。"(詹姆斯·康德黎:《孙逸仙和中国的觉醒》,第56—57页,转引自邓丽兰:《临时大总统和他的支持者》,第92页)

△　麦考密克(Fredrick McCormick)撰写的《中华民国》(*The Flowery Republic*)在美国纽约出版。作者系美国报纸和通讯社驻北京记者,1912年初曾采访孙中山,书中记述了列强对中国辛亥革命的态度、孙中山领导的南京临时政府的困难,以及他与孙中山谈话的内容。《中华民国》共分四十二章,描绘了辛亥革命的整个过程,其中第二十四章至第四十二章主要记述了中华民国的成立、孙中山当

选临时大总统、列强对中华民国的态度、清帝逊位以及袁世凯就任总统等历史事件。（Frederick McCormick：*The Flowery Republic*，New York：D. Appleton and Company，1913. ）